JN436376

海峯詩集

南陽洪氏海峯公宗中會

海峯 洪命元 著
陶谷 洪愚基 編著
玄巖 蘇秉敦 監修

도서출판
다운샘

海峰詩集

2019년 4월 01일 초판1쇄 인쇄
2019년 4월 10일 초판1쇄 발행

저　자 | 홍명원
편저자 | 홍우기
감　수 | 소병돈
후　원 | 남양홍씨해봉공종중회
발행인 | 김영환
발행처 | 도서출판 다운샘

05661 서울특별시 송파구 중대로27길 1(오금동)
전화 02-449-9172　팩스 02-431-4151
E-mail : dusbook@naver.com
등록 제1993-000028호

ISBN 978-89-5817-448-6 93810

값 45,000원

이 도서의 국립중앙도서관 출판예정도서목록(CIP)은 서지정보유통지원시스템 홈페이지(http://seoji.nl.go.kr)와 국가자료종합목록시스템(http://www.nl.go.kr/kolisnet)에서 이용하실 수 있습니다. (CIP제어번호 : CIP2019012892)

해봉 홍명원 선생 묘역

안산시 향토유적 제6호 / 경기도 안산시 단원구 성곡동 산78

海峯先生 墓碣銘

해봉길 기념비

1998년 1월, 안산시에서는 선생의 유덕을 기리기 위해 안산역에서 공의 묘소에 이르기까지 약 5㎞의 거리를 해봉길〔海峯路〕이라 명명하였다. 선생의 후손은 번영하여 왕비 1명, 문무과 급제자 70여명, 사마시 80명의 인재가 배출되었으며, 그중 경기관찰사를 5대에 걸쳐 지냈다.

<일러두기>

1. 이 책은 海峯公의 長子 處厚가 家藏草稿를 수집 편차하여 1656년 대구에서 목판으로 간행한 초간본인 『海峯集』에서 詩만을 골라 번역한 것이다.
2. 제목을 『海峯詩集』으로 한 것은 해봉 홍명원선생(1573-1623)의 시를 중점적으로 다뤘기 때문이며,『海峯集』의 말미에 있는 약간의 書文議記는 중복되는 것이 있어 번역에서 제외하였다.
3. 해봉선생의 삶을 안다면 시를 좀 더 이해할 수 있으므로 「墓碣銘」「行狀」 年表를 실었다.
4. 뒤에는 『韓國文集叢刊』에 흩어져 있는 해봉선생 관련 조선 선비들의 시들을 모아 번역하였다.
5. 『海峯集』에는 없지만 『宋子大全』에 실린, 1682년에 尤庵 宋時烈이 지었던 「海峯集序」를 번역하여 실었다.
6. 1910년에 간행한 三刊本에 실린 洪淳馨의 「文集跋」 역시 번역하여 실었다.
7. 당시 해봉선생이 보고 107수를 지었던 『顧氏畵譜』 그림은 국립중앙도서관으로부터 제공받은 것이다.
8. 책 뒷면에 실린 『海峯集』은 서울대학교 규장각 소장본을 표점영인하여 간행한 『韓國文集叢刊』 제82권으로, 한국고전번역원으로부터 제공받은 것이다.

인사말씀

어렸을 적 제사(祭祀)나 시향(時享)이 있을 때면 어른들의 얘기 속에 늘 학사공(學士公)·태사공(太師公)·충평공(忠平公)·석벽공(石壁公)과 '해봉할아버지'가 등장했다. 물론 당시에는 이를 귀담아 듣지도 않았고 해봉공(海峯公)의 생평(生平)과 문학(文學)은커녕 자휘(字諱)나 벼슬조차 알지 못했으니 지금 생각하면 단순히 해봉자손이라는 자부심만 마음에 두었던 것 같다.

1985년 8월쯤으로 기억된다. '남양홍씨해봉공종중회'를 들렀다가 책장에서 두 권의 『해봉집(海峯集)』을 볼 수 있었다. "어? 해봉할아버지 문집이 있네?" 반가움에 꺼내보니 그저 한문으로 뒤덮인 목판본이었다. 순간 가슴을 콱 누르는 답답함에 "지금 누가 이런 책을 봐?" 하면서 바로 책장에 꽂아 두었던 기억이 있다. 전하기로, 옛날 우리 집에는 고서가 많았는데, 1932년 경안천 범람으로 많은 수가 침수(浸水) 유실(遺失)되었고, 1950년 6·25동란 중에 땅에 묻어놓고 피난을 갔지만 인민군들에 의해 대부분이 불탔으며, 그나마 얼마 남지 않은 것들도 세월이 흐르는 중에 알게 모르게 산실(散失)되었다고 한다. 그러니 무작정 세월만 보내면 그나마 남아있는 중요자료마저 잃을 수 있다는 판단에, 되든 말든 번역이라도 해보자고 덤볐던 것이 와운공(臥雲公) 휘 지섭(志燮)이 지은 선조들의 묘지명(墓誌銘)과 행장(行狀)이었다. 이를 토대로 각종 자료를 수집하여 2000년 1월에 간행한 것이 『행곡요람(杏谷要覽)』이다. 『해봉시집(海峯詩集)』에 대한 무모한 용기도 아마 이로부터 생겨난 것 같다.

2013년 6월, 홍성우 해봉공종중회 회장이 해봉공거사비를 안산 해봉공묘역에 다시 세우면서, 종중회의 숙원사업이라며 『해봉집』 번역을 거듭하여 부탁했다.

"타성(他姓)에게 맡기기보다 직계후손이 하는 게 더 좋지 않을까요?"

"해봉공의 글을 많은 종인들이 볼 수 있게 하는 것이 후손된 도리겠지요."

그렇지 않아도 이에 공감했던 터라 거절할 수도 없었고, 한문에 대한 소양(素養)이 부족한데다 생업(生業) 역시 지중한지라 전적(全的)으로 번역에 매달릴 수도 없으니 마땅히 응낙(應諾)할 입장도 아니었다. 따라서

"제가 후에 한가해지면 가능하겠지만 지금으로서는 어렵습니다."

라는 대답만 할 수 있었다. 말이야 그렇게 했지만 어차피 오래전부터 하고 싶었던 일이니 시간이 나는 대로 입력을 했고 번역을 해나갔다. 하지만 그 어려움이 일반 한시와는 너무도 달랐다. 필자의 무지함이 첫째 원인이겠지만, 문집에는 각종 고사(故事)·문학(文學)·역사(歷史)·철학(哲學)·지리(地理)·인명(人名) 등 전문적이고 광범위한 어휘가 사용되고 있었기 때문이다. 한국에서 출간한 자료로는 감당할 수 없어 중국대만(中國臺灣)에서 간행한 『중문대사전(中文大辭典)』이나 중국본토(中國本土)에서 간행한 『한어대사전(漢語大詞典)』과 한국에서 간행한 국어사전류를 비롯한 『한국민족문화대백과사전』, 각종 전문서적, 중국사이트 등등을 찾아보고서야 겨우겨우 그 시어(詩語)들을 이해할 수 있었다.

예상치 못한 어려움이 계속되자 부담감은 고통으로 다가왔고 아무리 읽어도 문맥이 통하지 않을 때는 차라리 모든 것을 포기하고 싶어 며칠이고 몇 달이고 손을 놓은 적도 많았다. 그러다가 어느 날 다시 책을 펼치면 이런 내공(內工)에 이르기까지 공은 얼마나 많은 책을 읽고 얼마나 많은 시간 고심을 하였을까 하는 생각이 들었다. 순간 필자의 용렬함에 부끄러워졌으며 그만큼 공을 향한 외경(畏敬)의 마음도 들었다. 이렇게 원문을 입력하고 번역을 하고 주를 달고 교정까지 보고나니 삼년이 지나갔고, 그 사이 종중회 임원진이 바뀌면서 다시 몇 년의 세월이 안타깝게 흘렀다.

이 『해봉집』을 처음으로 수집하고 편차한 것은 공의 장자(長子) 성암(醒菴) 홍처후(洪處厚)였다. 성암공은 병자호란 이후 유락(遺落)되고 남은 시문을 수집하여 1656년 3권 3책의 목판본으로 초간본(初刊本)을 간행하였으니, 현재 규장각과 국립중앙도서관·조선대학교 중앙도서관 등에 소장되어 있다. 1716년에는 고손인 홍계적(洪啓迪) 등이 집에 전해지고 있었던 원고(原稿)와 초간본을 참고 대조하여 5권 2책의 목판본으로 간행하였고, 증손인 홍우영(洪禹寧)이 발문을 썼는데 이 중간본(重刊本)은 현재 국립중앙도서관과 이화여자대학교 중앙도서관·계명대학교 동산도서관에 소장되어 있다. 그 후 1910년에 10대손 홍순형(洪淳馨)이 시문을 증보(增補)하여 4권 2책의 석인본(石印本)을 간행하였으니 이 삼간본(三刊本)은 현재 연세대학교 중앙도서관·계명대학교 동산도서관에 소장되어 있다.

이 『해봉시집』은 초간본을 저본(底本)으로 삼았기 때문에 초간본과 같이 오언절구(五言絶句)·칠언절구(七言絶句)·오언율시(五言律詩)·오언배율(五言排律)·칠

언사운(七言四韻)·육언사운(六言四韻)·오언고시(五言古詩)·칠언고시(七言古詩)의 순으로 배열하였다. 해봉공의 시를 둘러보면 총 550여 수의 시(詩) 중 『고씨화보(顧氏畫譜)』를 보고 지은 107수가 눈에 띈다. 탄은(灘隱) 이정(李霆)을 만나 매화와 대나무 그림을 얻은 감회도 상세하다. 이를 통해 보면 공은 예술적 조예(造詣)도 깊었고 그 감각도 탁월했던 것으로 짐작된다. 공의 필적을 보니 서예를 전공한 필자로서도 감탄할만한 경지이다. 종이가 흔하지도 않았고 지금처럼 사진과 인쇄술이 발달하지 않았던 시기에 그러한 경지를 보여줌은 놀라움이 아닐 수 없다. 해봉공의 시는, 지방관을 역임하면서 읊은 시와 고급사(告急使)로 북경에 다녀오면서 지은 시들이 많았고 주변에 친했던 이들을 떠나보내며 눈물로 지었던 만사(挽詞)도 다수 보였다. "그림 속에 시가 있고 시 속에 그림이 있다.〔畵中有詩 詩中有畵〕"고 했던가? 공의 시를 읽다보면 그 그림이 머릿속에 절로 그려진다. 그러니 시를 읽다가 잠시 눈을 감고 머릿속에 그 시경을 펼쳐보는 것도 공의 시를 음미하는 좋은 방법이다.

뒤쪽에는 당시에 해봉공과 만나고 작별하면서 담박한 정으로 주고받았던 시나 차운하여 주고받았던 조선 선비들의 시 67수를 실었다. 그들은 대체로 이안눌(李安訥)·홍서봉(洪瑞鳳)·이정구(李廷龜)·김상헌(金尙憲)·장유(張維)·조찬한(趙纘韓)·이호민(李好閔)·최립(崔岦)·정백창(鄭百昌)·서성(徐渻) 등과 같이 지금 그 이름을 들어도 알 만한 선비들이니 이를 통해 보더라도 해봉공의 시가 어느 정도였는지 미루어볼 수 있다.

끝으로 이 『해봉시집』을 출산하는데 도움을 준 남양홍씨해봉공종중회와 세심하게 감수를 하여주신 현암(玄巖) 소병돈(蘇秉敦) 선생께 심심한 감사를 표하며, 작품을 제공하여주신 중허(中虛) 홍동의(洪銅義)님, 그리고 늘 든든한 후원자가 되어주시는 만춘(晩春) 홍성담(洪性聃)님, 낙선행(樂善行) 김을순(金乙順)님, 연운(硯韻) 김영옥(金英玉)님에게도 고마운 마음을 표한다.

2019년 3월 도곡서예관에서

해봉공 14세손 도곡(陶谷) 홍우기(洪愚基) 돈수

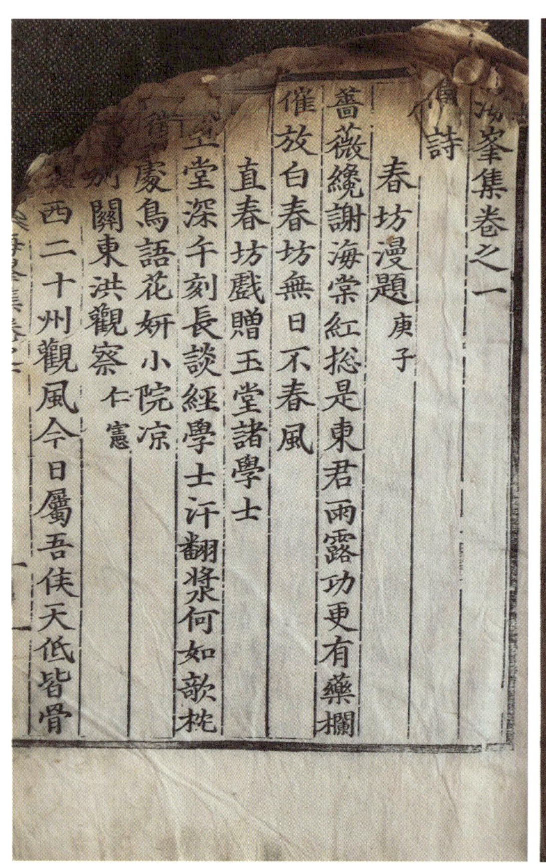

海峯集卷之一

詩

春坊漫題 庚子

薔薇纔謝海棠紅捻是東君雨露功更有藥欄

催放白春坊無日不春風

直春坊戲贈玉堂諸學士

玉堂深千刻長談經學士汗翻漿何如歆枕

[illegible]處鳥語花妍小院凉

[illegible]別關東洪觀察 仁憲

[illegible]西二十州觀風今日屬吾侯天低皆骨

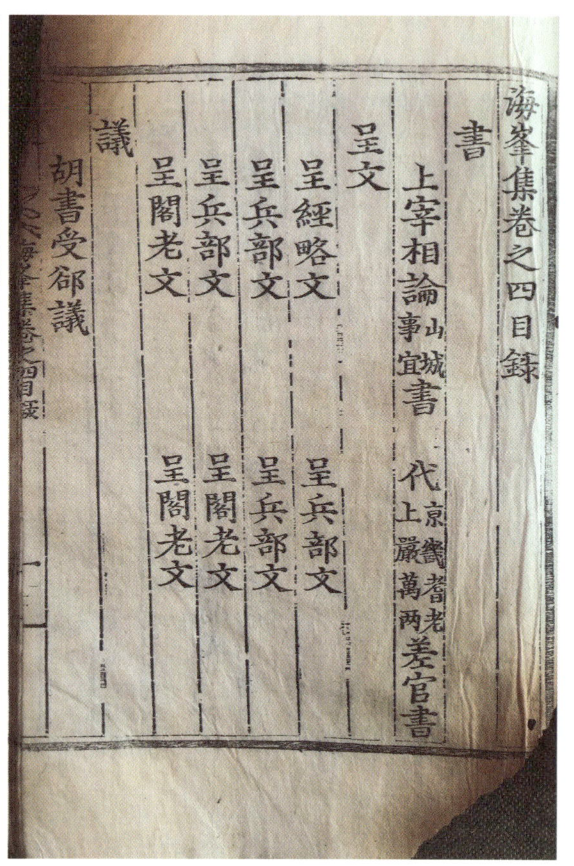

海峯集卷之四目錄

書

上宰相論事宜 山城 書　代京畿耆老上巖萬兩差官書

呈文

呈經略文　呈兵部文

呈兵部文　呈兵部文

呈兵部文　呈閣老文

呈閣老文　呈閣老文

議

胡書受卻議

해봉집 목판본

이는 譯者의 집에 전해오는 『해봉집』으로 1716년에 간행된 목판본이다. 인사말씀에서 잠깐 언급한 것과 같이 6.25 동란이 일어나자 책을 땅에 묻고 피난을 갔는데 인민군들이 식량으로 오인하여 파보았다가 책이 나오니 불을 지른 듯하다. 그러니 이는 잿더미 속에 서 건져낸 몇 안 되는 서적 중의 하나이다. 필자 역시 해봉집이 우리 집에 전해온다는 사실을 알지 못했는데 얼마 전 부친께서 이사를 준비하다가 나왔다며 전해주신 유물 중 의 하나이다. 표지는 遺集으로만 쓰여 있고 乾坤으로 나눠져 있는데 乾에는 1, 2권이 있고 坤에는 3, 4, 5권이 있다.

발간사

해봉공은, 인조반정 수습에 경황이 없던 1623년, 51세의 일기로 황망하게 생을 마감하셨습니다. 공의 글은 왜란과 호란을 두 번씩 거치면서 상당량 유실되었지만, 장자(長子) 성암공〔諱處厚〕이 형제들과 함께 남아있는 부친의 시문(詩文)을 모아 1656년 『해봉집』을 간행하였고, 고손인 충간공〔諱啓迪〕은 1716년 중간본을 간행했으며, 1910년에는 11세손이신 여문공〔諱淳馨〕이 삼간본을 간행했으니, 오늘 우리가 이렇게 『해봉집』을 마주하게 되고 그를 통해 해봉공을 이해할 수 있음은 모두가 이 분들의 은덕으로 인한 것입니다.

『해봉시집』을 살펴보니 홍우기 종원이 피력한 바와 같이 그 학식의 넓이와 깊이를 가늠할 수 없어 그저 풍부한 시어(詩語)와 주옥같은 글에 감탄만을 거듭하였습니다.

불초한 후손의 짧은 생각으로 번역본 속 몇 수를 적어 보면,

〈題顧氏畫譜〉에서는 명대 고병(顧炳)이 편집한 『고씨화보』를 보면서 오언절구 107수를 지으셨는데 그 묘사가 매우 사실적이라 실물을 보는 듯했고, 사제 무적당공〔諱命亨〕이 임지로 떠나실 때 쓰신 〈送舍弟赴鏡城〉에서는 따뜻한 형제애를 느꼈습니다. 〈夢拜先君〉은 꿈에 선군을 뵙고 애절한 사부곡을 적으신 시이며, 두 아이가 옷깃을 잡고 "어디 가셔요?" 묻기에 "곧 오마"라고 말했건만 오래도록 집으로 돌아가지 못함에 그립고 안타까움을 표현한 〈夜思兩兒偶吟〉에서는 자애로운 아버지의 모습을 볼 수도 있었습니다. 또한 〈挽姻叔母宋氏〉는 인숙모 송씨가 젊은 생을 마감함에 철없는 어린 것과 연로하신 부모님을 돌아보며 읊은 만사로 그 애통한 마음에 울컥하기도 하였습니다.

특히 『해봉집』에는 없으나 해봉공과 교류한 당시 조선 선비들의 문집에서 발췌한 해봉공과 화답한 많은 시들을 볼 수 있어 좋았고, 특히 당숙 학곡공〔諱瑞鳳〕, 동악 이안눌, 청음 김상헌과 같은 분들이 자주 만나 주고받은 시들을 통해 그들의 맑고 깊은 정을 느낄 수 있었습니다.

끝으로 본 시집을 쉽고 편안하게 읽을 수 있도록 우리글로 옮겨주신 도곡 홍우기 종원님과 꼼꼼하게 감수해주신 현암 소병돈 선생께 종원을 대표하여 깊은 감사의 말씀을 전합니다. 혹여 종원들께서 어른의 글을 소장하고 계신다면 종중에 연락해 후일 더 알차고 풍부한 시집을 다시 펼 수 있게 되기를 소망합니다.

2019년 3월 일

남양홍씨해봉공종중 회장 홍돈표 근서

祝刊辭

해봉공은 지극히 혼란한 시기를 사셨던 분입니다. 20대에는 임진왜란과 정유재란이 있었으며, 1623년에는 광해군을 폐위시키고 능양군을 옹립하는 인조반정이 있었습니다. 중국에서는 명이 쇠멸해가고 후금이 흥기하여 청나라가 들어섰으며, 일본에서는 임진왜란을 일으켰던 도요토미 히데요시가 죽고 도쿠가와 이에야스가 정권을 잡아 에도막부를 창설하였습니다.

공은 1623년에 돌아가셨지만 공의 사후 다시 정묘호란과 병자호란이 있었으니 당시 조선은 형언할 수 없을 정도로 황폐하고 피폐하였습니다. 1656년 이러한 상황 속에서 성암공〔諱處厚〕이 그나마 집안에 남아있던 공의 시문(詩文)들을 모아 『해봉집』을 편찬한 것은 지극한 경부숭조(敬父崇祖) 정신의 발로(發露)입니다.

지금은 사서삼경을 읽고 시문을 지어 과거(科擧)를 준비하던 조선시대와 달리 거의 모두가 한문보다 영어에 친근하기 때문에 한문으로 된 공의 문집이 아무리 좋아도 읽을 수 없고 이해할 수 없으니 참으로 안타까운 일이 아닐 수 없었습니다. 따라서 이번에 『해봉집』을 번역하여 모두가 감상할 수 있도록 출간한 것은 무척이나 뜻깊은 일입니다. 값진 일에 마음써주신 해봉공종중회 회장 홍돈표님께 깊은 감사의 말씀을 드립니다.

본인이 해봉공종중 회장을 수행하던 시절에도 『해봉집』을 번역해야 한다는 생각이 간절하였습니다. 그래서 서울경기종친회에서 발간하는 〈수도권종보〉에 '명시감상'이라는 코너를 맡아 맛깔나게 연재하고 있는 서예가 홍우기 족질에게 『해봉집』에 대한 번역과 발간을 거듭거듭 부탁하였던 것입니다.

지금 『해봉시집』을 보니, 공의 시를 이해할 수 있는 간명한 주석은 물론이고 명말에 출간하였던 희귀한 서적 『고씨화보』의 도판을 찾아 실었고, 1656년에 간행한 초간본 『해봉집』을 영인하여 실었으니, 우리는 공의 시를 더 세세하고 생생하게 이해할 수 있게 되었습니다.

또한 해봉공의 필적과 해봉공에 관련한 사진은 물론이고 해봉공의 시를 서예작품화한 것 역시 『해봉시집』을 지루하지 않게 볼 수 있도록 한 것이니 그 고심의 흔적을 엿볼 수 있습니다. 또한 말미에 해봉공과 시대의 고락을 함께 나눴던 조선시대 문인들의 시문을 발췌하여 번역한 것은 『해봉시집』을 더욱 가치있는 책으로 만들었습니다. 이렇게 훌륭한 결과를 내놓은 족질 도곡 홍우기에게 심심한 고마운 마음을 표합니다. 앞으로도 종사를 위해 많은 협조 부탁합니다.

감사합니다.

2019년 3월 일

南陽洪氏海峯公宗中會 前會長 洪性禹 再拜

목차

Ⅰ. 五言絶句 … 35

Ⅱ. 七言絶句 … 85

Ⅲ. 五言律詩 … 117

Ⅳ. 五言排律 … 161

Ⅴ. 七言四韻 … 169

Ⅵ. 六言四韻 … 279

Ⅶ. 五言古詩 … 281

Ⅷ. 七言古詩 … 289

Ⅸ. 해봉공과 조선선비들의 시 … 323

X. 墓碣銘과 行狀 … 375

부록

해봉집 원전(우철) 1-92

<도판목록>

海峯 洪命元 詩碑
雨後
東樓宿客早開門
千里倦遊偏感物
百年多病獨憑軒
행 장
2001년 11월 19일
남양홍씨 해봉공 종중회 세움

海峯公 詩碑

海峯集序

해봉공(海峯公)에 대해 알만한 것이 적지 않지만 잘 아는 사람도 드물다. 벼슬이나 혹은 절개보다 시(詩)로써 공을 아는 이는 더욱 적다. 내가 일찍이 공의 묘(墓)에 비명(碑銘)을 썼으나 식견이 어둡고 문장이 서툴러 공을 비슷하게나마 형용하지 못했음을 항상 안타까워 했다. 공에게는 문집 3권이 있는데, 아들인 감사공형제(監司公兄弟)[1]들이 모은 것으로 나는 일찍이 보지 못했지만 지난 겨울에 공의 증손 우익(禹翊)이 가지고 와서 보여 주었다. 나는 일찍부터 공의 문장(文章)은 주로 양한체(兩漢體)를 썼고 시(詩)는 전적으로 성당풍(盛唐風)으로 지었다고 들었다. 최근에 받아서 여러 번 보다가 고산독우(高山督郵)[2]시절 기생을 물린 수편의 시[3]에 이르러서는 나도 모르게 옷깃을 여미며 공경하게 되었다. 예로부터 문인 사객의 도가 여기까지 이렀다 말할 수 있었던가? 비록 금수(錦繡)같이 찬란하고 하해(河海)처럼 풍부하더라도 한마디 말이 도(道)에 가까움을 찾을 수 없었는데, 공은 진정 백세의 스승이라 할 만하다.

옛적에 주공숙(周恭叔)[4]은 재식(才識)이 고명(高明)했는데, 장님이 된 족녀(族女)에게 장가들어 아내로 삼았다. 이천(伊川)이 말하기를, “나도 30이전에는 하지 못했다.”고 했는데, 후에 마음이 달라져 술자리에서 마음에 둔 여인이 있게 되자 이천이 금수(禽獸)와 다를 것이 없다고 꾸짖었다. 호담암(胡澹菴)[5]이 간신 왕륜(王倫)과 진회(秦檜)를 참(斬)하기를 청하다가 10년 가까운 귀양살이에도 그 기절(氣節)이 꺾이지 않았는데, 그 뒤에 여와(黎媧)에게 빠져 관계를 맺었다가 좌두(莝豆)[6]를 먹는 치욕을 사양치 못했는데 회옹(晦翁)의 매관시(梅館詩) 두어 수(首)가 부월(鈇鉞)과 같이 삼엄하였나. 이는 그 빠지기 쉽고 금세(禁制)하기는 어렵기 때문인데, 공은 한칼에 두 쪽으로 낼 수 있었던 것이다. 대순(大舜)의 은미한 가르침을 생각하고 맹자(孟子)의 일식(日蝕)처럼 허물을 고친다는 말을 따랐다. 마음을 잡아 두는 미묘한 법을 깨닫고 예(禮)와 금방(禁防)이 혹 소홀할까 두려워하며 야기(夜

---

1) 監司公兄弟: 처후(處厚)・처윤(處尹)・처대(處大)가 모두 감사를 지냈기 때문에 이렇게 씀.

2) 督郵: 관직명. 군 태수의 속관. 해당 군에 소속된 현(縣)을 감독 시찰하고 관리(官吏)의 업적을 심사하며 지방의 간교한 권세가들을 관리 또는 제어(制御)하는 책임을 졌다. 아울러 소송사건이나 도망자를 체포하는 일도 맡았다. 한 군(郡)에 몇 개의 부(部)를 설치했는데, 부마다 독우를 두었다.

3) <巡相所送一姝 却而不留 讀書專意 頓覺心境靜穩 偶得期字>와 같은 시를 보고 평을 한 것 같다.

4) 周恭叔: 정이(程頤)의 제자 주행기(周行己)가 어렸을 적에 외가의 여인과 혼사를 맺기로 약속하였는데, 문과에 급제한 뒤에 그 여인이 장님이 되었는데도 불구하고 장가들어 아내를 극진히 사랑하였다. 이천은 이것을 보고 “나도 서른 이전에는 이렇게 하지 못했다. 그러나 진보가 빠른 자는 퇴보도 빠른 법이다.”라고 하며 늘 염려하였다. 뒤에 그가 술자리에서 기생과 정분을 통하고는 “의리에 해로울 것이 없다.”라고 말했는데, 이천은 그 사실을 알고는 “그 녀석은 짐승만도 못하구나. 어찌 의리에 해롭지 않단 말인가.”라고 책망하였다.

5) 胡澹菴: 송 나라 호전(胡銓).

6) 莝豆: 콩을 섞은 여물.

氣)[7]가 청명(淸明)하여 참된 선비를 그리워함이다. 그러나 공의 노력한 이유를 궁구해 보면, 다만 옛 성현(聖賢)의 글을 엄(嚴)한 스승으로 삼았고, 그래도 미비하다 여겨지면 또 반수(盤水)[8]와 야화(野火)[9]로써 깊이 자신을 경계했으니 그 성찰(省察)과 경계(警戒)의 공이 또한 엄밀하였다.

아, 성현이 성현 된 까닭도 그 절요(切要)함이 어찌 이보다 더한 것이 있겠는가? 그렇다면 공을 안다는 사람이 과연 공을 다 안 것일까? 공의 문(文)은 양한이요 시는 성당이라는 것이 비록 근사하기는 하나, 내가 본 바로는 회옹의 글을 익히 익혀서 흥기(興起)한 것이 아닌가? 회옹이 동안(同安) 벼슬을 할 때 안은(安隱) 벽에 쓰기를,

日暮天寒無酒飮　날 저물고 날씨 춥고 마실 술도 없으니
不須空喚莫愁來　부질없이 기녀(妓女) 부를 근심하지 말게나

하였다. 따라서 회옹은 처음부터 기녀를 오지 말도록 했는데, 공은 온 기녀를 잠시 본 것이니 이것이 같지 않을 따름이다. 어찌 매관(梅館)과 안은(安隱)의 모든 시를 크게 써 놓고, 그 다음에 공의 시 두어 편을 붙여서, 한창 나이에 의지가 약한 자에게 읽도록 하여 격려하는 바가 있도록 해야 할 것이 아닌가?

숭정(崇禎) 임술(壬戌, 1682년)[10] 1월[11]에 은진 송시열[12] 서문을 쓰다.

---

7) 夜氣: 사물(事物)과 접하지 않은 때의 양심.

8) 盤水: 마음을 조심함.

9) 野火 욕심이 다시 되살아남

10) 橫艾閹茂: 횡애(橫艾) 세성기년법(歲星紀年法) 중에 세양명(歲陽名)이다. 태세(太歲)가 임(壬)에 있는 해이다. 엄무(閹茂)는지지(地支)중에 술(戌)의 별칭(別稱)이다.

11) 大蔟: 태주(太蔟)는 십이율(十二律)의 첫번째이다.

12) 宋時烈(1607-1689). 본관은 은진(恩津). 아명은 성뢰(聖賚). 자는 영보(英甫), 호는 우암(尤菴) 또는 우재(尤齋). 봉사(奉事)이다. 저서로는 『주자대전차의(朱子大全箚疑)』·『주자어류소분(朱了語類小分)』·『이정시분류(二程書分類)』·『논맹문의통고(論孟問義通攷)』·『경례의의(經禮疑義)』·『심경석의(心經釋義)』·『찬정소학언해(纂定小學諺解)』·『주문초선(朱文抄選)』·『계녀서(戒女書)』 등이 있다. 문집은 1717년(숙종 43) 왕명에 따라 교서관에서 처음으로 편집, 167권을 철활자로 간행하여 『우암집(尤菴集)』이라 하였다. 이후 1787년(정조 11) 다시 빠진 글들을 수집, 보완하여 평양감영에서 목판으로 215권 102책을 출간하고 『송자대전(宋子大全)』이라 명명하였다.

海峯集序

海峯公可知者非一而知之者鮮矣或以宦業或以節槩而其以詩知者尤淺矣余嘗爲公銘其墓常恨識昧文拙不能形容其彷彿也公有文集三卷蓋諸子監司公兄弟所裒稡也余未嘗見也去年冬公曾孫禹翊來示之余早聞公文主兩漢而詩專盛唐亟受而繙閱至高山督郵時却妓數詩不覺斂衽而起敬也自古文人詞客有能說道及此者乎雖爛如錦繡富如河海若求其一言之幾乎道則未也公眞可謂百世師也昔周恭叔才高識明至娶雙瞽族女爲妻伊川以爲頤未三十時做不得後來把得不定乃於酒席有所屬意則伊川又責之以禽獸不若也胡澹菴請斬倫檜近十年竄謫不挫其氣節如何而顧乃溺心於黎嫣甘受笙豆之辱而不辭晦翁梅館數詩森嚴若斧鉞此其陷溺之易斷制之難若是公能一刀兩段思大舜惟微之訓服孟子日更之說悟操存之妙法懼禮防之或疏夜氣淸明夢寐眞儒然究其所以用力之由則只以古聖賢書爲嚴師也猶以爲未也則又以盤水野火深自警焉其省察戒懼之功又密矣嗚呼聖賢之所以爲聖賢者其切要豈有過於此者乎然則知公者其果盡知公乎其謂公文漢而詩唐者雖曰近之而以吾所見則熟習晦翁之書而興起乎晦翁之官同安也題安隱壁云日暮天寒無酒飮不須空喚莫愁來夫晦翁初不使來而公則遽見其來此爲不同耳安得大書梅館安隱諸詩而附公數篇於其後使年芳志弱者讀之以有所策礪耶時崇禎橫艾閹茂之大蔟日恩津宋時烈序

文集跋

이는 우리 선조 해봉공의 유고이다. 오호라! 훌륭한 재주와 뛰어난 인품은 나라의 동량이요 맑은 조정의 호련(瑚璉)[13]이며 문장은 특별한 그 나머지일 따름인데, 중도에 꺾였으니 그 베푼 것을 궁구하지 않더라도 하늘이여 애통할 따름이다. 우재 송선생은 묘갈명에서 이르기를, "공의 문장(文章)은 주로 양한체(兩漢體)를 썼고 시(詩)는 전적으로 성당풍(盛唐風)으로 지었다."고 하였다. 족부 학곡공은 "문예비평(文藝批評)에 심히 뛰어났으므로 매양 공의 재능(才能)이 고인(古人)을 뛰어넘는다."고 탄복했으며, 당시 사단(詞壇)을 주도하는 사람들조차 모두 그 품격(品格)과 힘이 준일(俊逸)함에 탄복하였으니 선배들까지 높이 평가했음을 알 수 있다. 평생의 저술은 전쟁으로 인해 잃어버렸고 다행히 남아 등재한[14] 것이 겨우 2국이었다. 이 어찌 큰 솥 안에 있는 하나의 저민 고기에서 또 그 뛰어난 것을 고르지 못하는 것과 다르겠는가?

그러나 진주가 떨어지고 조개가 부서져 파도를 따라 여기에 온 것과 같으니 보아도 진귀하다 할 것이다. 하지만 초략(草略)이 태심(太甚)하니 후세 사람들은 장차 그 글을 읽고 그 사람을 알지 못하는 탄식이 있을 것이다. 비록 그릇된 일의 손익을 생각하여 또한 그런대로 완성했다고 이를 수는 없다. 내가 그래도 흡족다고 생각하는 것은 삼가 구판(舊板)을 내어 저자(著者)를 표출(表出)하였고 그 끝에 장덕(狀德)의 글을 붙여놓았던 것이요, 중간(重刊)하여 약간의 책을 만들었고 종지제가(宗支諸家)에서 받들어 소장했다는 것이다. 이에 한번 책을 열면 그 상세함을 알 수 있게 되었다.

대개 선조의 일지(一紙) 일묵(一墨)이라도 정결하게 보관하고 흠모하여 공경하여야 하는 것인데, 하물며 시부(詩賦)나 문장(文章)은 마음에서 발하여 말로 드러난 것인데 어찌 다만 일상의 수택(手澤)[15]뿐이겠는가? 장미이슬에 손을 씻으며[16] 놀라운 마음으로 읽으니 어렴풋하게 수건과 짚신을 시중들고 기침소리를 듣는 것 같아 스스로 무릎을 오므리고 공경하는 마음을 내는 것을 깨닫지 못했다. 무릇 나는 동파(同派)의 자손이니 어찌 이를 보관하면서 오래도록 전함을 소중하게 여기지 않겠는가?

---

13) 瑚璉: 중국 주나라 때, 오곡을 담아 신에게 바칠 때 쓰던 제기(祭器)인데 중국 고대에 하나라에서는 호(瑚)라 하고 은나라에서는 연(璉)이라 한 데에서 유래한다. 고귀한 인격을 가진 사람이나 학식과 능력이 뛰어난 사람을 비유적으로 이르는 말이다. 이는 공자(孔子)가 자공(子貢)의 사람됨을 평하여 호련(瑚璉)이라고 한 데에서 유래한다.

14) 登梓: 원고의 그림이나 글을 재나무에 새김. 즉 출판.

15) 手澤: 책이나 문고리 따위의 물건을 오래도록 자주 만져서 손때가 묻어 생기는 윤기

16) 盥薇: 장미(薔薇) 이슬로 손을 씻는다는 말이다. 당나라 유종원(柳宗元)이 한유(韓愈)가 보내준 시를 읽음에 먼저 장미 이슬로 손을 씻고 향을 피운 뒤에 읽었다고 한다.

경술년 2월에 10세손 숭록대부(崇祿大夫) 의정부(議政府) 찬정(贊政) 겸 판돈녕원사(判敦寧院事) 홍문관학사(弘文館學士) 규장각학사(奎章閣學士) 시강원일강관(侍講院日講官) 순형(淳馨)[17] 재배지(再拜識)

文集跋

此吾先祖海峰公遺稿也嗚呼公瑰材偉器大廈之棟梁淸廟之瑚璉文章特其緖餘耳中途摧折未究厥施天乎蠹哉尤齋宋先生銘其碣曰公文主兩漢詩專盛唐族父鶴谷公評藝甚亢而每歎公才出古人一時主盟詞壇者皆服其格力俊爽云爾則先輩之所推重可知也平生著述蕩佚於兵燹幸存而登梓者僅二局是何異全鼎之一臠而又非選其尤者也然而零珠碎貝如從波斯中來視爲絶珍也宜矣但草略太甚後之人將有讀其書不知其人之歎雖非事之所以損益而亦不可謂苟完矣余惟是慊謹就舊板而表出著者其尾附狀德之文重刊爲若干袠奉奔于宗支諸家於是一開卷而得其詳焉盖凡祖先之一紙一墨猶必拚慕而尊閣之況詩若文之發於性而形於言者豈但尋常手澤而已哉盥薇驚讀僾然若侍巾屨而承謦咳自不覺斂膝而起敬凡我同派之孫孰不寶其藏而壽其傳也耶歲在庚戌仲春十世孫崇祿大夫議政府贊政兼判敦寧院事弘文館學士奎章閣學士侍講院日講官淳馨再拜識

17) 洪淳馨(1858-？) 본관은 남양(南陽). 자는 여문(汝聞).

海峯公 年代表				
1573년(宣祖6)-1623년(仁祖1) 本貫 南陽 字 樂夫 號 海峰				
海峯	西紀	王歷	干支	記事
1	1573	宣祖6	癸酉	• 12月 24日生
20	1592	宣祖25	壬辰	• 5月 23日 壬辰倭亂
25	1597	宣祖30	丁酉	• 8月 丁酉再亂 • 庭試文科及第 • 補承文院副正字
28	1600	宣祖33	庚子	• 8月 玉堂에 被錄 • 11月 翰苑 檢閱 侍講院說書
29	1601	宣祖34	辛丑	• 說書 司書 • 8月 弘文館 校理 • 冬 父親喪
32	1604	宣祖37	甲辰	• 2月 司諫院 獻納 • 7月 咸鏡道 都事
34	1606	宣祖39	丙午	• 1月 禮曹佐郎 • 8月 高山 察訪 • 禮曹正郎 兼 訓局郎廳.
35	1607	宣祖40	丁未	• 竹州府使 • 山城築造.
38	1610	光海2	庚戌	• 3月 弘文館 修撰 侍講院弼善 • 8月 司憲府掌令 • 定州牧使
40	1612	光海4	壬子	• 12月 義州府尹
41	1613	光海5	癸丑	• 冬 母親病患에 辭職侍奉
42	1614	光海6	甲寅	• 10月 承政院同副承旨. 未幾遞
43	1615	光海7	乙卯	• 例陞右副左副 • 9月 光州牧使 • 光海賜表裏嘉奬之
44	1616	光海8	丙辰	• 陞資爲嘉善 光州牧使加任一年 • 竹定義光 四邑之民 咸篤去後思 勒石頌德政
46	1618	光海10	戊午	• 歸安山海曲 • 秋 忠武衛 司直 • 分兵曹 參判 • 11月 喬遊擊 接伴使
47	1619	光海11	己未	• 差謝謝恩正使 • 12月 移拜告急使
49	1621	光海13	辛酉	• 承文院提調 • 分兵曹參判
51	1623	仁祖1	癸亥	• 3月 仁祖大王反正 京畿觀察使 兼 巡察使 • 5月 17日卒 吏曹判書에 追贈 仁廟爲之輟朝 遣官致祭 官尼葬事 • 7月 殯所를 安山鄕廬로 옮김 • 12月十二日 安山 城頭里에 葬事
後23	1646	仁祖24	丙戌	• 三男 洪處尹[18]의 從勳으로 贈職이 崇政大夫 議政府 左贊成이 됨.
後33	1656	孝宗7	丙申	• 長子 洪處厚[19]가 『海峯集』刊行.
後70	1716	肅宗42	丙申	• 高孫 守虛齋 洪啓迪[20]이 『海峯集』重刊. 曾孫 洪禹寧[21]의 跋
後264	1910	純宗4	庚戌	• 11世孫 洪淳馨이 『海峯集』三刊. 洪淳馨의 識
後396	2019		己亥	• 14世孫 洪愚基가 『海峯集』번역 『海峯詩集』刊行.

해봉선생 거사비

18) 洪處尹(1607-1663). 본관은 남양(南陽). 자는 지임(之任), 호는 안분재(安分齋).
19) 洪處厚(1599-1673). 본관은 남양(南陽). 자는 덕재(德載), 호는 성암(醒菴). 시호는 충장(忠莊)이다.
20) 洪啓迪(1680-1722). 본관은 남양(南陽). 자는 혜백(惠伯), 호는 수허재(守虛齋). 홍처후(洪處厚)의 증손. 시호는 의간(毅簡)으로, 뒤에 충간(忠簡)으로 개시되었다. 저서로는『수허재유고(守虛齋遺稿)』가 있다.
21) 洪禹寧(1660-1717). 본관은 남양(南陽). 자는 여성(汝成), 호는 정와(靜窩). 관찰사 홍명원(洪命元)의 증손.

海峯公 時祭

Ⅰ. 五言絶句

題顧氏畫譜 一百七首 고씨화보[1]에 쓰다. 107수

絶岸俯風湍(절안부풍단)　벼랑[2]에서 일렁이는 여울 굽어보니
仙衣飄欲擧(선의표욕거)　선의(仙衣)가 바람맞아 펄럭거리네.
扶筇且逍遙(부공차소요)　지팡이를 짚고서 소요하지만
玄圃知何處(현포지하처)　현포(玄圃)[3]가 어딘지 알고 있는 듯
　右詠顧愷之(우영고개지)　이 시(詩)는 고개지(顧愷之)[4]를 읊은 것이다.

素王百代尊(소왕백대존)　공자(孔子)[5]는 백대(百代)가 존경하는데
釋老何爲者(석로하위자)　석가(釋迦)와 노자(老子)는 어떤 이 일까?
三人必有師(삼인필유사)　삼인(三人)중엔 반드시 스승 있으니

---

1) 顧氏畫譜: 《고씨화보》는 명대(明代) 고병(顧炳)이 편집한 것이다. 본서(本書)에 수록한 작품은 고씨(顧氏)가 모방(摹仿)한 역대명화가(曆代名畫家)의 회화작품(繪畫作品)을 이어서 만든 것이다. 그래서 《고씨화보(顧氏畫譜)》라 한 것이다.
2) 絶岸: 깎아지른 듯한 절벽.
3) 玄圃: 중국 전설속에서 곤륜산 정상에 신선이 사는 곳으로 그곳에 기화(奇花)와 이석(異石)이 있다고 한다. 玄은 懸과 통한다.
4) 顧愷之(344경-405경)는 중국 동진(東晉) 때의 화가이다. 그림 2점이 전하는데, 이는 <낙신부도권(洛神賦圖券)>과 <여사잠도권(女史箴圖圈)>이다.
5) 素王: 공자(孔子)를 가리킨다.

고개지(顧愷之)

육탐미(陸探微)

장승요(張僧繇)

聖訓非欺我(성훈비기아)　　성현의 가르침 날 속이지 않네.
　右詠陸探微(우영육탐미)　이 시(詩)는 육탐미(陸探微)[6]를 읊은 것이다.

手撫耽耽姿(수무탐탐자)　　손으로 만지면서 즐기는 모습이지
非關符水揮(비관부수휘)　　부수(符水)[7]와 관련한 행동이 아니라네.
無心能擾物(무심능요물)　　무심(無心)이 사물을 흔드나니
海鳥亦知機(해조역지기)　　해조(海鳥) 또한 이치를 알고 있는 듯[8]
　右詠張僧繇(우영장승요)　이 시(詩)는 장승요(張僧繇)[9]를 읊은 것이다.

紅日湧雲濤(홍일용운도)　　붉은 해 운해(雲海)에 떠오르는데
阿誰合手拜(아수합수배)　　어느 누가 손을 모아 절을 하는가?
祝語人不聞(축어인불문)　　축원(祝願)의 말 사람은 듣지 못하나

---

6) 陸探微(？-485경)는 한족(漢族)으로 오현(吳縣) 출신이다. 중국 남조(南朝) 송(宋)의 궁정화가(宮廷畫家)로 중국서화사에서 정식(正式)으로 서법(書法)을 화법(畫法)에 도입시킨 창시인(創始人)으로 전한다.

7) 符水: 무속에서 도사들이 부적을 불에 태우고 물에 넣어 저어가며 주문을 외우면 사악한 것을 물리칠 수 있기 때문에 병을 치료할 수 있다는 미신.

8) 知機: 사물에서 발생하는 변화의 은미한 징조를 보고 미리 알아내는 식견.

9) 張僧繇 중국 남조 양(梁)의 화가. 오현 출신이다. 고개지·육탐미 이후, 오도현(吳道玄) 이전의 2,300년 동안 가장 명성이 높았다.

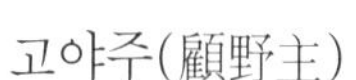

고야주(顧野主)

염입덕(閻立德)

오도현(吳道玄)

海風吹衣帶(해풍취의대)　해풍(海風)은 옷자락을 펄럭거리네.
　右詠顧野主(우영고야주)　이 시(詩)는 고야주(顧野主)[10]를 읊은 것이다.

大婦當壚坐(대부당로좌)　대부(大婦)는 주막에 앉아있고
中婦抱嬌兒(중부포교아)　중부(中婦)는 예쁜 아이 안았네.
少長醉沙渚(소장취사저)　아이 어른 물가에서 취해 노는데
江風楊柳吹(강풍양류취)　강풍(江風)이 버들가지 흔드는구나.
　右詠閻立德(우영염입덕)　이 시(詩)는 염입덕(閻立德)[11]을 읊은 것이다.

脚下芙蓉蕊(각하부용예)　다리 아래 부용(芙蓉)이 꽃피어 있고
甁中楊柳枝(병중양류지)　병(甁)에는 버들가지 꽂혀있구나.
瑤池路多少(요지노다소)　아름다운 연못[12]에는 길이 많은데

---

10) 顧野王(519-581)원명(原名)은 고체륜(顧體倫)이고 자는 희빙(希馮)이다. 남조(南朝) 진양간(梁陳間)에 벼슬을 했으며 문학훈고학가(文字訓詁學家)이자 사학가(史學家)이다. 저서로는『옥편(玉篇)』『여지지(輿地志)』가 있다.

11) 閻立德(?-656) 이름은 양(讓)이요 자가 입덕(立德)이다. 옹주(雍州) 만년인(萬年人)이다. 화적(畵跡)은 <문성공주강번도(文成公主降番圖)>·<옥화관도(玉華官圖)>·<투계도(鬥雞圖)>·<봉선도(封禪圖)>가 있고, 著錄에는『당서(唐書). 예문지(藝文志)』에 『변지태상상(釆芝太上像)』·『우군점한도(右軍點翰圖)』·『침약호안시의도(沈約湖雁詩意圖)』등 9건이 있고, 『선화화보(宣和畫譜)』에는 <소상도(掃象圖)>가 있다.

12) 瑤池: 고대전설 중 곤륜산 위에 있다는 지명(池名)이다. 서왕모(西王母)가 살고 있다고 하며 아름다운 연못이다. 대체로 궁원(宮苑)의 연못을 가리킨다.

靑鳥報佳期(청조보가기)　파랑새가 좋은 시절 알리는구나.
　右詠吳道玄(우영오도현) 이 시(詩)는 오도현(吳道玄)[13]을 읊은 것이다.

爽塏仍繁麗(상개잉번려)　드높은 곳[14] 번화하고 아름다우며
樓臺松桂寒(누대송계한)　누대에 솔과 계수 서늘하더라.
憑高晴眺迥(빙고청조형)　높이 올라[15] 비 개인 먼 곳을 보니
飛瀑落雲端(비폭낙운단)　폭포수 구름 끝에 떨어지누나.
　右詠李思訓(우영이사훈) 이 시(詩)는 이사훈(李思訓)[16]을 읊은 것이다.

春波漾綠蒲(춘파양녹포)　봄이 되어 푸른 창포 일렁거리며
小艇初移棹(소정초이도)　작은 배 처음으로 노 저어 간다.
何處有幽期(하처유유기)　어느 곳에 은일(隱逸)한 기약(期約)[17] 있는지?
高樓見柳杪(고루견류초)　고루(高樓)에서 버들가지 바라본다네.
　右詠王維(우영왕유) 이 시(詩)는 왕유(王維)[18]를 읊은 것이다.

龍駒八尺高(용구팔척고)　팔 척이나 됨직한 커다란 준마(駿馬)[19]
繫在垂楊樹(계재수양수)　수양버들 기둥에 매어있구나.

---

13) 吳道玄(700경-760경) 중국 당대의 화가로 호는 도자(道子)이다. 기록에 의하면 매우 다양한 주제로 그림을 그렸다고 하는데, 무엇보다도 불교를 소재로 한 대형 벽화를 많이 제작했던 것으로 보인다. 특히 상상력과 표현력을 갖춘 기운찬 필력으로 유명한데, 그의 필력에 대해서는 당시의 화론가들 조차 칭송을 아끼지 않아 그를 화성으로까지 평했다. 그러나 그의 재능과 그가 도달했던 경지를 아주 희미하게나마 엿볼 수 있게 해줄 만한 작품은 단 1점도 남아 있지 않다.
14) 爽塏: 높고 시원하며 건조한 곳.
15) 憑高: 높은 곳에 의지함.
16) 李思訓(651-716)은 당(唐)나라 황족 종실(皇族 宗室) 출신의 화가이며 자(字)는 견룡(建見)이다. 측천무후가 정권을 잡고 당나라의 황족을 박해하자, 황족이었던 그는 숨어 살면서 그림 그리는 법을 익혔다. 후세에 그의 아들 소도(昭道)와 함께 청록산수화(靑綠山水畵 : 金碧山水畵라고도 함)와 북종화의 시조로 추앙되었다.
17) 幽期: 은일(隱逸)한 기약(期約).
18) 王維(699-759) 산시성[山西省] 치현[祁縣]출신이다. 왕유는 시, 음악, 그림에 뛰어난 재주를 보였으며 특히 남종화의 시조로 알려져 있다. 남종화는 문인화가들을 중심으로 전개된 화풍으로 개인적인 감정 표현에 더 많은 관심을 가졌다. 그는 여러 가지 주제로 그림을 그리고 다양한 표현양식을 채택하였으나, 산수화를 발달시킨 최초의 사람 중의 하나로 특히 유명하다. 그는 생존시에 설경산수화로 유명했으며, 가장 유명한 작품은 <망천도>라는 화권이다. 또한 그는 자연의 정치와 한가로운 전원생활을 노래한 시인으로 이백(701~762), 두보(712~770) 등의 유명한 당대 시인들과 함께 서정시 형식을 완성한 시인으로 손꼽힌다.
19) 龍駒: 준마(駿馬).

이사훈(李思訓)

왕유(王維)

한간(韓幹)

何日黃金羈(하일황금기)　어느 날 황금으로 고삐를 하고
霜蹄騁長路(상제빙장로)　말발굽[20] 울려가며 장로(長路) 달릴까?
右詠韓幹(우영한간) 이 시(詩)는 한간(韓幹)[21]을 읊은 것이다.

雄鷄將一雌(웅계장일자)　수탉은 암탉을 거느리고
子母相哺樂(자모상포락)　자모(子母)가 쪼아대며 즐거워하네.
且莫啄庭蟲(차막탁정충)　뜰에서는 벌레를 쪼지 말거라
恐遭小奴縛(공조소노박)　작은 여종에게 잡힐 수 있으니
右詠邊鸞(우영변란) 이 시(詩)는 변란(邊鸞)[22]을 읊은 것이다.

羸驂怯危橋(이참겁위교)　여윈 말 높은 다리 겁을 내는데

20) 霜蹄: 마제(馬蹄).

21) 韓幹 8세기 중엽에 활동한 중국 당대의 화가. 기록에 의하면 불교와 도교를 주제로 한 벽화도 그렸다고는 하지만, 말 그림으로 가장 잘 알려져 있다. 흐트러짐 없는 필선과 대단히 명확한 구도로 당나라 말들의 힘과 고귀함을 강조했다. 말을 그림의 소재로 삼는 것은 송대의 이공린과 원대의 조맹부를 비롯한 여러 화가들에 의해 계속되었다.

22) 邊鸞: 당대(唐代) 화가(畫家)로 경조(京兆) 출신이다. 벼슬은 우위장사(右衛長史)를 지냈다. 어려서부터 단청(丹靑)을 전공했고 화조(花鳥)를 잘 그렸으며 벌과 나비를 정밀하게 묘사했다. 화적(畫跡)으로는 <모란도(牡丹圖)>가 있고, 著錄으로는 『광천화발(廣川畫跋)』에 <척촉공작도(躑躅孔雀圖)>·<매화척령도(梅花鶺鴒圖)>·<이화발합도(梨花鵓鴿圖)> 등 33건이 있고, 『선화화보(宣和畫譜)』에 <매화산다설작도(梅花山茶雪雀圖)>가 있다.

변란(邊鸞)

관동(關仝)

황거보(黃居寶)

亂壑春流吼(난학춘류후)　골짜기에 봄 물소리 크게 들리네.
松竹翳柴扉(송죽예시비)　송죽(松竹)이 사립문을 덮고 있어서
家僮不知候(가동부지후)　가동(家僮)조차 시절(時節)을 알지 못하네.
　右詠關仝(우영관동) 이 시(詩)는 관동(關仝)[23]을 읊은 것이다.

生香一樹花(생향일수화)　한그루 꽃나무에 향기가 나니
樂意幽禽語(낙의유금어)　산새들 즐거움에 지저귀지만
似惜春意忙(사석춘의망)　봄날[24]이 바쁜 것 안타까워서
終朝不飛去(종조불비거)　아침이 다 가도록 날지를 않네.
　右詠黃居寶(우영황거보) 이 시(詩)는 황거보(黃居寶)[25]를 읊은 것이다.

賈客臨衢路(가객임구로)　상인(商人)들이 거리에 몰려 있는데
杯盤頗不同(배반파부동)　술과 안주(按酒)[26] 모두가 같지 않구나.

---

23) 關仝: 오대(五代)초기의 화가(畵家)이고 서안(西安)출신이다. 동(仝)을 동(同)·종(種)·동(童)으로도 쓴다. 형호(荊浩)에게 산수화를 배웠는데, 만년에는 스승보다 더 높이 평가되어 청출어람(靑出於藍)의 칭송을 받았다. 그의 작품으로는 <관산행려(關山行旅)><산계대도(山溪待渡)> 등이 전한다.

24) 春意: 봄날의 기상(氣象).

25) 黃居寶: 오대후촉(五代後蜀)의 화가(畵家)이다. 字는 사옥(辭玉)으로 성도(成都) 사람이다 황전(黃筌)이 차자(次子)이다.

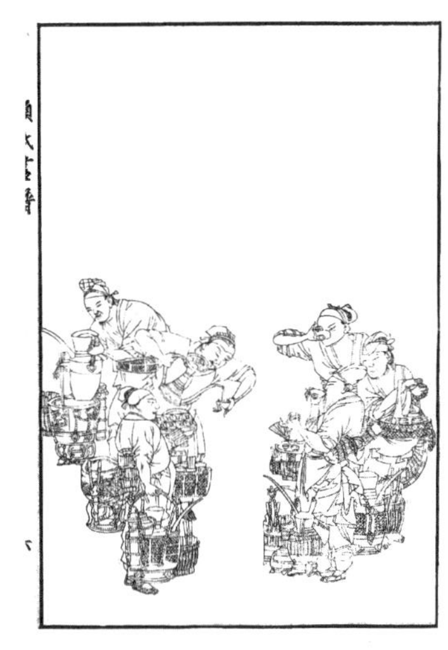

염입본(閻立本)

정건(鄭虔)

이소도(李昭道)

是知分勝負(시지분승부)　승부가 나뉨을 이미 알기에

立飮有遺風(입음유유풍)　일어서서 마시는 유풍(遺風)이 있네.

　右詠閻立本(우영염입본) 이 시(詩)는 염입본(閻立本)[27]을 읊은 것이다.

水店連山郭(수점연산곽)　수점(水店)은 산성(山城)에 붙어있고

迷津舸艦多(미진가함다)　희미한 나루[28]에는 배가 많구나.

高江須急下(고강수급하)　높은 곳 강물 급히 흘러가지만

回岸少風波(회안소풍파)　굽이진 언덕에는 풍파(風波)가 적네.

　右詠鄭虔(우영정건) 이 시(詩)는 정건(鄭虔)[29]을 읊은 것이다.

層臺崒蕭爽(층대줄소상)　층대(層臺)[30]는 높고 청한(淸閑)하며[31]

---

26) 杯盤: 술잔과 쟁반으로 여기서는 안주를 가리킨다.

27) 閻立本:(約601-673) 당대(唐代)의 화가(畫家)로 벼슬이 재상(宰相)에 이르렀다. 옹주만년(雍州萬年) 출신이다. 북주(北周) 무제(武帝) 우문옹(宇文邕)의 외손(外孫)이다. 부자(父子) 3인이 공예(工藝) 회화(繪畫)에 뛰어나 세상에 이름을 날렸다. 대표작품으로는 <보련도(步輦圖)>·<역대제왕상(歷代帝王像)> 등이 있다.

28) 迷津: 나루가 있는 곳을 잃음. 미로(迷路).

29) 鄭虔(691—759)字는 추정(趨庭) 약제(若齊, 弱齊) 약재(若齋)이며 하남(河南) 형양형택(滎陽滎澤) 출신이다. 정건은 일찍부터 산수화(山水畫)를 잘 그렸는데 한 번은 자작시(自作詩)와 아울러 그린 그림을 임금에게 바치니 임금이 보고 그 재주를 칭찬하며 화폭(畫幅)한 끝에 정건삼절(鄭虔三絶)이라고 썼다. 후에 당(唐) 현종(玄宗)은 그의 재주를 사랑하여 그를 광문관(廣文館) 박사(博士)로 삼았다.

秋色滿平林(추색만평림)　　추색(秋色)은 숲속에 가득하더라.
眺遠忘歸去(조원망귀거)　　멀리 보며 돌아갈 곳 잊고 있는데
高松生夕陰(고송생석음)　　고송(高松)이 저녁그늘 드리운다네.
　右詠李昭道(우영이소도) 이 시(詩)는 이소도(李昭道)[32]를 읊은 것이다.

依巖佛龕古(의암불감고)　　바위에 지은 암자(庵子)[33] 오래되었고
瀉壁天河倒(사벽천하도)　　벼랑으론 은하(銀河)가 거꾸로 섰네.
對坐松下翁(대좌송하옹)　　솔 아래 마주앉은 늙은이 중에
誰是靑蓮老(수시청련로)　　어느 누가 청련(靑蓮)[34]노인 이태백일까?
　右詠荊浩(우영형호) 이 시(詩)는 형호(荊浩)[35]를 읊은 것이다.

牽牛柳邊路(견우유변로)　　소를 끌고 버드나무 길을 가는데
盡日東坡雨(진일동파우)　　하루 종일 동쪽언덕 비가 내리네.
蓑笠濕不妨(사립습불방)　　사립(簑笠)은 젖어도 무방하지만
前溪那可渡(전계나가도)　　앞 시내는 어떻게 건널 것인지?
　右詠戴嵩(우영대숭) 이 시(詩)는 대숭(戴嵩)[36]을 읊은 것이다.

華雉挾其雌(화치협기자)　　수꿩이 암꿩을 데리고 놀고
春山饒竹木(춘산요죽목)　　봄 산에는 대나무가 풍성하지만

---

30) 層臺: 중대(重臺) 고대(高臺).
31) 蕭爽: 청정(淸淨)하고 한적(閑適)함.
32) 李昭道: 생졸년(生卒年)은 미상(未詳)이다. 字는 휘준(希俊)으로 당대(唐代) 화가(畫家)이며 감숙천수(甘肅天水) 출신이다. 당조(唐朝) 종실(宗室) 팽국공(彭國公) 이사훈(李思訓)의 아들이요, 장평왕(長平王) 이숙량(李叔良)의 증손(曾孫)이다. 일찍이 <진왕독렵도(秦王獨獵圖)>를 그렸다. 작품은 <해안도(海岸圖)>·<적과도(摘瓜圖)> 등 6건이 있으며, 著錄에는 『선화화보(宣和畫譜)』이 있다. 세상에 전하는 작품(作品)으로는 <춘산행려도(春山行旅圖)>이 실려 있고, 도록(圖錄)에는 『고궁명화삼백종(故宮名畫三百種)』와 <명황행촉도(明皇幸蜀圖)>가 있다. 현재 대북고궁박물원(台北故宮博物院)에서 소장하고 있다.
33) 佛龕: 여기서는 절을 가리킨다.
34) 靑蓮: 이백(李白)의 자는 태백(太白). 청련거사(靑蓮居士)라고도 한다.
35) 荊浩 910~950년경에 활동한 중국 오대(907~960)의 산수화가·문장가. 자는 호연, 호는 홍곡자. 허난성[河南省] 친수이[沁水] 출신이다.
36) 戴嵩: 생졸년(生卒年)은 자세히 알 수 없다. 당대(唐代) 화가(畫家)로 한황(韓滉)의 제자(弟子)이다. 세상에 전하는 작품으로는 <투우도(鬥牛圖)>가 있다.

형호(荊浩)

대숭(戴嵩)

황전(黃筌)

終然畏罻羅(종연외위라)　결국에는 그물을 두려워하여
不及枝頭雀(불급지두작)　가지 위 참새에게 날지 못하네.
　右詠黃筌(우영황전) 이 시(詩)는 황전(黃筌)[37]을 읊은 것이다.

跏坐瞻龍象(가좌첨룡상)　가부좌한 용상(龍象)을 올려다보니
丹靑妙逼眞(단청묘핍진)　단청(丹靑)이 미묘(微妙)하여 실제와 같네.
誰知慶曆帝(수지경력제)　어느 누가 경력제(慶曆帝)[38]를 알고 있는가?
赤脚是前身(적각시전신)　맨 살이 보인 다리[39] 전신(前身)인 것을
　右詠宋仁宗(우영송인종) 이 시(詩)는 송인종(宋仁宗)[40]을 읊은 것이다.

爛熟薰風節(난숙훈풍절)　난숙(爛熟)[41]한 훈풍(薰風)이 부는 계절에
田中蔓葉深(전중만엽심)　밭 가운데 잎과 줄기 무성하더라.

---

37) 黃筌(約903—965) 字는 요숙(要叔)으로 오대(五代) 서촉(西蜀) 화가(畫家)이며 성도(成都) 출신이다. 지금은 <사생진금도(寫生珍禽圖)>가 전한다. 아들은 황거심(黃居宷)·황거보(黃居寶) 등으로 화조(花鳥)가 뛰어났으니 그 부친의 화법을 계승한 것이다. 황거심의 <산자극작도(山鷓棘雀圖)>가 세상에 전한다.
38) 慶曆: 송(宋) 인종(仁宗)의 연호.
39) 赤脚: 살을 드러낸 다리.
40) 宋仁宗趙禎1010-1063) 송조(宋朝) 제4위 황제(皇帝)이다.
41) 爛熟: 더할 나위 없이 충분히 발달하거나 성숙함.

송인종(宋仁宗)

송고종(宋高宗)

이공린(李公麟)

金盤竟無分(금반경무분) 금반(金盤)에는 마침내 나눌 게 없는데
任使草蟲侵(임사초충침) 임의로 초충(草蟲)이 몰려드누나.
右詠宋高宗(우영송고종) 이 시(詩)는 송고종(宋高宗)[42]을 읊은 것이다.

翦拂調靈性(전불조령성) 빗어주고 씻어주니[43] 정기(精氣)[44]가 있네
西藩替獻珍(서번체헌진) 서번(西藩)에선 교대로 진품(珍品) 바친다.
長安此萬里(장안차만리) 장안(長安)은 여기서 만 리가 되니
更洗涇渭深(갱세경위심) 다시 깊은 강물[45]에 몸을 씻누나.
右詠李公麟(우영이공린) 이 시(詩)는 이공린(李公麟)[46]을 읊은 것이다.

---

42) 宋高宗趙構(1107-1187) 字는 덕기(德基) 송조(宋朝) 제10위 황제(皇帝)로 35년간 재위했다. 남송 개국황제(開國皇帝) 송휘종(宋徽宗) 조길(趙佶)의 제9子이다. 『한묵지(翰墨志)』를 저술했고, 세상에 전하는 묵적으로는 <초서낙신부(草書洛神賦)> 등이 있다.

43) 翦拂: 말의 갈기를 잘라주고 먼지를 닦아주는 것.

44) 靈性: 정신(精神) 정기(精氣). 사람이 지니고 있는 총명(聰明)과 재지(才智). 사물에 대한 느낌과 이해하는 능력.

45) 涇渭: 경수와 위수로 경수는 탁하고 위수는 맑았으므로 경위는 인품의 우열청탁(優劣淸濁)과 사물의 진위시비(眞僞是非)를 비유한다.

46) 李公麟(1049-1106) 안휘성(安徽省) 서성(舒城) 출신으로 북송시대에 사대부들로부터 크게 칭송받았다. 호는 용면(龍眠)인데, 문인 가문에서 태어나 1070년 진사 시험에 급제하여 중서문하(中書門下)를 거쳐 성산정관(省刪定官)이 되었으나, 1100년에 사직하고 용면산(龍眠山)에 들어가 회화에 전념했다. 개봉(開封)에서 벼슬을 하고 있을 때 서화가 소동파와 화가이자 화론가인 미불(米芾) 등을 비롯한 당대의 명인들과 사귀었다. 또한 옛 대가들의 작품을 수집하고 모사함으로써 높은 안목을 갖게 되었다. 그는 그림을 그릴 때 사물 형태의 단순한 묘사와 직업적인 기술을 거부하고 고전 미술에 대한 풍부한 지식과 그 양식의 범주 안에서의 자기표

곽충서(郭忠恕)

범관(范寬)

곽희(郭熙)

盤陀石色古(반타석색고)　울퉁불퉁[47] 바위엔 고색(古色)이 돌고
裊娜藤蔓垂(요나등만수)　등나무 덩굴 늘어져 아름답구나.
地僻無人到(지벽무인도)　땅이 외져 찾아오는 사람 없는데
涼風生竹枝(양풍생죽지)　양풍(涼風)이 댓가지에 불어온다네.
右詠郭忠恕(우영곽충서)　이 시(詩)는 곽충서(郭忠恕)[48]를 읊은 것이다.

靑山雨初霽(청산우초제)　청산에 비가 왔다 처음 개이니
峽水漲春沙(협수창춘사)　협수(峽水)에 춘사(春沙)가 불어났구나.
橋上杖藜客(교상장려객)　다리위엔 지팡이 짚은 나그네
招尋何處家(초심하처가)　어느 곳 집을 찾아 그리 가는가?
右詠范寬(우영범관) 이 시(詩)는 범관(范寬)[49]을 읊은 것이다.

현을 대단히 강조했는데, 이것이 바로 문인화(文人畵)에서 추구하는 이상이었다. 일반적으로 그는 마화(馬畵 : 당나라 韓幹으로부터 영향을 받음)·불화·산수화·인물화 등 다방면에 뛰어났던 인물로 알려져 있다.

47) 盤陀: 돌이 평평하지 않은 모양.

48) 郭忠恕 (?-977) 자는 서선. 하남성(河南省) 낙양(洛陽) 출신이다. 후주 광순 때(952?) 종정승과 국자서학박사를 겸했고 송대에 들어와서는 국자감주부를 지냈다. 사람됨이 정직하여 황제와 높은 관리들을 서슴없이 비판하다가 결국 죄를 얻어 유배지로 가는 도중에 죽었다.

49) 范寬(?-1027) 자는 중립(中立). 어려서 형호(荊浩)·이성(李成)에게서 화법을 배웠으나 그후에 "사람에게서 배우느니 차라리 사물에게서 배우고 사물에게서 배우느니 차라리 마음에게서 배우는 것이 낫겠다"(輿其師於人者 未若師諸物 輿其師於物者 未若師諸心)고 생각해 종남산(終南山), 태화산(太華山)으로 들어가서 두루

積雪沒溪橋(적설몰계교)　눈 쌓이니 시내 다리 보이지 않고
天寒僕夫凍(천한복부동)　추운 날에 동복(童僕)은 얼어있구나.
歸驂正須催(귀참정수최)　돌아가는 나귀를 재촉하는데
山郭疏鐘動(산곽소종동)　산곽에 들려오는 드문 종소리

右詠郭熙(우영곽희) 이 시(詩)는 곽희(郭熙)[50]를 읊은 것이다.

前船喚不去(전선환불거)　앞배를 불러도 가지 않으니
後船更相催(후선갱상최)　뒷배가 다시 서로 재촉을 한다.
芳草綠楊路(방초녹양로)　방초(芳草)에 푸른 버들 늘어선 길에
携琴初出來(휴금초출래)　거문고를 들고서 처음 나왔네.

右詠趙令穰(우영조영양) 이 시(詩)는 조영양(趙令穰)[51]을 읊은 것이다.

一斑可知豹(일반가지표)　한 결 같이 얼룩지니 표범이로다.
萬竿從此推(만간종차추)　모든 줄기 이렇게 추측하였네.
無爾令人俗(무이영인속)　이것이 없으면 비속해지니
坡仙先獲之(파선선획지)　동파선(東坡仙)이 가장 먼저 이를 얻었지.

右詠蘇軾(우영소식) 이 시(詩)는 소식(蘇軾)[52]을 읊은 것이다.

유람하며 자세히 살펴본 후에 웅장하고 빼어난 섬서(陝西)·감숙(甘肅)지방의 산세를 그려냈다. <계산행려도(溪山行旅圖)>와 <설경한림도(雪景寒林圖)>가 대표작이다. <사성수산도(四聖搜山圖)>·<수묵부용도(水墨芙蓉圖)>와 길이 약 16.7m가 넘는 거대한 작품 <장강만리도(長江萬里圖)>가 있다.

50) 郭熙: 북송(北宋)의 화가(畫家)이자 회화이론가(繪畫理論家)이다. 字는 순부(淳夫)이며 생졸년(生卒年)은 알 수 없으나 송신종(宋神宗) 시기에 활약했다. 하양(河陽) 온현(溫縣) 출신이다. 곽희(郭熙)의 작품은 <조춘도(早春圖)>·<관산춘설도(關山春雪圖)>·<과석평원도(窠石平遠圖)>·<유곡도(幽穀圖)>·<고목요산도(古木遙山圖)> 등이 세상에 전한다.

51) 趙令穰: 字는 대년(大年)이요 변경(汴京) 출신이다. 북송(北宋)조에 활약했으나 생졸년은 자세히 알 수 없다. 송태조(宋太祖) 조광윤(趙匡胤)의 5세손이다. 대표작으로는 <풍운기회도(風雲期會圖)>·<춘산도(春山圖)>·<아각도(阿閣圖)>·<후적벽도(後赤壁圖)>·<문회도(文會圖)>·<조작도(鳥雀圖)> 등이 있고, 현재까지 전해지는 작품으로는 <한궁도(漢宮圖)>·<아각도(阿閣圖)>·<만송금궐도(萬松金闕圖)> 등이 있다.

52) 蘇軾(1036-1101) 송나라 시대의 문인으로 자는 자담(子膽). 호는 동파(東坡)이다. 시(詩), 사(詞), 서예(書藝)에도 능했으며 당송팔대가[唐宋八大家, 한유(韓愈) 유종원(柳宗元) 구양수(歐陽脩) 소순(蘇洵) 소식(蘇軾) 소철(蘇轍) 왕안석(王安石) 증공(曾鞏)] 중의 한 사람이요, 서예를 대표하는 송의 사대가[소식(蘇軾) 황정견(黃庭堅) 미불(米芾) 채양(蔡襄)] 중의 한 사람이다. 그는 아버지 소순, 동생 소철과 함께 삼소(三蘇)라고도 일컬어진다. 『동파집(東坡集)』 40권과 『동파후집(東坡後集)』 20권을 비롯하여 『주의(奏議)』 『내제집(內制集)』 『외제집(外制集)』 『응소집(應詔集)』까지 합친 『동파칠집(東坡七集)』은 100권이 넘으며, 이는 『동파전

조영양(趙令穰)

소식(蘇軾)

승거연(僧巨然)

依巘畫樓敞(의헌화루창)　봉우리에 화루(畵樓)가 높이 서있고
謙賓芳酒開(겸빈방주개)　겸객(謙客)은 향그런 술독 열었네.
山扉候已久(산비후이구)　산문(山門)에서 기다린 지 오래 됐지만
來騎莫遲回(내기막지회)　말 타고 오는 것이 늦진 않더라.
　右詠僧巨然(우영승거연)　이 시(詩)는 승거연(僧巨然)53)을 읊은 것이다.

翠竹隱疏籬(취죽은소리)　푸른 대는 울타리를 숨겨놓았고
晴沙淨如雪(청사정여설)　맑은 모래 맑기가 눈과 같더라.
呼僮理短舠(호동이단도)　아이 불러 작은 배를 손질하다가
擬泛前湖月(의범전호월)　앞 호수에 달이 떴나 의심을 했지.
　右詠米友仁(우영미우인)　이 시(詩)는 미우인(米友仁)54)을 읊은 것이다.

집(東坡全集)』이라 불린다.

53) 巨然: 오대(五代)시기의 화가이며 순수 산수화의 전통에서 새로운 경지를 개척한 예술가이다. 그에 관해서는 불교승려였다는 점과 지금의 남경(南京)에 있던 남당의 궁정에서 활동했다는 점을 제외하고는 거의 알려진 것이 없다. 그의 진품으로 믿을 만한 작품은 거의 남아 있지 않지만, 그의 전칭작품과 스승인 동원(董源)의 작품에 나타나는 부드러운 필치, 먹의 농담, 둥근 윤곽선 등은 중국 동남부지방의 산수화를 연상시키는 특징을 갖고 있다.

54) 米友仁: 북송(北宋)의 화가로 자(字)는 원휘(元暉)·윤인(尹仁)이고 소자(少字)는 호아(虎兒)이며 호(號)는 해악도인(海岳道人)·나졸노인(懶拙老人)이다. 문인화가(文人畫家) 미불(187)의 아들로, 호북성(湖北省) 양양(襄陽)에서 태어났다. 아버지 미불을 대미(大米)라고 하고 그를 소미(小米)라고 하였다. 아버지를 닮아 호방한 기풍

미우인(米友仁)

마화지(馬和之)

진용(陳容)

湖波不可越(호파불가월)　호수(湖水)를 넘어갈 수 없지만
相望若爲親(상망약위친)　서로가 바라보며 친해졌더라.
畫閣垂楊裏(화각수양리)　화각(畵閣)에 수양버들 늘어서 있고
金屛笑坐人(금병소좌인)　금병(金屛)에 웃으며 앉은 저 사람.
右詠馬和之(우영마화지) 이 시(詩)는 마화지(馬和之)[55]를 읊은 것이다.

鱗鬣鬱祥雲(인렵울상운)　비늘 갈기 상운(祥雲) 속에 무성하더니
天淵從此分(천연종차분)　천연(天淵)은 이로부터 나뉘어졌네.
時來澤萬國(시래택만국)　때가 옴에 만국(萬國)이 윤택해졌고
魚鼈昔同群(어별석동군)　어별(魚鼈)이 예전처럼 무리 이뤘지.
右詠陳容(우영진용) 이 시(詩)는 진용(陳容)[56]을 읊은 것이다.

의 문인적(文人的) 기질을 평생 잃지 않았다. 아버지를 이어 산수・화조(花鳥)의 화법(畫法)을 배웠고, 특히 그의 운산(雲山) 화법은 '미법 산수(米法山水)'로 정착되었다. 대표작으로 <운산득의(雲山得意)>가 있다.

55) 馬和之는 중국 송나라 때의 화가로 산수화와 인물화를 잘 그렸다. 전당(錢塘) 출신으로 생졸년(生卒年)은 자세히 알 수 없다. 전세작(傳世作)으로는 <후적벽부도(後赤壁賦圖)><고목류천도(古木流泉圖)><빈풍도(豳風圖)> 등이 있다. 현재 고궁박물원(故宮博物院)에 <당풍도(唐風圖)><노송삼편도(魯頌三篇圖)><월색추성도(月色秋聲圖)> 등이 있다.

56) 陳容: 남송(南宋)의 화가로 字는 공저(公儲) 號는 소옹(所翁)이다. 복건성(福建省) 장락(長樂)에서 태어났으며 시문(詩文)이 호화 장쾌하고, 용(龍)을 잘 그리는 것으로 이름이 높았다.

이적(李迪)

소조(蕭照)

이숭(李嵩)

啾啾雀滿柯(추추작만가)　참새는 가지 가득 짹짹거리고
鬱鬱緣坡竹(울울연파죽)　언덕에는 대나무 울창하더라.
山雨夜來過(산우야래과)　산비가 밤중에 지나가더니
前溪漲寒淥(전계창한록)　앞 내엔 찬물이 넘쳐흐르네.
　右詠李迪(우영이적) 이 시(詩)는 이적(李迪)[57]을 읊은 것이다.

濯足臨欹岸(탁족림의안)　비스듬한 언덕에서 발을 씻다가
披襟俯碧池(피금부벽지)　옷깃 헤쳐 푸른 못을 굽어보았지.
荷花嬌欲語(하화교욕어)　연꽃이 교태(嬌態)롭게 피어나기에
忘却竹林期(망각죽림기)　죽림(竹林)의 기약(期約)을 잊어버렸네.
　右詠蕭照(우영소조) 이 시(詩)는 소조(蕭照)[58]를 읊은 것이다.

---

57) 李迪의 생몰년은 자세히 알 수 없다. 남송의 화가로서 하양(河陽)출신인데 그림이 정교하여 명성이 높았다. 화조(花鳥)와 죽석(竹石) 매 개 고양이 밭가는 소 꿩 등을 잘 그렸으며 산수소경(山水小景)도 간간이 그렸다. 산수(山水)는 이당(李唐)의 법을 배웠으며 좋은 작품이 많다.

58) 蕭照는 남송(南宋)의 화가로 字는 동생(東生)이고 항복(吭蝠) 출신이다. 생졸년(生卒年)은 자세히 알 수 없다. 전세작품(傳世作品)으로는 <중흥서응도(中興瑞應圖)>가 있는데 현재 천진시(天津市) 예술박물관(藝術博物館)에서 소장하고 있다. <산거도(山居圖)>는 『당송원명명화대관(唐宋元明名畫大觀)』에 실려있고 <추산홍수도(秋山紅樹圖)>는 요녕성박물관(遼寧省博物館)에서 <산요누관도(山腰樓觀圖)>는 대북(台北) 고궁박물원(故宮博物院)에서 소장하고 있다.

髑髏象傀儡(촉루상괴뢰)　　해골(骸骨)이 꼭두각시 모양을 했고
白日城邊劇(백일성변극)　　밝은 해는 성 주위에 맹렬(猛烈)하구나.[59]
借問此機權(차문차기권)　　묻노라 이러한 기지(機智)[60]에
何如南面樂(하여남면락)　　남면(南面)한 즐거움이 어떠한가를

右詠李嵩(우영이숭) 이 시(詩)는 이숭(李嵩)[61]을 읊은 것이다.

月出千山靜(월출천산정)　　달이 뜨니 천산(千山)이 조용해지고
風生萬竹寒(풍생만죽한)　　바람 부니 만죽(萬竹)이 서늘해지네.
壺觴且小待(호상차소대)　　술병과 잔을 갖춰 기다리는데
溪友夜深還(계우야심환)　　계우(溪友)[62]가 깊은 밤에 찾아오더라.

右詠馬遠(우영마원) 이 시(詩)는 마원(馬遠)[63]을 읊은 것이다.

獵歸陰磧暮(엽귀음적모)　　사냥하고 돌아온 변방(邊方)[64]의 저녁
山雪坐來深(산설좌래심)　　산설(山雪)이 때마침[65] 깊이 쌓였다.
暫此休鞍馬(잠차휴안마)　　잠시 이렇게 말을 타지 않음은
非關看戲禽(비관간희금)　　새들을 보는 것과 상관없다네.

右詠陳居中(우영진거중) 이 시(詩)는 진거중(陳居中)[66]을 읊은 것이다.

---

59) 劇: 격렬(激烈) 맹렬(猛烈).
60) 機權: 기지(機智) 권모(權謀).
61) 李嵩 남송(南宋)의 전당(錢塘) 출신으로, 80세 이상 살았으며, 인물화와 계화에 정통했다. 오랫동안 궁정에서 일했지만, 사상과 감정은 민중과 비교적 밀접하여 고대의 궁정화가 중에서는 매우 보기 드문 인물이다. 작품으로는 <화랑도(貨郎圖)><춘사도(春社圖)><복전도(服田圖)><사미도(四迷圖)><관조도(觀潮圖)><화람도花籃圖><서호도(西湖圖)> 등이 있다.
62) 溪友: 시냇가에서 산수에 정을 붙여 사는 친구.
63) 馬遠 남송(南宋)의 화가(畵家)로 자는 요부(遙父), 호는 흠산(欽山)이다. 그의 그림은 하규(夏珪)와 더불어 마하파의 기틀을 형성하여 중국 산수화에 큰 영향을 주었다. 하중(河中) 사람으로 민간에서 불상을 그리던 마씨(馬氏) 집안의 후손이다. 증조부 마분(馬賁) 마흥조(馬興祖) 큰아버지인 마공현(馬公顯) 아버지 마세영(馬世榮) 형인 마규(馬逵)도 유명한 화가였다. 마원은 산수화·인물화에 뛰어나서 광종(光宗 : 1190~94 재위)·영종(寧宗 : 1195~1224 재위) 때 화원 대조가 되었다. 그의 산수화는 이당(李唐)의 화풍을 계승·발전시킨 것이었다. 험하고 깎아 세운 듯한 돌산을 잘 그렸으며, 수묵화는 붓놀림이 간결하면서도 다양해 풍경을 표현하는 데 뛰어났다. 그림 속의 경치와 인물은 자연스럽고 생동적이며 시적인 운치가 있다. 아들 마린도 뛰어난 화가였다.
64) 陰磧: 변방의 사막. 변방의 추운 곳.
65) 坐來: 適才 正當.

마원(馬遠)

진거중(陳居中)

고덕겸(顧德謙)

華樽玉雕鏤(화준옥조루) 화려한 잔 옥으로 조각돼 있고
古器金狻猊(고기금산예) 옛 향로엔 금 사자(獅子)[67]가 새겨졌더라.
主客方看畫(주객방간화) 주객(主客)이 지금 막 그림을 보고
杯盤且少稽(배반차소계) 술상 놓고 잠시간 이야기[68] 하네.
右詠顧德謙(우영고덕겸) 이 시(詩)는 고덕겸(顧德謙)[69]을 읊은 것이다.

飛瀑千巖響(비폭천암향) 폭포는 천암(千巖)을 울리고
溪亭五月寒(계정오월한) 시내 정자 오월에도 서늘하더라.
笑他河朔醉(소타하삭취) 하삭(河朔)[70]에서 술 마시고 취해 웃으니
淸坐罄交懽(청좌경교환) 청아(淸雅)한 자리[71]가 모두 즐겁네.

66) 陳居中은 남송(南宋) 때의 유명한 화가였다. 인물 말 달리는 짐승 등을 잘 그렸다. 작품에는 서북 소수민족의 생활상이나 현사회의 혼란상 등을 많이 그렸다. 전세작품(傳世作品)으로는 <문희귀한도(文姬歸漢圖)> <사양도(四羊圖)> 등이 있다.
67) 狻猊: 사자(獅子). 사자(獅子)를 새겨놓은 향로(香爐)를 가리킨다.
68) 稽: 서로 견주어 따져보고 살핌. 쟁론(爭論).
69) 顧德謙은 오대(五代) 남당(南唐)의 화가(畫家) 건강(建康) 출신이다. 도교신상(道教神像)을 즐겨 그렸으며 동식물을 잘 그렸다. 그가 그린 인물은 신운(神韻) 청경(淸勁)하며 필력(筆力)이 웅건(雄健)하다. 전세작품(傳世作品)으로는 <태상상(太上像)><태상도관도(太上度關圖)><태상도(太上圖)><태상채지상(太上采芝像)><사자태상상(四子太上像)><채지도(采芝圖)><선적도(仙跡圖)><동정영연도(洞庭靈煙圖)> 등 20여견이 『선화서보(宣和畫譜)』에 보인다.
70) 河朔: 고대(古代)에 황하이북(黃河以北) 지역을 가리킨다. 하삭에서 술을 마시는 것으로[河朔飮] 더위를 피하는 술자리.

동원(董源)

이성(李成)

조창(趙昌)

右詠董源(우영동원) 이 시(詩)는 동원(董源)[72]을 읊은 것이다.

近郭平湖出(근곽평호출)　근처 성곽(城郭)에는 호수가 있고
樓臺返照中(누대반조중)　누대는 석양(夕陽)[73]속에 높이 섰구나.
江天會有月(강천회유월)　강 위로 하늘[74]에는 달이 떴으니
歸客莫悤悤(귀객막총총)　돌아가는 나그네 서둘지 않네.

右詠李成(우영이성) 이 시(詩)는 이성(李成)[75]을 읊은 것이다.

有鳥不知名(유조부지명)　이름을 알 수 없는 어떤 새
閑眠蘆渚晴(한면노저청)　갈대물가 맑은 곳에 한가히 조네.

---

71) 淸坐: 청아(淸雅)한 자리. 편안하고 한가하며 고요한 자리.

72) 董源(?-962) 자는 숙달(叔達). 이름은 원(元)으로 쓰기도 한다. 종릉(鍾陵) 출신이다. 여러 종류의 그림에 능한 화가로 산수·용·호랑이·소·사녀화 등을 잘 그렸는데 특히 산수화를 가장 잘 그렸다. 산수화에는 수묵과 청록(靑綠)의 2가지 체(體)가 있었는데, 그중에서 수묵산수화 방면에 뛰어나 후세에 미친 영향이 매우 크다. 그의 그림은 구도가 여유롭고 묵법(墨法)이 정묘(精妙)한데 특히 양쯔 강[揚子江] 이남의 풍경이 기후와 계절에 따라 변화하는 모습을 잘 표현해냈다. 현존하는 <소상도(瀟湘圖)><하산도(夏山圖)><하경산구대도도(夏景山口待渡圖)><용숙교민도(龍宿郊民圖)> 등의 작품은 모두 이 같은 경지의 사실감과 놀라운 예술적 감응력을 담고 있다. 지금은 전해지지 않는 <낙조도(落照圖)>에 이르러서는 광선 표현을 중시했다.

73) 返照: 석양(夕陽) 낙일(落日).

74) 江天: 강과 하늘. 강위에 광활한 공간.

75) 이성(李成, 919년~967년)은 중국 오대 십국 시대와 송나라의 화가이다. 자(字)는 함희(咸熙), 장안에서 산둥의 영구(營丘)로 옮겨서 이영구(李營丘)라고도 한다.

孤雄在何處(고웅재하처)　외로운 영웅(英雄)은 어디에 있나
繒繳正縱橫(증격정종횡)　주살[76]의 움직임이 거리낌[77] 없네.
右詠趙昌(우영조창) 이 시(詩)는 조창(趙昌)[78]을 읊은 것이다.

千家夜如海(천가야여해)　천가(千家)에 밤이 드니 바다와 같고
煙樹正朦朧(연수정몽롱)　안개 낀 나무는 흐릿하구나.
無限睡鄉裏(무한수향리)　무한한 이 마을에서 잠들었으니
賢愚還復同(현우환부동)　어리석고 어진이가 다시 같아라.
右詠米芾(우영미불) 이 시(詩)는 미불(米芾)[79]을 읊은 것이다.

當窓尖髻人(당창첨계인)　창문을 마주한 상투 튼 사내
搖扇叉鬟女(요선차환녀)　부채를 흔들며 쪽을 찐 여인
回首但雲山(회수단운산)　돌아보니 다만 구름 덮인 산
相思在何處(상사재하처)　서로의 그리움이 어디 있는지?
右詠趙伯駒(우영조백구) 이 시(詩)는 조백구(趙伯駒)[80]를 읊은 것이다.

露洗田娘粧(노세전낭장)　이슬로 씻어낸 전부(田婦)의 단장
日烘荀令香(일홍순령향)　햇살에 온갖 풀 향기로워라.
靈均獨何事(영균독하사)　굴원[81]은 혼자서 어떠한 일로
服此太悲傷(복차태비상)　이리 살며[82] 그토록 슬퍼했을까?

---

76) 繒繳: 화살에 실이나 그물 같은 것을 연결하여, 그 화살에 맞으면 휘감기게 만든 것.
77) 縱橫: 세로와 가로를 한데 이르는 말. 행동 따위가 자유자재로 거침이 없음.
78) 趙昌의 字는 창지(昌之)로 북송시기(北宋時期) 광한(廣漢) 출신이다. 생졸년(生卒年)은 알려져 있지 않다. 꽃과 과일을 잘 그렸으며 절지화(折枝花) 초충도(草蟲圖)를 많이 그렸다. 그의 그림은 등창우(滕昌祐)를 본받았으며 서숭(徐崇)에게는 몰골법(沒骨法)을 이어받았다. 『선화화보(宣和畵譜)』에 그의 작품 154건이 수록되었고 『송중흥관각장화(宋中興館閣藏畵)』에 27건이 수록되었다. 전세작품(傳世作品)으로는 <사희도(四喜圖)>가 있는데 『중국명화집(中國名畵集)』에 수록되었다.
79) 米芾(1051-1107) 중국의 주요예술가들 가운데 한 사람이다. 1103년 철학박사, 1104년 서화학박사가 되었다. 광범위한 글, 즉 시와 미학의 역사에 대한 논문, 화론 등을 썼다.
80) 趙伯駒 중국 남송 초기의 화가. 자는 천리. 송의 종실로서 태조의 7대손이다.
81) 屈原: 굴평(屈平)으로 通常名은 굴원(屈原)이다. 字는 영균(靈均)이다. 중국(中國) 전국시대(戰國時代) 초나라의 정치가(政治家)이자 시인(詩人)이다.

미불(米芾)

조백구(趙伯駒)

조맹견(趙孟堅)

右詠趙孟堅(우영조맹견) 이 시(詩)는 조맹견(趙孟堅)[83]을 읊은 것이다.

玉蕊凌殘雪(옥예능잔설) 잔설(殘雪)에 피어난 옥 같은 꽃잎
寒天蝶不來(한천접불래) 날이 추워 나비조차 오지 못한다.
孤標擅皎潔(고표천교결) 외로운 나무는 교결(皎潔)하지만
桃李昧相猜(도리매상시) 도리(桃李)는 몽매(蒙昧)하여 시기를 하네.

右詠楊補之(우영양보지) 이 시(詩)는 양보지(楊補之)[84]를 읊은 것이다.

風帆逗秋雨(풍범두추우) 돛 단 배 가을비에 멈추어 섰고
木落江生波(목락강생파) 낙엽(落葉)진 강에는 물결이 인다.
却踏孤舟立(각답고주립) 고주(孤舟)가 서 있는 곳 걸어가는데

---

82) 服: 습관(習慣) 적응(適應).

83) 趙孟堅은 자를 자고(子固) 호를 이재(彝齋)라 하였다. 처음 여러 관직생활을 하다가 파직하고 고향에 돌아와서 그림과 시를 쓰면서 한가로운 문인생활을 하였다. 수묵 사군자와 돌 그림을 잘 그렸는데 양무구(楊無咎)의 화법을 배워 그림을 그렸으나 나중에는 그보다 격이 훨씬 뛰어났다. 백묘화법으로 그림을 그려 화첩이 전하기도 한다.

84) 揚補之 揚無咎(1097-1171) 청강(淸江) 출신으로 남송(南宋)의 화가이며 사인(詞人)이다. 한(漢)의 양웅(揚雄)의 후손으로, 字는 보지(補之)요 號는 도선노인(逃禪老人) 청이장자(淸夷長者)이다. 묵매(墨梅) 죽(竹) 석(石) 수선(水仙)에 뛰어났고 특히 설매(雪梅)로 이름이 높았다. 정원에 매화를 심어두고 감상하면서 임모하며 색과 향기를 은은한 매화의 특징으로 잘 포착했는데, 이는 당시 휘종대화원의 화려한 화풍과 달랐다.

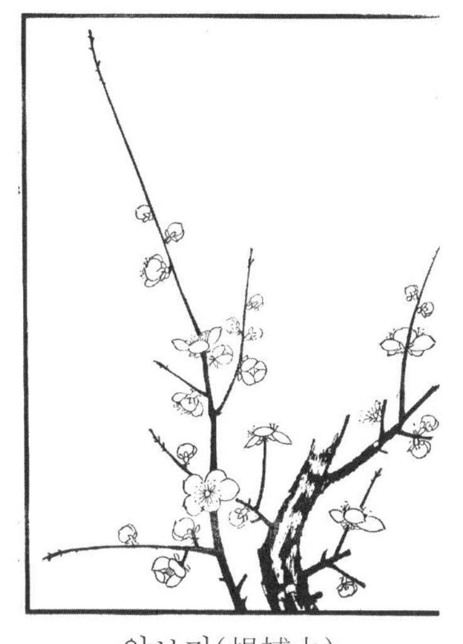

양보지(楊補之)

이당(李唐)

양사현(楊士賢)

汀洲蘆葦多(정주노위다)　모래섬에 갈대가 많이 자랐네.

右詠李唐(우영이당) 이 시(詩)는 이당(李唐)[85]을 읊은 것이다.

接袂虛徐步(접몌허서보)　손을 잡고 느긋하게[86] 걸어간다네.

高山流水間(고산유수간)　높은 산 맑은 물 흐르는 곳을

歲洋已會趣(세양이회취)　많고 많은 세월에 정취 있으니

琴調不須彈(금조불수탄)　거문고를 연주할 필요가 없네.

右詠楊士賢(우영양사현) 이 시(詩)는 양사현(楊士賢)[87]을 읊은 것이다.

日轉芭蕉影(일전파초영)　햇살에 이동하는 파초 그림자

風飄蘭蕙香(풍표난혜향)　바람에 전해지는 난초의 향기

金盆洗兒水(금분세아수)　아이를 씻기는 금동이 물에

---

85) 李唐 (1080?-1130?), 중국 하남성(河南省) 하양(河陽) 출신으로, 남송원체산수화(南宋院體山水畵)의 모태가 되는 화풍을 이루었다. 그는 북송 휘종(徽宗)의 화원에 들어가 후에 대조가 되었으며, 북송이 여진족에게 패망하자 남송으로 가서 송 고종의 화원에 들어갔다. 그의 산수화 가운데 <만학송풍도(萬壑松風圖)>가 가장 신빙성 있는 작품으로 여겨진다.

86) 虛徐: 느긋하여 조급하지 않음. 행동이 느릿느릿함.

87) 楊士賢은 송(宋) 선화(宣和) 연간에 대조(待詔)가 되었으며 산수(山水)와 인물(人物)에 뛰어났다. 곽희의 화법을 본받아 작품중에는 소경(小景) 산수임목(山水林木)이 많으며 필획이 굳센 것이 취할 만하다. 봉석(峰石) 수구(水口)과 같은 것도 웅위(雄偉)한 필획이 곽희와 크게 다르지 않다. 본명이 양사현(楊士賢)이다.

恐濺繡羅裳(공천수라상)　수놓은 비단옷이 젖을까 하네.
右詠蘇漢臣(우영소한신) 이 시(詩)는 소한신(蘇漢臣)[88]을 읊은 것이다.

松竹交寒翠(송죽교한취)　송죽 모두 추운 날에 푸르게 서서[89]
晴波漾晚暉(청파양만휘)　맑은 날 저녁 빛에 일렁이누나.
江樓慣登眺(강루관등조)　매일같이 강루(江樓) 올라 바라봤더니
水鳥莫驚飛(수조막경비)　물새들 놀라며 날지를 않네.
右詠劉松年(우영유송년) 이 시(詩)는 유송년(劉松年)[90]을 읊은 것이다.

裹飯靑蓑短(과반청사단)　밥을 싸서[91] 푸른 우장 짧게 걸치고
騎牛黃犢隨(기우황독수)　소를 타니 송아지가 따라오더라.
山村行已遠(산촌행이원)　산촌을 다니다가 멀리 왔는데
溪水晚生漪(계수만생의)　저녁 되니 시냇물에 물결이 이네.
右詠夏珪(우영하규) 이 시(詩)는 하규(夏珪)[92]를 읊은 것이다.

不憚巖蹊仄(불탄암혜측)　비탈진 바위길 꺼리지 않고
扶笻松下立(부공송하립)　지팡이 짚고 솔 아래 서있네.

---

88) 蘇漢臣(1094-1172) 변양(汴梁) 출신으로 일설에는 전당(錢塘) 출신이라고도 한다. 송대(宋代)의 화가(畫家)이며 북송(北宋) 말년(末年)에 화원(畫院) 대조(待詔)가 되었다. 그림은 유종고(劉宗古)를 배웠으며 인물(人物) 사녀(士女) 불도종교화(佛道宗教畫)를 그린 것을 보면 용필이 정교하고 굳세며 색채가 선명하다. 전세작품(傳世作品)으로는 <추정의영도(秋庭戲嬰圖)><오서도(五瑞圖)><격락도(擊樂圖)><영희도(嬰戲圖)> 등이 있다.

89) 寒翠: 추운 날에도 푸른색을 띠는 상록수목을 가리킨다.

90) 劉松年는 공(宋) 광종소희연간(光宗紹熙年間)에 화원(畫院) 대조(待詔)가 되었다. 인물(人物)과 산수(山水)에 뛰어났으며 장훈례(張訓禮)를 사사하였는데 명성이 스승을 뛰어넘었다. 화원인(畫院人) 중에서도 <풍설운량도(風雪運糧圖)>는 절품(絕品)으로 칭송받는다." 애국화가(愛國畫家)로 항금(抗金)을 옹호했고 투항에 반대하면서 <편교회맹도(便橋會盟圖)>를 그려 통치자가 당현종이 강적 돌궐에 전승한 것을 본받기를 희망했다. <중흥사장도(中興四將圖)>에서는 악비(嶽飛) 한세충(韓世忠) 등 민족영웅의 위대한 업적을 기리니 후인(後人)들은 그를 이당(李唐) 마원(馬遠) 하규(夏圭)와 함께 남송사대가(南宋四大家)라 칭송하고 있다.

91) 裹飯: 휴대할 수 있도록 밥을 싸서 일을 하거나 원행(遠行)에 준비하는 것.

92) 夏珪는 남송(南宋)의 화가로 자는 우옥(禹玉)이며 절강(浙江) 전당(錢塘) 출신이다. 영종(寧宗) 때 화원의 대조로서 금대(金帶)를 하사받았으며 인물과 산수에 능했다. 처음에는 이당(李唐)의 화법을 배웠으나 이에 범관(范寬)과 미불(米芾) 미우인(米友仁)의 화법을 가미시켜 일가(一家)를 이룸으로써 이당 이후 최고의 화가로 일컬어졌다. 그의 화법은 먼저 붓을 물에 적시고 난 다음 먹을 칠한 후 낙점(落點)을 하여 수묵이 빛나게 융화되고 힘찬 기운이 나타났다.

소한신(蘇漢臣)

유송년(劉松年)

하규(夏珪)

敎兒掇靈芝(교아철령지)　아이에게 영지를 따게 한 것은
要以鍊精魄(요이연정백)　혼백을 정련(精鍊)[93]하기 위함이리라.
　右詠馬麟(우영마린) 이 시(詩)는 마린(馬麟)[94]을 읊은 것이다.

寂滅西方敎(적멸서방교)　적멸(寂滅)을 가르치는 서방의 불교
遠來何所求(원래하소구)　멀리 와서 무엇을 구하려는가?
胡僧解看客(호승해간객)　호승(胡僧)도 나그네를 보고 아는지
童子洗茶甌(동자세다구)　동자기 다기(茶器)를 씻고 있구나.
　右詠趙孟頫(우영조맹부) 이 시(詩)는 조맹부(趙孟頫)[95]를 읊은 것이다.

經霜密葉翠(경상밀엽취)　서리에도 무성한 잎이 푸르고
大實騈驪珠(대실병려주)　큰 열매 보주(寶珠)[96]처럼 나란하구나.

---

93) 鍊精: 도가(道家) 양생법(養生法)의 일종이다.
94) 馬麟: 麟은 驎으로도 쓴다. 원적(原籍)은 하중(河中)이나 남으로 건너와 전당(錢塘)에서 살았다. 마세영(馬世榮)의 손자이고 마원(馬遠)의 아들이다. 생졸년(生卒年)은 자세히 알 수 없다. 마린의 그림은 가학(家學)을 계승하여 인물(人物) 산수(山水) 화조(花鳥)에 뛰어났으며 용필(用筆)이 원경(圓勁)하고 위풍당당하며 말쑥하였기 때문에 화풍이 수윤(秀潤)한 곳에서는 마원을 뛰어넘었다.
95) 趙孟頫(1254-1322) 호주(湖州) 출신으로 자는 자앙(子昂), 호는 송설도인(松雪道人)인데 조오흥(趙吳興), 조영록(趙榮祿), 조문민(趙文敏)이라고도 한다. 난정13발(蘭亭十三跋)이다. 그림에서 <작화추색도권(鵲華秋色圖卷)>은 그의 대표작이다. 주요작품으로는 <강촌어락도(江村漁樂圖)> <난정첩십삼발(蘭亭帖十三跋)> <여중봉명본척독(與中峰明本尺牘)> 등이 있고 문집에 『송설재문집(松雪齋文集)』이 있다.

마린(馬麟)

조맹부(趙孟頫)

노종귀(魯宗貴)

會薦丹宮裏(회천단궁리)　제왕(帝王)의 궁전(宮殿)에[97] 추천됐지만
金盤看却無(금반간각무)　금반(金盤)에선 보아도 없는 것 같네
　右詠魯宗貴(우영노종귀) 이 시(詩)는 노종귀(魯宗貴)[98]를 읊은 것이다.

十二翔麟廏(십이상린구)　열두 개 날개 돋친 기린 마굿간
龍駒汗血才(용구한혈재)　준마도 피땀 흘릴 뛰어난 재주
圉人勤牧養(어인근목양)　마부가 부지런히 길러냈더니
天子詔牽來(천자조견래)　천자가 끌고 오라 명하는구나.
　右詠趙雍(우영조옹) 이 시(詩)는 조옹(趙雍)[99]을 읊은 것이다.

蒼蒼山木稠(창창산목조)　푸르던 산목(山木)은 울창해지고
矗矗峯巒翠(촉촉봉만취)　높고 높은 봉우리 푸르러졌다.

---

96) 驪珠: 보주(寶珠). 진귀(珍貴)한 물건이나 사람.
97) 丹宮: 제왕(帝王)의 궁전(宮殿).
98) 魯宗貴: 전당(錢塘) 출신으로 남송(南宋)의 화가(畫家)이다. 화죽(花竹) 금조(禽鳥) 과석(窠石)을 잘 그렸으며 용필에는 의취(意趣)가 있고 묘사(描寫)가 아름답고 미묘했으며 사생(寫生)에 더욱 뛰어났다. 닭 병아리 오리를 그리면 생동감이 있었으며 전세작품(傳世作品)으로는 <춘운명가도(春韻鳴喜圖)>가 있다.
99) 趙雍은 원대(元代)의 서화가(書畫家)로 字는 중목(仲穆)이며 호주(湖州) 출신이다. 父가 조맹부(趙孟頫)이다. 산수(山水)에 뛰어났으며 인물(人物) 안마(鞍馬)에 정통했다. 해행초를 잘 썼으며 전서도 잘 썼고 감상(鑑賞)에 정밀했다. 전세작품(傳世作品)으로는 <난죽도(蘭竹圖)> <계산어은(溪山漁隱)> 등이 있다.

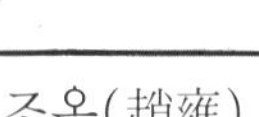

조옹(趙雍)

황공망(黃公望)

오진(吳鎭)

躡磴復渡橋(섭등부도교) 비탈길 돌길 걷고 다리 건너서
巖亭方可至(암정방가지) 암정(巖亭)에 이제 막 이르렀다네.
右詠黃公望(우영황공망) 이 시(詩)는 황공망(黃公望)[100]을 읊은 것이다.

解纜蒼山下(해람창산하) 푸른 산 아래에 닻줄을 풀고
先行到上顚(선행도상전) 가장 먼저 산 정상에 이르렀더라.
佳朋猶半道(가붕유반도) 친구는 중도(中途)를 지나오는데
明月已中天(명월이중천) 명월(明月)은 중천(中天)에 이미 떠있네.
右詠吳鎭(우영오진) 이 시(詩)는 오진(吳鎭)[101]을 읊은 것이다.

老樹三秋葉(노수삼추엽) 만추(晩秋)되니 고목(古木)에는 단풍이 들고
明沙西岸苔(명사서안태) 맑은 모래 서쪽 언덕 이끼가 꼈네.

---

100) 黃公望(1269-1354) 원대(元代)의 화가로 자는 자구(子久) 호는 일봉(一峯) 대치도인(大痴道人)이다. 3년 만에 완성했다고 하는 <부춘산거도권(富春山居圖卷)>은 대표작으로 꼽힌다.

101) 吳鎭(1280-1354) 나중에 원4대가로 알려진 화가들 가운데 한 사람으로 자는 중규이고 호는 매화도인이다. 그는 특히 몽골족이 세운 원나라 조정에 출사하지 않고 점쟁이 노릇을 하며 은둔자로 살면서 권세를 멀리한 것으로 사람들의 칭송을 받았다. 오진은 원4대가의 다른 이들과 마찬가지로 과거의 대가들로부터 양식상의 영감을 구했지만, 그러한 열의로 인해 지나치게 구속을 받지는 않았다. 오히려 그의 화풍에는 원대의 새로운 풍조와 때때로 남송시대로 그 근원이 추적되는 보수적인 회화 경향이 결합되었다.

왕몽(王蒙)

오관(吳瓘)

방호(方壺)

輕舟不用棹(경주불용도)　가벼운 배 노조차 젓지 않으니
隨意恣沿洄(수의자연회)　마음대로 물결 따라 흘러가누나.
　右詠王蒙(우영왕몽) 이 시(詩)는 왕몽(王蒙)[102]을 읊은 것이다.

匀圓訝許同(균원아허동)　둥그런 원 같음에 놀라긴 하나
黑實誰曾識(흑실수증식)　흑이 실함 어느 누가 일찍이 알랴?
莫是洞庭姿(막시동정자)　동정호(洞庭湖)의 모습이 아니니
丹靑誤顏色(단청오안색)　단청(丹靑)에 색채가 잘못되었네.
　右詠吳瓘(우영오관) 이 시(詩)는 오관(吳瓘)[103]을 읊은 것이다.

落日放船好(낙일방선호)　석양(夕陽)에 배는 아주 떠나버리고

102) 王蒙(1308-1385) 중국 원나라 말에서 명나라 초기까지 활동한 화가로 외할아버지가 조맹부(趙孟頫)이다. 왕몽은 원사대가 중 한 사람으로 손꼽힌다. 그는 원사대가 중 한 사람으로 자연의 웅대함을 표현하는 데 뛰어났던 황공망(黃公望)에게 그림을 배웠다. 초기에는 조맹부의 화풍을 따랐으나 그 뒤 당나라 왕유, 북송시대 동원과 거연 등 이전 시대 거장의 그림을 연구하여 자신만의 형식을 만들었다. 산수화, 인물화는 물론 문장에도 뛰어났다. 대표작으로 <치천이거도(稚川移居圖)> <구구임옥도(具區林屋圖)>와 <청하은거도(靑下隱居圖)>가 있다. 청나라 시기 산수화의 대가였던 왕휘(王翬), 현대 중국 산수화의 대가로 알려진 황빈홍(黃賓虹) 등 명나라와 청나라의 수많은 문인과 화가들에게 큰 영향을 주었다.

103) 吳瓘: 明의 화가로 字는 영지(瑩之)이고 號는 죽장노인(竹莊老人)이며 가흥(嘉興) 출신이다. 법서(法書)와 명화(名畫)를 많이 소장했고 과석(窠石)을 잘 그렸다. 묵매(墨梅)는 양보지(揚補之)에게 배웠는데 자못 일취(逸趣)가 있다. 『珊瑚網』·『墨緣彙觀』·『圖繪寶鑑』.

江中風浪微(강중풍랑미)　　강물에 풍랑(風浪)은 미미하여라.
機心忘已久(기심망이구)　　기심(機心)[104]을 잊은 지 이미 오래니
水鳥向人飛(수조향인비)　　물새들 사람 향해 날아온다네.

右詠方壺(우영방호) 이 시(詩)는 방호(方壺)[105]를 읊은 것이다.

牧羊羊乳子(목양양유자)　　양을 치니 양은 새끼 젖을 먹이고
煙草暮溪潯(연초모계심)　　저물녘 시냇가 안개 낀 풀숲.
哺觳非關汝(포구비관여)　　새끼 먹임 너희와 상관없지만
莫傷鴉母心(막상아모심)　　까마귀 어미 맘은 상하게 말아라.

右詠商喜(우영상희) 이 시(詩)는 상희(商喜)[106]를 읊은 것이다.

最愛庭間碧(최애정간벽)　　정원에 푸른 것이 가장 좋은데
新梢曉露濃(신초효로농)　　새로 난 가지에 새벽이슬 짙구나.
少年衣楚楚(소년의초초)　　소년처럼 깔끔하게[107] 옷을 입었고
山谷善形容(산곡선형용)　　산곡(山谷)에서 모습도 보기 좋더라.

右詠王紱(우영왕불) 이 시(詩)는 왕불(王紱)[108]을 읊은 것이다.

冥官怒髮豎(명관노발수)　　저승사자 성을 내며 머리가 서고
從卒抖獰威(종졸두영위)　　따르는 군사는 흉악한 모습
世上奸憸輩(세상간섬배)　　세상에서 약삭빠른 간사한 무리
容渠束縛歸(용거속박귀)　　체포하여 돌아오길 기다리누나.[109]

---

104) 機心: 남을 교묘하게 속이는 마음. 교활하게 실리를 취하려는 마음.

105) 方從義(約1302-1393) 원말(元末) 저명한 도사화가(道士畫家)로 강서귀계(江西貴溪) 출신이다. 字는 무(無隅) 號는 방호(方壺) 상청우사(上清羽士) 불망도인(不芒道人) 금문우객(金門羽客) 귀곡산인(鬼穀山人)이다.

106) 商喜는 명초의 궁정화가(宮廷畫家)로 자는 유길(惟吉)이며, 하북 복양 출신이다. 그는 선종조의 궁정화가에게 부여된 관직인 금의위지휘(錦衣衛指揮)를 받았다.

107) 楚楚: 선명한 모양. 예쁘고 아름다운 모양.

108) 王紱(1362-1416)은 일명(一名) 불(芾)이요 字는 맹단(孟端)이고 號 우석(友石)으로 강소무석(江蘇無錫) 출신이다. 일찍이 구룡(九龍)에 은거하였으므로 자호(自號)가 구룡산인(九龍山人)이다. 시에 의했고 저서로는 『서화전습록(書畫傳習錄)』『우석산방집(友石山房集)』이 있다.

109) 容: 기다리다.

상회(商喜)

왕불(王紱)

대문진(戴文進)

右詠戴文進(우영대문진) 이 시(詩)는 대문진(戴文進)[110]을 읊은 것이다.

竝伏草中兔(병복초중토)　풀 속에는 토끼가 함께 숨었고
孤棲山鷓鴣(고서산자고)　산자고새 외로이 깃들어있네.
天寒雪月夜(천한설월야)　날이 춥고 밝은 달이 뜨는 밤이면
苦樂也應殊(고락야응수)　괴로움과 즐거움도 다를 것이라.

右詠孫龍(우영손룡) 이 시(詩)는 손룡(孫龍)[111]을 읊은 것이다.

雙鷲初飛集(쌍취초비집)　두 마리 수리가 처음 나는데
枯査翠壁層(고사취벽층)　나무위에 푸른 언덕 층층이 있네.
雄心思急難(웅심사급난)　웅심(雄心)[112]에 급하고 어려운 생각
何處失雛鷹(하처실추응)　어디서 병아리를 잃었나보다

右詠林良(우영임량) 이 시(詩)는 임량(林良)[113]을 읊은 것이다.

---

110) 戴進(1388-1462)의 字는 문진(文進)이요 號가 정암(靜庵) 옥천산인(玉泉山人)이며 전당(錢唐) 출신이다.

111) 孫龍: 륭(隆)으로도 쓴다. 자(字)는 정진(廷振), 호(號)는 도치(都癡), 비릉(毗陵)출신이다. 화조(花鳥)에 뛰어났고 산수(山水)도 잘 그렸다. 세상에 전해지는 작품으로는 <화석유아도(花石遊鵝圖)>가 있는데, 고궁박물원(故宮博物院)에 소장하고 있다. <화조초충도(花鳥草蟲圖)>는 상해박물관(上海博物館)에서 소장하고 있으며, <모란도(牡丹圖)>는 요녕성박물관(遼寧省博物館)에서 소장하고 있다.

112) 雄心: 위대(偉大)한 이상(理想)과 포부(抱負).

손룡(孫龍)

임량(林良)

심주(沈周)

吳蠶附桑葉(오잠부상엽)　누에114)가 뽕잎에 붙어있어서

葉葉成雕刻(엽엽성조각)　잎마다 조각하듯 먹고 있구나.

有似河山東(유사하산동)　하산(河山)의 동쪽에 같은 곳 있어

秦皇晝夜食(진황주야식)　진시황115)도 주야로 먹었다하네.

右詠沈周(우영심주) 이 시(詩)는 심주(沈周)116)를 읊은 것이다.

漁人備機巧(어인비기교)　어부가 좋은 장치117) 갖추있지만

鴻雁先去之(홍안선거지)　기러기는 이미 벌써 날아갔더라.

---

113) 林良(1428-1494)의 字는 이선(以善)으로 명대(明代) 저명화가(著名畫家)로 남해(南海) 출신이다. 화과(花果)와 영모(翎毛)를 잘 그렸으며 착색(著色)이 간단(簡單)하면서도 담박(澹泊)하고 정교(精巧)했다. 그 수묵(水墨) 금조(禽鳥) 수석(樹石)은 남송원체화파(南宋院體畫派)를 계승해 필법(筆法)이 간명(簡明)하면서도 주경(遒勁)하고 비동(飛動)했으며, 그 초서(草書)는 묵색(墨色)이 영활(靈活)하여 명대(明代) 원체화조화(院體花鳥畫)의 대표작가(代表作家)가 되었다. 또한 명대(明代) 수묵사의화파(水墨寫意畫派) 창시자이다. 전세작품으로는 <관목집금도(灌木集禽圖)><산다백우도(山茶白羽圖)><쌍응도(雙鷹圖)> 등이 있다.

114) 吳蠶: 오(吳)에서의 잠업(蠶業). 오(吳)에서는 잠업이 성행했으므로 양잠(良蠶)하면 오잠(吳蠶)을 일컫는다.

115) 秦皇: 진시황(秦始皇)을 가리킨다.

116) 沈周(1427-1509) 장주(長洲) 출신으로 字는 계남(啟南)이요· 號는 석전(石田) 백석옹(白石翁) 옥전생(玉田生) 유죽거주인(有竹居主人) 등이다. 명조(明朝)의 화가(畫家)로 오문화파(吳門畫派)의 창시인(創始人)이다. 과거에 응시하지 않고 시문(詩文)과 서화(書畵)에 전념했다. 문징명(文徵明) 당인(唐寅) 구영(仇英) 등과 더불어 "명사가(明四家)"로 일컬어진다 전세작품(傳世作品)으로는 <여산고도(廬山高圖)><추림화구도(秋林話舊圖)><창주취도(滄州趣圖)>가 있고 저서로는『석전집(石田集)』『객좌신문(客座新聞)』등이 있다.

117) 機巧: 영교(靈巧)한 기계장치(機械裝置).

오위(吳偉)

종흠례(鍾欽禮)

관부인(管夫人)

雨足秋潭黑(우족추담흑)　비가 내려 가을 연못 검게 보이니
遊魚還不知(유어환부지)　물고기가 노는지 알 수가 없네.
　右詠吳偉(우영오위) 이 시(詩)는 오위(吳偉)[118]를 읊은 것이다.

柳岸停烏榜(유안정오방)　유안(柳岸)에 검은 배[119]가 머물러 있고
金樽對寂寥(금준대적요)　금빛 나는 술동이 고요하구나.
那知深幔裏(나지심만리)　어찌 알랴 깊고 깊은 장막 속에서
不有董嬌嬈(불유동교요)　아리따운 여인이 숨어있는지
　右詠鍾欽禮(우영종흠례) 이 시(詩)는 종흠례(鍾欽禮)[120]를 읊은 것이다.

瘦竹抱奇巖(수죽포기암)　마른 대가 기암(奇巖)을 둘러 자라나
風標他自別(풍표타자별)　풍격(風格)[121]은 자타(自他)가 서로 다르네.

---

118) 吳偉(1459-1508) 자는 차옹·사영, 호는 노부·소선. 강하 출신이다. 그의 대표작 중에서 <계산어정도 溪山漁艇圖>·<강산만리도 江山萬里圖>가 세상에 전해졌다.

119) 烏榜: 검은 색을 칠해 장식한 배. 유람선을 가리킨다.

120) 鍾欽禮의 생졸년(生卒年)은 자세히 알 수 없다. 예술활동은 대략 성화(成化) 정덕(正德) 연간이다. 號는 회혜산인(會稽山人) 절강상우인(浙江上虞人)이다. 산수(山水)를 그리면 자유롭고 호방하며 강인한 필치를 구사했다. 대진(戴進)에게 배워서 변화를 시켰다. 홍치연간(弘治年間)에 인치전(仁治殿)으로 들어가 내정화사(內廷畫師) 중에 최고 고수가 되었다.

121) 風標: 풍도(風度) 풍격(品格).

何當移遠梅(하당이원매)　어찌하여 먼 곳 매화 옮겨 심었나?
配爾添淸絶(배이첨청절)　짝을 이뤄 청아(淸雅)함[122]을 더하고 있다.
　右詠管夫人(우영관부인) 이 시(詩)는 관부인(管夫人)[123]을 읊은 것이다.

在谷無人知(재곡무인지)　산골에서 살아가니 아는 이 없고
出山便焚爇(출산편분설)　산 나서면 문득 한 생각 다하네.
不如抱淸香(불여포청향)　맑은 향기 지님만 같지 못하니.
衆草同蕪沒(중초동무몰)　중초(衆草)들은 성쇠(盛衰)를 함께하누나.
　右詠蘇長公(우영소장공) 이 시(詩)는 소장공(蘇長公)[124]을 읊은 것이다.

寒梅映苦竹(한매영고죽)　한매(寒梅)가 고죽(苦竹)[125]과 마주하니
花葉相高低(화엽상고저)　꽃과 잎이 높고 낮게 어우러졌네.
疑是羅浮下(의시나부하)　아마도 나부산[126] 아래인가 하노니
枝間靑雀啼(지간청작제)　숲에서 파랑새[127]가 울고 있구나.
　右詠王淵(우영왕연) 이 시(詩)는 왕연(王淵)[128]을 읊은 것이다.

---

122) 淸絶: 청아(淸雅)함이 지극한 것.

123) 管夫人(1262-1319)은 관두승(管道升)으로 字는 중희(仲姬) 요희(瑤姬)이고 덕청현모산촌(德淸縣茅山村) 출신이다. 조맹부(趙孟頫)의 처(妻)이며, 원대(元代) 저명한 여성 서예가(書藝家) 화가(畵家) 시사창작가(詩詞創作家)이다. 연우(延祐) 4년(1317)에 위국부인(魏國夫人)으로 봉해졌으므로 세상에서는 관부인(管夫人)으로 불렀다. 『묵죽보(墨竹譜)』를 저술하였으며 전세작품(傳世作品)으로는 <수죽도권(水竹圖卷)> <수심첩(秋深帖)> <산루소불도(山樓繡佛圖)> <장명암도(長明庵圖)> 등이 있다.

124) 蘇東坡 (1036-1101). 아버지 소순, 동생 소철과 함께 '3소'(三蘇)라고 일컬어지며, 이들은 모두 당송8대가에 속한다. 소동파는 조정의 정치를 비방하는 내용의 시를 썼다는 죄로 황주로 유형되었는데, 이 때 농사짓던 땅을 동쪽 언덕이라는 뜻의 '동파'로 이름짓고 스스로 호를 삼았다. 소동파는 구양수·매요신 등에 의해서 기틀이 마련된 송시를 더욱 발전시켰다. 구양수·매요신 이전의 시가 대개 비애를 주제로 해왔던 데 비해서 이 두 사람은 평안하고 고요한 심정을 주로 읊었고, 동파는 이에서 벗어나 훨씬 적극적·자각적인 관점을 취했다. 동파는 작가의 마음이 자연스럽게 묻어나와야만 훌륭한 문장이 된다는 청년기의 생각을 평생토록 일관했다.

125) 苦竹: 왕죽(王竹)이라고도 하며 줄기가 목질화되어 단단하고 키가 크므로 대나무라고도 한다. 대는 외떡잎식물이므로 나이테가 없고 비대 생장을 하지 않는다. 원통형인 줄기는 꼿꼿하고 속이 비었으며 두드러진 마디가 많은데 마디마다 칸막이 같은 수평의 격벽(隔壁)이 있다.

126) 羅浮: 산 이름이다. 광동성(廣東省) 동강(東江) 북안(北岸)에 있다. 풍경(風景)이 우아하고 아름다워 사람들이 유람하는 명승지이다.

127) 靑雀: 청조(靑鳥)이다. 신화전설(神話傳說) 속에 서왕모(西王母)가 부렸다고 하는 신조(神鳥)이다.

128) 王淵의 생몰년(生沒年)은 자세히 알 수 없다. 元의 화가로 자는 약수(若水) 호는 담헌(澹軒)이며 조맹부에게 배웠다.

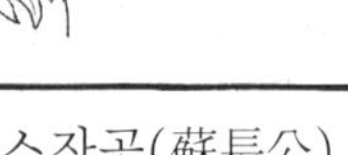

소장공(蘇長公)

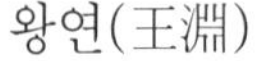

왕연(王淵)

전선(錢選)

遲日晴坡暖(지일청파난)　늦은 해 비친 언덕 따뜻해지고
閑花野草香(한화야초향)　한가로운 들꽃은 향기롭구나.
蜻蜓莫飛下(청정막비하)　잠자리야 아래로 날지 말아라
葉底有螳蜋(엽저유당랑)　풀잎에 사마귀가 숨어 있으니

右詠錢選(우영전선) 이 시(詩)는 전선(錢選)[129]을 읊은 것이다.

水國初飛雪(수국초비설)　수국(水國)에 처음으로 눈이 날리니
乾坤積縞中(건곤적호중)　천지에 흰 비단이 쌓여간다네.
千山萬逕句(천산만경구)　모든 산과 모든 길이 시구(詩句)가 되니
到此覺尤工(도차각우공)　이 절경에 글이 더욱 공교해진다.

右詠倪元鎭(우영예원진) 이 시(詩)는 예원진(倪元鎭)[130]을 읊은 것이다.

---

129) 錢選은 중국 송말원초의 화가(畵家) 시인(詩人) 학자(學者)이다. 자는 순거(舜擧), 호는 옥담(玉潭) 손봉(巽峯) 삽천옹(霅川翁) 습라옹(習懶翁) 등이다. 호주(湖州) 출신으로 인물(人物) 산수(山水) 화조(花鳥)를 잘 그렸다. 인물은 이공린(李公麟), 산수는 조영양, 청록산수는 조백구, 화조는 조창(趙昌)을 본받았으며, 특히 부러진 가지를 잘 그렸다. 조자앙(趙子昻)이 일찍이 그에게 가르침을 청한 바 있다. 그는 그림 속에 선비의 기개가 담겨 있어야 하며, 남송화원의 기풍을 탈피하여 당·오대·북송의 화법을 추구해야 한다고 주장했는데, 사실상 복고를 통하여 새로움을 추구한 것이었다. 전세작품(傳世作品)으로는 <碩鼠圖><浮玉山居圖>, <幽居圖>, <陶淵明像> 등이 있다.

130) 倪瓚(1301-1374)은 강소성(江蘇省) 무석(無錫) 출신이다. 원4대가 중의 한사람으로 字가 원진(元鎭)이다. 예찬은 부유한 집안에서 태어났으나 이민족인 몽골족이 세운 원(1206~1368)의 조정에 출사하기를 거부

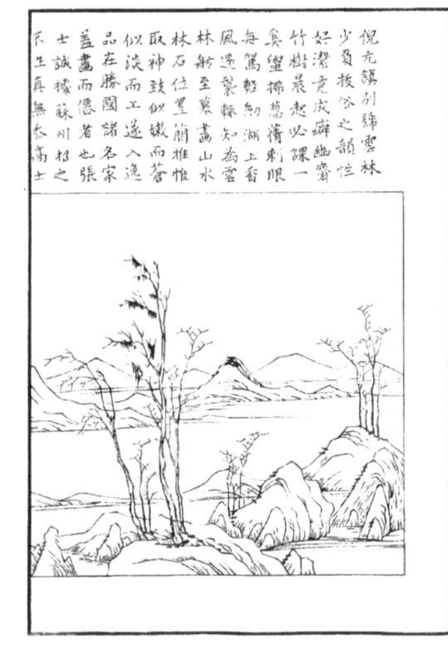

예원진(倪元鎭)

고극공(高克恭)

성자소(盛子昭)

虛閣臨江漵(허각임강서)　빈 누각이 강가에 높이 서 있어

憑欄替入舟(빙란체입주)　난간에 기댔다가 배를 탔다네.

棹歌何處客(도가하처객)　도가(棹歌)는 어느 곳의 객이 부르나

歸趁早潮頭(귀진조조두)　일찌감치 조수(潮水)[131] 따라 돌아오누나.

右詠高克恭(우영고극공)　이 시(詩)는 고극공(高克恭)[132]을 읊은 것이다.

偶憩盤陁石(우게반타석)　너럭바위[133] 넓은 곳에 앉아서 쉬니

陰陰夏木涼(음음하목량)　그늘진 여름 나무 시원하더라.

誰知層嶂外(수지층장외)　누가 알랴 층층이 높은 산 너머

叢桂隱仙莊(총계은선장)　계수 숲에 선장(仙莊)이 숨어있음을

하고 은거하면서 학예, 즉 시(詩) 서(書) 화(畵)를 도야하고 고미술품을 수집하는 한편, 비슷한 취향을 가진 사람들과 교류했다. 조용하고 결벽스러운 성격으로 유명했는데, 그러한 성품들은 그림에서도 엿볼 수 있다. 만년에 이르러 예찬은 재산을 모두 친지들에게 나누어준 뒤, 도교의 은자가 되어 떠돌아다니며 원숙한 양식의 그림을 그렸다고 한다.

131) 潮頭: 조수(潮水)의 낭봉(浪峰).

132) 高克恭(1248－1310)의 자는 언경(彦敬), 호는 방산(房山)으로 산수를 잘 그렸다. 처음에는 미씨부자(米氏父子: 芾·友仁)에게 배웠으며 말년에는 이성(李成)·동원(董源)·거연법파(巨然法派)의 그림을 참고로 했고, 때때로 범관(范寬)에게서 취하기도 했다. <운횡수령도(雲橫秀嶺圖)>와 같은 작품은 높고 험한 산세, 늘어서 있는 여러 봉우리들, 우거진 수풀, 떠다니는 구름과 연기, 입체감 있게 주름진 비탈 등 붓의 사용이 굵고 묵의 채색과 농담이 적절하다.

133) 盤陀: 평평하지 않은 바위.

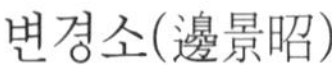
변경소(邊景昭)

이재(李在)

하창(夏昶)

右詠盛子昭(우영성자소) 이 시(詩)는 성자소(盛子昭)134)를 읊은 것이다.

不監覆車粟(불감복차속)　덮어놓은 수레곡식 보지 못하니
不啄登場禾(불탁등장화)　마당에 있는 벼를 쪼지 못하네.
刷羽秋叢靜(쇄우추총정)　새가 없어 가을 숲이 조용해지니
鷹鸇奈若何(응전내약하)　새매는 어떻게 살아야 하나?

右詠邊景昭(우영변경소) 이 시(詩)는 변경소(邊景昭)135)를 읊은 것이다.

峽水容漁艇(협수용어정)　골짜기 물 고깃배를 띄울만하고
巖蹊送馬蹄(암혜송마제)　바위로 난 좁은 길에 말이 지난다.
幽人坐相待(유인좌상대)　유인(幽人)은 앉아서 기다리는데
高柳竹籬西(고류죽리서)　큰 버들 대울타리 서쪽에 있네.

右詠李在(우영이재) 이 시(詩)는 이재(李在)136)를 읊은 것이다.

---

134) 盛子昭는 원대(元代)의 화가(畵家)로 <송하력도도(松下奕道圖)>가 전한다.

135) 邊景昭는 생졸년(生卒年)을 자세히 알 수 없다. 금조를 정밀하게 묘사했으며 전제작품(傳世作品)으로는 <삼우백금도(三友百禽圖)><쌍학도(雙鶴圖)><춘금화목도(春禽花木圖)>가 있다.

136) 李在(?-1431)명대(明代)의 화가(畵家)로 字는 이정(以政) 號는 일재(一齋) 보전인(莆田人)이다. 전세작품(傳世作品)으로는 <하우개산치수도(夏禹開山治水圖)>가 있고, 상해박물관(上海博物館)에는 <금고승리도(琴高乘鯉圖)>를, 고궁박물원(故宮博物院)에서는 <활저청봉도(闊渚晴峰圖)><산촌도(山村圖)>를, 요녕박물관

枝高拂雲霄(지고불운소)　　높은 가지 구름을 밀쳐버리고
葉硬排霜雪(엽경배상설)　　굳센 잎은 눈과 서리 아랑곳 않네.
何處可方渠(하처가방거)　　어디서나 바르고 뛰어나리니
西山二子節(서산이자절)　　서산(西山)의 이 둘은 절개가 있네.

右詠夏昶(우영하창) 이 시(詩)는 하창(夏昶)137)을 읊은 것이다.

老樹秋深淺(노수추심천)　　고목(古木)에 가을은 얕고 깊으며
回溪水古今(회계수고금)　　회계(回溪)는 고금으로 흘러가누나.
相携步欹岸(상휴보의안)　　비탈진 언덕길을 함께 걷는데
嵐翠滿衣襟(남취만의금)　　푸른 산 빛 옷깃에 가득하더라.

右詠陳喜(우영진희) 이 시(詩)는 진희(陳喜)138)를 읊은 것이다.

旋磨替春杵(선마체춘저)　　돌려 갈며 봄 절구공이 교체하니
創智奪天工(창지탈천공)　　지혜는 하늘 조화 빼앗았지만
未免機心在(미면기심재)　　기회 보는 마음을 남아있도다.
終慚抱甕翁(종참포옹옹)　　안빈(安貧)139)하는 늙은이에 부끄럽구나.

右詠杜堇(우영두근) 이 시(詩)는 두근(杜堇)140)을 읊은 것이다.

臥壑龍鱗古(와학용린고)　　골짜기에 누운 용린(龍鱗) 오래 되었고
跳梁蒼鼠驕(도량창서교)　　들보에 뛰어가는 쥐가 크구나.
緣枝還喫實(연지환끽실)　　가지에 올라 다시 열매 먹으니

(遼寧博物館)에서는 <귀거래혜도(歸去來兮圖)> 등을 소장하고 있다.

137) 夏昶(1388-1470)의 字 중소(仲昭)이고 호는 자재도사(自在居士) 옥봉(玉峰)이며 곤산(昆山) 출신이다. 시서화(詩書畵)를 모두 잘한 전형적인 사대부 문인화가로 특히 서예로 관직을 얻었을 만큼 뛰어났다. 그림은 묵죽(墨竹)을 가장 잘 그렸는데, 원명(元明) 시대 묵죽화가 가운데 최고라는 평을 들었다. 당시 그의 작품은 멀리 외국까지 팔려갔다고 한다. 대표작품으로 <상강풍우도권(湘江風雨圖卷)><만림춘추도축(滿林春雨圖軸)><묵죽도축(墨竹圖軸)> 등이 있다.

138) 陳喜는 명나라 때 몽골족 화가다.

139) 抱甕: 포옹관원(抱甕灌園)으로 소박한 생활을 편안히 여김.

140) 杜堇(1465-1487)은 명대(明代) 화가(畫家)로 원래(原來)의 성(姓)은 육(陸)이다. 字는 구남(懼男)이고 호(號) 정거(檉居) 고광(古狂) 청하정장(青霞亭長)이며 강소단도(江蘇丹徒) 출신이다.

진희(陳喜)

두근(杜菫)

도맹학(陶孟學)

不羨太倉饒(불선태창요)　가득한 큰 창고가 부럽지 않네.

右詠陶孟學(우영도맹학) 이 시(詩)는 도맹학(陶孟學)[141]을 읊은 것이다.

何來兩黃雀(하래양황작)　어디에서 왔는지 두 마리 참새
啄啄田間粟(탁탁전간속)　밭에서 곡식을 쪼아 먹는다네.
飛去莫遲回(비거막지회)　날아가서 배회(徘徊)[142]를 하지 않음은
兒童解彈射(아동해탄사)　애들이 잡으려함 알고 있는 듯

右詠呂紀(우영여기) 이 시(詩)는 여기(呂紀)[143]를 읊은 것이다.

推車上峻坂(추차상준판)　수레 밀어 높은 비탈 오르려는데
雪深牛力短(설심우력단)　눈에 빠져 소의 힘도 부족하더라.
何處長安城(하처장안성)　어느 곳에 장안성이 있는가?

---

141) 陶成은 자가 孟學이고 명나라 成化 시기의 화가이다.

142) 遲回: 배회(徘徊). 체류(滯留).

143) 呂紀(1477-?) 명대(明代) 화가(畫家)로 字는 정진(廷振)이요 號는 낙우(樂愚)이다. 은(鄞) 출신이다. 화조화로 유명한데 초기에 변경소의 필법을 배웠고 또한 임량의 수묵법 영향을 받았으며 뒤에는 당송 여러 화가 명적들을 보방하였으나 이후에 스스로 모든 것을 이루어 당대에 독보적이었다. 대표작품(代表作品)으로는 <신춘쌍치도(新春雙雉圖)><계화산금도(桂花山禽圖)><잔하응로도(殘荷鷹鷺圖)><추로부용도(秋鷺芙蓉圖)><사두아도(獅頭鵝圖)> 등이 있다.

여기(呂紀)

주신(周臣)

당인(唐寅)

征途猶未半(정도유미반)　여행길 아직 반도 가지 못했네.

右詠周臣(우영주신) 이 시(詩)는 주신(周臣)144)을 읊은 것이다.

落雁漁村夕(낙안어촌석)　기러기가 내려앉는 어촌(漁村)의 저녁
微霜老樹秋(미상노수추)　약간의 서리 맞은 가을의 고목
携琴此遊玩(휴금차유완)　거문고로 이렇게 놀고 즐기니
長笛在歸舟(장적재귀주)　피리소리 돌아가는 배에 있더라.

右詠唐寅(우영당인) 이 시(詩)는 당인(唐寅)145)을 읊은 것이다.

老釋生涯薄(노석생애박)　늙은 중 생활이 너무 가난해
芻摩手自縫(추마수자봉)　거친 초의(草衣)146) 스스로 바느질 하네.

---

144) 周臣(1460-1535)은 字가 순경(舜卿)이요 號가 동촌(東村)으로 명대(明代) 직업화가(職業畫家)이다. 오(吳) 출신이다. 당시에 직업화가는 제대로 존경이나 대접을 받지 못했고 이렇다 할 명성도 없었으나 명대(明代) 4대가중 당인과 구영이 주신의 제자였으니 회화사에서는 매우 중요한 인물이다. 작품(作品)으로는 <북명도(北溟圖)>가 있다.

145) 唐寅(1470-1524)의 字는 백호(伯虎)였으나 후에 개자(改字)하여 자외(子畏)로 했다. 號는 육여거사(六如居士) 도화암주(桃花庵主) 노국당생(魯國唐生) 도선선사(逃禪仙吏) 등이다. 명대화가(明代畫家)로 서예가이며 시인(詩人)이다. 작품에는 <기려사귀도(騎驢思歸圖)>·<산로송성도(山路松聲圖)>·<사명도(事茗圖)>·<왕촉궁기도(王蜀宮妓圖)>·<이단단락적도(李端端落籍圖)>·<추풍환선도(秋風紈扇圖)>·<고사구욕도(枯槎鸜鵒圖)> 등의 회화작품이 있어 세계각대박물관(世界各大博物館)에 소장되고 있다.

146) 芻摩: 거친 초의(草衣).

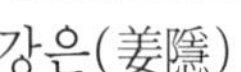

강은(姜隱)

왕곡상(王穀祥)

문백인(文伯仁)

抽絲小弟子(추사소제자)　실을 뽑는 작은 제자 곁에 있으나

莫是孫悟空(막시손오공)　조화 능한 손오공이 아니로구나.

右詠姜隱(우영강은)　이 시(詩)는 강은(姜隱)[147]을 읊은 것이다.

弱植草莖嫩(약식초경눈)　줄기가 어린 풀 얕게 심었고

浮花菜葉肥(부화채엽비)　물위에 뜬 꽃[148]들 두둑한 잎새

春風不世態(춘풍불세태)　춘풍(春風)에 세태(世態)[149]가 없긴 하지만

微物各芳菲(미물각방비)　미물(微物)에도 제각각 향기가 있네.[150]

右詠王穀祥(우영왕곡상)　이 시(詩)는 왕곡상(王穀祥)[151]을 읊은 것이다.

橋斷夜來雨(교단야래우)　밤중에 비가 와서 다리 끊기고

---

147) 薑隱의 字는 주좌(周佐)로 생졸(生卒)은 명확하지 않다. 황현(黃縣)출신으로 명대화가(明代畫家)이다. 인물(人物)과 화훼(花卉)를 잘 그렸다. 전세작품(傳世作品)으로는 <문석감초도(文石甘蕉圖)><파초미인도(芭蕉美人圖)>가 있다.

148) 浮花: 수면에 떠있는 꽃잎. 액체 표면에 떠있는 물거품.

149) 世態: 세속(世俗)의 정태(情態). 대부분 인정의 담박(淡薄)한을 이르는 말.

150) 芳菲: 화초(花草)가 풍성하고 아름다움. 향기로운 꽃과 향기로운 풀.

151) 王穀祥(1501-1568)의 字는 녹지(祿之) 號는 유실(酉室)이며 장주(長洲) 출신이다. 사생(寫生)을 잘했으며 색채를 점점 흐리게 하는데 법도가 있었으며 일지 일엽에도 생색이 있어 사람이서 소중하게 생각했다. 글씨는 진인(晉人)을 모방했으나 희지와 헌지의 의 서풍은 따르지 않았다. 전주(篆籀) 팔체(八體)와 모인(摹印)이 모두 묘품(妙品)에 이르렀다.

波生今夕風(파생금석풍)　오늘 저녁 바람에 물결이 이네
舟人解人意(주인해인의)　뱃사람은 사람의 마음 아는지
撑棹柳陰中(탱도유음중)　버드나무 그늘로 노를 젓는다.
　右詠文伯仁(우영문백인) 이 시(詩)는 문백인(文伯仁)[152]을 읊은 것이다.

三人立層頂(삼인립층정)　세 사람이 높고 높은 정상에 서니
蘿月光參差(나월광참차)　등라간(藤蘿間)의 달빛[153]이 반짝거리네.[154]
夜久凄風露(야구처풍로)　밤이 깊어 풍로(風露)에 추워지는데
僮來何太遲(동래하태지)　아이가 오는 것이 어찌 늦는가?
　右詠朱貞孚(우영주정부) 이 시(詩)는 주정부(朱貞孚)[155]를 읊은 것이다.

湖平闊岸紆(호평활안우)　호수를 큰 언덕이 빙 둘러싸고
蘆葦隱檣烏(노위은장오)　갈대는 은은한 풍향계[156] 같네.
日暮西風起(일모서풍기)　날 저물어 서쪽 바람 불어오는데
歸帆盡向吳(귀범진향오)　돌아가는 배들 모두 오(吳)로 향한다.
　右詠朱端(우영주단) 이 시(詩)는 주단(朱端)[157]을 읊은 것이다.

蒨蔥月桂樹(천총월계수)　푸른 색[158]이 우거진 월계수나무
花葉正離披(화엽정리피)　꽃잎이 이제 막 떨어지는데[159]

---

152) 文伯仁(1502-1575)은 명대(明代)의 화가(畫家)로 字는 덕승(德承) 號는 오봉(五峰) 섭생장(攝山長) 보생(葆生) 섭산노농(攝山老農) 오봉산인(五峰山人) 오봉초객(五峰樵客)이다. 호광형산(湖廣衡山) 출신이다. 문징명의 질자(侄子)이다.

153) 蘿月: 등라간(藤蘿間)의 명월.

154) 參差: 가지런하지 않은 모양. 어지럽고 번잡한 모양.

155) 朱貞孚의 字는 홍신(弘信) 號는 소애(少崖) 장주(長洲) 출신이다. 문징명(文征明)과 같은 시기에 살았으며 박학(博學) 능문(能文) 호시(好詩) 능서(能書)하였고 산수(山水)를 잘 그렸다.

156) 檣烏: 돛대위에 까마귀형태의 풍향계(風向計). 종잡을 수 없고 안정되지 않은 생활을 비유함.

157) 朱端의 字는 극정(克正)이고 평호(平湖) 출신이다. 어렸을 때에는 심히 가난하여 나무를 하고 고기를 잡아 생활하였다. 정덕(正德) 연간에 화사(畫仕)가 되었으므로 호를 일초(一樵)라고 하였다. 산수(山水)는 마원(馬遠) 인물(人物)은 성무(盛懋) 화조(花鳥)는 여기(呂紀) 묵죽은 하애(夏昹)를 본받았으니 절파(浙派) 명가(名家)가 되었다. 글씨도 잘 썼다.

158) 蔥 산속에서 생장하는 야생 파. 청록색(靑綠色).

159) 離披: 어지럽게 떨어지는 모양. 쇠잔(衰殘)한 모양. 분리(分離)되는 모양.

주정부(朱貞孚)

주단(朱端)

육치(陸治)

粉蝶休離恨(분접휴리한)　나비야 이별을 한하지 마라
相逢無四時(상봉무사시)　서로의 만남은 사시(四時)가 없어
　右詠陸治(우영육치) 이 시(詩)는 육치(陸治)[160]를 읊은 것이다.

偶集洲邊蓼(우집주변료)　물가에 여뀌가 모여 자라나지만
低枝棲息難(저지서식난)　서식(棲息)하기 어려운 낮은 가지라.
如何鸋鴂鳥(여하영결조)　어찌하여 종달새와 뱁새는
苕上強偸安(초상강투안)　능소화[161] 위에서 잠시 편할까?[162]
　右詠王一淸(우영왕일청) 이 시(詩)는 왕일청(王一淸)[163]을 읊은 것이다.

戲逐晴沙暖(희축청사난)　맑은 모래 따뜻한 곳 따라다니니
蘆花淺水湄(노화천수미)　얕은 물에 갈대꽃이 피어있구나

160) 陸治 대다수의 화가들과 같이 처음에 그림을 배울 때 스승이 있었으나 방향을 찾지 못했다. 문징명을 만나 친구가 되면서 학문(學問)도 좋아졌고 인덕(仁德)도 좋았으며 함께 작시(作詩)를 배우고 글씨를 쓰며 그림을 그렸다.

161) 苕: 능소화.

162) 偸安: 다만 목전(目前)의 안일(安逸)을 도모(圖謀)함. 일시적인 편안함을 꾀함.

163) 王一淸: 호(號)는 체물자(體物子)이다. 명(明) 만력(萬曆)년간의 도사(道士)이다. 생졸년(生卒年)은 자세하지 않다. 어려서 유학(儒學)을 공부했지만 과거(科擧)에 실패(失敗)했다. 평소에 도가서(道家書)를 즐겨 읽었으므로 절진(絕塵)의 뜻이 있었다.

왕일청(王一淸)

장진(張珍)

문가(文嘉)

江南足棲息(강남족서식)　강남은 서식하기 충분할 텐데
飛去欲何爲(비거욕하위)　날아가서 무엇을 하려함인가?
右詠張珍(우영장진) 이 시(詩)는 장진(張珍)[164]을 읊은 것이다.

一夜江天雪(일야강천설)　하룻밤 강가에 눈이 내리니
瓊瑤四望同(경요사망동)　사방이 한결 같은 백옥(白玉)색이라.
孤舟獨垂釣(고주독수조)　외로운 배 홀로 앉아 낚시질하니
似是渭川翁(사시위천옹)　위수(渭水)에서 세월 낚던 늙은이 같네.
右詠文嘉(우영문가) 이 시(詩)는 문가(文嘉)[165]를 읊은 것이다.

穠華太眞睡(농화태진수)　예쁘고 젊은 선녀[166] 잠들었나니
幽獨蘇仙詩(유독소선시)　적막하고 고독한[167] 소동파(蘇東坡)[168] 시라.
不遣淸香透(불견청향투)　맑은 향기 통함은 알 수 없지만[169]

---

164) 장진은 명나라 화가이다.
165) 文嘉(1501-1583)의 字는 휴승(休承)이요 號는 문수(文水)이며 호광형산(湖廣衡山)출신이다. 문징명(文徵明)의 둘째아들이다.
166) 穠華: 젊고 예쁜 여자. 공주(公主). 太眞: 선녀명(仙女名). 당(唐) 양귀비(楊貴妃)의 호(號).
167) 幽獨: 정적(靜寂) 고독(孤獨)하거나 그런 사람.
168) 蘇仙: 소식(蘇軾)을 가리킴.

진괄(陳括)

동현재(董玄宰)

손극홍(孫克弘)

遊蜂那得知(유봉나득지)　　날아가는 벌들은 어떻게 알까?
　右詠陳括(우영진괄) 이 시(詩)는 진괄(陳括)170)을 읊은 것이다.

把釣隨輕浪(파조수경랑)　　가벼운 물결 따라 낚시질 하니
舟行不用牽(주행불용견)　　배는 가나 낚시 줄 당기지 않네.
危灘休急下(위탄휴급하)　　위험한 여울에선 서둘지 마라
疊壁正當前(첩벽정당전)　　첩첩한 벽이 바로 앞에 있으니
　右詠董玄宰(우영동현재) 이 시(詩)는 동현재(董玄宰)171)를 읊은 것이다.

浪笑荷花晩(낭소하화만)　　물결 이니 느지막이 연꽃이 피고
春風此一時(춘풍차일시)　　일시(一時)에 봄바람 불어온다네.

---

169) 不遣: 없앨 수도 없고 배척할 수도 없는 것. 양보하지도 않고 시키지도 않음.
170) 陳括: 문징명(文徵明)의 제자이며 진순(陳淳)의 子.
171) 董其昌(1555-1636)은 중국 명나라 때의 문인(文人) 화가(畵家) 서예가(書藝家) 정치가(政治家)이다. 화정(華亭) 출신으로 자는 현재(玄宰), 호는 사백(思白) 향광거사(香光居士)이다. 복왕(福王) 때에 문민(文敏)이라는 추서를 내렸다. 젊었을 때부터 시서화의 창작 및 감식에 뛰어났으며 명대 최고의 문인화가(文人畵家) 및 화론가(畵論家)로서의 지위를 확립했다. 서예는 왕희지(王羲之)의 글씨체를 바탕으로 행서(行書) 초서(草書)에 뛰어났으며, 특히 중국 그림의 2대 유파 중 하나인 남종화를 대성함으로써 당시의 그림 경향을 남종화 일색으로 만들기도 했다. 저서로는 『화선실수필(畵禪室隨筆)』『화안(畵眼)』『화지(畵旨)』『용대문집(容臺文集)』 등이 있다. 또한 그는 역대의 진귀한 범첩을 수집하고 정리해 간행했으며, 만력 태창(泰昌) 천계(天啓) 세 왕조의 실록 편찬에도 참여하는 등 명대 학술 문화 발전에 지도적 역할을 수행했다.

芳香共絶世(방향공절세)　꽃향기 절세(絶世)에 함께하노니
誰是歲寒姿(수시세한자)　어느 누가 세한(歲寒)의 자태라 할까?
　右詠孫克弘(우영손극홍) 이 시(詩)는 손극홍(孫克弘)[172]을 읊은 것이다.

樹古古苔積(수고고태적)　고목(古木)에 오래된 이끼 쌓이고
山深溪水碧(산심계수벽)　산 깊으니 시냇물도 깊고 푸르네.
中有貌古人(중유모고인)　가운데는 고인(古人)의 모습이 있어
頹然坐忘夕(퇴연좌망석)　자유로이[173] 좌망(坐忘)하는 저녁이로다.
　右詠文徵明(우영문징명) 이 시(詩)는 문징명(文徵明)[174]을 읊은 것이다.

老樹秋無葉(노수추무엽)　고목(古木)에 가을되니 낙엽이 지고
西風浪花白(서풍낭화백)　서풍(西風)에 물결이 희게 보이네.
鴉棲人亦歸(아서인역귀)　갈 까마귀 깃들고 사람도 돌아가는데
回首江天夕(회수강천석)　돌아보니 강촌(江村)은 저녁이더라.
　右詠謝時臣(우영사시신) 이 시(詩)는 사시신(謝時臣)[175]을 읊은 것이다.

嫌他白與黃(혐타백여황)　흰색과 황색을 싫어하기에
換作臙脂色(환작연지색)　연지색(臙脂色)을 바꿔서 칠하였다네.

---

172) 孫克弘(1532或1533-1611) 명(明)의 서화가(書畫家)이자 수장가(藏書家)로 극굉(克宏)으로도 쓴다. 字는 윤집(允執) 號는 설거(雪居)이며 송강(松江) 출신이다. 전세작품(傳世作品)으로는 <신지사계화훼도(新枝四季花卉圖)>·<한산습득도(寒山拾得圖)>·<죽국도(竹菊圖)>·<달마도강도(達摩渡江圖)>·<백화도(百花圖)>·<나한(羅漢)>·<절지화훼도(折枝花卉圖)>·<주죽도(朱竹圖)> 등이 있고, 저서로는 『고금석각비첩목(古今石刻碑帖目)』 2권과 『비고고금석각비첩목(備考古今石刻碑帖目)』 1권이 있다.

173) 頹然: 방종(放縱)하여 얽매이지 아니함. 쇠로(衰老)한 모양.

174) 文徵明(1470-1559) 원명(原名)은 벽(壁, 或作璧)이며 자가 징명(徵明)이다. 선세가 형산(衡山) 출신이라 호를 형산거사(衡山居士)라 하였다. 천성적으로 민감하고 내성적이어서 53세 때인 1523년에야 비로소 학구적인 은둔생활을 버리고 세상에 나와, 조정의 인정을 받고 한림원 대조로 임명되었으나 3년을 지낸 뒤 은퇴하고서 유명한 작품들을 남겼다. 그는 4가지 주요서체인 전서(篆書) 해서(楷書) 예서(隸書) 초서(草書)에 모두 능했다. 또한 미술품(美術品) 특히 서예작품(書藝作品) 수집가(蒐集家)·감정가(鑑定家)로도 유명했다. 문징명은 스승인 심주(沈周)를 비롯하여 당백호(唐伯虎)와 구영(仇英)을 넣어 명사대가(明四大家)로 칭해진다. 대표작으로 <춘심고수도(春深高樹圖)>·<산우도(山雨圖)>·<진상재도(眞賞齋圖)> 등이 꼽힌다.

175) 謝時臣(1487—?) 명대(明代)의 화가(畫家)로 字는 사충(思忠) 號는 저선(樗仙)이며 장주(長洲) 출신이다. 전세작품으로는 <계산남승도(溪山攬勝圖)><책장심유도(策杖尋幽圖)><무당제설도(武當霽雪圖)><적선완월도(謫仙玩月圖)> 등이 있다.

문징명(文徵明)

사시신(謝時臣)

진순(陳淳)

同是傲霜姿(동시오상자)　모두가 오상(傲霜)의 자태라지만
不妨飧英客(불방손영객)　영객(英客)의 저녁밥을 방해 않는다.
　右詠陳淳(우영진순) 이 시(詩)는 진순(陳淳)[176]을 읊은 것이다.

翠壁江心揷(취벽강심삽)　푸른 벽이 강심(江心)에 꽂혀 있는데
松陰正滿舟(송음정만주)　솔 그늘 배위에 가득하여라.
身閑午睡足(신한오수족)　내 몸이 한가하니 낮잠도 편해
浮世更悠悠(부세갱유유)　뜬 구름 같은 세상 여유롭구나.
　右詠仇英(우영구영) 이 시(詩)는 구영(仇英)[177]을 읊은 것이다.

雁外遙山碧(안외요산벽)　먼 산 푸른 곳에 기러기 날고
蘆花兩岸回(노화양안회)　갈대 꽃 양안(兩岸)에 둘러 피었네.

---

176) 陳淳(1484-1543) 장주(長洲) 출신이다. 字는 도복(道複)인데 이후에 자로서 알려졌다. 나중에 자를 복보(複甫)로 바꿨으며 호는 백양(白陽) 백양산인(白陽山人)이다. 어려서부터 원인(元人)을 법으로 삼아 그림을 그렸고 수묵사의(水墨寫意)의 영향을 깊이 받았다. 저서로는 『白陽集』이 있고 부록으로「白陽先生墓志」가 있다.

177) 仇英(1494－1552) 字는 실부(實父)이고 號는 십주(十洲)이다. 명대(明代) 회화대사(繪畫大師)이다. 원적(原籍) 강소태창(江蘇太倉)인데 후에 소주(蘇州)로 이거하였다. 오문4가(吳門四家)의 하나로 인물(人物)을 잘 그렸고 특히 사녀(士女)에 능했다. 또한 수묵(水墨) 백묘(白描)에 뛰어나 다양한 필법(筆法)을 운용(運用)하여 다른 대상(對象)을 표현하였다. 구영(仇英) 심주(沈周) 문징명(文征明) 당인(唐寅)과 함께 명사가(明四家)로 칭해진다.

구영(仇英)

장숭(蔣嵩)

장로(張路)

扁舟載酒客(편주재주객)　　쪽배[扁舟]에 술을 실은 나그네
疑自鑑湖來(의자감호래)　　감호[178]에서 왔을까 의심하였지.

　右詠蔣嵩(우영장숭) 이 시(詩)는 장숭(蔣嵩)[179]을 읊은 것이다.

禦雪褐衣寬(어설갈의관)　　찬 눈에 헐렁한 갈옷 입고는
排寒酒力在(배한주력재)　　술 힘을 빌려서 추위 견뎠지.
書囊付僕夫(서낭부복부)　　서낭(書囊)을 종에게 맡겨놨는데
詩興生驢背(시흥생려배)　　시흥(詩興)이 나귀 등에서 일어난다네.

　右詠張路(우영장로) 이 시(詩)는 장로(張路)[180]를 읊은 것이다.

嬌燕蹴梨花(교연축리화)　　아름다운 제비는 이화(梨花)를 차고
翩翩詑輕質(편편이경질)　　빨리 날며 경쾌함을 자랑하누나.
不妨美人猜(불방미인시)　　미인의 시기(猜忌)가 없긴 하지만

---

178) 鑑湖: 호수명. 경호(鏡湖). 장호(長湖)나 경호(慶湖)로도 칭해진다.. 절강(浙江) 소흥성(紹興城) 서남쪽으로 2㎞에 있으며 소흥 명승지중의 하나이다.

179) 蔣嵩의 字는 삼송(三松)이고 號는 조래산인(徂來山人) 삼송거사(三松居士)로 강녕(江寧) 출신이다. 생졸년(生卒年) 자세히 알 수 없다. 전세작품으로 <추계방정도(秋溪放艇圖)>가 있다.

180) 張路(1464-1538)는 명대(明代) 화가(畵家)로 자는 천치(天馳) 호는 평산(平山) 상부(祥符) 출신이다. 전세작품(傳世作品)으로 <송하고사도(松下高士圖)> <어부도(漁父圖)> 등이 있다.

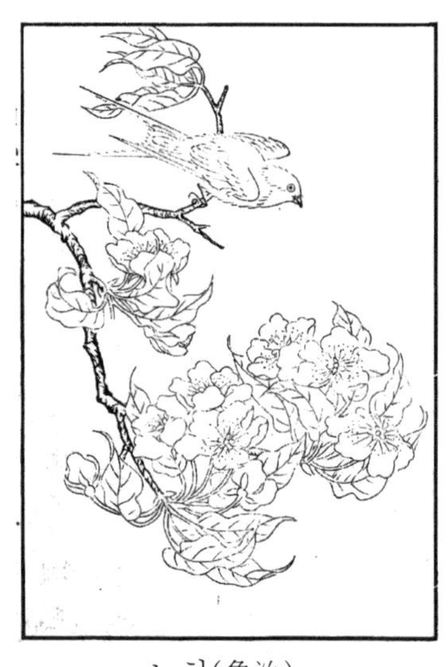
노치(魯治)

전곡(錢穀)

심사(沈仕)

恐損枝頭雪(공손지두설)　가지에 꽃 떨어질까 걱정이 되네.
　右詠魯治(우영노치) 이 시(詩)는 노치(魯治)181)를 읊은 것이다.

羸驂涉秋水(이참섭추수)　여윈 말 가을 물을 건너가는데
赤脚負兒隨(적각부아수)　다리 걷고 등에는 아이 업었네.
回顧丁寧語(회고정녕어)　돌아보며 조심하라182) 말을 하지만
驚湍此最危(경단차최위)　급류183)가 너무도 위험하구나.
　右詠錢穀(우영전곡) 이 시(詩)는 전곡(錢穀)184)을 읊은 것이다.

爲有幽期在(위유유기재)　그윽한 기약이 있기 때문에
相携渡小橋(상휴도소교)　서로 잡고 작은 다리 건너고 있지
千峯送秀色(천봉송수색)　천봉(千峰)은 빼어난 색 드러내는데

181) 魯治의 호는 기운(岐雲)이고 동오(東吳) 출신이다. 화훼(花卉)와 영모(翎毛)를 잘 그렸으며 색을 사용하는 것이 곱고 화려했으니 송인(宋人)의 법을 얻은 것이다. 전세작품(傳世作品)으로 <백화도(百花圖)>가 있다.
182) 丁寧: 부탁하다. 훈계하다. 언어가 간절한 모양.
183) 驚湍: 급류(急流).
184) 錢穀은 글씨를 잘 썼는데 행서(行書)는 소동파(蘇東坡)를 전서(篆書)는 이사(李斯)와 이양빙(李陽氷)의 법을 소해(小楷)는 우세남(虞世南)과 구양순(歐陽詢)의 법을 따랐다. 매양 법외에서 그 미묘함을 얻었으니 식자들은 진실로 목마른 준마가 샘으로 달려가는 기상이나 사자가 달리는 듯한 기세가 있고 옥루흔(屋漏痕) 절차고(折釵股)의 세가 있다고 생각하였다. 그러한 후에 그림에 가려졌으니 세상에 아는 이가 드물다.

茅棟柳邊遙(모동유변요)　버드나무 먼 곳에 초가집 있네.

右詠沈仕(우영심사) 이 시(詩)는 심사(沈仕)[185]를 읊은 것이다.

巖縫松色瘦(암봉송색수)　바위에 솔빛[松色]이 성글게 여렸나니
石齒溪流急(석치계류급)　시냇물 급한 곳에 석치(石齒)가 있네.
橋上獨歸人(교상독귀인)　다리 위엔 사람 홀로 돌아가는데
棲鴉帶暝色(서아대명색)　어두운 곳 갈까마귀 깃들고 있네.

右詠莫雲卿(우영막운경) 이 시(詩)는 막운경(莫雲卿)[186]을 읊은 것이다.

秋花霜後麗(추화상후려)　국화꽃은 서리 후에 더욱 고운데
好鳥還相宜(호조환상의)　아름다운 새들이 서로 정겹네.
但恐同鶗鴂(단공동제결)　뱁새[187]와 같아질까 두려워짐에
芳菲從此哀(방비종차애)　꽃향기[188]도 이에 따라 슬퍼지나니

右詠周之冕(우영주지면) 이 시(詩)는 주지면(周之冕)[189]을 읊은 것이다.

截作伶倫笛(절작영륜적)　잘라서 영륜(伶倫)[190]의 피리 만드니
蒼蒼老節存(창창노절존)　창창한 늙은 마디 남아있더라.
無由宿鸞鳳(무유숙란봉)　연고 없이 난봉(鸞鳳)이 잠늘었으니

---

185) 沈仕(1488-1586)는 字가 무학(懋學)인데 자등(子登)으로도 쓴다. 號는 청문산인(青門山人)이며 인화(仁和) 출신이다. 명대화가(明代畫家)로 산수(山水)에 뛰어났으며 화조(花鳥) 역시 잘 그렸다. 평생 시한(詩翰)을 좋아하여 법첩(法帖)과 명화(名畵)를 많이 모아놓고 조석으로 펴놓고 감상하였다. 이렇게 오래도록 하니 득의함이 있어 마음 내키는 대로 그림을 그릴 수 있고 글씨를 쓸 수 있어 수승(殊勝)한 전문가의 경지에 올랐고 묘품(妙品)의 수준에 올랐다.

186) 莫是龍: 중국의 명대 후기 서화가. 자는 운경(雲卿)·정한(廷韓), 호는 후붕(後朋). 10세에 문장을 지었으며 14세에 군의 제생이 되고 정시에서 1등을 하는 등 수재였을 뿐 아니라 서화에도 능한 사람이었다. 중년에 국학에 들어갔으나 벼슬을 하지 않고 재야에서 일생을 보냈다. 시는 당을, 문은 전한을 종으로 삼았으며, 글씨는 종요(鍾繇)·왕희지(王羲之)·미불(米芾)을 법으로 삼았다. 산수화를 잘 그렸는데 황공망(黃公望)을 배워 우아한 풍격이 있었다고 한다. 화론서로는 동기창(董其昌)의 남북이종론을 부연한 <화설 畵說>이 있다. 저서로 <석수재집 石秀齋集>이 있다.

187) 鶗鴂: 정직(正直)한 사람을 참언(讒言)하고 상해(傷害)하는 사람을 비유하는 말.

188) 芳菲: 화초(花草)가 풍성(豊盛)하고 아름다움. 향화(香花) 방초(芳草).

189) 周之冕(1521-?)은 명대(明代)의 화가(畫家)로 字는 복경(服卿)이요 號는 소곡(少穀)이며 장주(長洲) 출신이다. 전세작품(傳世作品)으로 <행화금계(杏花錦鷄图)> <도화고원도(桃花孤鴛图)>가 있다.

190) 伶倫: 중국의 옛 전설상의 인물. 음악을 담당하는 관리.

막운경(莫雲卿)　　주지면(周之冕)　　범숙성(范叔成)

山鳥謾慇懃(산조만은근)　산새도 은근히 게을러지네.
　右詠范叔成(우영범숙성)　이 시(詩)는 범숙성(范叔成)[191]을 읊은 것이다.

竹裏寒梅發(죽리한매발)　대숲에는 한매(寒梅)가 피어있는데
金壺對客開(금호대객개)　금병(金瓶)이 객 앞에 열려있더라.
呼童要三嗅(호동요삼후)　아이 불러 냄새를 맡으라 하니
攀折一枝來(반절일지래)　매화가지 하나를 꺾어오누나.
　右詠王廷策(우영왕정책)　이 시(詩)는 왕정책(王廷策)[192]을 읊은 것이다.

楚畹餘香在(초원여향재)　난초 밭[193]에 여향(餘香)이 남아 있는데
湘江恨淚乾(상강한루건)　상강(湘江)에 한스런 눈물 말랐네.
清標合相對(청표합상대)　준일(俊逸)한 사람[194]과 마주 대하니
荊棘爾何干(형극이하간)　소인배[195]들 무엇을 상관할건가

---

191) 範叔成은 명(明)의 화가(畵家)로 字가 윤숙(允叔)이고 號가 원백(元白)이며 전당(錢塘) 출신이다. 오로지 좌필(左筆)로 산수(山水)를 그렸는데 동원(董源)과 황공망(黃公望)을 조종(祖宗)으로 생각했다.
192) 王廷策은 명(明)의 화가로 산음(山陰) 출신이다. 성품이 게으르고 자유로우며 놀기를 좋아했다.
193) 楚畹: 난초밭을 이름.
194) 清標: 준일(俊逸). 맑고 아름다움이 출중(出衆)함을 이름.
195) 荊棘: 산야(山野)에서 자라는 가시가 많은 관목(灌木). 간사(奸邪)하고 아첨(阿諂)하는 소인배(小人輩)를 비

왕정책(王廷策)

마수진(馬秀眞)

右詠馬秀眞(우영마수진) 이 시(詩)는 마수진(馬秀眞)을 읊은 것이다.

綾城文生宅 次玉峯韻 二首 綾城[196]文生宅에서 玉峯[197]의 운을 사용하여

虛閣俯林杪(허각부림초) 빈 누각에서 숲 끝을 굽어보니
颯然秋氣高(삽연추기고) 바람소리[198]에 가을 기운이 높구나.
休嫌早歸去(휴혐조귀거) 일찌감치 돌아감을 싫어하지 마라
老子怯寒宵(노자겁한소) 늙은이는 추운 밤이 두려우니까.

酒量君偏大(주량군편대) 주량(酒量)은 그대가 훨씬 세지만
棋才誰較高(기재수교고) 바둑 두는 실력은 누가 높을까?
歸雲掩明月(귀운엄명월) 지나는 구름이 명월 가리니
怊悵負良宵(초창부량소) 슬프다![199] 좋은 밤이 안타깝구나.

유하는 말.

196) 綾州: 전라남도 화순군 능주면·춘향면·청풍면·도곡면·도암면·한천면·이양면 일대에 1914년까지 있었던 옛 고을.
197) 백광훈(白光勳, 1537-1582) 조선 중기 때의 시인. 본관은 해미(海美). 자는 창경(彰卿), 호는 옥봉(玉峯).
198) 颯然: 비바람 소리.
199) 怊悵: 실의나 실망으로 인하여 상심하고 괴로워 함. 경탄(驚歎).

新安 新安[200])

客入桃源日(객입도원일) 나그네가 도원(桃源)에 들어가던 날
珠還合浦時(주환합포시) 진주가 합포(合浦)로 돌아오던 때[201])
天公強解事(천공강해사) 하늘은 억지로 이해(理解)하는지
更遣此行遲(갱견차행지) 다시 보낸 이번 행차 더디게 하네.

鏡城道中 鏡城[202])가는 길에

寒積海門黑(한적해문흑) 한기(寒氣)가 쌓이니 해구(海口)[203])가 어둡고
雲橫長白獰(운횡장백영) 구름은 장백산(長白山) 험한 곳을 가로 지르네
北風吹不盡(북풍취부진) 북풍(北風)은 불고 불어 다함 없는데
西日照郵亭(서일조우정) 석양은 역사(驛舍)를 비치는구나.

淮陽道中 淮陽[204])가는 길에

北去淹秋水(북거엄추수) 북으로 가다가 가을 물에 젖었고
南還冒雪過(남환모설과) 남으로 돌아와 눈밭을 지난다네.
今逢杏花雨(금봉행화우) 지금은 살구꽃이 비를 만나니
客意更如何(객의갱여하) 나그네의 마음은 또한 어떨까?

夢中作 꿈속에서 짓다

曉色終南翠(효색종남취) 새벽빛은 남쪽까지 푸르고
春風綺陌香(춘풍기맥향) 봄바람에 비단 길 향기롭더라.
白雲簷下宿(백운첨하숙) 백운이 처마아래 묵어있으니
共我欲翺翔(공아욕고상) 나와 함께 하늘을 날아가 볼까?

---

200) 新安: 전라남도 남서부 해역에 위치한 군과 평안북도 서남부 해안에 위치한 정주군(定州郡)이 신안으로 불리나 공이 광주에서 벼슬한 적이 있었으니 그와 가까운 전라도 신안이 아닐까 짐작됨.
201) 珠還合浦: 주환합포(珠還合浦)는 떠난 사람이 돌아오거나 물건이 옛 주인에게 돌아옴.
202) 鏡城: 함경북도의 중앙부에 위치한 군.
203) 海門: 해구(海口). 하천과 바다가 통하는 곳.
204) 淮陽: 강원도 북부 중앙에 위치한 군.

II. 七言絶句

肅川途中 肅川[1] 가는 길에

風生輕幰馬如飛(풍생경헌마여비)　휘장(揮帳)[2]에 바람일고 말은 빠른데
六月長途爽氣隨(유월장도상기수)　유월의 긴 노정(路程)[3] 기분도 상쾌해라.
處處逢迎煩地主(처처봉영번지주)　곳곳에서 만나니 지주(地主)가 번거롭지만
此身何幸荷恩私(차신하행하은사)　이 몸이 은혜 받음 어찌 다행 아니랴?

次枕流堂韻 枕流堂[4]의 운을 사용하여

小閣疏欞枕水頭(소각소령침수두)　작은 누각 난간에 물줄기가 걸쳤는데
風光何謝習池遊(풍광하사습지유)　풍광(風光)에 어찌하여 연못 놀이 사양하나?
主人未是眞知樂(주인미시진지락)　주인(主人)은 즐거움을 진정으로 알지 못해
猶放潺湲出洞流(유방잔원출동류)　흐르는 물[5] 동네를 나가도록 방치하네.

---

1) 肅川: 평안남도 서부에 있는 군.
2) 輕幰: 가볍게 휘날리는 차의 휘장(揮帳).
3) 長途: 원정(遠程).
4) 枕流堂: 침류당(枕流堂)은 밀양시 내일동에 있으며, 부사 안질(安質)이 건축하였다. 당시에는 사람들이 소루(小樓)라 칭하였는데, 중종 37년(1542)에 부사 박세후(朴世煦)가 꾸며서 중수하고 이름을 침류당(枕流堂)이라 고쳤다. 선조 25년(1592) 임진왜란에 모조리 없어졌다가, 선조 41년 무신(1608)에 부사 기효복(奇孝福)이 중창하였다.
5) 潺湲: 물이 흐르는 모양. 유수(流水).

無題 二首 무제 2수

琴徽偸得卓文君(금휘투득탁문군) 거문고의 좋은 소리 탁문군[6]을 얻었는데
誰遣梁園醉客聞(수견양원취객문) 어느 누가 양원(梁園)에 취객 보내 듣게 하나
夜久月明深院靜(야구월명심원정) 밤 깊고 달 밝으며 정원은 고요한데
香風時動石榴裙(향풍시동석류군) 향풍(香風)이 때로 불어 석류가지 흔드누나.

桃花深洞使人迷(도화심동사인미) 도화 핀 깊은 골 사람이 혼미한데
縹緲天香滿袖携(표묘천향만수휴) 아득한 천향(天香)이 소매에 가득해라.
惆悵漁舟難再過(추창어주난재과) 슬프도다. 고깃배가 다시 가기 어렵기에
回頭何處武陵溪(회두하처무릉계) 어디가 무릉의 계곡일까 돌아보누나.

奉呈巡相 走筆書于簡尾 巡相에게 드림. 붓을 달려 簡尾에 쓰다.

聞說長沙五日留(문설장사오일류) 장사(長沙)에서 오일 간 머물다 들었는데
疏慵無分接仙遊(소용무분접선유) 게을리[7] 분수없이 신선과 놀았다지.
完山北望風煙外(완산북망풍연외) 완산에서 북쪽으로 속세(俗世)[8]를 바라보니
不到臨岐已白頭(부도임기이백두) 갈림길[9]도 안 왔는데 벌써 흰머리.

過洪提督千璟宅 提督 洪千璟[10]댁을 지나며

莫怪臨岐不入門(막괴임기불입문) 갈림길로 가지 않음 괴이치 말라
滿山風雨近黃昏(만산풍우근황혼) 산 가득 비바람에 황혼이 가까워라.
君家歷歷花千樹(군가역력화천수) 그대 집 나무마다 선명하게[11] 꽃이 피어서

6) 卓文君: 부호 탁왕손(卓王孫)의 딸로, 문인 사마상여(司馬相如)와 눈이 맞아 달아나, 술집을 열고 직접 일하다, 후에 상여(相如)의 변심에 노하여 「白頭吟」을 지었다고 한다.
7) 疏慵: 게으르다. 나태하고 산만하다.
8) 風煙: 풍광(風光) 풍진(風塵) 진세(塵世).
9) 臨岐: 갈림길에 이른 것이나 후에 증별(贈別)하는 말로 사용되고 있다.
10) 洪千璟(1553-1632). 조선 중기의 문신. 본관은 풍산(豊山). 자는 군옥(群玉), 호는 반항당(盤恒堂).
11) 歷歷: 또렷하다. 분명하다.

馬上回頭欲[12]斷魂(마상회두욕단혼)　마상(馬上)에서 돌아보니 마음만 아프구나.

潮退後移乘短艇 宿歌謠山寺 썰물 뒤에 작은 배를 옮겨 타고 歌謠山寺에 묵다.

南湖潮淺小舟乘(남호조천소주승)　남호(南湖)에서 조수(潮水) 얕아 작은 배 타니
江月初窺石壁層(강월초규석벽층)　강월(江月)은 석벽(石壁)의 높은 곳에 보이네.
花落洞門春寂寂(화락동문춘적적)　꽃이 지니 동구(洞口)에는 봄이 적적해지고
夜深空照佛前燈(야심공조불전등)　밤 깊은데 불전(佛前) 석등(石燈) 부질없이 밝더라.

錦城 錦城[13]

山陰興盡不回船(산음흥진불회선)　산음(山陰)에 흥이 다했으나 배는 돌아오지 않고
悄悄虛堂夜似年(초초허당야사년)　고요한[14] 빈 집의 밤 한해같이 길어라.
安得佳人鳳凰指(안득가인봉황지)　어찌하여 가인(佳人)은 봉황(鳳凰)을 가리키나?
臥聽三峽韻流泉(와청삼협운류천)　누워서 삼협(三峽)[15]의 물소리를 듣는다.

次仰巖韻 仰巖 운을 사용하여

阿娘龍夢躡無根(아낭용몽섭무근)　아랑[16]의 용꿈은 뿌리가 없어
麗濟興亡月一痕(여제흥망월일흔)　여제(麗濟)의 흥망(興亡)이 달에 흔적 남았네.
惆悵英雄不復返(추창영웅불부반)　슬프다 영웅이 돌아오지 않았지만
至今唯有浣紗村(지금유유완사촌)　지금은 유독 완사촌(浣紗村)[17]에 있으리.

---

12) 欲은 祇로도 쓴다.
13) 錦城: 전라남도 나주 지역의 옛 지명.
14) 悄悄: 고요한 모양.
15) 三峽: 사천(四川) 호북(湖北) 두 성의 경내(境內)에 있는 장강(長江) 상류의 구당협(瞿塘峽). 무협(巫峽)과 서릉협(西陵峽)의 합칭이다.
16) 阿娘: 아가씨. 예전에 종이 주인집 출가하지 않은 여자를 부르는 말.
17) 浣紗溪: 수명(水名). 절강성(浙江省) 청전현(青田縣) 장수봉(長壽峰)에 있다. 남조(南朝) 송(宋)의 사령운(謝靈運)이 이곳에서 완사선녀(浣紗仙女)를 만났다고 한다.

龍湫祈雨後待雨不來 二首 龍湫에서 祈雨祭를 지내고 비를 기다렸으나 오지 않았다.

朝來峯嶂鬱玄雲(조래봉장울현운) 아침 되어 봉우리에 검은 구름 몰려드니
已見龍公用意勤(이견룡공용의근) 용공(龍公)의 근실(勤實)한 맘 이미 알았네.
日烈風凄禁不得(일렬풍처금부득) 뜨거운 해 시원한 바람 금할 수 없는데[18]
上淸論議恐紛紜(상청논의공분운) 하늘[19]의 논의(論議)가 분분할까 염려된다.

澄湫靈異古今傳(징추영이고금전) 맑은 강 영이(靈異)로움 고금(古今)에 전해져
牲酒年年奉益虔(생주연년봉익건) 희생과 술 해마다 경건하게 받들었네.
千里滂沱容有數(천리방타용유수) 천리(千里)에 소나기[20] 약간을 기다리니
一雷霑濕豈關天(일뢰점습기관천) 우레와 비 어찌하여 하늘에 닫혔는가?

次山人詩軸 二首 山人의 詩軸韻을 사용하여

解向吾徒說佛恩(해향오도설불은) 해탈(解脫)위해 우리에게 불은(佛恩)을 말하고
羨渠淸寂入空門(선거청적입공문) 그 청적(淸寂)이 부러워 공문(空門)에 들었다만
何當乞取摩尼顆(하당걸취마니과) 어찌하여 불주(佛珠)[21]를 구해 얻어서[22]
照徹人寰萬丈渾(조철인환만장혼) 만장(萬丈)[23]의 모든 세상 관조하는가?[24]

欲晴未晴松上雨(욕청미청송상우) 소나무 위에 비는 갤 듯 말 듯한데
一唱三唱卷中詩(일창삼창권중시) 책속에 시 일창(一唱)하고 삼창(三唱)을 하네.
千峯晩色輸難盡(천봉만색수난진) 천봉(千峰)의 저녁 빛 다 보낼 수 없는지
顚倩龍眠老畫師(전천용면노화사) 꼭대기[25] 예쁜 용이 늙은 화공 재우네.

---

18) 禁不得: 받을 수 없음.
19) 上淸: 상천(上天) 하늘.
20) 滂沱: 비가 좍좍 쏟아짐.
21) 摩尼: 불주(佛珠)를 가리킨다.
22) 乞取: 구득(求得).
23) 萬丈: 매우 길고 매우 높으며 매우 깊음을 형용.
24) 照徹: 밝게 비치다. 광명이 암흑을 투과하여 두루 비침을 이름.

次韻送卓爾入南海 林卓爾[26]를 전송하여 南海로 가는 시운을 사용하여

憐君高義薄層霄(연군고의박층소) 그대의 높은 뜻 하늘과 가깝고[27]
斗下冤氛鬱未消(두하원분울미소) 북두 아래 원기(寃氣)가 답답하여라.
一棹春風海雲暮(일도춘풍해운모) 춘풍(春風)에 배 한 척 바다 구름 저무는데
嗚呼孤島望中遙(오호고도망중요) 오호라 외로운 섬 멀리서 보이누나.

詠風詠亭盆梅 風詠亭[28]의 盆梅를 읊다.

寒梅不改去年香(한매불개거년향) 한매(寒梅)는 작년 향기 고치지 않았으니
恰似佳人淡淡粧(흡사가인담담장) 미인(美人)이 담담하게 화장한 것 같아라.
若遣氷魂能解語(약견빙혼능해어) 매화[29]가 보내온 말을 알 수 있다면
未應遊子夜歸忙(미응유자야귀망) 나그네가 밤에 바삐 돌아가지 않았으리.

次秋山詠梅 秋山 朴弘中의 詠梅에 차운하여

雨濕梅梢欲放花(우습매초욕방화) 비에 젖은 매화가지 꽃이 피려하는데
寒威何事苦相加(한위하사고상가) 추위는 무슨 일로 고통을 더하는가?
可憐疏影橫斜地(가련소영횡사지) 가련해라. 느문 그림자 땅에 비껴 드리우니
猶似孤山處士家(유사고산처사가) 고산(孤山)의 처사집[處士家]과 비슷하구나.

次朴秋山 弘中 秋山 朴弘中[30]의 시운을 사용하여

---

25) 顚: 내려오다. 추락하다.
26) 임흘(任屹, 1557-1620) 자(字)는 탁이(卓爾)이고 호(號)는 용담(龍潭).
27) 薄 매우 가까이 닥침.
28) 풍영정(風詠亭)은 광주 광산구 신창동 선창산(仙滄山)과 극락강(極樂江)이 마주치는 강변의 대지 위에 있으며, 광주와 광산 일대에 있는 100여개의 정각 중 대표적인 것이다.
29) 冰魂: 매화(梅花)를 가리킴.
30) 朴弘中(1582-1646) 본관은 경주(慶州). 자는 자건(子建), 호는 추산(秋山). 아버지는 희룡(熙龍)이다. 성혼(成渾)의 문하에서 수학하였으며, 1599년(선조 32) 진사시에 합격, 1609년(광해군 1) 참봉·사산현감(四山縣監) 등에 임명되었으나 부임하지 않았다. 그 뒤 세자익위사세마(世子翊衛司洗馬)에 제수되었고, 1613년 계축옥사가 일어나자 김제남(金悌男)·이원익(李元翼)·남이공(南以恭)·정택뢰(鄭澤雷) 등을 변호하고, 폐모론

淸詩高出輩流中(청시고출배류중)　맑은 시는 동료[同輩][31]중에 고아(高雅)하지만
可愛吾家坦腹公(가애오가탄복공)　우리 집에 사위[32]가 사랑스러워라.
閤有琴棋樽有酒(합유금기준유주)　문에는 금기(琴棋) 있고 술동이엔 술이 있어
未須惆悵燭房空(미수추창촉방공)　서글프게 빈 방에 불을 켜지 않는다네.

送舍弟赴鏡城 兼呈北伯戚兄 舍弟가 鏡城으로 감에 전송하고 겸하여 北伯 戚兄에게 드림

北風吹急雁分飛(북풍취급안분비)　북풍은 급히 불고 기러기도 나는데
邊雪湘雲戀夕暉(변설상운연석휘)　변방의 눈과 구름 저녁 빛이 아름답네.
大使手中持造化(대사수중지조화)　대사(大使)는 수중(手中)에 조화(造化)를 지녔으니
會隨秋信許南歸(회수추신허남귀)　만남은 서신[33] 따라 남으로 가길 기대하네.

次趙玄夫韻 纘韓 玄夫 趙纘韓[34]의 운을 사용하여

春晴旌節下雲端(춘청정절하운단)　맑은 봄 기(旗)와 부절(符節)[35] 구름 끝에 내려오니
走檄風飛墨未乾(주격풍비묵미건)　격문(檄文)[36]이 빨라서 먹물도 안 말랐네.
落日羸驂還獨去(낙일이참환독거)　석양에 피곤한 말 다시 홀로 가지만
芳樽何處對娥鬟(방준하처대아환)　술동이는 어디에서 미인[37]을 대하는가?

을 일으킨 이이첨(李爾瞻)·윤인(尹訒)·정조(鄭造)·이위경(李偉卿) 등의 처벌을 주장하는 소를 올렸다가 유배되었다. 이정구(李廷龜)·이식(李植)·이항복(李恒福)·서성(徐省)·김상헌(金尙憲) 등 당시의 명사들과 폭넓게 교유하였으며, 1623년 인조반정 후 다시 관직에 기용되었다.

31) 輩流: 동배(同輩).
32) 坦腹: 사위. 배를 드러내고 눕다.
33) 秋信: 가을에 도착한 서신(書信).
34) 趙纘韓: 조선 중기 전라북도 남원에서 활동한 문신. 본관은 한양(漢陽). 자는 선술(善述), 호는 현주(玄洲).
35) 旌節: 부적. 기(旗)와 부절(符節).
36) 走檄: 긴급하게 발송한 문서. 긴급문서(緊急文書).
37) 鬟: 고대에 부녀들이 둥글게 한 머리. 여종.

鳳翼亭四詠 鳳翼亭

十里平沙片雨過(십리평사편우과) 십리 되는 백사장에 소나기[38]가 지나간 뒤
群山東望碧嵯峨(군산동망벽차아) 군산(群山)의 동쪽엔 푸르고도 높은 산
亭前一樣黃昏月(정전일양황혼월) 정자 앞엔 한 결 같이 황혼의 달이 뜨나
最是淸光霽後多(최시청광제후다) 최고로 맑은 빛은 비갠 뒤가 좋더라.
右東嶺霽月 이 시(詩)는 동령(東嶺) 제월(霽月)이다

西嶺初銜半壁紅(서령초함반벽홍) 서산(西山)에 처음으로 붉은 해가 걸리고
一村桑柘幕煙中(일촌상자막연중) 한 마을 뽕나무 밭 안개가 자욱해라.
前林知是牧兒返(전림지시목아반) 앞 숲에선 목동들 돌아올 줄 알지만
時有笛聲來遠風(시유적성내원풍) 때때로 피리소리 먼 바람에 들려오네.
右西岑落照 이 시(詩)는 서잠(西岑) 낙조(落照)이다

春波淥漲錦鱗飛(춘파녹창금린비) 맑은 봄물 불어나고 물고기[39]는 뛰는데
手把漁竿坐石磯(수파어간좌석기) 낚시대를 잡고서 바위 끝에 앉았네.
解事溪翁能斫膾(해사계옹능작회) 일을 아는 계옹(溪翁)은 회를 칠 수 있으니[40]
一壺相對不知歸(일호상대부지귀) 술병을 마주 대해 돌아올 줄 모르누나.
右南溪釣魚 이 시(詩)는 남계(南溪) 조어(釣魚)이다

催呼童僕餉東菑(최호동복향동치) 아이를 바삐 불러 전원(田園)[41]에서 밥 먹는데
夜雨山中蕨正肥(야우산중궐정비) 밤비에 산 속의 고사리가 살쪘더라.
糝滑一盂從飽喫(삼활일우종포끽) 나물죽 한 사발을 먹고서 배부르니
不妨沾濕採時衣(불방첨습채시의) 뜯을 때 옷이야 젖어도 상관없지.
右北山採薇 이 시(詩)는 북산(北山)에서 고사리를 캐는 것이다

---

38) 片雨: 소나기 국부(局部)지역에 내리는 비.
39) 錦鱗: 물고기의 미칭(美稱).
40) 斫鱠: 회를 침. 물고기를 얇게 저밈.
41) 東菑: 전원(田園)을 가리킴.

新堤爲雨所破 새로 조성한 둑이 비에 무너지다

韋丹去後水平堤(위단거후수평제) 위단(韋丹)[42]이 떠난 후 물을 가둬두던 둑
老幼追歌免作魚(노유추가면작어) 노소가 추모하며 고기 잡지 않았지.
堪笑海陽三日築(감소해양삼일축) 우스워라 해양에 삼일동안 쌓은 축대
一宵春雨半成渠(일소춘우반성거) 하룻밤 봄비에 절반이 무너졌네.

沙堤新築未全牢(사제신축미전뢰) 모래 둑 쌓았으나 온전하진 않았으니
爭奈連旬雨勢豪(쟁내연순우세호) 열흘이상 내린 비 그 기세를 어쩔거나[43]
遮得狂湍猶爾力(차득광단유이력) 빠른 물을 차단함이 너의 힘과 같을까?
傍人不必笑徒勞(방인불필소도로) 사람들 헛수고라 비웃지는 않으리라

堤上 둑 위에서

南溪綠水漲春沙(남계녹수창춘사) 남쪽 시내 푸른 물 봄 모래에 넘치고
無數壕邊枳殼花(무수호변지각화) 무수한 도랑가에 탱자 꽃이 피었구나.
伊軋竹輿芳草路(이알죽여방초로) 대 수레 삐걱[44]대는 방초가 우거진 길
風吹烏帽任欹斜(풍취오모임의사) 바람 불어 검은 모자[45] 기울여 썼네.

親耕日偶題 손수 밭을 간 날 우연히 쓰다

農郊星駕及春闌(농교성가급춘란) 늦은 봄 농촌 교외 일찍 출발 하는데[46]
積雨何曾后土乾(적우하증후토건) 오래 내린 비[47]에도 어찌 흙[48]이 말랐나

---

42) 韋丹: 위단(韋丹)의 자는 문명(文明)이요, 당(唐) 경조(京兆) 출신이다. 강서관찰사(江西觀察使)가 되었는데 정사를 보는 것이 탁월하여 팔주(八州)에 맡아 다스렸다. 40세에 죽었는데 노소가 추모하여 잊지 않으면서 원화(元和) 연간에 치민제일(治民第一)이라 칭송하였다.

43) 爭奈: 어찌하랴.

44) 伊軋: 상앗대나 바퀴축에서 나는 소리.

45) 烏帽: 검은 모자. 고대에는 귀자(貴者)의 상복(常服)이었으나 수당(隋唐) 이후 서민(庶民) 은자(隱者)의 모자가 되었다.

46) 星駕: 밤에 수레를 타고 감. 조발(早發).

47) 積雨: 오래도록 내리는 비.

千里亦知殊氣候(천리역지수기후)　천리(千里)에 기후(氣候)가 다름을 또한 알지만
祇應堯日照靑壇(기응요일조청단)　요일(堯日)만은 제단(祭壇)[49]을 비추었더라.

贈別鄭秀才 이별하는 鄭秀才에게 줌

江南三月苦多雨(강남삼월고다우)　강남 삼월 괴로이 많은 비가 내리니
花事易繁還易暮(화사역번환역모)　꽃구경[50] 하는데 쉽게 피고 쉽게 지네.
惆悵秦城欲歸人(추창진성욕귀인)　안타깝네, 진성(秦城)[51]으로 가려 하지만
前溪綠漲難飛渡(전계녹창난비도)　앞 냇물이 불어나 건너기가 어렵구나.

贈秋山 秋山 朴弘中에게 줌

官街碧樹已藏鴉(관가벽수이장아)　관가에 푸른 나무 갈가마귀 깃드는데
三月江南落盡花(삼월강남낙진화)　삼월이 된 강남에는 꽃이 다 떨어졌네.
左輔地高殊節候(좌보지고수절후)　경동(京東)지역[52] 땅이 높아 기후가 다르리니
祇今春色在君家(지금춘색재군가)　지금은 그대 집에도 춘색(春色)이 있으리라.

早春村舍 次提督 이른 봄에 村舍에서 提督의 시운을 사용하여

昨夜微雲暈月輪(작야미운훈월륜)　지난 밤 옅은 구름 달무리가 졌는데
曉來山雨洗新春(효래산우세신춘)　아침 되니 산비가 새봄을 씻어내네.
傍人錯道川波漲(방인착도천파창)　옆 사람은 개울물 불어났다 말하지만
羅襪何愁步洛神(나말하수보락신)　비단 버선에 걷는 미녀[53] 무엇을 근심하나?

---

48) 后土: 대지(大地)에 대한 존칭(尊稱). 토지(土地).
49) 靑壇: 제왕(帝王)이 봄에 제사를 지낼 때 사용하는 토대(土台).
50) 花事: 봄철에 백화(百花)가 풍성하게 피는 것으로 봄놀이 하며 꽃을 구경하는 등의 일을 가리킴.
51) 秦城: 진(秦)의 장성(長城)을 가리킴.
52) 左輔: 후세엔 경동(京東) 지역을 좌보(左輔)라고 하였다.
53) 洛神: 낙수(洛水)의 여신(女神). 시문(詩文) 중에 미녀(美女)를 가리키는 말로 상용된다.

提督在順天寄詩 次而答之 二首 提督[54])이 순천에 있으면서 시를 부쳤기로 그 운으로 시를 지어 답하다.

春遊未必爲探芳(춘유미필위탐방) 봄놀이에 반드시 꽃을 찾지 않았는데
詩酒留連瘴海傍(시주유련장해방) 시와 술이 이어지고 남쪽바다[55]) 곁에 있네.
自是人情有新舊(자시인정유신구) 스스로 인정(人情)에는 신구(新舊)가 있어서
光山風味亦堪嘗(광산풍미역감상) 광주의 풍미(風味) 또한 감상할 만하더라.

東園紅白謝姸芳(동원홍백사연방) 동원(東園)에는 붉고 흰 꽃 피고 지지만
碧樹交陰小閣傍(벽수교음소각방) 작은 누각 곁으로 푸른 나무 그늘지네.
盡日獨吟眞有味(진일독음진유미) 하루 종일 읊조림에 진미(眞味)가 있어서
三千虛譽笑原嘗(삼천허예소원상) 삼천의 헛된 명예 원상(原嘗)[56])에 웃음 짓네.

登褒忠祠 褒忠祠[57])에 올라

庭泥沒脛降登難(정니몰경강등난) 진흙 뜰에 발이 빠져 오르내림 어렵기에
誠敬纔伸几案間(성경재신궤안간) 성경(誠敬)을 비로소 궤안(几案)[58])에 펼쳤다네.
莫是忠魂有冤結(막시충혼유원결) 말하지 마라. 충혼(忠魂)에 원한[59])이 있어
散爲風雨暗空山(산위풍우암공산) 비바람 어두운 공산(空山)에 흩어진 것을.

答巡使簡邀 巡使簡邀에 답함

元侯一字重瑤鐫(원후일자중요전) 중신(重臣)[60])이란 한 글자 소중하게 새겼기에

---

54) 洪千璟(1553-1632) 조선 중기의 문신. 본관은 풍산(豊山). 자는 군옥(群玉), 호는 반항당(盤恒堂). 기대승(奇大升)·이이(李珥)·고경명(高敬命)의 문하에서 배워 유학에 조예가 깊고, 충의의 정신이 강하였다. 월정서원(月井書院)에 제향되었다.

55) 瘴海: 남방(南方) 해역(海域)을 가리킴. 남방(南方)에 장기(瘴氣)가 있는 곳.

56) 原嘗: 전국시기(戰國時期) 조국(趙國) 평원군(平原君)과 제국(齊國) 맹상군(孟嘗君)의 합칭(合稱).

57) 포충사(褒忠祠)는 광주광역시 남구 포충로 767에 위치하고 있는데 임진왜란 초기 호남 지방에서 의병 7천명을 모집하여 금산성 전투 및 진주성 전투에서 순절한 고경명 · 고종후 · 고인후 3부자와 유팽로 · 안영 등 5인의 충절을 기리기 위한 사액 사당이다.

58) 几案: 탁자. 공문이나 서한 따위와 같은 공용 문서의 총칭.

59) 冤結: 마음에 엉킨 원한.

邀我同登赤壁船(요아동등적벽선)　나를 맞아 적벽(赤壁)의 배에 함께 올랐다.
堪笑小兒眞好弄(감소소아진호롱)　소아(小兒)의 놀림들 가소롭긴 하지만[61]
塵蹤不許近飛仙(진종불허근비선)　속세 자취 비선(飛仙)에는 접근하지 못했구나.

肅川途中 肅川[62]으로 가는 길에

極目寒原但草萊(극목한원단초래)　멀리 보니[63] 한원(寒原)에 명아주만 자라는데
關城近臘雪頻來(관성근랍설빈래)　관성(關城)에는 섣달이라 눈이 자주 내리누나.
令人忽憶江南路(영인홀억강남로)　갑자기 강남 길이 생각난다네.
處處脩篁處處梅(처처수황처처매)　곳곳에 대나무와 매화나무 늘어선 곳

戲贈南宮從事 二首 南宮從事에게 장난삼아 줌

帥府參謀相府郎(수부참모상부랑)　수부(帥府)의 참모(參謀)인 상부랑(相府郎)에겐
新安亦自有蓮堂(신안역자유연당)　신안(新安)에도 자신의 연당(蓮堂)이 있네.
楚雲處處隨君去(초운처처수군거)　초운(楚雲)[64]이 곳곳에서 그대를 따라가니
添得長宵燕寢香(첨득장소연침향)　긴긴 밤 침실[65]에는 향기가 더했겠지.

臘月關山雨雪紛(납월관산우설분)　섣달에 고향에는 비와 눈이 분분한데
羅帷寂寂舊時薰(나유적적구시훈)　비단장막 적적하나 옛 향기 훈훈하네.
釵分壁合渾無賴(채분벽합혼무뢰)　연인과 헤어짐에[66] 의지할 곳 없다지만
收取風流讓與君(수취풍류양여군)　풍류에 취함은 그대에게 양보함세.

---

60) 元侯: 제후의 장(長). 중신(重臣) 대사(大吏)를 가리킴.
61) 堪笑: 가소(可笑).
62) 肅川: 평안남도 평원 지역의 옛 지명.
63) 極目: 시야에 충만함. 마음껏 눈 닿는 데까지 봄.
64) 楚雲: 기생이름.
65) 燕寢: 한가롭게 거하는 곳을 가리킴. 침실(寢室).
66) 釵分: 부부(夫妻)나 혹은 연인(戀人)이 떨어져 있음을 가리킴.

復用前韻 二首 다시 前韻을 사용해서

從事忘憂有女郎(종사망우유녀랑)　일을 하다 근심 잊은 여인이 있어
繡幃淸晝掩華堂(수위청주엄화당)　대낮에도 휘장으로 화당(華塘)을 가렸더라.
長河正是層氷合(장하정시층빙합)　장하(長河)에는 지금 층층 얼음 얼었지만
不用淩波錦襪香(불용능파금말향)　찬 물을 견딜만한 비단버선 신지 않네.

西歸東去太紛紛(서귀동거태분분)　동서로 왔다 갔다 너무나 바쁜데
碧袖猶聞五載薰(벽수유문오재훈)　푸른 소매 오년의 향기가 느껴지네.
自是花情飄不定(자시화정표부정)　이로부터 화정(花情)이 떠돌아다녀
臨邛亦有卓文君(임공역유탁문군)　언덕에 올라가도 탁문군[67]이 있구나.

贈別南宮舍人 南宮 舍人과 이별하며

關河氷雪接層空(관하빙설접층공)　관하(關河)의 빙설(氷雪)은 하늘[68]에 닿았기에
日日刀刀廣漠風(일일도도광막풍)　날마다 칼과 같은 북풍(北風)이 불어온다.[69]
同作新安觀裏客(동작신안관리객)　함께 신안관(新安觀)의 나그네가 되었지만
不堪岐路各西東(불감기로각서동)　각각 동서(東西)로 헤어짐을 감당하지 못하네.

朔州夜吟 朔州[70]의 밤에 읊다

峽裏孤城夜正遲(협리고성야정지)　산골짜기 외로운 성 밤은 정녕 더디고

---

67) 卓文君: 탁문군은 서한(西漢)의 임공(臨邛) 출신인데 미모가 뛰어나고 거문고와 문장에 능했으며 가문이 부유했다. 탁문군은 17살에 남편을 잃고 과부가 되어 친정에 와서 살다가 거문고와 시에 능한 사마상여(司馬相如)의 재능에 반하였다. 탁문군의 아버지 탁왕손이 가난한 사마상여를 반대하니 탁문군은 사마상여와 도주를 한 뒤 근처에 주점을 차려놓고 술을 팔아 생계를 유지했다. 얼마 후 탁왕손은 체면이 서지 않는다는 생각에 딸한테 거금을 대주어 수점을 그만두게 했다. 그 후 사마상여는 경성에 들어가 벼슬하게 되자 기생집에 드나들고 첩을 맞아들일 생각을 했다. 사마상여가 탁문군을 반하게 한 <봉구황(鳳求凰)>과 탁문군이 사마상여와 헤어지자고 읊은 <백두음(白頭吟)>이 지금도 사람들의 입에 회자되고 있다.
68) 層空: 고공(高空).
69) 廣莫風: 팔풍(八風)의 하나로 북풍(北風)을 말함.
70) 朔州: 평안북도 서북부에 위치한 군.

半窓燈火不眠時(반창등화불면시)　반창(半窓)의 등불에 잠들지 못하는데
五更無事舊規式(오경무사구규식)　오경(五更)에 일없음은 옛날과 같지만
一味關心新別離(일미관심신별리)　한결같은 관심은 새로운 이별이라.

次大朔州板韻 二首 大朔州 板韻을 사용하여

帝眷東師犒宴開(제권동사호연개)　황제는 동군(東軍)[71]위해 위로연을 연다하고
將軍玉帳羽書催(장군옥장우서최)　장군의 옥장(玉帳)[72]에선 격문(檄文)[73]을 재촉하네.
山禽不解忽忽意(산금불해홀홀의)　산새는 급한 마음 이해하지 못하고
啼近前簷慰客來(제근전첨위객래)　가까운 처마에서 울며 객을 위로하누나.

四塞金墉一面開(사새금용일면개)　사면 변방에 서성(西城)[74]만이 열렸고
當時萬杵幾回催(당시만저기회최)　당시에는 달구질을 몇 번이나 재촉했나?
卽今廢堞臨官道(즉금폐첩임관도)　지금의 무너진 성 큰 길[75]에서
唯管征人去復來(유관정인거부래)　오로지 여행객들 오가는 일 관장하네.

昌城道中 昌城[76]으로 가는 길에

山雨濛濛白日昏(산우몽몽백일혼)　산비가 부슬부슬 한 낮에도 어둡고
峽川氷坼亂流喧(협천빙탁난류훤)　골짜기 얼음 녹아 시끄럽게 흐르누나.
路中多少離鄕卒(노중다소이향졸)　길에는 이향(離鄕)하는 군사들이 많으니
南土春農事正繁(남토춘농사정번)　남쪽 밭에 봄 농사가 한창 바빠지리라.

71) 東師: 동쪽 제후국의 군대.
72) 玉帳: 옥으로 장식한 장막. 장수(將帥)가 거처하는 막을 둘러친 진영을 아름답게 이르는 말.
73) 羽書: 군사상 급하게 전하는 격문(檄文) 옛날 중국에서, 급한 일이 있을 때 날아가듯이 가라는 뜻으로 깃털을 꽂아 보냈던 데서 유래한 말이다.
74) 金墉: 서방(西方)의 성(城). 금성(金城). 견고(堅固)한 성곽(城郭).
75) 官道: 예전에 국가에서 관리하는 주요 도로를 이르던 말.
76) 昌城: 평안북도 서북부에 위치한 군.

高平 高平[77])에서

極目黃茅接塞雲(극목황모접새운) 멀리 보니 누런 초가(草家) 변방 구름 닿아있고
孤城哀拆夜深聞(고성애탁야심문) 외로운 성 슬픈 애도(哀悼) 밤 깊은데 들리누나.
可憐一片還家夢(가련일편환가몽) 가련해라 귀향(歸鄕)하는 한 조각 꿈에도
不信音容萬里分(불신음용만리분) 목소리가 만 리 까지 나뉨을 믿지 못하네.[78])

閭陽 閭陽[79])에서

鷄鳴喔喔復兒啼(계명악악부아제) 닭들이 악악 우니 다시 아이 울어대고
隔幔寒燈曉色迷(격만한등효색미) 장막너머 한등(寒燈)은 새벽빛에 흐릿해라.
細聽老翁言語別(세청노옹언어별) 자세히 듣자니 늙은이 말투 다르기에
此身方覺在遼西(차신방각재요서) 이 몸이 요서(遼西)에 있음을 이제 알겠다.

廣寧 用前韻 廣寧[80])에서 前韻을 사용하여

城頭日出早鴉啼(성두일출조아제) 성두(城頭)에 해가 뜨니 갈가마귀 울어대고
匝沓黃塵眼易迷(잡답황진안역미) 누런 먼지 두루 날려 시야(視野)가 희미하다.
長路連天幾時了(장로연천기시료) 장로(長路)는 하늘에 이어져 언제나 끝나려나?
佳期猶在五雲西(가기유재오운서) 좋은 시절[81]) 오운(五雲)[82])의 서쪽에 있는데.

榛子店 又用前韻 榛子店.[83]) 또 前韻을 사용하여

銀缸何處照悲啼(은항하처조비제) 은 항아리 어는 곳에 슬픈 울음 비추나?

77) 高平: 산서성(山西省) 동남부에 위치애 있다.
78) 不信: 시로 믿지 못함. 신실(信實)히지 못함.
79) 閭陽: 요녕성(遼寧省) 북진시(北鎮市)에 위치해 있다.
80) 廣寧門: 북경 외성(外城) 서편문(西便門).
81) 佳期: 아름답고 좋은 계절. 처음으로 사랑하는 사람을 만나게 되는 시기.
82) 五雲: 오색(五色)의 상서로운 구름. 길상한 징조가 많음. 황제가 거처하는 곳을 가리킴.
83) 榛子店: 중국에 있는 객점으로 보인다.

默數歸程夢亦迷(묵수귀정몽역미)　가만히 세어보니[84] 돌아갈 꿈 혼미해라.
意謂已超寥廓外(의위이초요곽외)　마음은 이미 쓸쓸한 성곽을 벗어났는데
斜暉猶在馬頭西(사휘유재마두서)　석양(夕陽)은 오히려 말머리 서쪽에 있네.

見斫柳有感 베어진 버드나무를 보고 느낌이 있어

老幹査牙雨溜皮(노간사아우류피)　늙은 줄기 삐쭉한데 빗물이 흐르고
年年猶得長新枝(연년유득장신지)　해마다 새로운 가지는 길게 자라네.
可憐夾路千條柳(가련협로천조류)　가련하다 길을 끼고 늘어진 버들가지
不識東風裊裊垂(불식동풍요뇨수)　동풍(東風)에 일렁임을 알지 못한다.

楡關 二首 楡關[85]

楡河西畔是楡關(유하서반시유관)　유하(楡河)의 서쪽 가에 유관(楡關)이 있고
煙樹微茫返照間(연수미망반조간)　반조(返照) 있는 나무에는 안개가 어슴푸레.
聞道胡兒吹獵火(문도호아취렵화)　듣자니 오랑캐[86]들 엽화(獵火)[87]를 놓는데
只今何處有狼山(지금하처유랑산)　지금은 어느 곳에 낭산(狼山)이 있는지?

溢郭廛闤萬象羅(일곽전환만상라)　성곽 가득 점포에는 모든 물건 진열되고
樓臺相對鬱嵯峨(누대상대울차아)　누대는 마주보며 들쭉날쭉 서있더라.
誰知一介東韓客(수지일개동한객)　누가 알랴 동한(東韓)의 나그네 하나
落日壕邊信馬過(낙일호변신마과)　석양에 해잣가[壕邊][88]를 말 타고 지나감을

84) 默數: 몰래 스스로 계산함.
85) 楡關은 바로 옛 중원의 변문이다. 진나라 몽염이 느릅나무를 심어 국경을 삼았기에 유관(楡關)이라 하였다.
86) 胡兒: 호인(胡人). 대부분 멸칭(蔑稱)으로 사용됨.
87) 獵火: 사냥을 할 때 산에 불을 놓아 짐승을 쫓는 것.
88) 壕: 성을 보호하는 시내. 구도(溝道).

永平道中 永平[89]으로 가는 길에

帝里春光早已歸(제리춘광조이귀) 경도(京都)[90]의 봄빛은 일찌감치 지났으나
北平猶見柳花飛(북평유견유화비) 북평[91]에선 아직도 유화(柳花)가 날린다.
依然逢着來時雪(의연봉착내시설) 직접 보니 눈 올 때와 같이 보이나
只是狐裘換裌衣(지시호구환겹의) 가죽옷을 겹옷으로 바꾸어 입었네.

山海關 山海關[92]

萬里雄關一路通(만리웅관일로통) 만리의 웅관(雄關)[93]은 길 하나로 통하니
至今邊塞說秦功(지금변새설진공) 지금도 변방에선 진공(秦功)을 말한다네.
祖龍未免規模隘(조룡미면규모애) 진시황(秦始皇)[94] 험한 성벽 면하지 못했지만
山外何曾地軸窮(산외하증지축궁) 산외(山外)에는 어찌하여 땅[95]이 궁할까?

萬柳莊 萬柳莊[96]

爲愛濃陰似畫圖(위애농음사화도) 짙은 녹음이 그림과 같음을 사랑할 뿐
非關江畔木千奴(비관강반목천노) 강가의 나무가 감귤[97]임엔 상관 않았네.
當時枉費栽培力(당시왕비재배력) 당시에 부질없이[98] 힘써 재배했으니
萬古淸風有五株(만고청풍유오주) 만고의 청풍(淸風)에 다섯 그루 있더라.

---

89) 永平府: 명조(明朝)의 행정구역으로 북평(北平)에서 왕명을 맡아보던 곳.
90) 帝里: 제도(帝都). 경도(京都).
91) 北平: 간칭(簡稱)으로 평(平)이라 하는데 북경(北京)에서 일찍이 사용한 명칭이다.
92) 山海關: 중국 하북성(河北省) 동쪽 발해만(渤海灣)에 면해 있는 촌락.
93) 雄關: 험요한 관문. 험준한 요충지.
94) 祖龍: 진시황(秦始皇). 기타(其他) 제왕(帝王).
95) 地軸: 고대(古代) 전설상의 대지(大地)의 축(軸). 대지(大地).
96) 萬柳莊: 광록경(光祿卿) 이원(李瑗)이 은퇴하여 노년을 보낸 별장 이름으로, 영평부(永平府) 동문 밖에 있다.
97) 千奴: 감귤나무.
98) 枉費: 쓸데없는 비용. 허비하다.

望十三山 十三山[99]을 바라보며

山海關東海接山(산해관동해접산) 산해관 동쪽에 바다는 산과 접했는데
杏山之後地差寬(행산지후지차관) 행산(杏山)의 뒤로는 땅이 완만하였지.
行盡少陵河畔路(행진소릉하반로) 소릉(少陵)[100]을 다 가면 시냇가에 길이 있고
眼青依舊十三巒(안청의구십삼만) 여전하게 서있는 십삼산(十三山)이 보인다.[101]

到十三山 十三山에 이르러

朝看雲表露娥鬟(조간운표노아환) 아침에 하늘[102] 보니 예쁜 산이 드러나고
日夕晴光滿席間(일석청광만석간) 저녁에 밝은 빛 자리에 가득하네.
鳳岫鶻岑從此過(봉수골잠종차과) 봉수(鳳岫)와 골잠(鶻岑)을 이로부터 지나가니
趁携蒲醑醉龍灣(진휴포서취용만) 포주(蒲酒)를 가지고 가 용만(龍灣)에서 취하리라.

次韓分司 七首 韓分司에 차운하여

春雨如絲密復疏(춘우여사밀부소) 봄비는 실과 같아 조용하게 내리고
省中無事坐看書(성중무사좌간서) 성중에는 일이 없어 앉아 책을 보누나.
滿庭紅白猶堪賞(만정홍백유감상) 정원 가득 붉고 흰 꽃 감상하기 좋기에
傳語園僮莫掃除(전어원동막소제) 정원에 아이에게 청소 말라 한다.

中散猖狂禮法疏(중산창광예법소) 중산대부[103] 분방[104]하고 예법이 소홀함에

---

99) 十三山: 사행 경로에 있는 역참 가운데 하나로 광녕(廣寧)과 소릉하(小凌河) 사이에 있다. 본래의 이름은 석산(石山)인데 산에는 한 포기의 풀이나 한 그루의 나무도 없고, 산세가 뾰족하고 높은 것이 마치 물고기 머리가 일제히 위쪽을 보고 뻐끔거리는 것처럼 생겼으며, 줄을 지어 열세 봉우리를 이루고 있기 때문에 붙여진 이름이다. 그러나 그 봉우리를 세어보면 크고 작은 것이 같지 않을 뿐더러 열셋에 그치지도 않는다고 한다.

100) 少陵: 한(漢) 선제(宣帝) 허후(許后)의 능(陵). 당시인(唐詩人) 두보(杜甫).

101) 眼靑: 청안(靑眼). 눈을 바로하고 서로 보며 중시(重視)함을 표시함.

102) 雲表: 구름 밖. 상천(上天).

103) 中散: 중산대부(中散大夫). 삼국(三國) 위(魏) 혜강(嵇康)이 일찍이 중산대부가 되었으므로 중산(中散)으로 칭한다.

104) 猖狂: 마음이 하고자 하는 대로 따름. 속박이 없음. 청허(淸虛)함으로 스스로 지키는 경계(境界).

山公已報絶交書(산공이보절교서)　산공(山公)은 이미 절교서(絶交書)를 보냈지.
春風依舊頭邊雪(춘풍의구두변설)　봄바람 여전한데 정상에 있는 눈을
安得黃精一掃除(안득황정일소제)　어떻게 토덕(土德)[105]으로 한 번에 쓸어낼까?

分司端合着慵疏(분사단합착용소)　분담함이[106] 마땅하나[107] 게으르고 귀찮아
自笑胸中萬卷書(자소흉중만권서)　스스로 흉중(胸中)의 만권서(萬卷書)를 비웃었지.
看取林花開又落(간취임화개우락)　숲속의 꽃들이 피고 짐을 보노라니
從來物理有乘除(종래물리유승제)　예로부터 물리(物理)엔 성쇠(盛衰)[108]가 있더라.

終朝不見已爲疏(종조불견이위소)　아침에 보지 못해 소원해졌다고
莫怪頻頻送短書(막괴빈빈송단서)　자주 짧은 글 보냄을 괴이치 말라.
深院寂寥人未到(심원적요인미도)　깊은 뜰 고요하여 사람이 오지 않으니
任他飛鳥下階除(임타비조하계제)　새들이 임의로 뜰에 내려 노는구나.

此公身計未全疏(차공신계미전소)　공(公)의 생계(生計)[109]가 소루(疏陋)하진 않으니
辭富居貧著孟書(사부거빈저맹서)　안빈낙도(安貧樂道)하면서 맹서(孟書)를 읽는다.
分省午眠還有味(분성오면환유미)　분성(分省)[110]에서 낮잠도 또 다른 취미인데
錯敎賓友慰新除(착교빈우위신제)　친구에게 새 관직(官職)[111]을 위로받누나.

故山歸計轉成疏(고산귀계전성소)　고향으로 갈 계획 점차 사라지기에
床上虛抛種樹書(상상허포종수서)　책상에는 식목서적 던져 놓았네.
想得新松高十尺(상득신송고십척)　새로 심은 소나무 높이가 열 척이지만
蓬蒿蕪沒若爲除(봉호무몰약위제)　쑥과 잡초 우거짐은 어떻게[112] 제거하나?

---

105) 黃精: 토덕(土德).
106) 分司: 분담(分擔) 분관(分管).
107) 端合: 응당(應當).
108) 乘除: 인사의 소장성쇠(消長盛衰)를 비유하는 말.
109) 身計: 생계(生計).
110) 分省: 원대(元代)에 지방에 분설(分設)한 중서성(中書省) 기관(機關). 다른 성(省)에 파견됨.
111) 新除: 새로 제수된 관직(官職).

矛楯爭名等自疏(모순쟁명등자소)　모순된 명예다툼 스스로 멀리하니
淸談勝讀十年書(청담승독십년서)　청담(淸談)이 십년의 독서보다 낫더라.
白頭不管春來去(백두불관춘래거)　백두에 오가는 봄 상관치는 않으나
忘却佳辰過祓除(망각가진과불제)　좋은 날 볼제(祓除)[113]가 지남을 잊어버렸네,

平山道中 平山道中

蚩尤贔屭塞寒空(치우희비새한공)　치우(蚩尤)[114]가 힘쓰던 곳 변방이라 추우니
蹄滑羸驂怯雪峯(제활이참겁설봉)　미끄러워 나귀는 설봉(雪峰)을 겁내누나.
何處羔兒金帳暖(하처고아금장난)　어느 곳 양고주(羊羔酒)[115]와 금장(金帳)[116]이 따뜻해
不知人世有窮冬(부지인세유궁동)　세상에 겨울이 깊었음[117]을 알지 못했네.

道中偶吟 도중에 우연히 읊다.

無端醉夢趁行雲(무단취몽진행운)　끝없이 취해서 가는 구름 쫓으니
昨夜今朝了不分(작야금조요불분)　지난밤과 오늘 아침 구별을 못하누나.
恍惚音容從此隔(황홀음용종차격)　황홀한 소리가 이로부터 달라지고
床頭只有錦回文(상두시유금회문)　상위에는 비난에 회문시(回文詩)[118]만 있더라.

次枕流亭韻 丙辰年 枕流亭[119]의 운을 사용하여

提携不乏錦纏頭(제휴불핍금전두)　제휴에 금전두(錦纏頭)[120]가 부족하지 않으니

---

112) 若爲: 어떻게[怎樣] 어떻게 감당하나[怎堪].
113) 祓除: 재앙을 떨쳐내는 제사. 청제(淸除) 소제(消除).
114) 蚩尤: 전설(傳說) 속의 고대 구려족(九黎族)의 수령(首領)으로 쇠로 병기를 만들어 황제(黃帝)와 탁록(涿鹿)에서 싸웠으나 패하여 피살되었다.
115) 羔兒: 양고주(羊羔酒).
116) 金帳: 아름다운 상장(床帳)이나 혹은 유장(帷帳).
117) 窮冬: 깊은 겨울.
118) 回文: 돌아오라는 공문.
119) 枕流亭: 전남 영광군 불갑면에 있으며 조선 선조 때 침류정(枕流亭) 유익겸(柳益謙)과 그의 아들 계정(溪亭) 유오(柳澳)의 애국충절을 기리기 위해 그의 후손들이 지은 정자.

錯信瑤琴接勝遊(착신요금접승유)　요금(瑤琴)에 좋은 놀이 잘못 믿었네.
怊悵前山看已夕(초창전산간이석)　슬프다 앞산에는 이미 저녁이 되었지만
碧雲西去水東流(벽운서거수동류)　푸른 구름 서로 가고 물은 동류(東流) 하누나.

後次 戊午年 후에 차운하다

良苦文君誓白頭(양고문군서백두)　문군(文君)121)과 맺었던 백두(白頭)까지 맹서를
琴臺還負暫時遊(금대환부잠시유)　금대(琴臺)에서 잠시 놀이에 져버렸구나.
佳期會在青春暮(가기회재청춘모)　가기(佳期)의 모임이 봄날122) 저녁에 있으니
只怕桃花逐水流(지파도화축수류)　복사꽃이 흐르는 물 따라갈까 염려하네.

次歌謠寺絶句 歌謠寺 絶句에 차운하여

藍輿讓與老夫乘(남여양여노부승)　수레를 양보하여 노부(老夫)에게 타게 하고
石路登登問幾層(석로등등문기층)　석로(石路)를 오르면서 몇 층인가 물어보네.
山月欲沈禪榻靜(산월욕침선탑정)　산월(山月)은 선탑(禪榻)의 고요한 곳에 잠기며
不妨添酒重回燈(불방첨주중회등)　술 마심을 방해 않고 거듭 등(燈)을 돌더라.

宿駒城縣 示蔚山倅皥如 二首 駒城縣에서 묵으며 蔚山 官員 閔熙123)에게 보이다

長天萬里片雲收(장천만리편운수)　장천 만 리에 조각구름 걷히는데
月色蒼涼似九秋(월색창량사구추)　월색이 싸늘한 것이 구추(九秋)와 같네.
乘興尋君小溪上(승흥심군소계상)　흥이 나면 소계(小溪)로 그대를 찾았지만

---

120) 錦纏頭: 노래하고 춤추는 기생에게 수는 재눌. 옛날에는 손님이 기생에게 비난 등을 선사할 때 머리 위에 얹어 주었다.
121) 良苦文君: 매우 의미가 깊은 글을 의인화 한 것.
122) 青春: 봄. 봄에 초목이 무성해서 그 색이 청록색이라 불려진 이름. 아름다운 시간 진귀한 세월을 비유함.
123) 閔熙(1614-1687) 본관은 여흥(驪興). 자는 호여(皥如), 호는 설루(雪樓) 또는 석호(石湖). 시호는 문충(文忠)이다.

何如雪夜剡中舟(하여설야섬중주)　어찌 설야(雪夜)에 섬계(剡溪) 배[124]에 있는가?

南湖南嶺此相分(남호남령차상분)　호남 영남 여기서 서로 나뉘었는데
湖水連天嶺入雲(호수연천영입운)　호수는 하늘에 닿고 산은 구름으로 들어갔네.
處處梅花應正發(처처매화응정발)　곳곳에 매화가 바로 피지만
一枝無路可傳君(일지무로가전군)　가지 하나 그대에게 전할 길이 없어라.

淮陽阻雨 淮陽[125]에서 비에 막히다

峽裏秋霖勢倒河(협리추림세도하)　골짜기에 가을장마 시내에 넘치니
銀溪咫尺渺難過(은계지척묘난과)　은계(銀溪)는 지척(咫尺)이나 건너기 어려워라
亦知北去猶爲客(역지북거유위객)　또한 알았네. 북으로 떠나서 객이 되니
無限羈愁到此多(무한기수도차다)　무한한 근심이 이렇게 많은 줄을.

用前韻 前韻을 사용해서

峽天猶未見星河(협천유미견성하)　협천(峽天)으론 은하를 전부 볼 수 없으며
不盡長風拖雨過(부진장풍타우과)　장풍(長風)은 한없이 비를 몰고 지나가네.
坐看壁間詩上語(좌간벽간시상어)　앉아서 벽 사이에 시구(詩句)를 보노라니
山城晴日本無多(산성청일본무다)　산성(山城)에 맑은 날 본래부터 적구나.

鐵嶺道中 鐵嶺[126]가는 길에

長林翳日路高低(장림예일노고저)　긴 숲에 어두운 해 길은 높고 낮은데
無數香梨亂馬蹄(무수향리난마제)　무수한 배 밭에 어지러운 말발굽

---

124) 剡中舟: 진(晉)나라 대 왕휘지(王徽之)가 눈오는 밤에 갑자기 섬계(剡溪)에 사는 친구 대규(戴逵)가 생각나서 즉시 배를 타고 섬계를 향해 갔던 고사에서 온 말이다.
125) 淮陽: 강원도 북동쪽에 있는 군.
126) 鐵嶺: 강원도 고산군과 회양군 경계에 있는 고개.

市上小兒爭索價(시상소아쟁색가)　저자에 어린 종 다투어 흥정하니[127]
寧知峽裏賤如泥(영지협리천여니)　어찌 알랴 골짜기의 천함이 진흙 같음을

次任君韻 任君의 운을 사용하여

君從楓嶽此來遊(군종풍악차래유)　그대는 풍악(楓嶽)따라 이곳으로 왔는데
孤館淸談細雨秋(고관청담세우추)　외로운 집 맑은 얘기 가는 비 오는 가을
歸去秦京一千里(귀거진경일천리)　진경(秦京)으로 돌아가면 천리나 되지만
吾家亦在鳳城頭(오가역재봉성두)　우리 집은 또한 봉성(鳳城) 위에 있다네.

會寧 會寧[128]

雲頭城上黑雲合(운두성상흑운합)　운두성(雲頭城) 위로는 검은 구름 모이고
豆滿江邊靑草多(두만강변청초다)　두만강 강가엔 푸른 풀이 많구나.
怊悵秦京二千里(초창진경이천리)　슬프다 진경(秦京) 삼천리
男兒遊歷亦堪誇(남아유력역감과)　남아의 여행(旅行) 또한 자랑할 만하더라.

奉別前使相藥峯 前使相 藥峯 徐渻[129]과 이별하며

八月南樓忝勝游(팔월남루첨승유)　팔월(八月) 남루(南樓)에서 좋은 놀이 하는데
此生何幸識荊州(차생하행식형주)　이 생에 형주(荊州)를 안 것이 다행이라.
豪談席上三杯酒(호담석상삼배주)　호담(豪談)하는 자리에서 삼배주(三杯酒)를 마시니
消盡關山萬里愁(소진관산만리수)　만리(萬里)의 근심은 관산(關山)에서 사라지네.

其二

---

127) 索價: 값을 메기다. 대금을 청구하다.
128) 會寧: 함경북도 북부에 있는 시.
129) 徐渻(1558-1631) 자는 현기(玄紀) 호는 약봉(藥峯) 시호는 충숙(忠肅) 본관은 대구(大丘)이다.

大度恢恢禮數寬(대도회회예수관) 도량(度量)[130]은 넓고 예절(禮節)[131]은 너그러워
遠遊猶得慰心顏(원유유득위심안) 멀리 여행하며 심안(心顔)을 위로하네.
春風慶溢門闌日(춘풍경일문란일) 봄바람엔 경사 많고 권문[132]엔 해 비치니
叨奉高堂萬壽歡(도봉고당만수환) 고당(高堂)을 받들어 만수(萬壽)를 기뻐하네.

其三

黃堂晝靜簿書稀(황당주정부서희) 황당(黃堂)[133]은 고요하고 부서(簿書)[134]는 드무니
時引紋楸較兩奇(시인문추교량기) 바둑판[135]에 끌어내어 기이함을 겨룬다네.
圍罷却忘歸去晚(위파각망귀거만) 바둑은 끝났지만 돌아감을 잊었는데
聞韶樓下夕陽遲(문소누하석양지) 누하(樓下)엔 음악소리 석양이 더디구나.

其四

潼關烽火照函關(동관봉화조함관) 동관(潼關)[136]의 봉화가 함곡관(函谷關)을 비치는데
四月旌旗下白山(사월정기하백산) 사월의 정기(旌旗)가 백산(白山)을 내려오네.
誰道書生無膽氣(수도서생무담기) 누가 말하든가 서생(書生)은 담기(膽氣)가 없다고
此行端擬繫樓蘭(차행단의계누란) 이번 여행 단연코 누란(樓蘭)[137]에 매었구나.

其五

六郡良家摠武鋒(육군양가총무봉) 여섯 군의 양가(良家)는 모두가 무봉(武鋒)인데
降胡亦慕漢威風(강호역모한위풍) 항복한 오랑캐도 한(漢)의 위풍(威風) 흠모하네.

---

130) 大度: 도량이 크다. 너그럽다. 아량 있다.
131) 禮數: 예절(禮節).
132) 門闌: 가문(家門). 문정(門庭). 사문(師門). 권문(權門).
133) 黃堂: 고대(古代) 태수(太守) 관아(官衙)의 정당(正堂).
134) 簿書: 재물의 출납을 기록한 장부. 관서(官署) 중의 문서.
135) 紋楸: 바둑판.
136) 潼關: 낙양(洛陽)에서 장안(長安)으로 들어가는 요지.
137) 樓蘭: 예전 서역국명(西域國名).

長城門外分離翼(장성문외분조익)　장성(長城)의 문밖에는 조익(離翼)이 분명하여
已遣天驕在目中(이견천교재목중)　이미 흉노[138]로 보냈으나 눈 속에 아련해라.

其六

臨行贈策算無遺(임행증책산무유)　여행할 때 준 말씀[139] 남은 것이 없으니[140]
誰使紛紛節度違(수사분분절도위)　누가 어지럽게 약속(約束)[141]을 어겼는가?
畢竟人言渾不別(필경인언혼불별)　필경엔 사람의 말 모두 분별할 수 없으니
老臣丹悃聖明知(노신단곤성명지)　노신(老臣)의 충정(衷情)에 성명(聖明)은 지혜롭네.

其七

城川江上野茫茫(성천강상야망망)　성천강(城川江)에 들판은 아득하고
七寶亭前荷自香(칠보정전하자향)　칠보정(七寶亭) 앞에는 연꽃향이 향기롭네.
我亦拂衣從此去(아역불의종차거)　나도 옷을 떨치고 이곳을 떠나지만
夢魂他日儻仿徨(몽혼타일당방황)　몽혼(夢魂)은 다른 날 혹여나 방황할까?

釋王寺夜吟 釋王寺[142]에서 밤에 읊다

穿墻刳木細通泉(천장고목세통천)　담장과 숲을 뚫고 가는 샘이 흐르는데
夜作鈴聲到枕邊(야작영성도침변)　밤에는 방울소리 침소에 들려오네.
夢裏忽驚聞驟雨(몽리홀경문취우)　꿈속에서 들으면 소낙비 오는 소리
起看庭月正嬋娟(기간정월정선연)　일어나 정원의 달을 보니 너무 곱더라.

---

138) 天之驕子: .한나라 때 흉노족이 사용하던 자칭(自稱). 후에 강성해진 소수민족이나 그 수령을 이름. 재능이나 영향이 있는 사람을 비유함.
139) 贈策: 전송할 때에 서신을 주거나 이별에 임하여 말을 해줌.
140) 算: 歸. 屬於.
141) 節度: 규칙(規則) 법칙(法則). 절제(節制). 약속(約束).
142) 釋王寺: 강원도 고산군 설봉리에 위치하며 태조 이성계가 나라를 세우기 전 무학대사의 해몽을 듣고 왕이 될 것을 기원하기 위해 세웠다고 한다.

次叔度韻 贈行上人 叔度 金尙憲[143]운을 사용하여 가는 스님에게 주다.

松籟溪聲萬壑分(송뢰계성만학분)　솔바람 시내소리 만학(萬壑)으로 나뉘었고
上房僧語細難聞(상방승어세난문) 상방의 승어(僧語)는 작아 듣기 어렵구나.
潛龍舊跡知何處(잠룡구적지하처) 잠룡의 옛 자취 어느 곳에서 알리요
唯見峯頭一穗雲(유견봉두일수운) 오직 산봉우리엔 조각구름 떠있더라.

用前韻 前韻을 사용하여

父子君臣了不分(부자군신료불분)　부자(父子) 군신(君臣) 명료하지 않으니
世間榮辱亦無聞(세간영욕역무문)　세간의 영욕(榮辱) 또한 들림이 없구나.
若充此操歸寥寂(약충차조귀요적)　이러한 절조(節操)로 고요하게 돌아가면
何異悠悠出岫雲(하이유유출수운)　유유히 출수(出岫)하는 구름과 어찌 다르랴

登七寶山絶頂 七寶山 絶頂에서

秋淺郊原葉未紅(추천교원엽미홍)　초가을 교원(郊原)에 잎이 붉지 않았지만
便驚身在彩圖中(편경신재채도중)　문득 놀란 이 몸은 채도(彩圖)중에 있어라.
僧言此去陰山近(승언차거음산근)　스님이 이번에 북산(山北) 근처 간다는데
七月飛霜萬樹空(칠월비상만수공)　칠월에 내린 서리에 만목(萬木)이 공허하네.

又 또 한 수

書記重還想有由(서기중환상유유)　서기(書記)에는 다시 돌아온 이유가 있지만
仙山恨不早來遊(선산한부조래유)　선산(仙山)에선 일찍 오지 않음을 한한다오.
淸秋萬壑新粧出(청추만학신장출)　초추(初秋)에 만학(萬壑)이 새롭게 단장하니

143) 叔度: 김상헌(金尙憲, 1570-1652) 본관은 안동(安東). 자는 숙도(叔度), 호는 청음(淸陰) 석실산인(石室山人) 서간노인(西磵老人).

方信天公餉我優(방신천공향아우)　하늘은 나에게 풍족(豊足)함[144]을 제공하네.

戱贈尹員外鳴益 員外 尹鳴益에게 장난삼아 주다

高秋風力曉來緊(고추풍력효래긴)　가을의 바람소리 새벽에도 거세고
萬壑蕭蕭哀響多(만학소소애향다)　만학(萬壑)에선 쓸쓸하고 슬픈 소리 많아라.
虛館夢醒孤枕冷(허관몽성고침랭)　빈 집에서 꿈 깨어 잠자리가 차가운데
省郎鄕思政如何(성랑향사정여하)　성랑(省郎)의 고향생각 어떻게 해야 하나?

前韻 前韻

嶺外名都號佳麗(영외명도호가려)　고개 너머 명도(名都)를 가려지(佳麗地)라 하는데
嬌花嫩柳向來多(교화눈류향래다)　예쁜 꽃 어린 버들 예로부터 많아라.
卽今春意正蕭索(즉금춘의정소색)　지금의 봄은 너무나 적적하나
縱有風流知奈何(종유풍류지내하)　자유로운 풍류(風流)에 어찌 함을 알겠구나.

馬謖 馬謖

孔明神算鬼難窺(공명신산귀난규)　공명(孔明)의 신산(神算)은 귀신도 모르는데
馬謖如何節度違(마속여하절도위)　마속(馬謖)은 어찌하여 법도를 어겼는가?
亦知勝敗由天數(역지승패유천수)　승패는 천운(天運)따라 달라짐을 알기에
舍水登山未必非(사수등산미필비)　물 버리고 산에 오름 그르다 할 수 없네.

黽錯 黽錯

黽錯論兵最出群(민착논병최출군)　민착(黽錯)이 병(兵)을 논함 가장 출중(出衆)해
欲將蕃騎雜邊軍(욕장번기잡변군)　번기(蕃騎)를 변군(邊軍)들과 뒤섞이게 했다네.
當時國勢元無釁(당시국세원무흔)　당시(當時)의 국세(國勢)는 화란(禍亂)이 없었기에

144) 優: 풍족하다. 한가롭다. 편안하다.

留與千秋作妙言(유여천추작묘언)　천추(千秋)에 묘언(妙言)을 남겨 주었지.

次金督郵贈西瓜 金督郵가 수박을 주었으므로 운을 사용하여

乍劈靑苞滑玉漿(사벽청포활옥장)　청포(靑苞)를 잘라내니 옥장(玉漿)이 매끄럽고
一嘗猶足況盈筐(일상유족황영광)　맛만 봐도 만족한데 광주리에 가득하네.
煩君更護留根實(번군갱호유근실)　그대가 귀찮아도 근실한 것 남겨두면
要滌離筵煩惱腸(요척이연번뇌장)　자리를 떠나서도 답답한 속 씻으리라.

次金城壁上韻 金城壁上의 운을 사용하여

楓岳仙遊計已空(풍악선유계이공)　풍악의 신선놀이 계획 이미 공허하나
行行且指鐵門東(행행차지철문동)　가는 곳 마다 철문 동쪽 가리키네.
知君正在長安寺(지군정재장안사)　그대는 지금 장안사에 머물지만
夢入芙蓉紫翠中(몽입부용자취중)　꿈에도 푸른 중에 연꽃이 보이리라.

又 또 한 수

行役年年出北荒(행역연년출북황)　부역하러 해마다 북황(北荒)145)으로 떠나며
故園三負菊花香(고원삼부국화향)　고향에서 세 번이나 국화향기 맡는다오.
長林喬木秋蕭瑟(장림교목추소슬)　장림에 교목들은 가을되면 소슬한데
無數寒鴉集夕陽(무수한아집석양)　무수한 갈까마귀 석양에 모였도다.

咸興途中 咸興가는 길에

依舊咸山入眼靑(의구함산입안청)　여전한 함산(咸山)이 청안(靑眼)에 들어오니
平郊無限夕陽明(평교무한석양명)　들밖엔 무한하게 석양(夕陽)이 밝더라.

---

145) 北荒: 북쪽 끝에 있는 황량하고 먼 지역.

郵人且莫催張傘(우인차막최장산)　역참[146]관리 장산(張傘)을 재촉하지 말라
誰向城頭望此行(수향성두망차행)　어느 누가 성두(城頭)향한 이번 여행 희망하나?

次子敏邀往廣津 子敏 李安訥[147]이 초대하였기로 廣津으로 가다. 운을 사용하여

東望廣津江路重(동망광진강로중)　동쪽 광진(廣津) 바라보니 강로(江路)가 소중하고
臺山却似妙高峯(대산각사묘고봉)　대산(臺山)은 오히려 미묘한 고봉(高峰)같네.
何由飛落滄洲上(하유비락창주상)　어떻게 물가[148]를 오르내리며
一洗平生芥滯胸(일세평생개체흉)　평생에 막힌 가슴 한 번에 씻어내나?

又 또 한 수

東園六月暑全收(동원유월서전수)　동원(東園)에선 유월 더위 모두 가셨고
碧樹尤宜臥聽秋(벽수우의와청추)　푸른 나무 가을 소리 누워 듣기 좋다네.
聞說湖亭還勝此(문설호정환승차)　호정(湖亭)에 이보다 나은 것이 있다 하니
不妨隨處任君留(불방수처임군류)　어디건 그대 머뭄 방해하지 않으리.

遊廣津別墅 復用前韻 廣津 別墅에서 놀다. 다시 前韻을 사용하여.

天畔群山翠幾重(천반군산취기중)　하늘가 뭇 산들은 몇 겹이나 푸른가?
長江來自五臺峯(장강내자오대봉)　장강은 오대산으로부터 흘러간다네.
平呑大野無窮勢(평탄대야무궁세)　큰 들을 삼킬만한 무궁한 세를 이뤄
爭以樽前此老胸(쟁이준전차로흉)　술동이 앞에 늙은이 포부를 다툰다오.

146) 郵人: 공문(公文)이나 서신(書信)을 전해주는 사람. 역참의 소리(小吏).
147) 李安訥(1571-1637) 본관은 덕수(德水). 자는 자민(子敏), 호는 동악(東岳).
148) 滄洲: 물가. 예전에는 은사가 거처하는 곳을 일컫는 말.

又 또 한 수

入眼風光未易收(입안풍광미역수)　눈에 든 풍광 쉽게 거두지 못하지만
名山不必剡中秋(명산불필섬중추)　명산은 섬계(剡溪) 속의 가을만이 아니라오.
可憐一日閑忙竝(가련일일한망병)　가련하다 하루에 한망(閑忙)이 비등하니
爲是義車挽不留(위시의차만불류)　의거(義車)를 끌어서 머물지 못한다네.

東園 東園

東園蜂蝶太紛拏(동원봉접태분나)　동원(東園)에 벌 나비 어지럽게 뒤섞이며
尋遍枝頭艶艶花(심편지두염염화)　가지 끝에 예쁜 꽃을 두루 찾지만
可惜芳華留不得(가석방화유부득)　꽃은 머물 수 없으니 안타까운데
狂風吹去落誰家(광풍취거낙수가)　광풍마저 불어서 뉘 집으로 떨어지나?

偶占 우연히 점을 치다.

臨別題詩未及傳(임별제시미급전)　이별 앞에 시를 쓰고 전하지는 못해서
相逢欲贈却茫然(상봉욕증각망연)　서로 만나 주려 하나 오히려 아득하네.
人間得失元無定(인간득실원무정)　인간의 득실(得失)은 정해짐이 없으니
未必辛勤彙作編(미필신근휘작편)　반드시 고생하며 글 지을 것 아니로다.

春坊謾題 春坊에서 게으르게 시를 짓다.

薔薇纔謝海棠紅(장미재사해당홍)　장미가 시들고 해당화가 붉은 것은
摠是東君雨露功(총시동군우로공)　모두가 봄이 지닌 비와 이슬 공이로다
更有藥欄催放白(갱유약란최방백)　다시금 화단(花壇)149)에서 흰 꽃 피길 재촉하나
春坊無日不春風(춘방무일불춘풍)　춘방(春坊)에 봄바람 불지 않는 날이 없구나.

149) 藥欄: 화단의 경계.

庚子 入直春坊 戱贈玉堂諸公 更子年에 春坊에서 宿直하며 玉堂諸公에게 재미로 지어주다.

白玉堂深午刻長(백옥당심오각장)　백옥당(白玉堂)은 깊고 대낮은 길어
談經學士汗翻漿(담경학사한번장)　경전을 강론하는 학사 땀이 흐르나[150]
何如欹枕吟詩處(하여의침음시처)　어찌하여 기대어 시 읊는 곳은
鳥語花姸小院涼(조어화연소원량)　새 울고 꽃이 피며 소원(小院)이 서늘한지?

自蓮城入洛 馬上口占 蓮城에서 洛陽으로 와서 바로 시를 짓다.[151]

春雷驚起蟄龍眠(춘뢰경기칩룡면)　봄 우레에 잠자던 용 놀라서 일어나니
九萬雲途興已翩(구만운도흥이편)　구만리 구름길에 흥이 이미 시작됐네.
行邁正當三月雨(행매정당삼월우)　길을 가다 때 마침 삼월의 비 만났는데
江南處處野花姸(강남처처야화연)　강남의 곳곳마다 들꽃이 예쁘구나.

題高山館 進退格 高山館 進退格에 쓰다.

朝來屋角吼嚴風(조래옥각후엄풍)　아침 되니 처마에 매운바람 울어댐에
起視窓前萬玉峯(기시창전만옥봉)　일어나 창 앞에 만옥봉(萬玉峯)을 바라보네.
還想北來寒食節(환상북래한식절)　다시금 북쪽의 한식절(寒食節)을 상기하니
雪中開遍映山紅(설중개편영산홍)　눈 속에 두루 영산홍이 붉었었지.

嘉平道中 嘉平가는 길에

橫行本自重男兒(횡행본자중남아)　멋대로나[152] 본래는 자중(自重)한 남아(男兒)
試拂戎衣出北陲(시불융의출북수)　군복을 털어 입고 북방(北方)을 나왔구나.
不夜秋陰添殺氣(불야추음첨살기)　밤이 아닌 가을에도 살기(殺氣)가 더하지만

150) 翻漿: 초봄에 얼었던 땅이 녹아서 풀리면서 지면에나 도로에 물이 배어 진창으로 되다.
151) 口占: 즉흥시를 읊다. 시를 읊조리다.
152) 橫行: 제멋대로 행동하다. 횡포한 짓을 하다 횡행하다.

散爲寒雨灑旌旗(산위한우쇄정기)　찬비는 흩어져 깃발을 씻어낸다.

次金魚川重九韻 魚川 金重九 운을 사용하여

江皐秋葉醉微霜(강고추엽취미상)　강가에 가을 잎 서리에 취했는데
疊壁高低間紫黃(첩벽고저간자황)　높고 낮은 첩벽(疊壁)에 붉고 노란 단풍잎
步下高樓乘小艇(보하고루승소정)　높은 누각(樓閣) 걸어내려 작은 배를 탔더니
未妨隨處作重陽(미방수처작중양)　어디나 중양절(重陽節) 방해가 없네.

又前韻 또 한 수

烏臺白筆起風霜(오대백필기풍상)　오대(烏臺)[153]의 흰 붓이 풍상을 일으키니
此日鹽車困乘黃(차일염차곤승황)　이 날의 염거(鹽車)에는 양마(良馬)[154]도 피곤해라.
杳杳丹霄雲海外(묘묘단소운해외)　어둑어둑 고운 하늘[155] 운해(雲海) 밖에선
幾時鳴鳳更朝陽(기시명봉갱조양)　언젠가 봉황(鳳凰)이 우는 아침 맞으리.

又 또 한 수

試拂秋蓮匣裏霜(시불추련갑리상)　추련(秋蓮)이 자란 곳에 서리를 떨쳐내니
關山西下陣雲黃(관산서하진운황)　관산(關山)의 서쪽 아래 구름이 노랗더라.
書生未必非男子(서생미필비남자)　서생(書生)은 반드시 남자이긴 하지만
欲斬樓蘭奏洛陽(욕참누란주낙양)　누란(樓蘭)의 낙양(洛陽) 보고(報告) 끊으려 하네.[156]

贈上人 스님에게 주다

求名求利兩紛紛(구명구리양분분)　명리(名利)를 구하려니 양쪽이 분분하고

---

153) 烏臺: 사헌부의 별칭.
154) 乘黃: 전설중의 신마(神馬). 양마(良馬).
155) 丹霄: 고운 하늘. 제왕이 거쳐하는 조정(朝廷) 경도(京都).
156) 斬: 단절(斷絕). 애통(哀痛).

僧俗如今未易分(승속여금미역분)　승속(僧俗)은 지금처럼 쉽게 분리 못하네.
愛汝手中唯一軸(애여수중유일축)　그대의 수중(手中)에 유일한 축(軸)을 아껴라
衲衣新濕虎溪雲(납의신습호계운)　납의(衲衣)가 호계(虎溪)의 구름에 새로 젖는다.

海峯先生 簡札

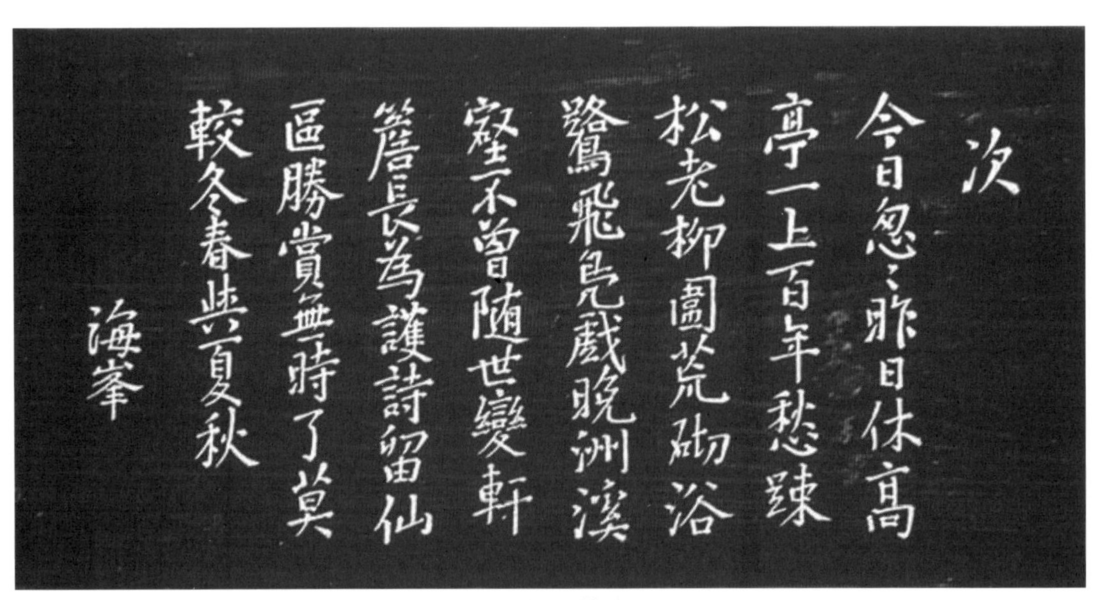

海峯先生 筆跡

Ⅲ. 五言律詩

淮陽館阻雨 示小童 淮陽館에서 비에 막혔는데 아이가 보였다.

小童快搔癢(소동쾌소양)　　작은 아이 빠르게 긁적이는 게
似讀杜陵詩(사독두릉시)　　두릉(杜陵) 시를 읽고 있는 듯
試與詢鄕俗(시여순향속)　　누구에게 향속(鄕俗)을 물어야 하나
稍能辨土宜(초능변토의)　　약간은 고향[1] 것을 구별할 테지.
自言楓嶽勝(자언풍악승)　　스스로 풍악이 낫다고 말하며
重瞰鶴巢危(중감학소위)　　학의 둥지 위태한 곳 거듭 본다오.
山館淹秋雨(산관엄추우)　　산관(山館)은 가을비에 젖는데
憑渠一解頤(빙거일해이)　　그곳에 기대어 한바탕 웃노라.[2]

題高山館 二首 高山館에 쓰다

鐵門南北限(철문남북한)　　철문(鐵門)은 남북(南北)의 경계로
梯磴勢句連(제등세구련)　　돌길이 글귀처럼 이어졌더라.
俯瞰千尋坼(부감천심탁)　　내려 보니 천심(千尋)이나 깎아지르고

1) 土宜: 고향(故鄕). 토산(土産).
2) 解頤: 입을 크게 벌리고 웃다.

斜行一線穿(사행일선천)　비탈 길 실처럼 이어졌는데
角聲生馬足(각성생마족)　뿔피리 소리에 말발굽 생겼고
鞭影落人顚(편영낙인전)　채찍 그림자 사람 위에 떨어졌지.
下盡聊回首(하진요회수)　산을 다 내려와 돌아봤더니
雲山正揷天(운산정삽천)　운산(雲山)이 하늘로 솟아있구나.

旅情元悄悄(여정원초초)　여정(旅情)은 원래부터 근심스럽고[3]
況當秋夜遲(황당추야지)　더구나 가을밤 더디게 가네.
人語三更歇(인어삼경헐)　사람 얘기 삼경(三更)되니 모두 그치고
水聲萬壑悲(수성만학비)　물소리는 만학(萬壑)에 슬피 울린다.
此身知己遠(차신지기원)　나에겐 지기(知己)가 멀리서 살아
長跋更難期(장발갱난기)　긴 여행에 다시 만남 어려워지니
抵曉聞吹角(저효문취각)　새벽에 뿔피리 소리 듣고서
咸山望裏思(함산망리사)　함산(咸山)을 바라보며 그리워하네.

冒雨暝入永興府 宿獨樂堂 次子敏韻 三首

비를 맞으며 밤에 永興府에 왔다가 獨樂堂에서 묵으며 子敏 李安訥의 운을 사용하여 쓰다.

我來永興府(아래영흥부)　내가 영흥부에 올 때는
天黑雨昏時(천흑우혼시)　날은 어둡고 비가 오는 저녁이었지.
幾處開高閣(기처개고각)　어느 곳에 고각(高閣)이 열려 있을까?
何邊有小池(하변유소지)　어디에 작은 연못이 있을까?
稍分山隱隱(초분산은은)　점차 산은 은은해지고
唯覺草離離(유각초리리)　초목이 무성하게 자라있었시.[4]

---

3) 悄悄: 근심하고 아파하는 모양. 고요한 모양.
4) 離離: 풍성하고 많은 모양. 조밀한 모양.

長路衝泥苦(장로충니고)　　긴 여정에 진흙 길이 괴롭지만
秋宵也未遲(추소야미지)　　가을밤 또한 더디지는 않더라.

曉寒生枕簟(효한생침점)　　잠자리에 새벽 한기(寒氣) 생겨나는데
山館雨聲秋(산관우성추)　　산관(山館)엔 빗소리가 들리는 가을
菊圃疑陶徑(국포의도경)　　국화 밭에 도잠(陶潛)의 길 있을 것 같고
茅簷似謝樓(모첨사사루)　　초가(草家)는 사루(謝樓)[5]와 비슷하구나.
人煙村舍遠(인연촌사원)　　인가(人家)에 연기피고 마을 집 먼데
鳥語樹林幽(조어수림유)　　새소리에 수림(樹林)은 그윽하여라.
北樓閑風月(북루한풍월)　　북루(北樓)에는 풍월(風月)이 한가롭지만
如今屬勝流(여금속승류)　　지금은 명사(名士)들과 함께 한다네.

此府聞雄大(차부문웅대)　　이 부(府)는 웅대(雄大)하다고 하는데
今看似野莊(금간사야장)　　지금 보니 야장(野莊)과 비슷하구나.
餘風有紅粉(여풍유홍분)　　과거[6]엔 미녀(美女)[7]가 있었다 하고
舊趾記黃堂(구지기황당)　　옛 마을엔 태수를 기억한다네.
滿池荷萬柄(만지하만병)　　연못에는 가득하게 연꽃이 피고
匝路樹千章(잡로수천장)　　둘레 길에 나무는 천장(千章)이로다.
自歎悤悤過(자탄총총과)　　스스로 탄식하며 바삐 지나니
佳期負一場(가기부일장)　　가약(佳約)이 한 번에 무너졌구나.[8]

夢拜先君 꿈에 先君을 뵈었다.

罪戾餘生在(죄려여생재)　　허물이 여생에도 남아 있어서

---

5) 謝公樓: 사조(謝朓)가 선성태수(宣城太守)가 되었을 때 세운 고재지(高齋地). 일명 북루(北樓).
6) 餘風: 과거에 전해 내려오던 풍교(風敎) 풍습(風習). 전인(前人)의 풍범(風範).
7) 紅粉: 부녀(婦女)가 화장할 대 사용하는 연지(臙脂)와 연분(鉛粉). 미녀(美女).
8) 負: 실패(失敗).

難堪風樹悲(난감풍수비)　풍수의 슬픔을 감당 못하네.
無端陪杖屨(무단배장구)　무단히 장구(杖屨)를 보좌했지만[9)]
有疾急醫治(유질급의치)　병이 있어 급하게 치료하였지.
謦咳猶平昔(경해유평석)　기침하는 모습은 평소 같은데
儀形減舊時(의형감구시)　모습은 옛 모양만 못하시구나.
覺來孤館曉(각래고관효)　새벽에 고관(孤館)에서 잠깨고 나서
怳惚淚空垂(황홀누공수)　황홀하여 부질없이 눈물 흘리네.

深秋旣望 重到永興 始賞雙池 仍次前韻 三首 9월 16일 다시 永興에 이르러 비로소 雙池를 구경하고 前韻을 사용하여 쓰다.

勝地重來日(승지중래일)　절승지에 다시 오는 날
靑天有月時(청천유월시)　푸른 하늘에 달이 있을 때
松梢散淸影(송초산청영)　소나무 끝에 맑은 그림자 흩어지고
荷葉媚華池(하엽미화지)　연꽃잎은 화지(華池)에 아름다웠지.
遠客難懷抱(원객난회포)　원객(遠客)은 회포를 풀지 못했는데
佳人唱別離(가인창별리)　가인(佳人)은 이별을 노래하니
良宵足可惜(양소족가석)　좋은 밤 지나감이 안타까워서
步步上階遲(보보상계지)　한발 한발 계단을 더디 오르네.

月出寒塘淨(월출한당정)　달은 한당(寒塘)의 맑은 곳에 떴는데
風煙接素秋(풍연접소추)　풍연(風煙)은 가을[10)]에 접해 있구나.
松低疑偃蓋(송저의언개)　소나무는 낮아서 쓰러졌나 의심했고
臺敞當登樓(대창당등루)　누대가 높아도 마땅히 올랐다네.
破籍香猶在(파적향유재)　서적(書籍)[11)]을 덮었으나 향기는 여전하고

---

9) 陪: 서로 존중함. 보좌하는 신하. 보좌(輔佐).
10) 素秋: 가을. 쇠로(衰老).
11) 籍: 서적(書籍).

疏林影更幽(소림영갱유)　성근 숲에 그림자는 더욱 그윽하더라.
尊前自有妓(존전자유기)　술 앞에 스스로 기생이 있으니
我亦謝公流(아역사공류)　나 또한 그대의 풍류에 감사한다네.

關路行將老(관로행장로)　관로(關路)를 가는 길 피로해지니
歸心錦里莊(귀심금리장)　금리관[12]으로 돌아갈 마음뿐이네.
乾坤空納納(건곤공납납)　천지는 부질없이 포용(包容)을 하고[13]
日月去堂堂(일월거당당)　일월은 당당하게 흘러가누나.
招集無新策(초집무신책)　불러 모아도 새로운 계책이 없고
文書放舊章(문서방구장)　문서에는 옛 문장이 하나 없더라.
誰言蓮幕客(수언연막객)　누가 말하던가 막부의 나그네[14]
棋酒任閑場(기주임한장)　바둑과 술로 한가하게 놀고 있다고

將向高原 因日暮未果 走筆呈朴使君 高原으로 향했으나 날이 저물어 가지 못했다. 글을 써서 朴使君에게 주다.

早擬高原去(조의고원거)　일찌감치 고원(高原)을 향해 떠났고
催行畫角吹(최행화각취)　화각(畵角) 불며 갈 길을 재촉했다네.
當筵還惜別(당연환석별)　자리를 맞아 다시 석별을 하다
促座更圍棋(촉좌갱위기)　재촉하는 자리에서 바둑도 두었지.
已遣身如蛻(이견신여태)　떠나고 나니 몸은 허물과 같은데
寧知日似馳(영지일사치)　어찌 해가 빠르게 달림을 알리.
登樓怕天黑(등루파천흑)　누대에 올라 어두워짐 근심하다
自笑我爲癡(자소아위치)　스스로 나의 어리석음에 웃노라.

---

12) 錦里: 금관성(錦官城).
13) 納納: 포용(包容)하는 모양.
14) 蓮幕: 막부(幕府).

鶴城館記夢 三首 鶴城館에서 꿈을 적다

客意元無賴(객의원무뢰)　　객의 회포(懷抱) 원래 정처(定處)가 없어
相思況暮秋(상사황모추)　　서로가 생각하나 늦가을이라
悠悠強笑語(유유강소어)　　유유히 억지로 웃으며 말하지만
鬱鬱獨懷憂(울울독회우)　　답답하여 나 홀로 근심을 하네.
大嶺非難越(대령비난월)　　큰 고개 넘기가 어렵지 않지만
嚴程不自由(엄정부자유)　　힘든 여정 자유롭진 않더라.
還家有孤夢(환가유고몽)　　집으로 돌아와 외로운 꿈을 꾸곤
一夜話綢繆(일야화주무)　　하룻밤 얽힌 일들 이야기 하네.

握手猶疑夢(악수유의몽)　　손을 잡았으나 꿈인가 의심하고
相看語似難(상간어사난)　　서로 보지만 말하기 어렵구나.
休嫌我來晩(휴혐아래만)　　내가 늦게 옴을 싫어 말아라
但聽此行艱(단청차행간)　　이번 여정 어려움을 들었을 테니.
美酒元無意(미주원무의)　　좋은 술도 원래부터 뜻이 없었고
淸歌且不懽(청가차불환)　　맑은 노래 또한 즐겁지 않네.
思君一心在(사군일심재)　　일심으로 그대를 생각하지만
耿耿幾時閑(경경기시한)　　언제나 한가할까 근심하누나.[15]

無端蝴蝶散(무단호접산)　　무단히[16] 나비가 흩어지듯이
身在鶴城東(신재학성동)　　이 몸은 학성의 동쪽에 있네.
枕席分千里(침석분천리)　　잠자리가 천리만큼 떨어졌으니
雲山阻幾重(운산조기중)　　운산(雲山)은 몇 겹이나 막혀있을까?
琅琅耳邊語(낭랑이변어)　　귓가에 들리는 소리 낭낭하고
杳杳眼中容(묘묘안중용)　　눈 속에 모습은 어렴풋해라.

15) 耿耿: 조급하고 불안함. 심사(心事)가 무거움.
16) 無端: 기점(起點)도 없고 종점(終點)도 없음. 연고(緣故)가 없음.

却羨當窓月(각선당창월)　창 앞에 명월(明月)이 부러워지네.
淸輝兩地同(청휘양지동)　맑은 빛 두 곳을 함께 비추니

還到文川 任君 鶴齡 自楓岳來遊 書懷以贈 二首

文川 任君 鶴齡[17]이 돌아와 楓岳에 와서 놀기에 懷抱를 써 주다.

聚散雖無定(취산수무정)　취산(聚散)이 비록 정해지지 않았고
萍逢亦有期(평봉역유기)　부평초 같은 만남 기한있지만
天涯此相遇(천애차상우)　천애(天涯)에서 이렇게 서로 만남을
夢裏豈曾思(몽리기증사)　꿈속에서 어찌 생각이나 했으리.
密席論襟抱(밀석론금포)　비밀한 자리에서 회포를 논하고
淸歌送酒危(청가송주위)　맑은 노래로 술잔을 기울이지만
平生不喜飮(평생불희음)　평생 음주를 즐기지 않았으니
今日若爲辭(금일약위사)　금일에도 술만은 사양하리라.

風流舊騎省(풍류구기성)　풍류가 예전의 병조판서(兵曹判書)[18]라
行色自金剛(행색자금강)　행색(行色)이 스스로 금강(金剛)과 같네.
屐破千峯霧(극파천봉무)　천봉(千峰)의 안개에 나막신은 깨어지고
衣沾萬瀑霜(의첨만폭상)　만폭(萬瀑)의 서리에 옷이 젖는다.
相逢仙韻在(상봉선운재)　만나보니 신선(神仙)의 운치(韻致)가 있고
頓覺俗緣忘(돈각속연망)　갑자기 깨달으니 속연(俗緣)을 잊네.
怊悵還南北(초창환남북)　남북에서 돌아와 마주했으나
臨岐愧我忙(임기괴아망)　헤어짐에 바쁜 내가 부끄럽더라.

---

17) 任鶴齡(1565-1628). 任碩齡으로 개명. 본관은 풍천(豊川). 자는 여수(汝壽), 호는 석강(石江).
18) 騎省: 조선 시대 육조(六曹)의 하나로 병조를 가리킨다. 군사와 우역(郵驛) 따위의 일을 맡아보았다.

兵相李公邀余次壁上子敏韻 拙辨塞請 兵相 李公이 나를 맞았기로 壁上 子敏 李安訥의 운을 사용하여 서툴게 시를 지어 청에 부응하다.

雄藩國門戶(웅번국문호)　세력이 있은 나라 문호에서는
旌節稱公賢(정절칭공현)　정절(旌節)에 공의 어짐 칭송했으니
地匝重溟盡(지잡중명진)　지역 두루 유심한 곳[19]까지 다했고
山回大漠連(산회대막련)　산을 돌아 조용한 곳까지 이어졌네.
金河稍釋警(금하초석경)　금하(金河)[20]에선 점차 경계를 풀었고
玉帳更開筵(옥장갱개연)　주장(主將)[21]은 다시 잔치를 열었다네.
莫使漢飛將(막사막비장)　비장(飛將)[22]에게 가만히 있게 하지 말아야
千秋名獨傳(천추명독전)　천추(千秋)에 이름을 홀로 전하리.

居山館 次壁上韻 居山館에서 壁上의 운을 사용하여

欲訪忠貞跡(욕방충정적)　충정(忠貞)의 자취를 찾아보려고
沈吟古驛邊(침음고역변)　고역(古驛)의 주변에서 깊이 읊지만
百年青竹簡(백년청죽간)　백년(百年)은 청죽(青竹)의 간독(簡牘)에 담겼고
萬事白楊阡(만사백양천)　만사(萬事)는 백양(白楊)의 무덤에 묻혔더라.
宇宙人無盡(우주인무진)　우주(宇宙)에 사람은 다함이 없고
身名問幾全(신명문기전)　신명(身名)의 질문은 얼마나 온전할까?
詩成還自笑(시성환자소)　시를 쓰고서 다시 혼자 웃는데
隣笛數聲傳(인적수성전)　이웃에서 피리소리 전해지누나.

19) 溟: 바다. 유심(幽深).
20) 金河: 강이름. 대흑하(大黑河).
21) 玉帳: 주장(主將)이 머무는 장막(帳幕) 주장(主將).
22) 飛將: 비장군(飛將軍)의 약칭. 민첩하고 싸움을 잘하는 장군.

端川客舍 次圃隱先生韻 端川 客舍에서 圃隱 鄭夢周先生[23]의 운을 사용하여

迢迢此行役(초초차행역)　　멀고 먼 이 여행
去去幾時休(거거기시휴)　　가고 가지만 언제나 쉬려나
秋雨鐵關脊(추우철관척)　　철령(鐵嶺) 고개에는 가을비가 내리고
朔風雲嶺頭(삭풍운령두)　　운령(雲嶺)의 꼭대기엔 삭풍(朔風)이 분다.
山城一杯酒(산성일배주)　　산성(山城)에선 한 잔의 술을 마시고
宇宙百年愁(우주백년수)　　우주(宇宙)에선 백년(百年)의 근심을 하지만
報主忘夷險(보주망이험)　　주군에게 보답위해 평험(平險)을 잊었으니
何曾戀古丘(하증연고구)　　어찌하여 고향을 그리워하랴?

次和伯子敏唱和韻 伯 子敏 李安訥과의 唱和韻을 사용하여

鄭侯盛唐體(정후성당체)　　정후(鄭侯)의 성당체(盛唐體)는
李子學西京(이자학서경)　　이태백이 서경에서 배운 거라지.
且以酒爲尙(차이주위상)　　또한 술을 숭상하면서
不徒詩擅名(부도시천명)　　한갓 시(詩)로 천명(擅名)하진 않았네.
留連北海飮(유련북해음)　　북해(北海)의 술을 연거푸 마시곤
然諾太山輕(연락태산경)　　태산(太山)의 가벼움을 인정하는데
浪詠停雲罷(낭영정운파)　　낭영(浪詠)에 멈춘 구름 흩어지더니
參差幽鳥鳴(참차유조명)　　그윽한 새소리 들려오더라.

逾摩天嶺 宿嶺東驛 次子敏韻 二首

摩天嶺을 넘어 嶺東驛에 묵었다. 子敏 李安訥의 운을 사용하여

23) 鄭夢周(1337-1392). 본관은 영일(迎日). 출생지는 영천(永川). 초명은 몽란(夢蘭) 또는 몽룡(夢龍), 자는 달가(達可), 호는 포은(圃隱).

野店炊煙起(야점취연기)　　야점(野店)에 불 때니 연기가 피고
山椒已夕陰(산초이석음)　　산초엔 이미 저녁 그늘이 지네
北辰天柱遠(북진천주원)　　북극성(北極星)은 천주(天柱)[24]와 멀고
東極海門深(동극해문심)　　동극(東極)에는 해문(海門)이 깊은데
亭堠幾迎送(정후기영송)　　초소(哨所)[25]에선 얼마나 맞이하고 전송했나
風光無古今(풍광무고금)　　풍광(風光)은 고금(古今)과 다르지 않네.
春來看出日(춘래간출일)　　봄이 와서 뜨는 해를 보리니
有意儻重臨(유의당중림)　　뜻 있으면 혹시라도 다시 오세요.

絶域愁誰語(절역수수어)　　절역(絶域)에서 뉘 말에 근심을 하나?
荒涼古驛空(황량고역공)　　황량(荒涼)한 고역(古驛)은 비어있구나.
人行夕陽外(인행석양외)　　사람은 석양 밖으로 걸어가는데
鳥度翠屛中(조도취병중)　　새들은 푸른 병풍 속으로 넘어가더라.
報國心猶壯(보국심유장)　　보국(報國)하려니 마음은 오히려 씩씩하고
歸田計已窮(귀전계이궁)　　귀전원(歸田園)의 계획은 이미 다했네.
今宵倘飛雪(금소당비설)　　오늘 밤엔 갑자기 눈이 날리고
簷角吼嚴風(첨각후엄풍)　　처마 끝엔 싸늘한 바람이 분다.

題吉州郎館 二首 吉州 郎館에 쓰다.

亦難書記任(역난서기임)　　서기(書記)란 책임 또한 어렵지만
唐世簡尤精(당세간우정)　　당세(唐世)의 편지는 더욱 자세하더라.
聖代朝廷重(성대조정중)　　성대(聖代)의 조정(朝廷)은 중하고
藩僚位望輕(번료위망경)　　번료(藩僚)의 지위(地位)는 가볍다네.
風煙愁絶塞(풍연수절새)　　풍연(風煙)에 변방에서 근심하는데

24) 天柱: 고대신화(古代神話) 중에 하늘을 지탱하는 기둥. 중임(重任)을 맡은 것을 비유. 산명(山名).
25) 亭堠: 정후(亭候)로도 쓴다. 예전에 변경에서 사용했던 적정을 살펴보거나 감시했던 초소와 보루.

鼓角殷孤城(고각은고성)　고각(鼓角)은 고성(孤城)에서 은은하게 들린다.
回首靑綾直(회수청릉직)　청릉(靑綾)[26]이 펼쳐진 곳 고개 돌리니
疏鐘夢裏聲(소종몽리성)　성근 종소리 꿈속에 들려오네.

北塞雄都會(북새웅도회)　북쪽 변방의 웅장한 도회
丹靑古館幽(단청고관유)　단청을 한 그윽한 옛집
風流幾從事(풍류기종사)　풍류(風流)에 얼마나 종사를 했나?
歌管此淹留(가관차엄류)　가관(歌管)이 이렇게 머물러 있네.
地主來相慰(지주내상위)　지주(地主)가 와서 서로 위로하니
天恩到處優(천은도처우)　천은(天恩)에 도처(到處)가 넉넉하구나.
平生報國志(평생보국지)　평생을 보국에 뜻을 두었기에
耿耿在心頭(경경재심두)　노심초사 충정심이 마음에 있네.

在安邊答嚴寬甫 安邊에서 嚴寬甫에게 답하다.

鳥道千盤險(조도천반험)　좁은 산길[27] 어디나 험준한 곳에
誰傳錦字回(수전금자회)　금자(錦字)[28]가 돌아온다 누가 전했나
故人知不遠(고인지불원)　친구가 멀리 있지 않음을 알지만
離抱若爲開(이포약위개)　이별(離別)을 생각하니 마음아파라.
我已如羈縶(아이여기집)　나는 이미 이렇게 매어있지만
君胡莫往來(군호막왕래)　그대는 어찌하여 왕래(往來)가 없나?
佳期在仙島(가기재선도)　아름다운 약속이 선도(仙島)에 있기에
聊此更徘徊(요차갱배회)　여기서 다시금 배회(徘徊)를 하네.

---

26) 靑綾: 청색의 꽃무늬가 있는 사직물(絲織物). 예전에 귀족(貴族)들이 상용하는 피복을 만드는 휘장.
27) 鳥道: 험준하고 좁은 산길.
28) 錦字: 금자서(錦字書). 화려하고 아름다운 문사(文辭).

元帥臺 效牧隱作 元帥臺 牧隱의 시를 본받아 쓰다.

昨到鏡城府(작도경성부)　어제는 경성부(鏡城府)로 가서
暫登元帥臺(잠등원수대)　잠시 원수대(元帥臺)에 올랐지.
天涵海一色(천함해일색)　하늘은 바다에 잠겨 일색(一色)인데
地匝山千堆(지잡산천퇴)　땅에는 산이 둘려 천개의 언덕이라
征戰尙未已(정전상미이)　전쟁이 아직 끝나지 않았으니
英雄安在哉(영웅안재재)　영웅은 어디에 있을까?
彈劍發高嘯(탄검발고소)　칼을 두드리며 높이 휘파람 부는데
長風西北來(장풍서북래)　장풍(長風)은 서북(西北)에서 불어오누나.

次定平客舍韻 定平客舍 운을 사용하여

十度經過地(십도경과지)　열 번 지나갔던 곳
光陰送客中(광음송객중)　광음(光陰)은 나그네를 전송하누나.
雪消仍碧草(설소잉벽초)　눈이 녹으니 초목이 푸르고
潦盡又秋風(요진우추풍)　장마가 그치니 가을바람 불어온다.
形勝山河在(형승산하재)　형승(形勝)한 산하(山河)가 있지만
英雄事迹空(영웅사적공)　영웅(英雄)의 사적(事迹)이 공허하여라.
壁間多少作(벽간다소작)　벽간(壁間)에 많은 작품 걸려 있지만
詩語更誰工(시어갱수공)　시어(詩語)는 누가 더욱 정교하던가?

次二愛堂韻 呈柳使君 二愛堂의 운을 사용하여 柳使君에게 주다.

虎竹分三載(호죽분삼재)　호죽(虎竹)[29]을 나눈 것이 삼년인데
風雲阻一堂(풍운조일당)　풍운(風雲)이 한 집에 걸려있더라.

---

29) 虎竹: 동호부(銅虎符)와 죽리부(竹使符)의 병칭(幷稱)이다. 호부(虎符)는 발병(發兵)을 관장하고 죽리부(竹使符)에서는 징집 등을 관장한다.

誰知吏隱樂(수지이은락)　어느 누가 관리의 은락(隱樂)을 알까
不減午橋莊(불감오교장)　오교(午橋)의 풍성함이 줄지 않았네.
古柳緣欹岸(고류연의안)　오랜 버들 비탈진 언덕에서 자라고
秋荷倒小塘(추하도소당)　가을 연꽃 작은 연못에 비치는구나.
官閑亦君賜(관한역군사)　관사(官事)가 한가함도 임금의 은덕이나
聊此兀稱觴(요차올칭상)　여기서 좋은 것은 술잔이라오.

柳使君以嶺南巡察承召南歸 書以爲別 柳使君이 嶺南巡察使로 임명되어 남쪽으로 가기에 글로써 이별을 하다.

簡拔紆新寵(간발우신총)　선발(選拔)[30]되어 새 은총(恩寵)을 입었으니
公今式遄歸(공금식천귀)　공은 지금 빨리 가야 한다네.
三年百里屈(삼년백리굴)　삼년에 백리(百里)를 물러났으나
一札十行輝(일찰십행휘)　일찰(一札)에 십행(十行)이 빛나는구나.
斧鉞雲中下(부월운중하)　부월(斧鉞)이 구름 속에서 내려오는데
旌旗海上飛(정기해상비)　깃발은 해상(海上)에 펄럭거리네.
纖歌定山樂(섬가정산락)　청세(淸細)한 가성(歌聲)에 정산이 즐거워
回首儻依依(회수당의의)　돌아보니 빼어남이 여전하더라.

次徐使相雙青韻 徐使相 雙青 운을 사용하여

聞說雙青戍(문설쌍청수)　쌍청수(雙青戍)에 대해 들어보니
溪山最秀淸(계산최수청)　계산(溪山)이 가장 빼어나다 하네.
別區饒勝景(별구요승경)　별구(別區)에는 절승지(絶勝地)가 많다고
前輩播詩聲(전배파시성)　전배(前輩)도 시성(詩聲)을 전하는구나.
戎馬淹行色(융마엄행색)　융마(戎馬)의 행색(行色)에 젖어있어서

30) 簡拔: 선발(選拔) 선택(選擇).

風塵笑此生(풍진소차생)　풍진(風塵)에서 이런 삶을 비웃었지만
從公和瓊什(종공화경십)　공을 따라 시문(詩文)에 화답을 하니[31]
巖壑眼中明(암학안중명)　산에서도[32] 안목(眼目)이 밝아졌구나.

聞鐘發省 종소리를 듣고 省을 출발하다.

思慮澹淸晨(사려담청신)　생각이 새벽에 맑아지는데
鐘聲更起人(종성갱기인)　종소리가 다시 사람을 일깨우누나.
無心催曉色(무심최효색)　무심하니 새벽이 빨리도 오고
有意省吾身(유의성오신)　뜻이 있어 내 자신을 되돌아본다.
善養平朝氣(선양평조기)　평상시 조기(朝氣)를 잘 보양(保養)하고
休爲物欲塵(휴위물욕진)　사물에 더럽히지 말아야 한다.
日新功課在(일신공과재)　날마다 새로워 공과가 있다면
曾氏我同倫(증씨아동륜)　증자와 나는 같은 무리이리라.

留別沈通判 二首 沈通判과 이별하며

嶺外朋知少(영외붕지소)　영외에는 친구가 적어서
逢君倍覺親(봉군배각친)　그대를 만나니 더욱 반갑네.
情深禮數簡(정심예수간)　정이 깊으니 예가 간단하고
意合過從頻(의합과종빈)　뜻이 맞으니 자주 오가게 된다.
山寺懸燈夕(산사현등석)　산사(山寺)에 저녁 등을 걸고
江橋馱醉春(강교타취춘)　강교(江橋)는 봄에 취해 건너지만
明朝定州館(명조정주관)　내일 아침 정주관(定州館)에선
回首夢中身(회수몽중신)　꿈속의 자신을 돌아보리라.

---

31) 瓊什: 다른 사람의 시문(詩文)에 대한 미칭(美稱).
32) 巖壑: 산과 계곡. 은자가 머무는 곳. 혹은 은자(隱者).

聚散無時已(취산무시이)　　모이고 흩어짐이 끝나지 않았고
勞歌鬢易華(노가빈역화)　　노동요에 귀밑머리 희어졌구나.
不堪歸思苦(불감귀사고)　　돌아갈 생각하니 괴로워지고
還覺別懷多(환각별회다)　　또 다시 이별에 마음 아파라.
几席分雲樹(궤석분운수)　　궤석(几席)에서 친구[33]와 헤어지는데
關山正雪花(관산정설화)　　관산(關山)[34]에는 설화(雪花)가 날리는구나.
南飛有征雁(남비유정안)　　지나가는 기러기 남으로 나니
消息報如何(소식보여하)　　소식(消息)이 어떠한가 물어본다네.

送關東都事 關東都事를 전송하며

聞說山皆骨(문설산개골)　　개골산(皆骨山)에는
而多楓桂叢(이다풍계총)　　단풍과 계수 숲이 많다고 하네.
前年涌水出(전년용수출)　　전년(前年)엔 물이 솟아 나왔고
一夕衆峯空(일석중봉공)　　일석(一夕)에 중봉(衆峯)이 비었다더라.
九龍萬瀑洞(구룡만폭동)　　구룡(九龍)이 깃든 만폭동(萬瀑洞)이나
千載再鴻濛(천재재홍몽)　　천재(千載)에 다시 홍몽(鴻濛)[35]이 되었네.
創闢仙區路(창벽선구로)　　선구(仙區)의 길을 개척했으니
君今北海公(군금북해공)　　그대는 지금 북해공(北海公)이라

挽江華夫人 二首 江華夫人 挽詞

有德公姑喜(유덕공고희)　　덕이 있어 공(公)과 고구(姑舅) 기뻐하였고
無非酒食宜(무비주식의)　　주식(酒食)에 마땅하지 않음이 없었네.
長年損沈痼(장년손침고)　　장년에는 고질병을 앓았는데

---

33) 雲樹: 친구를 그리워하는 생각.
34) 關山: 험준한 산령(山嶺). 난관을 비유.
35) 鴻濛: 하늘과 땅이 아직 갈리지 않은 상태.

盡日頻回首無人只有書空
山下舊後孤館掩門村莫入
佳期誤約敦道契踪春風解
相訪南郭卅爲廬

海峯先生詩 丁酉仲秋
陶老洪志基

汝偉和送 復用前韻

脩夜結深悲(수야결심비)　긴긴 밤 깊은 시름 고생했었지.
慶在傳家子(경재전가자)　경사(慶事)는 전가(傳家)할 자식이 있고
粧留學母兒(장류학모아)　장대(粧臺)엔 어미 배운 아이 있구나.
江都去時路(강도거시로)　강도(江都)를 떠나가는 길에
淚濕使君衣(누습사군의)　눈물이 그대의 옷을 적시네.

命服夫人貴(명복부인귀)　명에 복종하는 부인이 귀함은
齊眉婦道存(제미부도존)　제미(齊眉)하는 부도(婦道)에 있음이라.
翕和無所憾(흡화무소감)　화합(和合)하여 서운한 것이 없으니
脩短詎堪論(수단거감론)　길고 짧음을 어떻게 논하랴
萬歲龍開穴(만세용개혈)　만세에 용(龍)은 명당을 열었고
千年鶴到門(천년학도문)　천년에 학이 문에 이르렀다네.
哀歌當執紼(애가당예불)　슬픈 노래 부르며 상여줄을 잡는데
壟樹暮雲屯(농수모운둔)　묘지 수목(樹木)에 저녁구름 머무누나.

挽金竹山 金竹山 挽詞

少稱白眉秀(소칭백미수)　젊어서 백미수(白眉秀)라 일컬었기에
早有青雲期(조유청운기)　일찍이 청운(青雲)의 기약이 있었지.
萬事蹉跎去(만사차타거)　만사(萬事)가 평탄치 않았으므로
一官州縣卑(일관주현비)　벼슬이 주현(州縣)이란 낮은 곳이라.
高才鬱泉穸(고재울천석)　높은 재주 황천(黃泉)에 묻히는데도
厚德闕天施(후덕궐천시)　두터운 덕 하늘이 베풀지 않았네.
飛旐春風外(비조춘풍외)　봄바람에 조기(弔旗)가 펄럭거리니
親朋無限悲(친붕무한비)　친구들 무한히 슬퍼하누나.

次正使盤松 正使盤松의 운을 사용하여

孤直雖眞性(고직수진성)　외롭고 곧은 것이 진성(眞性)이지만
輪囷亦一奇(윤균역일기)　굽은 것도[36] 하나같이 기이하도다.
盤龍排老幹(반룡배로간)　반룡(盤龍)처럼 고목이 자랐고
屈鐵抗橫枝(굴철항횡지)　굽은 철사처럼 가지가 뻗었구나.
窆費洪勻巧(폄비홍균교)　크나큰 재주를 쓰지 않았고
非緣矯揉私(비연교유사)　바로잡고 주무른 것이 아니라네.
千秋會有盡(천추회유진)　천추(千秋)에 다함이 있을 수 있겠지만
不朽賴淸詩(불후뇌청시)　맑은 시가 있으니 시들지 않으리.

遊漢江 漢江에서 놀며

移舟近沙渚(이주근사저)　물가 가까이로 배를 저어가니
山勢抱回灣(산세포회만)　산세(山勢)가 물굽이를 싸고도는데.
汀草和煙碧(정초화연벽)　물가 풀은 안개와 어우러지고
巖花得雨斑(암화득우반)　암화(巖花)는 비를 맞아 아롱졌더라.
依俙遊洞府(의희유동부)　여전히 마을에서 노닐다가
咫尺失人間(지척실인간)　지척에서 사람을 놓치는구나.
晩景尤宜賞(만경우의상)　저녁 경치 더욱 볼만하기에
休嫌到夜還(휴혐도야환)　밤중에 돌아옴도 싫지가 않네.

日高花影重 해가 높이 뜨니 꽃 그림자 짙더라.

初日明花塢(초일명화오)　처음 뜬 해가 화단을 밝히지만
春窓起睡慵(춘창기수용)　봄 창 앞엔 일어남도 게을러지네.
纔看光灼灼(재간광작작)　빛이 밝음을 비로소 보았고

---

36) 輪囷: 굽은 모양. 큰 모양.

漸覺影重重(점각영중중)　그림자가 짙어짐을 점차 느낀다.
蛺蝶迷高下(협접미고하)　나비는 고하(高下)로 날아다니고
兒童較淡濃(아동교담농)　아이는 농담(濃淡)을 비교하지만
那堪夕風急(나감석풍급)　어찌 감당하랴 저녁바람 급하게 불고
無復此時容(무부차시용)　이때 모습 다시 오지 않음을.

君山聞笛 君山에서 피릿소리를 듣다.

何人一聲笛(하인일성적)　어떤 이가 불어대는 피리소리가
吹徹蓼花灣(취철요화만)　여뀌 꽃 골짜기에 울려 퍼지네.
雲絶層空外(운질층공외)　구름은 하늘 밖에서 다하고
龍驚積水間(용경적수간)　용은 적수 사이에서 놀란다.
直愁翻大地(직수번대지)　다만 대지가 바뀜을 근심하면서
更恐失君山(갱공실군산)　다시 군산을 잃을까 두려워했지.
曲盡波濤靜(곡진파도정)　곡이 그치니 파도가 고요해지고
斜陽移棹還(사양이도환)　석양에 노를 저어 돌아오누나.

草原卽景 二首 草原 卽景

十月寒猶淺(시월한유천)　시월의 추위가 심하지 않아선지
秋花尙滿籬(추화상만리)　가을꽃 울에 가득 피어났더라.
可憐全盛日(가련전성일)　가련하다. 온전히 성한 날
不及我來時(불급아래시)　내가 올 때에 미치지 못했구나.
病葉風前亞(병엽풍전아)　병든 잎은 바람 앞에 떨리고
殘粧雨浚宜(잔장우준의)　단장(丹粧)은 비온 후에 아름다워라.
憑渠還自笑(빙거환자소)　이를 보고 다시 웃으며
三逕有佳期(삼경유가기)　삼경(三逕)에 아름다운 약속을 하네.

蕪沒昌期菊(무몰창기국)　초목이 스러지나 국화는 창성하여
攲傾叔度階(의경숙도계)　숙도집의 뜨락에 높이 자랐네.
郵亭本逆旅(우정본역려)　우정(郵亭)은 본래 묵어가는 곳인데
行跡盡吾儕(행적진오제)　행적(行跡)을 돌아봐야 우리밖에 없구나.
雲樹秦城杳(운수진성묘)　멀리 떠난 친구는 진성(秦城)에 아득하고
風沙海戍迷(풍사해수미)　바람과 모래에 바닷가는 어지러우니
有懷無與討(유회무여토)　마음만 있을 뿐 말할 사람 없다고
山鳥向人啼(산조향인제)　산새들 사람 향해 지저귀더라.

呈使相 使相에게 드림

去歲參僚佐(거세참료좌)　지난해엔 참료(參僚)로 보좌하였지만
觀風實我公(관풍실아공)　기풍(氣風) 보니 진실로 나의 공(公)이라.
白頭新察訪(백두신찰방)　백두(白頭)에 새로 찰방(察訪)이 되었으나
青眼舊元戎(청안구원융)　옛 장수[37]를 청안(青眼)으로 대하네.
化俗恩威著(화속은위저)　세속(世俗)의 교화(敎化)엔 은위(恩威)가 드러나고
防胡堞櫓雄(방호첩로웅)　오랑캐 방어하는 성과 망루 웅장했지.
河陽旗彩變(하양기채변)　하양(河陽)[38]에 기색(旗色)이 바뀌니
重見李司空(중견이사공)　이사공(李司空)이 중하게 보이는구나.

贈別趙汝偉還京 趙汝偉[39]가 서울로 돌아감에 이별하며 쓰다.

二十年前舊(이십년전구)　이십년 전 옛적에
一千里外逢(일천리외봉)　천리 밖에서 서로 만났지
如何猶阻闊(여하유소활)　어찌하여 오랫동안 헤어졌던가?[40]

37) 元戎: 대군(大軍). 주장(主將).
38) 河陽: 황하의 북안(北岸).
39) 趙汝偉(1561-?) 본관은 풍양(豊壤)이고 명은 광중(閎中)이며 여위(汝偉)는 자이다.

不得更從容(부득갱종용)　　다시 태연할 수가 없어라.
匹馬秦城客(필마진성객)　　필마(匹馬)로 진성(秦城)의 나그네 되어
孤舟楚澤蹤(고주초택종)　　고주(孤舟)로 초택(楚澤)[41]을 찾았지만
淸宵蓮閣醉(청소연각취)　　맑은 밤 연각(蓮閣)에서 취해
回首意重重(회수의중중)　　돌아보니 마음만 무거워진다.

巡相所送一姝 却而不留 讀書專意 頓覺心境靜穩 偶得期字 二首

巡相이 미녀를 보냈지만 물렸더니 머물지 않았다. 讀書에 전념하는데 마음이 편안해짐을 까달았고 우연히 期字를 얻었다.

誰送淸楊子(수송청양자)　　누가 아름다운 여인을 보냈는가?
黃昏似有期(황혼사유기)　　황혼에 기약이 있을 듯하네.
依微楚臺雨(의미초대우)　　어렴풋 초대(楚臺)에 비가 내리니
彷彿洛濱姿(방불낙빈자)　　낙빈(洛濱)의 모습과 비슷하더라.
好會知難得(호회지난득)　　좋은 만남 얻기 어려움을 알지만
初心誓自持(초심서자지)　　초심으로 스스로 지킴을 맹서한다.
明燈孤館靜(명등고관정)　　밝은 등 외로운 집은 고요한데
床上對嚴師(상상대엄사)　　상(床)에서 엄사(嚴師)와 마주한다네.

金石幾融化(금석기융화)　　금석(金石)은 얼마나 융화(融化)를 할까?
扶持賴此書(부지뢰차서)　　이 글에 의지하여 마음 다지네.
惟微終不泯(유미종불민)　　경미(輕微)해도 마침내 사라지지 않고
旣蝕復如初(기식복여초)　　침식(浸蝕)해도 다시 처음과 같아지리라.
始悟操存妙(시오조존묘)　　심지(心志) 지킴[42]의 묘함을 비로소 알고
追尤禮法疏(추우예법소)　　예법(禮法)이 소홀함을 더욱 허물하리니

---

40) 阻闊: 막히고 멀리 떨어짐. 오랫동안 이별함.
41) 楚澤: 초지(楚地)나 혹은 초지의 호택(湖澤).
42) 操存: 심지(心志)를 잃지 않도록 함. 심지(心志)를 지킴.

泠然淸夜氣(영연청야기)　　청야(淸夜)의 기운이 싸늘하지만[43]
夢到武夷廬(몽도무이려)　　꿈에서는 무이(武夷)[44] 집에 이르렀다네.

汝偉和送 復用前韻 趙汝偉를 전송하며 다시 前韻을 사용해서

萬事何須說(만사하수설)　　만사(萬事)를 어떻게 말해야 하나?
升騰秖繫逢(승등지계봉)　　승관(升官)[45]은 다만 만남에 달려있지.
可憐新進士(가련신진사)　　가련하다 새 진사여
非復舊丰容(비부구봉용)　　다시 예전의 모습이 없구나.
一夜江頭醉(일야강두취)　　하룻밤 강두(江頭)에서 취해
三霜嶺外蹤(삼상영외종)　　만추(晩秋)[46]에 고개 너머 돌아다녔지.
離君增索漠(이군증삭막)　　그대가 떠나니 더욱 허전해
愁對雪山重(수대설산중)　　근심하며 설산(雪山)을 마주한다네.

又

邇來離索久(이래이삭구)　　가까이 와서 오래도록 조용히 사니
豈是我愆期(기시아건기)　　어찌 이것이 나의 실기(失期)[47]일까?
不憚懸雲險(불탄현운험)　　구름에 걸린 위험 꺼리지 않으니
非無汗血姿(비무한혈자)　　피땀 흘린 모습이 아닌 것 없네.
醇醪知易醉(순료지역취)　　진한 술에 쉽게 취함을 알겠고
盤水恐難持(반수공난지)　　소반(小盤)의 물은 유지하기 어렵다지.
野火春風誡(야화춘풍계)　　들불에 봄바람을 경계하는 것은
堪爲百世師(감위백세사)　　백세의 스승으로 삼을만하네.

---

43) 泠然: 서늘한 모양. 청량한 모양.
44) 武夷君: 고대(古代) 전설(傳說)중에 무이산(武夷山)에 살았던 선인(仙人).
45) 升騰: 도약. 승관(升官).
46) 三霜: 만추(晩秋)의 서리. 백색을 비유.
47) 愆期: 誤期, 失期.

盡日頻回首(진일빈회수)　하루 종일 자주 돌아봤지만
無人只有書(무인지유서)　사람은 없고 글만이 있더라.
空山下雪後(공산하설후)　공산(空山)에 눈이 내린 후에도
孤館掩門初(고관엄문초)　외로운 집에는 문이 닫혀있었네.
莫以佳期誤(막이가기오)　가약(佳約)을 그르치지 마라
仍敎道契疏(잉교도계소)　그로 하여 도계(道契)[48]가 멀어지니.
春風解相訪(춘풍해상방)　봄바람이 나부껴 찾아왔기에
南郭草爲廬(남곽초위려)　남곽(南郭)에 초목으로 집을 지었네.

德山 迎巡相行 德山 巡相의 行次를 맞아

關外節常晩(관외절상만)　관외(關外)의 절기는 항상 늦기에
仲冬氣始嚴(중동기시엄)　중동(仲冬)에 날씨가 너무 추워라.
弊裘驚歲暮(폐구경세모)　낡은 갖옷 입으니 세모(歲暮)가 두렵고
病骨怯風銛(병골겁풍섬)　병골(病骨)이라 칼바람 겁이 난다네.
却憶高山候(각억고산후)　고산(高山)의 기후가 생각나니
難堪瘴海炎(난감장해염)　장해(瘴海)의 무더위 견디기 어려워라
去來寒暑裏(거래한서리)　한서(寒暑)가 오고가는 속에서
贏得鬢霜添(영득빈상첨)　더욱더 귀밑머리 희어지누나.

感懷 二首 感懷

郵吏非高選(우리비고선)　역리(驛吏)는 높은 지위 아니어서
官銜六品卑(관함육품비)　벼슬이 육품정도로 낮지만
向來尊貴者(향래존귀자)　지난번에 존귀(尊貴)했던 사람도
猶不鄙夷之(유불비이지)　오히려 경시(輕視)하지[49] 않았지.

---

48) 道契: 피차(彼此)의 사상(思想)이 일치(一致)하고 의취(志趣)가 상투(相投)함을 이름.
49) 鄙夷: 경시(輕視)하다.

人望隨輕重(인망수경중)　　인망(人望)은 경중(輕重)을 따르고
金科有變移(금과유변이)　　금과(金科)에는 변천(變遷)이 있어서
明廷足才雋(명정족재준)　　명정(明廷)에 영특한 이 풍족한데
誰遣雁門踦(수견안문기)　　누가 안문(雁門)으로 못난이를 보낼까?

惡濕還居下(오습환거하)　　습함을 싫어하나 낮은 곳에 거하며[50]
思歸未拂衣(사귀미불의)　　돌아갈 생각하고 옷을 털지 않았지.
滄浪知自取(창랑지자취)　　창랑에서 스스로 취함을 알았으니
點汚亦何辭(점오역하사)　　약간의 혼탁함을 또 어찌 사양하랴
道屈丹心在(도굴단심재)　　도는 굽혔으나 단심(丹心)은 남아있고
時淸素計違(시청소계위)　　시절이 맑으니 평소 계획 어긋났네.
雲山不吾負(운산불오부)　　운산(雲山)은 내가 버린 곳이 아니라
猿鶴好相隨(원학호상수)　　원학(猿鶴)이 즐겨 서로 노는 곳이지.

送沈德顯赴扶安 沈德顯[51]이 扶安으로 감에 전송하며

作吏古稱屈(작리고칭굴)　　관리는 예로부터 굴신(屈身)을 일컬으니
於今良獨難(어금양독난)　　지금에는 진실로 유독 어렵더라.
湖南況淸絶(호남황청절)　　호남(湖南)은 더구나 청절(淸絶)한 곳이요
地勝最扶安(지승최부안)　　명승지는 부안을 최고로 친다지.
更喜庭闈近(갱희정위근)　　다시 친가(親家)[52]와 가까워짐 기쁜데
何嫌邑里殘(하혐읍리잔)　　어찌 읍리(邑里)에 남은 것을 싫어하랴?
梅花春欲動(매화춘욕동)　　매화가 봄이 되어 피려고 함에
留待玉人看(유대옥인간)　　남아서 옥인(玉人) 구경 기다린다네.

---

50) 惡濕居下: 축축한 곳을 싫어하지만 오히려 스스로 낮고 우묵한 곳에 처하는 것이다. 명석하여 고치지 못할 것이 없음을 비유하는 것.
51) 沈光世(1577-1624). 본관은 청송(靑松). 자는 덕현(德顯), 호는 휴옹(休翁). 고성의 유촌서원(柳村書院)에 배향되었다. 저서로는 『휴옹집(休翁集)』·『해동악부(海東樂府)』 등이 있다.
52) 庭闈: 내사(內舍). 부모가 거처하는 곳을 가리킨다.

挽崔忠義 崔忠義 挽詞

燀奕家聲大(천혁가성대)　흥성하여 가문의 명성이 컸는데
沈冥命道邅(침명명도전)　은거할[53] 운명으로 바뀌었구나.
東床桂枝秀(동상계지수)　동상(東床)에는 계수(桂樹)가 빼어나고
南極壽星懸(남극수성현)　남극(南極)에는 수성(壽星)이 걸려있으니
厚德寧無報(후덕영무보)　후덕(厚德)에 어찌 보답이 없으랴
遺經幸有傳(유경행유전)　남은 경전 다행히 전함이 있네.
湖西十年跡(호서십년적)　호서(湖西)에서 십년간 머문 발자취
回首一潸然(회수일산연)　돌아보니 한결같은 눈물이어라

挽朴生員 朴生員 挽詞

大姓分茅幽(대성분모유)　대족(大族)[54]이나 유심한 초가에 살고
舊居背郭新(구거배곽신)　옛집은 새 성곽 뒤쪽에 있네.
公孫卽吾姪(공손즉오질)　공의 손자는 곧 나의 조카인데
氣槪更交親(기개갱교친)　기개(氣槪)가 있어 더욱 친하게 지냈지.
喪亂看高義(상란간고의)　상란(喪亂)에 고의(高義)를 보았으니
風塵托此身(풍진탁차신)　풍진(風塵)에 이 몸을 의탁했다네.
存亡頃刻異(존망경각이)　존망(存亡)이 경각간(頃刻間)에 달라졌으니
萬事一沾巾(만사일첨건)　만사(萬事)가 한결같은 눈물이어라.

次李萬戶壁上子敏韻 二首 李萬戶 壁上 子敏 李安訥의 운을 사용하여

邂逅良非易(해후양비역)　만나는 게 진실로 쉽지 않지만
君家幸路傍(군가행로방)　그대 집은 다행히 길옆이라네.

---

53) 沈冥: 유거(幽居)하여 자취를 숨김. 은거(隱居)하는 사람.
54) 大姓: 세가(世家) 대족(大族).

天寒稅車馬(천한세차마)　날이 추워 거마를 빌리는데
日夕下牛羊(일석하우양)　해 저무니 소와 양이 내려오더라.
果劈柑橙嫩(과벽감등눈)　과일을 쪼개니 유자가 예쁘고
醪傾琥珀香(요경호박향)　술을 기울이니 호박이 향기롭다.
江南節候早(강남절후조)　강남에는 절후(節侯)가 일찍 찾으니
梅信近東皇(매신근동황)　매화소식 새봄이 가까이 왔네.

萬戶虛名秩(만호허명질)　만호(萬戶)는 허명(虛名)의 관직(官職)이니[55)]
初非食實封(초비식실봉)　처음부터 실제로 봉해진 게 아니라네.[56)]
家居傍水竹(가거방수죽)　사는 곳엔 수죽(水竹)이 가까웠건만
心想在喬松(심상재교송)　마음엔 교송(喬松)이 자리했었지.
湖外長年別(호외장년별)　호수 밖에 오랜 세월 헤어져 있어
岐頭此日逢(기두차일봉)　갈림길에서 오늘은 서로 만났네.
休言鬢毛異(휴언빈모이)　귀밑머리 희어졌다 말하지 마라
豪氣見談鋒(호기견담봉)　호기(豪氣)에 예리함을 보았으니까

挽權正字 儆 二首 正字 權儆[57)] 만사

一死人難免(일사인난면)　죽음은 사람이 피할 수 없으나
於君理太乖(어군이태괴)　그대에겐 너무나 잘못되었네.
靑雲靷初發(청운인초발)　청운(靑雲)에 상여가 떠나가고
黃壤璧還埋(황양벽환매)　땅에다 벽옥을 다시 묻었지.
尙爾交親慟(상이교친통)　오히려 친구들도 통곡 하는데
何如父母懷(하여부모회)　부모의 마음은 어떠할까나?
提携四黃口(제휴사황구)　어린 아이 넷을 데리고 있으니

---

55) 秩: 차서(次序). 관직(官職) 품위(品位).
56) 食: 의뢰(依賴). 의지하다. 작위(作爲) 사용(使用).
57) 權儆(1582-1615) 관향은 안동(安東) 자(字)는 경오(警吾)이다.

誰似阿兒佳(수사아아가)　　누가 아이의 아름다움 함께할까?

令嫂吾曾挽(영수오증만)　　형수 위해 내 일찍이 만사를 씀에
君言語最悲(군언어최비)　　그대는 가장 슬프다고 말을 했었지.
那知未閱歲(나지미열세)　　어찌 알았으리. 해를 넘기지도 못하고
復作此哀詞(부작차애사)　　다시 이리 슬픈 만사(挽詞)를 쓸 줄을
天上樓成日(천상누성일)　　천상에 누각(樓閣)이 이루어진 날
人間劍化時(인간검화시)　　인간에겐 사별하는 시각(時刻)이라지.[58)]
南山古宅在(남산고택재)　　남산(南山)에는 고택(古宅)이 남아있지만
淚洒菊花枝(누쇄국화지)　　눈물이 국화꽃에 떨어지누나.

挽林咸陽大夫人 林咸陽 大夫人 挽詞

燀奕家聲大(천혁가성대)　　왕성하여 가성(家聲)이 높았고
幽閑婦道尊(유한부도존)　　유한(幽閑)하여 부도(婦道)가 높았다네.
三州五鼎養(삼주오정양)　　삼주 오정의 봉양이 있었고
一子四孫存(일자사손존)　　한 자식에 네 손자가 있었지만
南極壽星晦(남극수성회)　　남극(南極)의 수성(壽星)이 어둡더니
北風飛旐翻(북풍비조번)　　북풍(北風)에 깃발이 펄럭이더라.
延津會有數(연진회유수)　　연진(延津)[59)]에서 몇 번 만났을 때
人世謾誚魂(인세만초혼)　　인간세상 게으름을 책망했는데.

挽曹康津 曹康津 挽詞

逢君解龜日(봉군해구일)　　그대를 만나 사직(辭職)[60)]하는 날

58) 劍化: 사람이 세상을 떠남을 비유하는 말.
59) 나루터 명칭. 당시에는 백마(白馬)와 여양(黎陽) 두 성의 서쪽에 있었으며 황하의 중요한 나루터였다. 후에 황하의 물길이 바뀌면서 매몰되었다. 옛터는 지금의 하남성 신향(新鄕)성 동쪽에 있지만, 여기서는 그냥 나루터로 생각하는 것이 좋을 듯하다.

秋雨鶴橋村(추우학교촌)　가을비가 학교촌(鶴橋村)에 내렸지
誰意赤心疏(수의적심소)　누구의 뜻인가 적심(赤心)[61]이 소원해져
遽含黃壤冤(거함황양원)　갑자기 땅속[62]에 원통(寃痛)을 묻었네.
香山果遲結(향산과지결)　향산(香山)에는 과실이 늦게 맺히고
蜀郡惠空存(촉군혜공존)　촉군(蜀郡)에는 은혜(恩惠)가 부질없어라.
飛旐春原暮(비조춘원모)　저물녘 봄 산에 조기(弔旗) 날리고
哀歌聲更呑(애가성갱탄)　슬픈 노래 곡소리 다시 삼키네.

次洪提督 提督 洪千璟에 차운하며

夜夜夢相見(야야몽상견)　밤마다 꿈에서 서로 보지만
爲緣相別初(위연상별초)　인연 때문에 서로 처음 헤어졌다네.
無邊花似海(무변화사해)　가없는 꽃이 바다와 같으니
何處草爲廬(하처초위려)　어디에 초목으로 집을 지으랴
鳥語晩晴浚(조어만청준)　새들은 저녁 맑은 날에 지저귀고
人煙寒食餘(인연한식여)　사람들은 한식(寒食) 뒤에 불을 땐다네.
琴堂掩寂莫(금당엄적막)　금당(琴堂)은 가려져 적막한데
誰問病相如(수문병상여)　병이 서로 같음을 누군가 묻네.

次李從事而壯 二首 李從事 而壯[63]을 차운하여

簡拔詩書將(간발시서장)　시서(詩書)의 장수로 선발되어서
參籌屬老儒(참주속로유)　계략(計略)에 참여하는 늙은 선비라
煙霞夢丘壑(연하몽구학)　속세(俗世)에서 향촌(鄕村)을 꿈꾸는데

---

60) 解龜: 구인(龜印)을 내려놓음. 사직(辭職).
61) 赤心: 전일(專一)한 마음. 적성(赤誠)의 마음.
62) 黃壤: 황토(黃土). 황천(黃泉). 지중(地中).
63) 李民宬(1573-1649) 본관은 영천(永川). 자는 이장(而壯). 호는 자암(紫巖). 시호는 충간공(忠簡公).

雲鳥壯方隅(운조장방우)　운조(雲鳥)는 구석에서 활기차구나.
殺氣連空漠(살기련공막)　살기(殺氣)는 적막(寂寞)과 이어졌고
窮陰滿積蘇(궁음만적소)　세밑에 땔나무[64]는 가득하더라.
休嗟此行苦(휴차차행고)　이러한 고행을 한탄하지 말게나
亦足展良圖(역족전량도)　원대(遠大)한 계획(計劃)[65]을 펼칠 수 있으니

相分嶠南路(상분교남로)　교남로(嶠南路)에서 서로 헤어졌는데
誰意此相逢(수의차상봉)　누가 뜻했으랴 이렇게 만날 줄을
白首義興衛(백수의흥위)　희어진 머리에 의흥위(義興衛)[66]요
靑油從事公(청유종사공)　청유(靑油)[67] 장막(帳幕)의 종사관이라
關河臘月凍(관하납월동)　관하(關河)에는 납월(臘月)에 얼음이 얼고
木石曉霜濃(목석효상농)　목석(木石)에는 새벽 서리 짙구나.
努力愼行役(노력신행역)　노력하여 출행(出行)[68]에 신중했지만
長途方未窮(장도방미궁)　장도(長途)는 아직 끝나지 않았다네.

次李生石林精舍 李生의 石林精舍에 차운하여

味子淸新句(미자청신구)　그대의 맑고 새로운 시구(詩句)를 보니
金莖露一杯(금경노일배)　그릇[69]에 이슬이 한 잔이로다.
孤亭擅爽塏(고정천상개)　외로운 정자에선 기개를 드러내고
萬石競崔嵬(만석경최외)　삼공(三公)은[70] 높음을 다투는데

---

64) 積蘇: 쌓아놓은 땔나무.
65) 良圖: 원대(遠大)한 모략(謀略).
66) 義興衛: 조선시대 중앙군사조직체계인 오위진법체제에서 중익인 중위를 이룬다. 갑사와 보충대가 여기에 속했다. 건국초 태조의 직할부대를 주축으로 설립되었던 의흥친군위에서 기원한다. 의흥친군위의 좌위를 의흥시위사로 개칭했다가 1418년(태종 18)에 의흥사로 바꾸었다. 1457년(세조 3) 오위제를 성립시키면서 의흥위로 개칭한 것이다.
67) 靑油: 청유막(靑油幕) 청유(靑油)를 발라 장식한 장막(帳幕).
68) 行役: 행려(行旅). 출행(出行).
69) 金莖露: 쟁반에 받아놓은 이슬. 전설에 이 이슬과 옥설(玉屑)을 복용하면 신선(神仙)이 될 수 있다고 한다.

簷豁星河近(첨활성하근)　처마가 넓으니 성하(星河)가 가깝고
窓開島嶼來(창개도서래)　창문을 열어보니 섬들이 가깝더라.
應知靜坐處(응지정좌처)　마땅히 알리 고요히 앉아서
胸海絶浮埃(흉해절부애)　바다를 품고 부세(浮世)[71]와 끊었음을.

夜行泰川 道中轎夫跌足呼痛 有感而作 밤에 泰川으로 가다 도중에 가마꾼이 넘어져 고통을 호소함에 느낌이 있어 짓다.

山深月未出(산심월미출)　산이 깊어 달도 뜨지 않는데
雪水凍還波(설수동환파)　설수에 얼음은 물로 돌아온다.
赤足偏愁爾(적족편수이)　맨발은 그대를 크게 근심케 하고
蒼生可想他(창생가상타)　창생(蒼生)은 가히 그를 생각하리라.
誰非盡人子(수비진인자)　누가 자식의 도리를 다하지 않으랴
恐是感天和(공시감천화)　아마 천지화기(天地和氣)[72]에 감동했으리.
馬背偸身穩(마배투신온)　말위에서 몸은 편안하기에
長程帶睡過(장정대수과)　장정(長程)을 졸면서 지나갔는데.

挽尹監察 仁啓 監察 尹仁啓 挽詞

祖子孫人世(조자손인세)　조자손(祖子孫) 3대가 한세상 살며
九年三哭之(구년삼곡지)　구년에 세 번이나 상을 당했네.
憐君命最短(연군명최단)　그대의 명 가장 짧음 안타까워라
福善理難知(복선이난지)　착한 이 복 받음을 알지 못하겠네.
草草殿中蹟(초초전중적)　바쁘던[73] 대궐에서의 자취
茫茫湖外思(망망호외사)　망망(茫茫)한 호외(湖外)의 생각

70) 萬石: 한 대(漢代)에 삼공(三公)을 만석(萬石)이라 하였다. 후에 관직이 높은 사람을 가리킴.
71) 浮埃: 물체 표면에 붙어 있는 먼지.
72) 天和: 자연화순(自然和順)하는 이치를 이름. 인체(人體)의 원기(元氣)를 이름. 천기(天氣)가 온화하고 따뜻함.
73) 草草: 시끄럽고 불안한 모양. 바쁘고 급한 모양.

傳家兩兒在(전가양아재)　그대 집에 두 아이가 있으니
奕葉會無隳(혁엽회무휴)　대대로[74] 이 만남 이어가리라.

崔正郎母氏合葬挽 崔正郎 母氏 合葬 挽詞

孝子成親志(효자성친지)　효자는 어버이의 뜻을 이루지만
經營出至誠(경영출지성)　경영(經營)은 지성(至誠)에서 나왔네.
空山四載恨(공산사재한)　공산(空山)에는 사년(四年)의 한이 서렸고
同穴百年盟(동혈백년맹)　백년의 맹서 함께 묻혔구나.
墓表幽閑德(묘표유한덕)　묘에는 유한(幽閑)한 덕이 드러나고
家傳燀奕聲(가전천혁성)　집안에는 혁혁한 명성이 전하네.
泉臺會相樂(천대회상락)　황천에서 만나 서로 즐거우리니
存沒謾關情(존몰만관정)　살건 죽건 마음을 숨기지 말게.[75]

趙典籍廷虎大人挽 典籍 趙廷虎大人 挽詞

海嶽還眞氣(해악환진기)　해악(海嶽)에 진기(眞氣)로 돌아갔으나
人間太耋嗟(인간대질차)　사람은 늙음을 슬퍼한다네.
魁三象最近(괴삼상최근)　벼슬은 삼공(三公)[76]에 가장 가까웠고
齒一秩還加(치일질환가)　향년(享年)은 십년[77]을 다시 더했네.
鳳穴雛皆好(봉혈추개호)　봉황의 둥지에는 새끼 모두 훌륭하고
蟾宮桂獨華(섬궁계독화)　달에는 계수가 유독 화려해라.
門前舊騎竹(문전구기죽)　문 앞에 예전의 죽마가 있음에
不忍送靈車(불인송영차)　차마 상여를 보내지 못하겠구나.

---

74) 奕葉: 누세(累世) 대대(代代).
75) 關情: 감정(感情)을 숨김.
76) 魁三象: 나라의 삼공(三公)을 이르는 말.
77) 齒: 사람의 나이. 일질(一秩)은 십년.

玉河館見小桃 玉河館에서 작은 복숭아를 보다

鴨綠層氷渡(압록층빙도)　압록강 두터운 얼음을 건너니
盧龍亂雪來(노룡난설래)　노룡에 난설(亂雪)이 내리는구나.
那知孤館閉(나지고관폐)　어찌 알랴 옥하관(玉河館)이 닫혔지만
忽見小桃開(홀견소도개)　홀연히 소도(小桃)가 열렸음을 보았네.
鄕國夢中近(향국몽중근)　고향은 꿈속에 가까운데
光陰頭上催(광음두상최)　세월은 머리위에 빠르더라.
歸途稍可喜(귀도초가희)　돌아가는 길이 점차 즐거워지는데
春雨洗氛埃(춘우세분애)　봄비는 속념(俗念)을 씻어내누나.

天壇 天壇

隱隱皇穹宇(은은황궁우)　은은한 황제(皇帝)의 궁궐(宮闕)이요
明明上帝庭(명명상제정)　밝고 밝은 상제(上帝)의 뜰이라
高靈配於穆(고령배어목)　하늘[78]은 화목함과 짝을 하고
後聖肅惟馨(후성숙유형)　후세 성인 엄숙함 향기롭구나.
綵緻圓壇碧(채치원단벽)　원단(圓壇)의 푸름은 채색에 배어들고
森深古柏靑(삼심고백청)　고백(古柏)의 푸름은 숲속에 깊네.
北瞻宸極近(북첨신극근)[79]　북으로 대궐 가까운 곳을 보며
萬歲護基扃(만세호기경)　만세토록 성궐(城闕)[80]을 보호하련다.

榛子店 榛子店

赤土濛如霧(적토몽여무)　적토(赤土)에 안개비가 내리더니
今晨踏作泥(금신답작니)　오늘 새벽엔 길이 진흙이더라.

---

78) 高靈: 상창(上蒼) 신령(神靈).
79) 一作瑤圖會無極.
80) 基扃: 성궐(城闕). 기업(基業)을 이름.

乃知濡雨澤(내지유우택)　비의 은택으로 젖음을 아니
不獨慰田犁(부독위전리)　밭가는 소만을 위로치 않네.
更喜車褰幔(갱희차건만)　다시금 기뻐서 수레 휘장 걷으니
那愁馬沒啼(나수마몰제)　어찌 말이 울지 않음 근심할꺼나.
前村看漸近(전촌간점근)　앞마을이 점점 가까워 보이고
閑度柳陰西(한도유음서)　한가로이 버들 길을 지나간다네.

東八站道中逢雨 東八站 가는 길에 비를 만나다

急雨千峯夕(급우천봉석)　급우(急雨)가 내리는 천봉(千峰)의 저녁
奔湍亂石叢(분단난석총)　급한 여울에 돌들이 어지러워라.
去時行雪上(거시행설상)　갈 때는 눈 위를 걸어갔는데
來日已天中(내일이천중)　오는 날은 어느덧 단오절(端午節)[81]이라.
龍鳳光騰匣(용봉광등갑)　용봉(龍鳳)은 상자에 빛나고
金銀氣射空(금은기사공)　금은(金銀)은 허공에 기를 발산하니
雲陰詎能久(운음거능구)　운음(雲陰)이 어찌 오래갈 수 있을까?
長路未應窮(장로미응궁)　장로(長路)가 궁하지는 않겠구나.

次韓分司 三首 韓分司에 차운하여

淸晨坐虛閣(청신좌허각)　새벽에 빈 누각에 앉아
悄悄動孤吟(초초동고음)　고요히[82] 홀로 시를 읊조리네.
滿地草春色(만지초춘색)　땅에는 가득히 초록의 봄빛
隔簷禽好音(격첨금호음)　건너편 처마엔 아름다운 새소리
新篇爲遣興(신편위견흥)　신시(新詩)는 흥취를 전하기 위함이고
高義在知心(고의재지심)　높은 뜻은 마음을 아는데 있네.

---

81) 天中: 단오절(端午節).
82) 悄悄: 근심하고 아픈 모양. 고요한 모양.

定有催詩雨(정유최시우)　시를 재촉하는 비가 분명 있구나
陰雲生遠林(음운생원림)　먼 숲에서 구름이 일어나는 것을 보니.

擧世箏琶耳(거세쟁파이)　온 세상이 아쟁과 비파뿐인데
誰傳白雪吟(수전백설음)　누군가 백설(白雪)의 시를 전한다.
三春各愁疾(삼춘각수질)　삼춘(三春)에 각각 병을 근심하는데
一笑舊容音(일소구용음)　일소(一笑)에 옛 목소리 들려오는 듯.
啼鳥若相命(제조약상명)　새가 우니 서로가 부르는 것 같고
落花無自心(낙화무자심)　꽃이 지나 스스로의 마음 없구나.
頹然坐忘返(퇴연좌망반)　망연하게 앉아서 돌아감을 잊었는데
暝色在西林(명색재서림)　어둔 빛이 서쪽 숲에 있더라.

無酒不須飮(무주불수음)　술은 마시지 않을 수 없고
有詩還自吟(유시환자음)　시가 있으면 다시 혼자 읊게 된다.
難將哀俗氣(난장애속기)　슬픈 속기(俗氣)만을 가지고
直接盛唐音(직접성당음)　바로 성당(盛唐)의 시를 접할 수 없네.
花艶羞華鬢(화염수화빈)　꽃이 요염하나 흰머리가 부끄럽고
官閑愜素心(관한협소심)　관이 한가하니 마음은 상쾌하여
虛簷成午睡(허첨성오수)　빈 처마에서 오수(午睡)를 즐기는데
歸夢遶山林(귀몽요산림)　돌아갈 꿈이 산림(山林)에 둘렀더라.

次義州西炮樓詠 二首 義州 西炮樓詠에 차운하다

大地臨江盡(대지임강진)　대지(大地)는 강 끝에 있고
層城置屋牢(층성치옥뢰)　성마루에는 집이 있는데
山靑收多靄(산청수다애)　푸른 산에 많은 안개 걷히고
沙白落秋濤(사백낙추도)　흰 모래에 가을 파도 떨어졌다.

節制紆籌在(절제우주재)　의례 제도 완곡한 계획(計劃)에 있고
經營著眼高(경영저안고)　경영에는 착안(着眼)이 높으니
會敎千載後(회교천재후)　천년 후에라도 가르칠 수 있다고
長說二三豪(장설이삼호)　몇몇 사람들에게 말하고 있네.

本爲防胡壁(본위방호벽)　본래 오랑캐를 방어하는 벽이지
非關讌客亭(비관연객정)　연회(宴會)에 관한 것이 아닌데
人情樂新賞(인정낙신상)　인정(人情)은 새로운 감상을 즐기고
地勝擅雄城(지승천웅성)　명승지엔 웅성(雄城)이 자리했구나.
大野浮高樹(대야부고수)　넓은 들엔 큰 나무가 떠 있고
澄江倒列星(징강도렬성)　맑은 강엔 많은 별들이 반짝이는데
回看水西店(회간수서점)　수서(水西)의 주막을 돌아보니
愁緖更難平(수서갱난평)　근심에 다시 평온하기 어려워라.

次蓮亭 蓮亭에 차운하여

暫入蓮花嶼(잠입련화서)　잠시 연화(蓮花) 섬에 들어가 보니
如臨獻寶宮(여림헌보궁)　헌보궁(獻寶宮)[83]에 임한 듯하네.
爽携三伏月(상휴삼복월)　상쾌함은 삼복에도 있고
香送八窓風(향송팔창풍)　향기는 팔면의 창으로 전해온다.
絶國經年別(절국경년별)　먼 곳에서 한해가 넘도록 헤어졌으니
淸樽盡日同(청준진일동)　맑은 술 하루 종일 함께 한다네
誰期啄泥鵠(수기탁니곡)　누가 진흙 쪼는 고니를 기약하고
矯翼九霄東(교익구소동)　구소(九霄)의 동쪽으로 날개를 펴랴

83) 獻寶: 보옥과 같이 진귀한 물건을 바침. 진귀한 경험이나 의견을 제공하는 것을 비유.

次金冠玉見贈 金冠玉이 시를 써줌에 차운하다

使節淹何久(사절엄하구) 사신으로 머문 것이 얼마나 오랜가?
羲車走不停(희차주부정) 태양(太陽)[84]은 달려서 멈추지 않네.
蛙鳴江雨黑(와명강우흑) 개구리는 비 내리는 강 그늘에서 울고
鰌戲海風腥(추희해풍성) 미꾸라지는 비린 해풍을 즐기는데.
寵錫仍偏荷(총석잉편하) 총애를 줌도 연꽃에게 치우치고
艱難實飽經(간난실포경) 어려워도 경전(經傳)에 배부르더라.
西門正無事(서문정무사) 서문(西門)에는 아무 일도 없어서
歌吹在山亭(가취재산정) 산정(山亭)에서 노래를 하고 있구나.

整駕客將發(정가객장발) 수레를 정돈하고 나그네 출발하니
行杯君莫停(행배군막정) 술잔을 들어 그대여 멈추지를 말게나.
氷盤薦瓜果(빙반천과과) 얼음 쟁반에 오이 과일 내오고
珍饌錯魚腥(진찬착어성) 진수성찬에 고기가 섞여있더라.
樓觀日相迓(루관일상아) 누대에서 해를 서로 맞이하는데
江潭時幾經(강담시기경) 강담(江潭)을 때로 얼마나 찾았던가?
男兒感意氣(남아감의기) 남아(男兒)로서 의기(意氣)를 느끼며
頭白此離亭(두백차리정) 백두(白頭)에 이렇게 정자(亭子)를 떠난다.

次羅牧韻贈別 羅州牧使 운을 사용하여 贈別하다.

解却南州綬(해각남주수) 남주(南州)의 관직을 그만뒀으니
飄然二品君(표연이품군) 이제는 홀가분한[85] 이품군(二品君)이라.
歸心子方浩(귀심자방호) 돌아갈 마음에 그대는 호탕하나
別意我偏勤(별의아편근) 이별하는 마음에 나는 너무 슬프다.

---

84) 羲: 태양(太陽).
85) 飄然: 초탈(超脫)한 모양. 홀가분하고 한적한 모양.

共照中宵月(공조중소월)　한밤의 달은 함께 비추고
虛抛瑞石雲(허포서석운)　서석(瑞石)에 구름이 지나치는데
溪亭海棠萼(계정해당악)　시내가 정자에는 해당화가 피어
空似舞兒裙(공사무아군)　무녀(舞女)의 치마처럼 나부끼누나.

次睦舜卿 睦舜卿에 차운하여

江深鐵牛峽(강심철우협)　강 깊은 철우(鐵牛)의 골짜기요
野曠令威天(야광영위천)　들이 넓어 위엄있는 하늘이라
豈乏一葦杭(기핍일위항)　어찌 하나의 작은 배라 부족할까?
奈投千丈淵(내투천장연)　어떻게 천 길의 못으로 들어가나?
殊音水鳥怪(수음수조괴)　특이하게 우는 물새는 괴이하고
彩節路人憐(채절노인련)　화려한 절주에 행인이 어여뻐라.
想得逢迎地(상득봉영지)　영지(迎地)에서 만날 것을 생각하는데
華燈照舞筵(화등조무연)　화려한 등(燈)은 무연(舞筵)을 비추네.

船遊 次君彦韻 배에서 놀며. 君彦 朴弘美[86] 운을 사용하여

淸江僅容舫(청강근용방)　청강(淸江)은 겨우 배를 용납할 만하고
淺處可徒行(천처가도행)　얕은 곳은 걸어서 다닐 수 있지
回望天垂野(회망천수야)　하늘 드리운 들을 돌아보고
中流樓出城(중류누출성)　중류에는 누각이 성에 솟았네.
餘春花意媚(여춘화의미)　늦봄이 되니 꽃들이 아름답고
返照鳥行明(반조조행명)　석양에 나는 새들 분명하여라.
興盡各分散(흥진각분산)　흥이 다하여 각기 흩어지는데
炊煙迷去程(취연미거정)　밥 짓는 연기에 가는 길이 혼미하네.

86) 朴弘美(1571-1642). 본관은 월성(月城). 초명은 박경립(朴敬立), 자는 직재(直哉)·군언(君彦), 호는 관포(灌圃).

次君彦 君彦 朴弘美에 차운하여

黃州大都會(황주대도회)　황주(黃州)는 큰 도회지라
城郭壯周遭(성곽장주조)　성곽은 둘레[87]가 장대(壯大)하더라.
作客非坡老(작객비파로)　객이 되었으나 동파(東坡)[88]노인 아니지만
逢君似馬曺(봉군사마조)　그대를 만나니 한직(閒職)[89]과 같네.
飮方吾輩最(음방오배최)　술 마심은 우리가 최고이고
詩較古人高(시교고인고)　시(詩)는 고인(古人)보다 높은데
醉墨過逢地(취묵과봉지)　먹에 취해 지나고 만나던 곳에서
風光恐太勞(풍광공태로)[90]　풍광(風光)에 과로할까 염려한다네.

仙源大夫人挽 仙源大夫人 挽詞

相國門楣在(상국문미재)　집안 빛낸 상국이 사위[91]로 있으니
恩封母道然(은봉모도연)　은혜는 모두가 어머님의 법도라.
家庭一淸白(가정일청백)　가정(家庭)은 한결같이 청백(淸白)했고
孫子半曾玄(손자반증현)　손자(孫子) 반(半)은 증현손(曾玄孫)인데
婺宿淪精夜(무수윤정야)　무성(婺星)이 밤중에 흐려지더니
延津化劍年(연진화검년)　연진(延津)[92]에서 세상을 이별했다네.
傷心此來路(상심차래로)　이렇게 오는 길 마음 아프니
無復板輿旋(무부판여선)　다시 상여로 돌아가지 말기를

87) 周遭: 둘레. 주위(周圍). 사방(四方).
88) 坡老: 송(宋) 소식(蘇軾)에 대한 경칭(敬稱).
89) 馬曹: 말을 관장하는 관서(官署). 한산한 관직이나 낮은 소관을 가리킬 때 사용하는 말.
90) 恐一作亦.
91) 門楣: 문정(門庭) 문제(門第). 집안을 빛나게 할 딸이나 사위를 가리킴.
92) 延津: 진나라 때 용천(龍泉) 태아(太阿) 두 검이 이곳에서 분리된 후에 합쳐 용이 된 후에 사라졌다는 이야기로 이별했다 서로 만나는 곳을 가리킴.

露津留別玄皐海崇尉 露津에서 玄皐 尹新之[93]와 이별하다

驅馬出城郭(구마출성곽)　　말을 몰아 성곽(城郭)을 나섰고
竝登南浦舟(병등남포주)　　남포(南浦)의 배에 함께 올랐지.
潮痕落新漲(조흔낙신창)　　조흔(潮痕)은 새로 불어난 곳에 떨어지고
江色接深秋(강색접심추)　　강색(江色)은 깊은 가을에 접했더라.
坐惜羲和疾(좌석희화질)　　앉아서 세월[94]의 빠름을 애석해하고
愁從太白浮(수종태백부)　　근심은 술잔[95]에 떠다닌다네.
沙頭有飛雁(사두유비안)　　모래 위에 기러기가 날아가니
同去更同留(동거갱동류)　　함께 가서 그대와 함께 머물고 싶어

次玄皐韻 玄皐 尹新之의 운을 사용하여

兩岸行人集(양안행인집)　　양안(兩岸)에 행인(行人)이 모였고
中流有小舟(중류유소주)　　중류(中流)에는 작은 배가 떠있다.
牽將百丈色(견장백장색)　　높고 깊은[96] 색상(色相)으로
占得一江秋(점득일강추)　　일강(一江)의 가을이 물들었구나.
日夕寒波急(일석한파급)　　저녁에는 한파(寒波)가 급하게 일고
天晴遠樹浮(천청원수부)　　맑은 날엔 먼 곳 나무 떠있는 듯.
篙工不解事(고공불해사)　　뱃사공은 이해할 수 없다는 듯이
笑我此遲留(소아차지류)　　여기 머무는 나를 비웃고 있네.

安山小軒 以蒲萄作架 安山 小軒에서 포도로 시렁을 만들다.

小屋規模窄(소옥규모착)　　작은 집 규모가 작아

---

93) 尹新之(1582-1657) 본관은 해평(海平). 자는 중우(仲又), 호는 연초재(燕超齋) 현고(玄皐). 선조와 인빈김씨(仁嬪金氏)와의 소생인 정혜옹주(貞惠翁主)와 결혼하여 해숭위(海嵩尉)에 봉하여졌다.
94) 羲和: 태양(太陽).
95) 太白: 금성(金星). 산명(山名). 큰 술잔.
96) 百丈: 높고 깊고 먼 것을 이르는 말.

蒲萄蔓替簷(포도만체첨)　　포도넝쿨로 처마를 만들었지.
還同有巢室(환동유소실)　　또한 새둥지가 함께 있어서
不要夏候簾(불요하후렴)　　여름에도 주렴이 필요치 않았네.
障暑功全在(장서공전재)　　더위를 막는 공이 있으며
嘗新味更兼(상신미갱겸)　　새로운 맛을 겸할 수 있었지.
千秋武皇葉(천추무황엽)　　천추(千秋)에 무황엽(武皇葉)은
餘澤此偏添(여택차편첨)　　혜택(惠澤)이 이렇게 많구나.

挽金佐郎 金佐郎 挽詞

謝傅街南第(사부가남제)　　사안(謝安)[97]의 거리 남쪽 집에
王郎埋腹年(왕랑열복년)　　왕랑(王郎)이 세상을 떠나가던 해
光陰十九變(광음십구변)　　광음(光陰)은 열아홉 번 변했고
珠壁一雙聯(주벽일쌍련)　　주벽은 한 쌍으로 이어졌었지.
列宿官初應(열수관초응)　　열수(列宿)[98]가 관직(官職)에 처음 응하니
嚴霜蕙忽捐(엄상혜홀연)　　엄한 서리 혜란(蕙蘭)을 홀연 버리니
寡妻慈母哭(과처자모곡)　　과처(寡妻)와 자모(慈母)는 통곡을 하고
親戚倍潸然(친척배산연)　　친척(親戚)들은 더욱더 눈물 흘린다.

訪石陽宅 山路經雨極險 石陽宅을 방문하는데 산길에 비를 만나니 너무 험했다.

積雨變爲霜(적우변위상)　　오래된 비가 서리로 변하니
深秋風色涼(심추풍색량)　　깊은 가을 풍색(風色)이 서늘하여라.
蒼蒼群木瘦(창창군목수)　　푸르던 나무들은 파리해지고
寂寂晩花香(적적만화향)　　고요한 늦은 꽃들 향기롭구나.

---
97) 謝太傅: 진의 사안(謝安)을 가리킴.
98) 列宿: 여러 별과 별자리. 특별히 28수를 가리킴.

橋斷湍聲轉(교단단성전)　다리가 끊어진 곳 시냇물 돌아가고
沙崩石齒長(사붕석치장)　모래가 무너진 곳 돌무더기가 긴데
尋君惜此日(심군석차일)　그대를 찾았으나 오늘은 애석해라
山鳥笑吾忙(산조소오망)　산새들은 나의 바쁨을 비웃는구나.

踰摩天嶺 次子敏 摩天嶺을 넘으며 子敏 李安訥의 운을 사용하여

下山猶峽裏(하산유협리)　골짜기 같은 데로 산을 내려가는데
行盡暮溪潯(행진모계심)　길 다한 곳 저녁인데 시내가 있네.
平地試回眄(평지시회면)　평지(平地)를 이리저리 둘러보지만
天梯何處尋(천제하처심)　천제(天梯)를 어디서 찾을 것인가
白雲望親淚(백운망친루)　백운(白雲)은 어버이의 눈물을 바라보고
滄海戀君心(창해연군심)　창해(滄海)는 임금의 마음을 생각하는데
徙倚郵亭暝(사의우정명)　역사(驛舍)의 어두운 곳으로 옮겨가니
難禁百慮侵(난금백려침)　모든 근심 몰려옴을 금하기 어렵더라.

次柳沙湖見寄韻 柳沙湖가 보내온 운을 사용하여

一夜嚴霜急(일야엄상급)　한밤에 찬 서리 급한데
驚鴻逗晩洲(경홍두만주)　놀란 기러기 만주(晩州)에 머문다네.
風帆近喬口(풍범근교구)　돛단배 교구(喬口)에 가까워지니
月色似吳州(월색사오주)　월색(月色)이 오주(吳州)와 비슷하구나.
片札看情到(편찰간정도)　간찰(簡札)을 보니 정이 담겼는데
新詞兼筆遒(신사겸필주)　새 글에 필획(筆劃)이 주경(遒勁)하여라.
三淸自此去(삼청자차거)　삼청(三淸)을 이로부터 떠나지만
有意許同遊(유의허동유)　뜻 있으면 우리 함께 놀 수 있으리.

與肅川 永葉兩公約會鐵甕 兩公留滯不進 途中有作

肅川 永葉 두 분과 鐵甕에서 약속을 했으나 두 분이 머물러 가지 않아 도중에 글을 짓다.

不信寒暉短(불신한휘단)　차가운 빛 짧음을 믿지 못하고
行過百里途(행과백리도)　백리의 먼 길을 지나간다네.
夜明知積雪(야명지적설)　밤이 밝으니 눈이 쌓였음을 알겠고
月黑見平湖(월흑견평호)　달이 어두워도 호수가 보이더라.
世事眞翻手(세사진번수)　세상사 진정으로 요지경이라
佳期謬守株(가기유수주)　아름다운 기약을 그르쳤구나.
華燈肅寧館(화등숙녕관)　화려한 등이 켜진 조용한 집인데
記得此間無(기득차간무)　여기에는 아무도 없었지.

別人 이별하며

亦識同行好(역식동행호)　동행의 좋음을 또한 알았는데
那堪獨去時(나감독거시)　어찌 홀로 떠날 때를 감당하랴
懽情淹再宿(환정엄재숙)　즐거운 마음으로 이틀 밤을 머물지만
別意亂千絲(별의난천사)　이별의 마음은 천 갈래 어지럽다.
積雪河橋遠(적설하교원)　눈이 쌓이니 하교(河橋)가 멀고
層氷棧道危(층빙잔도위)　얼음이 어니 잔도(棧道)가 위태롭네.
臨岐莫腸斷(임기막장단)　갈림길에 임하여 슬퍼하지 말라
努力保春姿(노력보춘자)　노력하여 봄의 자태를 지키리라.

登德山小樓偶題 德山 小樓에 올라 우연히 짓다

細雨孤城夕(세우고성석)　가랑비 내리는 고성(孤城)의 저녁
荷香滿畫樓(하향만화루)　연꽃향기 화루(畫樓)에 가득하구나.

山川故國遠(산천고국원)　산천(山川)이 고국(故國)과 멀리 있으니
宇宙此生浮(우주차생부)　우주(宇宙)에 이 생은 뜬 구름이라.
豪氣三杯發(호기삼배발)　호기(豪氣)로 석잔 술을 마시니
佳賓一笑留(가빈일소류)　가빈(佳賓)은 웃으며 머물러주네.
相逢行樂地(상봉행락지)　행락지(行樂地)에서 우리 서로 만났으니
莫說仲宣憂(막설중선우)　중선(仲宣)[99]의 근심은 말하지 마라.

戱人無題 無題로 사람을 희롱하며

不用眞珠買(불용진주매)　진주(眞珠)를 사는데 사용하지 않았으니
那將位勢求(나장위세구)　어찌 위세(位勢)를 가지고 구하랴?
魂從金谷返(혼종금곡반)　혼은 금곡(金谷)으로 돌아가고
雲向楚臺留(운향초대류)　구름은 초대(楚臺)에 머문다네.
畫燭明通曉(화촉명통효)　화촉(華燭)은 새벽까지 밝았지만
蛾眉笑換愁(아미소환수)　아미(蛾眉)의 웃음은 근심으로 바뀌었네.
重重隔幔語(중중격만어)　휘장 건너 말소리가 거듭 들리는데
離合摠悠悠(이합총유유)　헤어지고 만남 모두 근심이더라.

---

99) 仲宣: 한말(漢末) 문학가(文學家) 왕찬(王粲)의 자.

白雲山 次沈通判韻

Ⅳ. 五言排律

永興 永興

關山一行役(관산일행역)　관산(關山)에는 한 번 다녀왔지만[1)]
此地已三過(차지이삼과)　이곳은 이미 세 번이나 지났다네.
兩月猶如許(양월유여허)　두 달이나 되었을까
周星復幾何(주성부기하)　주성(周星)[2)]은 다시 얼마나 되었을까?
頻來良不憚(빈래양불탄)　자주 왔으니 진실로 거리낌이 없지만
別意恐偏多(별의공편다)　이별의 슬픔 너무 크구니.
恨入悲秋賦(한입비추부)　한(恨)은 가을을 슬퍼하는 시가 되고
愁添出塞歌(수첨출새가)　근심은 변방을 떠나는 노래가 된다.
霜濃小院菊(상농소원국)　서리 짙은데 소원(小院)에는 국화가 피고
風倒半池荷(풍도반지하)　바람에 연못 반은 연꽃이 꺾였더라.
坐計重還日(좌계중환일)　앉아서 다시 돌아갈 날 세고 있는데
蒼松雪壓柯(창송설압가)　푸른 솔에 쌓인 눈 가지에 얹혀있네.

---

1) 行役: 여행이나 출행(出行)을 일컫는 말.
2) 周星: 세성(歲星). 세성 12년은 하늘이 순환하는 일주(一周)이기 때문에 12년을 가리킴.

卽席示朴使君 卽席에서 朴使君에게 보이다

相知莫嗟晚(상지막차만)　서로 앎이 늦었음을 탄식하지 마라
古有白頭新(고유백두신)　예전에도 백두(白頭)에 새로움 있네.
異域同爲客(이역동위객)　이역(異域)에선 모두가 나그네요
交情倍覺親(교정배각친)　사귄 정은 배로 친하게 느껴진다.
淸談見滋味(청담견자미)　맑은 이야기 재미가 있으니
密席謝佳人(밀석사가인)　비밀한 자리 가인(佳人)에게 감사한다.
出入書千卷(출입서천권)　출입(出入)하며 보았던 책 천권이요
縱橫酒數巡(종횡주수순)　종횡(縱橫)으로 오고간 술 몇 순배인가?
燈明渾似晝(등명혼사주)　등(燈)이 밝아 온통 낮과 같은데
菊艶更疑春(국염갱의춘)　국화가 요염하니 봄인가 의심했네.
怊悵咸關北(초창함관북)　모두가 관북(關北)에 있음을 슬퍼하다
回頭夢裏身(회두몽리신)　돌아보니 내 몸은 꿈속에 있더라.

春燕巢林木 봄 제비가 숲에 집을 짓다.

元嘉風不競(원가풍불경)　원가(元嘉)[3]의 풍(風)은 다투지 않고
虜馬飮江津(노마음강진)　노마(虜馬)는 강(江)에서 물을 마시네.
赤地唯餘燼(적지유여신)　황무지(赤地)[4]엔 재[5]만이 남았으니
蒼天竟不仁(창천경불인)　푸른 하늘 마침내 어질지 않구나.
歸來舊時燕(귀래구시연)　예전의 제비는 돌아왔으나
尙記宋家春(상기송가춘)　송가(宋家)의 봄을 기억하는지.
何處尋遺跡(하처심유적)　어느 곳에서 유적을 찾을까

---

3) 元嘉體: 고대(古代) 시가(詩歌) 유파(流派)의 하나. 남조(南朝) 송(宋) 원가연간(元嘉年間)에 안연지(顔延之) 포조(鮑照) 사령운(謝靈運) 등이 시를 지을 때 사조(辭藻)를 주의하였고 자구(字句)를 조탁(雕琢)하였으며 대우(對偶)를 강구(講究)하였으며 전고(典故)를 사용하였으니 후세에 시를 논하는 사람들이 원가체(元嘉體)라고 일컬었다.
4) 赤地: 흉년이 들어 거둘 농작물이 거의 없는 땅.
5) 餘燼: 연소된 후에 남은 재나 소진된 물건.

無憑喚主人(무빙환주인)　의지하고 불러올 주인도 없다.
巢林非本性(소림비본성)　둥지 튼 숲이 본성이 아니라
擇木要全身(택목요전신)　선택한 나무가 온몸에 중요하네.
苦被烏鳶啄(고피오연탁)　괴로움은 까마귀나 솔개에게 쪼이는 거요
難禁狐兎隣(난금호토린)　여우와 토끼가 이웃함을 금하지 못하네.
更愁風雨急(갱수풍우급)　다시 풍우(風雨)가 급함을 근심하니
安得棟樑新(안득동량신)　어찌 동량(棟樑)이 새로워질까?
思昔唐虞盛(사석당우성)　예전에 당우(唐虞)의 융성(隆盛)을 생각하니
覃恩鳥獸均(담은조수균)　조수(鳥獸)에게도 은혜가 고루 미치네.
長城誰自壞(장성수자괴)　장성(長城)은 누가 무너뜨렸나
此禍忍重陳(차화인중진)　이런 재앙(災殃) 차마 다시 말한다.
莫歎烏衣巷(막탄오의항)　오의(烏衣)의 거리를 한탄치 마라
猶存晉代民(유존진대민)　진대(晉代)의 백성이 남아있으니.

淸陰養大夫人挽 淸陰 養大夫人 挽詞

令子吾心友(영자오심우)　자식이 내 마음의 벗이었으니
閨儀夙昔知(규의숙석지)　규의(閨儀)를 예전부터 알고 있었지.
承懽盡爲婦(승환진위부)　기쁨을 만든 것도 부인이 만들었고
紹絶有斯兒(소절유사아)　이 아이가 있어서 후사를 이었네.
甘旨榮仍備(감지영잉비)　양친을 봉양함에 영화를 갖추었고
蘋蘩老不衰(빈번노불쇠)　번성은 늙어서도 쇠하지 않았더라.
壽星離次夜(수성이차야)　수성(壽星)이 밤이 되어 떨어졌으니
神劍會津期(신검회진기)　신검(神劍)[6]을 나루에서 만나겠구나.
誰識泉臺樂(수식천대락)　누가 황천(黃泉)의 즐거움을 알까

6) 神劍: 신기한 보검(寶劍).

空添風樹悲(공첨풍수비)　부질없이 풍수(風樹)의 슬픔을 더하네.
新詞替執紼(신사체예불)　만사(挽詞)로 상여 줄을 대신하는데
飛旐渺雲涯(비조묘운애)　조기(弔旗)가 하늘가에 날리는구나.

淘井 淘井

槐火經寒食(괴화경한식)　괴화(槐火)[7]로 한식(寒食)을 지내는데
煙花正滿城(연화정만성)　연화(煙花)[8]가 성안에 가득하구나.
殊方舊風俗(수방구풍속)　특이한 곳에 옛 풍속이 존재하는
佳節卽淸明(가절즉청명)　아름다운 계절인 청명이로다.
趁曉催淘井(진효최도정)　새벽에는 우물에 가 씻기를 재촉하고
渾家競挈甖(혼가경설앵)　처자들은[9] 다투어 단지를 들었네.
九街停早市(구가정조시)　도성의 큰길[10]에는 새벽시장 멈추고
四野輟春耕(사야철춘경)　사방의 들에는 봄갈이를 그쳤는데
荷鍤成雲陣(하삽성운진)　가래를 멘 모습 운진(雲陣)을 이뤘고
揚波作雨聲(양파작우성)　파도소리 높더니 빗소리가 되었더라.
靑泥纔汩汩(청니재율율)　푸른 진흙은 비로소 질척대고
玉液轉盈盈(옥액전영영)　옥액(玉液)은 점점 가득 차오른다.
井道元須革(정도원수혁)　정도(井道)를 원래부터 바꿔야했으니
泉源本自淸(천원본자청)　샘의 근원 본래부터 스스로 맑았지.
俄看石甃淨(아간석추정)　문득 보니 돌담이 맑으며
已聽轆轤鳴(이청녹로명)　도르래 울리는 소리도 들리네.
靑草僧詩巧(청초승시교)　푸른 풀에 승려 시는 기묘하고
黃岡客夢驚(황강객몽경)　누런 언덕 나그네 꿈 경이(驚異)롭구나.

7) 槐火: 홰나무로 불을 취함.
8) 煙花: 안개속의 꽃. 아름다운 봄을 가리킴.
9) 渾家: 처자(妻子). 예전에는 집안에서 처자들이 안을 주관했으므로 칭해진 명칭.
10) 九街: 도성(都城)의 큰길.

年年新舊染(연년신구염)　　해마다 구염(舊染)을 새롭게 하니
持此課功程(지차과공정)　　이를 가지고 임무[11]을 수행했네.

尹判書姑叔挽 尹判書 姑叔[12] 挽詞

文肅家聲遠(문숙가성원)　　문숙공의 가성(家聲)은 고원(高遠)했고
坡平積慶綿(파평적경면)　　파평윤씨 경사는 이어졌더라.
沖融標世業(충융표세업)　　충일(充溢)하게[13] 세업(世業)이 이어졌고
貞絶冠時賢(정절관시현)　　정조(貞操)가 뛰어나 시현(時賢)에 으뜸이었지.
學士仍司斗(학사잉사두)　　학사(學士)는 다시 말[斗]을 맡았고
郎官早握銓(낭관조악전)　　낭관(郎官)은 일찍이 저울을 쥐었다네.
批龍言切至(비룡언절지)　　비답(批答)하는 용언(龍言)은 지극히 간절했고
憂國計深淵(우국계심연)　　우국충정(憂國衷情)에 계획이 깊었더라.
臥閤淮陽重(와합회양중)　　침실에 누워서도 글 짓는 병 중했고[14]
承流錦水偏(승류금수편)　　은택[15]은 금수(錦水)처럼 많았더라.
風波失利涉(풍파실리섭)　　풍파(風波)에 쉽게 건너지 못했으나
金石保彌堅(금석보미견)　　금석(金石)처럼 두루 견고함을 지켰었네.
血奏匡君日(혈수광군일)　　혈주(血奏)가 임금을 바르게 하고
仙舟去漢年(선주거한년)　　선주(仙舟)가 한(漢)에서 떠날 때
兩朝紆寵渥(양조우총악)　　양조(兩朝)에 총애가 두터웠기에
八座倏聯翩(팔좌숙련편)　　고관(高官)[16]이 계속하여 이어졌다네.

---

11) 功程: 임무(任務). 공작량(工作量).
12) 姑叔: 고모의 남편.
13) 沖融: 충일(充溢)하여 널리 가득참. 편안하고 쾌적함.
14) 淮陽多病: 급암(汲黯)을 회양태수(淮陽太守)로 임명하자 급암이 울면서 말하길 "신은 구학(溝壑)에 살면서 다시는 폐하(陛下)를 볼 수 없고 폐하께서 다시 거두어들일 것을 생각지 못했습니다 신에게는 항상 견마지심(狗馬之心)이 있으나 지금은 병이 들어 군사(郡事)를 맡을 만한 힘이 없습니다."라고 하였는데 후에 사람들이 이를 인용하여 스스로가 병이 많음을 비유하였다.
15) 承流: 承流宣化이다. 《한서(漢書)》 동중서전(董仲舒傳)에 나오는 말로, 풍교(風敎)를 받들어 숭상하고 은택을 베풀어 백성을 교화시키는 지방 관원의 직분을 가리키는 말이다.
16) 八座: 봉건시대(封建時代) 중앙정부(中央政府)의 8종(八種) 고급관원(高級官員). 후세 문학작품에서는 상서

地望三台近(지망삼태근)　지위와 명망은 삼태(三台)[17]에 가까웠고
人間五福全(인간오복전)　인간에선 오복(五福)이 온전했으며
同堂樂琴瑟(동당낙금슬)　집에서는 함께 금슬을 즐겼으니
滿室擬貂蟬(만실의초선)　집안사람 모두가 초선(貂蟬)[18]과 같았지.
水陸專城奉(수륙전성봉)　수륙(水陸)에선 태수[19]로 받들었고
階庭馳馬闐(계정치마전)　계정(階庭)엔 달리는 말 가득했더라.
陶家纔弔鶴(도가재조학)　시인(詩人)[20]들은 학과 같은 이를 조문했고
卜叟繼呼天(복수계호천)　복수(卜叟)는 하늘에 호소를 했네.
暴疾良由是(폭질양유시)　돌연한 병[21] 진실로 이유가 있도다
遐齡遽豈然(하령거기연)　많은 나이 갑자기 어찌 그런가?
德優施較薄(덕우시교박)　덕이 많지만 베품이 박했고
才大道還邅(재대도환전)　재주가 많으나 도를 거뒀네.
敦睦交親服(돈목교친복)　돈독함에 친척 친구[22] 복종했고
芝芳太史編(지방태사편)　지초 향기에 한림학사[23] 이어졌네.
凄涼巷南宅(처량항남댁)　항남(巷南)의 집이 처량해지니
寂寞廣西阡(적막광서천)　광서(廣西)의 거리가 적막하여라
祖帳知多少(조장지다소)　송별(送別) 주연(酒筵)[24] 많은 이가 알지만
關河獨涕漣(관하독체련)　관하(關河)에선 나 홀로 눈물 흘리네.

(尙書)와 같은 고관을 지칭함.

17) 三台: 별이름. 삼공(三公)을 비유.

18) 貂蟬은 삼국지의 초기에 나오는 인물로 한나라 대신 왕윤(王允) 의 양녀인데, 용모가 명월 같았을 뿐 아니라 노래와 춤에도 능했다. 어느 날 저녁에 화원에서 달을 보고 있을 때에 구름 한 조각이 달을 가리웠다. 왕윤이 말하기를 : "달도 내 딸에 게는 비할 수가 없구나. 달이 부끄러워 구름 뒤로 숨었다."고 하여 이 때부터 초선은 폐월(閉月) 이라고 불리게 되었다. 초선은 왕윤의 뜻을 따라 간신 동탁과 여포를 이간질 시키며 동탁을 죽게 만들었다.

19) 專城: 하나의 성을 주재하는 주목(州牧) 태수(太守) 등의 지방장관(地方長官).

20) 陶家: 도기를 만드는 사람. 진(晉)의 시인(詩人) 도잠(陶潛).

21) 暴疾: 갑자기 발병(發病)함.

22) 交親: 서로 친근하여 왕래함 친척(親戚). 붕우(朋友).

23) 太史: 관명(官名). 속칭(俗稱) 한림(翰林)을 태사(太史)라고 한다.

24) 祖帳: 예전에 사람을 멀리 전송할 때에 교외 길가에서 전별하며 설치한 휘장. 또한 전송하며 열어주는 주연(酒宴)을 가리킨다.

誰期去年別(수기거년별)　누가 지난해에 이별을 기약했으랴
永隔此生前(영격차생전)　영원히 이 생애에 헤어지누나.
片札看猶在(편찰간유재)　편지를 보니 여전히 남아있기에
高穹問更玄(고궁문갱현)　높은 하늘에 다시 물어보리라
緘辭寄千里(함사기천리)　글을 엮어 천리(千里)에 부치니
泉路儻能傳(천로당능전)　황천(黃泉)길에 아마도 전해지려나?

石壁先生詩 落花巖

V. 七言四韻

新安道中 新安가는 길에

小徑斜穿長路傍(소경사천장로방)　작은 길 대로(大路) 옆에 비스듬한데
人言此去上金剛(인언차거상금강)　여기부터 금강(金剛)으로 올라간다네.
揮鞭卽日非難到(휘편즉일비난도)　서두르면 하루 만에 도착할 수 있다니
叱馭嚴程奈未遑(질어엄정내미황)　험(險)하고[1] 꽉 찬 일정[2] 서두르지 않으랴?
細雨渾山千嶂濕(세우혼산천장습)　온 산에 비 내리니 천산(千山)이 젖었고
微風拂面遍身涼(미풍불면편신량)　산들바람 스쳐 부니 온몸이 서늘하네.
遙知羽客毗盧頂(요지우객비로정)　비로봉 정상에서 신선들도 알 것이니
俯笑吾行何太忙(부소오행하태망)　굽어보고 웃겠지. 어찌 그리 바쁘냐고

偶題 德源 우연히 쓰다.

書記行裝澹若禪(서기행장담약선)　행장(行裝)을 기록하면 선(禪)처럼 담담하니
羅幃悄悄夜如年(나위초초야여년)　비단 휘장 근심은 하룻밤이 한 해 같네.
登徒好色誠虛耳(등도호색성허이)　등도자(登徒子)[3]의 호색(好色)이야 진실로 헛되지만

---

1) 叱馭: 국가에 보답하기 위하여 어렵고 험한 일을 두려워하지 않는 것.
2) 嚴程: 기한(期限)이 긴박(緊迫)한 노정(路程).
3) 登徒: 동도자(登徒子)의 약칭(略稱). 여색을 탐하는 사람을 비유해서 이르는 말.

宋玉貞心豈自然(송옥정심기자연) 송옥(宋玉)의 곧은 마음 어찌하여 자연이랴?
關塞卽今春索莫(관새즉금춘삭막) 변방은 지금처럼 봄인데도 삭막한데
洞房何處月嬋娟(동방하처월선연) 동방(洞房)의 어느 곳에 달이 고울까?
傍人錯道風流少(방인착도풍류소) 곁에 사람 풍류가 적다고 잘못 말하니
我欲爭驅小杜前(아욕쟁구소두전) 나는 소두(小杜)[4]의 앞으로 달려가련다.

題文川館 文川館에 쓰다

雨晴孤館悄初寒(우청고관초초한) 비가 개인 외로운 집 고요하고 싸늘한데
客裏偏驚歲已闌(객리편경세이란) 나그네는 한해가 다함에 크게 놀라네.
謾興不關詩律細(만흥불관시율세) 만흥(謾興)의 시율(詩律)은 자세하지 않지만
羈懷猶仗酒杯寬(기회유장주배관) 여정(旅情)[5]의 술잔은 관대하더라.
天山下雪應三尺(천산하설응삼척) 천산(天山)에는 눈이 내려 삼척(三尺)이 되고
棧路懸雲問幾盤(잔로현운문기반) 잔도(棧道)에 걸린 구름 몇 번이나 돌아갔나?
馬首卽今方北向(마수즉금방북향) 말머리는 이제 막 북쪽으로 향하는데
文城却望近長安(문성각망근장안) 문성(文城)에서 바라보니 장안(長安)이 가깝더라.

踰摩天嶺 次子敏韻 摩天嶺을 넘으며 子敏 李安訥의 운을 사용하여

昔聞有嶺名摩天(석문유령명마천) 예전부터 마천령이란 고개가 있다는데
今日履之方信然(금일이지방신연) 오늘 이곳에 이르니 믿을 만하네.
禹斧剞山此不到(우부고산차부도) 우부(禹斧)가 산을 깎아도 이리되진 않았고
秦鞭走石知何年(진편주석지하년) 진편(秦鞭)으로 돌을 옮김 어느 해인가?
陽烏回翼隱犇峭(양오회익은분초) 삼족오(三足烏)[6]는 날아서 분초(犇峭)에 숨고
快鶻搏風留上顚(쾌골박풍유상전) 송골매는 바람을 다 꼭대기에 머무네.

---

4) 小杜: 당(唐)의 두목(杜牧).
5) 羈懷: 잠시 여행지에 머무는 정회(情懷).
6) 陽烏: 신화 전설 속에 태양에는 삼족오(三足烏)가 살아있다고 한다.

俯視東溟萬里闊(부시동명만리활) 동쪽 바다 굽어보니 만리(萬里)가 광활하나
咸關鐵峽眼無全(함관철협안무전) 함관령(咸關嶺) 철협(鐵峽)이 다 보이진 않더라.

臨溟館 次子敏韻 臨溟館 子敏 李安訥의 운을 사용하여

平明驅馬到臨溟(평명구마도림명) 새벽에 말을 달려 임명관(臨溟館)에 도착하니
虛閣遙含海色靑(허각요함해색청) 허각(虛閣)에는 멀리 푸른 바다 빛이 감도네.
山入胡天多雪岫(산입호천다설수) 산은 호천(胡天)[7]으로 들어와 설산(雪山)이 많고
野連漁浦見沙汀(야련어포견사정) 들은 어포(漁浦)와 이어져 모래사장 보이누나.
安邊自古無長策(안변자고무장영) 안변(安邊)은 예로부터 오래 번영함이 없었고
狡虜如今有反形(교로여금유반형) 오랑캐는 지금처럼 배반(背叛)함이 있더라.
聞說此間猶竊發(문설차간유절발) 듣자하니 여기서 몰래 출발한 것 같지만
請纓誰復動宸聽(청영수부동신청) 청영(請纓)[8]하며 누가 다시 궐청(闕聽)을 움직일까?

次壁上韻 示吳通判 壁上의 운을 사용하여 吳通判에게 보이다

塞上窮陰晝不開(새상궁음주불개) 변방에 그늘[9]은 낮에도 어두워
山獰峽束路縈回(산영협속로영회) 험한 산 좁은 협곡 길을 빙빙 돌아가네.
平原古木荒村出(평원고목황촌출) 평원(平原)의 고목(古木)은 황촌(荒村)에 드러나고
落日嚴城畫角催(낙일엄성화각최) 저녁 해는 엄성(嚴城)에서 화각(華角)[10]을 재촉한다.
異地相逢同作客(이지상봉동작객) 타지(他地)에서 서로 만나 함께 객이 되었으니
離懷欲說故停杯(이회욕설고정배) 별회(別懷)를 말하려고 짐짓 잔을 멈추다가
千年元帥高臺在(천년원수고대재) 천년(千年)의 원수고대(元帥高臺)에서
須仗枯藜破錦苔(수장고려파금태) 마른 지팡이로 비단 이끼 파헤친다.

---

7) 胡天: 호인지역(胡人地域)의 하늘. 호인(胡人)이 살고 있는 곳.
8) 請纓: 스스로 용맹(勇猛)을 고하고 적을 죽일 것을 청구(請求)함.
9) 窮陰: 음침(陰沈)함이 지극한 천기(天氣).
10) 華角: 옛날 군중(軍中)에서 쓰던 대나무나 가죽 따위로 만든 나팔의 일종.

又

樓觀平臨紫塞開(누관평림자새개) 누관(樓觀)이 평안하고 자새(紫塞)[11]가 열렸는데
滿天風雪客初回(만천풍설객초회) 하늘 가득 눈보라에 나그네가 돌아온다.
一年敲榜心神損(일년고방심신손) 일 년을 매 맞은 듯[12] 심신(心身)이 고달프고
千里驅馳鬢髮催(천리구치빈발최) 천리를 달렸더니 귀밑머리 희어졌네.
青海怒聲驚旅枕(청해노성경려침) 푸른 바다 성난 파도 나그네 잠 깨우는데
白山寒色蘸深杯(백산한색잠심배) 백산(白山)의 차가운 색 깊은 잔에 담겼구나.
長途役役何時了(장도역역하시료) 장도(長途)의 여행길은 언제나 끝나려나
琴網蛛絲劍澁苔(금망주사검삽태) 거문고에 거미줄과 거친 이끼 걷어낸다.

觀石陽正作竹 石陽正[13] 李霆의 대 그림을 보며

王孫手法迥超倫(왕손수법형초륜) 왕손(王孫)의 수법(手法)은 출중(出衆)하고
千載蕭郎此後身(천재소랑차후신) 천년(千年)의 소랑(蕭郎)[14]은 차후(此後)의 몸이라
老節移來天竺雪(노절이래천축설) 노강(老强)한 마디마디 천축설(天竺雪)을 옮겨왔고
新梢添得渭園春(신초첨득위원춘) 새로운 가지엔 위원(渭園)의 봄 더했구나.
流傳墨迹皆堪寶(유전묵적개감보) 전해오는 묵적(墨迹)은 모두가 귀하니
颯爽毫端倍有神(삽상호단배유신) 붓끝에 삽상(颯爽)한 기운 더욱 신기(神奇)하여
惆悵石樓人已遠(추창석루인이원) 석루(石樓)에 사람 멀어짐을 슬퍼하지만
世間無復識天眞(세간무부식천진) 세간(世間)에선 다시 천진(天眞)한 이 알지 못하네.

---

11) 紫塞: 북방 변경.
12) 敲搒: 태형. 형장(刑杖)을 가리킨다.
13) 石陽正: 이정(李霆, 1541-1622)으로 조선 중기 화가이다. 자는 중섭(仲燮), 호는 탄은(灘隱). 석양정(石陽正)에 봉해졌으며, 뒤에 석양군으로 진봉되었다. 유덕장(柳德章)·신위(申緯)와 더불어 조선시대 3대 묵죽화가로 꼽히며 묵죽뿐 아니라 묵란·묵매에도 조예가 깊었고, 시와 글씨에도 뛰어났다. 석양정(石陽正)에서 正이란 조선 때 비교적 가까운 왕손에게 준 작호로 정3품 堂下에 해당한다.
14) 蕭郎: 아름다운 남자나 여자가 연모하는 남자.

奉贈石陽要畵竹 石陽 李霆에게 대 그림을 부탁하며 시를 써줌.

年位參差又亂離(연위참치우난리) 연령 작위 들쭉날쭉 또 혼란하지만[15]

半生京國負追隨(반생경국부추수) 반생(半生)을 경국(京國)에서 책임 맡아 수행했네.

關山店舍初相見(관산점사초상견) 관산(關山)의 점사(店舍)에서 처음으로 보았으나

淇渭風煙盡在玆(기위풍연진재자) 기위(淇渭)의 풍연(風煙)이 모두 여기 있더라.

雪筍豈緣誠孝感(설순기연성효감) 설순(雪筍)은 어찌하여 효성감동 이어졌고

露梢端合俗塵醫(노초단합속진의) 노초(露梢)는 합당하게 속진(俗塵) 치료하였다네.

霜縑八幅煩公付(상겸팔폭번공부) 흰 비단 팔폭(八幅)을 바쁜 그대에 맡겼으니

莫作寬程十日期(막작관정십일기) 십일의 기약(期約)을 느슨하다 하지마소.

路逢寬甫 길에서 寬甫를 만나다.

不見已四年 自言有別章留在淮陽 及至果然 敬次以別 만나 보지 못한 것이 이미 사년이었는데, 스스로 말하길 別章[16]이 淮陽에 있다고 하여 가 보았다. 차운하여 이 시를 쓰고 헤어지다.

此身於國許驅馳(차신어국허구치) 나라에 이 몸을 바쳐 달려왔으니

萬事蹉跎不足悲(만사차타부족비) 만사(萬事)가 험난했음[17] 슬프지 않네.

杳杳白雲長在望(묘묘백운장재망) 아득한 흰 구름에 앞길이 먼데

蕭蕭山雨欲何之(소소산우욕하지) 쓸쓸한 산비에 어디로 가려하나?

多情石友經年別(다정석우경년별) 다정한 친우(親友)와 헤어진 지 여러 해

有意淮城滿紙詞(유의회성만지사) 뜻이 있어 회성(淮城)에서 종이 가득 시를 썼네.

關塞遠征君莫惜(관새원정군막석) 변방(邊方)을 여행한다 그대여 애석(哀惜)해 말라

不然焉用丈夫爲(불연언용장부위) 그렇지 아니하면 대장부를 어디 쓰랴?

---

15) 亂離: 정치혼란(政治混亂). 난(亂)을 만나 유리(流離)함.
16) 別章: 이별의 마음을 내용으로 지은 시문.
17) 蹉跎: 실족(失足). 때를 잃음. 험난하고 어지러움.

又

快馬揚鞭不起塵(쾌마양편불기진)　쾌마에 채찍을 드나 먼지는 일지 않고
前驅吹角辟行人(전구취각벽행인)　앞에 가는 취각(吹角)이 행인(行人)을 비키네.[18]
驛書絡繹同傳檄(역서낙역동전격)　역서(驛書)가 이어져[19] 함께 격문(傳檄)[20] 알렸고
地主逢迎擬奉綸(지주봉영의봉륜)　지주(地主)를 만나며 임금 뜻을 헤아렸지.
官舍傍山猿可伴(관사방산원가반)　관사(官舍)의 옆 산에선 원숭이가 짝을 하고
峽門經雨燕如賓(협문경우연여빈)　협문(峽門)에 비가 오니 제비가 손님인 듯
夜來涼雨添秋思(야래양우첨추사)　밤에 내린 시원한 비 가을생각 더하는데
吟得新篇覺有神(음득신편각유신)　새로 읊는 시 한 편 신명(神明)이 있네.

又

疊巘層巒面面同(첩헌층만면면동)　첩첩한 산봉우리 면면이 함께하니
行行日日翠屛中(행행일일취병중)　가고가도 날마다 푸른 병풍 속이라.
山疑欲盡看還續(산의욕진간환속)　산이 다하려 하면 보이고 또 이어지며
路似無憑往卽通(노사무빙왕즉통)　길이 없나 하다가 가보면 다시 통해
窮鬼喜嘗關雪北(궁귀희상관설북)　궁귀(窮鬼)[21]는 관설(關雪)의 북쪽에서 기뻐하고
仙游孤負海雲東(선유고부해운동)　선유(仙游)는 해운(海雲)의 동쪽과는 다르다.[22]
聞韶小館聞如斗(문소소관문여두)　소관(小館)에서 소(韶) 들으니 커다랗게 들리는데
此去那堪廣漠風(차거나감광막풍)　이렇게 떠나면 광막(廣漠)한 바람 어찌할까나

還咸山 次李御史韻 咸山으로 돌아와 李御史의 韻을 사용하여

山回峽束路欹斜(산회협속노의사)　좁은 협곡 돌아가고 길은 기운데

18) 辟人: 조선 시대, 지위가 높은 사람이 행차할 때 위험을 제거하고 위엄을 세우기 위해 나장, 사령 등이 큰 소리로 외치면서 앞길을 치우던 제도.
19) 絡繹: 연속하여 끊어지지 아니함. 왕래가 끊어지지 아니함.
20) 傳檄: 격문(檄文)을 전하고 알림.
21) 窮鬼: 사람을 궁곤(窮困)하게 하는 귀신.
22) 孤負: 위배(違背).

林外遙分釋子家(임외요분석자가)　숲 밖으로 저 멀리 절이 있구나.
疊翠恍浮晴蜃氣(첩취황부청신기)　첩첩이 푸른 곳에 신기루[23]가 떠있고
層巒始揷玉蓮花(층만시삽옥련화)　층층이 높은 산에 옥련화가 꽂혔더라.
辛勤已到眞仙界(신근이도진선계)　힘들여 신선계(神仙界)에 이르니
縹緲疑登海客槎(표묘의등해객사)　아득히[24] 해객(海客)되어 배를 탔었지.
笑問鶴巢何處是(소문학소하처시)　웃으면서 학(鶴)의 둥지 어디 있나 묻는데
玄關千載閟煙霞(현관천재비연하)　현관(玄關)이 천년간 연하(煙霞)에 갇혔더라.

又

靈竇深深小逕微(영두심심소경미)　영두(靈竇)는 깊디깊고 작은 길은 희미한데
高臺峭立勢如飛(고대초립세여비)　높은 누대(樓臺) 우뚝 솟아 그 기세 날아갈 듯
登臨陟覺星河近(등림척각성하근)　올라보니 성하(星河)가 가까운 것을 알겠고
空翠仍成霧雨霏(공취잉성무우비)　푸르른 하늘에 안개비가 내리누나.
萬象畢呈同執壤(만상필정동집양)　만상(萬象)이 모두 드러나니 집양(執壤)[25]과 같고
群峯環擁似樞衣(군봉환옹사추의)　군봉(群峰)이 둘러침은 추의(樞衣)와 같다네.
一山形勝斯爲最(일산형승사위최)　산의 경치 뛰어남은 이곳이 최고여서
周覽都忘易夕暉(주람도망역석휘)　눌러 보다 날 저묾을 모두 잊고 있었지.

端州牧丹 次徐使相韻 端州 牧丹 徐使相의 운을 사용하여

端州地僻塞垣連(단주지벽새원련)　단주(端州)는 외진 곳 변방과 닿았는데
誰植名花近綺筵(수식명화근기연)　기석(綺席)[26] 가까이에 누가 명화(名花)심었나?
歲久蟠叢如許大(세구반총여허대)　오랜 세월 떨기 되니 크기도 하고

23) 蜃氣: 신기루.
24) 縹緲: 고원(高遠)하고 은은(隱隱)한 모양. 아득하다.
25) 執壤: 토산물을 바침을 의미한다.
26) 綺筵: 화려하고 풍성한 잔치 자리.

春來繁蕚有餘姸(춘래번악유여연) 봄이 오니 번화한 꽃 어여쁘더라.
粧新趙后丹脂膩(장신조후단지니) 단장한 조후(趙后)[27]처럼 단지(丹脂)가 곱고
湯試何郞渥色鮮(탕시하랑악색선) 지나가는 하랑(何郞)[28]처럼 모습이 곱네.
要薦金盤移紫蘌(요천금반이자어) 금반(金盤)에 자어(紫蘌)를 옮기면서
問君輸得幾多錢(문군수득기다전) 그대에게 얼마나 돈이 드나 물어본다오.

又

關山行役此留連(관산행역차유련) 관산(關山)을 여행하다 여기에 머물러
爲愛繁英襯舞筵(위애번영친무연) 번성한 꽃 좋아해서 무석(舞席)에 두었지.
誰號花王誇富貴(수호화왕과부귀) 누가 화왕(花王)이라 하고 부귀(富貴)라 자랑했나?
曾從妃子較華姸(증종비자교화연) 일찍이 비자(妃子)[29]를 예쁜 꽃에 비교했네.
多情瞖葉羞顔隱(다정영엽수안은) 다정한 잎사귀 부끄러운 얼굴 같고
無力低叢醉臉鮮(무력저총취검선) 힘없는 무더기 취한 얼굴처럼 곱더라.
怊悵芳華容易歇(초창방화용역헐) 꽃에서 편안하게 쉬기조차 안타까워
忍看紅粉委苔錢(인간홍분위태전) 홍분(紅粉)이 보며 태전(苔錢)[30]에 쌓여감을 보고있다네.

又

絳英靑葉疊相連(강영청엽첩상련) 붉은 꽃 푸른 잎 겹쳐져 이어졌고
樹近華堂露滴筵(수근화당노적연) 나무 근처 화당(華堂)에 이슬이 떨어지네.
獨擅繁華超衆卉(독천번화초중훼) 제멋대로 번화해서 중초(衆草)를 초월하니
寧將桃李鬪春姸(영장도리투춘연) 어떻게 도리(桃李)와 춘연(春姸)을 다툴까?

---

27) 趙后: 왕후 조비연(趙飛燕).
28) 何郞: 부마(駙馬)의 미칭(美稱).재주가 높고 나이가 어린 남자.
29) 妃子: 황제의 첩(妾), 황후의 다음 지위.
30) 苔錢: 이끼가 원형이어서 동전과 같은 것.

赤城風動霞光爛(적성풍동하광란)　적성(赤城)에 바람 부니 노을빛이 찬란하고
金谷屛開錦彩鮮(금곡병개금채선)　금곡(金谷)에 병풍을 여니 비단 채색 곱더라.
遙想邠州裴使者(요상빈주배사자)　멀리 생각하네. 빈주(邠州)의 배사자(裵使者)가
當時費却幾文錢(당시비각기문전)　당시(當時)에 얼마만큼 문전(文錢)을 썼을까를?

又

南來冠蓋日相連(남래관개일상련)　남으로 온 관리[31]를 날마다 만나면서
嬌舞纖歌匝玳筵(교무섬가잡대연)　교태론 춤 고운 노래 대모(玳瑁)자리[32] 깔았네.
天遣奇葩添嫵媚(천견기파첨무미)　하늘은 기이한 꽃을 보내 아름다움 보태고
酒留詞客品嬋姸(주류사객품선연)　술은 시인에게 머물러 어여쁨을 평가받네.
當時白草風沙地(당시백초풍사지)　당시(當時)에 백초(白草)[33]자란 모래땅에는
盛代名區景色鮮(성대명구경색선)　성대(盛代)에 이름난 곳 경치가 곱더라.
轉覺君恩隨處足(전각군은수처족)　점차 군은(君恩)을 알아 곳곳마다 만족하며
對花何必歎無錢(대화하필탄무전)　꽃 앞에서 하필이면 돈 없음을 탄식하나

北靑道中 北靑가는 길에

平郊漠漠草芊綿(평교막막초천면)　평야(平野)는 아득하고 초목(草木)은 무성한데
快馬翩翩懶着鞭(쾌마편편나착편)　쾌마(快馬)가 빠르니 채찍질도 하지 않네.
樹杪煙生靑海館(수초연생청해관)　나무 끝에 안개는 청해관(靑海館)에서 나오고
雲端風自白山顚(운단풍자백산전)　구름 끝에 바람은 백두산(白頭山)에 일더라.
村稠頓覺邊封遠(촌조돈각변봉원)　마을이 조밀하니 변경이 멀리 있을 것이고
野闢因知太守賢(야벽인지태수현)　들을 개간했으니 태수가 현명함을 알겠구나.
還羨牧兒無箇事(환선목아무개사)　다시 부러워라 목동은 아무 일도 없어

31) 冠蓋: 관원(官員)의 관복(冠服)과 수레.
32) 玳瑁: 바다거북과에 속하는 거북이. 대모(玳瑁)의 갑각(甲殼)을 가리킴. 그 갑각을 사용하여 만든 장식품.
33) 白草: 목초(牧草). 풀이름.

夕陽牛背下西阡(석양우배하서천)　석양에 소를 타고 서쪽 길로 내려옴을,

安邊駕鶴樓韻 安邊 駕鶴樓 韻으로

鶴城形勝畵樓中(학성형승화루중)　학성(鶴城)의 뛰어난 경개 화각(畵閣)은
六月登臨暑氣空(유월등림서기공)　유월에 올라와도 더운 기운 없구나.
欹枕任他西下日(의침임타서하일)　기대어 자유로이[34] 서산낙일(落日) 바라보니
披襟嬴得北來風(피금영득북래풍)　북풍의 당찬 기세 옷깃을 펄럭인다.
沙川截野水聲小(사천절야수성소)　사천(沙川)은 들을 지나나 물소리 작고
鐵嶺界天山勢雄(철령계천산세웅)　철령(鐵嶺)의 하늘가엔 산세가 웅장해라.
回首秦京自此近(회수진경자차근)　고개를 돌리니 진경(秦京)이 가깝지만
莫言疆土接羌戎(막언강토접강융)　강토(疆土)가 오랑캐와 가깝다고 하지 말라.

流頭日 見月釋山寺 流頭日에 釋山寺에서 달을 보며

六月年年見月難(유월연년견월난)　유월에는 해마다 달을 보기 어려웠지만
今年六月月團團(금년유월월단단)　금년 유월은 둥근 달을 많이 보네.
初從樹抄驅炎暑(초종수초구염서)　처음으로 나무 끝에 무더위 물러가고
轉入簷端產夜寒(전입첨단산야한)　처마 끝엔 밤의 한기 전해지누나.
倦客此時欹枕睡(권객차시의침수)　권객(倦客)은 이 때에 베개에 기대 졸고
佳人何處捲簾看(가인하처권렴간)　가인(佳人)은 어디에서 발을 걷고 보는가?
明朝赤日東方出(명조적일동방출)　내일 아침 붉은 해가 동쪽에서 뜬다면
驛路黃塵沒馬鞍(역로황진몰마안)　역로(驛路)에 먼지가 말안장에 없으리.

白雲山 次沈通判韻 白雲山 沈通判의 운을 사용하여

天作名區豈等閑(천작명구기등한)　하늘이 만든 명승(名勝) 어떻게 한가할까?

---

34) 任他: 남의 행동을 간섭하지 않고 내버려둠.

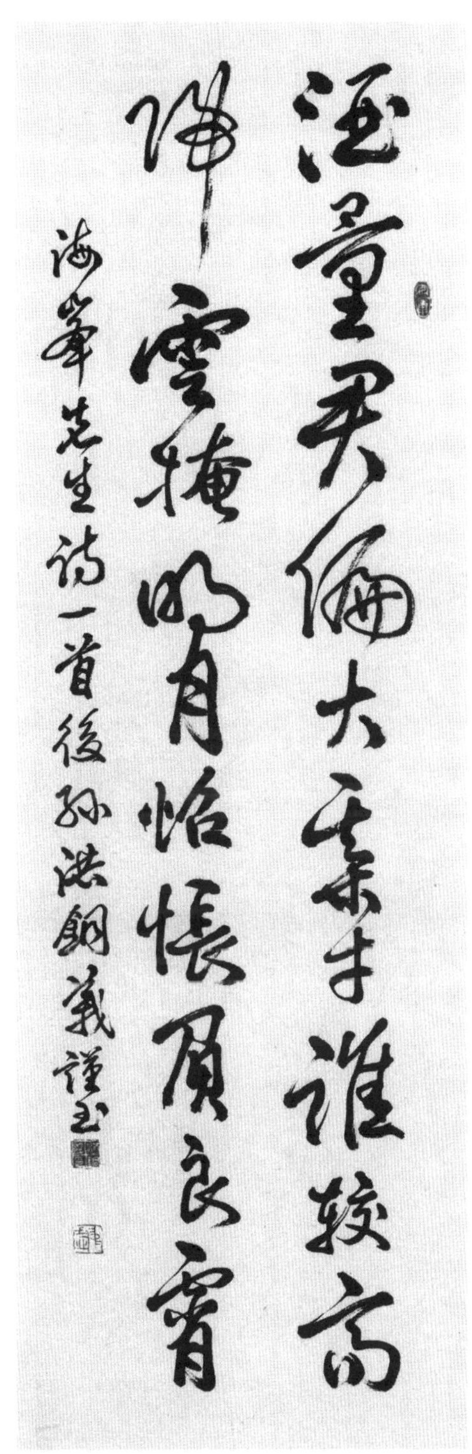

綾城文生宅 次玉峯韻

吾儕此日試登攀(오제차일시등반) 우리들은 이날 이곳에 올랐네.
寺臨絶壑疑無地(사림절학의무지) 절벽에 절 있지만 땅이 없는 듯하고
雲盡長林覺有山(운진장림각유산) 구름 다한 장림(長林)에 산이 있더라.
已似抽身歸法界(이사추신귀법계) 이미 몸을 빼어 법계(法界)로 돌아가니
寧知出洞便人間(영지출동편인간) 골짜기를 나오면 인간임을 알 수 있나?
斜陽更向東樓倚(사양갱향동루의) 사양(斜陽)에 다시 동루(東樓)에 기대보니
松露霏霏入醉顔(송로비비입취안) 송로(松露)가 취한 얼굴에 떨어지더라.

又

登臨心與白雲閑(등림심여백운한) 올라오니 마음이 백운(白雲)처럼 한가한데
笙鶴沖宵亦可攀(생학충소역가반) 생학(笙鶴)[35]은 밤에도 오를 수 있으리라.
萬里壯遊窮嶺海(만리장유궁령해) 만리를 여행하며 영해(嶺海)를 다녔지만
二年歸計負鄕山(이년귀계부향산) 이년을 계획[36]하고 고향을 등졌었지.
高低松櫟靑嵐外(고저송력청람외) 높고 낮은 소나무는 푸른 산 밖에 있고
縹緲樓臺彩畫間(표묘누대채화간) 아득한 누대는 채화간(彩畵間)에 있구나.
向夕秋光知更好(향석추광지갱호) 저녁 무렵 가을 풍경 더욱 좋은데
晩來寒雨洗孱顔(만래한우세잔안) 해질 무렵 찬비가 내[37] 얼굴을 적신다.

又

淨地風煙屬久閑(정지풍연속구한) 청정한 곳 풍연(風煙)은 오래 한가해
天敎詞客此躋攀(천교사객차제반) 하늘은 시인에게 이곳을 오르게 하네.
寒泉洗出琉璃窟(한천세출유리굴) 한천(寒泉)은 유리굴을 씻어내고
秋葉粧成錦繡山(추엽장성금수산) 단풍은 금수산을 단장하누나.

---

35) 笙鶴: 笙鶴은 신선이 타고 다닌 다는 선학(仙鶴)을 가리킴.
36) 歸計: 고향으로 돌아갈 계획이나 방법.
37) 孱: 스스로를 칭하는 겸사(謙詞).

下界人煙靑嶂外(하계인연청장외)　하계(下界)의 인가(人家)는 청산(靑山) 밖에 있고
上房僧語翠微間(상방승어취미간)　상방(上房)의 승어(僧語)는 숲속에 있더라.
纖歌長笛桃詩興(섬가장적도시흥)　고운 노래 긴 피리소리 시흥(詩興)을 돋우니
吟得新篇一破顔(음득신편일파안)　신편(新篇)을 읊조리다 파안대소 하는구나

登絶頂 絶頂에 올라

斜陽飛上翠微中(사양비상취미중)　사양(斜陽)이 청산(靑山)위에 떠 있기에
萬壑新晴錦樹濃(만학신정금수농)　골짜기를 새로 보니 나무색이 짙어라.
山勢北高天柱側(산세북고천주측)　산세(山勢)는 북이 높아 천주(天柱)가 기울었고
海門東豁地形窮(해문동활지형궁)　해문(海門)은 동으로 터져 지형이 다했구나.
女眞疆域分蝸角(여진강역분와각)　여진(女眞)의 강역(疆域)은 와각(蝸角)을 나누었고
豐沛城池似蟻封(풍패성지사의봉)　풍패(豐沛)의 성지(城池)는 개미 뚝과 같다네.
俯視窅然峯下路(부시요연봉하로)　굽어보니 우묵하게 산 아래 길이 있는데
秋毫猶辨左魚公(추호유변좌어공)　붓[38]으로 좌측 부계(符契)[39] 나눠 놓은 듯.

又

峭立危峯勢欲摧(초립위봉세욕최)　우뚝 솟은 높은 산세 꺾일 듯한데
登臨陟覺近河魁(등림척각근하괴)　높은 곳에 오르니 은하와 가깝구나.
高松翦落重溟大(고송전락중명대)　고송(高松)은 깊은 골짜기로 떨어질 듯
巨石堆來萬壑雷(거석퇴래만학뢰)　큰 바위는 만학(萬壑)의 험한 곳에 쌓였더라.
錦繡窟深難驀越(금수굴심난맥월)　금수굴(錦繡窟)은 깊어서 말로 지나기 어렵고
佛圖菴靜更徘徊(불도암정갱배회)　불도암(佛圖菴)은 고요하여 다시 배회하네.
山靈解惜詩人去(산령해석시인거)　산령(山靈)은 시인이 떠남을 애석해 하는지
煙雨冥冥故不開(연우명명고불개)　안개비 어둡게 하여 앞길을 열지 않더라.

---

38) 秋毫: 붓[毛筆].
39) 左魚: 부계(符契)의 좌측 반쪽. 당송시(唐宋時)에 부계를 물고기모양으로 만들었기에 붙여진 이름이다.

咸山夜吟 咸山에서 밤에 술을 마시다.

默坐中宵萬慮灰(묵좌중소만려회) 한밤에 묵좌(默坐)하니 모든 근심 사라져
二年蹤跡可堪咍(이년종적가감해) 이태동안 종적(蹤迹)에 웃을 수가 있더라.
當時結習粗知律(당시결습조지률) 당시(當時)의 구습(舊習)[40]에 규율을 잘 몰랐고
晩歲猖狂或類徘(만세창광혹류배) 만세(晩歲)의 자유로움[41] 배회를 하는 듯
禮數任情忘上下(예수임정망상하) 예절을 정(情)에 맡기니 상하를 잊게 되고
功名關念負歸來(공명관념부귀래) 공명(功名)을 생각하니 돌아옴이 부담이라
卽今盛代邊陲重(즉금성대변수중) 지금은 성대(盛代)지만 변방(邊方)이 중요하고
方信偏多佐幄才(방신편다좌악재) 좌악(佐幄)에는 재사(才士)가 많이 있구나.

又

嶺外早寒風力獰(영외조한풍력영) 영외(嶺外)는 일찍 춥고 풍력(風力)마저 사나워
聞韶獨客最先驚(문소독객최선경) 나그네는 소리 듣고 가장 먼저 놀란다.
孤城野闊初無礙(고성야활초무애) 외로운 성 넓은 들 거리낄 게 없는데
虛館簾疏更有聲(허관렴소갱유성) 빈 집의 성근 발에 다시 소리 들리누나.
洶湧波濤生枕簟(흉용파도생침점) 세찬 파도소리 침실까지 들리는데
駢闐甲馬掠簷楹(병전갑마약첨영) 갑마가 모여들어[42] 처마로 들어오는 듯
擣衣此夜長安月(도의차야장안월) 장안의 달 밝은 밤 다듬이 소리
猶是關山萬里情(유시관산만리정) 오히려 고향의 만리정(萬里情)을 느낀다네.

次黃燕岐韻 黃燕岐의 운을 사용하여

行役經年苦不休(행역경년고불휴) 한해가 지나도록 쉬지 않고 일했고
逢人謾自說奇遊(봉인만자설기유) 사람 만나 기이하게 놀았다 말하네.

---

40) 結習: 오랫동안 없애지 못한 습관.
41) 猖狂: 마음이 하고자하는 대로 따름. 얽매임이 없음.
42) 駢闐: 모여들다.

溪含古雪山猶夏(계함고설산유하)　시내에는 고설(古雪)이요 산에는 여름인데
野漱炎霏麥已秋(야수염비맥이추)　들에는 더위 속 비 보리는 가을이라
詩句有時供逸興(시구유시공일흥)　시구는 때가 있어 일흥(逸興)을 함께하고
酒杯無力破牢愁(주배무력파뢰수)　술잔에는 힘없이 근심이 사라진다.
三賢刊次知榮耀(삼현간차지영요)　삼현(三賢)이 차례로 빛남을 알기에
還愧汗渠照渭流(환괴한거조위류)　한거(汗渠)가 위수(渭水)에 비침이 부끄럽구나.

野渡無人舟自橫 月課 들 나루에 사람이 없는데 배가 홀로 가로놓였더라

潮上春江宿雨收(조상춘강숙우수)　조수(潮水)는 춘강(春江)에 올라오고 밤비는 그쳤지만
渡頭何事掛虛舟(도두하사괘허주)　부두에는 무슨 일로 빈 배를 걸어두었나
只緣境僻無人涉(지연경벽무인섭)　외진 곳이라 건너는 사람이 없지만
誰抗津要濟物優(수항진요제물우)　누가 나루의 건네주는 임무를 막으리.
載以萬鍾知有裕(재이만종지유유)　만종(萬鍾)[43]을 실어도 여유가 있고
試之三峽亦安流(시지삼협역안류)　삼협(三峽)[44]을 지나가도 또한 편안하리라.
可憐不遇操蒿手(가련불우조호수)　사공을 만나지 못해 애석하지만
朝暮相親但白鷗(조모상친단백구)　조석(朝夕)으로 서로 친함 백구(白鷗)뿐이네.

水中臺 水中臺

聞說桃源昔避秦(문설도원석피진)　진(秦)에서 피해왔단 말 도원(桃源)에서 듣고는
相公今日訪朱陳(상공금일방주진)　상공(相公)은 오늘 주진(朱陳)[45]을 방문했네.
錦衣當晝薰風襲(금의당주훈풍습)　비단 옷에 낮에는 훈풍(薰風)이 불고
寶節臨門瑞色新(보절임문서색신)　보절(寶節)이 이르니 서색(瑞色)이 새롭구나.
一飯不能忘舊義(일반불능망구의)　한 끼 밥에 예전 의리 잊지 못하고

---

43) 萬鍾: 넉넉하고 두터운 봉록(俸祿). 종(鍾).
44) 三峽: 사천(四川)과 호북(湖北) 양성(兩省) 경내(境內).
45) 朱陳: 고촌명(古村名).

千金豈易屈高賓(천금기역굴고빈) 천금이라도 어찌 쉽게 고빈(高賓)에게 굽히랴?
臺中此會誠難事(대중차회성난사) 대중(臺中)에 이런 모임 진실로 어렵기에
勝跡猶堪詑後人(승적유감이후인) 좋은 자취 후인(後人)에게 자랑할 만하더라.

次副使盤松韻 副使 盤松韻을 사용하여

東嶽移根問幾年(동악이근문기년) 동악(東嶽)에서 옮긴 뿌리 몇 년이던가?
虯枝飽帶驛臺煙(규기포대역대연) 규룡(虯龍) 같은 가지 역사(驛舍)에는 안개가 자욱하네.
瑰奇自有冥靈壽(괴기자유명령수) 진기(珍奇)[46]하니 스스로 명령수(冥靈壽)[47]가 있지만
擁腫寧同樗櫟全(옹종영동저력전) 옹종(擁腫)[48]하니 어찌 저력(樗櫟)[49] 같이 온전할까?
蔽日非關排翠幙(폐일비관배취막) 해를 가렸으나 취막(翠幙)을 펼치지 않았고
鳴風不要奏繁綺(명풍불요주번기) 풍악을 울리나 번기(繁綺)를 모으지 않았네.
亭亭夾路空無數(정정협로공무수) 아득한[50] 협로(夾路)는 헤아릴 수 없지만
佳句千春爾獨傳(가구천춘이독전) 아름다운 문구(文句)를 천년에 전하리.

正使 百祥樓與李判書論事 正使 百祥樓에서 李判書와 더불어 일을 논하다.

沙岸臨江勢欲欹(사안임강세욕의) 강가 언덕 모래사장 기울었는데
危樓突兀揭宏規(위루돌올게굉규) 높은 누각(樓閣) 솟아 있어 규모(規模)가 크네.
靈光殿在知神力(영광전재지신력) 영광전(靈光殿)에는 신력(神力)이 있음을 알고
華表人非感昔時(화표인비감석시) 화표인(華表人)[51]엔 예전의 감동이 없더라.

---

46) 瑰奇: 진귀하고 기이한 물건을 가리킴.
47) 冥靈: 신화 중에 나무이름.
48) 擁腫: 악창과 부종. 피부에 나는 종창.
49) 樗櫟: 가죽나무 상수리나무.
50) 亭亭: 요원한 모양. 장구(長久)한 모습.
51) 華表: 고대(古代)에 교량(橋梁) 궁전(宮殿) 성(城)이나 능묘(陵墓) 앞에 장식할 때 사용한 큰 기둥인데 능묘 앞에 설치한 것을 묘표(墓表)라고 한다. 일반적으로 돌로 만들지만 나무로 만든 것은 조각으로 문양을 만들었다.

極浦微茫春水滿(극포미망춘수만)　멀리 물가 아물아물 춘수(春水)가 가득한데
平郊明滅夕陽遲(평교명멸석양지)　평야는 명멸(明滅)하고 저녁 해는 더디구나.
使華席上丁寧語(사화석상정녕어)　돗자리에서 간절한 이야기[52]를 하지만
吾輩終當孔以之(오배종당공이지)　우리들 결국에 공자(孔子)로 말미암네.

副使 副使

威鳳西飛集畵樓(위봉서비집화루)　위봉(威鳳)이 서(西)로 날아 화루(畵樓)에 모였는데
鯫生何幸忝佳遊(추생하행첨가유)　나는 어떻게 좋은 놀이 만났는가?[53]
百祥此是無雙瑞(백상차시무쌍서)　백상(百祥)이란 이것은 쌍서(雙瑞)가 없고
四海公今第一流(사해공금제일류)　사해(四海)에 공은 지금 제일류인데
山靜鳥行屛裏渡(산정조행병리도)　고요한 산 병풍(屛風) 속에 새들이 날고
湖淸帆影鏡中浮(호청범영경중부)　맑은 호수 거울 속에 배 그림자 떴구나.
坐來忽覺驚人句(좌래홀각경인구)　앉아서 홀연 놀라운 시구(詩句) 느끼니
黃鶴名詩海外留(황학명시해외류)　황학루(黃鶴樓) 명시(名詩)처럼 해외까지 남겠네.

途中感興 途中에 感興하여

翩翩玉節海東陬(편편옥절해동추)　해동(海東)의 변방에서 옥절(玉節)을 번뜩이며
拂曉鳴笳已戒途(불효명가이계도)　새벽녘 피리소리에 이미 길을 떠났네.[54]
群水從西連太岳(군수종서연태악)　군수(群水)는 서(西)에서 태악(太岳)으로 이어지고
關山直北近伊吾(관산직북근이오)　관산(關山)은 북(北)으로 이오(伊吾)[55]와 가깝더라.
傍江城郭村多少(방강성곽촌다소)　강변(江邊)의 성곽(城郭)에는 마을이 다소(多少) 있고
冪野煙花路有無(멱야연화노유무)　들을 덮은 안개와 꽃 전로(前路)는 있나 없나

52) 丁寧: 언어가 간절한 모습.
53) 忝幸: 받아들이기에 부끄러울 정도의 행우(幸遇)를 이름.
54) 戒途: 출발(出發), 길 떠날 준비를 하다.
55) 伊吾: 옛 지명(地名). 중국 신장(新疆) 위구르 자치구 동부의 오아시스 도시.

莫歎嚴程綿萬里(막탄엄정면만리)　힘겨운 길 만리(萬里)나 된다고 탄식치마라
遍游天下是夫夫(편유천하시부부)　두루 천하(天下)를 유람(遊覽)하는 대장부니까.

又

千載休嘉帝德敷(천재휴가제덕부)　천년의 아름다움 제덕(帝德)이 펼쳐짐에
恩綸昨日下淸都(은륜작일하청도)　은혜입어 어제서야 청도(淸都)를 내려왔네.
地分中外湖山異(지분중외호산이)　땅은 중외(中外)로 나뉘어 호산(湖山)이 다르고
斗指東南歲月徂(두지동남세월조)　북두(北斗)는 동남(東南)으로 세월이 흐르누나.
詩句有時聊遣興(시구유시요견흥)　시구(詩句)는 때에 따라 흥을 보내주고
酒杯隨處却忘吾(주배수처각망오)　주배(酒杯)는 곳에 따라 나를 잊게 하는데
儻來圖畫皆虛耳(당래도화개허이)　갑자기 온 도화(圖畵)에 모든 것이 허전하나
何必文章誤壯夫(하필문장오장부)　어찌하여 문장(文章)이 장부(丈夫)를 그르칠까?

平壤道中 平壤가는 길에

城郭周遭竝水濆(성곽주조병수분)　성곽에는 두루 물이 솟아나고
煙光草色共氤氳(연광초색공인온)　안개와 초록색 모든 기운 성하더라.
海鄕東下經千里(해향동하경천리)　바닷가에서 동으로 천리를 지나오는데
華蓋西瞻隔五雲(화개서첨격오운)　수레56)의 서쪽으로 오운(五雲)이 보인다네.
花近樓臺紅爛熳(화근누대홍란만)　누대(樓臺) 가까이에 붉은 꽃 난만한데
風飄旌節翠紛紜(풍표정절취분운)　깃발이 나부끼며 푸른빛이 어지럽다.
百年形勝名都會(백년형승명도회)　백년동안 형승(形勝)한 이름난 도회지(都會地)
收拾如今屬我君(수습여금속아군)　지금처럼 우리 임금 다스린다네.57)

---

56) 華蓋: 높고 귀한 사람이 타는 수레.
57) 收拾: 수취(收聚) 수집(收集).

大同江 大同江

往事傷心莫重陳(왕사상심막중진)　지난 일의 상심(傷心)을 중대하게 늘어놓고
蘭舟聊復漾湖淪(난주요부양호륜)　출렁이는 호수에 난주(蘭舟) 다시 띄웠네.
湯池險固渾如舊(탕지험고혼여구)　탕지(湯池)의 견고함은 온통 예전 같은데
人代興亡幾度新(인대흥망기도신)　인대(人代)의 흥망은 얼마나 바뀌었나?
小雨乍晴飛燕子(소우사청비연자)　작은 비 잠깐 그치니 제비가 날고
微風不動靜波臣(미풍부동정파신)　산들바람 불지 않아 파도가 고요하니
中流簫鼓饒淸興(중류소고요청흥)　중류(中流)의 소고에 청흥(淸興)이 넘치는데
漢使乘槎安足倫(한사승사안족륜)　중국 사신 배에 올라 편안하게 즐긴다네.

開城曉發 開城에서 새벽에 출발하다.

松都形勝似成都(송도형승사성도)　송도의 아름다움 성도(成都)와 같은데
四面靑山擁大途(사면청산옹대도)　사면(四面)이 청산(靑山)으로 큰 길을 둘렀더라.
駞死石橋徵得失(타사석교징득실)　곱사등이 석교(石橋)는 득실(得失)을 보여주나
人歸星洞涉虛無(인귀성동섭허무)　사람 떠난 성동(星洞)엔 건너는 이 없구나.
風光謾自供揮筆(풍광만자공휘필)　풍광(風光)에 느긋하게 붓을 휘두르는데
節序居然近熟櫨(절서거연근숙로)　절서(節序)는 어느 덧[58] 감귤이 익는 시절
鳳節卽今淹萬里(봉절즉금엄만리)　즉금의 절개(節槪)[59]는 만리(萬里)에 머무는데
幾時前席贊鴻謨(기시전석찬홍모)　얼마나 전석(前席)에서 큰 계획[60]을 찬양했나?

謁文廟 文廟를 謁見하며

素王聖德與天尊(소왕성덕여천존)　공자의 성덕(聖德)은 황제와 같아서
萬國精禋薦藻蘩(만국정인천조번)　만국(萬國)에서 제사지내 제사음식 올리네.

---

58) 居然: 마침내.
59) 鳳節: 죽절(竹節).
60) 鴻謨: 원대한 모략(謀略).

金火幾經遷世代(금화기경천세대)　금화(金火)는 얼마나 거쳐 세대를 거쳐왔나
文明猶自煥乾坤(문명유자환건곤)　문명(文明)은 오히려 건곤(乾坤)에 빛났더라.
宗儒俎豆遺風遠(종유조두유풍원)　종유(宗儒)의 제기(祭器)는 유원한 풍속이요
靈宇丹靑舊制存(영우단청구제존)　영우(靈宇)의 단청(丹靑)은 옛 모습 그대로다.
星使新篇能起我(성사신편능기아)　성사(星使)[61]의 신편(新篇)이 나를 일깨우니
海東千載作名言(해동천재작명언)　해동에선 천년의 명언(名言)이 되겠구나.

遊漢江 漢江에서 놀며

蘭舟捩柁擁仙人(난주열타옹선인)　난주(蘭舟)의 키[62]를 선인(仙人)이 잡았더니
江淨天晴不起塵(강정천청불기진)　강과 하늘 맑아서 먼지가 일지 않네.
案面銀絲堆疊雪(안면은사퇴첩설)　상위에 백발(白髮)[63]에는 첩첩 눈이 쌓였는데
杯心竹葉貯深春(배심죽엽저심춘)　술잔 속 죽엽(竹葉)에는 깊은 봄이 담겼구나.
漢陽芳樹今猶古(한양방수금유고)　한양의 꽃나무 지금이 예전 같은데
崔顥淸詩句更新(최호청시구갱신)　최호(崔顥)[64]의 맑은 시 글귀가 새로워라
日暮煙波歸棹促(일모연파귀도촉)　안개 끼고 날 저문데 노를 저어 돌아가선
明朝回首夢中身(명조회수몽중신)　내일 아침 꿈속의 자신을 돌아볼까?

朱梁天使時次韻 五首 朱梁이 天使로 갈 때에 차운하여

一點文星降紫霄(일점문성강자소)　한 점의 문성(文星)이 하늘[65]에서 내려오니
仙軿西自五雲遙(선병서자오운요)　수레의 서편은 오운(五雲)에서 멀더라.
出塵風韻方心服(출진풍운방심복)　세속 떠난 풍운(風韻)에 마음으로 감복하고

61) 星使: 천사(天子)로부터 파견된 사자(使者).
62) 捩舵: 배의 키를 회전하다.
63) 銀絲: 백발(白髮).
64) 崔顥(704-754) 변주(汴州) 지금의 하남(河南) 개봉시(開封市) 출신이다. 당대(唐代)의 시인(詩人)이다. 『전당시(全唐詩)』에 그의 시가 42수 실려 있다. 저서로는 『최호집(崔顥集)』과 『황학루(黃鶴樓)』가 있다.
65) 紫霄: 높은 하늘. 제왕이 거처하는 곳.

驚世聲名久耳剽(경세성명구이표)　세상 놀랜 명성(聲名)은 오래전에 들었지.[66]
大字幾供千兔穎(대자기공천면영)　대자(大字)는 얼마나 천토(千兎)의 털을 제공했나?
淸篇應滿兩牛腰(청편응만양우요)　맑은 글들 두 마리 소 허리에 가득하다.
忽看新作添佳絶(홀간신작첨가절)　홀연 신작(新作)에는 절륜(絶倫)함이 보여서
疑向虞廷聽九韶(의향우정청구소)　성조(聖朝)[67]에서 구소(九韶)[68]를 듣는 듯하네.
右迎詔○上使

南宮初罷紫宸朝(남궁초파자신조)　남궁(南宮)에서 궁전[69] 조회(朝會) 마치는데
晴旭輝輝射綺寮(청욱휘휘사기료)　아침 해는 찬란하게 햇빛을 쏘아대네.
一札細書恩已渥(일찰세서은이악)　서간의 작은 글씨 은혜가 가득하고
兩仙宏度禮還饒(양선굉도예환요)　양선(兩仙)의 법도에는 예의가 풍성해라.
縱橫劍佩圍丹地(종횡검패위단지)　수많은 칼을 찬 이 조정(朝廷)[70]에 둘렀고
縹緲笙簧殷碧霄(표묘생황은벽소)　아득한 생황소리 하늘에 은은하네.
勝事足堪誇海域(승사족감과해역)　승사(勝事)를 해역(海域)에 자랑할 만하여
巴人羞和郢中調(파인수화영중조)　촌사람 부끄럽게 고아한 시에 화답한다.[71]
右請宴○上使

東魯之東地一隅(동로지동지일우)　동로(東魯)의 동쪽 땅 한 구석에
銜綸今日屬名儒(함륜금일속명유)　관직을 받은 금일은 명유(名儒)가 되었구나.
心存聖籍扶吾道(심존성적부오도)　마음에 성적(聖籍)[72] 있어 유도(儒道)를 부지하고
座溢淸風起懦夫(좌일청풍기나부)　자리에는 청풍(淸風)이 넘쳐 나약한 이 일깨웠지.
彩鳳臨堂爭快覩(채봉임당쟁쾌도)　채봉(彩鳳)이 집에 오니 빨리 보기 다투고

---

66) 耳剽: 들어서 알 뿐 나아가서 그 일을 궁구하지 않는다는 뜻으로, 귀동냥으로 얻은 학문을 이르는 말.
67) 虞廷: 우순(虞舜)의 조정(朝廷). 성조(聖朝)의 대칭(代稱).
68) 九韶: 순임금 때의 악곡명(樂曲名).
69) 紫宸: 궁전명(宮殿名). 천자가 사는 곳. 제왕(帝王) 제위(帝位).
70) 丹地: 고대 제왕의 궁전중에 붉게 칠한 지면(地面)으로 조정(朝廷)을 가리킨다.
71) 郢中吟: 영중(郢中)은 영도(郢都)로 예전 초지(楚地)를 가리킨다. 이는 고아(高雅)한 시작(詩作)을 비유한 말이다.
72) 聖籍: 성인(聖人)의 술작(述作).

靑衿擁路匝歡呼(청금옹로잡환호) 수재[73]들은 길 양편에 늘어서서 환호하네.
當時泮水傳歌頌(당시반수전가송) 당시에 반수(泮水)[74]에서 가송(歌頌)을 전했지만
更有承明學士無(갱유승명학사무) 다시 승명전(承明殿)[75]에 있을 학사(學士)는 없구나.
右泮宮○副使

十里平波漾日車(십리평파양일차) 십리의 평파(平波)에 일거(日車)가 출렁임에
蘭槳捩柂下樓初(난장열이하루초) 난장(蘭槳)의 키를 돌려 누대(樓臺)를 내려왔지.
春浮玉椀開新醁(춘부옥완개신록) 봄에 새 술독을 열어 옥완(玉椀)을 띄우는데
雪落銀盤斫巨魚(설락은반작거어) 은반(銀盤)에는 큰 물고기 잘려져 있구나.
解帶偏蒙寬禮數(해대편몽관례수) 출사(出仕)하여 너무나 관대한 예 받았고
登筵恍到刊眞居(등연황도간진거) 자리 올라 황홀하게 진거(眞居)에 이르렀지.
百年勝地閑風月(백년승지한풍월) 백년승지(百年勝地)에 풍월(風月)이 한가하니
輸入歸裝不願餘(수입귀장불원여) 돌아갈 채비 보내도 여한(餘恨)이 없어라.
右漢江○副使

下界仙遊說此行(하계선유설차행) 하계(下界)의 신선놀이 이번 여행 즐거워
巖花汀樹摠含情(암화정수총함정) 암화(巖花)와 정수(汀樹)에 정을 모두 담았으나
離懷引酒飛瓊斝(리회인주비경가) 이별의 슬픔에 옥잔(玉盞)을 기울이고
謾興催詩喚寶泓(만흥최시환보홍) 만흥(謾興)에 시를 지어 깊은 뜻을 읊는다.
風捲海門吹練急(풍권해문취련급) 바람은 해문(海門)에 말려 급하게 불고
日沈漁店冪煙生(일침어점멱연생) 해는 어점(漁店)에 잠겨 안개가 덮였네.
他時歷略長江勝(타시역략장강승) 다른 날 장강(長江)의 수승(殊勝)한 곳 거친다면
儻記湖山似石城(당기호산사석성) 아마 호산(湖山)이 석성(石城) 같음 기억하리.
右蠶頭嶺○上使

---

73) 靑衿: 고대 학자와 명청(明淸) 수재(秀才)의 상복(常服).
74) 泮水: 고대 학군(學宮) 앞에 있는 연못으로 그 모양이 반달과 같았다.
75) 承明: 承明廬는 온갖 고전과 기록물을 학자들이 校閱(교열)하던 곳이다.

斗起層巒俯水濆(두기층만부수분)　북두(北斗) 있는 높은 산에서 분수를 굽어보니
錦筵高壓白鷗群(금연고압백구군)　금연(錦筵)[76]은 높아서 백구들이 아래 있네.
靑浮幕外千峯杳(청부막외천봉묘)　청부막(靑浮幕) 밖으로 천봉(千峰)이 아득하고
綠繞樽邊萬頃沄(녹요준변만경운)　녹요준(綠繞樽) 옆에는 만경(萬頃)의 소용돌이
人世百年無此會(인세백년무차회)　사람 세상 백년에 이런 모임이 없으니
仙凡同醉惜餘曛(선범동취석여훈)　선범(仙凡)이 함께 취해 훈훈함 애석해라.
飆輪一去知難挽(표륜일거지난만)　수레[77]가 떠나가니 잡는 것이 어려워
回首離懷正糾紛(회수이회정규분)　이별 심정 돌아보나 마음은 복잡하네.
右鼇頭嶺○副使

靑煙散入五侯家 靑煙이 五侯家에 흩어지다

綺城春色晩姸姸(기성춘색만연연)　기성(綺城)의 봄빛은 저녁이 아름다워
宮使催呼蠟燭傳(궁사최호납촉전)　궁사(宮使)를 재촉하여 촛불[78]을 전하네.
乍看銅盤噓紫焰(사간동반허자염)　구리 쟁반에 자염(紫焰)을 불어 넣음 잠깐 보았고
忽驚金穴散靑煙(홀경금혈산청연)　금혈(金穴)에 청연(靑煙)이 흩어지니 홀연 놀라워라.
人間蔀屋何曾照(인간부옥하증조)　인간세상 초가[79]를 어찌 일찍이 비추었나?
天上榮光獨此偏(천상영광독차편)　천상의 영광이 유독 여기에 있는데.
堪笑五侯堂上樂(감소오후당상락)　오후(五侯)의 당상락(堂上樂)에 웃기는 하지만
漢家炎氣已蕭然(한가염기이소연)　한가(漢家)의 화기(火氣)는 이미 쓸쓸하더라.

奉別台徵令公赴京 台徵令公이 上京함에 이별을 하며

地中陽復最佳辰(지중양복최가진)　지상(地上)에 양복(陽復)[80]되는 가장 좋은 날

76) 錦筵: 아름답고 풍성한 잔치 자리.
77) 飆輪: 바람을 맞아 가는 신거(神車). 날아다니는 주거(舟車).
78) 蠟燭: 밀랍(蜜蠟)의 조명용품(照明用品). 초.
79) 蔀屋: 풀로 엮어 지붕을 한 집. 가난한 집의 어둡고 단출하며 비루한 집.
80) 陽復: 일양(一陽)이 회복함. 정치(政治)가 청명(淸明)함을 비유.

天下珪璋捧紫宸(천하규장봉자신)　천하의 인재(人才)들[81]은 황제를 받든다네.
班先外服唯東國(반선외복유동국)　반(班)에 외복(外服)이 우선함은 오직 동국(東國)이요
聲動諸公有此人(성동제공유차인)　명성(名聲)으로 제공(諸公)을 움직임은 이 사람이라.
鼇頂蓬山雙闕曙(오정봉산쌍궐서)　봉산(蓬山)[82] 정상 쌍궐(雙闕)에는 새벽이 되고
風傳廣樂九霄春(풍전광락구소춘)　광락성[83]에 바람 부는 구소(九霄)[84]의 봄이라.
賈杜遺篇應要和(가두유편응요화)　가두(賈杜)의 유편(遺篇)에 화답해야 하니
莫將家稿弄詞臣(막장가고농사신)　가고(家稿)로 한림(翰林)[85]을 희롱하진 말게나.

又

城南咫尺少經過(성남지척소경과)　성남이 지척이나 지나간 적 적으니
此別其如萬里何(차별기여만리하)　이러한 이별은 만리 쯤 되려나?
始識古人愁愊側(시식고인수핍측)　비로소 고인(古人)의 근심을 알고
從知世事苦蹉跎(종지세사고차타)　세상사 허송세월 고뇌를 알겠더라.
舟移須岸潦初落(주이수안요초락)　배가 가니 언덕에는 비가 내리고
路入燕山雪正多(노입연산설정다)　길을 가니 연산(燕山)엔 눈이 정녕 많구나.
回首龍興江上醉(회수용흥강상취)　용흥(龍興)을 돌아보며 강 위에서 취하곤
悠悠聚散一長歌(유유취산일장가)　유유히 취산(聚散)하며 긴 노래를 부르네.

奉別師古令公 師古令公과 헤어지며

霜臺玉署踏青雲(상대옥서답청운)　어사대(御史臺)[86] 관청[87]에서 청운(青雲) 밟으니
頭白官班綴虎賁(두백관반철호분)　백두(白頭)에 관직은 호분(虎賁)[88]과 이어지네.

---

81) 珪璋: 걸출(傑出)한 인재(人材)를 비유.
82) 蓬山: 봉래산(蓬萊山). 신선이 살고 있다고 함.
83) 廣樂: 지명(地名).
84) 九霄: 하늘의 가장 높은 곳. 높은 하늘. 화제가 사는 곳.
85) 詞臣: 예전에는 문학(文學)을 시종(侍從)하는 신하를 가리켰다. 한림(翰林)과 같은 류.
86) 霜臺: 어사대(御史臺)의 별칭(別稱).
87) 玉署: 관서(官署)의 미칭(美稱). 옥당(玉堂). 한림원(翰林院)의 별칭(別稱).

十一月中當賀正(십일월중당하정) 십일월에 신년을 축하하러 가니
四千里外此送君(사천리외차송군) 사천리 밖에서 이렇게 그대를 전송한다.
浿江秋葉初辭樹(패강추엽초사수) 패강(浿江)의 가을 잎 처음으로 떨어지고
車館寒梅會返魂(차관한매회반혼) 거관(車館)의 한매(寒梅)에는 혼(魂)이 돌아오누나.
回首海濱三載別(회수해빈삼재별) 삼년간의 이별에 바닷가를 바라보니
不堪鴻燕巧相分(불감홍연교상분) 철새[89]처럼 헤어짐을 감당하지 못하네.

又

三韓方丈若樊籠(삼한방장약번롱) 삼한(三韓)이란 작은 세상 새장[90]과 같음에
此老難平磈磊胸(차로난평외뢰흉) 이 늙은이 평단치 않아 고통스럽네.[91]
遼野直望千里大(노야직망천리대) 먼 들에서 곧바로 천리 큼을 바라보니
錦川元與九河通(금천원여구하통) 금천(錦川)은 원래부터 구하(九河)와 통했더라.
委輸天下舟車富(위수천하주차부) 천하에 운반하는 주거(舟車)가 풍부하고[92]
隱映雲端殿閣重(은영운단전각중) 구름에 숨겨진 전각(殿閣)이 장중하다.[93]
稽首紫皇呼萬歲(계수자황호만세) 황제에게 조아리며 만세 부르고
歸來猶足詑吾東(귀래유족이오동) 돌아ᄋᆞ니 우리 동국 자랑ᄉᆞ럽네.

送伯胤赴平壤庶尹 李弘胄가 平壤庶尹[94]으로 감에 전송하며

春風祖席上東門(춘풍조석상동문) 봄바람 부는 송별석[95] 동문(東門)에 올랐어라
七月相逢又此分(칠월상봉우차분) 지난 칠월(七月) 만났으나 또 이리 헤어지네.

---

88) 虎賁: 용사(勇士)이 칭호. 관명(官名). 임금을 시위(侍衛)하고 왕궁(王宮)과 왕문(王門)을 지키는 관리.
89) 鴻燕: 기러기와 제비. 둘이 철새인데 전자는 가을에 왔다 봄에 가고 후자는 가을에 갔다 봄에 온다.
90) 樊籠: 새장. 속박을 받아 자유롭지 못한 경지.
91) 磈磊: 가슴에 불평(不平)한 기운이 맺혀있음을 비유.
92) 委輸: 실어서 보내거나 운전하여 보냄. 실어 보낸 물자를 가리킴.
93) 隱映: 은은하게 출현함.
94) 庶尹: 한성부(漢城府)와 평양부(平壤府)에 두었던 종사품 벼슬.
95) 祖席: 전송을 하는 잔치자리.

四品功名今白首(사품공명금백수)　사품(四品)의 공명(功名)으로 지금은 늙었지만
十年蹤跡舊靑雲(십년종적구청운)　십년의 발자취가 예전에는 청운(靑雲)이었지.
亦知暫屈名都椽(역지잠굴명도연)　잠시 굽혀도 명도(名都)의 재목임을 알겠고
猶勝長飢冷廣文(유승장기냉광문)　오래 굶주려도 냉정하고 큰 문장 뛰어나더라.
更得主人寬禮數(갱득주인관례수)　주인은 예의(禮儀)[96]에 너그럽지만
衣裳顚倒肯勞君(의상전도긍로군)　선비[97]가 도리어 그대를 괴롭히네.

送權雲卿大同 權雲卿大同[98]을 전송하며

南北岐頭揖馬鞭(남북기두읍마편)　남북으로 갈림길 마편(馬鞭)으로 읍하는데
去年風雪鶴城邊(거년풍설학성변)　지난해 풍설(風雪) 남은 학성(鶴城)의 근처라.
如何征旆還朝日(여하정패환조일)　어찌하여 기(旗)[99]를 들고 아침에 왔고
忽漫相逢又別筵(홀만상봉우별연)　홀연히 만났는데 또 이리 이별인가?
箕壤古來稱地勝(기양고래칭지승)　기양(箕壤)은 예로부터 절승지라 일컫기에
聖朝今日重郵傳(성조금일중우전)　성조(聖朝)인 금일에도 거듭하여 전하누나.
多君踏盡三韓界(다군답진삼한계)　많은 임금 삼한경계 거쳐 갔지만
千載東方後史遷(천재동방후사천)　천년동안 동방에 후사(後史)가 전해지리.

次叔度侍中臺韻 叔度 金尙憲 侍中臺 운을 사용하여

十七萬兵淸北邊(십칠만병청북변)　십칠만 병사(兵士)가 청북변(淸北邊)에 있으니
侍中勳業照當年(시중훈업조당년)　시중의 훈업(勳業)이 당년을 조영(照映)하네.
歸來笳鼓登山地(귀래가고등산지)　군악(軍樂)[100]은 돌아와 산을 오르고
想像旌旗蔽海天(상상정기폐해천)　깃발이 해천(海天) 가림 상상해본다.

---

96) 禮數: 예절(禮節).
97) 衣裳: 달관(達官)한 귀인(貴人)이나 유아(儒雅)한 선비를 기리킴.
98) 權縉(1572-1624) 본관은 안동(安東). 자는 운경(雲卿), 호는 수은(睡隱).
99) 征旆: 고대 관리가 원행(遠行)할 때 지녔던 깃발.
100) 笳鼓: 피리소리와 북소리. 군악(軍樂)을 가리킨다.

青史雲臺俱已矣(청사운대구이의) 청사(青史)[101]에 운대(雲臺)[102]가 함께 했으니
白鷗煙水正茫然(백구연수정망연) 백구(白鷗)가 안개[103]에 아득하더라.
沈吟欲賦英雄事(침음욕부영웅사) 깊이 읊으며 영웅(英雄)의 일을 쓰고자 하나
愧我才非李謫仙(괴아재비리적선) 나의 재주 이백(李白)보다 못함이 부끄럽구나.

復用前韻 戲贈李德耀 다시 前韻으로 시를 지어 장난삼아 李德耀에게 주다

破荷衰柳小池邊(파하쇠류소지변) 시든 연꽃 시든 버들 작은 연못가
虛閣寥寥夜似年(허각요요야사년) 빈 누각 적적하니 밤이 한 해와 같네.
落葉有聲風卷地(낙엽유성풍권지) 낙엽은 소리 있고 바람은 땅에 불며
疎櫺生白月流天(소령생백월류천) 성근 창에 밝은 빛 달이 하늘 지난다.
東山行樂知虛耳(동산행락지허이) 동산(東山)에서 행락(行樂)하나 공허함을 알았고
南國歸心更杳然(남국귀심갱묘연) 남국(南國)에 돌아갈 맘 또 다시 묘연해라.
客裏最難拚一笑(객리최난변일소) 나그네 어려워도 한 번 웃어넘기누나
世間何處有花仙(세간하처유화선) 세간의 어느 곳에 해당화가 있는가?

次咸山戰勝亭使相亞使韻 咸山 戰勝亭 使相 亞使 운을 사용하여

高臺此日更來登(고대차일갱래등) 오늘 다시 고대(高臺)를 오르는데
依舊青山不請朋(의구청산불청붕) 청산(青山)은 여전하나 벗을 부르지 않았지.
詩到相公回正始(시도상공회정시) 시가 상공(相公)에 이르니 정시체[104]에 맴돌고
筆推書記邁吳興(필추서기매오흥) 붓으로 기록함은 오흥(吳興)[105]의 수준이라.

---

101) 青史: 고대에는 죽간(竹簡)에 일을 기록했으므로 사적(史籍)을 칭할 때는 청사(青史)라고 한다.
102) 雲臺: 높이 솟은 대각(台閣). 공신(功臣)과 명장(名將)을 기념하는 곳을 가리킴.
103) 煙水: 안개가 자욱한 수면(水面).
104) 正始: 삼국 위제(魏齊) 왕방(王芳)의 연호(年號)이다. 당시에는 현풍(玄風)이 점차 흥하여 사대부들이 오직 노장사상을 최고로 여겼고 다투어 청담(淸談)을 숭상했으므로 세상에서는 정시지풍(正始之風)이라 하였다. 당시의 시인으로는 혜강(嵇康) 완적(阮籍) 등의 시가 정시체(正始體)로 칭해진다.
105) 吳興: 원대 서화가 조맹부로 조씨가 오흥출신이라 그렇게 불렸다.

可憐物色餘無幾(가련물색여무기)　가련해라 물색(物色)이 얼마 남지 않았기에
自笑陽春和未能(자소양춘화미능)　양춘(陽春)에 화답(和答)못해 스스로 웃네.
關外莫言京國遠(관외막언경국원)　관외(關外)에서 경국(京國) 멀다 말하지 말라
眼中松柏是喬陵(안중송백시교릉)　보이는 송백(松柏)이 교릉(喬陵)이니까.

次叔度萬甲亭韻 叔度 金尙憲 萬甲亭 운을 사용하여

萬甲城頭萬甲臺(만갑성두만갑대)　만갑성(萬甲城)106) 위에 있는 만갑대(萬甲臺)는
名之以甲不徒兵(명지이갑부도병)　갑(甲)이라 이름 하나 병사(兵士)만은 아니라오.
誰知大集千夫力(수지대집천부력)　누가 천부(千夫)의 힘 크게 모음 알 수 있으랴
先自無侯一歲生(선자무후일세생)　본래부터 벼슬 없이 일 년을 살았는데.
天襯畫欄飛鳥礙(천친화란비조애)　하늘 높은 화란(畵欄)은 비조(飛鳥)에게 걸리고
江涵粉堞夕陽明(강함분첩석양명)　강에 비친 분첩(粉堞)에는 석양(夕陽)이 밝아라.
聞韶七寶今何處(문소칠보금하처)　문소(聞韶) 칠보(七寶)는 지금 어느 곳인가?
興廢悠悠感客情(흥폐유유감객정)　흥폐(興廢)가 아득함에 나그네 정 느낀다네.

次叔度書懷韻 叔度 金尙憲 書懷 운을 사용하여

遊子偏驚歲月忙(유자편경세월망)　나그네 세월이 빠름에 크게 놀라고
別君心緖倍茫茫(별군심서배망망)　그대를 이별하는 마음 더욱 아득하여라.
從前早托金蘭契(종전조탁금란계)　종전에 일찍이 금란계(金蘭契)를 맺었고
到此深知鐵石腸(도차심지철석장)　지금은 철석(鐵石)같은 마음을 깊이 아는데
事有短長歸可樂(사유단장귀가락)　일에는 장단(長短) 있지만 마침내는 즐겁고
義無夷險屈何傷(의무이험굴하상)　의에는 평험(平險)이 없지만 다했다고 어찌 상하랴.
行藏綽綽唯吾在(행장작작유오재)　행장(行藏)의 너그러움 나에게만 있으니
不待春風入故鄕(부대춘풍입고향)　춘풍(春風)이 고향(故鄕)으로 붊을 기대치 않네.

---

106) 萬甲城: 1606년 8월에 咸興에 토성을 쌓았는데, 그 성을 萬甲城이라 하였다.

次永興壁上叔度韻 永興 壁上 叔度 金尙憲의 운을 사용하여

嶺外招尋去國魂(영외초심거국혼)　영외(嶺外)에서 나라 떠난 혼을 찾으며
每憑南斗望天閽(매빙남두망천혼)　매양 남두(南斗)에서 궁문(宮門)[107]을 바라보네.
群山當戶星辰少(군산당호성진소)　모든 산들 집과 마주해 별처럼 적고
古渡連村水霧昏(고도연촌수무혼)　나루[108]는 마을과 이어져 안개 속에 어둡더라.
何處送書飛一雁(하처송서비일안)　어느 곳에서 편지 보내며 기러기를 날리는가?
誰家擣練掩重門(수가도련엄중문)　뉘 집에서 다듬질하며 중문(重門)을 닫는가?
沈吟倚杖空回首(침음의장공회수)　지팡이 짚고 읊조리며 고개를 돌리니
銀漢遙應接故園(은한요응접고원)　은하수 멀리 고원(故園)까지 이어졌네.

次子敏韻 子敏 李安訥의 운을 사용하여

誰向城南傑句聯(수향성남걸구련)　누가 성남(城南) 향해 가구(佳句)를 읊는가?
退之東野實相先(퇴지동야실상선)　물러난 동쪽들의 실상(實相)이 우선인데
千秋好事空垂浚(천추호사공수준)　천추(千秋)의 호사(好事)는 많지만
數子高才足繼前(수자고재족계전)　몇 명의 높은 재주 전대(前代)를 이을만한데
幸一二年頭角肖(행일이년두각초)　일이년의 출중함이[109] 닮기를 바라면서
奈三十里智愚懸(내삼십리지우현)　어찌하여 삼십 리 지우(智愚)를 예측하랴.
汗流僵走知難及(한류강주지난급)　땀을 흘러 달렸으나 미치기 어려우나
深意猶存伐木篇(심의유존벌목편)　깊은 마음 여전히 벌목편(伐木篇)[110]에 있더라.

送沈學而觀察湖西悅 觀察使 學而 沈悅[111]을 湖西로 전송하며

聚散悠悠費歲華(취산유유비세화)　헤어져 아득하게 세월[112]을 보내니

---

107) 天閽: 제왕(帝王) 궁전(宮殿)의 문.
108) 古渡: 오래되고 낡은 나루터.
109) 頭角: 두서(頭緖). 출중(出衆). 동년(童年).
110) 伐木篇: 시경(詩經) 소아(小雅)의 편명(篇名)으로 친구간의 우정을 읊은 시이다.
111) 沈悅(1569-1646) 본관은 청송(靑松). 자는 학이(學而), 호는 남파(南坡).

雲泥無奈故人何(운니무내고인하)　운니(雲泥)[113]와 같은데 친구여 어찌 할거나?
亦知錯節須良器(역지착절수량기)　착절(錯節)[114]에는 양기(良器)가 필요함을 아나
未許神駒邇路車(미허신구이로차)　신구(神駒)는 노거(路車)가 가까움을 허락지 않네.
遷擢一階新雨露(천탁일계신우로)　한 단계 승진하니[115] 우로(雨露)가 새롭고
提封百濟舊山河(제봉백제구산하)　백제(百濟)를 아우르니[116] 우리 옛 산하라.
臨分且慰過逢近(임분차위과봉근)　헤어짐에 만난 날[117]이 가까움을 위안할 뿐
爲是徵黃不待瓜(위시징황부대과)　황패(黃霸)[118]처럼 징소(徵召)됨을 기대치 않네.

又

政事文章孰後先(정사문장숙후선)　정사(政事)와 문장(文章)은 무엇이 선후일까?
古人猶病子能全(고인유병자능전)　고인(古人)은 근심했으나 그대는 온전하네.
更逢玉節觀風日(갱봉옥절관풍일)　관원(官員)[119]을 다시 만나 민정[120]을 살피는 날
正憶金鑾視草年(정억금란시초년)　금란(金鑾)[121]에서 공문작성하던 시절 기억하네.[122]
江海至今留美化(강해지금유미화)　강해(江海)에는 지금에 아름다움 남았는데
湖山幾處費新篇(호산기처비신편)　호산(湖山)의 어디에서 새로운 글 쓰는가?[123]
簿書游刃知多暇(부서유인지다가)　부서(簿書)의 능숙함[124]에 한가한 날 많으니
無惜詩筒驛使傳(무석시통역사전)　시통(詩筒)을 역리(驛使)에 전함 애석해 마시라.

---

112) 歲華: 시간(時間), 세월(歲月).
113) 雲泥: 구름은 하늘에 있고 진흙은 땅에 있어 운니(雲泥)는 서로 멀고 차이가 심해 이별(離別)을 의미(意味)하는 데 사용하게 되었다.
114) 錯節: 엉클어진 마디. 이리저리 얽혀서 처리하기 어려운 사건.
115) 遷擢: 관직(官職)을 진급시킴.
116) 提封: 모두. 도합. 강역(疆域).
117) 過逢: 만남. 서로 왕래함.
118) 徵黃: 서한(西漢)의 황패(黃霸)는 영천태수(潁川太守)였는데, 치적(治績)이 있어 경조윤(京兆尹)이 되었다.
119) 玉節: 옥으로 민든 부절(符節). 부절올 지니고 부임한 관원(官員).
120) 觀風: 민정(民情)을 살핌.
121) 金鑾: 제왕(帝王) 거마(車馬)의 장식물(裝飾物). 한림학사(翰林學士)의 미칭(美稱).
122) 視草: 古代에 詞臣이 뜻을 받들어 수정(修正)하고 조유(詔諭)하는 일종의 공문(公文).
123) 費: 수고함.
124) 遊刃有餘: 솜씨 있게 일을 처리하다. 힘들이지 않고 여유 있게 일을 처리하다.

次子敏 子敏 李安訥의 운을 사용하여

三月未聞鶯語圓(삼월미문앵어원) 삼월에도 앵무새 소릴 듣지 못했고
了無消息柳生綿(요무소식유생면) 버들 꽃이 피어난 소식조차 없더라.
風光豈是殊前日(풍광기시수전일) 풍광(風光)은 어찌하여 전일(前日)과 다른가?
節序差然異去年(절서차연이거년) 절서(節序)가 어긋나 지난해와 다르구나.
詩可寫情還取格(시가사정환취격) 시는 정(情)을 쏟아내나 다시 격(格)을 취하고
酒須中聖亦宜賢(주수중성역의현) 술은 모름지기 성스럽고 또한 현명하더라.
從他不管花開落(종타불관화개락) 꽃들이 피고 짐을 관계치 않으면서
春色何煩問杜鵑(춘색하번문두견) 봄빛을 어찌하여 두견에게 묻는가?

送李評事德餘 評事 李德餘를 전송하며

李子溫如玉不言(이자온여옥불언) 이자온[125]은 옥과 같이 말이 없으니
於人何怨亦何恩(어인하원역하은) 사람에게 무엇을 원망하고 좋아했으랴
纔聞風翮搏霄漢(재문풍핵박소한) 비로소 날개가 하늘에 닿았다 들었고
已看霜蹄出塞垣(이간상제출새원) 말발굽[126]이 변방[127]으로 나감을 보았더라.
河上青油驚國士(하상청유경국사) 하상(河上)에 청유막(青油幕)[128]엔 국사(國士)에 놀라고
湖邊綠草怨王孫(호변녹초원왕손) 호변(湖邊)에 푸른 풀 왕손(王孫)을 원망하네.
親朋惜別知無限(친붕석별지무한) 친구와의 석별(惜別)이 무한함을 알기에
況我新招嶺外魂(황아신초영외혼) 나는 새로이 영외(嶺外)의 혼(魂)을 부른다.

送北評事善餘 北評事 善餘[129]를 전송하며

125) 李子溫: 자온에 대하여는 자료를 찾을 수 없으나 평사(評事) 이덕여(李德餘)를 전송하며 쓴 글이니 자온은 이덕여의 자(字)로 여겨진다.
126) 霜蹄: 말발굽.
127) 塞垣: 장성(長城) 변경의 성곽. 북방변경지대.
128) 青油: 청유막(青油幕).
129) 姜善餘(1574-1647) 조선 중기의 문신. 본관은 진주(晉州). 자는 적이(積而).

君爲北佐德餘西(군위북좌덕여서)　그대가 북평사가 되어 덕이 서녘에 있는데
離別何頻意易悽(이별하빈의역처)　이별에 어찌 자주 마음이 처량한가?
早識塞垣須國寶(조식새원수국보)　일찍이 변방(邊方)이 국보(國寶)임을 알았고
卽看才雋在吾儕(즉간재준재오제)　재사(才士)가 우리들에게 있음을 보았지.
都門綠草今朝恨(도문녹초금조한)　도문(都門)에 초록빛 오늘 아침 한스럽고
海戍黃雲幾處迷(해수황운기처미)　해수(海戍)에 구름은 어디가 혼미(昏迷)한가?
元帥高臺昔登望(원수고대석등망)　원수(元帥)의 고대(高臺)에서 예전에 올라보니
野棠花外雪山低(야당화외설산저)　야당화(野棠花) 밖으로 설산(雪山)이 낮았더라.

贈子敏 子敏 李安訥에게 줌

門巷寥寥可崔羅(문항요요가최라)　문 앞이 적적(寂寂)하니 높이 그물 걸었나
了無問訊況經過(요무문신황경과)　묻는 이도 없는데 하물며 지나갈까?
年年不去唯窮鬼(연년불거유궁귀)　해마다 떠나지 않음은 오직 궁귀(窮鬼)요
日日相侵是睡魔(일일상침시수마)　날마다 서로 들어옴은 수마(睡魔)로구나.
滿眼林花春漸晩(만안임화춘점만)　눈 가득한 임화(林花)에 봄이 점차 저물고
入簾山翠暮偏多(입렴산취모편다)　주렴(珠簾)에 든 푸른 산 어두워진다.
休將冷落方廷尉(휴장냉락방정위)　정위(廷尉)[130]가 냉정[131]하다 생각지마라
榮辱人間已任他(영욕인간이임타)　인간의 영욕(榮辱)이 그에게 맡겨졌으니.

送金安邊 金安邊을 전송하며

長孺堂堂社稷臣(장유당당사직신)　장유(長孺)는 당당한 사직(社稷)의 신하로서
居官誰道不逾人(거관수도불유인)　관에 임해 누구도 멀리하지 않았다 하네.
淮陽十載曾遺愛(회양십재증유애)　회양(淮陽) 십년에 일찍이 사랑을 남겼고
東國千年更後身(동국천년갱후신)　동국(東國)의 천년은 다시 후신(後身)이었지.

130) 廷尉: 관명(官名). 형옥(刑獄)을 관장.
131) 冷落: 냉담(冷淡) 냉담하게 상대함.

此日孤城淹驥足(차일고성엄기족)　이날 고성(孤城)에는 천리마가 머물지만
當時獨坐批龍鱗(당시독좌비용린)　당시엔 용린(龍鱗)의 위치에 홀로 앉아서[132] 거슬렀지.
聖朝一視無南北(성조일시무남북)　성조(聖朝)를 둘러보며 남북(南北) 구분 없이
要使三州惠澤均(요사삼주혜택균)　삼주(三州)에 혜택(惠澤)을 고르게 했네.

又

鐵嶺橫天限一隅(철령횡천한일우)　철령[133]을 가로질러[134] 변방의 한 귀퉁이
麗時爲界卽通衢(여시위계즉통구)　고려시대 경계로 사통팔달(四通八達)[135] 하였는데
北連沙塞三千里(북련사새삼천리)　북으론 사막[136]같이 삼천리가 이어졌고
南擁函秦百二都(남옹함진백이도)　남으론 장안[137]같이 백이군이 속해있네.
譏察關防知有在(기찰관방지유재)　기찰(譏察)하고[138] 방수(防守)함에[139] 지식이 있고
盤根利器政宜須(반근이기정의수)　근기(根基)[140]와 이기(利器)에 정치가 필요한데
看公鬱鬱回車志(간공울울회차지)　그대는 답답하게 회거(回車)하는 뜻을 보곤
愧殺當時六度逾(괴살당시육도유)　당시(當時)에 육도(六度)[141]에서 먼 것을 부끄러했네.

挽李僉知台徵 僉知 李台徵 挽詞

忠孝家聲國士風(충효가성국사풍)　충효의 집안 명성 국사(國士)의 기풍(氣風)으로
先侯餘慶數當公(선후여경수당공)　선후(先侯)의 여경(餘慶)이 공에게 이르렀지.
一生下邑才何屈(일생하읍재하굴)　일생동안 하읍(下邑)이나 재주 어찌 굽힐까?

---

132) 批龍鱗: 전설상으로 용의 목구멍 아래에는 거꾸로 난 비늘이 있는데 이를 건드리면 반드시 화를 내고 사람을 죽였다고 한다. 항상 약한 사람이 강한 사람을 건드리거나 신하가 임금 등에게 범하는 것을 비유한다.
133) 鐵嶺: 함경남도 안변군 신고산면.
134) 橫天: 하늘을 가로지름.
135) 通衢: 사통팔달(四通八達)의 도로(道路)
136) 沙塞: 변방사막으로 철령이북에 사막이 없으나 사막과 같이 삭막함을 상징한 것이 아닌가 한다.
137) 函秦: 장안 일대를 가리킨다. 이 역시 남쪽으론 장안과 같이 주군(州郡)이 많이 있음을 생각하고 쓴 것 같다.
138) 譏察: 남의 행동 등을 넌지시 살핌.
139) 關防: 변방을 지킴. 방비(防備).
140) 盤根: 서려서 뒤얽힌 나무뿌리. 뿌리가 깊고 꼭지가 견고함. 근기(根基).
141) 六度: 天·地·春·夏·秋·冬 만물의 제도를 이름.

五日中丞道卽窮(오일중승도즉궁)　오일의 중승(中丞)[142]에 길이 궁벽하여라.
蓬島三千人未返(봉도삼천인미반)　봉래산[143] 삼천명(三千名)은 돌아오지 않고
光陰半百夢先空(광음반백몽선공)　반백(半百)의 세월에 꿈은 부질없는데
西州遺恨那堪說(서주유한나감설)　서주(西州)의 유한(遺恨)을 어찌 말할까?
恩典如今亦已融(은전여금역이융)　은전(恩典)이 지금처럼 이미 융성(隆盛)했는데.

姜政丞夫人挽詞 姜政丞 夫人 挽詞

七十猶稀加十五(칠십유희가십오)　칠십도 드믄데 열다섯을 더했으니
夫榮已極又榮兒(부영이극우영아)　남편 영화 지극하고 아이마저 영화롭네.
德齊天上三台峻(덕제천상삼태준)　덕은 하늘의 삼태성(三台星)과 같이 높았고
身享人間五福綏(신향인간오복수)　몸은 인간의 오복(五福)을 누려 편안했지.
蘭玉滿庭誰某辨(난옥만정수모변)　난옥이 뜰에 가득하니 누가 분별하고
貂金盈室弟兄宜(초금영실제형의)　벼슬이 집에 가득하니 형제가 화목하네.
春風丹旐衿陽路(춘풍단조금양로)　춘풍에 붉은 기 금양(衿陽)[144]길에 펄럭이니
會是延津劍化時(회시연진검화시)　연진(延津)[145]에서 검화(劍化)할 때라오.

挽李秀才人龍 秀才 李人龍 挽詞

逢君仁壽里中家(봉군인수리중가)　그대를 만나 것이 인수리 집이었고
八歲能爲五字哦(팔세능위오자아)　팔세 때 다섯 자를 읊을 수 있었다지
童稚交遊曾莫逆(동치교유증막역)　어린 시절 교유(交遊)도 일찍이 막역했으나
中間會合却無多(중간회합각무다)　중간의 회합(會合)이 많지는 않았었네.
年方賈誼時尤舛(년방가의시우천)　가의(賈誼)[146]만한 나이에 시절이 어수선했고

---

142) 中丞: 고려시대 어사대(御史臺) 및 그 후신인 사헌대(司憲臺)·사헌부(司憲府)의 종4품 관직.
143) 蓬島: 봉래산(蓬萊山).
144) 衿陽縣: 지금의 경기도 시흥 광명 군포 의왕 과천지역.
145) 延津: 용천(龍泉) 태아(太阿) 두 검이 분리되었다가 검이 합쳐지면서 용이 되어 날아갔는데 연진에서 검이 합쳐졌다.

孝比高柴毁太過(효비고시훼태과)　효도는 고시(高柴)147)와 견줘 지나쳤더라.
天道茫茫非此日(천도망망비차일)　천도(天道)가 아득하나 이날은 아니라오
鄧攸無子欲如何(등유무자욕여하)　등유148)같이 자식이 없으니 어찌할까나?

順和君挽詞 順和君149) 挽詞

富貴奢華摠不關(부귀사화총불관)　부귀(富貴)의 화려함 모두를 관여 않았으니
常情難處獨能安(상정난처독능안)　곤란한 곳에서도 편안할 수 있었네
信陵醇酒偏成癖(신릉순주편성벽)　신릉(信陵)150)의 순주(醇酒)는 버릇이 되었고
緱嶺笙蕭竟未還(구령생소경미환)　구령(緱嶺)151)의 생소(笙蕭)는 돌아오지 않았지.
紹絶卽由新命出(소절즉유신명출)　소절(紹絶)152)은 신명(新命)으로부터 나왔고
疏榮仍見舊封完(소영잉견구봉완)　영예(榮譽)는 구봉(舊封)의 온전함을 보였더라.
西州却憶年前慟(서주각억연전통)　서주(西州)에서 예전에 통곡(慟哭)함을 기억하니
今日增哀想聖顔(금일증애상성안)　금일의 더한 슬픔 성안(聖顔)을 생각하네.

送聖節使李公弘老赴京 성절사 이홍로153)가 상경(上京)함에 전송하며

飛沈落落阻追隨(비침낙락조추수)　비침(飛沈)154)이 분명(分明)155)히여 따를 수 없지만
一拜銀臺歲八移(일배은대세팔이)　은대(銀臺)156)에 배수(拜受)되고 여덟 번을 옮겼네.

---

146) 중국 한대(漢代) 정치개혁의 제창자이자 이름난 시인.
147) 고시(高柴)는 공자의 제자로 자는 자고(子羔)이다.
148) 鄧攸: 진나라 때 등유가 어린 아들과 조카를 데리고 피난을 하다가 둘을 온전히 살릴 수 없게 되자 아들을 버리고 조카만을 구했는데 후에 다시 아들을 얻을 수가 없게 되자 하늘도 무심하다고 탄식한 데서 생긴 고사.
149) 順和君(?-1607) 이름은 이보(李玒). 선조의 여섯째 왕자이고, 어머니는 순빈김씨(順嬪金氏)이며, 부인은 승지 황혁(黃赫)의 딸이다. 시호는 희민(僖敏)이다.
150) 信陵君: 중국 전국시대 위나라 사람으로 위소왕(魏昭王)의 아들이며 이름은 위무기(魏無忌)이다. 전국시대의 저명한 정치가, 군사가로서 식객이 3천이나 되었다. 조나라의 평원군 조승(平原君 趙勝), 제나라의 맹상군 전문(孟嘗君田文), 초나라의 춘신군 황헐(春申君 黃歇)함께 전국시대의 4공자로 불린다.
151) 緱嶺: 구씨산(緱氏山). 수도(修道)하여 신선(神仙)이 된다는 곳을 가리킴.
152) 紹絶: 끊어진 것을 이음.
153) 李弘老: 본관은 연안(延安). 자는 유보(裕甫), 호는 판교(板橋)이다.
154) 飛沈: 날아오르고 물속에 잠김. 물고기와 새. 산과 강.
155) 落落: 형용(形容)이 고고(孤高)함. 탁월(卓越). 청초(清楚) 분명(分明)한 모양.

不謂至今蒙記憶(불위지금몽기억)　지금도 기억(記憶)한다 말하지 마라
可能臨別欠歌詩(가능임별흠가시)　이별에 임하여 시가(詩歌)가 빠질 수 있으니
承流化洽三藩奠(승류화흡삼번전)　교화가 두루 미친[157] 삼번의 제사
專對才優衆望推(전대재우중망추)　수응(隨應)[158]이 뛰어나 중망(衆望)으로 추대했지.
想得六庭申華祝(상득육정신화축)　육정(六庭)을 생각하며 축하를 하니
五雲深處識堯眉(오운심처식요미)　오운(五雲)이 깊은 곳에 요의 눈썹 알겠네.

隣家賞春 이웃집에서 봄을 감상함

紫陌年年春色多(자맥연년춘색다)　도성(都城)[159]에는 해마다 봄빛이 많더니
千門紅白鬪姸華(천문홍백투연화)　천문(千門)이 홍백(紅白)으로 화려함을 다투더라.
向來風雨無餘處(향래풍우무여처)　종전(從前)의 풍우(風雨)에 여유가 없는 곳
今日芳菲獨此家(금일방비독차가)　금일 유독 이 집에는 꽃이 피었네.
桃頰柳腰偏自媚(도협유요편자미)　복숭아 빰 버들 허리 더욱 예쁜데
鶯歌鳥語若相誇(앵가조어약상과)　앵무노래 새소리 서로가 과장(誇張)한 듯
人間專取天應忌(인간전취천응기)　인간이 다 취하면 하늘이 꺼린다고
莫惜王郎滿逕花(막석왕랑만경화)　왕랑(王郎)은 길 가득히 꽃피었다 애석해 마라.

李僉知挽詞 李僉知 挽詞

驪歌送去哭迎歸(여가송거곡영귀)　고별의 노래[160]로 전송하며 곡하노니
此日何曾夢裏思(차일하증몽리사)　이날을 어찌 일찍이 꿈속에서 생각했을까?
一孔人間誰獨免(일공인간수독면)　편협한[161] 인간 중에 누가 홀로 면할까?

156) 銀臺: 전설중에 왕모가 기치하는 곳. 은대사(銀臺司).
157) 承流: 임금의 풍화(風化)를 받아서 백성들에게 펴는 것을 말한다. 化洽: 교화가 두루 미침.
158) 專對: 사절을 맡았을 때 홀로 상황에 따라 응답하는 것을 이름.
159) 紫陌: 경사(京師).
160) 驪歌: 이별을 고하는 노래.
161) 一孔: 견해가 편협(偏狹)함을 비유.

半生心事子尤悲(반생심사자우비)　반생(半生)의 심사(心事)에 자식 더욱 슬퍼하네.
張郎炊臼重亡婦(장랑취구중망부)　장랑(張郎)의 꿈처럼[162] 부인이 죽었으나
卜叟號天晩有兒(복수호천만유아)　복수(卜叟)가 하늘에 외쳐 늦게 아이 있었지.
記得咸山醉中語(기득함산취중어)　함산(咸山)에서 취중의 말 기억을 하니
行年六十亦難期(행년육십역난기)　육십년 살아감도 기약하기 어렵구나.

次子敏 子敏 李安訥의 운을 사용하여

不從豪貴醉華軒(부종호귀취화헌)　부귀하다 화헌(華軒)에서 취하지 않고
芒屨尋君到石門(망구심군도석문)　짚신 신고 그대 찾아 석문에 이르렀지.
雨氣正兼嵐氣濕(우기정겸남기습)　우기(雨氣)에 남기(嵐氣)의 습함이 겹치고
溪聲偏雜鳥聲喧(계성편잡조성훤)　시냇 소리 시끄러운 새소리와 섞이도다.
蒲團竹枕供留宿(포단죽침공류숙)　포단(蒲團)과 죽침(竹枕)에 함께 묵으며
綺語瓊篇洗睡昏(기어경편세수혼)　좋은 얘기 좋은 문장 잠이 오지 않는다네.
夜久月林淸影散(야구월림청영산)　밤 깊은 월림(月林)에 맑은 그림자 흩어지니
此間眞趣却難言(차간진취각난언)　이 속에서 진정한 맛 말하기도 어려워라.

又

平明急雨洗山容(평명급우세산용)　새벽에 소낙비 산용(山容)을 씻어내고
削立芙蓉箇箇同(삭립부용개개동)　곧게 솟은 부용(芙蓉)은 하나하나 같더라.
正憶往時身出塞(정억왕시신출새)　지난 시절 변방으로 나갔음을 기억하니
仰看長白勢撐空(앙간장백세탱공)　우러러 장백(長白)의 세(勢) 하늘에 닿음 보았지.
三年嶺海雙漂梗(삼년영해쌍표경)　삼년동안 강산(江山)[163]을 표류하는 나무인형[164]
一笑丘園兩禿翁(일소구원양독옹)　구원(丘園)에서 웃음짓는 대머리 두 늙은이

162) 炊臼: 상처(喪妻)를 비유하는 말.
163) 嶺海: 광둥(廣東)성과 광시(廣西). 북은 오령(五嶺)에 접하고, 남은 남해(南海)에 임했기 때문에 붙은 명칭.
164) 漂梗: 물에 따라 이리저리 떠다니는 나무인형.

莫把文章費苦思(막파문장비고사)　문장을 가지고 괴로워 말지어다
古來才子坐詩窮(고래재자좌시궁)　예전부터 재자(才子)도 시궁(詩窮)에 머물렀으니.165)

送金叔度之任松都 二首 叔度 金尙憲이 松都로 부임함을 전송하며

分司四品未爲榮(분사사품미위영)　분사(分司)166)라는 사품(四品)은 영화롭지 않은데
何事今朝賀此行(하사금조하차행)　무슨 일로 오늘 아침 떠남을 축하하나?
以我不遑將母恨(이아불황장모한)　나는 모한(母恨)을 봉양하여 바쁘지 않지만
知君喜遂奉輿情(지군희수봉여정)　그대는 민정(民情)167)을 받드는 기쁨을 아는구나.
名都況復饒淸賞(명도황부요청상)　명도(名都)168)에선 또한 둘러볼 곳 많지만
右輔由來近上京(우보유래근상경)　우보(右輔)169)가 되고나서 상경(上京)을 자주했지.
嶺海去年相送地(영해거년상송지)　지난해 산과 들에서 서로 전송하던 곳
夢中回首亦堪驚(몽중회수역감경)　꿈속에 돌아봐도 또한 놀랄 만하네.

其二 次子敏韻 子敏 李安訥의 운을 사용하여

名區端合著名流(명구단합저명류)　명승지는 마땅히170) 명류(名流)에서 드러나는데
此去何須賦四愁(차거하수부사수)　이렇게 떠나며 사수시(四愁詩)를 지어야 하는가?
山水秖今仙釋窟(산수지금선석굴)　산수(山水)는 지금에 신선 석가 굴과 같고
樓臺昔日帝王州(누대석일제왕주)　누대(樓臺)는 예전에 제왕(帝王)의 고을이라.
銀河倒掛香爐壯(은하도괘향로장)　은하(銀河)가 걸리고 향로(香爐)는 씩씩하며
石劍高攢小室幽(석검고찬소실유)　험한 산171)이 모였으니 작은 집이 그윽해라.
直待秋風吾欲往(직대추풍오욕왕)　가을바람 맞으며 떠나려고 하는데

165) 詩窮: 문인이 불우함을 만나 생활이 빈곤함을 가리키는 말.
166) 分司: 분장(分掌) 분관(分管).
167) 輿情: 군정(群情) 민정(民情).
168) 名都: 저명(著名)한 도성(都城).
169) 右輔: 우내사(右內史)의 별칭.
170) 端合: 응당(應當).
171) 石劍: 날카로운 칼 모양을 한 바위나 봉우리.

煩君少駐忍卑陬(번군소주인비추)　번거롭게 그대 잠시 누추한[172] 곳 머무네.

次子敏見贈韻 子敏 李安訥이 써준 시운을 사용하여

急雨新晴江色鮮(급우신청강색선)　소낙비 새로 개고 강색(江色)은 선명한데
斷崖龜伏水西邊(단애구복수서변)　단애(斷崖)는 수서변(水西邊)에 거북이가 엎드린 듯
沈冥聖代今彭澤(침명성대금팽택)　성대(聖代)에 은거하니 지금은 도잠[173]이요
淸絶名區奮輞川(청절명구분망천)　명구(名區)가 청절하니 왕유[174]가 생각난다.
仙果乍嘗凝玉液(선과사상응옥액)　선과(仙果)를 맛보니 옥액(玉液)이 엉긴 듯
蒲團穩坐當華氈(포단온좌당화전)　포단(蒲團)에 앉아서 화전(華氈)을 마주했네.
興來却笑山陰老(흥래각소산음로)　흥이 일면 웃음 짓는 산음(山陰)의 노인
何事虛乘訪戴船(하사허승방대선)　무슨 일로 배를 타고 친구를 방문하나?[175]

又

座上何妨少八仙(좌상하방소팔선)　좌상(座上)에서 어찌하여 소팔선(少八仙)을 방해하나?
相將談笑醉華筵(상장담소취화연)　서로 함께[176] 담소(談笑)하며 화연(華筵)에 취했더라.
誰知郭外登臨地(수시곽외등림지)　누가 알랴 성 밖에 올라오는 곳도
便有壺中日月天(편유호중일월천)　문득 술병 속에 일월천(日月天)이 있는 것을
楮島夕煙迷白鳥(저도석연미백조)　저도(楮島)의 저녁안개 백조(白鳥)가 희미한데
栗亭殘暑怨玄蟬(율정잔서원현선)　율정(栗亭)의 잔서(殘暑)를 매미가 원망하네.
沈吟欲和陽春曲(침음욕화양춘곡)　깊이 읊으며 양춘곡(陽春曲)에 화답(和答)하는데
幽思重重似楚綿(유사중중사초면)　그윽한 생각 거듭됨이 초사(楚辭)와 같네.

---

172) 卑陬: 부끄럽고 불안한 모양. 저하(低下)하고 비루(鄙陋)해짐.
173) 彭澤: 현명(縣名). 진의 도잠(陶潛)이 일직이 팽택령(彭澤令)이 되었다. 그로인해 팽택(彭澤)은 도잠(陶潛)을 가리킨다.
174) 輞川: 당시인(唐詩人) 왕유(王維)를 가리킨다.
175) 訪戴: 친구를 방문하는 것을 일컫는 말.
176) 相將: 서로 함께.

送李士源赴長興 李士源이 長興으로 감에 전송하며

十九登龍世所稀(십구등룡세소희) 열아홉 등룡(登龍)은 세상에 드문 일이나
官如大呂太遲遲(관여대려태지지) 관(官)은 대려(大呂)[177]와 같이 너무 더디네.
曾聞白簡秋霜肅(증문백간추상숙) 일찍이 백간(白簡)[178]은 추상(秋霜) 같이 엄숙한데
卽看黃堂化雨施(즉간황당화우시) 황당(黃堂)을 바라보니 화우(化雨)[179]가 내리더라.
驃騎奮營元擅勝(표기분영원천승) 날랜 기마[180] 분영(奮營)은 원래부터 뛰어났고
臨川老守本能詩(임천노수본능시) 임천(臨川)의 늙은 태수 본래 시가 능했지.
西風獨掩楊雄宅(서풍독엄양웅댁) 서풍(西風)은 유독 양웅(楊雄) 집에 부는데
儻寄新篇慰遠思(당기신편위원사) 갑자기 신편(新篇)을 부쳐 먼 생각 위로하네.

送張監司好古晩 監司 張好古晩[181]을 전송하며

二十州分南北關(이십주분남북관) 이십주(二十州)는 남북관(南北關)으로 나뉘었고
緣江刊障最凋殘(연강간장최조잔) 강 근처의 간장(刊障)은 너무도 쇠락했네.[182]
境方全盛曾非歎(경방전성증비희) 경계가 전성(全盛)함에 탄식(歎息)할 게 없지만
事到今年倍有難(사도금년배유난) 사업은 금년(今年)에 이르러 더욱 어렵다네.
萬甲可令元昊懼(만갑가령원호구) 만갑(萬甲)은 원호(元昊)[183]에게 두려울 만하고
三軍應樂子儀寬(삼군응락자의관) 삼군(三軍)은 자의(子儀)[184]의 관대함을 즐겼지.
知公展布無餘策(지공전포무여책) 공의 진술(陳述)[185]에 다른 계책 없음을 아니

---

177) 大呂: 고대 악률명(樂律名). 12월.
178) 白簡: 예전에 관원을 탄핵할 때의 주장(奏章).
179) 化雨: 만물을 장양(長養)하는 시우(時雨).
180) 驃騎: 비기(飛騎).
181) 張晩(1566-1629) 본관은 인동(仁同)이고 자는 호고(好古)이며 호는 낙서(洛西)이다.
182) 凋殘: 꽃잎이 시들어 떨어짐. 쇠락(衰落).
183) 李元昊(1003-1048) 탁발씨(拓跋氏) 후에 외(嵬)로 개칭하였으며 이름은 낭소(曩霄)이다. 소자(小字)는 외리(嵬理)요 당항족(黨項族)이다. 서하(西夏) 개국황제(開國皇帝)로 조상은 은주(銀州)에 적을 두고 있다. 시호(謚號)는 무열황제(武烈皇帝)이고 묘호(廟號)는 경종(景宗)이다.
184) 곽자의는 당(唐)나라 무장이다. 현종(玄宗) 때에 삭방절도사(朔方節度使)가 되어 안사(安史)의 난을 평정, 숙종(肅宗) ·대종(代宗)을 섬기며 토번(吐蕃)을 무찌르고 태위중서령(太尉中書令)으로 승진했다.
185) 展布: 진술(陳述).

坐轉危機便作安(좌전위기편작안)　위기(危機)를 바꾼다면 편안하게 될 것이라.

又

紫綬金章正黑頭(자수금장정흑두)　자주 인끈 금빛 관인 검은 색 머리
聲名藉甚按湖秋(성명자심안호추)　명성이 드높게 호추(湖秋)를 다스렸네.
關防要仗無雙士(관방요장무쌍사)　관방(關防)을 호위(護衛)함에 비견할 사람 없고
時論同歸第一流(시론동귀제일류)　시론(時論)은 제일류(第一流)로 함께 돌아갔지.
內外卽殊輕重地(내외즉수경중지)　내외(內外)에선 경중(輕重)을 두는 곳이 다르고
賓朋莫作去留愁(빈붕막작거류수)　친구들은 거류(去留)에 근심하지 않았다네.
南樓暇日堪乘興(남루가일감승흥)　남쪽 누각 한가한 날에 흥취에 젖어
壁上荒詞儻見酬(벽상황사당견수)　벽상공신 거친 말들 아마 주고 받았으리라.

次杜詩秋興 八首 杜詩 秋興을 차운하여

啞啞飢烏叫滿林(아아기오규만림)　깍깍 굶주린 까마귀 만림(滿林)에 울고
深秋氣象鬱蕭森(심추기상울소삼)　깊은 가을 기상(氣象)에 쓸쓸한 숲속
瞿塘峽束濤偏壯(구당협속도편장)　구당협(瞿塘峽)[186] 협소하니 물결이 씩씩하고
夔府城高日易陰(기부성고일역음)　기부성(夔府城)이 높으니 낮에도 그늘지네.
王粲他鄕猶作客(왕찬타향유작객)　왕찬(王粲)[187]은 타향(他鄕)에서 나그네가 되었고
潘郎異代共傷心(반랑이대공상심)　반랑(潘郎)[188]은 후대(後代)[189]에 함께 상심했더라.
弊裘陡覺風霜緊(폐구두각풍상긴)　낡은 옷에 풍상(風霜)이 거셈을 깨닫는데
何處山村響晩砧(하처산촌향만침)　어느 곳 산촌(山村)에서 다듬이 소리 들리나?

---

186) 瞿唐峽: 협곡명(峽名). 장강(長江) 삼협(三峽)의 맨 위. 기협(夔峽)이라고도 한다.
187) 王粲: 산양군(山陽郡) 고평현(高平縣) 사람으로 자는 중선(仲宣)이다. 동한(東漢) 말기의 관리이자 문학가이다. 초평(初平) 2년(192)에 관중(關中)에 난이 일어나자 형주(荊州)의 유표(劉表)에게 의탁하여 10년 동안 빈객생활을 했다.
188) 潘郎: 진(晉)의 반악(潘嶽)을 가리킨다.
189) 異代: 후세(後世) 후세사람.

其二

烏巾白鬢任欹斜(오건백빈임의사) 검은 망건에 백발(白髮)은 임의로 기울고
客裏蕭然送歲華(객리소연송세화) 나그네는 쓸쓸하게 세모(歲暮)를 보내누나.
錦水通波元過楚(금수통파원과초) 금수(錦水)는 흘러서[190] 초나라를 지나가나
銀河無路可乘槎(은하무로가승사) 은하(銀河)에선 뗏목 타는 길이 없더라.
消憂且覆杯中酒(소우차복배중주) 근심을 없애는 것 잔속에 술이요
墮淚非關塞外笳(타루비관새외가) 눈물과 상관없는 변방의 피리소리
每歲杜陵行樂地(매세두릉행락지) 매년 두릉(杜陵)[191]의 행락지(行樂地)에서
秪今誰插滿頭花(지금수삽만두화) 지금은 어느 누가 머리 가득 꽃을 꽂나?

其三

揮戈無術駐西暉(휘과무술주서휘) 창(槍)을 써서 석양(夕陽) 멈출 방법이 없어
謾向江天動少微(만향강천동소미) 천천히 강(江)을 향해 조금씩 움직였지
夜夜心懸星北拱(야야심현성북공) 밤마다 마음은 북두성(北斗星)에 있지만
年年目送雁南飛(연년목송안남비) 해마다 기러기는 남으로 날아가네.
九州兵革身將老(구주병혁신장로) 구주(九州)의 병사들 몸은 늙어가고
三逕田園計已違(삼경전원계이위) 삼경(三逕)의 전원(田園) 계획 이미 어긋났더라.
傳語王郎莫輕戰(전어왕랑막경전) 왕랑(王郎)은 전쟁을 가벼이 여기지 않았고
此時胡馬正驕肥(차시호마정교비) 당시에도 호마(胡馬)는 튼튼하고 살쪘다네.

其四

萬事人間等局棋(만사인간등국기) 인간(人間) 만사(萬事)는 바둑판과 같다지만
那將榮落作歡悲(나장영락작환비) 어떻게 영락(榮落)이 비환(悲歡)으로 되는가?

---

190) 通波: 물이 서로 통함. 유수(流水).
191) 杜陵: 지명(地名). 지금의 섬서성(陝西省) 서안시(西安市) 동남(東南)쪽.

風塵飄泊今三載(풍진표박금삼재)　풍진(風塵)에 표박(飄泊)함이 삼년이 되었지만
供奉逍遙亦一時(공봉소요역일시)　봉헌(奉獻)[192]과 소요(逍遙)도 또한 한때라.
長樂疏鐘朝幾早(장락소종조기조)　장락궁(長樂宮)[193]에 성근 종 이른 아침 울리고
山樓畫角夜偏遲(산루화각야편지)　산루(山樓)의 화각(畵角)은 늦은 밤에 들리는데
白頭只有丹心在(백두지유단심재)　백두(白頭)에 다만 단심(丹心)이 있으니
淸蹕爐煙入夢思(청필노연입몽사)　맑은 화로연기 꿈에서도 생각난다.

其五

身世還如庾子山(신세환여유자산)　신세(身世)는 또한 유자산(庾子山)과 같은데
謬將詞賦動人間(유장사부동인간)　그릇되게 사부(詞賦)로 인간을 감동시킨다.
百年爲客常多病(백년위객상다병)　백년(百年)에 객(客)이 되어 항상 병(病)이 많지만
萬里悲秋獨掩關(만리비추독엄관)　만리(萬里)에 슬픈 가을 홀로 관문 닫았다네.
壯氣摧殘鞲上翮(장기최잔구상핵)　장기(壯氣)가 꺾이니[194] 깍지위의 깃털 같고
韶華荏苒鏡中顔(소화임염경중안)　청춘[195]은 다 지난[196] 거울 속의 얼굴이라.
相親日日唯鷗鳥(상친일일유구조)　날마다 친한 것은 오로지 갈매기이니
誰識鑾坡舊鷺班(수식난파구로반)　예전에 한림원[197]의 노반(鷺班)임을 누가 알까?

其六

誰將一箭落旄頭(수장일전낙모두)　누가 한 개 화살로 모두(旄頭)를 떨궜나?
天下兵戈已十秋(천하병과이십추)　천하의 전쟁(戰爭)은 이미 10년 지났다네.
消息關心皆可懼(소식관심개가구)　소식(消息)과 관심(關心)은 모두 두려울 만하고

192) 供奉: 공급(供給) 봉헌(奉獻). 시봉(侍奉).
193) 長樂: 영원히 쾌락함. 장락궁(長樂宮).
194) 摧殘: 훼손(毁損). 쇠잔하여 패함.
195) 韶華: 아름다운 시간. 항상 봄을 가리킨다. 아름다운 세월. 청년시기.
196) 荏苒: 시간이 점점 지나감. 시간이 빨리 지나감을 형용하는 말.
197) 鑾坡: 한림원(翰林院)의 별칭(別稱).

風光觸眼摠堪愁(풍광촉안총감수)　풍광(風光)이 눈에 보이니 모두가 근심이라.
羈懷鬱鬱籠中鳥(기회울울농중조)　마음이 답답하니 새장속의 새와 같고
浪跡飄飄海上鷗(낭적표표해상구)　물결이 표표하니 바다위에 갈매기라
不可久留寒峽裏(불가구류한협리)　추운 협곡에선 오래 머물 수 없어
扁舟直欲下荊州(편주직욕하형주)　편주(扁舟)로 곧바로 형주를 내려오네.

其七

聖代宏規軼漢功(성대굉규질한공)　성대(聖代)의 큰 규범 한공(漢功)을 대신하고
樓臺隱映五雲中(누대은영오운중)　누대(樓臺)는 오운(五雲)속에 은은히 비치누나.
蓬萊仙仗明朝日(봉래선장명조일)　봉래(蓬萊)의 선장(仙仗)에는 아침 해가 빛나고
太液龍舟漾晩風(태액용주양만풍)　궁지(宮池)의 용주(龍舟)는 저녁 바람에 출렁이네.
殺氣如今暗神赤(살기여금암신적)　살기(殺氣)에 지금처럼 남쪽이 어둡지만
荷花無復較鉛紅(하화무부교연홍)　연꽃은 홍연(紅鉛)[198]과 비교되지 않누나.
可憐盛事成陳迹(가련성사성진적)　가련해라 성대(盛大)한 일 진적(陳迹)이 되니
腸斷秋江老禿翁(장단추강노독옹)　가을 강에 애가 끊는 대머리 늙은이라.

其八

終南渭水正逶迤(종남위수정위이)　종남산의 위수(渭水)는 구불구불 흐르고
綺里斜連偃月陂(기리사련언월피)　기리(綺里)는 기울어 언월피(偃月陂)로 이어졌네.
幾處壚頭傾竹葉(기처노두경죽엽)　몇몇 곳 주막에서 죽엽주(竹葉酒)를 기울임에
何人陌上贈楊枝(하인맥상증양지)　어느 누가 거리에서 양지정수(楊枝淨水)를 주는가?
秦中舊俗今安在(진중구속금안재)　진중(秦中)에 옛 세속 지금은 어디 있나?
劍外流光已屢移(검외유광이루이)　검외(劍外)[199]의 유광(流光)은 이미 자주 바뀌었지.
落日江樓更回首(낙일강루갱회수)　낙일(落日)에 강루(江樓)에서 다시 머리 돌아보는데

---

198) 紅鉛: 연지(胭脂)와 연분(鉛粉). 명대(明代)에는 일찍이 장생불로(長生不老)의 약으로 생각했었다.
199) 劍外: 사천(四川) 검각(劍閣) 이남(以南) 지역. 보통 촉(蜀)나라 땅을 일컫는다.

風吹短髮不禁垂(풍취단발불금수) 바람은 단발(短髮)에 쉴 새 없이 불어온다.

次子敏贈韻別洪州之行 子敏 李安訥의 贈韻을 사용하여. 洪州로 감에 이별하다.

莫道詩工命卽窮(막도시공명즉궁) 시공(詩工)의 명(命)이 궁하다 말하지 마라
壯年爲收亦云通(장년위수역운통) 장년(壯年)에 거두었으니 또한 통했으리라.
從知駿足須長路(종지준족수장로) 준족(駿足)은 장로(長路)에 필수임을 알겠고
不許郎星近紫宮(불허낭성근자궁) 낭성(郎星)은 자궁(紫宮)에 가깝지가 않구나.
吳嶽雲煙供謝眺(오악운연공사조) 오악(吳嶽)의 구름 안개 사조(謝眺)[200]에게 제공했고
蜀州絃誦化文翁(촉주현송화문옹) 촉주(蜀州)의 현송(絃誦)은 문옹(文翁)을 변화했네.
邑中會見霜眉叟(읍중회견상미수) 읍중(邑中)에서 눈썹이 흰 늙은이를 만나
解說神明有祖風(해설신명유조풍) 신명(神明)을 말하는데 조풍(祖風)이 있더라.

元帥臺 元帥臺

元帥高臺瀚海頭(원수고대한해두) 원수(元帥)라는 높은 대 바닷가에 있는데
登臨暇日共銷憂(등림가일공소우) 한가한 날 오르니 근심 모두 사라진다.
地傾西北群山走(지경서북군산주) 땅은 서북으로 기울어 모든 산이 달리고
天浸東南太極浮(천침동남태극부) 하늘은 동남으로 솟아 태극(太極)에 떠있더라
寒食淸明當令節(한식청명당령절) 한식과 청명은 아름다운 명절[201]이라
暖風和景愜仙遊(난풍화경협선유) 온화한 풍경은 신선처럼 놀기 좋아
經年簿領勞勞事(경년부령노로사) 해를 넘겨 문서 보며[202] 힘써 일하고
一笑尊前萬念休(일소존전만념휴) 동이 앞에 웃으니 걱정거리 하나 없네.

---

200) 謝朓 (464-499) 의 자는 현휘(玄暉)로 진군양하(陳郡陽夏)출신이다. 남조 제(齊)의 걸출한 시인으로 대사(大謝)인 사령운(謝靈運)과 더불어 소사(小謝)로 일컬어졌다.
201) 令節: 아름다운 절조(節操). 아름다운 계절.
202) 簿領: 관부(官府) 기사(記事)의 부책(簿冊)이나 문서(文書).

侍中臺 侍中臺

侍中車騎此臺邊(시중차기차대변)　시중(侍中)의 수레가 이 대(臺) 곁에 있어
陳跡如今問幾年(진적여금문기년)　과거 자취 지금 같아 몇 년인가 묻는다.
紅日射來霞散綺(홍일사래하산기)　붉은 햇살 비추니 노을 비단 펼쳐지고
白鷗飛盡海浮天(백구비진해부천)　백구(白鷗)가 날아가는 바다에 하늘이 떴네.
一官勞拙眞聊爾(일관로졸진료이)　관리의 노졸(勞拙)[203]도 진정으로 잠깐이고[204]
千古英雄亦窅然(천고영웅역요연)　천고(千古)의 영웅(英雄)들도 또한 아득하여라.[205]
行矣掛冠休萬事(행의괘관휴만사)　가다가 갓을 걸고 만사(萬事)를 그만두곤
便尋蓬島學神仙(편심봉도학신선)　문득 봉래(蓬萊)[206]를 찾아 신선을 배운다네.

落帽筵 落帽筵

龍山淸賞庾公蓮(용산청상유공련)　용산에서 유공(庾公)의 연꽃을 구경하다
烏帽隨風落舞筵(오모수풍낙무연)　검은 모자 바람 따라 무연(舞筵)에 떨어졌네.
自識元戎寬禮數(자식원융관례수)　원융(元戎)의 관대한 예(禮) 스스로 알지만
從敎老子任狂顚(종교노자임광전)　노자(老子)를 따라서 마음대로 방탕했지.[207]
人間九日佳辰在(인간구일가진재)　인간의 중양절(重陽節)은 아름다운 날이요
江左千秋勝事傳(강좌천추승사전)　동진(東晉)[208]에선 천추에 승사(勝事)가 전하더라.
白鬢黃花扶醉地(백빈황화부취지)　백발(白髮)되어 황화(黃花)에 취해 있으나
風光不獨永和年(풍광부독영화년)　풍광(風光)만은 유독 영화연간(永和年間) 같지 않네.

---

203) 덕(德)을 행하여 마음이 편안한 것을 휴(休)라고 하고 거짓을 행하여 마음이 수고로운 것을 졸(拙)이라고 한다. 그러므로 노졸(劳拙)은 심력(心力)을 허비(虛費)하는 것을 이르는 말이다.
204) 聊爾: 잠시. 잠깐.
205) 窅然: 깊고 먼 모양. 한탄하고 슬퍼함. 깊숙하고 어두운 모양.
206) 蓬島: 봉래산(蓬萊山).
207) 狂顚: 미치광이. 행동거지가 방탕하고 무절제한 것을 형용하는 말.
208) 江左: 강동(江東). 동진(東晉)과 남조의 송(宋) 제(齊) 양(梁) 진(陳) 각대(各代)의 모두 장강의 좌측에서 기업(基業)을 하였으므로 당시 사람들은 이 오조(五朝)와 그 통치하에 있었던 지역을 강좌라고 하였다. 남조 인들은 전적으로 동진(東晉)을 강좌(江左)라고 일컫는다.

秋聲 가을소리

露下天高寒日晶(노하천고한일정)　이슬 내린 높은 하늘 찬 해는 수정 같고
蕭蕭淅淅是何聲(소소석석시하성)　쏴아쏴아 비바람[209] 어떠한 소리인가?
初驚木末群山瘦(초경목말군산수)　나무 끝은 군산(群山)의 파리함에 놀라고
乍雜江流萬穴淸(사잡강류만혈청)　강은 흘러 만혈(萬穴)의 맑은 물이 뒤섞인다.
底事偏添騷客恨(저사편첨소객한)　무슨 일[210]로 시인의 한을 더할까?
無端更動玉關情(무단갱동옥관정)　끊임없이 다시 옥관(玉關)의 정을 느낀다네.
人生謾自悲搖落(인생만자비요락)　人生은 스스로 요락(搖落)을 슬퍼함에
鳴夏鳴春摠不平(명하명춘총불평)　모두가 불평하다 봄여름에 우는구나.

飯筒投水 飯筒[211]을 물에 던지다

水馬鳧車漾夕風(수마부차양석풍)　수마(水馬) 부거(鳧車)가 석풍(夕風)에 출렁이니
三閭遺恨此江中(삼려유한차강중)　삼려(三閭)의 남은 한(恨) 이 강(江)에 있구나.
醒魂澆酒知何益(성혼요주지하익)　깬 넋에 제사하니[212] 무슨 이익 있는가?
香粽呈誠冀或通(향종정성기혹통)　향기로운 떡과 정성은 바램과 소통이라.
帝子許分斑竹節(제자허분반죽절)　요임금 딸[213] 반죽(斑竹)의 절개를 지켰고
蛟龍解怕綵絲籠(교룡해파채사롱)　교룡(蛟龍)은 채사(綵絲) 새장 두려워했지.
綿山舊俗空寒食(면산구속공한식)　면산(綿山)[214]의 옛 풍속 공허한 한식(寒食)인데
不及年年有飯筒(불급연년유반통)　해마다 반통(飯筒)이 있음을 알지 못하네.

墨梅 墨梅

堂中不合樹寒梅(당중불합수한매)　집안에 한매(寒梅)를 심지 않지만

---

209) 淅淅: 비바람 소리.
210) 底事: 무슨일.
211) 飯筒: 종자(粽子).
212) 澆酒: 제사(祭祀).
213) 帝子: 아황(娥皇) 여영(女英). 전설로 요의 딸이다.
214) 綿山: 산명(山名). 춘추시대에 진(晉) 개자추(介子推)가 이산에 숨어 살았다하여 개산(介山)이라고도 한다.

怪底繁英壁上開(괴저번영벽상개)　번성한 꽃 벽 위에 피웠으니 괴이해라
花信卽由揮栗尾(화신즉유휘율미)　꽃소식이 곧 붓끝[215]에서 피어나니
春光豈待動葭灰(춘광기대동가회)　봄빛이 어찌 가회(葭灰)[216]의 동작을 기다리나?
江南煙雨猶渾面(강남연우유혼면)　강남(江南)은 안개비에 온통 흐렸고
庾嶺風標已換胎(유령풍표이환태)　유령(庾嶺)[217]의 품격[218]은 이미 태(胎)를 바꾸었네.
自是無心謠絶艷(자시무심요절염)　스스로 무심(無心)히 어여쁘다 말하지만
滿園桃李莫相猜(만원도리막상시)　정원의 도리(桃李)들도 시기(猜忌)하지 않는다.

青冢 青冢

畫裏姸媸失定形(화리연치실정형)　그림 속에 어여쁨 정형(定形)을 잃었으니
君王別意謾丁寧(군왕별의만정녕)　군왕(君王)과의 이별의 정 말하지 [219]마라
生前不改貞心赤(생전불개정심적)　생전(生前)에 붉은 마음 고치지 않았으나
死後猶令冢草靑(사후유령총초청)　사후(死後)에 무덤에는 푸른 풀 무성하네.
亦識精英鍾楚岫(역식정영종초수)　정화(精華)[220]가 초(楚)나라 산(山)[221]을 울렸으니
豈徒哀怨感坤靈(기도애원감곤령)　어찌 한갓 애원(哀怨)으로 곤령(坤靈)이 감동할까?
千春莫恨胡沙骨(천춘막한호사골)　천추에 뼈가 흙이 됨[222]을 한탄하지 마라
同輦離宮摠杳冥(동련이궁총묘명)　동련(同輦) 이궁(離宮)[223]이 모두 아득하니.

215) 栗尾: 붓 이름. 쥐나 족제비 털로 만든 붓.
216) 葭灰: 갈대 줄기 속에 들어 있는 엷은 막을 태운 재로 이 재를 대나무 통 속에 넣어 기후(氣候)를 점쳤다고 한다.
217) 庾嶺: 대유령(大庾嶺). 오령 중에 하나로 강서성 대유현 남쪽에 있다. 고개위에 매화를 많이 심어 매령(梅嶺)이라고도 한다.
218) 風標: 풍도(風度), 품격(品格).
219) 丁寧: 부탁하다. 경계하다. 말이 간절한 모양.
220) 精英: 정화(精華).
221) 楚岫: 초나라 땅의 산. 무산(巫山).
222) 胡沙: 서방과 북방의 사막이나 풍사(風沙).
223) 離宮: 정궁(正宮)외에 제왕이 순행할 때에 거주하는 궁실.

浙江潮 浙江의 潮水

鴟夷遺恨托江潮(치이유한탁강조)　술자루[224]에 남은 한(恨) 강물[225]에 던지고
白馬雷奔暮又朝(백마뇌분모우조)　백마를 분주히 달려 저녁이 아침 되었지.
大海元通開闢水(대해원통개벽수)　대해(大海)는 개벽(開闢)의 물과 원초부터 통하고
怒濤偏入古今謠(노도편입고금요)　노도(怒濤)는 고금의 노래에도 들어갔네.
三吳舟楫愁難過(삼오주즙수난과)　삼오(三吳)[226]의 배들은 가지 못함 근심하고
萬里魚龍伏不驕(만리어룡복불교)　만리(萬里)의 어룡(魚龍)들 엎드려 조용하네.
憤氣千年猶可息(분기천년유가식)　분한 기운 천년이니 사라질 것이요
稽山霸業已寥寥(계산패업이요요)　계산(稽山)의 패업(霸業)도 이미 고요하더라.

雪水煎茶 雪水로 차를 달이다.

掖垣晴雪正凝華(액원청설정응화)　담을 끼고 쌓인 눈 너무나 맑아
小鼎盛來合煮茶(소정성래합자다)　작은 솥에 수북이 담아 함께 끓였네.
獸炭乍添均火力(수탄사첨균화력)　수탄(獸炭)[227]을 잠깐 넣으니 화력이 좋아졌고
龍團新劈碎金芽(용단신벽쇄금아)　용단차(龍團茶)[228] 새로 잘라 금아(金芽)를 부쉈다네.
爐頭隱隱聽淸籟(노두은은청청뢰)　화로에선 은은하게 청뢰(淸籟)기 들리고
椀面浮浮看白花(완면부부간백화)　사발에는 둥둥 뜬 백화(白花)가 보인다네.
勝事堪爲仙省故(승사감위선성고)　좋은 일[229]은 선성(仙省)[230]과 연관되지만
宮恩玉井且休謗(궁은옥정차휴료)　궁은(宮恩)의 우물[231]이라 말하지 마라.

224) 鴟夷: 술을 담는 가죽 부대.
225) 江潮: 강 하류에 오고가는 조석현상(潮汐現象). 강하(江河)에 있는 파도(波濤).
226) 三吳: 지명(地名). 오흥(吳興) 오군(吳郡) 회계(會稽). 장강(長江) 하류 일대를 지칭.
227) 獸炭: 짐승모양의 숯. 숯과 숯불을 가리킴.
228) 龍團: 송대(宋代)에 최상품 차이름.
229) 勝事: 아름다운 일.
230) 仙省: 상서성(尙書省).
231) 玉井: 우물의 미칭. 태화산위의 옥정(玉井).

又

霱雲蒼壁下金鑾(휼운창벽하금란) 삼색 구름 푸른 벽에 금란(金鑾)232)이 내려오고
端爲談天舌本乾(단위담천설본건) 담천설지(談天說地)233) 하다보니 혀끝이 말랐더라.
雪水翻甌瓊液滑(설수번구경액활) 설수(雪水)는 사발에 녹아 옥액(玉液)이 부드럽고
松風入鼎露華團(송풍입정노화단) 송풍(松風)은 솥에 들어 이슬로 모인다오.
三更恰得添梅雨(삼경흡득첨매우) 삼경(三更)에 흡사 매우234)가 내리는 듯
一注何勞取竹竿(일주하로취죽간) 한 병235)을 어찌하여 죽간(竹竿)에서 취하는가?
到此益知眞味在(도차익지진미재) 이에 이르러 더욱이 진미(眞味) 있음 아노니
先春自是飽輕寒(선춘자시포경한) 선춘차[先春茶]236)는 이로부터 경한(輕寒)에 마셨다네.

次嘉山四知堂韻 嘉山 四知堂237)의 운을 사용하여

關西伯起四方知(관서백기사방지) 관서(關西) 백기(伯起)238)는 사방이 알지만
李子名堂亦自奇(이자명당역자기) 이자(李子)의 성취(成就)239)는 스스로 기이했지
欲識千秋神會處(욕식천추신회처) 천추에 신회(神會)한 곳을 알고자 하면
須看一室燕居時(수간일실연거시) 한 집에서 편안하게 살아갈 때240) 보아야 한다.
心淸已遣金如粟(심청이견금여속) 마음이 맑아 金이 조와 같음을 전하고

232) 金鑾: 제왕거마(帝王車馬)의 장식물(裝飾物). 제왕(帝王)의 거가(車駕). 한림학사(翰林學士)의 미칭(美稱).
233) 談天: 말을 잘함. 談天說地: 끝없이 수다를 떨다.
234) 梅雨: 초여름에 내리는 비교적 긴 비.
235) 一注: 한병. 따르다.
236) 先春: 차[茶]의 이명(異名).
237) 四知堂: 사지당(四知堂)은 동한(東漢)의 양진(楊震)이 "하늘도 알고 신도 알고 당신도 알고 나도 아는데 어찌하여 아는 사람이 없다하는가?[天知神知我知子知何謂無知]"라고 한데서 유래된 말인데, 그 후인들이 이런 이유로 당호를 많이 지었다.
238) 楊震(54~124) 후한(後漢) 안제(安帝) 때의 문신. 아들 양병(楊秉), 손자 양사(楊賜), 증손자 양표(楊彪) 등 4세(世)에 걸쳐 태위(太尉)가 배출된 집안으로 유명하다. 양진은 후한 홍농(弘農) 화음(華陰) 사람으로 자(字)가 백기(伯起)다. 경전에 밝고 박람해서 당시 '관서공자양백기(關西孔子楊伯起)'라 불렸다. 나이 쉰에 비로소 무재(茂才)로 천거되어 형주자사(荊州刺史)와 동래태수(東萊太守)를 지냈다. 진에 그에 의해 형주무재(荊州茂才)로 천거를 받은 왕밀(王密)이 창읍령(昌邑令)이 되었는데, 밤에 몰래 찾아와 금 10근을 주면서 늦은 밤이라 아무도 모른다고 말했다. 그러자 양진이 "하늘이 알고 귀신이 알며, 내가 알고 그대가 안다.(天知 神知 我知 子知)"고 대답하면서 거절했다. 이를 사지(四知)라 한다.
239) 名堂: 방식. 결과(結果). 성취(成就).
240) 燕居: 특별히 하는 일 없이 집안에 한가하게 있음.

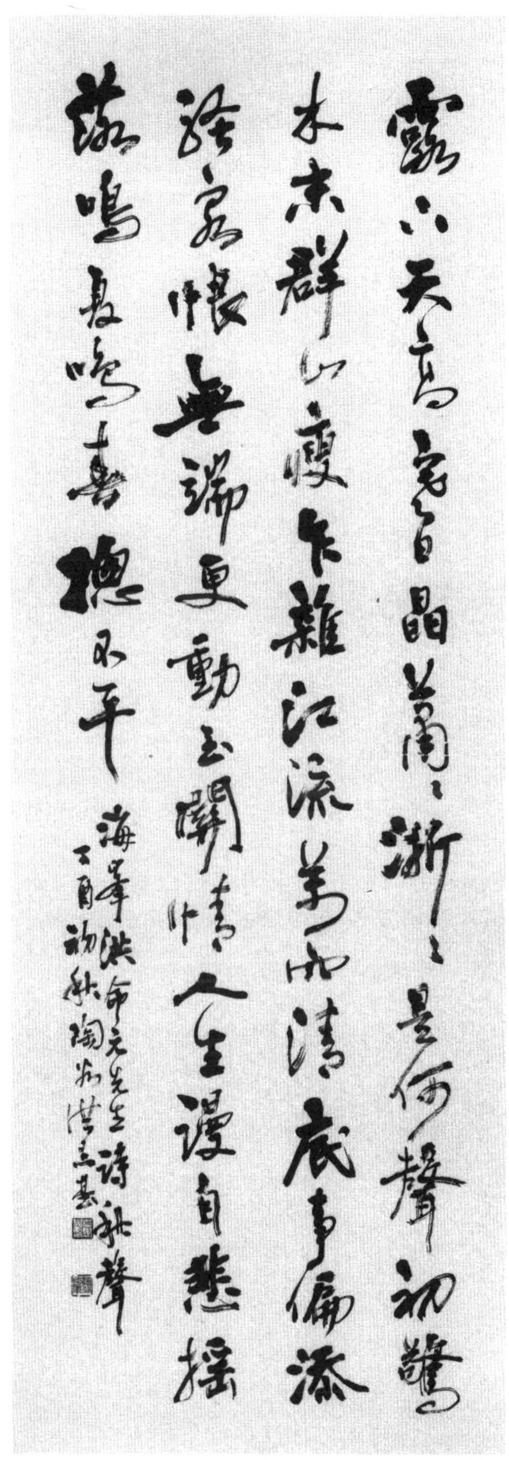

秋聲

境淨從敎水滿池(경정종교수만지)　경개 맑음은 물 가득한 연못에서 시작됐네.
留與邑人瞻寶額(유여읍인첨보액)　머물러 읍인(邑人)들과 보액(寶額)을 보았더니
追思不獨峴山碑(추사부독현산비)　추모함은 현산(峴山)의 비석(碑石)만이 아니라오.

送別從叔洪參議赴京 從叔 洪參議가 上京함에 송별하며

龍泉晴雪浿江風(용천청설패강풍)　용천(龍泉)에 눈이 오고 패강(浿江)에 바람부는데
千里同行又此逢(천리동행우차봉)　천리를 동행(同行)하며 또 이렇게 만났더라.
却幸他鄕頻會合(각행타향빈회합)　요행히 타향(他鄕)에서 자주 만났지만
那堪別席未從容(나감별석미종용)　어찌 이별의 자리 느긋할[241] 수 있을까?
天垂遼野群山沒(천수요야군산몰)　하늘은 먼들에 드리워 군산(群山)이 사라지고
地拆渾河萬水宗(지탁혼하만수종)　땅이 가른 모든 물은 만수(萬水)의 조종(祖宗)이라.
怊悵歸期還歲暮(초창귀기환세모)　슬퍼라 돌아갈 기약(期約)한 세모(歲暮)가 되니
陽關一曲意重重(양관일곡의중중)　양관(陽關)의 한 곡조(曲調)에 마음이 무거워라.

次義州二玩堂韻贈伯胤 義州 二玩堂 운을 사용하여 李弘胄에게 주다

官居千石貌癯儒(관거천석모구유)　벼슬하여 천석(千石)이 있지만 모습은 파리한 선비
自是高標與俗殊(자시고표여속수)　스스로 청고(淸高)하여[242] 속인들과 다르다네.
纔到堂中名已好(재도당중명이호)　이제 막 당(堂)에 올라 명성(名聲) 이미 좋지만
誰知靜裏道恒俱(수지정리도항구)　누가 알랴 고요하게 도(道)를 항상 갖췄음을
六年離索添華髮(육년이색첨화발)　육년(六年)을 조용히 살며 반백이 되었지만
萬里來遊說壯圖(만리내유설장도)　만리 여행에 장대(壯大)한 계획[243]을 얘기한다.
琴鶴亦非時務急(금학역비시무급)　고결함은[244] 시세(時勢)[245]의 급한 게 아니지만

241) 從容: 느긋하고 한가로워 당황하지도 않고 바쁘지도 않음.
242) 高標: 청고(淸高)하고 탈속(脫俗)한 풍범.
243) 壯圖: 장지(壯志), 웅대(雄大)한 의도(意圖).
244) 琴鶴: 거문고와 학. 고인들은 항상 거문고와 학을 따랐는데 이는 청고(淸高)하고 고결(高潔)함을 드러내는 것이다.

秖今西事屬艱虞(지금서사속간우) 지금의 서사(西事)는 어려움과 근심[246]이리.

又

吾儕同是一迂儒(오제동시일우유) 우리들은 모두가 어리석은 선비
誰料雄關寵擢殊(수료웅관총탁수) 누가 험난(險難)[247]한 곳 총애(寵愛)[248]가 다름을 알랴?
勝事忽從王事就(승사홀종왕사취) 승사(勝事)는 홀연 왕사(王事) 따라 나아가고
好懷還與別懷俱(호회환여별회구) 좋은 마음 또한 이별의 회포와 함께함을.
高秋波浪移烏舫(고추파랑이오방) 가을날의 물결은 검은 배를 옮기고
落日湖山展彩圖(낙일호산전채도) 석양은 호산(湖山)에 채색 그림 펼치누나.
回首上游連靺鞨(회수상유련말갈) 돌아보니 상류(上流)가 말갈로 이어지니
煩公努力備無虞(번공노력비무우) 고생한 공의 노력 근심 없도록 대비했네.

奉送芝峯李令公赴京 睟光 令公 芝峯 李睟光이 上京함을 奉送하며

節使新兼奏請行(절사신겸주청행) 절사(節使)를 새로 겸해 주청(奏請)[249]을 행하니
亞卿爲副事非輕(아경위부사비경) 아경(亞卿)[250]은 보좌역이나 사무가 중하더라.
仍聞便殿承天語(잉문편전승천어) 편전(便殿)[251]에서 들었던 천어(天語)를 계승하고
轉覺隆恩特地榮(전각융은특지영) 황은(皇恩)[252]의 특별한 영화(榮華)를 알게 됐네.
京洛向來猶阻闊(경락향래유조활) 경락(京洛)[253]은 예로부터[254] 험하고 먼데도[255]

---

245) 時務: 당세(當世)의 대사(大事). 시세(時勢). 시절(時節).
246) 艱虞: 어려움과 근심.
247) 雄關: 높고 험난한 관애(關隘).
248) 寵擢: 총애를 받아 발탁됨.
249) 奏請: 예전에, 임금에게 아뢰어 청하는 것을 이르던 말.
250) 亞卿: 주제(周制)에 경을 상중하로 나눠 다음을 중경(中卿) 아경(亞卿)이라 했다. 당이후(唐以後) 태상시(太常寺) 등의 관서는 소경(少卿)의 별칭이다.
251) 便殿: 정전(正殿) 이외의 별전(別殿), 예전에 제왕(帝王)이 휴식을 하던 곳.
252) 隆恩: 후은(厚恩). 대은(大恩). 황은(皇恩).
253) 京洛: 국도(國都). 서울길.
254) 向來: 종래(從來) 종전(從前) 과거(過去).
255) 阻闊: 원격(阻隔) 요원(遙遠).

關山此日幸逢迎(관산차일행봉영)　관산(關山)[256]에서 오늘은 다행히 만났으니[257]
煩公珍重加飧飯(번공진중가손반)　그대는 진중(珍重)하여 저녁밥을 먹으며
上答君親下友生(상답군친하우생)　군친(君親)[258]에게 답을 하고 친구[259]와 어울리네.

九日 同許評事魚川嘉山登控江亭 九日 許評事 魚川과 함께 嘉山[260] 控江亭에 오르다.

龍山佳節此江頭(용산가절차강두)　이곳 강기슭 용산(龍山)의 좋은 계절
暫上江樓散客愁(잠상강루산객수)　강루(江樓)에 오르니 객의 근심 흩어지네.
簿領三年添白髮(부령삼년첨백발)　관직생활[261] 삼년에 백발(白髮)이 많아졌고
逢迎千里盡青眸(봉영천리진청모)　천리에 만나보니 모두가 반갑더라.
油幢倚馬新從事(유당의마신종사)　막부[262]에서 일을 하며 능력을 발휘했고
閶闔排雲舊勝流(창합배운구승류)　궁전[263]에 구름 개이니 예전 명류(名流) 드러났네.[264]
更得主人拚小酌(갱득주인변소작)　다시 주인에게서 술을 얻어 마시니
未爲虛負菊花秋(미위허부국화추)　국화 피는 가을이 헛되지 않구나.

挽張兵使大夫人 張兵使 大夫人 挽詞

關西節度大夫人(관서절도대부인)　관서절도사(關西節度使) 대부인(大夫人)은
八十人間五福純(팔십인간오복순)　팔십을 사시면서 오복(五福)만을 받았지.
文駟彫軒南北遍(문사조헌남북편)　채색 사마[265] 화려한 집 남북(南北)에 두루 있고
白魚青筍旨甘均(백어청순지감균)　흰 물고기 푸른 죽순 골고루 맛보았네.

---

256) 關山: 관애산령(關隘山嶺). 난관을 비유.
257) 逢迎: 영접(迎接) 대면상봉(對面相逢).
258) 君親: 군왕(君王)과 부모(父母). 특별히 군주(君主)를 지칭함.
259) 友生: 붕우(朋友).
260) 嘉山: 평안도 박천에 있다.
261) 簿領: 관부(官府)에서 일을 기록하는 부책(簿冊)이나 문서(文書).
262) 油幢: 배나 수레위에 펴서 걸어놓은 유막(帷幕) 유막이 있는 수레. 장수(將帥)의 막부(幕府).
263) 閶闔: 궁문(宮門)이나 도성의 성문(城門). 경성(京城). 궁전(宮殿). 조정(朝廷).
264) 勝流: 명류(名流).
265) 文駟: 털색깔에 무늬가 있는 말. 사(駟)는 고대에 수레 하나를 네 마리 말이 끄는 것.

誰知孝子終天訣(수지효자종천결) 누가 알랴 효자(孝子)가 영결(永訣)할 줄을
更荷殊恩特地新(갱하수은특지신) 다시 은혜 입었으니 특별히 새로웠지.
劍會延津元有數(검회연진원유수) 다시 만나는 인연도 원래 수가 있으니
悲歡一夢浪沾巾(비환일몽낭첨건) 비환(悲歡)이 일몽(一夢)이라 눈물만이 흐른다.

奉別千秋使吳令公 千秋使 吳令公과 이별하며

驪歌一曲唱西郊(여가일곡창서교) 여가(驪歌) 한 곡을 서교에서 부르니
京洛於人魂已銷(경락어인혼이소) 경락(京洛)에 사람 혼이 이미 사라졌구나.
關路不緣接燕薊(관로불연접연계) 관로(關路)가 연계(燕薊)와 연접하지 않았으니
天涯安得相招邀(천애안득상초요) 천애(天涯)에서 어찌 서로 만날 수가 있을까?
寶帶萬釘新異數(보대만정신이수) 보대(寶帶)[266] 만정도 특별한 것[267]인데
春坊十載舊同僚(춘방십재구동료) 춘궁(春宮)[268]에서 십년을 지낸 옛 동료였네.
靈槎八月通河漢(영사팔월통하한) 팔월에 배[269]를 타고 하한(河漢)으로 통하면
會看星文動紫霄(회간성문동자소) 성광(星光)[270]이 고공[271]으로 옮김을 볼 수 있으리.

登古塔 古塔에 오르다.

古塔松臺對寂寥(고탑송대대적요) 고탑(古塔)과 송대(松臺)는 고요하게 서있고
高齋斜日傍漁樵(고재사일방어초) 높은 집 기운 해는 어초(漁樵)옆에 있더라.
金牛忽見湖中影(금우홀견호중영) 호수가 그늘에 금우(金牛)가 보이고
鐵騎初回海上潮(철기초회해상조) 바닷가 조수(潮水)에 기병이 돌아오네.
更倚連城明月動(갱의연성명월동) 다시 연성(連城)에서 밝은 달이 움직이는데

---

266) 寶帶: 진보(珍寶)로 장식한 패대(佩帶).
267) 異數: 등차(等次)가 같지 않음. 정도가 같지 않음. 특수(特殊)한 예우(禮遇).
268) 春坊: 위진(魏晉) 이래 태자궁을 춘방(春坊)으로 불렀고 춘궁(春宮)으로도 불렀다.
269) 靈槎: 천하(天河)로 올라갈 수 있는 배. 배[船]를 가리킨다.
270) 星文: 성상(星象). 劍을 가리킴. 성광(星光).
271) 紫霄: 고공(高空). 帝王이 사는 곳.

竝携雙劍落星搖(병휴쌍검낙성요) 쌍검(雙劍)을 집어 드니 낙성(落星)이 반짝인다.
若非賦有凌雲氣(약비부유능운기) 시부(詩賦)에 능운(凌雲)의 기세 있지 않다면
筆底天花可自飄(필저천화가자표) 붓 아래 천화(天花)가 저절로 날리리라.

天仙宮白松 天仙宮 白松

孤根一托蕊珠宮(고근일탁예주궁) 외로운 나무뿌리 예주궁(蕊珠宮)[272]에 의탁하니
豈與苕華粉黛同(기여초화분대동) 어찌하여 미옥(美玉)[273]과 장식[274]이 함께할까?
夜暗龍鱗銜自照(야암용린함자조) 밤에는 용(龍)이 감싸 스스로를 조영하고
天淸鶴影望來空(천청학영망래공) 하늘이 맑으면 학 그림자 보인다네.
條封姑射千秋雪(조봉고야천추설) 미녀[275]는 천추(千秋)의 눈 속에 갇혔는데
蓋擁蘭臺萬里風(개옹난대만리풍) 난대(蘭臺)에는 만 리의 바람이 불어온다.
不有子雲能作賦(불유자운능작부) 시부(詩賦)를 지을만한 자운(子雲)[276]이 없구나
誰知玉樹本靑葱(수지옥수본청총) 옥수(玉樹)가 청산(靑山)[277]에 있음을 누가 알까?

贈湖南伯 爲其祖父故龍潭倅作碑閣 湖南伯에게 줌. 그 祖父는 옛 龍潭에 碑閣을 지었다.

潁川爲政至於斯(영천위정지어사) 영천(潁川)에서 정치(政治)하며 여기에 이르러
碑閣添成一段奇(비각첨성일단기) 비각(碑閣)을 세웠으니 한결같이 기이(奇異)해라.
南國卽今棠下伯(남국즉금당하백) 남국(南國)에선 지금 당하(棠下)의 백이 되었지만
朗陵伊昔膝前兒(낭릉이석슬전아) 낭릉(朗陵)에선 종전(從前)[278]에 무릎 앞 아이였지.
傷心父老無多在(상심부로무다재) 늙은 부모 오래 살지 못함에 상심하고

---

272) 蕊珠宮: 예궁(蕊宮)으로도 불린다. 도교경전(道敎經典)에서 말한 선궁(仙宮).
273) 苕華: 미옥명(美玉名).
274) 粉黛: 장식(妝飾)을 하는 것. 미녀(美女).
275) 姑射: 신선(神仙)이나 미인(美人)의 대칭(代稱).
276) 揚雄(BC53경-AD 18) 부(賦)로 유명하다. 주요저작으로는 <법언 法言>·<태현경 太玄經>이 있다.
277) 靑葱: 취록색(翠綠色). 초목(草木)의 어린 싹이나 수목에 푸른 산봉우리.
278) 伊昔: 종전(從前).

識面湖山似有期(식면호산사유기)　호산(湖山)에 기약(期約)이 있음을 잘 알지만[279]
從此龜趺更鞏固(종차구부갱공고)　이 귀부(龜趺)로부터 더욱 공고(鞏固)해지리니
桐鄕留與後人悲(동향유여후인비)　동향(桐鄕)[280]에 남아서 후인(後人)들과 슬퍼하리

奉別李養久令公赴安邊 李養久[281] 令公이 安邊으로 감에 송별하며

大纛高牙此嶺隅(대독고아차령우)　대장(大將)의 깃발[282]이 있는 이 산 구석
十年還佩左魚符(십년환패좌어부)　십년에 다시 좌어부(左魚符)[283]를 패용했네.
治期臥閤名仍重(치기와합명잉중)　문을 닫고 누워 다스려도 명성이 중했고
養許專城寵亦殊(양허전성총역수)　어버이를 보양(保養)하며 총애가 특별했지.
蜀郡晩迎廉叔度(촉군만영염숙도)　촉군(蜀郡)에선 늦게 염숙도(廉叔度)[284]를 맞았고
河陽早識李司徒(하양조식이사도)　하양(河陽)에선 일찍이 이사도(李司徒)[285]를 알았네.
靑油舊客今頭白(청유구객금두백)　청유막(靑油幕)[286]의 구객(舊客)은 지금 머리가 흰데
夢逐春鴻度鶴湖(몽축춘홍도학호)　꿈에선 기러기 따라 학호(鶴湖)[287]를 건넌다.
公在乙巳年間爲巡察使 余以都事迎候于嶺下

樂民樓 卽席奉呈崔巡察 樂民樓 즉석에서 崔巡察에게 드림.

百里長川五里橋(백리장천오리교)　백리(百里) 장천(長川)에 오리교(五里橋)가 있고
橋頭畫閣壓岧嶢(교두화각압초요)　교두(橋頭)에는 화각(畵閣)이 높이 솟았네.[288]

---

279) 識面: 상면(相見).
280) 桐鄕: 춘추시대에는 동국(桐國)이었는데 한(漢)이 되면서 동향(桐鄕)으로 바뀌었다.
281) 李時發(1569~1626) 본관은 경주(慶州)이며, 자는 양구(養久), 호는 벽오(碧梧)·후영어은(後潁漁隱)이다.
282) 高牙大纛: 고대 군대의 깃발 이름. 대장이 출정할 때 군대 앞에 세우는 큰 깃발. 깃대 위를 상아(象牙)로 장식했기 때문에 아기라고 불렀다. 이 깃발은 전군의 상징이자 대장기로 불린다.
283) 魚符: 중국 당(唐)나라 때, 신표로 사용하는 물고기 모양의 부절(符節)을 이르던 말. 어계(魚契)라고도 한다.
284) 염범(廉范)이 촉군태수(蜀郡太守)가 되기 전에, 촉군에 화재가 있어서 사람들에게 밤에 일하는 것을 금하였다. 그러나 염범이 태수로 오면서 엄중히 물만 저장하게 하여 화재를 방지하니 백성들이 다음과 같이 노래하였다. 염숙도(廉叔度)가 오신 것 어찌 그리 늦었는고, 불을 금하지 않으니 백성들이 일을 편안히 하네. 전에는 저고리도 없더니 이제는 바지가 다섯 벌이로다. (廉叔度來何暮 不禁火民安作 昔無襦今五袴)
285) 司徒: 호부상서(戶部尙書)를 대사도(大司徒)라고 한다.
286) 靑油: 식물성 기름. 일설(一說)에는 흑칠(黑漆)이라고 하고 청유막(靑油幕)이라고 한다.
287) 鶴湖: 호수명. 절강성 가선(嘉善) 경내에 있다.

天垂大野襟喉壯(천수대야금후장)　하늘이 광야에 드리우니 마음이 툭 터지고
地接重溟眼界遙(지접중명안계요)　땅은 바다와 이어져 멀리 보이누나.
十月無風羅幕靜(시월무풍나막정)　시월에 바람 없어 장막(帳幕)은 고요하고
三更秉燭翠蛾嬌(삼경병촉취아교)　삼경(三更)에 불 밝은데 눈썹(美女)[289]이 교태롭다.
元侯看客懽如許(원후간객환여허)　순찰사[290]는 객을 보며 이처럼[291] 기뻐하고
尤信州民樂意饒(우신주민낙의요)　더욱이 주민(州民)들도 즐거워하는구나.

送李善餘赴肅川 二首 李善餘가 肅川으로 감에 전송하며

銅符未必侈銀臺(동부미필치은대)　동부(銅符)[292]에 은대(銀臺)[293]는 사치하지 않고
取舍如君費翦裁(취사여군비전재)　취사(取捨)에 그대처럼 안배(按排)[294]를 했네.
日有短長思盡孝(일유단장사진효)　날마다 장단(長短)이 있으니 효성(孝誠)을 생각하고
官無中外要輸才(관무중외요수재)　관(官)에서는 중외(中外) 없이 재능을 요하더라.
桑麻百里沾膏雨(상마백리첨고우)　상마(桑麻) 백리(百里)에 기름같은 비 내리니
羅綺三行捧壽杯(나기삼행봉수배)　미인들이 세 번이나 수배(壽杯)를 올렸지.
此去更兼樞密興(차거갱겸추밀흥)　이번 부임 추밀(樞密)을 다시 겸하였으니
楊州騎鶴不須咍(양주기학불수해)　양주(楊州)에서 학을 타며 기뻐하진 않는다.

肅寧華館憶曾過(숙녕화관억증과)　숙녕화관(肅寧華館)에서 지난 일을 생각하니
池面花開萬柄荷(지면화개만병하)　지면(池面)에는 연꽃이 가득 피었었지.
節候居然周歲了(절후거연주세료)　절후(節候)는 엄연하고 한해[295]도 끝나는데

---

288) 岧嶢: 높고 험함. 높이 솟음.
289) 翠蛾: 부녀의 가늘면서 길게 굽은 대미(黛眉). 미녀(美女).
290) 元侯: 제후의 장. 중신(重臣) 대리(大吏).
291) 如許: 이처럼. 이렇게 많이.
292) 銅符: 동호부(銅虎符). 동어부(銅魚符).
293) 銀臺: 전설중에 왕모가 거처하는 곳. 은대문(銀臺門). 은대사(銀臺司).
294) 翦裁: 원래는 의상(衣裳)을 재단하는 것이었는데 후에 대자연(大自然)의 경물(景物)에 대한 안배를 비유한 것이나, 문장을 쓸 때에 재료에 대한 취사(取捨) 안배(按排)를 비유한 것이 되었다.
295) 周歲: 일년(一年). 연령이 일년이 꽉 찬 것.

去留爭奈此時何(거류쟁내차시하) 거류(去留)를 어찌하고[296] 이 시절을 어찌하랴?
班生大錯登仙語(반생대착등선어) 반생(班生)[297]은 그릇되게 등선(登仙)의 말을 하고
摩詰多情勸酒歌(마힐다정권주가) 마힐(摩詰)[298]은 다정히 권주가(勸酒歌)를 부른다네.
窮巷寂寥揚子宅(궁항적요양자댁) 거리가 고요하고 너무 작은[299] 집이지만
夢魂飛渡浿江波(몽혼비도패강파) 꿈속에선 패강(浿江)을 날아 건넌다.

送洪師古令公赴信川 洪師古令公이 信川[300]으로 감에 전송하며

南海詩筒昔未傳(남해시통석미전) 남해(南海)의 시통(詩筒)이 예전부터 오지 않아
至今追想已茫然(지금추상이망연) 지금에 생각해도 이미 아득[301]하구나.
虛銜白首龍驤將(허함백수용양장) 흰 머리에 공직(空職)[302]은 용량장군이지만
舊迹靑雲鳳掖仙(구적청운봉액선) 청운(靑雲)의 옛 자취는 태자궁[303] 신선이라
任畀一城猶寵命(임비일성유총명) 성(城) 하나 맡김은 오히려 은총(恩寵)[304]이요
祿仁三族且窮年(녹인삼족차궁년) 삼족(三族)에게 녹을 주니 궁핍한 시절임에[305]
世間別語令人惱(세간별어영인뇌) 세간(世間)의 이별(離別)에 마음이 괴로우니
何用辛勤更作編(하용신근갱작편) 어떻게 고심하며 다시 글을 지을까?

送別許都事子賀 二首 都事 許子賀[306]를 송별하며

許子淸癯似沈侯(허자청구사침후) 허자(許子)의 맑고 마름 심후(沈侯)와 같아서

---

296) 爭奈: 어찌하랴? 어쩔 도리가 없다.
297) 班生: 한(漢)의 반사(班嗣). 노장(老莊)을 신봉(信奉)하여 인세(人世)를 초탈(超脫)한 것으로 유명하다.
298) 摩詰: 당(唐)의 왕유(王維)로 자(字) 마힐(摩詰)이다.
299) 楊子: 속칭(俗稱) 쌀 속에 사는 작은 흑충(黑蟲).
300) 信川: 황해도 중앙부에 있는 군.
301) 茫然: 광활무변(廣闊無邊)한 모양. 모호하고 맑지 않은 모양. 아는 바가 없는 모양.
302) 虛銜: 공직함(空職銜)으로 실직(實職)에 상대가 되는 말.
303) 鳳掖: 고대(古代) 황후(皇后) 황태자(皇太子)의 궁실(宮室).
304) 寵命: 은혜를 더해 특사(特賜)한 임명(任命). 봉건사회에서 상사의 임명에 다한 경사(敬辭).
305) 窮年: 타고난 수명을 마침. 생을 마침. 빈곤했을 때.
306) 許子: 허자하(許子賀)로 호는 상고제(尙古齋)이며 허균의 재종형이다. 1597년 유효립(柳孝立) 등의 인성군공(仁城君 珙 : 선조의 7남)을 추대하려는 음모를 고변한 공으로 영사 공신(寧社功臣) 1등이 되고 양릉군(陽陵君)에 봉해졌다.

論詩不數島郊流(논시불수도교류)　시를 논함 무수(無數)하여 교외(郊外)와도 교류했지.
天衢揷翅輸黃口(천구삽시수황구)　경도(京都)307)에선 새가 되어 아이308)를 보냈고
嶺海沈鱗到白頭(영해침린도백두)　영해에선 물고기로309) 백두(白頭)에 이르렀네.
鐵峽秋高山更拔(철협추고산갱발)　철협(鐵峽)310)의 가을은 산을 다시 뽑은 듯
咸州野闊樹皆311)浮(함주야활수개부)　함주(咸州)의 넓은 들엔 나무가 떠있는 듯
南樓醉墨今應在(남루취묵금응재)　남루(南樓)에서 취한 묵향(墨香) 지금도 남아
暇日登臨儻見酬(가일등림당견수)　휴일(休日)에 올라오니 홀연 보상받는 듯

早識關山行路難(조식관산행로난)　일찍이 관산(關山) 길이 어려움을 알았지만
聞韶何異草原寒(문소하이초원한)　좋은 음악312) 초원이 춥다고 어찌 다르랴?
一官困我況重到(일관곤아황중도)　관직이 어려운데 하물며 다시 이르렀고
四嶺橫天仍萬盤(사령횡천잉만반)　사령(四嶺)을 지나오며313) 만 번을 돌았다네.
幕府朝霜侵坐席(막부조상침좌석)　막부(幕府)의 아침 서리 좌석으로 들어오고
塞垣秋雪沒征鞍(새원추설몰정안)　변방(邊方)에 가을 눈이 안장(鞍裝)에 내린다.
岐頭此日送君去(기두차일송군거)　갈림길에 이날 그대를 떠나보내며
回首北風生齒酸(회수북풍생치산)　북풍(北風)을 돌아보니 마음이 아파오네.314)

挽權佐郎 倜 妻李氏 佐郎 權倜315) 妻 李氏의 挽詞

玉郎佳婦兩家宜(옥랑가부양가의)　옥랑(玉郞)과 가부(佳婦)에 양가(兩家)가 좋았지만
天固與之何奪之(천고여지하탈지)　하늘은 보냈다가 어찌 이리 빼앗는가?

307) 天衢: 경도(京都) 경도(京都)의 대로(大路).
308) 黃口: 병아리의 부리. 병아리. 어린아이.
309) 沈鱗: 수중의 물고기.
310) 鐵峽: 장강(長江)의 삼협(三峽) 일대(一帶).
311) 一作如
312) 聞韶: 제왕의 음악을 듣거나 아름다운 음악을 듣는 것.
313) 橫天: 하늘을 가로 지름.
314) 나는 일찍이 도사 찰방이 되었고 공 또한 이미 찰방을 거쳤지만 이번에 도사가 되었다.(余曾爲都事察訪 公亦已經察訪 今爲都事).
315) 權倜: (1589-1615) 조선 중기의 문신. 본관은 안동(安東). 자는 불기(不羈).

百歲四分太倏忽(백세사분태숙홀)　스물다섯 살았으니 너무나 빠르고
一男三女尙嬌癡(일남삼녀상교치)　일남 삼녀 두었는데 천진스럽고 예뻐라.[316]
人間兄弟子相弔(인간형제혈상조)[317]　인간형제들 외로워 서로 조상(弔喪)하니
泉下依從誰復知(천하의종수부지)　황천(黃泉)에 간다 해도[318] 누가 다시 알거나
去去丹旌漢南路(거거단정한남로)　붉은 만장 한남로(漢南路)로 가고 가는데
湖雲嶺日有餘悲(호운영일유여비)　호수 구름 서산낙일(西山落日) 슬픔을 느끼는 듯
李氏母親在湖南 舅吉州公在嶺南 이씨 모친은 호남에 있었고 시아비 길주공은 영남에 있었다.

前知申李令公作羅牧求別語 未幾陞方伯 余曾得一聯 因以足成

前知申 李令公이 羅州牧使가 되어 이별을 구했지만 아직 方伯에 오르지 못했다. 내 일찍이 一聯을 얻었기에 완성할 수 있었다.

世間多別少過從(세간다별소과종)　세간(世間)의 많은 이별(離別)에 따르는 사람 적고
離思秋懷重復重(이사추회중부중)　이별생각 가을 회포 무겁고 무겁구나.
一院六人三剖竹(일원육인삼부죽)[319]　일원(一院)에 여섯 사람 삼부죽(三剖竹)[320]이요
五更雙闕再聞鐘(오경쌍궐재문종)[321]　오경(五更)에 쌍궐(雙闕)에서 다시 종소리 듣는다.
專城方面誰爲大(전성방면수위대)　고을 맡아 주재(主宰)함은 누가 더 크던가
利器盤根政得逢(이기반근정득봉)　이기(利器)의 근본(根本)[322]을 정치에서 언는다네.
南國化行饒暇日(남국화행요가일)　남국(南國)을 교화(敎化)하며[323] 한가한 날 있으니
詩筒無惜起疏慵(시통무석기소용)　시작(詩作)에는 게을러도 안타까움 없더라.[324]

---

316) 嬌癡: 천진하여 사랑스러우나 잘 알지를 못함.
317) 人間兄弟子相弔 一作 兄徵亦喪偶鰥居.
318) 依從: 동의(同意) 듣고 따름.
319) 李善餘 柳子由皆自銀臺出守.
320) 剖竹: 고대에 관작을 줄 때에 대나무를 쪼개 부절로 삼았다. 부절을 둘로 쪼개 하나는 본인에게 주고 하나는 조정에 남겨놓았으니 훗날에 위임장에 상당하는 것이다.
321) 余再入銀臺.
322) 盤根: 근기(根基).
323) 化行: 교화를 시행하는 것.
324) 疏慵: 게으르다. 산만하다.

大同江 次巡察金景進韻 大同江. 巡察 金景進의 운을 사용하여

謝眺澄江如練明(사조징강여연명) 맑은 강을 바라보니 청결(淸潔)하고 선명(鮮明)하며[325]

西川名妓體偏輕(서천명기체편경) 서천(西川)의 명기(名妓)는 몸이 너무 가볍더라.

湖山此夜呈新態(호산차야정신태) 호산(湖山)은 이 밤에 새로운 자태 드러내고

賓主他鄕見舊情(빈주타향견구정) 빈주(賓主)는 타향에서 옛정을 보인다네.

移席傍簷孤月近(이석방첨고월근) 처마로 자리 옮기니 고월(孤月)이 가깝고

回舟遡岸怒波平(회주소안노파평)[326] 언덕으로 배돌리니 성난 파도 평탄(平坦)해라.

男兒幾箇曾遊歷(남아기개증유력) 남아가 얼마나 돌아 다녔던가?

酒後長歌感慨生(주후장가감개생) 취한 후 긴 노래에 감개(感慨)가 생겨나네.

挽金知事 履元 金知事 履元[327] 挽詞

公爲巡察我爲州(공위순찰아위주) 공은 순찰사(巡察使)고 나는 주군(州郡)을 맡았는데

聚散悠悠歲五周(취산유유세오주) 아득하게 헤어져 오년이 되었더라.

無復此生陪笑語(무부차생배소어) 이생에는 함께하며 소담(笑談)을 못하고

可堪華屋落山丘(가감화옥낙산구) 화옥(華屋)은 구산(丘山)으로 떨어졌다네.

金章茅土勳名大(금장모토훈명대) 금장(金章)[328] 모사(茅土)[329]에 훈명(勳名)이 크지만

玉樹芝蘭報施優(옥수지란보시우) 옥수(玉樹) 지란(芝蘭)에 베품이 많았지.

王事竟孤蒿里餞(왕사경고호리전) 왕사(王事)는 외로워져 만가(輓歌)[330]속에 전송(餞送)하고

龍津松檟望中愁(용진송가망중수) 용진(龍津)의 묘지(墓地)[331]를 바라보며 근심하네.

余以迎慰使西行 나는 영위사(迎慰使)로서 서쪽으로 가게 되었다.

---

325) 練明: 결백하고 말쑥하다.

326) 皆實事.

327) 金履元(1553-1614) 본관은 일선(一善). 초명은 신원(信元), 자는 수백(守伯), 호는 소암(素庵).

328) 金章: 금으로 만든 관인(官印). 고대 고급관원들의 관복(官服).

329) 茅土: 왕후의 봉작을 가리킴.

330) 蒿里: 고만가명(古挽歌名). 묘지(墓地)를 가리킴.

331) 松檟: 소나무와 개오동나무로 이 두 나무를 묘전(墓前)에 심었으므로 묘지(墓地)의 대칭(代稱)으로 쓰인다.

送別高書狀 善行 高書狀 善行[332]과 송별하며

三韓地盡此江頭(삼한지진차강두)　삼한 땅이 이 강두(江頭)에서 다했으니
此地行來亦遠遊(차지행래역원유)　이곳을 오고감도 머나먼 여행이라
作客難堪萬里別(작객난감만리별)　나그네로 만 리 이별 감당하기 어렵지만
逢君況說六年愁(봉군황설육년수)　그대 만나 하물며 육년 근심 말했네.
渭城歌散知何日(위성가산지하일)　위성(渭城)의 노래를 어느 날에 알까?
灣館杯深且少留(만관배심일소류)　만관(灣館)의 잔 깊으니 잠시간 머문다오.
歲暮相逢應更早(세모상봉응갱조)　세모(歲暮)에 서로 만남 응당히 이르지만
老夫還幸在遐陬(노부환행재하추)　노부(老夫)는 다시 떠나 먼 변방에 있겠구나.

挽外從兄李義州改葬 外從兄 李義州 改葬 挽詞

弱齡文彩映朝紳(약령문채영조신)　이십(二十)에 문장이 조정에 드러났지만
大節方知板蕩辰(대절방지판탕진)　대사(大事)[333]가 바야흐로 혼란한 시대[334]였지.
簡拔獨當灣上事(간발독당만상사)　선택되어 홀로 만상(灣上)의 일 했으나
丹靑永失鏡中眞(단청영실경중진)　그림은 영원히 경중(鏡中) 진영(眞影) 잃었다네.
墳移高燥由終孝(분이고조유종효)　더위에 이장하니 효성이 지극하고
禮備哀榮荷至仁(예비애영하지인)　예에 애영(哀榮) 갖췄으니 지극히 어질더라.
二十三年如昨日(이십삼년여작일)　이십삼년(二十三年)이 어제와 같으니
西風吹淚古臨津(서풍취루고림진)　서풍(西風) 부는 옛 나루에서 눈물 흘린다.

喜雨 次巡相錦城館韻 五月初九日 喜雨 巡相 錦城館의 운을 사용하여 5월 초9일

昨夜陰雲昨夜風(작야음운작야풍)　어제 밤에 구름 끼고 어젯밤에 바람 불다

---

332) 高用厚(1577-?) 본관은 장흥(長興). 자는 선행(善行), 호는 청사(晴沙). 저서로는 『청사집』『정기록(正氣錄)』 등이 있다.
333) 大節: 기본적인 법기강. 고원(高遠)하고 큰 절개(節槪).
334) 板蕩: 정국혼란(政局混亂)이나 사회동요(社會動搖).

曉來銀竹滿空中(효래은죽만공중)　새벽에는 큰 비가[335] 공중에 가득했네.
周沾后上功非細(주첨후상공비세)　두루 젖은 대지[336]에는 공이 적지 않은데
倒瀉天潢勢轉雄(도사천황세전웅)　쏟아지는 천하(天河)[337]는 세가 점점 커진다.
喜氣樓臺淹使節(희기누대엄사절)　누대에 기쁜 기색 사절(使節)이 머무르고
懽聲阡陌走村翁(환성천맥주촌옹)　밭두둑에선 환성에 촌옹(村翁)이 달려가네.
隨車霈澤知誰賜(수차패택지수사)　수레 따라 비 내림은 누가 주는가?
決獄鞭龍笑數公(결옥편룡소수공)　판결(判決)하고[338] 용 부리며 몇 사람을 웃게 한다.

次綾城聯珠亭韻 二首 綾城 聯珠亭韻을 사용하여

繁絃高管錯杯盤(번현고관착배반)　다양한 관현(管絃)악기 배반(杯盤)이 놓여있고[339]
六月江深畫閣寒(유월강심화각한)　유월에 강 깊은데 화각(畵閣)이 시원해라.
巫峽忽如屛裏入(무협홀여병리입)[340]　무협(巫峽)은 홀연 병풍(屛風) 속에 든 듯하고
佳人還似夢中看(가인환사몽중간)　가인(佳人)은 다시 꿈속에서 보는 것 같아라.
淸懽不覺歸程遠(청환불각귀정원)　청환(淸懽)에 먼 노정(路程)을 알지 못하는데
密席從敎酒令寬(밀석종교주령관)　밀석(密席)에선 주령(酒令)을 너그럽게 한다네.
聞說風光秋更好(문설풍광추갱호)　풍광(風光)이 가을에는 더욱 좋다 말하니
相邀莫負菊花團(상요막부국화단)　서로가 만나면 국화 밭을 잊지나 마소서.

迢遞炎荒百八盤(초체염황백팔반)　길고 긴[341] 더위[342]가 자주 이르매
獨憐江檻占淸寒(독련강함점청한)　강의 난간 시원하니 유독 좋아라.
灘聲正好風前聽(탄성정호풍전청)　시내소리 바람 앞에 기분 좋게 들리고

---

335) 銀竹: 은백색의 대나무. 소나기.
336) 后土: 대지(大地)에 대한 존칭(尊稱).
337) 天潢: 천하(天河).
338) 決獄: 판결(判決)과 송사(訟事).
339) 錯: 방치(放置) 안치(安置).
340) 亭有巫山十二峯之景.
341) 迢遞: 요원한 모양. 시간이 장구한 모양.
342) 炎荒: 남방의 뜨겁고 황원한 곳.

山意偏宜雨後看(산의편의우후간)　산의 정태(情態) 비온 뒤에 너무 좋구나.
河朔豪狂今肯謝(하삭호광금긍사)　하삭음(河朔飮)의 호탕함 지금도 감사하니
巫廬擁塞此爲寬(무려옹새차위관)　무려(巫廬)가 막혔어도[343] 이렇게 느긋하네.
人間聚散雲無跡(인간취산운무적)　인간의 취산(聚散)이 구름처럼 흔적 없으니
勝會唯應一夢團(승회유응일몽단)　성대한 모임[344]은 한바탕 꿈결이라.

復用前韻 다시 前韻을 사용하여

裙拖六幅繡龍盤(군타육폭수룡반)　수놓은 용반(龍盤)에 육폭(六幅) 치마 끄는데
颯颯松風入指寒(삽삽송풍입지한)　쉬익쉬익[345] 솔바람 한기(寒氣)가 들어오네.
座客直疑湘瑟奏(좌객직의상슬주)　좌객(座客)은 상비(湘妃)의 비파연주[346] 의심했고
行人幾作洛妃看(행인기작낙비간)　행인(行人)들은 몇 번이나 낙비(洛妃)[347]를 보았다지.
星期浩蕩終難定(성기호탕종난정)　요일(曜日)[348]은 아득[349]하여 알지를 못하지만
斗酒慇勤且自寬(두주은근차자관)　두주(斗酒)는 은근하여 스스로가 너그럽네.
蘆嶺揷天淸漢闊(노령삽천청한활)　노령(蘆嶺)은 치솟고 맑은 한강 넓은데
兩鄕唯見月團團(양향유견월단단)　두 고을엔 오로지 둥근 달만 보이누나.

奉別月沙李相公 以冠服奏請赴京師 月沙 李相公이 관복을 입고 京師로 감을 주청하였기로 송별하다.

聞說星槎上太微(문설성사상태미)　배[350]를 타고 태미(太微)[351]에 오른다고 하는데
北風吹急雪飛時(북풍취급설비시)　북풍이 급히 불고 눈발이 날릴 때라.

---

343) 擁塞: 남의 일을 훼방하여 못하게 막음. 막혀서 서로 통하지 못함.
344) 勝會: 성회(盛會). 평범하지 않은 풍도(風度).
345) 颯颯: 빠른 모양 또는 그 소리.
346) 湘瑟: 순임금의 두 딸 상비(湘妃)가 연주한 비파.
347) 洛妃: 복희의 딸.
348) 星期: 요일(曜日). 1주. 7일.
349) 浩蕩: 광대(廣大) 광원(曠遠). 황당(荒唐).
350) 星槎: 외국에 보내는 사신이 타고 가는 배. 배[舟船].
351) 太微: 고대(古代)의 성관명(星官名). 조정(朝廷)이나 황제(皇帝)가 사는 곳.

度支仍帶天恩異(도지잉대천은이)[352] 탁지(度支)[353]에서 남다른 천은(天恩)을 입었고
專對爭推地望宜(전대쟁추지망의) 독대(獨對)[354]하여 마땅한 지망(地望)을 추천했네.
黼座於瞻皇極廡(보좌어첨황극무) 천자(天子)[355]를 대궐에서 바라보았고
翟褕催出尙方司(적유최출상방사) 적유(翟褕)[356]를 상방사(尙方司)[357]에 재촉하였지.
江南亦自音書少(강남역자음서소) 강남(江南)에는 또한 서신(書信)[358]이 적으니
莫向燕山怨別離(막향연산원별리) 연산(燕山)[359]향한 이별을 원망치 말라.

奉別巡察李相公秩滿還朝 二首 巡察使 李相公 秩滿이 朝廷으로 돌아감에 송별하며

此世生同同立朝(차세생동동립조) 이 세상 함께 살며 같이 조정에 섰는데
況今爲屬昔爲僚(황금위속석위료) 하물며 지금은 예전 소속 관료라네.
匡君志切聽言論(광군지절청언론) 바른 임금 뜻이 간절해 언론을 들었고
化俗才優見敎條(화속재우견교조) 세속 교화 탁월하여 가르침을 보였지.
東閣開樽梅欲動(동각개준매욕동) 동각(東閣)에 술독 여니 매화꽃이 피어나고
南樓揮塵暑初消(남루휘진서초소) 남루(南樓)에 먼지 일며 더위가 사라진다.
天涯去住增離索(천애거주증리색) 천애(天涯)에서 머물며 쓸쓸함을[360] 더하지만
夢逐征麾到洛橋(몽축정휘도락교) 꿈에는 깃발[361] 따라 낙교(洛橋)[362]에 이르렀네.

親承符節繫公衣(친승부절계공의) 친히 부절(符節)을 받아 관복에 달았는데
不謂南來更送歸(불위남래갱송귀)[363] 남으로 왔다가 다시 간다 말하지 마라.

---

352) 公箚辭戶判 優敎不許.
353) 度支: 관서명(官署名). 전국의 재정수지(財政收支)를 관장하며 장관을 탁지상서(度支尙書)라고 하였다.
354) 專對: 단독(單獨)으로 응대(應對)하는 것.
355) 黼座: 제좌(帝座). 천자(天子).
356) 翟褕: 붉은 비단에 꿩의 깃으로 장식한 왕비의 옷.
357) 尙方司: 조선 말기 어복(御服)·어물(御物) 등을 관장하기 위하여 설치되었던 관서.
358) 音書: 음신(音訊), 서신(書信).
359) 燕山: 연경(燕京)은 지금의 북경시(北京市)이다.
360) 離索: 쓸쓸함. 조용함.
361) 征麾: 옛날, 고위 관리가 길을 떠날 때 세운 깃발.
362) 洛橋: 낙양시(洛陽市) 천진교(天津橋) 낙수위에 다리가 있었으므로 낙교(洛橋)라 불렀다.

冀部二天誇獨有(기부이천과독유)　기부(冀部)의 관수(官守)[364]는 독특함을 자랑하고
湖城十月惜分飛(호성십월석분비)　호성(湖城)의 시월에 이별[365]을 애석해 한다.
光陰袞袞華顚早(광음곤곤화전조)　세월은 흘러 흘러 늙음[366]에 이르렀고
離合悠悠素計違(리합유유소계위)　이합(離合)이 아득하여 평소계획 어긋났네.
回首秦京何處是(회수진경하처시)　돌아보네. 진경(秦京)이 어느 곳인가?
香爐畫省轉依依(향로화성전의의)　향로(香爐)[367]있는 상서성[368] 여전히 그리워라.[369]

次風詠亭韻 風詠亭韻을 사용하여

今日悤悤昨日休(금일총총작일휴)　금일은 바쁘구나 어제는 쉬었는데
高亭一上百年愁(고정일상백년수)　높은 정자 오르며 백년 근심하는 듯
疏松老柳圍荒砌(소송로류위황체)　성근 솔 늙은 버들 황계(荒階)를 둘러싸고
浴鷺飛鳧戲晩洲(욕로비부희만주)　백로와 오리들 만주(晩洲)에서 즐겁구나.
溪壑不曾隨世變(계학부증수세변)　골짜기는 세상 따라 변하지 않지만
軒簷長爲護詩留(헌첨장위호시류)[370]　처마엔 오래도록 호시(護詩)들이 남았다네.
仙區勝賞無時了(선구승상무시료)　선계(仙界)의 좋은 경치 끝날 때가 없으니
莫較冬春與夏秋(막교동춘여하추)　동춘(冬春)과 하추(夏秋)를 비교하지 말지어다.

挽鄭光城令公 鄭光城 令公 挽詞

來時祖我漢江濱(내시조아한강빈)　한강변으로 조부와 내가 올 때
此日誰云永訣辰(차일수운영결진)　영결하는 날이라 누가 말했나?

---

363) 公辭朝時吾爲兵房承旨授符.
364) 二天: 은인(恩人). 비호자(庇護者)에 대한 감사(感謝)의 언사(言辭). 정직(正直)하고 현명(賢明)한 관수(官守).
365) 分飛: 이별(離別).
366) 華顚: 백두(白頭). 연로(年老).
367) 香爐: 분향(焚香)하는 기구(器具). 여산(廬山)의 향로봉(香爐峰).
368) 畫省: 상서성(尙書省).
369) 依依: 마음에 두어 버리지 못하는 모양. 사모하고 그리워하는 심정.
370) 亭經兵亂不火諸賢懸極宛然.

纔報生孫書在案(재보생손서재안)　손자를 낳았다는 서신은 책상에 있는데
忽聞遺世夢非眞(홀문유세몽비진)　홀연히 세상 떠남 진실 아닌 꿈이겠지.
孤兒弱女知何怙(고아약녀지하호)　외롭고 약한 아이들 누구를 의지하나
玉劵金章摠是塵(옥권금장총시진)　옥권(玉劵) 금장(金章) 모두가 먼지가 되었더라.
遙想西堂倒屣處(요상서당도사처)　서당(西堂)에서 황급히 떠나려는데[371]
滿庭晴雪鎖叢筠(만정청설쇄총균)　뜰 가득히 내리는 눈 대밭에 가득하네.

法聖倉 次洪提督韻 法聖倉 提督 洪千璟의 운을 사용하여

地盡山回大海傍(지진산회대해방)　산을 돌아 땅 다한 곳 대해의 곁에
登臨不獨好風光(등림부독호풍광)　올라보니 풍광만 좋은 것이 아니로다.
津藏板屋關防密(진장판옥관방밀)　나루는 판옥(板屋)을 가려 관문[372]이 은밀하고
漕給京師廟算長(조급경사묘산장)　서울에 배로 나르니 묘산(廟算)[373]이 장구하네.
倉庫氏傳爭什一(창고씨전쟁십일)　창고지기 열에 하나 다툼을 전하는데
往來人閱幾星霜(왕래인열기성상)　왕래하는 이들은 몇 해 동안 보아왔나?
千家正是花如錦(천가정시화여금)　모든 집들 꽃이 피어 비단과 같고
酒味撩吾興欲狂(주미료오흥욕광)　술맛에 취하니 흥은 절로 나누나.

鷹巖泛舟 次提督[374] 三月十二日 鷹巖에서 배를 띄우다 提督 洪千璟의 운을 사용하여

析木扶桑自此通(석목부상자차통)　석목[375] 부상은 이로부터 통하는데
鰌潮來處有腥風(추조래처유성풍)　조수가 밀려오니 비린내 나는 바람
三山未遂逢仙侶(삼산미수봉선려)　삼산(三山)에서 신선을 만나지 못했으니

371) 倒屣: 급하여 신을 거꾸로 신음.
372) 關防: 변방에 지키는 관문. 병사들이 지키는 요새.
373) 廟算: 조정이나 혹은 제왕이 전쟁에 대한 진행계획.
374) 三月十二日.
375) 析木: 성차명(星次名). 12성차의 하나.

九岫[376]因思訪梵宮(구수인사방범궁)　구수(九岫)에서 범궁 찾을 생각을 하네.
背日高巖危欲倒(배일고암위욕도)　해를 등진 높은 바위 넘어질 듯 위태하고
浮天積水厚還空(부천적수후환공)　부천(浮天) 적수(積水) 풍성하게 공중에 걸쳤구나.
畫船簫鼓忘歸去(화선소고망귀거)　화선(畫船)의 음악소리 돌아갈 일 잊었는데
無數汀花笑粉紅(무수정화소분홍)　무수한 물가의 꽃 분홍으로 피었더라.

榮山浦船遊 次席上韻 榮山浦에서 배타고 놀며 席上韻을 사용하여

揮毫不欲鬪詞華(휘호불욕투사화)　휘호에 문채(文采)[377]를 다투지 않지만
爭奈春江滿眼花(쟁내춘강만안화)　춘강에 눈 가득히 꽃 있으니 어찌하나
李白未工吟綠水(이백미공음록수)　이백(李白)은 공들여 녹수(綠水) 읊지 않았고
桃源只解比紅霞(도원지해비홍하)　도원(桃源)은 붉은 노을과 견주기도 하였지
回崖曲浦深深見(회애곡포심심견)　회애(回崖)와 굽은 포구 깊숙이 보이고
錦幛紗籠箇箇斜(금장사롱개개사)　금장(錦幛)과 사롱(紗籠)[378]은 하나하나 기울었네.
十里汴渠勞翦綵(십리변거노전채)　십리의 시내에 번화하게 꽃이 피니[379]
當時隋帝謾窮奢(당시수제만궁사)　당시의 수제(隋帝)처럼 호사(豪奢)를 한다.

次洪提督 提督 洪千璟을 차운하며

蕭瑟平生庾子山(소슬평생유자산)　유신(庾信)[380]의 평생 삶이 쓸쓸[381]했으나
暮年丘壑飽淸閑(모년구학포청한)　늘그막에 향촌(鄕村)[382]에서 배부르고 청한했네.
丈夫然諾三杯後(장부연락삼배후)　장부(丈夫)는 석잔 후에 응답(應答)[383]을 했고

376) 山名.
377) 詞華: 문채(文采). 문사가 화려함.
378) 紗籠: 비단으로 만든 등롱(燈籠).
379) 翦綵: 꽃이 화려하게 피는 것을 형용.
380) 庾信: 북주(北周)의 문학가(文學家)로 자(字)가 자산(子山)이다.
381) 蕭瑟: 쓸쓸하다. 처량하다.
382) 丘壑: 산릉(山陵)과 계곡(溪谷). 산수(山水)의 유미(幽美)한 곳. 향촌(鄕村).
383) 然諾: 연(然)과 낙(諾)은 모두 응대하는 말로 허락(許諾)을 표시한다.

浮世分離十載間(부세분리십재간)　인간세상[384] 십년간 떨어져서 살았더라.
黌舍虎皮猶不暖(횡사호피유불난)　학당(學堂)[385]의 강석(講席)[386]은 따뜻하지 않았고
天門龍陛更難攀(천문용폐갱난반)　천문(天門)의 궁중 계단[387] 오르기 어려워라.
簿書未赴宵征約(부서미부소정약)　부서(簿書)가 밤[388] 약속에 가지 않았기에
詩到今朝却厚顔(시도금조각후안)　오늘 아침 시를 보니 오히려 부끄럽네.

贈人 사람에게 줌

籍甚香名十五秋(적심향명십오추)　적심한 향기 그 이름은 십오추인데
何相見晩此荒陬(하상견만차황추)　어떻게 저녁에 이 변방[389]에서 만났나?
古人解道新知樂(고인해도신지락)　고인(古人)을 이해[390]하니 새로 앎이 즐겁고
浮世關心近別愁(부세관심근별수)　부세(浮世)에 마음 쓰니 이별이 근심된다.
垂柳幾村蘇小宅(수류기촌소소댁)　수양버들 어느 마을 소소댁[391]에 있을까?
寒梅一樹謝公樓(한매일수사공루)　한매(寒梅) 하나 사공루(謝公樓)[392]에 있구나.
野亭欲赴尋花約(야정욕부심화약)　야정(野亭)으로 달려가 꽃을 보자 했으니
儻許瑤琴盡日留(당허요금진일류)　아마도 거문고[393]가 하루 종일 머물겠지?

次曹提督結棚賞蓮 曹提督과 만나 연꽃을 감상하다. 차운하여

天涯客宦偶然同(천애객환우연동)　변방에서 벼슬하며 우연히 만났는데
相對蕭條世念空(상대소조세념공)　상대가 적막(寂寞)하니 세상 생각 공허한데

384) 浮世: 인간(人間). 인세(人世).
385) 黌舍: 교사(校舍). 학교(學校).
386) 虎皮: 늙은 호랑이의 가죽. 강석(講席)의 대칭(代稱).
387) 龍陛: 궁전(宮殿)의 계단.
388) 宵征: 야행(夜行).
389) 荒陬: 황량한 변방.
390) 解道: 이해하다. 알다.
391) 蘇小: 이는 곧 소소소(蘇小小)로 소소소는 남조(南朝) 제(齊)나라 때의 전당(錢塘) 명기(名妓).
392) 謝公: 여기서는 분명하지 않으나 남조(南朝) 송(宋)의 사령운(謝靈運)을 가리키는 것 같다.
393) 瑤琴: 옥으로 장식한 거문고.

爲愛荷花偸暇日(위애하화투가일)　연꽃을 좋아해서 한가한 날 틈을 내니
仍添水檻納涼風(잉첨수함납량풍)　물가 난간[394]에 서늘한 바람이 불어온다.
醪傾碧斗眞堪侈(요경벽두진감치)　벽두(碧斗)로 막걸리를 마시니 사치스럽고
亭繞紅粧未是窮(정요홍장미시궁)　꽃으로[395] 정자를 둘렀으니 궁하지 않네.
向夕波搖香露滴(향석파요향로적)　저녁 무렵 물결 일며 향로(香露)가 떨어지니
更疑身在蕊珠宮(갱의신재예주궁)[396]　다시 몸이 예주궁(蕊珠宮)에 있음을 의심하누나.

光州板韻 光州 板韻

窮陰贔屭雪霙霙(궁음비희설영영)　그늘진 곳 세차게 눈이 내리니
臘月江南天少晴(납월강남천소청)　섣달에 강남에는 맑은 날이 적네.
去歲此時叨倚玉(거세차시도의옥)　지난해 이 때는 현자(賢者)[397]와 친했었고
香爐畫省近承明(향로화성근승명)　향로의 상서성은 승명(承明)에 가깝다.
重逢按節分符地(중봉안절분부지)　안절(按節)[398]을 거듭 만나 부지(符地)를 나누고
共切憂民報主誠(공절우민보주성)　백성 근심 함께하여 주군(主君) 정성 보답한다.
東閣一樽仍酩酊(동각일준잉명정)　동쪽 누각의 한 동이 술에 크게 취했는데[399]
怳然蓮燭照嚴更(황연연촉조엄경)　황홀한 연촉(蓮燭)은 경고(更鼓)를 비추더라.[400]

復用榮山韻寄羅牧 榮山韻을 다시 사용하여 羅牧에게 부침

無定生憎蕚綠華(무정생증악록화)　녹매(綠梅)[401]에 한(恨)[402]이 없지만
春風愁殺錦城花(춘풍수살금성화)　춘풍에 금성의 꽃 근심이 깊네.[403]

---

394) 水檻: 물가의 난간.
395) 紅妝: 미녀(美女). 곱고 화려한 화훼(花卉) 등을 비유.
396) 一作況復波搖香露夕.
397) 倚玉: 높이 오르거나 현자와 친해지는 것.
398) 按節: 채직을 휘두르지 않음. 서행이나 멈춤을 표시.
399) 酩酊: 크게 취한 모양.
400) 嚴更: 야행(夜行)을 경계하는 경고(更鼓).
401) 蕚綠華: 전설속의 여선(女仙)의 이름. 녹색꽃이 피는 매화.
402) 生憎: 가장 한스러움. 너무나 한스러움.

名亭鶴去空芳草(명정학거공방초) 명정(名亭)에 학(鶴) 떠나니 방초만 부질없고
古穴龍歸有斷霞(고혈용귀유단하)[404] 고혈(古穴)에 용(龍)이 나니 단하(斷霞)만이 있구나.
刺史杯盤星錯落(자사배반성착락) 자사의 술잔에는 별들이 반짝이는데[405]
佳人琴柱雁橫斜(가인금주안횡사) 가인(佳人)의 거문고소리[406] 기러기 비껴난다.
長程盡日衝泥苦(장정진일충니고) 긴 여행에 하루 종일 진흙을 밟게 되니[407]
行樂如今亦已奢(행락여금역이사) 지금 같은 행락 또한 사치스럽네.

次洪廣文韻 因以爲別 洪廣文의 운을 사용하여

南紀迢迢少相識(남기초초소상식) 남방(南方)[408]은 멀어서[409] 아는 이 적어
跫音且喜況斯人(공음차희황사인) 발자국도 반가운데 이 사람이 왔구나.
君詩動玉不須巧(군시동옥불수교) 그대의 시 옥 같으니 기교가 필요 없고
吾帶有金誰道貧(오대유금수도빈) 나의 띠에 금 있으니 가난하다 뉘 말하랴?
細雨淸樽十年舊(세우청준십년구) 가랑비에 술동이 십년이나 묵었고
落花飛絮一番新(낙화비서일번신) 낙화에 버들 꽃 하나같이 새롭구나.
芳華易盡又離別(방화역진우리별) 꽃은 쉽게 지고 또 이별하는데
孤負錦城烏角巾(고부금성오각건)[410] 금성(錦城)에서 검은 각건[411] 외로이 쓰고 있네.

與巡相約遊無等山 有風雨之候 洪廣文先賦祝詩以投 因而和之

巡相과 함께 無等山에서 노는데 風雨가 있기로 洪廣文이 먼저 祝詩를 지어 주므로 이에 和答하다.

403) 愁殺: 사람으로 하여금 너무나 근심하게 함.
404) 滄浪亭在水邊 主人已亡 龍穴在仰巖下.
405) 錯落: 참치하여 가지런하지 않음. 반짝임.
406) 琴柱: 거문고 위에 현을 이어줄 때 사용하는 기둥. 거문고 소리.
407) 衝泥: 진흙을 밟고 감. 비와 눈을 피하지 않음.
408) 南紀: 남방(南方).
409) 迢迢: 도로가 요원한 모양.
410) 廣文家在錦城.
411) 角巾: 방건(方巾), 각이 있는 두건(頭巾).

仙山秋樹未全空(선산추수미전공)　선산의 가을 나무 온전히 공허하진 않고
青嶂丹霞縹緲中(청장단하표묘중)　푸른 산에 붉은 노을 아득하여라.[412]
老子猶堪扶竹杖(노자유감부죽장)　노인들은 오히려 죽장에 의지하는데
騷人何事怨蘭叢(소인하사원난총)　시인은 무슨 일로 난초를 원망하나
纖雲快放三更月(섬운쾌방삼경월)　섬운(纖雲)은 삼경의 달 재빨리 풀어주고
大塊潛收萬竅風(대괴잠수만규풍)　대괴(大塊)는 모든 구멍[413]에 바람을 거두더라.
如得最高峯上宿(여득최고봉상숙)　가장 높은 봉우리에 묵을 수 있다면
便應身在太淸同(편응신재태청동)　문득 몸은 태청(太淸)[414]에 함께 있으리.

起看雲脚捲遙空(기간운각권요공)　일어서서 먼 하늘 구름을 보니
星斗闌干夜正中(성두난간야정중)　북두성[415] 기울어진[416] 한 밤중이라.
何處苦思沽酒債(하처고사고주채)[417]　어느 곳에 괴로움의 술을 파는가?
誰家罷夢綺羅叢(수가파몽기라총)[418]　뉘 집인가 부귀가(富貴家)[419]에 잠이 깨었지.
瓊壇雨洗宜邀月(경단우세의요월)　경단(瓊壇)에 비 내린 후 달을 맞으니
錦樹霜濃怕起風(금수상농파기풍)　금수(錦樹)에 서리 짙고 바람 또한 차갑더라.
暗謝天公剛解事(암사천공강해사)　천공(天公)에 감사하는 사리(事理)를 알았으니[420]
仙山宿約與君同(선산숙약여군동)　선산(仙山)의 숙약(宿約)[421]을 그대와 함께 하리.

入山宿長佛寺 因疊前韻呈巡相 산에 들어 長佛寺에서 묵으며 前韻으로 시를 지어 巡相에게 드리다.

---

412) 縹緲: 고원(高遠)하고 은약(隱約)한 모양. 허황되고 아득함.
413) 萬竅: 대지상의 크고 작은 구멍.
414) 太淸: 천공(天空). 선경(仙境).
415) 星斗: 하늘의 별. 특별히 북두성(北斗星)을 가리킨다.
416) 闌干: 기울어진 모양. 북두(北斗)를 가리킨다.
417) 指廣文.
418) 指巡相.
419) 綺羅叢: 부귀한 사람이 모두 모이는 곳. 부화(繁華) 부염(浮豔)한 생활환경(生活環境).
420) 解事: 사리에 밝음. 면직(免職).
421) 宿約: 옛날의 약속.

石路登登已半空(석로등등이반공)　돌길을 오르다[422] 반공(半空)에 이르러
前瞻幢節在雲中(전첨당절재운중)　앞에 당절을 보니 구름 속에 있더라.
誰期陪語從容地(수기배어종용지)　누가 느긋하게[423] 배어(陪語)를 기약하나?
又得抽身簿領叢(우득추신부령총)　또한 관무(官務)[424]에서 벗어날[425] 수 있을까?
醉葉魂迷千嶂雨(취엽혼미천장우)　취한 잎은 천장(千嶂)의 비에 정신이 혼미하고
靑山頭白五更風(청산두백오경풍)[426]　청산(靑山)은 밤바람에 봉우리가 희었네.
明朝更上最高頂(명조갱상최고정)　내일 아침 다시 가장 높은 곳에 오르면
眼底南溟杯水同(안저남명배수동)　눈 아래 남쪽 바다 잔속의 물과 같으리.

次萬松堂韻 亭主前龜城李寅卿　萬松堂의 운을 사용하여

臨川臺榭慣遨遊(임천대사관오유)　시냇가 정자에서 자주 놀았고
聽說君家擅上流(청설군가천상류)　그대 집은 상류에 있었다고 들었지.
自有堂前松萬幹(자유당전송만간)　당전에 소나무 만 그루가 있으니
非關江畔橘千頭(비관강반귤천두)　강가에 귤 천 그루 관여치 않네.
四山氷雪春光在(사산빙설춘광재)　사산(四山)의 빙설(氷雪)엔 봄빛이 남았는데
三伏炎蒸爽氣留(삼복염증상기류)　삼복의 더위에도 상쾌함이 전해진다.
幽興此間應不淺(유흥차간응불천)　유흥(幽興)은 이 속에서 적지 않기에
肯將榮落謾懽愁(긍장영락만환수)　기꺼이 영락(榮落)하며 고락(苦樂)에도 느긋해라.

次東溪草堂韻　東溪草堂[427] 운을 사용하여

聞君脫出世紛中(문군탈출세분중)　그대가 세상분란 벗어났다 들으니

422) 登登: 걸어 올라가는 소리.
423) 從容: 유한하고 편안하며 느긋함.
424) 簿領: 관부에서 기사하는 부책과 문서.
425) 抽身: 관직을 버리고 물러남. 몸을 벗어남.
426) 上峯夜有雪.
427) 東溪草堂: 동계는 영조 때의 선비 신광택(申光宅)의 호이며, 초당은 현재 전남 광주 산수동과 계림동 일대의 동계천 주위에 있었던 것으로 보인다. 『매천집(梅泉集)』 권6에 「동계초당기(東溪草堂記)」가 있다.

愧殺南州就食翁(괴살남주취식옹) 남주에서 살고 있는[428] 늙은이 부끄럽구나.[429]
還似商顔茹芝日(환사상안여지일) 상안(商顔)[430]에서 지초를 먹을 때와 같았고
非關弘景聽松風(비관홍경청송풍) 홍경(弘景)[431]은 송풍(松風) 들음 관여치 않았지.
泉分古澗漫渠白(천분고간만거백) 샘물은 고간(古澗)에서 나뉘어 시내가 되고
花發春山繞屋紅(화발춘산요옥홍) 꽃은 춘산(春山)에 피어 집을 둘러 붉었다네.
霜後北園收芋栗(상후북원수우률) 서리 후에 북원(北園)에선 밤과 토란[432]을 거두니
此公生事未全窮(차공생사미전궁) 공(公)은 생사(生事)에 궁한 것이 없으리다.

褒忠祠 次板韻 褒忠祠[433] 板韻을 사용하여

白首臨危獨奮然(백수임위독분연) 백수(白首)에 위기를 맞아 홀로 분연(奮然)하니
妙齡風彩玉堂仙(묘령풍채옥당선) 묘령(妙齡)의 풍채(風彩)는 옥당(玉堂)의 신선이라
飛騰困厄何曾變(비등곤액하증변) 비등(飛騰)한 곤액(困厄)에도 어찌하여 변하며
節義文章可竝傳(절의문장가병전) 절의(節義)의 문장은 나란히 전해지네.
廟樹陰陰鸚囀曉(묘수음음앵전우) 묘수(廟樹)의 그늘진 곳 앵무새 지저귀고
郊煙漠漠雨漫川(교연막막우만천) 교외 안개 조용하며 비에 시내 불었는데
千秋香火空山裏(천추향화공산리) 공산(空山)에 천추의 향화(香火)가 피어나니
麟閣圖形較孰賢(인각도형교숙현) 기린각의 그림은 뉘와 어짐을 비교하나?

遺廟丹靑正儼然(유묘단청정엄연) 유묘(遺廟)의 단청(丹靑)은 바르고 엄숙하니

---

428) 就食: 밖으로 나가 삶을 도모함.
429) 殺: 쇠미(衰微), 세력 따위가 차차 쇠하여 보잘것없이 됨.
430) 商顔: 상산(商山)의 꼭대기 진(秦)나라 말기에 은사(隱士)인 상산사호(商山四皓)가 있던 곳으로 지금 섬서성(陝西省) 상현(商縣) 동남쪽에 있다.
431) 陶弘景: 도홍경(451-536)은 양(梁)의 화양(華陽)출신으로 양 무제의 조언자이자 친구였다. 492년 난징 남동쪽에 있는 구곡산으로 들어가 칩거하면서 도교를 연구하고 실천하는 생활에 열중했다. 주요 저서로『진고』『등진은결』『신농본초경집주』가 있다.
432) 芋栗: 토란과 상수리 밤.
433) 포충사(褒忠祠)는 임진왜란초기 호남지방에서 의병 7천명을 모집하여 금산성 전투 및 진주성 전투에서 순절한 고경명 · 고종후 · 고인후 3부자와 유팽로 · 안영 등 5인의 충절을 기리기 위한 사액사당이다.

當時此地屬詩仙(당시차지속시선)　당시(當時)의 이곳에 시선(詩仙)이 있었다네.
山鳴得雨于今驗(산명득우우금험)　산을 울리는 비는 지금에도 보이고
氣淑鍾精自古傳(기숙종정자고전)　맑은 기운 정기(精氣) 모여 예로부터 전하누나.
深谷攢楓纔辨野(심곡찬풍재변야)　심곡(深谷)에 단풍드니 들과는 구별되고
長渠灌稻細分川(장거관도세분천)　긴 시내도 관개하며 작은 물로 나뉘는데
行看竹馬逢迎處(행간죽마봉영처)　다니면서 만났던 곳에서 죽마를 보니
顧我慙非郭伋賢(고아참비곽급현)　곽급(郭伋)처럼 어질지 못한 나 부끄러워라.[434]

披閱石洲詩 卷中有寄高山之作 感而追和 石州詩를 넘겨보니 卷中에 高山에게 부친 것이 있었기로 느낌이 있어 따라 화답하다.

徒步風塵識面初(도보풍진식면초)　풍진 속을 걸으면 얼굴을 알겠지만
淸豪自與世相疏(청호자여세상소)　청호(淸豪)는 스스로 세상과 소원하네.
泉臺此日埋麟鳳(천대차일매린봉)　천대(泉臺)[435]에 이날 출중한 이[436] 묻었으니
關塞當年阻雁魚(관새당년조안어)　변방으로 당년부터 편지조차 막혔구나.
散帙忽驚留寶什(산질홀경유보십)　글 읽다가[437] 갑자기 귀한 글귀에 놀래
知君苦思替情書(지군고사체정서)　그대에게 정서(情書)로 대신함이 괴로워라.
呑聲惻惻俱無那(탄성측측구무나)　탄성(呑聲)에 슬퍼하며 어찌할 바 모르다가
唯有夢尋江上廬(유유몽심강상려)　오직 꿈속에서나 강가 집을 찾는다.

---

434) 郭伋待期: 곽급정후(郭伋亭侯) 동한(東漢) 시대에 관원들의 덕행을 매우 중요시 했었다. 곽급(郭伋)이라고 불리는 관원이 어느 고을의 군수로 임명되어 어떤 마을을 순시하고 있었다. 돌연히 아이들이 앞으로 달려와서 곽급(郭伋)에게 "어르신! 다음 언제 다시 우리 마을을 순시할 예정입니까?"하고 물었다. 곽급(郭伋)은 잠간 동안 생각 한 후에 아이들에게 "나는 일 년에 한 번 씩 같은 날짜에 이 지역을 순시한다." 고 말했다. 아이들은 군수와 헤어졌다. 다음해 곽급(郭伋)이 이 마을을 순시하려고 할 때 아이들과 작년에 약속 한 날짜 보다 하루 먼저 도착되었다. 예정 시간이 앞당겨 졌다. 곽급(郭伋)은 하인들에게 "우리들은 오늘 이 마을로 들어가지 못한다. 왜냐하면 작년에 내가 이 동네 아이들과 약속한 날자는 내일이기 때문이다." 고 말했다. 그래서 곽급(郭伋)은 이 마을에서 조금 떨어신 곳의 들판에 있는 정자(亭子)에서 하룻밤을 보내야만 했다. 다음 날 아침에 이 마을을 순시하였다. 작년에 이 마을에서 만났었던 아이들은 곽급(郭伋)을 기다리고 있었다. 곽급(郭伋)은 어린 아이들이나 노인들조차도 속이지 않았다.

435) 泉臺: 무덤.

436) 麟鳳: 기린(麒麟)과 봉황(鳳凰). 재지(才智)가 출중한 사람.

437) 散帙: 독서(讀書).

仍任後次洪廣文見贈 임명 후에 洪廣文이 써준 시운을 사용하여

華堂淸簟午眠初(화당청점오면초) 화당(畵堂)의 푸른 자리 낮잠을 자고 보니
瑞石濃光畫不如(서석농광화불여) 서석(瑞石)의 짙은 광채 그림과 같지 않네.
顧我未堪懷故土(고아미감회고토) 돌아보며 고향을 생각하지 못하는데
傍人還擬賀新除(방인환의하신제) 곁에 사람들은 다시 새 벼슬을 축하한다.
從他邑里仍愁痛(종타읍리잉수통) 그로부터 읍리(邑里)에선 근심하고 아파하나
愧殺雲煙自卷舒(괴살운연자권서) 운연(雲煙)에서 스스로 진퇴(進退)함이 부끄럽다.
休把詩篇強張大(휴파시편강장대) 시편(詩篇)을 억지로 확대하지 마라
穎川才術本空疏(영천재술본공소) 영천(穎川)의 재학(才學)은 본래부터 부질없으니.[438]

歸期直指雁來初(귀기직지안래초) 돌아갈 기약 바로 기러기가 올 때인데
紫綬黃堂坐自如(자수황당좌자여) 자수(紫綬)[439]를 단 태수(太守)는 편히 앉았네.
爲要佳賓虛上席(위요가빈허상석) 중요한 가빈 위한 상석을 비웠는데
更憐幽鳥下前除(갱련유조하전제) 가련한 유조(幽鳥)가 앞 계단[440]에 내려왔지.
耽閑不必同何遜(탐한불필동하손) 한가해도 하손[441]과 함께할 필요 없고
治劇還非慕仲舒(치극환비모중서) 어려운 일[442]에 동중서[443]가 없더라도
大火鑠金須暫避(대화삭금수잠피) 큰 불같은 참언[444]은 잠시 피해야 한다.
此翁身計未全疏(차옹신계미전소) 이 늙은이 계획도 온전히 서툴지는 않느니.

---

438) 空疏: 공허(空虛)하고 천박(淺薄)함.
439) 紫綬: 자색(紫色)의 사대(絲帶). 조선시대, 정삼품(正三品) 당상관(堂上官) 이상의 관원이 차던 호패(號牌)에 다는 자줏빛 술.
440) 前除: 집 앞의 계단.
441) 송대(宋代)의 문인 하승천(何承天)의 증손이다. 자 중언(仲言). 동해(東海:山東省) 출신. 8세 때 시·부(詩賦)를 지었다는 조숙한 천재였다. 20세 무렵에 문단의 거성 범운(范雲)에게 시재(詩才)를 인정받아, 두 사람은 나이 차이가 많았음에도 불구하고 망년지교(忘年之交)가 있었다고 한다.
442) 治劇: 번잡하고 다루기 힘든 사무를 처리함.
443) 董仲舒(BC179경-104경), BC 136년 유교를 중국의 국교이자 정치 철학의 토대로 삼는 데 이바지한 철학자. 유교는 그 뒤로 2,000년 동안 국교 지위를 유지해왔다.
444) 鑠金: 사람들을 상하게 하는 참언(讒言).

野渡無人舟自横

蛇洞行次 蛇洞行次

無等之山無等夷(무등지산무등이) 무등한 산이니 동등한[445]) 것 없지만
西南一壑最恢奇(서남일학최회기) 서남쪽의 한 골짜기 가장 기이하구나.
古潭龍在水長碧(고담용재수장벽) 고담(古潭)의 용은 길고 푸른 물에 있으며
靑嶂僧歸雲共遲(청장승귀운공지) 푸른 산에 길가는 중 구름 함께 머무네.
前輩錯嫌巖洞淺(전배착혐암동천) 전배는 골짜기 얕은 곳을 싫어하고
仙蹊暗許廣文知(선혜암허광문지) 오솔길은 광문(廣文)의 앎을 허락지 않으니
辛勤不用強搜索(신근불용강수색) 고생하여 억지로 찾지를 마라
蒼翠滿簾供賦詩(창취만렴공부시)[446]) 푸른 곳에 주렴 가득 시부(詩賦)가 있으니.

又次龍湫 다시 龍湫의 운을 사용하여

去年蛇洞涌洪流(거년사동용홍류) 지난해 사원(蛇洞)에 큰물이 솟았는데
傳道群龍此會遊(전도군룡차회유) 군룡(群龍)이 여기서 놀았다고 하더라.
神物祕踪歸大壑(신물비종귀대학) 신물(神物)의 신비(神秘)한 자취 골짜기로 돌아와
巨靈高捧保澄湫(거령고봉보징추) 거령(巨靈)을 받들어 맑은 못을 지켰다네.
山常有護雲煙媚(산상유호운연미) 산은 항상 운연(雲煙)의 아름다움을 지키고
逕自無媒草樹幽(경자무매초수유) 길에는 스스로 초목(草木)의 그윽함이 없구나.
直待秋風乍涼冷(직대추풍사량랭) 바로[447]) 부는 추풍(秋風)에 잠시간 서늘하니
窮尋眞境到源頭(궁심진경도원두) 진경(眞境)을 찾았구나 무릉(武陵)에 이르렀네.

戲次亞使 장난삼아 亞使의 운을 사용하여

佳期浩蕩失春遊(가기호탕실춘유) 가약의 호탕함에 봄놀이를 놓쳤으니
一夢瑤臺第幾樓(일몽요대제기루) 요대(瑤臺)의 몇 번째 누각에서 꿈을 꾸었나

---

445) 等夷: 동등(同等) 동배(同輩).
446) 供一作宜.
447) 直待: 한결같이 기다림. 한결 같이 필요함.

隨處風情非寂寂(수처풍정비적적) 곳에 따라 풍정(風情)은 적적(寂寂)하지 않은데
那知別意暗悠悠(나지별의암유유) 어떻게 이별슬픔 장구(長久)함을 아는가?
蓬山多路迷靑鳥(봉산다로미청조) 봉산(蓬山)의 많은 길에 청조(靑鳥)를 잃고
錦水分流怨白頭(금수분류원백두) 금수(錦水)는 나뉘어 흐르며 백두를 원망하지만
十二峯前今夜月(십이봉전금야월) 십이봉(十二峯) 앞에 오늘 밤 달이 뜨면
不須重說向來愁(불수중설향래수) 종전(從前)[448]의 근심을 거듭 말하지 말게나.

復次東溪草堂韻 在道中作 다시 동계초당의 운을 사용하여. 도중에 지음

昔人愁在靑泥中(석인수재청니중) 석인(昔人)의 근심이 청니(靑泥)[449]중에 있는데
解道小兒成老翁(해도소아성로옹) 도를 알면 작은 애도 늙은이가 된다지.
誰遣微蹊連古峽(수견미혜연고협) 누가 오솔길에 고협(古峽)이 있는 곳으로 보냈는가?
更兼驕雪挾長風(갱겸교설협장풍) 다시 교설(驕雪)에 장풍(長風)이 불어온다.
東溪直望遠峯碧(동계직망원봉벽) 동계(東溪)에서 멀리 푸른 산을 바라보니
西嶺已含殘照紅(서령이함잔조홍) 서령(西嶺)엔 이미 붉은 해가 걸쳐 있네.
行路之難固如此(행로지난고여차) 행로(行路)의 어려움이 진실로 이 같으니
阮生多事哭途窮(완생다사곡도궁) 완생(阮生)의 많은 일에 궁도(窮途)에서 곡을 하네.

次趙持世遊智異山韻 趙持世 遊智異山韻을 사용하여

白頭南脈幾名山(백두남맥기명산) 백두(白頭)의 남맥(南脈)에서 몇 개의 명산(名山)중에
第一天王湖嶺間(제일천왕호령간) 제일은 천왕(天王)으로 영호간(湖嶺間)에 있다지.
高揖漢挐爲二老(고읍한라위이로) 한라(漢拏)에 읍하니 두 번째 존장자요
旁瞻月出是三孱(방첨월출시삼잔) 옆을 보니 월출(月出)이 세 번째로다.
桃花流水通漁艇(도화유수통어정) 도화(桃花)에 유수(流水)로 어선(漁船)이 통과하고

448) 向來: 종전(從前) 과거(過去) 원래(原來).
449) 靑泥: 신선(神仙)이 복용한다고 전해지는 일종의 이장(泥漿)이나 이토(泥土).

桂樹淸風爽醉顔(계수청풍상취안)　계수(桂樹)와 맑은 바람 취안(醉顔)에 상쾌해라.
空外笙簫聞彷彿(공외생소문방불)　공외(空外)의 피리소리 방불하게 들리니
孤雲千載儻來還(고운천재당래환)　고운(孤雲)선생 천년만에 갑자기 돌아왔나.

次龜城板韻 龜城 板韻을 사용하여

驅馳不是慕功名(구치불시모공명)　공명(功名)을 흠모하여 노력[450]한 게 아니기에
老子行藏講得精(노자행장강득정)　노자(老子)의 행장(行藏)을 자세하게 얘기했지
忽憶梅花開漢渚(홀억매화개한저)　홀연 매화가 한강가에 피었는데
誰將竹葉泛寰瀛(수장죽엽범환영)　누가 죽엽(竹葉)을 이곳[451]에 띄웠던가?
英雄已去風千載(영웅이거풍천재)　영웅(英雄)은 이미 가고 천년 바람 불어대니
勝敗皆空月一城(승패개공월일성)　승패 모두 공허한데 성위에 달이 밝네.
懷古思鄕聊復爾(회고사향요부이)　옛날을 회상하고 고향을 생각하니
干戈此日愧書生(간과차일괴서생)　전쟁이 오늘 서생을 부끄럽게 한다.

次尹鳴益留博川韻 兼呈主倅 尹鳴益 留博川韻을 사용하여 시를 지어 고을수령[452]에게 주다.

枯棋圍罷到黃昏(고기위파도황혼)　황혼(黃昏)에 이르도록 바둑을 두고 나니
龍嶽晴光翠擁門(용악청광취옹문)　용악(龍嶽)의 맑은 광채 푸름이 문을 감쌌네.
地部琴樽關北日(지부금준관북일)　지부(地部)[453]의 금준(琴樽) 있는 관북일(關北日)이요
使君蔥竹漢東村(사군총죽한동촌)　사군(使君)[454]의 총죽(蔥竹) 있는 한수동쪽 마을이라.
行年五十無三歲(행년오십무삼세)[455]　살아온 날 오십에 삼년이 빠지는데

---

450) 驅馳: 고생하다. 근로(勤勞).
451) 寰瀛: 한 나라의 통치권이 미치는 지역. 진세(塵世).
452) 主倅: 예전에, 자기가 사는 고을의 수령을 이르던 말.
453) 地部: 조선 시대 '호조(戶曹)'를 육조(六曹)의 둘째 부문이라는 뜻으로 이르던 말.
454) 使君: 임금의 명을 받들어 가거나 온 사신(使臣)을 높여 이르는 말.
455) 三人同庚.

客思千重共一軒(객사천중공일헌)　객의 근심 천중(千重)이나 한 집에서 함께했지.
聚散本來難可定(취산본래난가정)　취산(聚散)은 본래 정하기 어려우니
臨分不必更銷魂(임분불필갱소혼)　이별 맞아 또 다시 마음 아파하진 말구려.

聞主人夜宿新人 疊前韻戲贈 主人이 新人에게 밤에 묵어가라는 소리를 들으며 前韻으로 지어 재미삼아 주다.

早臥非關惱睡昏(조와비관뇌수혼)　일찍이 누웠으나 잠을 자는 것이 아니고
洞房紅燭掩重門(동방홍촉엄중문)　동방(洞房)에 홍촉(紅燭) 밝고 중문은 닫혔더라.
三年宋玉寧無意(삼년송옥녕무의)　삼년동안 송옥(宋玉)은 마음이 없었지만456)
千載昭君此有村(천재소군차유촌)457)　천년이 지나도 소군촌(昭君村)은 있으리.458)
好雨濛濛花坼塢(호우몽몽화탁오)　호우(好雨)가 내리니 꽃봉오리 터지는데
淸宵細細月斜軒(청소세세월사헌)　맑은 밤 세세(細細)하게 달이 기우네
匡床悔泣從今始(광상회읍종금시)　침상에서 후회가 지금부터 시작이라
五馬當時枉斷魂(오마당시왕단혼)　태수459)는 당시에 외람되이 애가 끊네.

卽景 復疊前韻 卽景 다시 前韻을 사용하여

鴉噪空林殘日昏(아조공림잔일혼)　갈 까마귀 공림(空林)에 울고 석양은 어두운데
雲山萬里隔靑門(운산만리격청문)　운산(雲山) 만 리는 동문(東門)460)과 떨어졌네.
行賫居送此時役(행재거송차시역)　떠나고 전송함은 이 시기의 일이지만
婦哭兒啼何處村(부곡아제하처촌)　부녀 아이 우는 것은 어느 곳 마을인가?
兵革關心愁絶塞(병혁관심수절새)　전쟁461)에 마음 두니 변방에서 근심하고

---

456) 宋玉東牆: 송옥(宋玉)의 동쪽 이웃에 한 여자가 살았는데, 어여쁜 것이 초나라에서 으뜸이었다. 담장에 올라가 송옥을 3년동안 엿보았으나 송옥은 그와 왕래하지 않았다. 그로해서 송옥동장(宋玉東牆)은 모습이 아름답고 다정한 여자를 가리키는 말이 되었다.
457) 主倅營求近三年 주졸이 구함은 삼년이 가까웠다.
458) 昭君村: 지금의 호북성(湖北省) 흥산현(興山縣) 남쪽으로 한의 왕소군(王昭君)의 고향으로 전한다.
459) 五馬: 태수(太守)의 대칭(代稱).
460) 靑門: 경성(京城) 동문(東門). 물러나 숨은 곳.
461) 兵革: 병기와 갑옷의 총칭. 무기(武器)와 군비(軍備). 전쟁(戰爭).

琴罇無意醉華軒(금준무의취화헌)　금주(琴酒)462)에 무심하게 화헌(華軒)463)에서 취했더라.
沈吟倚柱久延佇(침음의주구연저)　기둥에 기대 침음(沈吟)하며 오래도록 기다리나
不必更招東去魂(불필갱초동거혼)　동으로 가는 혼을 다시 부를 필요 없네.

雨後復疊464) 雨後에 다시 疊韻하여

一夜春陰山雨昏(일야춘음산우혼)　하룻밤 흐린 봄 산비가 내리니
東樓宿客早開門(동루숙객조개문)　동루(東樓)에 묵었던 객 일찍 문을 연다네.
雪消松頂翠增嶽(설소송정취증악)　솔 위에 눈 녹으니 산은 더욱 푸르고
煙惹柳心靑掩村(연야유심청엄촌)　솜 버들 푸른 가지 마을을 가리누나.
千里倦遊偏感物(천리권유편감물)　천리를 가다보니 사물에서 크게 느끼고
百年多病獨憑軒(백년다병독빙헌)　백년에 많은 병 홀로 난간 기대었지.
儂家正在漢南陌(농가정재한남맥)　우리 집이 한강 남쪽 거리에 있으니
窓外小梅應返魂(창외소매응반혼)　창밖에 작은 매화(梅花) 다시 꽃을 피리라.

送別梨川李令公 弘胄 赴京 公以節使兼奏賊情 梨川 李令公 弘胄465)가 上京함을 전송하며 공은 節使로 奏賊情을 겸했다.

年年節使費驅馳(연년절사비구치)　해마다 절사(節使)로 분주(奔走)했으니466)
今日送君非昔時(금일송군비석시)　금일(今日)의 전송(餞送)은 예전과 다르다네.
豺虎縱橫眞可畏(시호종횡진가외)　승냥이 범 날뛰어 진실로 두려움에
簡書交錯若爲辭(간서교착약위사)　편지를 주고받음467) 이별을 하는 듯
平生只信孤忠在(평생지신고충재)　평생에 진실로 고충(孤忠)이 있으니
大義從敎四海知(대의종교사해지)　대의(大義)를 따른다면 사해(四海)가 알리라.

---

462) 琴樽: 거문고와 술동이는 문사(文士)들이 유한(悠閑)한 생활용구(生活用具)이다.
463) 華軒: 문채를 갖춘 곡란(曲欄). 화려하고 아름다운 전당.
464) 疊韻: 부와 시에서 전운(前韻)을 중복해서 사용하는 일.
465) 李弘胄: (1562-1638)조선 중기의 문신. 본관은 전주(全州). 자는 백윤(伯胤), 호는 이천(梨川).
466) 驅馳: 말에 채찍질을 하여 빠르게 달림. 고생하고 부지런히 일한 것을 가리킴.
467) 交錯: 교차(交叉) 착잡(錯雜). 왕래가 끊이지 않음을 형용.

八月靈槎到霄漢(팔월영사도소한)　팔월(八月)에 띄운 배 천하(天河)에 이르면
會憑星象候來期(회빙성상후래기)　성상(星象)[468]에 따라 만날 날을 기다리리.

我自西歸君又西(아자서귀군우서)　나는 서에서 왔고 그대는 서쪽에 있으니
暮年離思易悽悽(모년이사이처처)　저문해 이별 생각에 처량해지네.
三軍塗地哭聲沸(삼군도지곡성비)　삼군이 패배하니[469] 곡성이 들끓었고
萬里連營兵氣迷(만리연영병기미)　만리를 경영해도 군기가 혼미했지.
乍近靑闈識龍鳳(사근청위식룡봉)　동궁(東宮)[470]이 가까워 용봉만을 알게 됐고
行看碧海掃鯨鯢(행간벽해소경예)　벽해를 다니며 해적[471]을 소탕했다.
白頭獨掩城南宅(백두독엄성남댁)　백두에 홀로 성남 집에 문을 닫는데
惆悵河橋芳草萋(추창하교방초처)　창졸간 하교(河橋)에는 방초(芳草)가 우거졌네.[472]

別副使金壽賢令公 副使 金壽賢[473] 令公을 이별하며

西州琴鶴久比隣(서주금학구비린)　서주(西州)에서 금학(琴鶴)과는 오랜 이웃이기에
乍拂星軺忝上賓(사불성초첨상빈)　사자석(使者席)을 정리하여 높은 손님 태웠다네.[474]
聚散揭來多歲月(취산걸래다세월)　취산(聚散)하고 오고갔던 많고 많은 세월
幽燕此去更風塵(유연차거갱풍진)　한가(閑暇)[475]한 이곳 떠나면 다시 속세(俗世)일지라.
孤忠自信神明質(고충자신신명질)　고충(孤忠)에 신명(神明)의 자질을 믿으니
一札應紆寵渥新(일찰응우총악신)　일찰(一札)에도 총애의 새로움이 감돈다.
怊悵別筵違伏枕(초창별연위복침)　슬퍼라 이별연(離別筵)에 병들어 누웠으니[476]

---

468) 星象: 별의 명암과 위치 등의 현상. 옛 사람들은 이것으로 사람의 길흉화복을 점쳤음.
469) 塗地: 진흙처럼 땅에 어지러이 흩어지다. 참사(慘死).
470) 靑闈: 태자(太子)의 동궁(東宮). 고대 문하성(門下省) 등의 중앙관서(中央官署).
471) 鯨鯢: 고래. 숫깃은 경(鯨) 임컷은 예(鯢). 해도(海盜).
472) 惆悵: 실망·낙담하는 모양. 슬퍼하는 모양.
473) 金壽賢(1565-1653) 조선 중기의 문신. 본관은 풍산(豊山). 자는 정수(廷叟), 호는 둔곡(遁谷).
474) 星軺: 봉명사신(奉命使臣)의 수레. 고대에 제왕의 사자를 성사(星使)라고 불렀다.
475) 幽燕: 그윽하고 편안함.
476) 伏枕: 와병하여 침상에 있는 사람.

迎薰回首夢中身(영훈회수몽중신)[477] 영훈루(迎薰樓)에서 돌아봄에 몸은 꿈속이로다.

金宣川 應河 挽 二首 宣川 金應河[478] 挽詞

深河事去奈天乎(심하사거내천호) 깊은 물로 떠나가니 어이하나 하늘이여
墮地綱常手獨扶(타지강상수독부) 삼강오륜(三綱五倫)[479] 떨어지니 손수 홀로 지탱했지.
節義向來元自許(절의향래원자허) 절의(節義)는 이후에 스스로 평가하겠지만[480]
君親此日果誰無(군친차일과수무) 친했던 이 이날은 어느 뉘도 없구나.
忠魂不死應歸國(충혼불사응귀국) 충혼은 죽지 않으니 귀국할 것이지만
怒面如生欲搏胡(노면여생욕박호) 성낸 얼굴 생전처럼 오랑캐를 잡을 듯
回首磧西千萬里(회수적서천만리) 적서(磧西)를 돌아보니 천만리인데
碧空唯有月輪孤(벽공유유월륜고) 벽공(碧空)에는 오로지 외로운 달이 떴네.

玉帳春開小朔州(옥장춘개소삭주) 옥장(玉帳)[481]에 봄이 되니 삭주가 작고
三軍屬目是吾侯(삼군속목시오후) 삼군(三軍)이 주목함은 우리의 임금이라.
初看長大誰陰亞(초간장대수음아) 처음 봐도 장대(長大)하니 수음(誰陰)의 아래요
誰信精忠武穆流(수신정충무목류) 누구나 정충(精忠)을 믿으니 무목(武穆)의 무리라.
平地抗鋒驚漢將(평지항봉경한장) 평지에서 대항하니 한장(漢將)이 놀랬고
僵屍握劍慴胡酋(강시악검섭호추) 죽어서도[482] 칼을 쥐니 추호(胡酋)를 떨게 했네.
相公奬拔眞知士(상공장발진지사) 상공(相公)은 진정한 지사(知士)를 뽑았지만[483]
倉猝捐生果有由(창졸연생과유유) 창졸간(倉卒間)에 떠났으니 누구를 의지하나?

477) 迎薰 定州樓名 公之收定也 我尹灣 且以迎慰過公 故終始言之.
478) 金應河(1580-1619). 조선 중기의 무신. 본관은 안동(安東). 자는 경희(景羲).
479) 綱常: 삼강오상(三綱五常)의 간칭(簡稱).
480) 自許: 자아평가(自我評價).
481) 玉帳: 옥으로 장식한 장막. 주장(主將).
482) 僵屍: 죽은 사람의 시체. 시체(屍體).
483) 奬拔: 장려하고 발탁하다.

挽朴司紙 朴司紙 挽詞

喪亂相逢年頗多(상란상봉연파다)　상란(喪亂)에 만났고 많은 세월 흘렀는데
中間爭奈別離何(중간쟁내별리하)　중간에 어찌하랴 이별을 어찌하나
湖天久絶北歸雁(호천구절북귀안)　호수에는 기러기[484] 오래전에 끊어지고
人世俄驚東逝波(인세아경동서파)　인세(人世)에선 흐르는 물에도 놀라는구나.
子服有兒門必大(자복유아문필대)　아이가 있으니 가문(家門) 필히 창대할 것이고
公明無祿數爲魔(공명무록수위마)　공명(公明)에 녹 없다면 많은 것이 해가 되리.
玉峯依舊滄浪闊(옥봉의구창랑활)　옥봉(玉峯)은 여전하고 창랑(滄浪)은 넓으니
從此西州那忍過(종차서주나인과)　이로부터 서주(西州)를 어찌 차마 지나갈까?

次海嵩尉 尹新之韻 海嵩尉 尹新之[485] 운을 사용하여

喫盡燕街三斗塵(끽진연가삼두진)　연가(燕街)에선 세 말의 먼지 모두 마셨고
風波還阻鴨西津(풍파환조압서진)　풍파에 다시 압서(鴨西) 나루 막혔다네.
秋顔入鏡朝朝改(추안입경조조개)　거울 속에 추안(秋顔)은 아침마다 바뀌고
世事如雲日日新(세사여운일일신)　구름같은 세상사 나날이 새롭구나.
浪跡豈堪隨俗好(낭적기감수속호)　방랑하며[486] 어떻게 세속 좋음 감당하고
狂圖錯擬濟時屯(광도착의제시둔)　광도(狂圖)로는 풍성한 시절 잘못 헤아리리.
出門一笑吾無愧(출문일소오무괴)　부끄럼이 없으니 문 나서며 웃는데
下有長江上翠旻(하유장강상취민)　아래로는 장강(長江)이요 위로는 청천(靑天)이라.

禁臠淸篇少俗塵(금련청편소속진)　진귀한[487] 청편(淸篇)에는 세속의 때가 적어
開緘一讀齒津津(개함일독치진진)　책을 펴고 일독 하니 흥미가 진진하다.[488]

---

484) 歸雁: 봄이 되어 남쪽에서 북쪽으로 돌아가는 기러기.
485) 尹新之(1582-1657). 조선 중기의 문신. 본관은 해평(海平). 자는 중우(仲又), 호는 연초재(燕超齋). 선조와 인빈김씨(仁嬪金氏)와의 소생인 정혜옹주(貞惠翁主)와 결혼하여 해숭위(海嵩尉)에 봉하여졌다. 저서로는 『현주집(玄洲集)』·『파수잡기(破睡雜記)』가 있으며, 시호는 문목(文穆)이다.
486) 浪跡: (정처없이) 떠돌아다니다. 방랑하다.
487) 禁臠: 독점물. 임금이 드는 상등의 저민 고기. 임금이 애지중지하는 것.

樽前靑眼幾時對(준전청안기시대)　준전(樽前)에 청안(靑眼)은 얼마나 대했던가?
世上白頭如許新(세상백두여허신)　백두(白頭)에 사는 세상 이처럼[489] 새로워라.
遼鶴不歸江月在(요학불귀강월재)　요학(遼鶴)은 오지 않고 강월은 남았는데
胡笳吹斷塞雲屯(호가취단새운둔)　호가(胡笳)는 그쳤고 변방 구름 머문다네.
傍人錯比湘潭客(방인착비상담객)　주변 사람 상담객(湘潭客)과 늘어섰는데[490]
猶有龍書氣射旻(유유요서기사민)　용서(龍書)의 기세(氣勢)가 하늘로 솟는 듯.

送李立之賀聖節 이립(李立)[491]이 성절(聖節)을 축하하러 감에 전송(餞送)하며

河橋相別尙銷魂(하교상별상소혼)　하교(河橋)에서 이별함에 마음이 녹아드니
此地那堪又送君(차지나감우송군)　이 땅에서 어떻게 또 그대를 전송하나
槎上客星天北極(사상객성천북극)　배 위에 객성(客星)은 북극(北極)에 떠 있고
眼中山郭國西門(안중산곽국서문)　안중(眼中)에 산곽(山郭)은 서문(西門)에 있더라.
兵屯遼塞愁烽火(병둔요새수봉화)　병사 있는 요새에선 봉화(烽火)를 근심하고
路出漁陽近密雲(노출어양근밀운)　길 나타난 어양(漁陽)에는 밀운(密雲)이 가깝더라.
王事驅馳頭共白(왕사구치두공백)　왕사(王事)에 힘쓰다 머리 모두 희어지는데
臨岐脈脈更何言(임기맥맥갱하언)　이별(離別)이 이어심에[492] 무슨 말을 해야 하리.

留滯鎭江嘆作 鎭江에 머물며 탄식하며 짓다

遼河五月客初歸(요하오월객초귀)　요하(遼河)의 오월(五月)에 객이 돌아왔지만
咫尺雲霄萬里違(지척운소만리위)　지척(咫尺)의 구름에 만리(萬里)만큼 떨어진 듯.

488) 津津: 입에 착 달라붙게 맛이 좋은 모양. 흥미가 진진한 모양. 넘쳐흐르는 모양. 액체가 배어 나오는 모양.
489) 如許: 이와 같다. 이렇게 많다. 꽤 많은.
490) 錯比: 착종배열(錯綜排列).
491) 李立(?-1627). 조선 전기 무신. 본명은 정립(挺立). 본관은 단양(丹陽). 인조 5년(1627) 정묘호란 때에는 거병하여 용골산성(龍骨山城)에서 적장을 살해하고 오랑캐를 내몰았다. 충정이 높아 정문(旌門)이 세워졌으며 영조 12년(1736) 안주(安州)의 충민사(忠愍祠)에 제향되었다.
492) 脈脈: 면면히 이어져 끊이지 않는 모양.

白日下臨心獨炯(백일하림심독형)　백일(白日)아래 마음이 유독 빛나나
蒼生欲濟計還非(창생욕제계환비)　창생(蒼生)을 구제하려는 계획 다시 그르쳤네.
愁聞走檄流星急(수문주격유성급)　긴급 문서 유성(流星)처럼 급히 들리니
厭看驚沙亂雪飛(염간경사난설비)　경사(驚沙)[493]에 난설(亂雪)이 날림 보기 싫어라.
堪笑滄浪眞自取(감소창랑진자취)　창랑(滄浪)에서 진정 스스로 취함에 웃는데
海禽猶解遠危機(해금유해원위기)　바다 새는 위기(危機)에서 먼 것을 아는 듯.

次風詠亭戲題贈人 風詠亭[494]에서 재미삼아 차운하여 써서 다른 사람에게 주다.

句欲驚人死未休(구욕경인사미휴)　글귀는 놀랍지만 죽어도 쉬지 못하니
到難言處却生愁(도난언처각생수)　난언(難言)이 이른 곳 문득 근심 생겨나네.
參差嶽勢分蘆嶺(참차악세분노령)　참치(參差)한 산세(山勢)는 노령(蘆嶺)으로 나뉘었고
隱見江光似橘洲(은견강광사귤주)　은근히 강 빛 보니 귤주(橘洲)[495]와 같더라.
細雨何孤孤客興(세우하고고객흥)　가는 비에 어찌 외로운가 고객(孤客)은 흥이 나는데
瑤琴能使使君留(요금능사사군류)　요금(瑤琴)을 연주하려니 그대여 머무르게.
沈吟佳境心先醉(침음가경심선취)　가경(佳境)을 읊조리니 마음 먼저 취하는데
況復樽前有杜秋(황부준전유두추)　하물며 술독 앞에 기녀(妓女)[496]가 있구나.

次香帖諸作 香帖 諸作에 차운하여

邂逅芳盟偶未寒(해후방맹우미한)　만나자는 맹서에 우연히 춥지 않은 날

493) 驚沙: 광풍에 불려 움직이는 모래.
494) 風詠亭: 광주광역시 광산구 신창동 선창산(仙滄山)과 극락강(極樂江)이 마주치는 강변의 대지 위에 있다. 풍영정은 1560년(명종 15) 승문원(承文院) 판교를 끝으로 관직을 떠나 고향으로 돌아온 김언거(金彦琚)가 지은 정자이다. 여기서 그는 10여년 간을 김인후(金麟厚), 이황(李滉), 기대승(奇大升) 등 많은 이름난 문인들과 교우하며 지냈다.
495) 橘洲: 지금의 호남성(湖南省) 장사시(長沙市) 서상강(西湘江)중에 있다. 귤이 많이 나서 이름이 붙여진 것이다.
496) 杜秋: 두추랑(杜秋娘). 기녀(妓女)를 대칭한다.

月斜山館夜初殘(월사산관야초잔)　달이 기운 산관(山館)에는 밤이 늦었네.
仙遊恍入桃花洞(선유황입도화동)　신선처럼 놀면서 도화동(桃花洞)에 들어가니
春意偏濃芍藥欄(춘의편농작약란)　춘의(春意)는 작약란(芍藥欄)에 너무 짙구나.
弱水可能容過鶴(약수가능용과학)　약수(弱水)[497]는 지나는 학 용납할 수 있지만
瑤琴無那怨離鸞(요금무나원리란)　요금(瑤琴)은 어찌하여 떠난 난새 원망 없나?
重重翠幔心間事(중중취만심간사)　깊고 깊은[498] 숲속에[499] 마음속의 일이니
誰復慇懃爲探看(수부은근위탐간)　누가 다시 은근히 찾아볼 것인가

奉別洪仁憲令公觀察關東 洪仁憲[500] 令公[501] 觀察使가 關東으로 떠남에 이별하며

大嶺東西二十州(대령동서이십주)　대령(大嶺)은 동서(東西)로 이십 주인데
觀風今日屬吾侯(관풍금일속오후)　풍경이 금일에는 오후(吾侯)에 속했다네.
天低皆骨峯巒壯(천저개골봉만장)　하늘 낮은 개골(皆骨)이니 산봉우리 장대(長大)하고
地匝重溟島嶼浮(지잡중명도서부)　바다가 땅을 둘렀으니 섬들이 떠있는 듯
貊國郊原新節鉞(맥국교원신절월)　맥국(貊國)의 들녘에는 절월(節鉞)[502]이 새로운데
臨瀛父老舊歌謳(임영부로구가구)　바닷가에 늙은 아비 옛 노래를 부르다네.
傳聞眞境多靈草(전문진경다령초)　신경(眞境)에는 영초(靈草)가 많다고 전해선지
會見童顔換白頭(회견동안환백두)　동안(童顔)이 백두(白頭)로 바뀌어 보이누나.

代人挽 사람을 대신한 挽詞

東南河嶽氣偏鍾(동남하악기편종)　동남쪽에 하악(河嶽)의 기세가 더욱 모여 있고

497) 弱水: 고대신화 전설중에 험악하여 건너기 어려운 하해(河海).
498) 重重: 정도가 매우 깊은 것을 표시함.
499) 翠幔: 취색(翠色)의 장막.
500) 洪仁憲: 생몰년 미상. 조선 중기의 문신. 본관은 남양(南陽). 자는 응명(應明).
501) 令公: 예전에, 정삼품(正三品)과 종이품(從二品)의 관리를 높여 이르던 말.
502) 節鉞: 부절(符節)과 부월(斧鉞). 고대에 장수에게 수여하여 권력(勸力)을 가중(加重)한다는 표지(標志).

循吏才兼孝友風(순리재겸효우풍)　순리(循吏)는 재주에 효우풍도(孝友風度) 겸했구나.
壽不百年那稱德(수불백년나칭덕)　백이 안된 수명(壽命)으로 어찌 덕을 칭송하고
官纔二品未爲逢(관재이품미위봉)　관직 겨우 이품(二品)이니 불우(不遇)했지만
瀛洲學士詩聲續(영주학사시성속)　영주(瀛洲)에 학사(學士)들은 시성(詩聲)이 이어지고
鄕社先生祭典隆(향사선생제전륭)　향리에 선생으로 제전(祭典)[503]에 받들었지.
家世交親誰復在(가세교친수부재)　가세(家世)[504]에 친한 이 누가 다시 있을까?
白頭題挽淚和封(백두제만누화봉)　백두(白頭)에 만사(挽詞)를 씀에 눈물이 흘러라.

送李伯胤按節嶺北 二首 李弘冑[505] 按節을 嶺北으로 전송하며

方面[506]從前重北門(방면종전중북문)　요지(要地)는 예로부터 북문(北門)을 중시함에
遼陽沒後事難言(요양몰후사난언)　요양(遼陽)이 없어진 후 말하기가 어려웠지.
亞卿久贊訏謨密(아경구찬우모밀)[507]　아경(亞卿)으로 원대한 계획(計劃)[508]을 오래 도왔고
巡察新兼節制尊(순찰신겸절제존)　순찰사(巡察使)로 절제사(節制使)를 새로이 겸했더라.
頭白關山三度去(두백관산삼도거)　흰머리에 관산(關山)에서 세 번을 떠났으니
眼靑亭館幾人存(안청정관기인존)　청안(靑眼)의 정관(亭館)[509]에는 몇 명이나 남았던가?
平生耿耿澄淸志(평생경경징청지)　평생에 밝고 맑은 뜻 간직했으니
一任驅馳答主恩(일임구치답주은)　일단 부임(赴任)하면 주은(主恩)에 보답하시길.

平明斧鉞下雲間(평명부월하운간)　새벽에 부월(斧鉞)[510]을 들고 구름사이 내려가니

---

503) 祭典: 제사(祭祀)의 예의(禮儀)와 법도(法度).
504) 家世: 세대가 상전(相傳)하는 문제(門第)나 가족의 세계(世系). 선대(先代) 전세(前世).
505) 이홍주(李弘冑, 1562-1638) 자는 백윤(伯胤) 호는 이천(梨川) 시호는 충정(忠貞)이다. 벼슬이 영의정에 올랐다.
506) 一作鎖鑰 方面: 예전에 일개지방의 군정요직(軍政要職)이나 그 장관(長官). 鎖鑰: 외적의 침입을 저지해야 할 요지(要地).
507) 公以兵曹參判爲備局有司.
508) 訏謨: 원대하고 큰 계획.
509) 亭館: 사람들이 쉬고 놀 수 있도록 한 정자나 관사.
510) 斧鉞: 도끼를 일컫는 말로 황월이라고도 한다. 출정하는 대장이나 특별한 임무를 띤 군관에게 왕이 정벌과 중형의 뜻으로 주었다.

去去星軺不可攀(거거성초불가반) 가고가도 성초(星軺)[511]에는 오를 수 없네.
離別關心怨長路(이별관심원장로) 이별(離別)에 관심은 장로(長路)가 원망스러우나
安危有仗破愁顔(안위유장파수안) 안위(安危)에 의지하니 근심없는 얼굴이라.
淸風剩洒貪泉恥(청풍잉쇄탐천치) 청풍(淸風)으로 탐천(貪泉)의 수치를 씻었고
秋月偏供老子閑(추월편공노자한) 가을 달은 노자의 한가함을 제공한다.
從此出門無所適(종차출문무소적) 이로부터 문을 나서나 갈 곳이 없기에
臥看烽火照南山(와간봉화조남산) 누워서 남산(南山)에 비치는 봉화(烽火)를 보네.

送鄭書狀 伯樞 赴京 정서장 백추가 上京함을 전송하며

行者求詩良亦勤(행자구시량역근) 행자(行者)의 시(詩) 구함도 부지런하나
不求而贈爲情親(불구이증위정친) 구하지 않아도 주는 것이 친한 정(情)이라.
來鴻去燕若相避(내홍거연약상피)[512] 오는 기러기 가는 제비 서로 피하는 듯
昇日賓天還此辰(승일빈천환차진)[513] 해가 뜨고 붕어(崩御)했던 이 날도 돌아왔구나.
稽首紅雲閶闔曙(계수홍운창합서) 붉은 구름 덮인 새벽 머리를 조아리고
傷心碧草寢園春(상심벽초침원춘) 푸른 풀 덮인 능원(陵園)[514]의 봄에 마음 아파라.
江南別後過逢少(강남별후과봉소)[515] 강남에서 이별한 후에 만남이 적겠지만
不獨燕山惱殺人(부독연산뇌살인) 홀로 연산(燕山)에서 괴로워하지[516] 마시길.

送銀溪楊察訪 道一 銀溪 察訪 楊道一을 전송하며

交親氣槪又比隣(교친기개우비린) 기개(氣槪) 있는 사람들과 친교(親交)하고 이웃하니
海客風流[517]見此人(해객풍류견차인) 해객(海客)의 풍류로 이런 사람 만났다네.

---

511) 星軺: 봉명사신(奉命使臣)의 수레. 고대에 제왕의 사자를 성사(星使)라고 불렀다.
512) 吾自燕纔還.
513) 泰昌崩 天啓立. 賓天: 제왕(帝王)이 죽음을 이름. 존자(尊者)의 죽음.
514) 寢園: 능원(陵園).
515) 吾爲光牧 公倅茂長 此後久別.
516) 惱殺: 괴로움이 심함.
517) 海客 察訪先大人號.

楓岳煙霞留宿債(풍악연하유숙채)　풍악(楓岳)의 연하(煙霞)는 머물다 묵고
蓬丘日月隔微塵(봉구일월격미진)　봉래산의 일월(日月)은 속세와 떨어졌지.
誰知暫屈銀溪役(수지잠굴은계역)　누가 알랴 잠시 은계(銀溪)의 일을 하고 있음을
有意重尋玉洞春(유의중심옥동춘)　뜻이 있어 거듭 옥동(玉洞)의 봄에 찾았네.
一萬二千峯踏盡(일만이천봉답진)　일만 이천 봉을 모두 밟고 나서
佇看詩句更淸新(저간시구갱청신)　우두커니 시구(詩句)를 보니 더욱 새롭다.

送遠接使赴龍灣 遠接使518)가 龍灣으로 감에 전송하며

騷壇牛耳主齊盟(소단우이주제맹)　시단(詩壇)에서 우이(牛耳)519)로 맹서를 하고
師律新調部曲精(사률신조부곡정)　사율을 새로 만드니 곡진하고 정교하네.
海內今誰誇利觜(해내금수과리자)　세상에 지금 누가 예리한 털 자랑하나?
胸中久已有奇兵(흉중구이유기병)　가슴속에 오래전에 기병(奇兵)이 있는데
龍河草木威名識(용하초목위명식)520)　용하(龍河)의 초목은 그 명성(名聲)을 알고
鶴野風雲指顧生(학야풍운지고생)　학야(鶴野)의 풍운은 가까이서521) 생겨나누나.
會待歸時笳鼓競(회대귀시가고경)　돌아올 때 기다려 피리불고 북을 치며
櫜鞬遙候浿江城(고건요후패강성)522)　활집을523) 메고서 평양성524)에서 기다리네.

送都司延慰使李吏部 都司 延慰使 李吏部를 전송하며

文衡爭仰斗山高(문형쟁앙두산고)　문형(文衡)525)에서 북두태산526) 높은 곳을 우러르는

518) 遠接使: 조선시대 명나라와 청나라의 사신을 맞아들이던 관직 또는 그 관원.
519) 牛耳: 고대에 제후가 회맹을 할 때에 소귀를 잘라 피를 그릇에 담아놓고 소귀는 쟁반에 놓는데 주맹(主盟) 한 사람이 쟁반에 있는 것을 나누어 맛보게 함으로써 신수(信守)를 보여주는 것.
520) 公曾爲灣尹.
521) 指顧: 거리가 매우 가깝나. 대단히 신속하다.
522) 吾爲平壤迎慰使.
523) 櫜鞬: 활과 화살을 꽂아 넣어 어깨에 멜 수 있도록 가죽으로 만든 물건.
524) 浿江: 대동강(大同江). 열수(洌水), 패수(浿水), 왕성강(王城江).
525) 文衡: 조선 시대, 홍문관과 예문관의 으뜸 벼슬. 정이품(正二品)이다.
526) 斗山: 북두(北斗)와 태산(泰山). 덕망이 높거나 성취가 탁월하여 사람들로부터 존경받는 사람.

吏部才華見鳳毛(이부재화견봉모)　이부(吏部)의 문재(文才)[527]로 귀한 인물[528] 보았지.
迎慰非關勤禮數(영위비관근례수)　영위(迎慰)에 근실한 예(禮)[529]를 관계치 않고
唱酬元自倚詩豪(창수원자의시호)　시사화답(詩詞和答)[530] 원래부터 시호(詩豪)에 의지했네.
趨庭去國誰憂樂(추정거국수우락)　문인하고 떠남에 어느 누가 고락(苦樂)하며
郤疏催行實寵褒(극소최행실총포)　소(疏)를 물리고 실행하니 진실로 총애[531]했지.
遙想紫泥東下日(요상자니동하일)　봉서(封書)[532]가 동쪽에서 온 날 멀리 생각하는데
鴨江簫鼓駕春濤(압강소고가춘도)　압록강의 소고(簫鼓)가 봄 물결을 타는구나.

送韓昌李相公 慶涵 以賜銀辨誣謝恩使赴京 韓昌 李相公 慶涵[533]이 賜銀辨誣謝恩使로써 上京함을 전송하며

恩隆大賚枉仍伸(은륭대뢰왕잉신)　높은 은혜 큰 상[534]에 물러나고 나아가다
陳謝天庭屬老臣(진사천정속로신)　조정[535]에 감사[536]하며 늙은 신하 되었더라.
曆數已聞傳舜禹(역수이문전순우)　역법[537]을 이미 듣고 순(舜)과 우(禹)를 전하니
年華忽覺換庚辛(연화홀각환경신)　세월(歲月) 홀연 경신(庚辛)이 바뀌었음 알게 되네.
驚心鼓角遼城夜(경심고각요성야)　요동성(遼東城) 한밤중에 고각소리에 놀랐고
識面鸎花帝里春(식면앵화제리춘)　꾀꼬리에 꽃피는 황국(皇國)의 봄 낯이 익네.
鳳詔十行曾拜受(봉조십행증배수)　조시(詔書)[538] 십행(十行)을 일찍이 받고서
白頭西望一沾巾(백두서망일첨건)[539]　백두에 서쪽을 바라보며 눈물 흘린다.

---

527) 才華: 아름다운 재주가 밖으로 드러나는 것. 문재(文才).
528) 鳳毛: 봉황의 깃털. 진귀하고 희소한 물건을 비유한 것.
529) 禮數: 예절(禮節).
530) 唱酬: 시사(詩詞)를 서로 주고받는 것.
531) 寵褒: 제왕이 수여하는 포장(褒奬).
532) 紫泥: 고인은 진흙으로 서신을 봉했는데 진흙위에 도장을 찍는 것이다. 황제의 조서는 자니(紫泥)를 사용한다.
533) 李慶涵(1553-1627) 조선 중기의 문신. 본관은 한산(韓山). 자는 양원(養源), 호는 만사(晩沙).
534) 大賚: 중상(重賞).
535) 天庭: 제왕의 궁정(宮廷) 조정(朝廷).
536) 陳謝: 감사한 마음을 표시함.
537) 曆數: 역법(曆法).
538) 鳳詔: 조서(詔書).
539) 余受賜銀勑於萬曆皇帝 至是萬曆已崩 泰昌繼陟.

次一松沈相公生日耆老會韻 二首 一松 沈相公[540] 生日에 耆老會韻을 사용하여

洛社遺風杳莫尋(낙사유풍묘막심) 낙사(洛社)의 유풍(遺風)을 찾기가 어렵지만
幸逢耆碩盛於今(행봉기석성어금) 대학자[541]를 만나니 지금도 왕성하네.
西郊暇日拚行樂(서교가일변행락) 서교(西郊)의 한가한 날 행락(行樂)을 즐기니
南極明星認照臨(남극명성인조림) 남극의 밝은 별이 비침을 알겠구나.
廊廟不慙前輩業(낭묘불참전배업) 낭묘(廊廟)에선 전배(前輩)의 사업을 부끄러 않고
雪霜方見後凋心(설상방견후조심) 설상(雪霜)에도 시들지 않는 마음을 보이더라.
百年勝集長如此(백년승집장여차) 백년(百年)의 좋은 모임 길어짐이 이 같으니
東海爲樽北斗斟(동해위준북두짐) 동해(東海)를 술동이 삼아 북두(北斗)를 기울이네.

朝家優典荷深仁(조가우전하심인) 조정(朝廷)의 뛰어난 법전(法典) 깊은 인(仁)을 담고
曲宴相過興更新(곡연상과흥갱신) 곡연(曲宴)을 서로 지나니 흥이 더욱 새롭더라.
君實登筵徵古事(군실등연징고사)[542] 사마광[543]은 임금 뵙고 고사(古事)를 증험하고
蓮花生陸値佳辰(연화생륙치가진) 연화(蓮花)[544]는 땅에서 피어나 좋은 날을 맞는다.
非關漢代三爲號(비관한대삼위호) 한대(漢代)에서 세 번 부름 관여치 않고
未必香山九作隣(미필향산구작린) 향산사(香山寺)[545]에서 아홉 번 이웃하진 않았지.
酒後傞傞龜鶴表(주후사사구학표) 술 마시고 춤을 추니 뛰어난 신체[546]가 드러남에
世間方信有仙眞(세간방신유선진) 세간(世間)에서 진선(眞仙)이 있음을 믿게 하누나.

---

540) 沈喜壽(1548-1622). 조선 중기의 문신. 본관은 청송(靑松). 자는 백구(伯懼), 호는 일송(一松) 혹은 수뢰루인(水雷累人). 문장에 능하고 글씨를 잘 썼다. 저서로 『일송집』이 있다. 시호는 문정(文貞)이다.

541) 耆碩: 나이가 많고 덕망(德望)이 높은 사람. 나이 많은 대학자.

542) 領相年六十參宴.

543) 司馬光(1019-1086)은 북송 중기의 정치가이자 사학자로 사마천의 《사기》와 함께 중국의 대표적인 역사서로 꼽히는 『자치통감(資治通鑑)』을 편찬했다. 자는 군실(君實), 호는 우수(迂叟)이다.

544) 蓮花: 여기서는 심상공을 지칭하는 듯하다.

545) 香山: 낙양(洛陽) 용문산(龍門山) 위에 있는 향산사(香山寺)의 약칭.

546) 龜鶴: 장수(長壽)함을 비유. 크고 작고 뚱뚱하고 마른 것처럼 차이가 크게 나는 신체를 비유.

挽李暭如 倅蔚山一年 卒于官 李暭如 挽詞 蔚山에서 1년 원을 하다 官에서 죽었다.

郵亭詩句臘梅初(우정시구납매초)[547] 우정(郵亭)의 시구는 납매(臘梅)가 될 때인데
去去熊轓瘴海隅(거거웅번장해우) 웅번(熊轓)[548]으로 떠났다가 해변에서 병들었네.
書與淸風三伏至(서여청풍삼복지) 글은 청풍(淸風)에서 삼복(三伏)[549]에 이르렀지만
病將㐫聞一時俱(병장흉문일시구) 병은 흉문(㐫聞)과 함께 일시(一時)에 걸렸더라.
公明雅望無華貫(공명아망무화관) 공명(公明)과 명망(名望)[550]에 드러난 행렬[551]이 없고
韋氏遺經有藐孤(위씨유경유막고) 위씨(韋氏)의 유경(遺經)[552]엔 유약한 고아[553] 있네.
五十交遊日零落(오십교유일영락) 오십년간 교유(交遊)한 이 해처럼 떨어지니
呑聲惻惻揔須臾(탄성측측총수유) 탄성을 내며 모두가 잠깐임을 슬퍼한다.

到黃州 題贈亞使 黃州[554]에 이르러 亞吏에게 써주다

山館寥寥似佛庵(산관요요사불암) 산관(山館)의 적막(寂寞)함은 절간과 같아
客中嬴得午眠酣(객중영득오면감) 객중(客中)에 오수(午睡)를 즐길 수 있었지.
杏花時節偏多雨(행화시절편다우) 살구꽃 피는 시절 비가 많이 내리는데
蓮幕風流正駐驂(연막풍류정주참) 막부(幕府)[555]의 풍류(風流)에 말을 멈췄네.
西望妖氛漲遼塞(서망요분창료새) 서쪽에는 화란(禍亂)[556]이 먼 변방[557]에 번지지만
東來紫氣擁秦函(동래자기옹진함) 동쪽으로 길한 조짐[558] 진함(秦函)을 둘러싸니

547) 公之南也 相遇龍仁 有梅花析贈之句.
548) 熊轓: 웅거(熊車). 공경(公卿)이나 지방장관(地方長官)이 타는 수레.
549) 三伏: 초복(初伏) 중복(中伏) 말복(末伏). 말복(末伏).
550) 雅望: 청고(淸高)한 명망(名望).
551) 華貫: 높은 관직이나 중요한 지위에 있는 사람들의 행렬.
552) 韋氏遺經: 자손에게 남겨주기 위한 경서로 『漢書·韋賢傳』의 "황금을 만상자 남겨주는 것보다 경하나 남겨주는 것만 못하다."는 말에 근거한다.
553) 藐孤: 유약(幼弱)한 고아(孤兒).
554) 黃州: 황해도 중앙 북단에 위치.
555) 蓮幕: 막부(幕府)를 칭하는 말.
556) 妖氛: 상서롭지 않은 기운. 흉재(凶災) 화란(禍亂). 요기(妖氣).
557) 遼塞: 요원(遙遠)한 변방.
558) 紫氣: 자색의 기운은 고대에 상서로운 기운으로 생각했다.

相逢草草仍岐路(상봉초초잉기로)　서로 만나 초조하게[559] 갈림길에 서서
恨別傷春兩不堪(한별상춘양불감)　두 사람 다 이별 앞에 마음 아파하누나.

登黃州望遠樓 巡察 都事柳延慰安岳在座 黃州 望遠樓에 오르다 巡察 柳延慰安岳이 자리에 있었다.

城上危甍出紫氛(성상위맹출자분)　성위 용마루에 자주빛 기운 나오면서
二西風氣此橫分(이서풍기차횡분)　이서(二西)의 풍기(風氣)가 가로로 나뉘었네.
山河表裏襟喉壯(산하표리금후장)　산하(山河)는 안팎으로 요해(要害)한 곳[560] 튼튼하고
堞壘高位計策勤(첩루고위계책근)　첩루(堞壘)의 높은 위치 계책(計策)이 부지런하다.
斗酒能留行客駕(두주능류행객가)　두주(斗酒)는 행객(行客)의 가마를 머물게 하고
巖花欲妬舞兒裙(암화욕투무아군)　암화(巖花)는 무녀(舞女)의 치마를 시기하나
登臨幸是邊塵靜(등림행시변진정)　올라가니 다행히 주변 먼지 조용하나
努力關防答聖君(노력관방답성군)　국경수비 노력하여 성군(聖君)에 보답(報答)하리.

一夜春城雨洗氛(일야춘성우세분)　하룻밤 춘성(春城)을 씻어내듯 비 내리니
杏花村徑細泉分(행화촌경세천분)　살구꽃 핀 마을길 가는 샘이 나뉘었네.
層樓跨壁新規敞(층루과벽신규창)　층루(層樓)의 벽에는 신규(新規)가 드러나고
密席娛賓舊意勤(밀석오빈구의근)　밀석(密席)에 즐거운 손[客] 옛 생각 바쁘더라.
喜把淸談消永日(희파청담소영일)　기쁨은 청담(淸談)으로 긴 해를 다 보내고
羞將白髮對紅裙(수장백발대홍군)　부끄럽게 백발(白髮)[561]로 미녀를 대한다네.
山河萬里來樽俎(산하만리내준조)　산하(山河) 만리(萬里)에서 잔치[562]에 왔으니
收拾風煙可贈君(수습풍연가증군)　풍연(風煙)을 모아서[563] 그대에게 드린다.

559) 草草: 소요(騷擾)하여 불안(不安)한 모양.
560) 襟喉: 옷깃과 목구멍. 요해(要害)한 곳을 비유.
561) 紅裙: 붉은 치마로 미녀를 가리킴.
562) 樽俎: 고대에 주식(酒食)을 담는 그릇. 준(樽)에는 술을 담고 조(俎)에는 고기를 담는다. 연석(宴席)을 가리킴.
563) 收拾: 수취(收聚) 수집(收集).

登南門樓 次君彦韻 巡察 韓問禮 鄭問安 安岳安西都事察訪在座 南門樓에 올라 君彦 朴弘美운을 사용하여 巡察 韓問禮 鄭問安은 安岳 安西 都事察訪으로 자리에 있었다.

海西形勝此高樓(해서형승차고루) 서해(西海)의 형승(形勝)한 곳 누각(樓閣)이 높고
樓下淸江曲曲流(누하청강곡곡류) 누각 아랜 맑은 강이 굽이굽이 흐르네.
風月幾經供墨客(풍월기경공묵객) 풍월은 얼마나 묵객과 함께했고
金湯長爲護神州(금탕장위호신주) 금성탕지(金城湯池)564) 오래도록 신주(神州)를 호위했나?
炊煙羃地前村失(취연멱지전촌실) 취연(炊煙)이 뒤덮인 곳 앞마을이 가려졌고
落照銜山遠樹浮(낙조함산원수부) 낙조(落照)는 산에 가려 먼 나무에 떠있더라
莫怪當筵頻勸酒(막괴당연빈권주) 잔치에 술을 자주 권한다 괴이치 마라
去留兼是惜春愁(거류겸시석춘수) 거류(去留)에 석춘(惜春)의 근심이 담겼으니.

次君彦見監軍入州 君彦 朴弘美의 見監軍 入州에 차운하여

君王駕馭必英雄(군왕가어필영웅) 군왕(君王)을 모시니565) 영웅(英雄)이 분명한데
早奉溫綸出紫宮(조봉온륜출자궁) 일찍이 조칙(詔勅)566)을 받들어 궁궐에서 나왔네.
玉節正須天氣暖(옥절정수천기난) 부절(符節)567)에는 반드시 천기의 따뜻함이 있고
雲帆直掛海氛空(운범직괘해분공) 흰배568)와 바다 구름569) 하늘에 떠있더라.
旄頭欲射弓彎月(모두욕사궁만월)570) 기병(騎兵)571)이 쏘려는 활은 달처럼 휘고
幕府初開劍吐虹(막부초개검토홍) 막부(幕府)가 열리니 검이 무지개를 토해낸다
一散萬金收死士(일산만금수사사) 한 번에 만금(萬金) 흩어 죽은 병사 거뒀으니
千秋不數馬家功(천추불수마가공) 천추에 병가(馬家)의 공(功) 헤아릴 수 없으리.

---

564) 金湯: 금성탕지(金城湯池).
565) 駕御: 말을 길들여 자유자재로 부림. 자신의 뜻대로 타인을 부리는 일.
566) 溫綸: 황제의 조령(詔令)에 대한 경칭(敬稱).
567) 玉節: 옥으로 만든 부절. 부절을 지니고 부임한 관원(官員).
568) 雲帆: 백색의 배. 배[船].
569) 海氛: 해상(海上)의 운기(雲氣).
570) 監軍喜射.
571) 旄頭: 고대(古代) 황제(皇帝) 의장(儀仗) 중에 먼저 달리는 기병(騎兵).

次水原板韻 水原 板韻을 사용하여

刺史黃堂驃騎營(자사황당표기영)　자사(刺史) 태수(太守)의 기마대 병영(兵營)을
客來登眺屬新晴(객래등조속신정)　객이 되어 올라 보니 새롭게만 보인다.
一年明月今宵最(일년명월금소최)　일 년 중에 명월(明月)은 오늘밤이 최고지만
萬樹嚴霜昨日迎(만수엄상작일영)　모든 나무 엄한 서리 어제 맞았네.
浪跡却嫌帷帳盛(낭적각혐유장성)　방랑의 흔적은 화려한 휘장 귀찮아하고
疏櫺斗覺夢魂淸(소령두각몽혼청)　성근 창에서 맑은 꿈 많이도 깨었지.
興亡袞袞山河在(흥망곤곤산하재)　흥망(興亡)은 뒤바뀐 채 산하(山河)만 남았으나
長嘯風前散不平(장소풍전산불평)　긴 휘파람 바람 앞에 이리저리 흩어지네.

次金溝板韻 金溝 板韻을 사용하여

坐久雲煙起四邊(좌구운연기사변)　오래 보니 구름이 사면(四面)에서 일어났다
前山一失看無緣(전산일실간무연)　앞산에서 사라지며 인연(因緣)조차 없구나.
非關秋氣愁潘岳(비관추기수반악)　가을 날씨 관여 않고 근심하는 반악(潘岳)[572]이며
自是他鄉惱仲宣(자시타향뇌중선)　스스로 타향(他鄕)에서 괴로운 중선(仲宣)[573]같네.
行邁屢曾經此地(행매누증경차지)　떠나갈 때 일찍이 자주 이 곳 지났지만
容顏安得侶當年(용안안득여당년)　얼굴은 어찌 당년(當年)과 같을 수 있을까?
鳴簷小雨添蕭索(명첨소우첨소색)　처마 울리는 빗줄기 쓸쓸함을 더하고
衰鬢朝來倍颯然(쇠빈조래배삽연)　귀밑머리[574] 아침 되니 더욱 희어졌구나.[575]

572) 潘岳(247-300) 중국 서진(西晉)의 문인. 자(字)는 안인(安仁). 주요 저작으로는 「도망(悼亡)의 시」「서정부(西征賦)」「추흥부(秋興賦)」등도 유명하며, 『반악집(潘岳集)』(7권) 『진서(晉書)』(55권) 『금곡시집(金谷詩集)』 등이 있다.
573) 仲宣: 한말(漢末) 문학가(文學家) 왕찬(王粲)의 자(字).
574) 衰鬢: 연로하여 성글어지고 희어진 귀밑머리. 모년(暮年).
575) 颯然: 쇠퇴한 모양. 많아진 모양.

次洪宣諭見贈 洪宣諭가 써준 시운을 사용하여.

平生夙約在滄洲(평생숙약재창주) 평생(平生)동안 다진 약속 창주(滄洲)에 있었기에
一劍南來已白頭(일검남래이백두) 나 홀로[576] 남으로 왔으나 이미 머리 희었더라.
久待行軒此經過(구대행헌차경과) 오래 기다린 귀한 손님[577] 이렇게 지나가서
不妨賓館更淹留(불방빈관갱엄류) 빈관(賓館)에 다시 머뭄 방해하지 않누나.
時淸我自偸身佚(시청아자투신일) 맑은 시절 나 스스로 편안함이 부럽고
齒落君今慕舌柔(치락군금모설유) 이 빠지니 그대 지금 유약한 혀 흠모하네.
忽憶光山舊遊地(홀억광산구유지) 광산(光山)에서 전에 놀던 곳 기억해보니
敗荷衰柳五回秋(패하쇠류오회추) 시든 연꽃 쇠한 버들 다섯 번의 가을이라.

復用前韻詠邊山 다시 前韻을 사용하여 邊山[578]을 읊다

蓬島煙霞近十洲(봉도연하근십주) 봉도(蓬島)[579]의 안개는 선경(仙境)[580]과 비슷한데
何年漂蕩六鼇頭(하년표탕육오두) 어느 해엔 육오두(六鼇頭)[581]를 정처없이 떠돌았네.
眞僧不住塔空在(진승부주탑공재) 스님은 떠나가고 탑(塔)만이 남았고
仙鶴已歸巖獨留(선학이귀암독류) 선학(仙鶴)이 돌아가니 바위 홀로 남았구나.
暗谷風泉隱雷吼(암곡풍천은뢰후) 암곡(暗谷)의 풍천(風泉)은 우레에 숨었고
石林霜葉勝春柔(석림상엽승춘유) 석림(石林)의 단풍잎은 봄꽃보다 좋지만
登臨上頂開雙眼(등림상정개쌍안) 정상에 올라가 두 눈을 떠보니
一碧乾坤萬里秋(일벽건곤만리추) 한결같은 푸른 천지(天地) 만 리가 가을이라

---

576) 一劍之任: 혼자 힘으로 크지 않은 임무를 지는 것을 가리키는 말.
577) 行軒: 옛날 고귀한 사람이 타는 수레. 귀객(貴客)을 이르는 말.
578) 邊山: 전라북도 부안군에 있는 산.
579) 蓬島: 영주산(瀛州山), 방장산(方丈山)과 함께 중국 전설상에 나오는 삼신산(三神山)의 하나. 이 산에는 신선이 살며 불사의 영약이 있고, 이곳에 사는 짐승은 모두 빛깔이 희며, 금은으로 지은 궁전이 있다고 한다.
580) 十洲: 도교(道敎)에서 대해(大海) 가운데 신선이 거주하는 10처 명산의 승경(勝境)으로 이는 대체로 선경(仙境)을 가리킨다.
581) 鼇頭: 오두(鰲頭). 당송(唐宋) 때에 한림학사(翰林學士) 승지(承旨) 등의 관리가 황제를 조견(朝見)할 때에 큰 자라가 새겨진 돌위에 섰으므로 한림학사를 상오두라고 한다.

戱題 재미삼아 쓰다

金魚牢鎖桂叢寒(금어뢰쇄계총한) 금어(金魚)가 사는 곳 계림(桂林)이 싸늘한데
繡閣初開歲已殘(수각초개세이잔) 수방(繡房)582)을 열었으나 세월은 지났더라.
醉死夢生渾不了(취사몽생혼불료) 취사몽생(醉死夢生)583) 모두가 끝나지 않았고
雲情雨意未全闌(운정우의미전란) 운정우의(雲情雨意)584) 온전히 막히지 않았지.
偏憐翠竹無佳實(편련취죽무가실) 사랑스런 취죽(翠竹)에는 좋은 열매가 없지만
一任昏鴉鬧彩鸞(일임혼아요채란) 일임585)한 갈까마귀 채란(彩鸞)586)을 다투누나.
風詠亭中舊時月(풍영정중구시월) 풍영정(風詠亭)에서 옛 시절 보던 달
別來還許幾人看(별래환허기인간) 이별 후에 다시 몇 명이나 볼 수가 있을까?

次淸城板韻 贈江界倅金冠玉 余在龍灣時 淸城 板韻을 사용하여 江界郡守587)金冠玉에게 주다 내가 龍灣588)에 있을 때였다.

酒作將軍詩作城(주작장군시작성) 술은 장군(將軍)이요 시(詩)가 성(城)이니
敗非爲屈勝非嬴(패비위굴승비영) 패했다고 굽히고 이겼다고 넘침이 아니라네.
何關筆下生珠玉(하관필하생주옥) 주옥(珠玉)이 필하(筆下)에서 생김을 어찌하나
所貴胸中有甲兵(소귀흉중유갑병) 마음속에 갑병(甲兵) 있음 소중한 것을
山壓戍樓新月小(산압수루신월소) 산은 수루(戍樓)를 압도하고 신월(新月)은 작은데
雨添春水暮江平(우첨춘수모강평) 비에 봄물이 불어 저녁 강이 평평하네.
相逢此地俱戎弁(상봉차지구융변) 서로 만난 이곳은 모두가 융변(戎弁)인데
誰識鑾坡舊綴名(수식난파구철명) 누가 한림원(翰林院)589)의 구철명(舊綴名)을 알아주리?

---

582) 繡閣: 또한 수각(綉閣)이나 수방(繡房)이라고도 한다. 여자의 거실(居室) 장식(裝飾)이 화려하여 수놓은 것 같기 때문에 일컬어지는 것이다.
583) 醉生夢死: 취하고 꿈꾸는 속에 어두침침한 손에서 날을 보냄을 상징하는 것으로 생활이 불명확하거나 호도되어 있는 상태를 형용하는 말이다.
584) 雲情雨意: 구름이 끼고 비가 오는 상태. 남녀가 즐겁게 만나는 마음을 가리킴.
585) 一任: 마음대로 하게 하다.
586) 彩鸞: 난새. 전설속의 선녀.
587) 江界: 자강도 중북부, 장자강 연변(沿邊)에 있는 도시.
588) 龍灣: 평안북도 의주시의 옛 별호.
589) 鑾坡: 고려 시대, 임금의 명령을 문서로 꾸미는 일을 맡아보던 관청.

萬全亭 癸巳 寓礪良 次鄭郡守韻 萬全亭 癸巳年에 礪良[590]에 머물며 鄭郡守 운을 사용하여

明府深謀慮未危(명부심모려미위) 현령(縣令)[591]의 깊은 계획 생각은 편안하고
金墉百雉屹持持(금용백치흘지지) 금성(金城) 성장(城牆)[592]에 산이 높구나.[593]
雲根鏟作屯軍壘(운근산작둔군루) 운근(雲根)을 깎아서 군사의 보루로 만들고
泉脈通爲飮馬池(천맥통위음마지) 천맥(泉脈)을 뚫어서 음마지(飮馬池)를 만들었지.
地閟千年埋草樹(지비천년매초수) 땅을 가려 천년(千年) 초목(草木)을 심었고
天開一夕鎭藩維(천개일석진번유) 하늘 열어 하루 저녁 변방[594]을 진압했네.
欲知眼力超人處(욕지안력초인처) 안목(眼目)이 초인처(超人處)임을 알고자
須向亭中仔細思(수향정중자세사) 모름지기 정자에서 자세하게 생각한다.

寄耆老會 耆老會에 부침

優養高年邑俗嘉(우양고년읍속가) 고령자 후대[595]하는 읍속(邑俗)이 아름다워
社醪初熟趁秋花(사료초숙진추화) 막걸리 처음 익자 추화(秋花)로 달려갔네.
二三亦足今何夥(이삼역족금하과) 둘셋도 족한데 지금 어찌 많겠으며
八十尤稀況復加(팔십우희황부가) 팔십 더욱 드믄데 하물며 또 더하랴
南極壽星應正照(남극수성응정조) 남극의 수성(壽星)이 응당 바로 비추고
西州勝事此堪誇(서주승사차감과) 서주의 승사(勝事)는 자랑할 만하구나.
山公不是風流少(산공불시풍류소) 산공(山公)은 풍류가 적은 것이 아니라서
多病無心醉習家(다병무심취습가) 다병(多病)에 무심한 채 명승지에 취했다네.[596]

---

590) 礪良: 여산(礪山), 익산(益山).
591) 明府: 한(漢)에서는 현령을 명부(明府)라고 했으나 당(唐) 이후에 전적으로 현령(縣令)이라 불렀다.
592) 金墉: 서방의 성(城). 금성(金城). 百雉: 고대에 성장(城牆)의 면적(面積)을 계산(計算)하는 단위(單位). 성장(城牆).
593) 持持: 장중한 모양.
594) 藩維: 변방(邊防) 요지(要地).
595) 優養: 후대(厚待) 우대(優待).
596) 習家: 습가지(習家池). 고적(古跡)으로 일명 고양지(高陽池)라고 한다. 호북(湖北) 양양(襄陽) 현산(峴山) 남쪽에 있다. 후에 정원과 연못이 있는 명승지를 가리키는 말이 되었다.

次鶴谷 三首 鶴谷[597]을 차운하여

較勝非關席上兵(교승비관석상병) 자리의 병사와 명백하게[598] 다르지만
唯將酒興等殤彭(유장주흥등상팽) 오로지 주흥(酒興)만은 팽상(彭殤)[599]과 같았지.
眼花不見丘山大(안화불견구산대) 침침하여[600] 구산(丘山)의 큼은 보지 못하고
豪氣偏知爵祿輕(호기편지작록경) 호기(豪氣)에 작록(爵祿)의 가벼움을 잘 안다네.
小雨冥冥仍暮色(소우명명잉모색) 작은 비에 어둑어둑 저녁색이 물들고
寒梅脈脈已春情(한매맥맥이춘정) 한매(寒梅)는 묵묵하게[601] 봄의 정취 전하누나.
此時最樂吾先醉(차시최락오선취) 지금 가장 즐겁고 나는 이미 취했으니
何用虛誇一石名(하용허과일석명) 어찌하여 일석(一石)의 이름 헛되이 자랑하랴?

孔明誰信昧奇兵(공명수신매기병) 공명을 누가 기병(奇兵)에 어둡다 믿었나?
尼父元非下老彭(니부원비하로팽) 공자는 원래 노팽을 비하하지 않았지.
從古聖賢多自遜(종고성현다자손) 예로부터 성현(聖賢)들은 스스로 겸손했는데
只今文墨喜相輕(지금문묵희상경) 지금의 문묵(文墨)들은 즐겨 서로 경시하네.
詩能遣興何須巧(시능견흥하수교) 시(詩)는 흥(興)을 전하니 어찌 기교가 필요하며
官到偸閑是稱情(관도투한시칭정) 관(官)에서는 한가할 때 성정(性情)을 칭송한다.
萬事世間吾已了(만사세간오이료) 세간만사(世間萬事) 나는 이미 이해하니
靑蓮第一貴無名(청련제일귀무명) 이태백(李太白)[602]은 제일로 무명을 귀히 여겼네.

風雨長驅入峽兵(풍우장구입협병) 풍우(風雨)에 길이 달려 산골에 든 병사들
下江孤壘怯岑彭(하강고루겁잠팽) 하강[603] 보루에서 겁을 내는 잠팽(岑彭)[604]이라.

---

597) 洪瑞鳳(1572-1645). 조선 중기의 문신. 본관은 남양(南陽). 자는 휘세(輝世), 호는 학곡(鶴谷).
598) 較勝: 명백(明白)하고 정확하다.
599) 彭殤: 장수와 요절. 팽조(彭祖)는 장수했고 상(殤)은 성년이 되기 전에 죽었다.
600) 眼花: 눈앞이 침침하다. 눈앞이 아물아물하다.
601) 脈脈: 응시하는 모양. 아무 말 없이 잠잠하다.
602) 靑蓮: 이태백(李太白) 청련거사.
603) 下江兵: 신망(新莽) 말년에 왕상(王常) 성단(成丹) 등이 선두로 녹림농민(綠林農民) 의군(義軍)을 일으켰는데 이로써 조정(朝廷)에 반항(反抗)하는 군대를 일컫는다.
604) 岑彭: 자가 군연(君然)이고 남양(南陽) 극양(棘陽) 사람이다. 왕망(王莽)의 신(新)나라 때에 극양현의 현장

搴旗賈勇斯爲貴(건기가용사위귀)　기를 들어605) 사기 진작(振作)606) 귀히 여겼지만
見敵知難未可輕(견적지난미가경)　적을 보고 어려움 알아 경시하지 않았지.
已約師徒仍蓄力(이약사도잉축력)　이미 사도(師徒)의 힘 축적을 약속했지만
直愁軍候暗輸情(직수군후암수정)　다만 군정(軍情)607)이 새나갈까608) 근심하였네.
窮龐斫樹羞千古(궁방작수수천고)　큰 나무 베어냄도 천고(千古)에 부끄러운데
何似甘心畏虎名(하사감심외호명)　어찌하여 두려운 호명(虎名)을 달가워하랴?

上元 上元

上元佳節冠王春(상원가절관왕춘)　상원(上元) 가절(佳節)은 봄에 가장 먼저로
正是東韓藥飯辰(정시동한약반진)　이날이 바로 동한에 약식(藥食)609)먹는 날이라.
彩樹轉燈存舊俗(채수전등존구속)　채수(彩樹)와 전등(轉燈)에는 예전 습속 남아있고
荒祠擊鼓祭何神(황사격고제하신)　황사(荒祠)에서 북을 치며 어느 신(神)에 제사하나
爭誇筒裏飄花朶(쟁과통리표화타)　통(筒)속에서 꽃이 날림 다투어 자랑하고
誰看山頭湧月輪(수간산두용월륜)　산위에 달이 오름 어느 누가 보는가?
今夜九霄騰紫氣(금야구소등자기)　오늘 밤 구소(九霄)610)에 자기(紫氣)가 오르니
想應驚動廣陵人(상응경동광릉인)　놀라움에 들썩이는 광릉인(廣陵人)이라.

(縣長)으로 있었다. 한(漢)의 군사가 일어나서 극양현을 공격하여 함락시키자, 잠팽은 가솔을 이끌고 전대(前隊)의 대부인 견부(甄阜)에게로 도망갔다. 견부가 잠팽이 극양현을 굳건히 지키지 못했다고 노하여, 잠팽의 어머니와 아내를 잡아 가두고 명령을 내려 잠팽으로 하여금 공훈을 세워 스스로 가솔들을 보존토록 했다. 그리하여 잠팽이 빈객을 거느리고 있는 힘을 다해 싸웠다.

605) 搴旗: 기치(旗幟)를 높이 듬.
606) 賈勇: 용기를 고취시키는 의사(意思).
607) 軍候: 군정(軍情).
608) 輸情: 진정(眞情)을 표현함.
609) 藥飯: 약식(藥食)·약밥·약반(藥飯)이라고도 한다. 정월 대보름에 먹는 절식의 하나이다. 그리고 약식은 회갑·혼례 등의 큰 잔치에 많이 만들어 먹는다. 약식이라 하게 된 것은 꿀이 들어갔기 때문이다. 『아언각비(雅言覺非)』에서는 "우리나라에서는 꿀을 흔히 약(藥)이라 한다. 따라서 밀주(蜜酒)를 약주(藥酒)라 하고, 밀반(蜜飯)을 약반(藥飯), 밀과(蜜果)를 약과(藥果)라 말한다."고 하여 약식이라고 부르는 이유를 설명하고 있다.
610) 九霄: 하늘의 가장 높은 곳. 높은 하늘.

贈金校理 著國 十一首 校理 金著國611)에게 줌. 11수

五十之年隙過驂(오십지년극과참) 오십년을 살았으나 너무도 빨라라612)
吾今有一子無三(오금유일자무삼) 나는 지금 아들이 하나 뿐이네.
相逢畫省驚衰鬢(상봉화성경쇠빈) 상서성(尙書省)에서 만났을 때 흰 머리에 놀랐고
却對華燈喜劇談(각대화등희극담) 채등(彩燈)613)을 대하며 농담을 좋아했지
詩律不論長慶後(시율불론장경후) 시율(詩律)에는 장경(長慶)614)의 뒤를 논하지 않았고
功名都付大槐南(공명도부대괴남) 공명(功名)은 모두가 남가몽(南柯夢)615)에 부쳤네.
駱東春色渾依舊(낙동춘색혼의구) 낙동(駱東)의 춘색(春色)은 온통 예전 같으니
藜杖追尋老亦堪(여장추심노역감) 지팡이로 따라감은 늙어서도 되겠네.

一夢分明御鶴驂(일몽분명어학참) 꿈에선 분명히 학참(鶴驂)616)을 탔고
仙山歷略海中三(선산역략해중삼) 선산(仙山)에선 삼해(三海)를 둘러보았지.
回頭忽失壺公界(회두홀실호공계) 돌아보니 신선(神仙)617)의 경계가 사라졌고
銘骨空傳老氏談(명골공전노씨담) 부질없이 뼈에 새긴 노자(老子)의 말을 전했네.
學士詩名懸斗北(학사시명현두북) 학사(學士)의 시명(詩名)은 북두(北斗)에 걸렸는데
尙書地望重山南(상서지망중산남) 상서(尙書)의 지망(地望)은 산남(山南)이 중하도다.
東街十里春泥滑(동가십리춘니활) 동쪽거리 십리에 봄 진흙이 미끄러운데
欲策犂眉奈不堪(욕책이미내불감) 준마618)를 채근하나 감당할 수 없어라.

---

611) 金著國(1577-1655) 조선 후기의 문신. 본관은 청풍(淸風). 자는 경징(景徵), 호는 동촌(東村).
612) 白駒過隙: 흰 망아지가 빨리 달리는 것을 본다는 뜻으로, 세월과 인생이 덧없이 짧음을 비유적으로 이르는 말.
613) 華燈: 아름답게 꾸며놓은 등. 채등(彩燈).
614) 長慶: 사마상여(司馬相如)의 자.
615) 南柯夢: 남쪽으로 뻗은 나뭇가지 아래의 꿈이라는 뜻으로, 덧없는 꿈이나 부귀영화를 이르는 말.
616) 鶴驂: 태자(太子)의 수레. 득도자의 수레.
617) 壺公: 전설속의 신선.
618) 犂眉騧: 양마(良馬)의 이름. 털은 황색이고 눈썹은 검은 색이다.. 犂, 通"黧".

不用參尋走劇驂(불용참심주극참)　대도(大道)[619]로 달려서 찾아가진[620] 않지만
禁中相對偶成三(금중상대우성삼)　금중(禁中)[621]에서 대하니 짝이 셋이로구나.
方知閉戶十年讀(방지폐호십년독)　문을 닫고 십년 동안 글 읽었음 알았으니
未抵連床半日談(미저연상반일담)　후의(厚意)[622]를 거절 않고 반나절 얘기했지.
雪色欲殘鳷鵲北(설색욕잔지작북)　설색(雪色)은 누각(樓閣)[623]의 북쪽에 남았으나
春光先動濯龍南(춘광선동탁룡남)　춘광(春光)은 궁원(宮苑)[624]의 남쪽에서 움직이네.
團圓此夕應難續(단원차석응난속)　악곡(樂曲)[625]을 이 저녁에 이어가기 어려운데
衰病風塵可久堪(쇠병풍진가구감)　쇠병(衰病)에 풍진(風塵)을 감당할 수 있으려나?

十年塵土策羸驂(십년진토책리참)　십년간 진토(塵土)에서 여윈 말을 모는데
贏得霜毛日兩三(영득상모일량삼)　흰머리 가득 해서 하루에 이삼이라
寥落羈懷無好況(요락기회무호황)　쓸쓸한 마음[626]에는 호황(好況)이 없지만
團欒良晤雜淸談(단란양오잡청담)　단란하게 모여서[627] 청담(淸談)을 나누었지.
春暉欲動閑園裏(춘휘욕동한원리)　봄빛은 한원(閑園)에서 움직이려 하는데
花信先催別院南(화신선최별원남)　꽃소식은 별원(別院)의 남쪽에서 재촉한다.
自是幽居饒物色(자시유거요물색)　스스로 유거(幽居)하며 물색(物色)이 풍성해도
老來詩興亦難堪(노래시흥역난감)　늙으니 시흥(詩興)도 감당하기 어렵더라.

眞仙何處駕鸞驂(진선하처가란참)　진선(眞仙)은 어디에서 수레를 타는가?
玉帝高居接日三(옥제고거접일삼)　옥제(玉帝)와 높이 살며 삼일을 만났다네.
唐代瀛洲徵盛事(당대영주징성사)　당대(唐代)의 영주(瀛洲)는 성사(盛事)를 징험하고

---

619) 劇驂: 일곱 군데로 통하는 큰 길.
620) 參尋: 심방(尋訪).
621) 禁中: 금령이 미치는 범위. 제왕이 거처하는 궁내(宮內).
622) 連牀: 평상이나 침상을 함께하여 누움. 정의(情誼)가 돈독(敦篤)함을 형용.
623) 鳷鵲: 남조(南朝) 누각명(樓閣名). 강소(江蘇) 남경(南京)에 있다.
624) 濯龍: 한대(漢代) 궁원명(宮苑名). 낙양(洛陽) 서난쪽에 있다.
625) 團圓: 악곡명(樂曲名).
626) 羈懷: 나그네의 심정.
627) 良晤: 환취(歡聚).

漢臣藜杖作奇談(한신여장작기담)　한신(漢臣)의 여장(藜杖)은 기담(奇談)이 되었더라.
飛昇未必追河上(비승미필추하상)　날아올라 강 위로 따라가지 못하지만
經籍還須效世南(경적환수효세남)　경적(經籍)은 다시 세남(世南)에 영향주네.
會看九重開講幄(회간구중개강악)　조정(朝廷)[628]에서 만났고 강악(講幄)을 열었지만
論思密勿果誰堪(논사밀물과수감)　논사(論思)가 막중[629]하니 과연 누가 감당하나?

鏡裏光陰若走驂(경리광음약주참)　거울 속에 시간은 달리는 말 같고
蕭蕭白髮丈千三(소소백발장천삼)　쓸쓸한 백발(白髮)은 삼천장이 되더라.
悲懽各說開情事(비환각설개정사)　비환(悲懽)을 각기 말하며 마음을 열어
得失非關較手談(득실비관교수담)　득실(得失)에 상관없이 바둑을 겨룬다네.
半夜鄉心懸水北(반야향심현수북)　한 밤중에 고향생각 수북(水北)에 걸렸고
一年花信到枝南(일년화신도지남)　한해의 꽃소식 가지 남쪽에 이르렀으나
啼禽莫向窓前過(제금막향창전과)　우는 새는 창 앞으로 지나지도 않는데
羈思多端自不堪(기사다단자불감)　떠오르는 많은 생각[630] 감당할 수 없어라.

故園何日駕歸驂(고원하일가귀참)　어느 날 고향으로 돌아가는 말을 타니
身似眠蠶已過三(신사면잠이과삼)　내 몸은 세 번 자고난 누에와도 같았지.
鏡裏忽驚凋壯髮(경리홀경조장발)　거울 속에 홀연히 흰 머리에 놀라니
樽前那得騁高談(준전나득빙고담)　주석(酒席)에서 어떻게 고담(高談)을 나누나
嗟吾事業中人下(차오사업중인하)　우리 사업 중인(中人)의 아래임을 슬퍼하고
羡子聲名北斗南(선자성명북두남)　그대 명성 북두 남쪽에 있음이 부럽긴 하나
仔細算來都是夢(자세산래도시몽)　자세하게 따져보니 모두가 일장춘몽(一場春夢)
小窓匡坐意難堪(소창광좌의난감)　작은 창에 정좌(正坐)하니 마음이 난감해라.

---

628) 九重: 조정(朝廷).
629) 密勿: 아주 중요한 기밀(機密).
630) 羈思: 나그네의 생각.

夙昔看君跨篠驂(숙석간군과소참)　오랜 옛날 그대가 죽마[631] 타는 것을 보았는데
詩名已自邁陳三(시명이자매진삼)　시명(詩名)은 스스로 진사도(陳師道)[632]에 이르렀지.
交遊伯仲差年位(교유백중차년위)　백중(伯仲)으로 교유(交遊)하나 나이가 차이(差異)나고
離索中間阻笑談(이색중간조소담)　중간에 홀로 사니[633] 소담(笑談)조차 막혔는데
轉眄靑雲魚化北(전면청운어화북)　청운의 꿈 돌아보니 북해 곤어(鯤魚) 변화하고
揮毫白戰馬征南(휘호백전마정남)　휘호(揮毫)는 백전(白戰)[634]에 말과 같이 달리누나.
江生夢錦才全退(강생몽금재전퇴)　강에서의 비단 꿈 온전히 물러남에
欲和陽春愧不堪(욕화양춘괴불감)　따뜻해진 양춘(陽春)에 부끄럽더라.

君家深洞可停驂(군가심동가정참)　그대 집은 심곡(深谷)이라 말이 머물 수 있어
小逕新開蔣詡三(소경신개장후삼)　작은 길 새로 여니 은자(隱者)[635]의 삼경이라
華榻只容佳客坐(화탑지용가객좌)　화탑(華榻)에 다만 가객만이 앉았으니
高懷肯向俗人談(고회긍향속인담)　아회(雅懷)를 기꺼이 속인에게 말하누나.
殷勤累枉書多少(은근누왕서다소)　은근히 잘 못된 글 다소 있기에
偪側還愁巷北南(핍측환수항북남)　북남(北南)의 거리에서 근심하는데
聞道寒梅昨夜發(문도한매작야발)　한매(寒梅)가 어제 밤 피었다는 말에
相思一倍更難堪(상사일배갱난감)　생각이 배가 되니 더더욱 난감하여라.

好賢誰解晏嬰驂(호현수해안영참)　호현(好賢)중에 어느 누가 어린 말을 이해하랴
晩喜金蘭益友三(만희금란익우삼)　금란(金蘭)[636]의 유익한 벗 셋이 있음 즐거워라.

---

631) 篠驂: 죽마(竹馬).
632) 진삼(陳三)은 진사도(陳師道)의 별칭이다. 陳師道(1052~1101)는 젊어서 당송팔대가의 한 사람인 증공(曾鞏)을 사사했고 소동파와는 문인 항렬로 교유했으며 시는 황정견(黃庭堅)의 시를 전문적으로 배워 황정견과 함께 강서시파(江西詩派)의 제창자가 되었다.
633) 離索: 이군색거(離群索居)로 무리를 떠나서 홀로 쓸쓸히 지내다.
634) 白戰: 무기를 쓰지 않고 맨손으로 하는 싸움 또는 문인들끼리 글재주를 겨루는 다툼으로 백일장(白日場)을 말한다.
635) 蔣詡之三逕: 隱者의 문 안에 있는 뜰 또는 은자가 사는 곳. 漢나라의 은자 장후(蔣詡)가 정원에 세 개의 좁은 길을 내고 소나무, 대나무, 국화를 심었다는 데서 유래한다.
636) 金蘭: 계합(契合)한 우정(友情) 결의형제(結義兄弟).

深巷豈曾逢客至(심항기증봉객지)　깊은 마을이니 어찌 객이 오랴마는
小窓端合與君談(소창단합여군담)　작은 창에 만나서 그대와 담소했지.
安知此日無周北(안지차일무주북)　이날 주북(周北)에 없었음을 어찌 알았나?
不獨當時有阮南(부독당시유완남)　당시에 완남(阮南)에 홀로 있지 않았었네.
梅徑夜來春雪下(매경야래춘설하)　매경(梅徑)에는 밤이 되면 봄눈이 내리니
暗香寒影問誰堪(암향한영문수감)　암향(暗香)과 한영(寒影)을 어느 누가 감당하랴

駑馬難追汗血驂(노마난추한혈참)　노마(駑馬)로는 한혈마(汗血馬)[637]를 쫓지 못하나
龍門却望近魁三(용문각망근괴삼)　용문(龍門)에서 바라보니 삼장(三場) 장원(壯元) 가까워라.
春來新作還全廢(춘래신작환전폐)　봄이 와 새로 짓고 다시 모두 폐기하니
老去陳編尙可談(노거진편상가담)　늙어가며 고서(古書)[638]를 이야기 할만하다.
兵革關心纏薊北(병혁관심전계북)　전쟁(戰爭)[639]에 관심 있어 계북(薊北)에 묶였지만
名聲何意擅漳南(명성하의천장남)　명성(名聲)은 어찌하여 장남(漳南)에 있었던가?
知君不厭淸狂客(지군불염청광객)　그대가 청광객(淸狂客)[640]을 싫어하지 않지만
犇走車塵我未堪(분주차진아미감)　분주(犇走)[641]함에 수레먼지 감당하지 못하네.

奉送吉川權令公巡察海防 吉川 權令公 巡察 海防을 전송하며

國事如今尙可爲(국사여금상가위)　국사(國事)가 지금 같으면 다스릴 만하더라도
亞卿身上佩安危(아경신상패안위)　아경(亞卿)의 신상에 안위(安危)가 달려 있네.
十年佐幄推人望(십년좌악추인망)　십년을 보좌하며 인재(人材)를 추천했고
三度行邊荷主知(삼도행변하주지)　세 번의 변경 순시(巡視)[642]에 주지(主知)를 받았지.[643]

---

637) 汗血: 한혈마(汗血馬).
638) 陳編: 고적(古籍) 고서(古書).
639) 兵革: 전쟁(戰爭).
640) 淸狂: 방일(放逸)하여 얽매이지 아니함.
641) 犇走: 급주(急走) 도망가다.
642) 行邊: 변경을 순시(巡視)함.
643) 荷: 은덕을 받음.

根本從來重南服(근본종래중남복)　근본은 예로부터 남방(南方)[644]을 중시했고
憂虞不獨在西陲(우우부독재서수)　근심은 서쪽 변방에만 있지 않았네.
堅城巨艦俱虛耳(견성거함구허이)　견성(堅城)과 거함(巨艦)은 모두가 허망하니
努力蒼生願察眉(노력창생원찰미)　창생위해 노력하며 민정을 살피시길[645]

644) 南服: 고대(古代)에 왕기(王畿) 이외의 땅을 오복(五服)으로 나눴는데 그중 남방을 남복(南服)이라 했다.
645) 察眉: 사람의 얼굴을 살펴보고 문득 실정(實情)을 알게 되는 것.

次淸城板韻 贈江界倅金

Ⅵ. 六言四韻

用亭上韻 送鄭下叔還京 亭上韻을 사용하여 鄭下叔이 서울로 돌아감에 전송하며

水似征人未休(수사정인미휴)　물은 나그네처럼 쉬지를 않고
山如蛾黛添愁(산여아대첨수)　산은 아대(蛾黛)[1]와 같이 근심을 더하네.
前村後村煙火(전촌후촌연화)　앞 뒷마을 밥짓는 연기[2] 피어오르고
十里五里汀洲(십리오리정주)　십리 오리가 모래섬으로 이어졌네.
自識兩家情好(자식양가정호)　스스로 양가(兩家)의 정이 좋음을 아니
非關一笑淹留(비관일소엄류)　일소(一笑)하며 만류(挽留)[3]함을 관계치 않고
吾將從此逝矣(오장종차서의)　나는 장차 이를 따라 가려는데
湖外已過三秋(호외이과삼추)　호외(湖外)에서 이미 삼추(三秋)가 지나갔네.

---

1) 蛾黛: 예전에 부녀자들이 눈썹을 그릴 때 사용하는 청흑색의 안료(顏料). 나대(螺黛).
2) 煙火: 취연(炊煙). 인가(人家)에서 불을 때어 나는 연기.
3) 淹留: 挽留, 留住. 猶留存.

Ⅶ. 五言古詩

秋氣集南澗 月課 秋氣가 남쪽 시내에 모였다.

西風吹欻翕(서풍취훌흡)　　서풍(西風)은 세차게[1] 불어대고
衡浦飛胡雁(형포비호안)　　형양(衡陽)의 포구(浦口)에 기러기 나는데
老子起睡慵(노자기수용)　　늙은이 잠자다 게을리 일어나
弊裘纔掩骭(폐구재엄한)　　해진 가죽옷으로 정강이를 덮는다.
出門欲何之(출문욕하지)　　문을 나서서 어디로 가는가?
幽賞在南澗(유상재남간)　　그윽한 구경거리 남쪽 시내에 있는데
緩步常自由(완보상자유)　　느릿느릿 걸으니 늘 자유롭고
微徑亦已慣(미경역이관)　　작은 길 또한 이미 습관이 되었구나.
颼颼石林響(수수석림향)　　바람에 석림(石林)이 울려대는데
燦燦巖菊綻(찬찬암국탄)　　바위 곁에 찬란하게 국화가 피었네.
愛此復夷猶(애차부이유)　　이를 사랑하여 다시 머뭇거리며[2]
都忘滯羈宦(도망체기환)　　매어있는 벼슬살이 모두 잊는다.
秦中豈不樂(진중기불락)　　진(秦)에서 어찌 즐겁지 않으랴

---

1) 欻翕: 훌흡(欻吸).
2) 夷由: 주저하다. 머뭇거리다.

北望山川間(북망산천간)　　북쪽에서 산천(山川)사이 바라다보니
世事本如夢(세사본여몽)　　세사(世事)는 본래부터 꿈과도 같고
宿癡今始辨(숙치금시변)　　우매(愚昧)함이 지금에야 분명해지네.
搖落不須悲(요락불수비)　　요락(搖落)을 슬퍼하지 않으니
髮白非所患(발백비소환)　　백발(白髮)은 근심할 바가 아니라오.
醉來一長歌(취래일장가)　　취하여 길게 노래 부르니
蒼茫歲將晏(창망세장안)　　바쁘던[3] 한해가 편안해지네.

杏園 杏園

丈人道氣深(장인도기심)　　장인(丈人)은 도기(道氣)가 깊은데
妙訣傳軒轅(묘결전헌원)　　묘결(妙訣)은 헌원(軒轅)[4]에서 전해졌다지.
不藏汝南壺(불장여남호)　　여남(汝南)[5]의 술병을 감추지 않고
結廬廬山根(결려여산근)　　여산(廬山)아래 집을 지었지.
試探囊中丸(시탐낭중환)　　주머니 속 구슬을 찾아서
能返已逝魂(능반이서혼)　　돌아오려니 혼은 이미 떠났더라.
神方走四海(신방주사해)　　신방(神方)을 찾아 사해(四海)를 달렸지만
羸瘵日盈門(이채일영문)　　병[6]은 날마다 집안에 가득했지.
療病不多債(요병불다채)　　병을 고침에 빚이 많지 않지만
符水隨手翻(부수수수번)　　부수(符水)가 손에 따라 바뀌었다네.
但教種之杏(단교종지행)　　다만 은행을 심도록 했고
縱橫期滿園(종횡기만원)　　종횡(縱橫)으로 정원 가득 기약했다네.
役力當直錢(역력당직전)　　효력(效力)[7]에 가치(價值)가 있으니[8]

---

3) 蒼茫: 바쁨.
4) 헌원(軒轅)은 황제의 이름인데 치우(蚩尤) 등 포악한 제후들을 정벌하고 신농씨(神農氏)를 이어 제위에 올랐다.
5) 汝南: 군 이름. 예주에 속하며 37개 현을 관할했다. 치소는 평여(平輿)이며, 그 성터는 지금의 하남성 평여에 있다.
6) 羸瘵: 병약하여 지치다.
7) 役力: 효력(效力).

栽培詎憚煩(재배거탄번)　재배(栽培)하며 어찌 번거롭다 꺼리랴?
一株復一株(일주부일주)　일주(一株)에 다시 일주(一株)를 심어
居然千樹蕃(거연천수번)　편안하게[9] 천 그루를 심었지만
年年妬花風(연년투화풍)　해마다 화풍(花風)이 시기하는지
香雪堆階軒(향설퇴계헌)　향설(香雪)이 계단과 추녀에 쌓였네.
陰陰綠葉重(음음녹엽중)　그늘지게 녹엽(綠葉)이 많아져갔고
結子黃金繁(결자황금번)　씨앗 맺고 황금 열매 번성하였지.
付與買果兒(부여매과아)　과일을 주고 사는 아이는
定價在一言(정가재일언)　평가[10]가 말 한마디에 있더라.
何勞童僕護(하로동복호)　동복(童僕)을 보호함에 어찌 수고할 것인가
擾虎當蹊蹲(요호당혜준)　소란스런[11] 범이 오솔길에 있구나.
要警俗子心(요경속자심)　속자(俗子)의 마음은 경계해야 하고
取贏非所論(취영비소론)　이익[12]을 취함은 논한 바가 아니라네.
此翁還此事(차옹환차사)　이 늙은이 이 일을 다시 함에
貪廉頑亦敦(탐렴완역돈)　청렴하고 완고하며 또한 도탑네.
誰知一片地(수지일편지)　누가 알랴 한 조각 땅이지만
上近白楡垣(싱근백유원)　위쪽으로 백유원(白楡垣)과 가까움을
至今五老下(지금오로하)　지금 오로(五老)의 아래에는
高風緬猶存(고풍면유존)　고풍(高風)이 아득히 존재한다네.
吾營紫河車(오영자하차)　우리 병영 자하거(紫河車)[13]에는
千載落塵喧(천재낙진훤)　천년동안 먼지에 시끄러워서
仙園不可到(선원불가도)　선원(仙園)에 이르지 못하더라도

---

8) 直錢: 가치가 있음.
9) 居然: 평안함을 형용함. 안온(安穩).
10) 定價: 일정한 가격(價格). 일정한 평가(評價).
11) 擾: 방해하다. 어지럽게 하다. 소란(騷亂).
12) 贏: 장사하여 얻은 이익(利益). 초과(超過) 가득하다.
13) 紫河車: 사람의 태반을 한방에서 이르는 말.

欲向杏花村(욕향행화촌)　행화촌(杏花村)으로 향하려 하고 있구나.

挽姻叔母宋氏 姻叔母 宋氏 挽詞

奕奕冠冕後(혁혁관면후)　혁혁(奕奕)[14]한 벼슬을 했었고
英英蕙蘭質(영영혜란질)　난혜(蕙蘭)같은 자질(資質)이 아름다웠지.[15]
十七歸夫壻(십칠귀부서)　열일곱에 시집을 갔었고
在世纔廿八(재세재입팔)　세상에 산 것은 겨우 스물여덟
懿德闕報施(의덕궐보시)　덕[16]을 베풀지도 못했는데
天乎竟難測(천호경난측)　하늘이여 마침내 예측할 수 없어라.
哀哀廣陵道(애애광릉도)　슬프도다. 광릉으로 가는 길에는
春風吹畫翣(춘풍취화삽)　봄바람이 상여에 불어온다네.
小兒尙呼乳(소아상호유)　어린 아이 젖달라고 부르고
大兒猶覓栗(대아유멱률)　큰아이는 밤을 찾아 놀기만 한다.
鶴髮坐高堂(학발좌고당)　흰머리 부모는 고당에 앉았는데
撫此幾欲絶(무차기욕절)　이를 생각하며 어찌 가야 했던가?
行路亦酸鼻(행로역산비)　행로(行路) 또한 비통하여서[17]
況乃葭莩屬(황내가부속)　하물며 친척이 서로 소원해지니[18]
題詩一長慟(제시일장통)　시(詩)를 지어 길게 통곡함은
萬事泉原隔(만사천원격)　만사(萬事)가 황천(黃泉)과 막혔기 때문.

夜思兩兒偶吟 밤에 두 아이를 생각하며 우연히 읊다.

大兒方六歲(대아방륙세)　큰 아이는 이제 막 여섯 살

---

14) 奕奕: 높고 큰 모양.
15) 英英: 뛰어나고 아름다우면서도 재주가 있음.
16) 懿德: 미덕(美德).
17) 酸鼻: 콧날이 시큰하다. 매우 슬프다. 애통하다.
18) 葭莩: 갈대 속에 있는 얇은 막. 친척관계가 소원담박(疏遠淡薄)함을 비유.

小者亦差肩(소자역차견)　작은 아이 또한 어깨가 차이나
來時解牽衣(내시해견의)　올 때 옷을 끌면서
問我向何邊(문아향하변)　나에게 물었지 어디로 가느냐고
我謂薄出郊(아위박출교)　나는 대답했지 가볍게 교외로 나가는데
明曉當言旋(명효당언선)　내일 아침 돌아오겠노라고
于今涉旬月(우금섭순월)　지금은 열 달이[19] 지났건만
音信兩杳然(음신양묘연)　소식마저 모두가 아득하더라.
童心久則忘(동심구칙망)　동심(童心)은 오래되니 잊었고
戲嬉想如前(희희상여전)　즐거움은 예전과 같은데
時時立街頭(시시입가두)　때때로 가두(街頭)에 서서
待我望眼穿(대아망안천)　나를 기다리며 뚫어져라 보겠지
入門抱母啼(입문포모제)　문에 들어서면 어미에 안겨 울고
因索果與鮮(인색과여선)　과일을 찾아 신선한 것을 주겠지
見者若爲情(견자약위정)　본 사람은 정이 같다 할 것이고
思之心若煎(사지심약전)　이를 생각하면 마음이 타는 것 같네
雲山隔萬重(운산격만중)　운산(雲山)은 만중이나 떨어졌는데
會合似無緣(회합사무연)　만남에 인연이 없는 듯.
歸期指仲冬(귀기지중동)　돌아갈 기약이 중동(仲冬)을 가리키니
一夜長似年(일야장사년)　하룻밤의 길기가 한해와 같네.
蕭蕭峽中秋(소소협중추)　쓸쓸한 골짜기 가을이 되니
風雨正滿天(풍우정만천)　풍우가 하늘에 가득하구나.
空齋悄獨臥(공재초독와)　빈 집에서 근심하며 홀로 누웠는데
我生亦自憐(아생역자련)　나의 삶도 스스로 가련해진다.
兒乎與爾母(아호여이모)　아이야 너의 부모와 함께
爲我但愼旃(위아단신전)　나를 위해 다만 삼갈지어다.

19) 旬月: 1개월. 10개월.

送金得之賀千秋節 金得之[20]가 千秋節에 賀禮하러 감에 전송하며

六月鴨江上(유월압강상)　유월에 압록강 위를
乘氷西渡人(승빙서도인)　얼음 타고 서쪽으로 건너는 사람아
如何一衣帶(여하일의대)　어찌하여 하나의 의대(衣帶)가
似隔銀漢津(사격은한진)　건너편 은하 나루와 같은가?
君到水東州(군도수동주)　그대는 물 동쪽 고을에 이르렀고
十日方水濱(십일방수빈)　십일동안 물가에 있었다네.
不見望眼穿(불견망안천)　뚫어지게 보았지만 보이지 않고
相見別愁新(상견별수신)　서로 만나도 이별근심 새로워라.
幽燕此重行(유연차중행)　유주(幽州)로 이렇게 다시 가며
壯麗安足陳(장려안족진)　경관(景觀)[21]을 어떻게 진술하려나?
憶得去歲冬(억득거세동)　지난해 겨울을 기억해보니
共充觀國賓(공충관국빈)　함께 국빈(國賓)을 보았었더라.
行裝辨奴僕(행장판노복)　행장(行裝)을 노복(奴僕)이 힘써 꾸렸고
杯酒餞朋親(배주전붕친)　주배(酒杯)로 친구를 전송(餞送)하였네.
變易在須臾(변역재수유)　바뀌는 것도 잠깐이라
疾走籲帝宸(질주유제신)　대궐에서 불렀으니 달려가야지.
獨見無時資(독견무시자)　보아하니 무시(無時)의 관직(官職)이라
誤事災及身(오사재급신)　그릇된 일 재앙(災殃)이 내게 미치리.
機關適如許(기관적여허)　기관의 일 수행함이 이러하니
語默罪惟均(어묵죄유균)　말하거나 침묵함도 죄가 같다네.
賀節雖無難(하절수무난)　하절(賀節)은 비록 어려움이 없으나
此正多事辰(차정다사진)　오늘은 바로 일이 많은 날이라
欺心鬼必厭(기심귀필염)　마음을 속이면 귀신이 싫어하여

20) 金大德(1577-1639). 본관은 광산(光山). 자는 득지(得之), 호는 소봉(蘇峰)·이안당(易安堂).
21) 壯麗: 건장(健壯)하고 아름다움. 산천이나 풍경이 크고 장하고 아름답고 고움.

行志人必嗔(행지인필진)　뜻을 행해도 사람은 반드시 성을 내네.
君才無不可(군재무불가)　그대의 재주는 불가함이 없어
得失任大匀(득실임대균)　득실(得失)에 대임(大任)을 맡았으며
遼塞簇熊虎(요새족웅호)　먼 변방엔 용맹한 이들 모여 있으니
且莫愁煙塵(차막수연진)　전란(戰亂)을 근심하지 않지만
去住各茫然(거주각망연)　거주(去住)가 각기 아득해선지
江風吹我巾(강풍취아건)　강풍(江風)이 수건으로 불어오누나.

望夫石 望夫石

崔崒一片石(최줄일편석)　커다란 하나의 돌이
獨立荒山隅(독립황산우)　황량한 산 모퉁이에 홀로 서있네.
苔蘚以爲粧(태선이위장)　이끼로 치장을 하고
薜蘿以爲襦(벽라이위유)　덩굴[22]로 저고리를 만들었구나.
借問誰所憑(차문수소빙)　누구를 의지하는가 물으니
名之爲望夫(명지위망부)　이름을 망부라 하였다.
伊昔茲山下(이석자산하)　종전[23]에 이 산 아래에서
有女閑且都(유녀한차도)　한차도(閑且都)라는 처녀가 있었고
嫁與征戍兒(가여정수아)　변방 수병(戍兵)[24]에게 시집갔는데
一別杳秦吳(일별묘진오)　헤어져 진(秦)과 오(吳)에 떨어져 살았단다.
洞房晝不暮(동방주불모)　동방(洞房)을 낮처럼 밝혀놓고
褰衣上崎嶇(건의상기구)　옷을 걷어 올리고 비탈길을 올랐지.
歷歷短長亭(역력단장정)　장단정(長短亭)에서 떨어졌으니[25]
邈邈關山途(막막관산도)　관산(關山)의 길은 아득했다네.[26]

---

22) 薜蘿衣: 은자(隱者)의 의복(衣服).
23) 伊昔: 종전(從前).
24) 征戍: 멀리 가서 머물며 변경을 지킴.
25) 歷歷: 역력하다. 시들다. 쇠퇴하다.

魂飛腸幾回(혼비장기회)　혼(魂)이 날아 얼마나 양장(羊腸)처럼 돌았을까?
淚盡眼已枯(누진안이고)　눈물이 다하고 눈도 이미 말랐으며
天地終無情(천지종무정)　天地에 마침내 정(情)도 없어졌다지.
合沓歲月徂(합답세월조)　세월이 흐르고 흘러가니
雨漂繡羅裳(우표수라상)　수놓은 비단 치마 빗물에 떠다녔네.
日炙氷霜膚(일자빙상부)　해는 얼음같이 고운 피부에 비춰
居然綽約姿(거연작약자)　편안하고 여유가 있었다네.
突兀如浮圖(돌올여부도)　우뚝하기가 부도(浮圖)와 같았으니
此心尙炯炯(차심상형형)　이 마음이 오히려 밝았더라.
但覺容顏殊(단각용안수)　다만 얼굴이 특수함을 알았고
流傳作異事(유전작이사)　전해지는 얘기가 특이한 일이니
恍惚足驚吁(황홀족경우)　황홀하고 놀라움 충분했더라.
恒星殞爲石(항성운위석)　항성이 떨어져 돌이 되었다하니
魯史言豈誣(노사언기무)　노사(魯史)를 어찌 속여 말하랴
又聞圮橋上(우문비교상)　또 듣기로 다리가 무너진 위에
神變若合符(신변약합부)　신기한 변화 부합(符合)한 것 같구나
物理或其然(물리혹기연)　사물의 이치가 혹 그러한데
況尒誠所孚(황이성소부)　하물며 정성과 믿음이랴
圭璧亦可碎(규벽역가쇄)　규벽(奎璧) 또한 부술 수 있지만
堅貞共不渝(견정공불투)　견고(堅固)한 정조(貞操)는 달라지지 않았지.
至今荊楚間(지금형초간)　지금 형초간(荊楚間)에는
名與山石俱(명여산석구)　이름이 산석(山石)과 함께하여서
山崩石更爛(산붕석갱란)　산이 무너지면 돌은 더욱 무너지리니
此恨無時無(차한무시무)　이 한이 사라질 때가 없을 것이라.

---

26) 邈邈: 遙遠貌.

Ⅷ. 七言古詩

深秋七日 余與二三客往遊龜逕 因乘舟泝回 觀覽際海奇巖 又捨舟而陸 直到擊毬場復飮 奏馬上樂 乘夜而還 是日也天色淸朗 海風不興 舟行望遠 俱無所礙 眞難得之勝事也 聊賦七言長句 以爲他日不忘地云 9월 7일, 나는 두세 명의 객들과 구경봉에서 놀았다. 배를 타고 물을 거슬러 올라가면서 바닷가 奇巖怪石을 둘러보았고, 배에서 내려 육지로 올라가 擊毬場에 이르러 다시 술을 마시며 馬上樂을 연주하고 밤에 돌아왔다. 이날 날씨는 맑고 화창하였으며 海風도 불지 않았다. 배를 타고 다니면서 멀리 바라보아 거리낌이 없었으니 만나기 어려운 일이다. 그리하여 七言長句를 지어 다른 날에도 잊지 않도록 하였다.

咸山古稱名都會(함산고칭명도회)　함산(咸山)은 예로부터 명도회(名都會)라 했는데
繁華舊俗今猶在(번화구속금유재)　번화(繁華)한 옛 풍속(風俗) 지금도 남아있네.
我來蓮幕僅數日(아래연막근수일)　내가 연막(蓮幕)에 온지 겨우 수일이므로
先問何邊有勝槪(선문하변유승개)　먼저 어디에 수승(殊勝)한 곳 있는가를 물었지.
皆言此去一舍近(개언차거일사근)　모두가 말하기를 여기서 삼십리[1] 근처에

1) 一舍: 예전에 30리를 일사(一舍)로 했다. 비교적 먼 거리(距離).

地位殊絶關南最(지위수절관남최)　높이가 특절(特絶)한 곳 관남(關南)의 최고라고.
似有靈神閟眞境(사유영신비진경)　영신(靈神)이 있어 진경(眞境)을 가린 것 같고
晴晝時時煙霧晦(청주시시연무회)　맑은 낮에 때때로 연무(煙霧)가 어둡다네.
使華游賞知多少(사화유상지다소)　화려하게 놀 곳은 많이 알지만
十無一二展淸眺(십무일이전청조)　열중에 한두 곳은 전망이 안 좋더라.
此語聞來氣先驚(차어문래기선경)　이 말을 들어보니 기가 먼저 놀라서
便戒行裝坐待曉(편계행장좌대효)　문득 행장을 갖추고 앉아 새벽을 기다렸지.
平明催出南郭外(평명최출남곽외)　새벽에 남곽(南郭) 밖으로 재촉하여 나왔고
細馬馱紅亦一快(세마타홍역일쾌)　작은 말[2]에 짐 실으니 기분이 좋아라.
行行路遠洲渚間(행행노원주저간)　가고가도 물가에 길이 멀지만
白沙奇巖漸可愛(백사기암점가애)　백사장에 기암(奇巖)이 점점 좋구나.
崔嵬一峯名龜逕(최외일봉명구경)　높디높은 일봉(一峯)을 구경(龜逕)이라 하는데
異狀正如龜曝背(이상정여구폭배)　기이한 모양은 햇볕 쬐는 거북이 등 같아라.
海若收波風日靜(해약수파풍일정)　파도는 잔잔하고 바람도 고요하니
廚人漁子相驚怪(주인어자상경괴)　요리사 고기잡이 서로 놀라네.
帟幕華筵張上頭(역막화연장상두)　장막에 화려한 잔치 윗머리에 열고
繁絃急管凌高秋(번현급관능고추)　번잡하고 급한 음악 가을을 능멸하누나.
俯瞰島嶼有無中(부감도서유무중)　도서(島嶼)를 굽어보니 있는지 없는지
東望一碧乾坤浮(동망일벽건곤부)　동으로 푸른 바다 건곤이 떠있네.
析木扶桑定何許(석목부상정하허)　은하(銀河)[3]와 부상(扶桑)은 얼마나 되는가?
眼力易窮無由覩(안력역궁무유도)　안력(眼力)이 다해도 보이지 않고
心神怳惚難久留(심신황홀난구류)　심신은 황홀해도 오래 머물 수 없어
醉後乘舟恣洄泝(취후승주자회소)　취후(醉後)에 배에 올라 거슬러 올라갔지.
回看壁面橫半天(회간벽면횡반천)　벽면(壁面)을 돌아보며 반천(半天)을 가로지르고

2) 細馬: 준마(駿馬). 소마(小馬).
3) 析木津: 기성(箕星)과 두성(斗星) 사이에 천한(天漢)이 있고, 기성이 목(木)에 속하기 때문에 석목의 나루라고 한 것인데, 지역으로는 바로 요동(遼東) 땅을 가리킨다.

却訝來自行雲邊(각아래자행운변)　흐르는 구름 곁으로 오는 것을 맞누나.
錦石槎牙眩五色(금석사아현오색)　금석의 뗏목은 오색이 현란하여
長如匹練圓如錢(장여필련원여전)　길기는 명주 같고 둥글기는 엽전 같네.
幾經風浪相吐呑(기경풍랑상토탄)　얼마나 풍랑(風浪)이 밀려오고 갔던가?
千丈尙帶波濤痕(천장상대파도흔)　천장의 띠는 파도의 흔적이요
土人喧道馬巖奇(토인훤도마암기)　토착민은 마암(馬巖)이 기이하다 말하는데
形勢與之難弟昆(형세여지난제곤)　형세를 비교하니 난형난제라.
下有三竇深幾尺(하유삼두심기척)　아래로는 세 개 구멍 깊이가 몇 척인지?
船上遠見如窪尊(선상원견여와존)　선상(船上)에서 멀리 보니 술동이 같고
一柱當前高欲摧(일주당전고욕최)　기둥 하나 높아서 꺾일 듯하나
臣鼇首戴蓬壺蹲(신오수대봉호준)　자라가 봉래산(蓬萊山)을 이고 있구나.
篙師奮棹疾如羽(고사분도질여우)　분주하게 노 저으니 빠르기가 새 같아서
登仙馭風非虛語(등선어풍비허어)　바람타고 신선오름 허언(虛言)이 아니더라.
歌兒解唱壬戌秋(가아해창임술추)　노래하는 아이는 적벽부(赤壁賦)를 노래하니
淸音嫋嫋潛蛟舞(청음요뇨잠교무)　맑은 음색 간드러져 잠룡(潛龍)이 춤을 추고
赤壁羈游不足誇(적벽기유부족과)　적벽(赤壁)에서 놀면서 과시하지 않지만
我今已荷君恩多(아금이하군은다)　나는 지금 그대 은혜 많이 받았네.
翩翩騎從沙頭候(편편기종사두후)　경쾌하게 타고 달려 사두(沙頭)에서 기다리니
畫角聲高山日斜(화각성고산일사)　화각(畵角)은 소리 높고 산에 해는 기울었네.
導我行循水西滸(도아행순수서호)　나를 인도해 수서호(水西湖)로 가게 했는데
云是聖祖擊毬處(운시성조격구처)　성조(聖祖)가 격구(擊毬)를 하던 곳이라.
龍騰虎躩今寂寂(용등호곽금적적)　용과 범이 비약(飛躍)하나 지금은 적적하고
緬懷英威毛髮竪(면회영위모발수)　위엄(威嚴)[4]을 생각함에[5] 모발(毛髮)이 곤두서네.
復登高頂試游目(부등고정시유목)　정상에 다시 올라 사방을 둘러보니

4) 英威: 용맹위무(英勇威武).
5) 緬懷: 회고하다. 추억하다.

無限大野皆禾黍(무한대야개화서) 무한한 대야(大野)에는 벼와 기장이 자라고
楚地雲夢謾空闊(초지운몽만공활) 초지(楚地)[6]에 운몽(雲夢)[7]이 공활(空闊)하기에
到此益知天所府(도차익지천소부) 이곳이 천정(天廷)[8]임을 익히 알겠다.
同來亦有二三客(동래역유이삼객) 두어명의 나그네가 함께 와서
歎息奇觀難再得(탄식기관난재득) 기관(奇觀)을 다시 볼 수 없음 탄식하니
此日此景還此人(차일차경환차인) 이 날의 이 경치와 이러한 사람에
天遣吾公留勝跡(천견오공유승적) 하늘이 공(公)을 보내 승적(勝跡)을 남겼구나.
我笑不答心自閑(아소부답심자한) 나는 웃고 대답하지 않으니 마음은 한가로운데
酒酣樂極還旆促(주감낙극환패촉) 술은 달고 즐거운데 돌아오라[9] 재촉한다.
馬前轟轟衆樂作(마전굉굉중악작) 말 앞에선 시끄럽게 중악(衆樂)을 연주하고
紅裙翠袖肩相拍(홍군취수견상박) 붉은 치마 푸른 저고리 어깨 서로 부딪친다.
嫌他新月少光輝(혐타신월소광휘) 신월(新月)의 빛이 적음을 싫어하지만
火城照耀亘阡陌(화성조요긍천맥) 화성(火城)은 반짝거려 천맥(阡陌)이 지극하네.
攔街觀賞起老稚(난가관상기로치) 거리 막고 감상 하다 노소(老少)[10]를 일으켜
歸來直到疏鐘發(귀래직도소종발) 돌아오니 곧바로 성근 종소리.
腐儒元自任疏散(부유원자임소산) 부유(腐儒)는 원래 스스로 흩어지고
安石風流未曾慣(안석풍류미증관) 사안(謝安)의 풍류(風流)에는 익숙하지 않아서
偶然乘興聊戱耳(우연승흥요희이) 우연히 흥(興)이 올라 즐길 뿐이니
傍人莫作冶遊看(방인막작야유간) 주변인은 야유(野遊)[11]하며 구경치 마라.

---

6) 楚地: 예선에 초(楚)가 관할한 땅.
7) 雲夢: 고대(古代)의 초지(楚地).
8) 天府: 천정(天廷). 조정(朝廷).
9) 還旆: 대오(隊伍)로 회귀(回歸)하는 기치(旗幟).
10) 老稚: 노인과 이이.
11) 冶遊: 야유(野遊) 남녀가 밖에 나가 유락(遊樂)함.

呈素簇二幅于石陽 要得梅竹各一 而全篇以梅爲主 以石陽難於作梅故也

石陽 李霆[12)]에게 素簇 두 폭을 주어 梅竹을 각각 하나씩 얻었다. 全篇은 매화가 主를 이루는데 石陽은 梅花를 그리는 것을 어려워했다.

蕭郞善畫竹(소랑선화죽)　소랑(蕭郞)은 대를 잘 그렸지만

雪村工畫梅(설촌공화매)　눈 내리는 마을에 매화(梅花)도 능했다네.

二者各殊絶(이자각수절)　두 가지가 각자 특이(特異)하니

兼之信難哉(겸지신난재)　이를 겸하기가 진실로 어려워라

人言石陽老(인언석양로)　사람들은 석양로(石陽老)라 하면서

足繼蕭郞後(족계소랑후)　소랑(蕭郞)의 뒤를 이을 만하다 했네.

我昔獲見瀟湘萬竿圖(아석획견소상만간도)　내가 예전에 <소상만간도(瀟湘萬竿圖)>를 보았는데

方信筆力無今古(방신필력무금고)　바야흐로 필력(筆力)이 고금(古今)에 없었지.

但恨雪村難可作(단한설촌난가작)　설촌(雪村)은 어렵다 하면서 그린 것이

千載寂莫西湖春(천재적막서호춘)　천년(千年)이 적막한 서호(西湖)의 봄이었네.

非公莫可傳此迹(비공막가전차적)　공이 아니면 이런 자취 전할 수 없는데

胡不一掃驚世人(호불일소경세인)　어찌 세인(世人)을 놀라게 하지 않는가?

有時戲作水墨姿(유시희작수묵자)　어떤 때 수묵(水墨)을 재미삼아 그렸고

人或少之公自若(인혹소지공자약)　사람들이 혹 적어도 공은 태연하였네.[13)]

龍城通判具眼者(용성통판구안자)　용성통판(龍城通判)은 안목(眼目)을 갖춘 사람

言公畫梅優於竹(언공화매우어죽)　공에게 매화(梅花)가 대보다 낫다하며

邀我西齋指壁上(요아서재지벽상)　나를 불러 서재의 벽위를 가리켰지.

滿室風煙障猶濕(만실풍연장유습)　집 가득한 풍연(風煙)에 병풍엔 습기인데

不圖關山嚴沍天(부도관산엄호천)　관산(關山)의 추운 날을 그리지 않고

---

12) 李霆: 본관은 전주(全州). 자는 중섭(仲燮), 호는 탄은(灘隱). 세종의 현손으로 익주군(益州君) 이지(李枝)의 아들이다. 석양정(石陽正: 正이란 조선 때 비교적 가까운 왕손에게 준 작호로 정3품 堂下에 해당함)에 봉해졌다. 뒤에 석양군(石陽君)으로 승격되었다. 묵죽화에 있어서 그는 유덕장(柳德章)·신위(申緯)와 함께 조선시대 3대 화가로 꼽힌다. 그는 묵죽화뿐 아니라 묵란·묵매에도 조예가 깊었고, 시와 글씨에도 뛰어났다. 그는 임진왜란 때 적의 칼에 오른팔을 크게 다쳤으나 이를 극복하고, 회복 후에는 더욱 힘찬 그림을 그렸다고 한다.

13) 自若: 어떤 일에 흔들리지 않다. 태연자약하다.

復對江南氷玉肌(부대강남빙옥기)　강남(江南)의 빙옥(氷玉)같은 살결을 그렸지.
老幹側倒勢屈強(노간측도세굴강)　노간(老幹)은 기울고 세(勢)는 굽었지만 강하구나.
橫楂半亞開垂垂(횡사반아개수수)[14]　가로지른 가지 반이 가려져[15] 드리웠고
瓊葩不受積雪欺(경파불수적설기)[16]　옥같은 꽃 적설(積雪)의 추위 받지를 않네
暗香疑聞明月時(암향의문명월시)[17]　암향(暗香)은 명월(明月)이 뜰 때에
最是風枝十分奇(최시풍지십분기)　풍지(風枝)의 십분(十分)이 가장 기이(奇異)하고
鬚鬚蕊蕊皆天機(수수예예개천기)[18]　꽃술과 꽃 모두가 천기(天機)로구나
二老手法俱在此(이로수법구재차)　이로(二老)의 수법(手法)이 모두 여기 있으니
雄跨百祀非公誰(웅과백사비공수)　백사(百祀)[19]를 치러도[20] 공이 아님 누구랴
借問吳侯何處得(차문오후하처득)　묻기를 오후(吳侯)는 어디에서 만났는가?
侯言與公相知久(후언여공상지구)　오후(吳侯)는 말했지 공(公)과 서로 앎이 오래라고
畫竹固未易(화죽고미역)　대그림은 진실로 쉽지 않고
畫梅良太苦(화매양태고)　매화그림도 참으로 매우 어려운데
畫成若自然(화성약자연)　그림을 그려놓으면 자연스럽고
畫時多費巧(화시다비교)　그림을 그릴 때는 매우 공을 들였지.
以此公不喜(이차공불희)　이러니 공은 기뻐하지 않았으므로
衆人誰敢要(중인수감요)　중인(衆人) 누가 감히 요구(要求)하리오
幸我相逢塞垣外(행아상봉새원외)　다행히 나와는 변방(邊方)[21]에서 서로 만나
日日連床無箇事(일일연상무개사)　날마다 상을 맞대는 일이 없었지만
求之旣用誠(구지기용성)　이를 구함이 이미 정성스러웠고
適會公有意(적회공유의)　이에 흡족함은 공에게 뜻이 있음이라

---

14) 倒梅.
15) 半亞: 반은 가려지다.
16) 雪梅.
17) 月梅.
18) 風梅.
19) 百祀: 각종 제사(各種祭祀).
20) 雄跨: 웅장한 기세로 건너다. 군림하다.
21) 塞垣: 북방변경지대(北方邊境地帶).

自得四幅後(자득사폭후)　스스로 네 폭을 얻고 난 후에는
使人忘飢渴(사인망기갈)　사람으로 하여금 갈망을 잊게 했네.
我聞此言重歎息(아문차언중탄식)　나는 이 말을 듣고 거듭 탄식을 하며
回首向公膝更屈(회수향공슬갱굴)　머리를 돌려 공에게 무릎을 굽혔지.
我欲有一言(아욕유일언)　내가 한마디를 하고자 했으나
未知公聽否(미지공청부)　공이 들었는지 알 수가 없다.
良工不深藏(양공불심장)　양공(良工)[22]은 깊이 감출 수 없고
交道無新舊(교도무신구)　사귐의 도는 신구(新舊)가 없다네.
羅浮村大庾嶺(나부촌대유령)　나부촌(羅浮村)[23] 대유령(大庾嶺)은
夢裏梅花春正好(몽리매화춘정호)　꿈속에 매화(梅花) 핀 봄이 좋아라.
煩公揮洒配新梢[24](번공휘쇄배신초)　그대의 그림[25]은 새 가지와 짝하여
留作人間傳後寶(유작인간전후보)　인간에게 남겨서 보배로움을 전하네.

贈別李重卿寧邊之行 李重卿[26]의 寧邊行을 송별하며

去年之春君北征(거년지춘군북정)　지난해 봄에 그대는 북으로 갔지만
訪我驛路披榛荊(방아역로피진형)　험한[27] 역로(驛路) 헤치고 나를 찾아왔지.
今年我在京洛間(금년아재경락간)　금년엔 내가 서울 장안에 있었는데
嗟君又作西陲行(차군우작서수행)　그대는 또 서쪽 변방으로 갔다더라.
問君何事長征役(문군하사장정역)　묻노니 무슨 일로 긴 여행을 하는가?
君笑不答我心惻(군소부답아심측)　그대 웃고 대답 않으니 내 마음은 슬퍼진다.
憶曾同爲靑瑣臣(억증동위청쇄신)　전에 함께 궁정(宮廷)[28] 신하였을 때 기억하니

22) 良工: 고대(古代) 기예(技藝)가 높은 사람을 일컫는 말.
23) 羅浮: 산이름으로 광동성(廣東省) 동강(東江) 북안(北岸)에 있다. 풍경이 아름답고 유람하기 좋은 곳이다. 이곳은 매화가 많아서 영매(詠梅)의 전실(典實)이 되었다.
24) 竹也.
25) 揮灑: 글을 쓰거나 그림을 그리다.
26) 李思鈞(1471-1536). 본관은 경주(慶州). 자는 중경(重卿), 호는 눌헌(訥軒). 시호는 문강(文剛)이다. 저서로는『눌헌집(訥軒集)』이 있다.
27) 榛荊: 형극(荊棘). 황무(荒蕪)함을 형용.

多君貌癯腸如石(다군모구장여석)　그대 많이 말랐으나 심장은 금석과 같았지
中間阻闊閱寒暑(중간조활열한서)　중간에 평험(平險)과 한서(寒暑)를 겪었기에
始信松篁異凡木(시신송황이범목)　송죽(松竹)이 범목(凡木)과 다름을 믿었더라.
嶺海江潭且不辭(영해강담차불사)　영해(嶺海) 강담(江潭)을 사양하지 않았고
銅章屈宰良非辱(동장굴재양비욕)　동장(銅章) 굴재(屈宰)는 욕됨이 아니라네.
此府從古稱雄大(차부종고칭웅대)　이 부(府)는 예로부터 웅대하다 일컬었으니
繭絲保障須人英(견사보장수인영)　비단에 보장했으니 틀림없는 영웅이라
簿書禮數徒困君(부서예수도곤군)　부서(簿書)의 예의에 그대는 곤란했으나
君自泂然氷壺淸(군자형연빙호청)　그대는 깊고 빙호처럼 맑았다네.
匹馬今朝促歸鞭(필마금조촉귀편)　오늘 아침 필마로 돌아가길 재촉하니
離魂不散西郊煙(이혼불산서교연)　떠난 혼은 서교(西郊)의 안개에 흩어지지 않았더라.
關道山川舊風景(관도산천구풍경)　관도(關道)[29]의 산천이 옛 풍경이니
佳人亦解靑油仙(가인역해청유선)　가인(佳人)도 청유(靑油) 신선(神仙)을 이해하누나.
歎我還同羝觸藩(탄아환동저촉번)　나는 다시 곤경(困境)[30]에 처함을 탄식하는데
羨君此去如鵬騫(선군차거여붕건)　대붕(大鵬)이 높이 날듯[31] 그대 떠남 부러워라.
得聞太白饒靈草(득문태백요령초)　태백(太白)에는 신령(神靈)스런 약초(藥草)가 많다하니
無惜刀圭及此老(무석도규급차로)　약물(藥物)[32]이 내게 옴도 아깝지 않더라.

龍灣行 龍灣行

角聲咿咿門早開(각성이이문조개)　나팔소리 울리며[33] 문이 일찍 열림에
平明軍吏喚相催(평명군리환상최)　새벽 군리(軍吏) 서로서로 재촉하여 부르누나.
偏裨次第問安回(편비차제문안회)　비장(裨將)[34]은 차례로 문안하며 돌아가고

---

28) 靑瑣: 궁정(宮廷).
29) 關道: 요도(要道).
30) 觸藩羝: 곤경(困境)에 처한 사람을 형용하는 말.
31) 鵬騫: 대붕(大鵬)이 높게 남.
32) 刀圭: 약물(藥物). 의술(醫術).
33) 咿咿: 찌르륵찌르륵. 꿀꿀.

須臾復道通判來(수유부도통판래) 잠깐 다시 통판(通判)이 왔음을 말한다네.
盤中百味懶下筯(반중백미라하저) 반중(盤中)의 백미(百味)를 천천히 먹는데[35]
華堂綺席無纖埃(화당기석무섬애) 화당(華堂)의 기석(綺席)에는 작은 먼지도 없더라.
村夫望若天上仙(촌부망약천상선) 촌부(村夫)가 바라보니 천상의 신선(神仙) 같고
階下咫尺誰敢前(계하지척수감전) 뜰아래는 지척이나 누가 감히 앞설까?
簿書揮盡頃刻間(부서휘진경각간) 부서(簿書)는 경각간(頃刻間)에 지휘를 다하고
人散廣庭淸晝閑(인산광정청주한) 사람이 넓은 뜰에 흩어지니 대낮에도 한가하네.
飛花語燕如矜嬌(비화어연여긍교) 날리는 꽃 제비 소리 교태로운데
風吹柳絲輕煙搖(풍취유사경연요) 버들가지 바람 불고 엷은 안개 지난다오.
膝有鳴琴樽有酒(슬유명금준유주) 무릎에는 명금(鳴琴) 있고 동이에는 술 있지만
誰爲和之誰爲侑(수위화지수위유) 누가 이에 화답(和答)하고 누가 이를 권할까?
沈吟獨坐日已曛(침음독좌일이훈) 홀로 앉아 읊조리니 날이 저문데
春夜漫漫堪白首(춘야만만감백수) 춘야(春夜)에 한없이[36] 백두(白頭)를 슬퍼하네.

遊千佛山 천불산에서 놀며

千佛之山雄且秀(천불지산웅차수) 천불산은 웅대하고 빼어나
煥若蓮花揷晴昊(환약연화삽청호) 밝기가 연화같아 맑은 하늘 찌르는 듯
北連長白西薛罕(북련장백서설한) 북으론 장백(長白) 서로는 설한(薛罕)으로 이어져
初秋七月霜飛早(초추칠월상비조) 초추(初秋) 7월에도 일찍 서리가 내린다.
咸州形勝此第一(함주형승차제일) 함주(咸州)의 빼어난 지형(地形) 여기서 제일임을
我在洛中聞已熟(아재낙중문이숙) 나는 낙중(洛中)에서 익숙하게 들었었지
書記經年困戎行(서기경년곤융행) 몇 해를 보내면서 힘든 융행(戎行) 기록하니
百里渺如三千隔(백리묘여삼천격) 백리도 아득하여 삼천리나 먼 것 같네.

---

34) 偏裨: 편장(偏將) 비장(裨將). 고급(高級) 무관(武官)의 통칭(通稱).
35) 下箸: 젓가락으로 음식을 먹음.
36) 漫漫: 끝없다.

魏侯平生生長斯(위후평생생장사) 위후(魏侯)는 평생 동안 여기서 생장했다고
見我一日言及之(견아일일언급지) 나를 보며 하루 종일 말을 하더라.
便覺清興席上生(편각청흥석상생) 문득 맑은 흥(興)이 석상(席上)에서 일었고
連鑣不憚山水危(연표불탄산수위) 산수(山水)의 위태로움을 꺼리지 않았지.
此時郊原未赤葉(차시교원미적엽) 이때에 교외(郊外)에는 단풍이 들지 않았는데
怪底林巒彩圖出(괴저임만채도출) 산에서 채도(彩圖)가 나옴 괴이하더라.
黃昏暫投蕭寺宿(황혼잠투소사숙) 황혼(黃昏)에 쓸쓸한 절에 투숙(投宿)하고는
淸曉呼僧理飛錫(청효호승이비석) 이른 아침에 중을 불러 비석(飛錫)[37]의 도움으로
穿崖越壑行竛竮(천애월학행영병) 언덕을 넘어서 비틀비틀 길을 가니
回溪曲曲鳴寒玉(회계곡곡명한옥) 시냇물은 돌고 돌아 찬 옥을 울려댄다.
洞簫吹徹洞天雲(동소취철동천운) 통소(洞簫)를 불어대니 천운(天雲)을 뚫고
淸歌振谷山靈泣(청가진곡산령읍) 맑은 노래 골짜기에 울리니 산신령도 울더라.
蒲團小酌隨處陳(포단소작수처진) 자리잡아 주석(酒席)을 곳에 따라 만드는데
最愛懸瀑垂天紳(최애현폭수천신) 현폭(懸瀑)은 멋지게 하늘에 띠 드리웠네.
雪花瓊屑散青壁(설화경설산청벽) 설화는 옥가루를 청벽에 흩는데
令人對此澄心神(영인대차징심신) 이것들을 대하니 심신이 맑아진다.
白嶽庵高何爽快(백악암고하상쾌) 백악암(白嶽菴)은 높고도 어찌 그리 상쾌한지
山開一面東南大(산개일면동남대) 산은 동남일면으로 크게 트여있더라.
俯看滄海小若杯(부간창해소약배) 굽어보니 창해(滄海)가 잔처럼 작고
群峯點點如歷塊(군봉점점여력괴) 군봉들은 점점이 줄서있는 흙덩이.
却恨塵緣未盡除(각한진연미진제) 문득 진연(塵緣)을 끊지 못함 한하고
三竿落照催藍輿(삼간낙조최람여) 삼간(三竿)의 낙조(落照)에 수레를 재촉하나
五步回頭九步立(오보회두구보립) 오보(五步)에 돌아보고 구보(九步)에 서게 됨에
紅樹碧松如惜別(홍수벽송여석별) 홍수(紅樹) 벽송(碧松)도 이별이 안타까운 듯
同來數子長歎久(동래수자장탄구) 같이 온 몇몇 사람 오래도록 감탄하며

37) 飛錫: 종교적으로 의미 있는 곳을 찾아 참배하기 위해 돌아다니는 승려.

勸我題詩要傳後(권아제시요전후) 내게 시를 지어 뒤에 전할 것을 권하더라.
他時如記此日遊(타시여기차일유) 다른 때도 기록처럼 오늘같이 놀자는데
歲在靑蛇斗指酉(세재청사두지유) 해는 을사년(乙巳年) 계절(季節)은 가을이라

送李伯胤以御史赴北關 李弘胄를 御史로 北關으로 보내며

去年三月潼關沒(거년삼월동관몰) 지난해 삼월 동관(潼關)[38]이 함락 당했는데
潼關之民無一脫(동관지민무일탈) 동관의 백성들 한명도 탈출하지 못했더라.
賊壕去我八十里(적호거아팔십리) 도적의 해자(垓字)가 우리로부터 팔십리니
健馬日夕可隳突(건마일석가휴돌) 건마(健馬)라면 조석(朝夕)으로 갈[39] 수가 있지.
河邊列障如裂瓦(하변열장여렬와) 하변에 널린 장애 깨어진 기와 같은데
東撑西傾勢難遏(동탱서경세난알) 동에 솟고 서로 기운 기세는 막기 어렵네.
主將決計期一掃(주장결계기일소) 주장(主將)의 계책(計策)[40]은 일소(一掃)를 기약했고
陰風北來隨回鶻(음풍북래수회골) 북에서 부는 찬바람 돌궐(突厥)[41]을 따라갔지.
自古戎狄有餘狡(자고융적유여교) 예로부터 융적(戎狄)은 교활함이 있었기에
居然不免遣人獲(거연불면견인획) 견인(遣人)의 포획(捕獲)을 면하지 못했네.
北師氣勁素輕胡(북사기경소경호) 북쪽 병사 기가 세서 오랑캐를 경시하나
從此望塵股已慄(종차망진고이률) 정후(偵候)를 살펴보니[42] 다리가 떨린다오.
至尊深懷根本憂(지존심회근본우) 지존(至尊)은 근본 근심 깊이 생각했기에
咨之廟堂無長策(자지묘당무장책) 묘당(廟堂)에 물었으나 장기 대책(對策) 없었더라.
飛書七路徵健兒(비서칠로징건아) 긴급 문서[43] 칠로(七路)로 보내 건강한 이 불렀지만
龍武新軍亦爲缺(용무신군역위결) 용호(龍虎)처럼 군센 신군(新軍) 또한 없었네.
驛騎輸將武庫兵(역기수장무고병) 역마[44]에 장수와 무기고 병사 보냈으나

---

38) 潼關: 낙양(洛陽)에서 장안(長安)으로 들어가는 요지.
39) 隳突: 횡행(橫行), 방종하여 얽매임이 없음.
40) 決計: 게책을 결정함.
41) 回紇: 돌궐(突厥).
42) 望塵: 비상하는 먼지를 봄. 미세한 정후(征候)를 관찰함.
43) 飛書: 긴급(緊急)한 문서(文書).

雲帆轉盡關東粟(운범전진관동속) 흰 배[45]는 관동의 작은 데로 돌아갔지
千載少似廉頗將(천재소사렴파장) 천년동안 젊은 것이 염파(廉頗)장군 같으니
豈識軍中有苦樂(기식군중유고락) 어찌 군중(軍中)에 고락(苦樂)이 있음을 알리요
上曰嗟乎吾赤子(상왈차호오적자) 주상(主上)이 내 적자(赤子)를 탄식(歎息)한다 했으니
炎潦積雪長荷戟(염료적설장하극) 장마나 적설처(積雪處)에서 오래 창을 들었네.
誰能爲我奉明命(수능위아봉명명) 누가 나를 위해 왕명(王命)[46]을 받드나
簡閱慰撫如在目(간열위무여재목) 살펴보고[47] 위로함이 눈에 있는 듯하고
吏部精簡屬吾侯(이부정간속오후) 이부(吏部)에서 정간(精簡)[48]하니 우리 임금 것이라
利器要當試盤錯(이기요당시반착) 이기(利器)가 필요하니 든든함을 시험했네.
繡斧朝從紫霄下(수부조종자소하) 수부(繡斧)는 자소(紫霄)아래 조견시종(朝見侍從)하였고[49]
飛蓋暮拂黃沙磧(비개모불황사적) 수레[50]를 저녁에 몰아 황사가 날렸네.
河上三軍爭拭目(하상삼군쟁식목) 하상(河上)의 삼군(三軍)들 다투어 눈을 씻었고
玉壘旌旗應變色(옥루정기응변색) 옥루(玉壘)의 깃발은 응당 색이 변했다지.
貪饕解印藩落驚(탐도해인번락경) 사임(辭任)을 간청하니 변방[51]에서 놀랬고
強寇聞之亦歎服(강구문지역탄복) 강구(强寇)도 이를 듣고 역시 탄복하였네.
男兒本自重遠遊(남아본자중원유) 남아는 본래부터 원유(遠遊)를 거듭하여
此去添得胸襟豁(차거첨득흉금활) 이렇게 떠남에 흉금(胸襟)이 탁 트였네.
大野敻邈群山獰(대야형막군산영) 대야(大野)는 아득하고 군산(群山)은 거친데
邊雲曼曼塞日赤(변운만만새일적) 변방구름 늘어지고 변방 해는 붉어라.
遙知元帥臺上春(요지원수대상춘) 멀리서 원수(元帥)를 보니 돈대위의 봄이요
瓊枝玉樹眼成碧(경지옥수안성벽) 경지(瓊枝)와 옥수(玉樹)가 푸름을 보았다네.

---

44) 驛騎: 역마(驛馬).
45) 雲帆: 배[船].
46) 明命: 제왕(帝王)의 명령(命令).
47) 簡閱: 고찰(考察) 살펴봄.
48) 精簡: 정심선택(精心選擇).
49) 朝從: 조견(朝見)하고 시종(侍從)함.
50) 飛蓋: 높고 높은 수레. 수레.
51) 藩落: 변방(邊防).

自恨孤蹤鴻失侶(자한고종홍실려)　스스로 외로운 자취 기러기 짝을 잃고
有時出門無所適(유시출문무소적)　틈이 있어 문 나서니 갈 곳이 없더라.
名都舊遊今寂莫(명도구유금적막)　명도(名都)에서 놀았으나 지금은 적막한데
江柳汀蘭夢中綠(강류정란몽중록)　강가의 버들 난초 꿈속에 푸르구나.
君行儻過萬歲橋(군행당과만세교)　그대가 갑자기 만세교(萬歲橋)를 지난다고
爲報風光渾似昨(위보풍광혼사작)　풍광(風光)을 알리던 것 모두 어제 같더라.

次平壤行 顧天使韻　平壤行 顧天使韻을 사용하여

箕都形勝西關脊(기도형승서관척)　기도(箕都)에서 형승(形勝)한 곳은 서관척(西關脊)인데
萬室鱗鱗連九陌(만실닌린연구맥)　모든 집이 물결처럼[52] 경성[53]에 이어졌네.
宏規大起經千年(굉규대기경천년)　원대한 기획(企劃) 크게 일으켜 천년을 지냈으니
增麗崇華非一夕(증려숭화비일석)　그 화려함 일석(一夕)에 이루어지지 않았지.
泰運之極否將來(태운지극부장래)　태운(泰運)의 지극함은 장래가 아니요
扶桑一帆奇釁開(부상일범기흔개)　부상(扶桑) 일범(一帆)에 특이한 흔적[54] 생겨났네.
浿水城池失金湯(패수성지실금탕)　패수(浿水) 성지(城池)에 금탕(金湯)을 잃었고
浮碧練光隨灰埃(부벽연광수회애)　부벽(浮碧)의 연광(練光)은 속세(俗世)[55]를 따랐더라.
魯門何人策馬殿(노문하인책마전)　노분(魯門)의 어떤 이는 마전(馬殿)에서 채찍질하고
齊壘未見桴鼓援(제루미견부고원)　제루(齊壘)에선 부고원(桴鼓援)을 보지 못했네.
帝曰朝鮮吾屬國(제왈조선오속국)　황제는 조선(朝鮮)이 나의 속국이라 했지만
唯知禮義不習戰(유지례의불습전)　오직 예의(禮義)를 알아 전쟁(戰爭)하지 않았지.
將軍汝往靜妖塵(장군여왕정요진)　장군이 오가니 요진(妖塵)이 고요했고
免使衣裳爲介鱗(면사의상위개린)　의상(衣裳)에 개린(介鱗)을 없애버렸네.
大纛高牙提督府(대독고아제독부)　대독(大纛)과 고아(高牙)가 도독부(都督府)를 이끄니

52) 鱗鱗: 비늘과 같은 물건. 물결을 형용하는 말.
53) 九陌: 도성(都城)의 대도(大道)와 번화(繁華)한 도시(都市). 경성(京城).
54) 釁: 징조(征兆) 흔적(痕迹).
55) 灰埃: 먼지.

將軍受命思捐身(장군수명사연신)　장군(將軍)은 명을 받아 죽을 것을 생각했지.
吳楚健兒蜂蝟集(오초건아봉위집)　오초(吳楚)의 건아들은 벌떼처럼 모였고
遼陽突騎風火急(요양돌기풍화급)　요양(遼陽)이 돌격하니 풍화처럼 급했더라.
掩耳無及疾雷聲(엄이무급질뢰성)　귀를 가려 빠른 천둥소리 듣지 못하니
誰道師行日三十(수도사행일삼십)　누가 말했나 행군(行軍)이 삼십일이라고.
齊呼肉薄半死生(제호육박반사생)　육박전(肉薄戰)을 외쳤고[56] 절반은 죽었으며
電掃頃刻膚功成(전소경각부공성)　경각간에 일소하며 대공(大功)[57]이 이루었네.
從此東民樂按堵(종차동민낙안도)　이로부터 동민(東民)은 안거(安居)[58]를 즐겼고
詞人亦解歌洗兵(사인역해가세병)　시인(詩人) 또한 이해하여 세병(洗兵)[59]을 노래했지.
宅有新屋倉有積(댁유신옥창유적)　집에 신옥(新屋)이 있어 창고에는 쌓인 것이 있고
糜粉酬恩且不避(미분수은차불피)　부서져도[60] 보은(報恩)은 피하지 못해.
使華雙節此經過(사화쌍절차경과)　화려한 쌍절(雙節)[61]이 이곳을 지났으니
曾是王師血戰地(증시왕사혈전지)　일찍이 왕사(王師)가 혈전(血戰) 벌인 곳이었네.
當時風雨豺虎場(당시풍우시호장)　당시(當時)의 풍우(風雨)는 시호장(豺虎場)과 같았지만
湖山淨潤嬌春陽(호산정윤교춘양)　호산(湖山)이 맑으니 봄의 양기(陽氣) 아름답네.
草間應有未收骨(초간응유미수골)　초야에서 유골(遺骨)을 수습하지 못했으니
酹酒招魂增感傷(뇌주초혼증감상)　술을 부어[62] 초혼함에 마음이 아팠더라.
清文動玉思更苦(청문동옥사갱고)　맑은 글이 옥 같으니 생각 더욱 괴로워
信知詩壇有盟主(신지시단유맹주)　진실로 시단(詩壇)에 맹주(盟主)가 있구나.
吾儕何幸覩光儀(오제하행도광의)　우리들은 어떻게 존안(尊顔)[63]을 보는가?
勝事猶堪耀東土(승사유감요동토)　승사(勝事)는 오히려 동토(東土)를 빛나게 하네.

---

56) 肉薄: 양군(兩軍)이 서로 맞붙어서 치고받는 싸움.
57) 膚公: 대공(大功).
58) 按堵: 안거(安居) 안정(安定).
59) 洗兵: 병기(兵器)를 씻어서 거두어들인다는 뜻으로, 전쟁을 끝냄을 이르는 말.
60) 糜粉: 분쇄(粉碎)하다. 부수어 가루로 만들다.
61) 雙節: 고관(高官)이나 신선(神仙)의 의장(儀仗).
62) 酹酒: 술을 땅에 부음, 제전(祭奠)을 표시. 고대(古代) 연회(宴會)에서 종종 이러한 의식을 행함.
63) 光儀: 광채(光彩)가 나는 의용(儀容). 존안(尊顔).

但願上聖撫萬族(단원상성무만족)　원하는 건 성상(聖上)이 모든 민족(民族) 어루만져
偏邦永儌無疆福(편방영요무강복)　변방소국(邊方小國)[64] 영원히 무강(無疆)의 복을 누리는 것
江頭蒲柳今正綠(강두포류금정록)　강두(江頭)의 부들 버들 지금 막 푸르니
野老不作呑聲哭(야로부작탄성곡)　야로(野老)는 탄성통곡(呑聲痛哭) 하지도 못한다오.

次崔副使蔥秀山記游 崔副使蔥秀山記游에 차운하여

仙軿自帝鄕(선병자제향)　선거(仙車)가 제향(帝鄕)으로부터 나와
薄遊海東陽(박유해동양)　해동(海東)의 양지(陽地)를 두루 돌아다녔네.
海東饒佳麗(해동요가려)　해동에는 아름답고 고운 곳이 많아서
隨處足尋芳(수처족심방)　곳에 따라 예쁜 곳 찾을 수 있었지.
寶山之西境淸絶(보산지서경청절)　보산(寶山)의 서경(西境)은 지극한 절경(絶境)[65]이고
山高去天無五尺(산고거천무오척)　산은 높아 하늘과는 다섯 척도 안되네.
兩峯却立勢最奇(양봉각립세최기)　두 봉우리 우뚝 서서 그 기세 기이하니
何年削出春蔥碧(하년삭출춘총벽)　어느 해에 깎아내어 푸른 춘총(春蔥) 만들었나?
人世囂塵不曾到(인세효진부증도)　인세(人世)의 시끄러움 이르지 않았으며
定有眞仙鍊金液(정유진선연금액)　반드시 신선(神仙) 있어 금액(金液)으로 단련했지.
回溪曲曲繞林麓(회계곡곡요림록)　시내는 굽이굽이 산록에 둘러있어
宛見崇山三十六(완견숭산삼십륙)　숭산(崇山)의 삼십륙 곳 느긋하게 둘러보네.
穿崖溜壑聲琅琅(천애유학성랑랑)　천애(穿崖)에서 떨어지는 물소리 낭낭하고
驟雨不待雲氣簇(취우부대운기족)　소낙비는 운기(雲氣) 모임 기다리지 않누나.
緬想名山誰改之(면상명산수개지)　명산(名山)을 생각하니 누가 이를 고치며
董公風彩驚當時(동공풍채경당시)　동공(董公)의 풍채(風彩)는 당시(當時)를 놀라게 했지.
玉樓夢罷今百載(옥루몽파금백재)　옥루(玉樓)에서 꿈을 깨니 지금은 백년(百年)인데
東人爭傳幼婦辭(동인쟁전유부사)　동인(東人)은 다투어 부녀(婦女) 말을 전하더라.

---

64) 偏邦: 먼 국경지대의 소국(小國).
65) 淸絶: 미묘(美妙)하고 지극(至極)한 것을 형용.

西關多少好亭臺(서관다소호정대)　서관에선 좋은 정자 많이 있어서
向來兵火皆傾頹(향래병화개경퇴)　예전에 병화(兵火)에 모든 것이 무너졌지.
始知天公令鬼守(시지천공영귀수)　천공(天公)을 알아 귀신이 지키게 했고
龜趺獨免爲秦灰(구부독면위진회)　귀부(龜趺)는 홀로 진재[秦灰] 됨을 면했다네.
高文峭壁與之共(고문초벽여지공)　고문(高文)이 높은 벽에 함께 하는데
嵬嵬模索一讀眞(외외모색일독진)　높이 솟아 그 모양을 둘러보았지.
奇哉淸賞久寂寥(기재청상구적요)　기이해라. 감상하며 오래도록 고요하니
我公何暮來(아공하모래)　우리 공은 어찌하여 저녁에 왔나?
山靈解動色(산령해동색)　산령(山靈)은 동색(動色)을 이해했고
水怪潛消災(수괴잠소재)　물에는 재앙(災殃) 없음 괴이(怪異)하구나.
登覽屬春晴(등람속춘청)　올라 보니 봄날이 맑아서
四望豁氛埃(사망활분애)　사면(四面)을 바라보니 활연(豁然)하게 틔었네.
摩尼照濁泥(마니조탁니)　마니(摩尼)[66]는 진흙에 조영되지만
下蔡已風靡(하채이풍미)　하채(下蔡)는 이미 풍미(風靡)해졌지.
白雪敢攀和(백설감반화)　백설(白雪)에 시인들과 화답[67] 하다가
詩成當一嗤(시성당일치)　시가 되면 한바탕 웃어 대더라.

挽外兄妻金氏 外兄妻金氏의 挽詞

從兄承重吾外宗(종형승중오외종)　종형(從兄) 승중(承重)은 나의 외종(外宗)인데
家聲遠自文忠公(가성원자문충공)　가성(家聲)이 멀리 문충공(文忠公)으로부터 나왔네.
少年擇對無可意(소년택대무가의)　소년(少年)의 배필 정함[68] 여의(如意)[69]치 않았으나
天與孺人婦道隆(천여유인부도륭)　하늘은 아내와 함께 부도(婦道)를 높였지.
孺人許嫁纔納幣(유인허가재납폐)　아내로 허락(許諾)받아 납폐(納幣)를 하였지만

66) 摩尼: 불주(佛珠).
67) 攀和: 시사(詩詞)를 지어 다른 사람과 서로 창화(唱和)하는 것.
68) 擇對: 짝을 선택함. 혼인대상을 가림.
69) 可意: 합의(合意) 여의(如意).

吾兄先在哀疚中(오형선재애구중) 우리 형은 먼저 상중(喪中)[70]에 있었다.
草土軀命不可期(초토구명불가기) 친상(親喪)[71]이니 신명(身命)은 기약할 수 없고
阿翁改圖諸姑疑(아옹개도제고의) 부친(父親)[72]의 바뀜에[73] 제고(諸姑)가 의심했네.
正色溫言確不移(정색온언확불이) 정색(正色)과 온화(溫和)한 말도 옮기지 않았으니
聞者嘖嘖驚且悲(문자책책경차비) 들은 이는 외치면서 놀라고 슬퍼했다.
三載于歸合兩好(삼재우귀합량호) 삼년에 돌아왔고 둘이 만나 좋았기에
人言此事神扶持(인언차사신부지) 사람들은 이 일을 신이 도왔다 말했지
如何賦命多險艱(여하부명다험간) 어찌하여 명운(命運)은 많이도 험난해서
郎今四十無一官(낭금사십무일관) 사내 지금 사십이나 벼슬하나 없었다네.
孺人蠶績供祀養(유인잠적공사양) 아내는 잠사방적(蠶事紡績) 제사(祭祀)와 봉양(奉養)하니
身上未免衣裳單(신상미면의상단) 신상(身上)에 단벌 의상(衣裳) 신세를 면하였지.
生兒輒亡尙餘五(생아첩망상여오) 아이 낳아 죽었어도 다섯이나 있으니
大者覓栗少呼乳(대자멱률소호유) 큰 놈은 밤을 찾고 작은 놈은 젖 달라네.
一朝微痾竟不起(일조미아경불기) 하루아침 작은 병에 일어나지 못했으니
天乎漠漠誠難恃(천호막막성난시) 하늘이여 막막하여 믿을 수가 없구나.
世間何限享壽福(세간하한향수복) 세간에선 어찌하여 수복향수(壽福享受) 제한했나?
誰之不如而至此(수지불여이지차) 누가 부합(符合) 못해 이 지경에 이르렀나?
廣津之南山麓佳(광진지남산록가) 광진(廣津)의 남산(南山) 산록(山麓)이 아름다워
夫家祖考葬於是(부가조고장어시) 시가(媤家)의 조고(祖考)를 여기에 장사했네.
吾聞厚德終食報(오문후덕종식보) 인덕(仁德)이 두터우면 보답(報答)[74]이 있다하니
香火春秋定不墜(향화춘추정불추) 향화(香火)[75]가 춘추(春秋)에 끊이지 않겠구나.
向風長慟寫短幅(향풍장통사단폭) 바람 향해 아파하며 단폭(短幅)을 써서

70) 哀疚: 비통(悲痛). 거상(居喪).
71) 草土: 친상(親喪)을 당함.
72) 阿翁: 연장자(年長者)에 대한 경칭(敬稱). 부친(父親).
73) 改圖: 계획(計劃)을 변경(變更)함.
74) 食報: 보답(報答)을 받거나 보응(報應)을 받는 것.
75) 香火: 자손이 선조를 제사하는 일.

留作張林碑上記(유작장림비상기) 장림(張林)의 비 위에 기록을 남긴다네.

驪州道中 驪州가는 길에

三月一日天大風(삼월일일천대풍) 삼월 일일 천지에 대풍이 불더니
黃埃蓬勃迷西東(황애봉발미서동) 황진(黃塵)이 크게 일어[76] 동서(東西) 구분 어려웠네.
羸驂却立鞭不前(이참각립편부전) 여윈 말 서있을 뿐 나아가지 못하고
有似身在回波中(유사신재회파중) 몸이 마치 파랑(波浪) 중에 있는 것과 같았지
杏花消息尚寂寥(행화소식상적요) 살구꽃 소식은 오히려 고요하고
飛廉叫怒太悤悤(비렴규노태총총) 바람[77]은 성낸 듯 너무 급히 부는구나.
至今餘寒薄陽和(지금여한박양화) 지금은 추위가 남아 약간은 따뜻한데
平分四序還非公(평분사서환비공) 사시(四時)가 평분하나 공에게는 아니었지.
玄機衮衮誰主張(현기곤곤수주장) 현기(玄機)[78]는 곤곤(袞袞)한데 누가 주장하는가?
我欲問之無極翁(아욕문지무극옹) 나는 조물주에게 이를 묻고자하네

次梁監軍遊漢江 梁監軍이 漢江에서 노닐며 운을 사용하여

漢江形勝國都南(한강형승국도남) 한강의 형승한 곳 국도의 남쪽
幾經仙侶駐雲驂(기경선려주운참) 얼마나 신선과 황제[79]가 머물렀나?
乘槎使者香案史(승사사자향안사) 배에 오른 사자(使者)는 향안사(香案史)[80]이고
汪洋學海胸中涵(왕양학해흉중함) 바다 같은 학문[81]은 흉중에 담겼다네.
組練三千[82]募荊楚(조련삼천모형초) 정예(精銳) 삼천[83]은 형초(荊楚)에서 모집되어

---

76) 蓬勃: 흥성한 모양. 성하게 일어나는 모양.
77) 飛廉: 풍신(風神).
78) 玄機: 천의(天意) 천기(天機). 심오(深奧)하고 미묘(微妙)한 이치(理致).
79) 雲驂: 황제(皇帝)의 수레. 황제(皇帝).
80) 香案: 제사지낼 때, 향로나 향합(香盒)을 올려놓는 상.
81) 汪洋大海: 광활하고 무변(無邊)한 큰 바다. 성세(聲勢)가 지극히 큰 것을 비유.
82) 一作東來組練.
83) 組練: 정예부대나 군사가 무장(武裝)한 군용(軍容).

皇華暇日臨芳渚(황화가일임방저)　사자(使者)[84]가 한가한 날 꽃피는 물가에 이르렀네.
楊劉去來今閱年(양류거래금열년)　양억(楊億) 유균(劉筠)[85] 오고감에 지금 해를 지냈는데[86]
誰道丹霄遠下土(수도단소원하토)　누가 단소(丹霄)에서 하사(下士)를 멀리하라 했던가?
鳳凰爭覩帀歡聲(봉황쟁도잡환성)　봉황은 다투어 보고 두루 탄성(歡聲)하는데
猩袍日照波底明(성포일조파저명)　홍포(紅袍)[87]에 해가 비춰 물결이 밝구나?
湖山增秀景增麗(호산증수경증려)　호산(湖山) 더욱 빼어나고 경관(景觀) 더욱 고우니
近郭斗覺生[88]蓬瀛(근곽두각생봉영)　가까운 성곽에 선경(仙境)[89]이 생겨났네.
樂奏妖童蹋筵舞(악주요동답연무)　요동(妖童)은 연주하고 잔치에서 춤추는데
潮落歸帆逗遙浦(조락귀범두요포)　썰물에 배 돌아와 먼 포구(浦口)에 머문다.
何須此江變蒲萄(하수차강변포도)　어찌하여 이 강이 포도주로 변화했나?
四座自足沾鸚鵡(사좌자족첨앵무)　사좌(四座)[90]로 족한데 재사(才士)[91]들이 더했더라.
瑤池往事涉虛無(요지왕사섭허무)　요지(瑤池)[92]의 지난일은 허무(虛無)하게 지나갔고
集賢夜宴空作圖(집현야연공작도)　어진이가 모인 야연(夜宴) 부질없이 도모(圖謀)하네.
爭使三韓方丈外(쟁사삼한방장외)　다투어 삼한(三韓)이 사원(寺院)[93]을 벗어나면
華風發暢人氣蘇(화풍발창인기소)　화풍(華風)[94]에 사람의 감정[95]이 소생한다.
賤子猥陪多儀享(천자외배다의향)　저[96]는 외람되이 다의(多儀)의 진헌(進獻)을 했으니
不妨逢場罄心賞(불방봉장경심상)　만나는 곳에서도 진심(盡心)[97]을 빙해 잃네.

84) 皇華: 예전에 중국 사신을 높여 이르던 말.
85) 楊劉: 송(宋)의 양억(楊億)과 유균(劉筠)의 병칭(幷稱).
86) 閱年: 경력연세(經曆年歲).
87) 猩袍: 홍포(紅袍).
88) 一作移
89) 蓬瀛: 봉래(蓬萊)와 영주(瀛洲). 이 곳은 신선(神仙)이 거처하는 곳이라고 전해지면서 선경(仙境)을 가리키는 말이 되었다.
90) 四坐: 사방주위에 앉은 사람. 사주좌위(四周座位).
91) 鸚鵡: 재주가 있는 인사를 비유.
92) 瑤池: 미지(美池). 궁원(宮苑) 중의 연못.
93) 方丈: 사원(寺院).
94) 華風: 화려한 문풍(文風).
95) 人氣: 사람의 의기(意氣) 기질(氣質) 감정(感情) 등을 가리킴.
96) 賤子: 자신에 대한 겸칭(謙稱).
97) 罄心: 진심(盡心).

方今聖明新化流(방금성명신화류)　임금의 현명함에 새로운 교화 미치니
肯使鯨鯢漏天網(긍사경예누천망)　흉악한 적도(敵徒)[98]들도 국법(國法)[99]을 지킨다네.
欲補涓埃柰老何(욕보연애내로하)　미소(微小)[100]함을 보충하나 늙음은 어찌할까?
平生此意恐蹉跎(평생차의공차타)　평생에 이런 뜻 잃을까[101] 두려워했지.
淸詩莊讀膝更屈(청시장독슬갱굴)　맑은 시를 읽으며 무릎 더욱 굽히고
下俚愧和陽春歌(하리괴화양춘가)　속된 문장[102] 부끄럽게 양춘(陽春)을 노래하네.

送李重卿以水路朝京 水路로 朝京하는 李重卿을 餞送하며

渤海茫茫天地浮(발해망망천지부)　발해(渤海)는 아득하여 천지(天地)에 떠있는데
其西禹貢之靑州(기서우공지청주)　그 서쪽에 우공(禹貢)의 청주(靑州)가 있더라.
南走金陵北幽燕(남주금릉북유연)　남으로는 금릉(金陵)이 북에는 유주(幽州) 있어
水道萬里三韓連(수도만리삼한련)　수로(水路)는 만리로 삼한(三韓)이 이어졌네.
麗家昔時通使价(여가석시통사개)　고려에는 지난 시절 사신으로 통했고
行者失操多狼狽(행자실조다랑패)　행자(行者)는 지조(志操) 잃어 낭패(狼狽)가 많았지만
圃隱先生獨勇往(포은선생독용왕)　도은(圃隱)선생은 홀로 용맹하게 갔으니
至今大節人皆仰(지금대절인개앙)　지금은 대절(大節)로 모든 사람 추앙(推仰)하네.
李侯平生有定力(이후평생유정력)　이후(李侯)의 평생(平生)은 정해진 힘이 있었고
體不勝衣腸似石(체불승의장사석)　몸은 옷에 치였으나 심장은 금석(金石)과 같았네.
妙齡靑雲第一流(묘령청운제일류)　묘령(妙齡)[103]에 청운(靑雲)[104]은 제일류(第一流)요
中間天驥隨犛牛(중간천기수리우)　중간에 준마(駿馬)[105]는 이우(犛牛)[106]를 따랐다지.

98) 鯨鯢: 흉악(凶惡)한 적인(敵人)을 비유. 무고하게 피살된 사람을 비유.
99) 天網: 조정(朝廷)의 통치(統治)를 비유. 국가(國家)의 법률(法律)을 가리킴.
100) 涓埃: 세류(細流)와 미진(微塵).
101) 蹉跎: 쇠퇴(衰退).
102) 下俚: 비하(卑下) 비속(鄙俗). 사람이나 문사가 비루한 것.
103) 妙齡: 나이 어린 청춘(靑春).
104) 靑雲: 고관현작(高官顯爵). 청운지사(靑雲之士).
105) 天驥: 천마(天馬), 신마(神馬). 준마(駿馬)이 미칭(美稱).
106) 犛牛: 이우(犛牛). 야크.

遼陽沒後冠蓋絶(요양몰후관개절) 요양(遼陽)이 함락된 후 벼슬이 끊어졌는데
執玉禮缺趨聖節(집옥예결추성절) 집옥(執玉)의 예가 없이 성절(聖節)을 따랐더라.
二百年來還此路(이백년래환차로) 이백년래로 이 길로 돌아가니
人情怖悸無今古(인정포계무금고) 인정(人情)의 두려움[107]은 고금이 없었다.
滿庭貂瑱足才豪(만정초진족재호) 뜰 가득 관원과 호걸들 풍족한데
誰將太山輕鴻毛(수장태산경홍모) 누가 태산(太山)을 홍모(鴻毛)처럼 가볍다했나?
擇簡三四公始當(택간삼사공시당) 간택(簡擇)의 삼사(三四)는 공(公)이 마땅하니
有如頹波止巨防(유여퇴파지거방) 큰 파도를 막는 거대한 제방이요
疾風方識勁草姿(질풍방식경초자) 질풍에 거센 풀과 같음을 알겠더라.
升之亞卿彰恩私(승지아경창은사) 아경(亞卿)으로 오르니 창은(彰恩)이 사사롭고
雲帆指日駕滄溟(운범지일가창명) 운범(雲帆)은 해를 가리키며 바다에 떠있구나.
約束陽侯驅百靈(약속양후구백령) 파도(波濤)[108]는 백령(百靈)을 몰아낼 것을 약속하는데
右有豺虎左蛟鰐(우유시호좌교악) 우(右)로는 시호(豺虎)가 있고 좌(左)로는 교악(蛟鰐)이 있네.
公能視之猶平陸(공능시지유평륙) 공이 볼 수 있음은 평평한 육지요
日月出沒其中央(일월출몰기중앙) 일월(日月)은 그 중앙(中央)에서 출몰(出沒)하더라.
張騫天河何足方(장건천하하족방) 장건(張騫)의 천하(天河)에서 어떻게 만족하며
高秋東岳想玉堞(고추동악상옥첩) 늦가을 동악(東岳)에서 옥첩(玉牒)을 생각했지.
霽雪西山拜閶闔(제설서산배창합) 눈이 개인 서산(西山)[109]에서 천문(天門)에 절하고
密邇玉几跪陳辭(밀이옥궤궤진사) 옥궤(玉几)[110] 가까이서 무릎을 굽혔네.
吾王赤心天子知(오왕적심천자지) 우리 왕의 적심(赤心)을 천자(天子)도 아니
吳公在前公在後(오공재전공재후) 오공은 앞에 있고 공(公)은 뒤에 있었지.
華夏嘖嘖不容口(화하책책불용구) 화하(華夏)가 탄식(歎息)[111]하여 입을 용납 않으니
圃隱遺躅追庶幾(포은유촉추서기) 포은의 유적[112]을 추모하고 희망하네.[113]

107) 怖悸: 놀라고 두려움.
108) 陽侯: 파도(波濤).
109) 閶闔: 전설중의 천문(天門). 궁문(宮門)이나 경도성문(京都城門).
110) 玉几: 옥으로 장식한 작은 탁자.
111) 嘖嘖: 찬탄(贊嘆) 탄식(歎息) 경이(驚異) 등을 표시.

吾儕得之有光輝(오제득지유광휘)　우리들은 광휘(光輝)를 얻었으니
我識愷悌神所勞(아식개제신소로)　나는 신이 힘쓴 화락(和樂)을 알았구나.[114]
關心離別令人老(관심이별령인로)　이별에 마음 쓰니 사람을 늙게 함에
安得壯士淸邊疆(안득장사청변강)　어떻게 병사를 얻어 변경(邊境)을 맑게 할까?
三叉古道如康莊(삼차고도여강장)　세 갈래 고도(古道)는 평탄한 것 같지만[115]
公歸更不由海航(공귀갱불유해항)　공에게는 배로도 돌아가지 못한다네.

龍梭 용사

雷澤之陂深幾許(뇌택지피심기허)　뇌택(雷澤)[116]의 깊이가 얼마나 되는지?
洪漣合沓成盤渦(홍련합답성반와)　큰 물결이 모여서 소용돌이[117] 만들었네.
中涵水怪盈萬族(중함수괴영만족)　수중에 괴물과 만족(萬族)들이 꽉 차서
鱨魦鱣鮪蛟黿鼉(상사전유교원타)　동자개 모래무지 철갑상어 다랑어 교룡 자라 악어라.
陶家少年氣頗豪(도가소년기파호)　도가(陶家)의 소년은 기가 매우 호걸스러워
擧網得魚其魚何(거망득어기어하)　그물 건져 고기 잡으니 그 고기 무엇일까?
非介非鱗亦非貝(비개비린역비패)　갑각류도 물고기도 조개도 아니라네.
細看恰似機中梭(세간흡사기중사)　자세히 보니 베틀 중에 북과 같은데
波濤不合著此物(파도불합저차물)　파도에 쓸리지도 않고 이 물건에 붙었더라.
靈源無乃通天河(영원무내통천하)　영원(靈源)이 없으니 천하(天河)와 통하고
織女遺却鮫人藏(직녀유각교인장)　직녀(織女)가 버렸지만 어부[118]가 간직했지.
來掛壁上驚隣婆(내괘벽상경린파)　벽 위에 걸었더니 이웃 노파 놀라고
須臾棟梁鬐鬣動(수유동량기렵동)　잠깐만에 동량(棟梁)의 갈기가 움직이니

112) 遺躅: 유적(遺跡).
113) 庶幾: 희망(希望).
114) 愷悌: 화락(和樂) 평이(平易).
115) 康莊: 사통팔달(四通八達)의 큰 도로. 크고 넉넉하며 평탄함.
116) 雷澤: 고택명(古澤名). 뇌하택(雷夏澤).
117) 盤渦: 소용돌이 모양으로 회전함.
118) 鮫人: 고기잡이, 어부(漁夫).

雷公雨師煩撝呵(뇌공우사번휘가) 우뢰와 비를 쏟아 번거롭고 시끄러웠다.
雨收雲散不知處(우수운산부지처) 비 그치고 구름 흩어져 알지 못하는데
茫茫太空誰能羅(망망태공수능라) 망망한 태공(太空)을 누가 벌려놓았던가?
吾聞龍性神不測(오문용성신불측) 내 듣기로 용성(龍性)은 신조차 알 수가 없어
爲人爲馬爲蟲蛇(위인위마위충사) 사람이 되고 말이 되고 충사(蟲蛇)가 되었다지.
長房之杖呂仙梳(장방지장여선소) 장방(長房)의 지팡이는 신선의 빗이 되니
古來譎幻何其多(고래휼환하기다) 고래(古來)로 변화(變化)가 어찌 그리 많은가?
天生異才必有異(천생이재필유이) 천생(天生)의 특이한 재주 반드시 기이하니
龍公用意良非他(용공용의양비타) 용공(龍公)의 마음 씀이 진실로 다르구나.
大纛高牙八州督(대독고아팔주독) 큰 꼬리 큰 이빨 팔주(八州)의 도독(都督)이요
此兒變化眞同科(차아변화진동과) 이 아이 변화가 진실로 급제하리라.
吾將寘之眞贋間(오장치지진안간) 나는 장차 이를 진위간(眞僞間)[119]에 두어서
爲爾把筆聊成歌(위이파필요성가) 너를 위해 붓을 들어 노래를 부른다.

送陳奏使月沙赴京 陳奏使 月沙[120]가 上京함에 전송하며

憶昔宣祖中興日(억석선조중흥일) 예전에 선조(宣祖)가 중흥(中興)하던 날은
萬曆紀年之廿七(만력기년지입칠) 만력(萬曆)으로 이십 칠년이었는데
讒言罔極成貝錦(참언망극성패금) 참언(讒言)이 지극하여 모함(謀陷)에 빠트렸고[121]
東土綱常幾泯絶(동토강상기민절) 동토(東土)의 기강(紀綱)을 얼마나 절망시켰나?
皇上忠臣氣空奮(황상충신기공분) 황제(皇帝)의 충신(忠臣)은 분개를 했고
西厓老公魄先奪(서애노공백선탈) 서애(西厓) 노공(老公)은 혼(魂)을 먼저 빼앗겼지
我王赤誠天地知(아왕적성천지지) 우리 임금 참된 정성 천지(天地)가 아는데

119) 眞贋: 진안(眞贋)으로도 쓴다. 진위(眞僞)와 같다.
120) 李廷龜(1564-1635). 본관은 연안(延安). 자는 성징(聖徵), 호는 월사(月沙)·보만당(保晩堂)·치암(癡菴)·추애(秋崖)·습정(習靜). 시호는 문충(文忠)이다. 시문집으로는 그의 문인인 최유해(崔有海)가 편간한 『월사집(月沙集)』이 전한다.
121) 貝錦: 다른 사람을 속이고 짓지 아니한 죄를 거짓으로 꾸며서 법망(法網)에 걸려들게 하는 참언(讒言).

誰將筆舌如面訴(수장필설여면소)　누가 장차 필설(筆舌)로 맞대놓고 상소할까?
君侯此時官不大(군후차시관부대)　군후(君侯)는 이때에 관(官)이 크지 않았지만
詞壇早已推盟主(사단조이추맹주)　문단(文壇)에선 일찍이 맹주(盟主)로 추천했네.
義取春秋文陸贄(의취춘추문륙지)　의(義)는 춘추에서 취했고 문(文)은 폐백이 되어
抽肝劌目分毫縷(추간귀목분호루)　속을 드러내며[122] 작은 것도 나누었지.
禹鼎新開炤魑魅(우정신개소리매)　영토[123]를 개척하여 변방[124]을 밝혔고
靈犀夜燃呈幽怪(영서야연정유괴)　물소뿔[125]이 밤에 태워 괴이함을 드러냈네.
緘封付與丞相行(함봉부여승상행)　서신(書信)[126]을 승상(丞相)이 가는 길에 주었고
超拜亞卿充副介(초배아경충부개)　아경(亞卿)으로 제수하여[127] 부개(副介)를 맡기니
漢廷群疑果氷釋(한정군의과빙석)　한정(漢廷)에선 의심했으나 나중에는 풀렸고
三韓日月增光彩(삼한일월증광채)　삼한의 일월(日月)은 광채(光彩)를 더했다네.
從此公名益藉甚(종차공명익자심)　이로부터 공의 이름 더욱 알려져
風雲兩朝隆嘉會(풍운량조융가회)　풍운(風雲)은 양조(兩朝)에 가회(嘉會)를 드높지.
邇來却掃南郭外(이래각소남곽외)　근래에 남곽(南郭) 밖을 쓸어내었으니
回首炎涼幾度改(회수염량기도개)　돌아보니 염량(炎涼)이 몇 번이나 바뀌었나?
太平無端兵又動(태평무단병우동)　태평(太平)한데 무단히 병사(兵士)가 움직임에
天子赫怒淸遼塞(천자혁노청료새)　천자(天子)는 크게 노해 변방(邊方)을 맑게 했지.
小邦元自父子同(소방원자부자동)　작은 나라 원래부터 부자(父子)와 같아서
憂患共之何敢貳(우환공지하감이)　우환(憂患)을 함께 하니 어찌 감히 다르랴?
群口風生競出奇(군구풍생경출기)　여러 곳에 바람 이니 기이함이 나타나나
飛謀染我非偶耳(비모염아비우이)　유언비어(流言蜚語)[128] 듣지를 않았다네.

---

122) 劌目: 촉목(觸目), 눈을 자극함.
123) 禹鼎: 구정(九鼎). 국가영토(國家領土) 정권(政權).
124) 魑魅: 황량하고 먼 곳을 가리킴.
125) 靈犀: 두 사람의 마음이 서로 통함.
126) 緘封: 서신(書信).
127) 超拜: 관직(官職)을 초급(超級)으로 승진(昇進)함.
128) 飛謀釣謗: 유언비어로 음으로 폭로함.

忠貞世世夷夏見(충정세세이하견)　충정은 대대로 이하(夷夏)[129]에 드러나니
鬼神在旁寧有此(귀신재방녕유차)　귀신은 있다고 어찌 여기 있으랴?
上心茹痛若寧考(상심여통약녕고)　상심(上心)의 아픔이 부모상[130]과 같아서
直欲走辨丹陛下(직욕주변단폐하)　바로 조정[131]으로 달려갔다네.
惕然思想向時事(척연사상향시사)　슬프게 지난 일을 생각하는데
顧視滿庭無可者(고시만정무가자)　뜰 가득히 둘러보니 가한 사람 없더라
十行溫綸下雲霄(십행온륜하운소)　십행의 온륜을 운소에 내리니
雷雨忽起蛟龍蟄(뇌우홀기교룡칩)　뇌우가 홀연히 일어 교룡이 움츠리네.
明君知臣誠一揆(명군지신성일규)　명군은 신하를 알아 한 번에 헤아리니
朝野嘖嘖更歎息(조야책책갱탄식)　조야 의견 분분하여 다시금 탄식하네.
衆爲公賀公不喜(중위공하공불희)　대중이 축하해도 공은 기뻐하지 않았고
衆爲公憂公不慼(중위공우공불척)　대중이 근심해도 공은 슬퍼하지 않았지
一出都門動征軒(일출도문동정헌)　일단 도성을 나서 정헌이 진동했으나
天西驛路何迢迢(천서역로하초초)　천서역로(天西驛路)는 어찌 그리 멀든지
幽薊山川舊風光(유계산천구풍광)　유계(幽薊)의 산천은 옛날의 풍광인데
華人慣識麟鳳標(화인관식인봉표)　중국인은 출중한 인물[132] 바로 알아보누나.
況公聯翩香案仙(황공연편향안선)　하물며 공은 깃이 난 향안의 신선이니
片辭白璧山可移(편사백벽산가이)　짧은 언사[133] 백벽으로 산은 옮길 수 있네.
復令國勢重大呂(부령국세중대려)　다시금 국세(國勢)가 대려(大呂) 같이 중하니
男兒事業當如斯(남아사업당여사)　남아의 사업은 마땅히 이와 같네
歲暮氷雪塞長途(세모빙설새장도)　세모에 빙설은 장도(長途)를 막았지만
來時洛陽花正飛(내시낙양화정비)　올 때에 낙양에는 꽃이 막 날렸더라.
愼旃哉加飧飯(신전재가손반)　깃발을 삼가라. 저녁밥을 더하라

129) 夷夏: 오랑캐와 중국.
130) 寧考: 망부(亡父).
131) 丹陛: 조정(朝廷) 혹은 황제(皇帝).
132) 麟鳳: 재지(才智)가 출중한 사람을 비유.
133) 片辭: 간단(簡短)한 언사(言詞).

鼎司虛席待公歸(정사허석대공귀)　중신(重臣)[134]의 빈자리에 공이 오길 기다리고
鼎司虛席公早歸(정사허석공조귀)　중신의 빈자리에 공이 일찍 돌아오네.

杏山行 杏山行

杏山城門朝不開(행산성문조불개)　행산(杏山)의 성문(城門)은 아침에 열리지 않는데
行子早起徒御催(행자조기도어최)　행자(行子)는 일찍 일어나 어거(御車)를 재촉하네.
居人皆言候騎出(거인개언후기출)　사람들은 제후가 말을 탄다 말하고
候騎歸來客當發(후기귀래객당발)　제후가 돌아오면 객들은 출발하네.
此去西北盡胡山(차거서북진호산)　서북(西北)으로 떠나서 호산(胡山)을 다했는데
其南碧海連燕關(기남벽해연연관)　그 남쪽 벽해(碧海)는 연관(燕關)과 이어졌지.
玉京之路只一條(옥경지로지일조)　옥경(玉京)의 길은 단지 외길인데
胡騎出沒如風飆(호기출몰여풍표)　호기(胡騎)가 출몰(出沒)함이 표풍(飄風)과 같구나.
吾聞武皇耀威靈(오문무황요위령)　내가 듣기로 무황(武皇)은 위령(威靈)이 빛나니
大漠肅淸無王庭(대막숙청무왕정)　사막[135]은 엄숙하나 왕정(王庭)이 없다네.
又聞開元御寰宇(우문개원어환우)　또 듣기로 개원(開元)[136]에는 천하(天下)[137]를 다스려
安遠萬里不閉戶(안원만리불폐호)　만리(萬里)까지 편안했기에 문을 닫지 않았다.
如何聖朝大包荒(여하성조대포황)　어떻게 성조(聖朝)에 크게 관대(寬大)[138]할 수 있을까?
坐令雜種恣跳梁(좌령잡종자도량)　부질없는[139] 잡종(雜種)[140]이 방자하게 도약했지.[141]
有似踏過眠虎尾(유사답과면호미)　잠자는 범의 꼬리 밟은 것 같지만
瞿塘太行不足比(구당태행부족비)　구당협(瞿塘峽) 태항(太行)과는 견줄 수가 없어라.
安得猛士鎭北方(안득맹사진북방)　어떻게 맹사(猛士)를 얻어 북방(北方)을 진압하나

134) 鼎司: 중신(重臣)의 직위(職位).
135) 大漠: 중국 서북부 일대의 광대한 사막지구(沙漠地區).
136) 開元: 개단(開端), 개두(開頭).
137) 寰宇: 천하(天下). 전세계(全世界).
138) 包荒: 도량(度量)이 관대(寬大)함.
139) 坐令: 공사(空使).
140) 雜種: 고대(古代)에 소수민족에 대한 멸칭(蔑稱). 혼잡하게 이루어짐을 비유.
141) 跳踉: 도약(跳躍). 발호(跋扈) 강횡(強橫).

遠撫疆域邁漢唐(원척강역매한당)　멀리 강역(疆域)을 떠나 한당(漢唐)으로 가는데
行旅自在如康莊(행려자재여강장)　행려(行旅)의 자재(自在)함이 광활평탄(廣闊平坦)하네.[142]

次金得之蟠松篇贈李質夫 金得之 蟠松篇을 차운하여 李質夫에게 줌

吾不愛定惠之花苦幽獨(오불애정혜지화고유독)　나는 정혜화(定惠花)가 유독(幽獨)함을 좋아하지 않고
又不愛湖南之地擅淸絶(우불애호남지지천청절)　또 호남(湖南) 땅의 청절(淸絶)함을 좋아하지 않는다.
最愛涸陰鄕裏兩株松(최애학음향리양주송)　가장 좋아하는 것은 학음향(涸陰鄕)에 두 그루 소나무요
有似張許竝生差日月(유사장허병생차일월)　장허(張許)[143]가 병생(竝生)하나 세월이 다른 것을
草堂枏樹不可當(초당남수불가당)　초당(草堂)에 녹나무는 감당할 수 없고
車輦老骨爭雄強(거련노골쟁웅강)　거련(車輦)의 주경(遒勁)함[144]과 웅강(雄強)을 다툰다네.
借問街路費嗟賞(차문가로비차상)　길에서 감탄(感歎)하며 물어본다네.[145]
何如丘壑保靈長(하여구학보령장)　어떻게 구학(丘壑)에서 신령(神靈)함을 보전하는지
五月中藏閶闔飆(오월중장창합표)　오월에도 궁궐(宮闕)[146]의 표풍(飄風)이 숨어있고
窮冬時吼瞿塘濤(궁동시후구당도)　겨울에도[147] 때때로 구당협(瞿塘峽)의 물결 울리지.
鐵幹寧許螻蟻容(철간녕허누의용)　철간(鐵幹)은 어떻게 누의(螻蟻)의 모습을 허용하는지
香葉端宜鸞鳳巢(향엽단의난봉소)　향엽(香葉)은 마땅히 난봉(鸞鳳)의 둥지로다
花飄金粉惜不摘(화표금분석부적)　꽃에는 금분(金粉) 있어 떨어지지 않고
精耀白犬誰敢掘(정요백견수감굴)　빛이 나는 작약[148]을 누가 감히 캐낼까?

---

142) 康莊: 넓고 평탄함.
143) 張許: 장순(張巡)과 허원(許遠)의 병칭(幷稱). 안사의 난 때 두 사람은 회양(睢陽)을 사수하여 적의 공세를 막아냈다.
144) 老骨: 서법(書法)이 주경(遒勁)한 풍격(風格).
145) 借問: 청문(請問).
146) 閶闔: 궁문(宮門) 혹은 경도성문(京都城門). 궁전(宮殿).
147) 窮冬: 심동(深冬).
148) 白犬: 작약의 별명.

憶昔西遊駐其下(억석서유주기하) 서유(西遊)하며 그 아래 머물던 일 생각하니
回枝交錯遮風雪(회지교착차풍설) 굽은 가지 뒤엉켜 풍설(風雪)을 막아내네.
龜蒙不復倩道人(구몽불부천도인) 구산(龜山) 몽산(蒙山) 다시 도인(道人) 청하지 않고
漆園安得誇大春(칠원안득과대춘) 칠원(漆園)은 어찌하여 대춘(大椿)을 자랑하나
君家先祖廊廟材(군가선조낭묘재) 그대 집에 선조(先祖)는 낭묘(廊廟)의 근본이요
直道行世招身災(직도행세초신재) 정도(正道)[149]로 살아가면 몸의 재앙(災殃) 부른다네.
故種二松蟠其柯(고종이송반기가) 솔 두 그루 심으니 그 가지 감아 돌고
年深磊砢眞奇哉(년심뇌라진기재) 세월이 깊어지니 높이 솟아[150] 진귀하다.
想當辛勤封植時(상당신근봉식시) 고생하여 심었을 때를 생각하니
誰期作此龍虎姿(수기작차용호자) 누가 이러한 용(龍)의 자태 기약했으랴
看君不失歲寒操(간군부실세한조) 그대를 보니 세한(歲寒)의 자태(姿態) 잃지 않았고
垂訓未必銘鼎彝(수훈미필명정이) 수훈(垂訓)을 반드시 정이(鼎彝)에 새기지는 않네
至今魂夢空追從(지금혼몽공추종) 지금의 몽혼(夢魂)을 부질없이 추종(追從)하니
眼靑金侯詩卷中(안청김후시권중) 안청(眼靑) 김후(金侯)가 시권(詩卷) 중에 있도다.
松兮松兮爾之性甚正直(송혜송혜이지성심정직) 솔이여 솔이여 너의 품성 심히 정직하여
輪囷於外全其躬(윤균어외전기궁) 밖는 굽었지만[151] 그 몸은 온전하네.
使我爲木當爲松(사아위목당위송) 나무가 되라면 마땅히 솔이 되고 싶은데
爲松不爲落落長松兮爲蟠松(위송불위낙락장송혜위반송) 반송(蟠松)이 되려하네 낙락장송(落落長松)보다는.

金將軍歌 金將軍歌

寶蓋之山雄且奇(보개지산웅차기) 보개산(寶蓋山)은 웅대(雄大)하고 기이(奇異)하여
環擁鐵州勢盤礴(환옹철주세반박) 철주(鐵州)를 둘렀으니 그 기세(氣勢)가 웅위(雄偉)하네.[152]

149) 直道: 정도(正道). 확실하고 당연한 도리(道理)나 법칙(法則).
150) 磊砢: 장대한 모양. 높이 솟은 모양.
151) 輪囷: 굽은 모양.

淑氣往往鍾人豪(숙기왕왕종인호)　숙기(淑氣)는 종종 호걸에 모이고
崔萬戶來一寂寂(최만호래일적적)　최만호(崔萬戶)에 오면 한결같이 조용하네.
將軍繼出風骨仍(장군계출풍골잉)　장군을 계승하여 풍골(風骨)이 거듭되니
身長八尺射洞鐵(신장팔척사동철)　신장(身長)은 팔척(八尺)이요 활을 쏘면 쇠를 뚫네.
密昌相公按關東(밀창상공안관동)　밀창(密昌) 상공(相公)이 관동(關東)을 다스리며
偶然識拔稠廣中(우연식발조광중)　우연히 많은 중에 빼어남을 알았지[153]
歷試內外無不辨(역시내외무불판)　내외에서 시험하여[154] 판별을 하였지만
利器盤根會當遇(이기반근회당우)　이기(利器)가 뿌리내려 기회를 만났더라.
黃馬之年月建巳(황마지년월건사)　황마(黃馬)의 해에 월건이 되었고
建酋屈強窺中土(건추굴강규중토)　건추(建酋) 굴강(屈強)은 중토(中土)를 살폈다네.
我國隔一衣帶水(아국격일의대수)　우리나라는 일의대수(一衣帶水)와는 떨어졌고
西門旁近須用武(서문방근수용무)　서문(西門) 근처에선 무력(武力)을 사용했는데
宣城地大人且繁(선성지대인차번)　선성(宣城)은 땅이 크고 사람은 번창해서
故遣將軍兼理劇(고견장군겸리극)　장군을 보내어 복잡한 사무[155]를 보도록 했지.
是時天子大徵兵(시시천자대징병)　이 당시 천자는 크게 병사(兵士)를 징집(徵集)하여
我軍一萬期協力(아군일만기협력)　우리 군은 일만(一萬)에 협력(協力)을 기약했네.
問誰爲元帥(문수위원수)　누가 원수(元帥)가 되느냐 물으니
晉山姜大夫(진산강대부)　진산(晉山)의 강대부(姜大夫)라 하였네
上台之孫尙書子(상태지손상서자)　상태(上台)의 손자요 상서(尙書)의 아들인데
黑頭二品榮寵殊(흑두이품영총수)　흑두(黑豆) 이품(二品)은 영총(榮寵)이 특수(特殊)했지.
問誰爲其副(문수위기부)　누가 그 부장(副將)이 되는가 물으니
關西節度龍岡種(관서절도용강종)　관서(關西) 절도사는 용강(龍岡)에서 나서
拔擢偏紆兩朝恩(발탁편우양조은)　편우(偏紆)에서 발탁하여 양조(兩朝)에 은혜(恩惠)를

152) 盤礴: 광대(廣大). 웅위(雄偉).
153) 識拔: 상식(賞識)과 제발(提拔).
154) 歷試: 자주 시험함. 여러 차례 시험하고 고찰(考察)함.
155) 理劇: 번잡한 사무를 처리함.

입었으니
官躋輔國威名重(관제보국위명중) 관(官)이 보국(輔國)에 올랐고 위명(威名)은 중(重)하였지
幕下從事盛文武(막하종사성문무) 막하(幕下)의 종사(從事)는 문무(文武)가 성한데
中軍偏裨多才勇(중군편비다재용) 중군(中軍)의 편비장(偏裨將)은 제용(才勇)이 많았다네.
中營定州牧(중영정주목) 가운데선 정주목(定州牧)을 경영했고
慣誦黃石方(관송황석방) 버릇처럼 황석공의 비방[156]을 암송했었지.
右營順天倅(우영순천졸) 우로는 순천(順天)고을 경영했고
妙技稱穿楊(묘기칭천양) 묘기(妙技)는 버들을 뚫었다 칭했더라.
將軍領左營(장군영좌영) 장군(將軍)은 좌영(左營)을 거느렸는데
隱然強寇敵(은연강구적) 은연중에 구적(寇賊)에 강했다지.
外貌談論人所同(외모담론인소동) 외모(外貌)와 담론(談論)은 사람들과 동일한데
誰識將軍腸鐵石(수식장군장철석) 누가 장군의 철석(鐵石)같은 심장을 알았던가
天朝名將劉與喬(천조명장유여교) 천조(天朝)의 명장(名將)은 유(劉)와 교(喬)인데
經略命摠東路師(경략명총동로사) 경영하고 기획하며[157] 명을 총괄한 동로사(東路師)라.
二月飛書催渡江(이월비서최도강) 이월(二月)에 서신(書信)이 와 도강(渡江)을 재촉하니
要與大軍掎角之(요여대군기각지) 대군(大軍)과 더불어 협공(挾攻)[158]을 했다네.
牛毛嶺深河寨(우모령심하채) 우모령(牛毛嶺)은 하채(河寨)가 깊었으니
胡地山川險易誰得知(호지산천험역수득지) 호지(胡地) 산천(山川) 험이(險易)함을 누가 알겠는가
天兵見可不可停(천병견가불가정) 천병(天兵)은 가능하다 멈추지를 않았으니
疾走正落狡虜計(질주정락교로계) 질주(疾走)하여 바로 교로(狡虜)의 계책(計策)에 무너졌다지.
倏忽平原風雨集(숙홀평원풍우집) 문득 평원(平原)에는 풍우(風雨)가 모였고
飛蛾烈焰肉餒虎(비아열염육뇌호) 나방이 불에 타듯 고기에 굶주린 범처럼
大都督遊擊府(대도독유격부) 대도독(大都督)은 부(府)를 공격했고

---

156) 黃石書: 황석공(黃石公)이 장량(張良)에게 준 병서(兵書). 세칭(世稱)『황석공삼략(黃石公三略)』.
157) 經略: 주획(籌劃) 모획(謀劃).
158) 掎角: 분병(分兵)하여 견제(牽制)하거나 적을 협공(挾攻)함.

遼陽突騎西蜀步(요양돌기서촉보)　요양(遼陽)에서 말 탔으나 서촉(西蜀)에선 걸었다네.
煙消電滅歸何處(연소전멸귀하처)　연소(煙消)하고 전멸(電滅)하니 어디로 돌아갈까
將軍麾下只三千(장군휘하지삼천)　장군의 휘하(麾下)에는 다만 삼천뿐이라
屹立不動如山嶽(흘립부동여산악)　우뚝 서서 부동(不動)함이 산악(山嶽)과 같았다네.
四圍列戰格(사위열전격)　사방(四方)은 전격(戰格)으로 늘어섰고
炮火飛霹靂(포화비벽력)　포화(砲火)는 벽력(霹靂)같이 나는데
回頭不見中營兵(회두불견중영병)　머리를 돌려 중영병(中營兵)을 보지 못했고
但見胡馬簇簇如雲屯(단견호마족족여운둔)　다만 호마(胡馬)가 구름처럼 모여들었네.159)
不見右營來助戰(불견우영래조전)　우영(右營)이 와서 조전(助戰)함을 보지 못했고
但見士崩波坼頃刻無餘存(단견토붕파탁경각무여존)　다만 병사(兵士)들이 경각간에 무너지는 것을 보았지.
遙望元帥旗(요망원수기)　멀리 원수(元帥)의 깃발을 보니
飄搖山上顚(표요산상전)　표요(飄搖)하며 산위에서 넘어졌더라.
將軍大呼何曾聞(장군대호하증문)　장군의 대호(大呼)를 어찌 일찍이 들었던가?
將軍到此無奈何(장군도차무내하)　장군은 이에 이르러 어찌할 수 없었구나.
瞋目膽欲裂(진목담욕렬)　성난 눈에 간담(肝膽)은 찢어졌고
平生石入弓(평생석입궁)　평생 돌 같았던 몸으로 화살이 들어갔고
利鏃攢霜雪(이족찬상설)　날카로운 화살촉은 상설(霜雪)처럼 박혔지.
一發再發至十數(일발재발지십수)　일발 재발 수십에 이르렀으나
旁疊四五無虛控(방첩사오무허공)　옆으로 사오(四五)가 쌓였으나 헛된 화살이 없었네.
矢盡絃斷氣益奮(시진현단기익분)　화살은 다하고 시위가 끊어졌으나 기는 더욱 분개하여
腰間躍出靑蛇動(요간약출청사동)　허리에선 청사(靑蛇)의 비동(飛動)함이 나왔다지.
隻手橫流詎可障(척수횡류거가장)　한쪽 팔을 휘두르니 어찌 장애(障碍)가 있으며
松摧竹折天無語(송최죽절천무어)　송죽(松竹)처럼 꺾였으니 하늘도 말이 없네.
向來頭角競矜誇(향래두각경긍과)　지난번엔 두각(頭角)으로 자랑스러워했는데

159) 簇簇: 총렬성행(叢列成行)하는 모양.

今日低回作何擧(금일저회작하거)　오늘은 고개 숙여 어떻게 들 수 있나
投槍釋甲猶恐後(투창석갑유공후)　창 던지고 갑옷을 벗었으나 오히려 두렵고
金貂牙纛誰家物(금초아독수가물)　금초(金貂) 아독(牙纛)은 뉘집의 물건인가
世臣不足恃(세신부족시)　세신(世臣)은 믿기에 부족해라
名聲盡虛耳(명성진허이)　명성(名聲)은 모두가 헛될 따름이라
健兒好身手(건아호신수)　건아(健兒)는 신수(身手)가 좋고
被驅如牛羊(피구여우양)　말을 모는 것은 우양(牛羊)과 같이 했는데
群胡血洗箭(군호혈세전)　군호(群胡)의 피가 화살에 흐르고
踊躍過所望(용약과소망)　용약(踊躍)함이 바라는 바를 지나쳤으니
不有將軍死(불유장군사)　장군의 죽음은 있을 수 없네
擧國無男子(거국무남자)　온 나라에 남자(男子)가 없으니
不有將軍死(불유장군사)　장군의 죽음은 있을 수 없네
綱常竟墮地(강상경타지)　윤리(倫理)가 땅에 떨어졌으니
不有將軍死(불유장군사)　장군의 죽음은 있을 수 없네
虜氣不少挫(노기불소좌)　노기(虜氣)가 꺾이지 않으니
不有將軍死(불유장군사)　장군의 죽음은 있을 수 없네
群疑釋不得(군의석부득)　여러 의심이 풀리지 않으니
吾邦事可白(오방사가백)　우리나라 일은 지울만하고
後世辱可雪(후세욕가설)　후세에 욕됨은 눈처럼 녹으리라.
烈士憤可攄(열사분가터)　열사의 분개(憤慨)함은 펼만하고
三軍義可鼓(삼군의가고)　삼군(三軍)의 의(義)는 고취(鼓吹)할만하네.
將軍一死重泰山(장군일사중태산)　장군(將軍)의 한번 죽음 태산(泰山)처럼 중하니
上不負所知(상불부소지)　위에서는 아는 것 부담스러워하지 않았고
下不負所賦(하불부소부)　아래서는 주는 것을 의지하지 않았네.
先軫面如生(선진면여생)　선진(先軫)의 얼굴은 산 것과 같고
矮張槊猶握(왜장삭유악)　왜장(矮張)의 창은 쥔 것과 같았지.

是知鬱結氣(시지울결기)　답답한 결기(結氣)를 아니
萬古同一轍(만고동일철)　만고(萬古)에 동일(同一)한 길을 걸으리라
胡中亦相謂(호중역상위)　호중(胡中)에서도 서로 이르기를
如此將軍復有幾(여차장군부유기)　이와 같은 장군(將軍)이 다시 있을까
將軍妻子在宣城(장군처자재선성)　장군의 처자(妻子)는 선성(宣城)에 있는데
玉札丁寧護行李(옥찰정녕호행리)　옥찰(玉札)로 간절하게[160] 행려인(行旅人)[161]을 보호했네.
立祠西州臨大道(입사서주림대도)　사당(祠堂)이 서있는 서주(西州)는 대도(大道)가 있어서
剛使華人聳聽視(강사화인용청시)　화인(華人)[162]에게 삼가하며 보고 듣게 했다네.
褒贈大司馬(포증대사마)　대사마(大司馬)를 포상(褒賞)으로 주었고
紀實太史氏(기실태사씨)　사관(史官)[163]에게 기록(記錄)으로 남기게 하니
流芳不待附靑雲(유방부대부청운)　방명(芳名)을 전하는 것 청운(靑雲)에 기대지 않았고
相公始終良獨勤(상공시종양독근)　상공(相公)은 시종(始終)으로 진실로 부지런했지.
作傳托李翰(작전탁리한)　전(傳)을 지어 편지를 맡기고
求詩遍朝紳(구시편조신)　조정 대신[164]들에게 두루 시(詩)를 구했지.
非關事張大(비관사장대)　일이 장대(張大)함을 관계치 않고
聊以慰忠魂(요이위충혼)　애오라지 충혼(忠魂)을 위로함이라.
百歲聞聲尙感歎(백세문성상감탄)　백세(百歲)의 명성(名聲)에 오히려 감탄하니
況我過逢僅閱月(황아과봉근열월)　하물며 나와 만났던 게 겨우 한 달[165]이라네.
爲君慷慨歌一曲(위군강개가일곡)　그대 위해 강개(慷慨)하여 한 곡조(曲調) 부르니
悲風北來吹毛髮(비풍북래취모발)　북에서 부는 비풍(悲風)에 모발(毛髮)이 날린다네.

160) 丁寧: 말이 간절한 모양.
161) 行李: 나그네.
162) 華人: 한족의 옛 명칭. 현재는 중국인을 위한 간칭.
163) 太史氏: 사관(史官).
164) 朝紳: 조정대신(朝廷大臣).
165) 閱月: 한 달을 경과함.

海峯先生 事蹟碑

IX. 해봉공과 조선선비들의 시

鳳山 次從姪定州牧使海峯洪公命元韻『鶴谷集』洪瑞鳳 鳳山 從姪 定州牧使 海峯 洪公 命元의 운을 사용하여

甑縣京城正兩當　증현(甑縣)은 경성(京城)과 바로 마주했기에
西馳心事此便忙　서쪽으로 염원(念願)이 있어 이리도 바빴다네.
囊無一物寧羞澁　주머니엔 일물(一物)도 없어 부끄럽지만
好佩金魚拜北堂　금어대(金魚袋)를 패용하고 북당(北堂)에 절하누나.

次東岳夜坐書懷韻『鶴谷集』洪瑞鳳 東岳夜坐書懷韻을 사용하여

強顏隨俗異方圓　강안(强顏)은 세속 따라 방원(方圓)을 달리함에
却把鋼剛效軟綿　오히려 강한 것이 연면(軟綿)함에 효험 있네.
斂退始知安是主　물러나니 편안(便安)함이 주가 됨을 알고
沈冥常用酒爲年　침잠(沈潛)하니 음주(飮酒)하며 세월을 보낸다.
嘲評物色分詞伯　물색(物色)을 품평(品評)함은 시인의 몫이요
馳騁功名付世賢　공명(功名)을 실현(實現)함은 세상의 현인인데
憐汝幽居亦無事　그대가 유거(幽居)함과 무사(無事)함이 좋은지

滿山新綠聽啼鵑　산 가득한 신록(新綠) 속에 두견이 우는구나.

送海峯朝天『鶴谷集』洪瑞鳳 海峯의 朝天에 전송하며

洪惟帝共工　홍씨는 공공씨를 근원으로 삼는데
玄化乾元同　성덕으로 교화함[1]은 건원(乾元)과 같았지.
子孫錫嘉姓　자손에게 가성(嘉姓)을 주었고
種德傳無窮　덕을 심어 무궁하게 전했다네.
不待晉范氏　진의 범씨(范氏)에게 기대하지 않아도
張口夸先功　입을 벌려 선공(先功)을 자랑했지.
降及李唐世　이당(李唐)의 세상으로 내려와
派別適于東　학사(學士)를 동방(東方)으로 보냈고
麗祖時勃興　고려 때에 발흥(勃興)을 했었으며
太師鴻遇風　태조(太祖) 때에 큰 운을 만났더라.
名成壹三分　명성(名聲)은 한결같이 삼분을 이뤘고
績擅麟閣豐　업적은 기린각(麒麟閣)에 자주 올랐네.
捍王叱白刃　왕을 막아서며 반란군(叛亂軍)을 꾸짖다가
伏節忠平忠　순절(殉節)함은 충평공(忠平公)의 충성(忠誠)이었네.
有裔克紹烈　후손 있어 충절(忠節)을 이을 수 있었으니
倜儻匡定公　대범하신 분으로 광정공(匡定公)이라.
再扶五百業　다시 오백년 업적을 도왔고
手翦寒與窮　손수 춥고 궁함을 제거했었지
身外馬鄧貴　지신 외엔 마등(馬鄧)[2]처럼 귀히 여겼고
不自渝始終　스스로 처음과 끝 달라지지 않았네.

---

1) 玄化: 성덕(聖德)으로 교화(敎化)함.
2) 馬鄧: 후한(東漢)의 명덕마황후(明德馬皇后)와 화희등황후(和熹鄧皇后)의 병칭(幷稱)으로 모두가 어질고 덕이 있었다.

王謝風流盡　왕사(王謝)[3]의 풍류를 다했지만
崧原喬木空　높은 산에 교목처럼 공허했더라.
友菊遭昌辰　우국재공에 이르러 창성한 시절을 만났고
邃學冠朝中　깊이 배워 조정에서 벼슬했지.
文章遺箕裘　문장(文章)을 조업(祖業)[4]으로 남겼으니
其奈位不充　그 어찌 지위(地位)에 충실하지 않았을까?
暨乎吾大父　나의 조부(祖父)에까지 이르렀으니
於子實太翁　그대에겐 실로 증조부가 되셨지.
精英奎壁降　정수(精粹)[5]가 문원(文苑)[6]으로 내려왔고
江海潘陸洪　강해(江海)에 명문(名文)[7]인 홍씨라.
桂林第一枝　계림(桂林)의 제일지(第一枝)이니
豈伊詞獨雄　어찌 이 말은 유독 웅장할까?
直氣破奸胆　정직한 기상은 간담(奸胆)을 파괴하고
實鍔新磨礱　견실한 칼날을 새로 연마했다네.[8]
三難趾美俱　삼난(三難)[9]에도 고인(古人) 미덕(美德) 갖추었고[10]
蘭玉仍叢叢　훌륭한 자제(子弟)[11] 더욱 무성하여라.
阿咸少一歲　조카[12]가 나보다 한 살 어리지만

---

3) 王謝: 육조(六朝)의 왕씨(王氏)와 사씨(謝氏)의 병칭(幷稱)인데 후에 왕사(王謝)는 고문세족(高門世族)의 대칭(代稱)으로 일컬어진다.
4) 箕裘: 예기『禮記』에 "훌륭한 대장장이의 자식은 반드시 구(裘)를 만드는 것을 배우고 양궁의 자식은 반드시 기(箕)를 만드는 것을 배운다."고 했는데 이는 부형(父兄)이 하는 것을 보고 들었으므로 그 자식이 종종 부형의 사업을 계승하게 됨을 이야기 한 것이다. 기구는 후에 조상의 사업을 비유하는 것으로 쓰인다.
5) 精英: 정화(精華). 사물의 가장 정수(精粹)요, 가장 아름답고 좋은 것을 가리킴.
6) 奎壁: 이십팔수(二十八宿) 중에 규수(奎宿)와 벽수(壁宿)의 병칭이다. 예전에 이 두 별자리는 문운(文運)을 주관하므로 문원(文苑)을 비유하는데 상용된다.
7) 潘陸: 진(晉)의 문학가(文學家) 반악(潘嶽)과 육기(陸機)의 병칭(幷稱)이다. 무릇 문인학사(文人學士)를 일컫는다.
8) 磨礱: 돌에 갈다. 단련하다.
9) 三難: 壬辰倭亂(1592-1593)과 정유재란(1597-1598)에 이어, 후금건국(1616)으로 인해 곤란해진 명을 돕기 위해 1619년 조선군 출병했으나 강홍립의 거짓항복으로 인한 어려움이 있었음. 이후에 1623년 인조반정이 있었고 1636년 병자호란이 있었다.
10) 趾美: 전인(前人)의 사업과 미덕을 계승(繼承)하고 발양(發揚)하는 것.
11) 蘭玉: 지란(芝蘭)과 옥수(玉樹)로 아름다운 자제(子弟)를 비유하는 말.
12) 阿咸: 삼국(三國) 위(魏) 완적(阮籍)의 조카 완함(阮咸)이 재명(才名)이 있었는데, 후에 조카를 아함(阿咸)이

魚隊群嬉童　　물고기 떼처럼 모여서 즐겼지.

岐嶷獨老成　　총명하여[13] 홀로 노련하였고

齔齡志桑蓬　　어려서는 큰 뜻을 품었었네.[14]

淸文出天機　　맑은 문장은 천기(天機)에서 나오고

瑞錦爛靑紅　　상서로운 비단[15]에는 청홍(靑紅)이 찬란하다.

翰林華蓋傍　　한림의 화개(華蓋) 곁으로

銀燭明光宮　　은촉(銀燭)이 궁전에 밝은데

聯翩愧不才　　계속하며 재주 없다 부끄러워했지만

出入金閨通　　조정(朝廷)[16]을 통하여 출입하였네.

股郡寄一麾　　수족과 같은 군에 지휘[17] 맡겼고

梧野哭重瞳　　오야(梧野)에서 중동자[18]가 곡을 했지.

俄贊督府畫　　갑자기 도독부의 그림을 칭찬하고

重蘇西民瘡　　거듭하여 서민(西民) 위독(危篤) 살려내었다.

輿望愜公輔　　중망(衆望)은 공의 보좌 흡족해 하여

居然班秩崇　　엄연하게[19] 품급(品級)을 높였다네.

帝愍東藩士　　황제는 동방 선비[20] 불쌍히 여겨

不返爲沙蟲　　사충(沙蟲)[21]이 되어 돌아오지 않았지.

慰勉我聖后　　우리의 성후(聖后)를 위로하였고

라 칭했다.

13) 岐嶷: 풀과 나무가 무성하다는 말인데, 후에 유년에 총명하고 지혜로운 것을 형용하는 말을 지칭하게 되었다.

14) 桑弧蓬矢: 예전에 사내를 낳으면 뽕나무로 활을 만들고 쑥으로 화살을 만들어 천지사방으로 쏘았는데 이는 남아가 사방에 뜻을 두고 있음을 상징하는 것이다. 후에 힘쓰는 사람은 큰 뜻을 지녀야 함을 말하는 것으로 사용한다.

15) 瑞錦: 당대(唐代)에 두사륜(竇師綸)의 그림에 근거한 일종의 색채가 있는 고운 비단으로, 그 수에는 용봉(龍鳳) 등의 상서로운 사물이 그려졌으므로 능양공양(陵陽公樣)이라고 불렀다.

16) 金閨: 금마문(金馬門)을 가리키며 조정(朝廷)을 대칭한다. 규각(閨閣)의 미칭(美稱)이다.

17) 一麾: 일휘(一揮)와 같다. 거사(擧事)가 간단하고 민첩한 것을 지칭한다.

18) 重瞳: 중동자(重瞳子). 제왕(帝王)의 눈동자를 가리킴. 순임금과 같은 성명천자(聖明天子)를 비유.

19) 居然: 편안하다. 엄연하다.

20) 東藩: 동방(東方)의 번국(藩國). 동방(東方) 주군(州郡)의 범칭(泛稱).

21) 沙蟲: 작은 모래와 작은 벌레. 후에는 전사(戰死)한 장수(將帥)와 병사(兵士)들이나 혹은 전란(戰亂)으로 인해 재앙(災殃)을 만난 민중을 비유하게 되었다.

大賚仁恩隆　중상(重賞) 받아 어진 은혜 높았더라.

陳謝擇專對　감사함에 전대(專對)를 택했고

傾朝推匪躬　온 조정[22]이 충직한 분 추대했네.[23]

受命卽飮氷　명을 받으면 얼음을 마심 같고

行色何悤悤　행색은 어찌 그리 바쁜지

元帥新調律　원수는 새로운 조율을 하고

官軍擁羆熊　관군은 비웅(羆熊)을 에워 쌓지.

營開漢月懸　군영(軍營)을 여니 한월(漢月)이 걸렸고

道豁虜氛蒙　길이 활연한데 오랑캐의 기운이 있네.

利用觀國光　이를 이용하여 국가의 영광을 보고

緘章達天聰　상소(上疏)[24]가 임금에게 도달하였다.

竣期趁新陽　마치는 시간은 새해로 달려가고

歸騎春泥融　돌아오는 말에 봄 진흙이 녹는구나.

隔年倚閭望　격년(隔年)으로 문에 기대 바라보고

始解憂心忡　비로소 근심스런 심정을 이해하였지.

癡叔秖未死　치숙(癡叔)은 다만 죽지도 못하고

病劇盲兼聾　병이 심해 눈멀고 귀먹었네.

不中琴瑟用　금슬(琴瑟)을 사용함이 적당치 않아

有類摧折桐　오동을 베어버린 것과 같았지.

榮華任黃粱　영화는 황량몽(黃粱夢)[25]에 맡겼고

顏狀羞靑銅　얼굴모습 청동 같음 부끄러워라.

臨分意激昂　헤어짐에 임하니 마음이 격앙해지고

---

22) 傾朝: 모든 조정의 신하.

23) 匪躬: 충심(忠心)이 명백하여 자신을 돌아보지 아니함.

24) 緘章: 중대한 일로 봉함하여 올리는 상소.

25) 黃粱夢: 인생과 영화(榮華)의 덧없음을 비유적으로 이르는 말. 심기제(沈旣濟)의 「침중기(枕中記)」에 나오는 말로, 노생(盧生)이 한단(邯鄲) 땅에서 여옹(呂翁)의 베개를 빌려서 잠을 자며 80년간의 영화로운 꿈을 꾸었는데, 깨고 보니 그것이 고작 여옹이 누른 조밥을 짓는 사이에 불과하였다는 고사에서 유래한 말이다.

壯氣猶成虹　호기(豪氣)는 오히려 혹란(惑亂)이 된다.
出處各努力　출처(出處)에서 각기 노력하리니
何用愁深衷　어찌하여 심충(深衷)을 근심하랴?

海峯季女李妻挽 補遺『鶴谷集』洪瑞鳳 海峯季女 李妻 挽詞

汝父憐汝之偏　너의 부모 너를 사랑하는 것이 지나쳐
謂汝致福而且年　네 복이 해마다 이르기를 말했었지.
汝胡十七而夭　네가 어찌 열일곱에 요절을 하는가?
貽汝母慈之慼焉　네 어미 자애로운 근심을 주었더라.
陷之井　함정이로다.
乃知免鬼之惡　귀신의 악(惡) 면하는 것 알았으니
竟溘然　마침내 갑자기
嗟汝之智能周於人事　자네의 지혜 인사(人事)에 두루 할 수 있지만
獨不能於鬼神　유독 귀신에게는 할 수 없음 슬프도다.
已焉哉 汝父之折　끝났더라. 자네 아비 꺾이었네.
旣不得訟鬼厲而叩帝閽　이미 귀신에게 따지고 염라국을 두드릴 수도 없으니
玆汝之逝 余尙何言　이렇게 자네가 떠남에 내 무슨 말을 하리오.

次韻答海峯『東岳集』李安訥 운을 사용하여 해봉에 답하다.

紛紛人事夢檀羅　시끄러운 세상사 단라국[26] 꿈을 꾸듯

26) 檀羅: 단라국은 남가일몽의 나라이다. 당(唐)나라 9대 황제인 덕종(德宗 : 780-804) 때 광릉(廣陵) 땅에 순우분이란 사람이 있었다. 꿈속에서 남가군(南柯郡)을 다스린 지 20년, 그는 그간의 치적을 인정받아 재상이 되었다. 그러나 때마침 침공해 온 단라국군(檀羅國軍)에게 참패하고 말았다. 잠에서 깨어난 순우분은 꿈이 하도 이상해서 홰나무 뿌리 부분을 살펴보았다. 과연 구멍이 있었다. 그 구멍을 더듬어 나가자 넓은 공간에 수많은 개미의 무리가 두 마리의 왕개미를 둘러싸고 있었다. 여기가 괴안국이었고, 왕개미는 국왕 내외였던 것이다. 또 거기서 '남쪽으로 뻗은 가지[南柯]' 에 나 있는 구멍에도 개미떼가 있었는데 그곳이 바로 남가군이었다. 순우분은 개미구멍을 원상태로 고쳐 놓았지만 그날 밤에 큰 비가 내렸다. 이튿날 구멍을 살펴보았으나 개미는 흔적도 없이 사라졌다. '천도(遷都)해야 할 조짐'이란 바로 이 일이었던 것이다. '탐라' 호칭은 원래 '단라(檀羅)'에서 기원한 것으로 추정되고 있다. '단라'의 뜻은 '하늘같은 나라', '신선이 사는 나라'

日月跳丸瞥眼過　일월(日月)은 빨리 흘러[27] 잠깐 새에 지나가네.
百世是非同地籟　백세(百世)의 시비(是非)는 지뢰(地籟)[28]와 같고
一心生滅有天魔　한 마음의 생멸(生滅)에는 천마(天魔)[29]가 있어라.
從敎宦達休須早　가르침을 따라 벼슬함[30]이 이르지는 않았지만
況耐身慵病更多　참다보니 게을러져 병은 더욱 많아지네.
飮水曲肱吾自樂　물마시고 팔 굽혀 베니 나는 즐거워
古來由命不由他　예로부터 천명(天命)만을 따르려한다.

附原韻『東岳集』李安訥

門巷寥寥可雀羅　문앞 거리 적적(寂寂)하니 그물을 걸만하고
了無問訊況經過　묻는 이도 없는데 하물며 지나갈까?
年年不去唯窮鬼　해마다 떠나지 않음은 오직 궁귀(窮鬼)요
日日相尋是睡魔　날마다 서로 찾음 수마(睡魔)로구나.
滿眼林花春漸晚　눈 가득한 임화(林花)에 봄이 점차 늦어가고
入簾山翠暮偏多　주렴(珠簾)에 든 푸른 산 많이도 저물었네.
休將冷落方廷尉　정위(廷尉)[31]를 냉담(冷淡)하게 대하지마라
榮辱人間已任他　인간의 영욕(榮辱)이 그에게 맡겨졌으니.
海峯

라는 뜻이다.
27) 跳丸: 시간이 빨리 지나감을 형용.
28) 地籟: 지진 따위로 땅이 울리는 소리.
29) 天魔: 욕계(欲界) 제육천(第六天)의 임금으로 마의 우두머리이며 이름은 파순(波旬)이다. 누구든지 불법을 닦겠다는 생각을 낼 때에 곧 천마가 따르게 된다.
30) 宦達: 관리로서 높은 지위에 오르고 귀하게 됨.
31) 廷尉: 구경(九卿) 가운데 하나로 형옥(刑獄)을 관장하는 관리.

戲簡白沙尹次野 九畹李立之 鶴谷洪輝世 海峯洪樂夫諸君『東岳集』李安訥 장난삼아 백사 윤차야[32] 구완 이입지[33] 학곡 홍휘세 해봉 홍낙부 제군에게 글을 써줌.

敬問諸君子　모든 군자에게 공경하여 묻노니
時能憶沁州　때때로 강화도를 기억하게나.
家居俱寂寂　집에 거하나 언제나 적적하고
身事各悠悠　자신의 일 각각 한적하지만[34]
旱魃饑荒日　한발(旱魃)에 기황(饑荒)이 드는 날
妖星喪亂憂　요성(妖星)에 상란(喪亂)의 근심을 하니
桑郎十斗酒　상랑주[35] 열 말을 마시고
一醉菊花秋　국화 핀 가을에 한결같이 취하노라.

敬問諸君子　모든 군자에게 묻노니
時能憶沁州　때때로 강화를 기억하기를.
北還良可慰　북으로 돌아와 진실로 위로하나
西邁政堪愁　서쪽으로 가서는 근심을 하네.
浮世分靑眼　부세(浮世)에 청안을 달리하고
流年入白頭　세월은 늘그막에 들어섰음에도
桑郎十斗酒　상랑주 열 말을 마시고
一醉菊花秋　국화 핀 가을에 한결같이 취하노라.

---

32) 尹暄(1573-1627). 본관은 해평(海平), 자는 차야(次野), 호는 백사(白沙)이다. 윤두수(尹斗壽)의 아들이며 성혼(成渾)의 문인이다.

33) 이춘원(李春元, 1571-1634). 본관은 함평(咸平)이고 초명은 이신원(李信元)이다. 자는 원길(元吉)이고 소자(小字)는 입지(立之)이며, 호는 구완(九畹)이다. 저서로는 『구완집(九畹集)』이 있다.

34) 悠悠: 끝없이 이어진 모양. 한적한 모양.

35) 桑郎: 술 이름. 상락주(桑落酒)라고도 하는데 이는 하동(河東)의 상락(桑落)고을에 우물이 있는데 뽕잎이 지는 시기에 그 물을 길어다 술을 빚으면 그 술맛이 매우 좋아 붙여진 이름이다.

疊用前韻 奉謝白沙 九畹 鶴谷 海峯諸君『東岳集』李安訥 전운을 다시 사용하다. 白沙 九畹 鶴谷 海峯諸君과 헤어지다.

多謝諸君子　모든 군자에 감사하노니
新詩到沁州　강화에 이르러 새로 시를 쓴다네.
風高汀樹摵　바람이 높으니 물가 나무 앙상하고
日落浦雲悠　해가 지니 물가 구름 아득해라
身老俱堪恨　몸이 늙으니 모두가 한스럽고
時艱更可憂　시절이 어려워 다시 근심이 되나
江鄕十種味　강촌에는 열 가지 맛이 있으니
一酌菊花秋　국화 핀 가을에 술 한 잔 하네.

多謝諸君子　모든 군자에게 감사하노니
新詩到沁州　강화에 이르러 새로운 시를 쓴다.
共懷遲暮感　저문해 더디 가길 함께 염원하면서
何忍別離愁　어찌 차마 근심스런 이별을 할까?
衆鳥趨林表　새들은 숲으로 날아가고
孤舟閣渡頭　외로운 배 나루에 머물렀으니
江鄕十種味　강촌에 열 가지 맛이 있어서
一酌菊花秋　국화 핀 가을에 술 한 잔 하네.

海峯洪樂夫 命元 學士見訪 鶴谷繼至 樂夫以萬曆元年癸酉生 吾三人年甲相差 與前詩所記無異 而余爲最長 樂夫最少 遂用三人相對齒相聯句 復成一篇 書示樂夫『東岳集』李安訥 해봉 홍낙부 명원학사가 방문했고 학곡이 이어 이르렀다. 낙부는 만력원년 癸酉生으로 우리 세 사람은 나이가 한살씩 차이가 나지만 전부터 시를 쓰는 것이 다르지 않았다. 내가 가장 나이가 많았고 樂夫가 가장 어렸다. 세 사람이 서로 나이에 대하여 聯句를 지어 다시 한 수를 완성해서 낙부에

게 보였다.

三人相對齒相聯　세 사람이 만나니 나이 서로 이어짐에
堪笑龍鍾酌最先　나이 많다[36] 잔을 먼저 받으니 우스워라.
坐上莫嫌偏在下　자리에서 맨 아래에 있다고 싫어 마시게
詩中方見妙無前　시에서 보이는 미묘(微妙)함엔 앞이 없으니.
願同鶼蟨行常逐　친밀하게[37] 항상 따라 다니기를 원했으나
爭奈雲泥望却懸　운니(雲泥)처럼 떨어지니 어찌할거나
今日所期唯義分　오늘은 오로지 의분(義分)만을 기약하고
白頭毋負鹿鳴篇　백두(白頭)에 녹명편(鹿鳴篇)[38]을 등지지 마시라.

附次韻『東岳集』李安訥

誰向城南傑句聯　누가 성남(城南) 향해 가구(佳句)를 읊는가?
退之東野實相先　물러난 동쪽들엔 실상(實相)을 우선하네.
千秋好事空垂浚　천추(千秋)의 호사(好事)는 부질없이 깊고
數子高才足繼前　몇 명의 높은 재주 전대(前代)를 이을만해
幸一二年頭角肖　다행히 일이년 두서(頭緖)[39]가 닮았는데
奈三十里智愚懸　어찌하여 삼십 리 지우(智愚)가 걸렸을까?
汗流僵走知難及　땀을 흘러 달렸으나 미치기 어려운데
深意猶存伐木篇　깊은 마음 여전히 벌목편(伐木篇)[40]에 있더라.
樂夫

36) 龍鍾: 용종(龍鐘)으로도 쓴다. 신체(身體)가 쇠로(衰老)하여 행동이 자유롭지 못한 사람이다. 쇠로(衰老)한 모양.
37) 鶼蟨: 비익조(比翼鳥)와 비견수(比肩獸). 관계가 친밀한 친구를 비유.
38) 鹿鳴篇: 시경(詩經) 소아(小雅)의 편명으로 훌륭한 손님을 맞아 흥겨운 잔치를 벌인 잔치에서 부르는 노래이다.
39) 頭角: 두서(頭緖). 출중(出衆).
40) 伐木篇: 시경(詩經) 소아(小雅)의 편명(篇名)으로 친구간의 우정을 읊은 시이다.

三月十五日 夜坐書懷 寄示鶴谷洪輝世 海峯洪樂夫 樂夫 卽輝世之從姪也『東岳集』李安訥 3월 15일 밤에 앉아 懷抱를 써서 鶴谷 洪輝世 海峯 洪樂夫에게 보이다. 낙부는 輝世의 從姪이다.

節過重三月又圓　절기(節氣)가 지나 삼월 보름이 되니
滿堤煙草已芊綿　제방(堤防) 가득 풀들이 무성하게 자랐더라.
春光瞥眼無多日　봄빛을 보는 것도 많은 날이 아니나
世事傷心異昔年　세사(世事)에 아픈 마음 지난해완 다르다네.
子美故人高適老　두보(杜甫)[41]의 친구는 고적(高適)[42]이란 늙은이요
嗣宗諸姪阮咸賢　완적(阮籍)[43]의 조카도 완함(阮咸)[44]이란 현인이라
樽前握手何由得　술동이 앞에 잔을 잡음 어떠한 이유일까?
伏枕青山聽杜鵑　청산 베고 누우니 두견소리 들린다.

五月初九日 雨中 海峯見訪 同宿山齋『東岳集』李安訥 5월 9일 비가 오는데 海峯이 찾아왔기에 함께 山齋에서 묵었다.

滯雨空山臥小軒　공산(空山)에 비 내려[45] 소헌(小軒)에 누웠는데
忽驚佳客遠敲門　홀연 가객(佳客) 멀리 와 대문을 두드리네.
蓑衣正着煙嵐濕　우장(雨裝)을 길치고 남기(嵐氣)에 젖었는데
苔巷都無車馬喧　거리에는 거마(車馬)의 시끄러움 없어라.
風定曲池涵綠淨　바람이 고요하니 연못은 맑고

---

41) 杜甫: 동란의 시대를 직시하고 성실하게 살아온 삶을 작품으로 표현한 시인이다. 자는 자미(子美)이고, 조상의 출생지를 따서 두소릉(杜少陵) 또는 두릉(杜陵)이라고도 불린다. 당나라 말기의 시인 두목(杜牧)을 소두(少杜)라고 부르는 데 대해 두보는 노두(老杜)라고 부른다. 이백이 지난 시대의 시를 정리했다고 한다면, 두보는 그것을 한층 발전시켰다는 평가를 받는다.

42) 高適(702-765) 자는 달부(達夫)이다. 어려서 가난을 경험했기 때문에 서민의 아픔과 고통을 잘 알고 있었다. 감정이 분방하고 품고 있는 뜻을 그대로 드러낸 그의 시는 언어가 강하면서도 소박하고 풍격이 깊으면서도 호탕하다.

43) 嗣宗: 진(晉) 나라 완적(阮籍)의 자(字)이다.

44) 阮咸: 서진의 문인으로, 자는 중용(仲容)이며 진류군(陳留郡) 위씨현(尉氏縣) 사람이다. 죽림칠현(竹林七賢; 阮籍·嵇康·山濤·向秀·劉伶·阮咸·王戎)중 완적의 조카이다. 그는 월금(月琴)이라는 비파를 잘 다루고 음률을 잘 이해했다고 한다.

45) 滯雨: 비 때문에 움직이지 못하고 어떤 장소에 머무름.

鳥回幽樹趁黃昏　황혼드니 새들은 나무로 돌아오네.
共憑烏几沈吟久　오궤(烏几)에 함께 기대 오래도록 시 읊는데
眞景前頭未易言　앞에 보인 절경(絶境)은 말할 수가 없더라.

平生志業話從容　평생의 뜻한 바를 편안하게 말하니
榮辱雖殊去就同　영욕(榮辱)은 다르지만 거취(去就)는 같았지
鳥迹印沙林逕澁　새 발자국 찍혔지만 숲길은 험했고
馬蹄穿雪塞庭空　말을 타고 눈길 가나 변방은 공허해라.
名郎本是廟堂器　예부랑중[46] 본래가 묘당(廟堂)의 인물이요
老子亦非田舍翁　노자 또한 전야(田野)의 늙은이 아니었네.
天意難量時易晩　하늘 뜻은 알 수 없고 시간이 늦었는데
只須相伴賦留窮　변방에서 서로 만나 머물며 시 짓노라.

七月初一日 奉邀鶴谷 白沙 海峯諸君子 同遊臺山別墅『東岳集』李安訥 7월 초하루 鶴谷 白沙 海峯諸君子를 만나 함께 臺山別墅에서 놀다.

苦熱何堪六月重　유월의 중한 고열(苦熱) 어떻게 감당할까
秋風忽掃火雲峯　가을바람 홀연히 화운봉(火雲峯)을 쓸어내네
廣津西曲江山靜　광진(廣津) 서곡(西曲)에 강산은 조용한데
要與騷翁一盪胸　시옹(詩翁)의 가슴을 한바탕 씻어낸다.

七月十五日 戱簡川上尹靜春 白沙尹次野兩令公 西巒趙持世 鶴谷洪輝世 北渚金冠玉 海峯洪樂夫諸君子『東岳集』李安訥 7월 15일 川上 尹靜春[47] 白沙 尹次野 두 분과 西巒 趙持世[48] 鶴谷 洪輝世 北

46) 名郎: 송대(宋代) 예부랑중(禮部郎中)의 별칭(別稱).
47) 尹暉(1571-1644) 본관은 해평(海平). 자는 정춘(靜春), 호는 장주(長洲)·천상(川上). 아버지는 영의정 두수(斗壽)이며, 성혼(成渾)의 문인이다. 글씨를 잘 썼으며, 죽은 뒤 아들 면지(勉之)의 공훈으로 영의정에 추증

渚 金冠玉[49] 海峯 洪樂夫 諸君子에게 장난삼아 편지하다.

新秋涼緊雨全無　초추(初秋)라 서늘하고 비는 전혀 없는데
月色中元看更殊　달빛은 중원(中元)에 더욱 밝아라
急掃東園報諸子　동원(東園)을 급히 쓸고 모두에게 알리니
一年淸景未宜孤　일 년의 맑은 경치 외롭지 않구나.

德源逢洪 命元樂夫都事『東岳集』李安訥 德源[50]에서 洪命元 樂夫 都事를 만났다.

秋風吹雨響疏桐　가을바람 비 내리고 성근 오동 울리는데
古塞寒燈逆旅中　고새(古塞)의 여관에 한등(寒燈)을 밝힌다네.
人事悲歡四霜露　인사(人事)의 비환(悲歡)은 네 번의 제사[51]요.
世途夷險兩萍蓬　세도(世途)의 평험(平險)에 양 언덕의 부평초라.
乍逢旋別眞如夢　잠깐 만나 이별하니 진실로 꿈과 같고
未老先衰易作翁　늙기 전에 쇠약하니 쉽게도 늙는구나.
淸曉征驂相背發　새벽에 말을 타고 서로 등져 출발하니
鐵關城外海連空　철관성(鐵關城) 밖 바다는 하늘과 이어졌네.

江渭年來絶尺書　강위(江渭)에선 연래(年來)에 편지가 끊어지고
天涯萍水又分裾　천애(天涯)에서 부평(浮萍)처럼 또 이별을 한다네.
遠辭粉署趨蓮幕　상서성(尙書省)[52]서 하직하고 막부(幕府)[53]을 따라갔다

되었다. 시호는 장익(章翼)이다. 저서로 『장주집』이 있다.

48) 趙緯韓 (1567-1649) 본관은 한양(漢陽). 자는 지세(持世), 호는 현곡(玄谷). 찬한(纘韓)의 형이다.

49) 金瑬(1571-1648) 자는 관옥(冠玉), 호는 북저(北渚), 시호는 문충(文忠), 본관은 순천. 인조반정의 공신이다. 아버지 김여물이 임진왜란 충주 탄금대 전투 때 전사했으므로 순절자의 아들로 참봉이 되었다. 서인의 영수이고, 인조반정을 기여한 공로로 정사1등공신에 책록되고 관직은 영의정에 이르렀으며 승평부원군(昇平府院君)에 봉작되었다. 문집으로 『북저집(北渚集)』이 있다.

50) 德源: 함경남도 문천·원산 지역의 옛 지명.

51) 霜露: 가을이 되면 돌아간 부모를 애틋하게 생각하고 제사를 지내는 의미를 말한 것이다. 『예기(禮記)』에 "서리와 이슬이 내린 곳을 군자가 밟고 가면 반드시 처창한 마음이 들게 마련인데 이는 결코 추워서 그런 것이 아니다."라고 하였다.

新解銅章返草廬　새 동장(銅章)[54] 풀어놓고 초려로 돌아왔지.
長路傷心秋色晩　장로에 상심(傷心)하고 가을이 늦었는데
淸時抱病宦情疏　맑은 시절 병이 들어 벼슬생각[55] 없어라.
行憑白雁如相問　길가다 기러기[56]에 서로 안부 물어보곤
烏石磯頭坐釣魚　검은 돌 물가에 앉아 물고기를 낚는다.

感時述懷 寄贈洪司藝輝世 蘇正郎子實 金佐郎冠玉 洪正郎樂夫 諸學士 時上體不豫 西北有警『東岳集』李安訥 시절을 느껴 회포를 서술하여 司藝 洪輝世 正郎 蘇子實[57] 佐郎 金冠玉 正郎 洪樂夫 諸學士에게 부쳤는데 당시에 위에서 기쁘게 생각하지 않았고 서북에서는 경계가 있었다.

北望秦京道　북으로 진경(秦京) 길을 바라보는데
秋深別恨新　가을이 깊어지니 이별의 한 새로워라.
學宮霑祿秩　학궁(學宮)에선 봉록(俸祿)[58]을 받았으나
郞署屈儒紳　낭서(郞署)에선 벼슬[59]을 물러났었지.
世事危疑極　세사(世事)는 위태롭고 의심이 지극한데
邊書警急頻　변서(邊書)의 경계가 빈번하고 급하더라.
定知憂國鬢　우국(憂國)의 귀밑머리 희어짐을 알았지만
今日共成銀　지금은 모두가 은빛머리 되었구나.

---

52) 粉署: 분성(粉省). 상서성(尙書省)의 별칭(別稱).
53) 蓮幕: 막부(幕府).
54) 銅章: 고대(古代)에 동으로 만든 관인(官印). 당(唐) 이래로 군현장관(郡縣長官)이나 이에 상응(相應)하는 관직(官職).
55) 宦情: 관직을 수행하는 심정(心情).
56) 白鴈: 백안(白雁). 후조(候鳥). 체색(體色)은 순백(純白)으로 기러기와 같으나 작다. 예전에 대부분 지례(贄禮)이다.
57) 蘇光震(1566-1611) 본관은 진주(晉州). 자는 자실(子實), 호는 후천(后泉).
58) 祿秩: 관리(官吏) 식록(食祿)의 품급(品級). 녹위(祿位). 봉록(俸祿).
59) 儒紳: 벼슬아치.

奉酬洪樂夫寄和留別之作『東岳集』李安訥 洪樂夫와 酬酌하며 離別詩에 和答함.

遼野連夷界　요동의 벌판은 오랑캐와 연결되고
燕山控帝州　연산(燕山)은 낙양과 이어졌구나.
軍麾塵漠漠　대장 깃발 먼지에 흐릿하게 보이고
使節路悠悠　사절(使節)로 가는 길 아득하여라
歲晩庭闈戀　한해가 저무니 부모60)가 그립고
時危社稷憂　시절이 위태하니 사직(社稷)이 근심되네.
左符乖祖帳　좌부(左符)의 송별연61)은 어긋났고
憭慄海城秋　해성(海城)의 가을은 처량하더라.

寄送洪同知 命元樂夫以謝恩上使赴北京 天將劉綎之敗 我軍全沒 皇帝降勅慰諭 以銀一萬三千兩 頒賜陣亡人家『東岳集』李安訥 洪同知命元樂夫가 謝恩으로 北京으로 갔다. 中國將帥 劉綎이 패함으로 우리 군대가 全沒하였고 皇帝는 降勅으로 慰諭하였으며 은 일만 삼천 냥을 陣亡人家에게 하사하였다.

帝庭陳謝簡朝賢　중국에 설명한62) 조선의 현신
曠代恩綸軫海堧　다시없을63) 은택에 해변(海邊)64)이 감동하네.
戰卒百無還一十　전사(戰士)가 백에서 열 명만이 돌아왔고
珍鏐萬有錫三千　금과 보배 만 삼천 냥을 하사했다네.
丁魂帶鏃甘沙磧　사내 혼은 활을 메고 사막65)에서 그리워하고
瘠婦扶髽祝野廛　마른 여인 북상투에 야전(野廛)에서 축원한다.

---

60) 庭闈: 부모가 거처하는 방이라는 뜻으로, 어버이를 이르는 말
61) 祖帳: 송별연을 베풀다. 송별하다.
62) 陳謝: 까닭을 설명하며 사과의 말을 함.
63) 曠代: 당대에 견줄 자가 없다. 세상에 다시없다.
64) 海壖: 해연(海堧). 해변(海邊).
65) 沙磧: 사탄(沙灘) 사주(沙洲). 사막(沙漠).

行入大邦如問事　큰 나라로 들어가 그 일을 묻는다면
小藩羞戴犬羊天　소번(小藩)이 견양천(犬羊天)[66]을 이고 삶이 부끄럽다하리.

送洪樂夫承旨赴光州『東岳集』李安訥 洪樂夫承旨가 光州로 감에 전송하며

喉舌銀臺職最親　왕명을 출납하는[67] 관아[68]와 친했지만
上章求外綵衣身　상소[69]하여 외직(外職)구한 관원이라네.
聖情特軫私恩切　성정(聖情)은 사은(私恩)의 간절함을 특히 살펴
名邑仍批御墨新　명읍(名邑)에 부임하니 어묵(御墨)이 새로워라.
靑筍白魚渾雨露　푸른 대순 흰 물고기 우로(雨露)가 자욱한데
黃堂紫綬自精神　태수(太守)[70]의 자수(紫綬)[71]에 생기가 절로 나네.
龍鍾去就乖忠孝　늙은이[72] 거취(去就)에 충효(忠孝)가 어긋나서
傍鬼揶揄笑送人　곁에 귀신(鬼神) 조롱하다 웃으며 전송하네.

寓直摠府　奉贈睦舜卿　敍欽修撰　用洪同知樂夫韻　時以儐使將赴關西書此留別『東岳集』李安訥 摠部에서 숙직하며 睦舜卿敍欽修撰[73]에게 洪同知樂夫 韻을 사용하여 글을 써 주었다. 그때에 儐使로 關西로 가기에 이글을 써서 이별하다.

一千關路趣郵驂　천개 관로(關路) 달려서 역사(驛舍)로 향하는데
霜髮春風五十三　흰 머리 봄바람에 날리는 나이 오십삼
常憶白眉推雅望　항상 백미(白眉)를 생각하며 희망을 추구하고

66) 犬羊: 예전에 외적(外敵)에 대한 멸칭(蔑稱)으로 사용되었다.
67) 喉舌: 기밀(機密)을 관장하고 왕명(王命)을 출납하는 중신(重臣).
68) 銀臺: 조선 시대, 임금의 명령을 전달하고 여러 가지 사항들을 임금에게 보고하는 일을 맡아보던 관아.
69) 上章: 임금에게 글을 올림. 도사가 표를 올려 신에게 구함.
70) 黃堂: 고대(古代) 태수(太守) 관청의 정당(正堂). 태수(太守)를 지칭함.
71) 紫綬: 조선 시대, 정삼품(正三品) 당상관(堂上官) 이상의 관원이 차던 호패(號牌)에 다는 자줏빛 술
72) 龍鍾: 용종(龍鐘)으로도 쓴다. 신체(身體)가 쇠로(衰老)함.
73) 睦敍欽(1572-1652) 본관은 사천(泗川). 자는 순경(舜卿), 호는 매계(梅溪).

忽逢靑眼接高談 홀연 청안(靑眼)을 만나 고담(高談)을 나누었지.
仙槎遠待龍城北 죽선(竹船)[74]은 용성(龍城) 북에서 기다리는데
直省新移玉署南 직성(直省)[75]은 옥서(玉署)[76] 남으로 옮겨갔네.
却笑衰翁似兒女 노쇠한 늙은이 웃음이 아이와 같지만
別懷依悒正難堪 이별하는 근심은 감당하기 어려워라

京畿監司洪 命元樂夫挽詞『東岳集』李安訥 京畿監司 洪命元樂夫 挽詞

哭君何怨怨皇穹 그대에게 곡하나 어찌 황천[77] 원망하랴?
一爲吾私一爲公 하나는 사적(私的)이요 하나는 공적(公的)이라네.
國器共推三代上 국기(國器)라 함께 삼대(三代)를 추앙했고
交期偏託百年中 교기(交期)는 백년 중에 크게 의탁 하였지.
身無疾病齡非暮 몸에는 질병이 없고 나이 늙지 않았지만
志在經綸道始隆 뜻이 경륜에 있어 도가 높았는데
忽送靈輀就新兆 홀연 상여 보내며 새 무덤으로 나아가다
漢陽城裏望如空 한양성에서 바라보니 허공과 같구나.
國器 一作人物

曉雨城西辱送行 새벽 비에 성 서쪽 보내는 길 힘겹지만
百祥樓上約相迎 백상루(百祥樓) 위에선 서로가 맞이하리.
離筵只認經三月 이별자리 다만 삼월이 지났으니
葬紼誰言向九京 상여줄에 누가 구경(九京)으로 향한다 하나?
晩歲交情逾骨肉 늦은 해에 사귄 정 골육(骨肉)보다 친하고

---

74) 仙槎: 선사(僊槎). 신화(神話) 속에서 해상(海上)과 천하(天河)를 왕래하는 죽선(竹船).
75) 直省: 고려시대 중서문하성과 상서도성에 소속된 이속직(吏屬職)의 하나이니 여기서는 벼슬이름일 것이다.
76) 玉署: 조선 시대, 삼사(三司)의 하나로 궁중의 경서(經書)와 사적(史籍)을 관리하고 왕에게 학문적 자문을 하던 관청
77) 皇穹: 황천(皇天)과 같다. 천제(天帝)를 가리킨다.

淸朝物議屬公卿　청조(淸朝)의 평판(評判)[78]은 공경(公卿)에 속한다네.
明徵亦識諸郎在　명백한 증거 또한 제랑(諸郎)에게 있지만
忍聽高堂喚子聲　차마 고당(高堂)이 자식 부르는 소리 듣는구나.

送九畹賀聖節朝京 因寓意于長洲叔父 月沙 海峯諸丈 時新有皇訃 初聯云云 『玄洲集』 趙纘韓 九畹[79]이 賀聖節로 朝京함에 전송하며. 長洲叔父 月沙 海峯 諸丈에게 뜻을 부치다. 마침 皇訃가 있어 初聯에 일렀다.

病起聞君作遠遊　병이 났다 알려져 멀리 떠나게 됨에
回瞻北極重搔頭　북극을 돌아보며 거듭 생각한다네.
悲纏寰海羣方日　슬픔은 천하[80]의 모든 곳에 이어졌고
節近天河八月秋　절기는 천하(天河)가 가까운 팔월의 가을이라
燕地早寒須強飮　연(燕)이란 곳 일찍 추워 강음(强飮)을 해야 하고
塞笳晨動莫添愁　새가(塞笳)[81]가 새벽에 울려도 근심을 하지마라
遙知萬里同人在　멀리 만 리에 동인(同人)이 있음을 알고
何處相逢一上樓　어느 곳에서 서로 만나 누대(樓臺)에 오를까?

海峯奉勅 回自燕京 朝議欲沮其功 止其行 留鎭江 更遣陳奏 時奴兵入馬星洞搶掠 云故首句云『玄洲集』趙纘韓 해봉이 칙서를 받들고 燕京으로부터 돌아왔으나 조정 의논이 그 공을 막고 그 행동을 저지하며 鎭江에 억류하고자 하며 다시 상소를 올렸다. 당시에 奴兵이 馬星洞에 들어와 약탈을 하였으므로 首句에 밝혔다.

聞說邊烽報虜塵　변방(邊方) 봉화(烽火) 노진(虜塵)을 알리니

---

78) 物議: 여러 사람이 어떤 사람이나 단체에 대해 이러니저러니 하는 논의나 평판.
79) 李春元(1571-1634) 조선 중기의 문신. 본관은 함평(咸平). 초명은 신원(信元)·입지(立之). 자는 원길(元吉), 호는 구원(九畹). 저서로는 『구원집(九畹集)』이 있다.
80) 寰海: 해내(海內) 전국(全國).
81) 塞笳: 변방의 호가(胡笳).

遙愁歸客隔江津　귀객(歸客)은 건너 강진(江津)에서 근심을 하네.
一年行役仍成縶　일 년의 행역(行役)이 거듭하여 이어지니
五月春衣未換新　오월에도 봄옷을 바꿔 입지 못했더라.
妬甚椒蘭荃不揆　질투 심한 산초 난초[82] 향초로 치지 않고
厄于陳蔡命之屯　진채(陳蔡)에서 곤액(困厄) 당해 머물렀더라.
艱危自倍憂時念　곤란 위기 배가 되니 근심할 때 생각했고
漫有寃氛徹上旻　원한과 재앙 넘쳐서 하늘에 이르렀네.

挽海峯洪監司 二首『玄洲集』趙纘韓 海峯 洪監司 挽詞

一笑我曹俱夢幻　우리에게 웃으면 모두가 환상인데
百年公遽半途先　백년에 반이 되어 그대는 떠나셨네.
丘原忽起靑蘿塚　언덕에 새로운 무덤이 생겨났고
江海空傳白雪篇　강해(江海)에는 부질없이 백설편(白雪篇)이 전해진다.
竝馬衿陽如昨日　금양(衿陽)에서 말달린 것 어제 같은데
回舟南浦更何緣　남포(南浦)에서 배돌리니 다시 무슨 인연인가
玉虛滉朗乘雲處　선궁(仙宮)[83]의 밝은 곳에서 구름 탔으니
風度應知冠列仙　공의 풍모(風貌) 신선(神仙)들은 마땅히 알리

卽今賢路不崎嶇　지금에 현로(賢路)는 험난하지 않아서
天許蒼生喘復蘇　하늘은 창생이 소생함을 허락한다.
何意蜀中亡孝直　촉(蜀)에선 정암(靜菴)[84]같은 인재 어찌 죽었나?

---

82) 椒蘭: 산초와 난초. 모두가 향기로운 식물이므로 병칭되고 있다.
83) 玉虛: 선궁(仙宮). 정결(淨潔)하고 초일(超逸)한 경계(境界).
84) 趙光祖(1482-1519). 본관은 한양(漢陽). 자는 효직(孝直), 호는 정암(靜菴). 17세 때 어천찰방(魚川察訪)으로 부임하는 아버지를 따라가, 무오사화로 화를 입고 희천에 유배 중이던 김굉필(金宏弼)에게 수학하였다. 학문은 『소학』·『근사록(近思錄)』 등을 토대로 하여 이를 경전 연구에 응용했으며, 이 때부터 성리학 연구에 힘써 김종직(金宗直)의 학통을 이은 사림파(士林派)의 영수가 되었다.1570년 능주에 죽수서원(竹樹書院), 1576년 희천에 양현사(兩賢祠)가 세워져 봉안되었으며, 1605년(선조 38)에는 그의 묘소 아래에 있는 심곡서원(深谷書院)에 봉안되는 등 전국에 많은 향사가 세워졌다. 또한, 이이는 김굉필·정여창(鄭汝昌)·이언적(李

久知江左有夷吾　강좌에 관중(管仲)[85] 있음 오래전에 알았더라.
乾坤擧目人材眇　건곤(乾坤)에 눈을 들어 인재(人材)를 살펴보니
湖海論交我輩孤　세상에서 사귈 친구 우리들은 외로운데
還似平生忘世者　돌아가 평생을 세상 잊고 산 사람이
薜蘿歸卧一愁無　벽라(薜蘿)로 가 누웠으니 근심이 하나 없으리.

挽洪監司樂夫『玄谷集』趙緯韓 洪監司 樂夫 挽詞

十年流落帶方城　십년을 대방성(帶方城)[86]에 유랑하며 살다가
重入脩門鬢雪明　대궐(大闕)에 다시 드니 귀밑머리 희었네.
屈指親朋多棄世　손꼽으니 많은 친구 세상을 떠나갔고
回頭人事易傷情　인사(人事)를 돌아보니 쉽게 마음 아파라.
招尋幸賴君無恙　찾아보니 다행히 그대는 근심 없고
致澤何憂道不行　은택에 어찌하여 부도(不道)를 근심하랴?
數日相違遽如許　못 만난 지 수일간에 이렇게 되었으니
吾私不哭哭蒼生　나 혼자 안 울어도 창생(蒼生)들이 곡을 하네.

贈光州牧洪樂夫命元『玄洲集』趙纘韓 光州牧使 洪樂夫命元에 줌

向來人事極多端　예로부터 세상사는 지극히 다양하여[87]
客袖龍鍾淚末乾　슬픔[88]에 객의 소매 마르지 않는데

彦迪) 등과 함께 그를 동방사현(東方四賢)이라 불렀다. 저서로 『정암집』이 있다. 시호는 문정(文正)이다.

85) 管仲: 춘추 시대 제나라의 재상. 제나라 환공을 춘추 5패 최초의 패자로 만들었다. 죽마고우 포숙아와의 깊은 우정으로 '관포지교'라는 고사성어를 탄생시켰다. 정치, 경제, 의례 등 국정 운영 원칙과 사상, 천문, 지리, 경제, 농업 등의 지식을 담은 《관자》를 저술했다. 관중은 제(齊)나라 환공(桓公)을 도와 그를 춘추 5패 최초의 패자(霸者)로 만든 정치가로, 제갈량과 함께 중국의 2대 재상으로 불린다. 그는 제나라 영상(潁上)에서 태어났으며 본명은 이오(夷吾), 사는 중(仲)이다. 죽마고우 포숙아(鮑叔牙)와의 우정에 관한 '관포지교(管鮑之交)'라는 고사성어로 우리에게 친숙한 인물이다.

86) 帶方城: 남원성(南原城)은, 당(唐)나라가 백제를 멸망시킨 뒤에 유인궤(劉仁軌)를 대방주 자사(帶方州刺史)로 삼아서 웅주(熊州)에 유진(留鎭)토록 한 다음 이곳에다 성을 쌓고는 이를 대방성이라고 칭하였던 곳인데, 남원부를 대방이라고 일컫는 일이 여기에서부터 시작되었다.

87) 多端: 복잡함 다양함.

唯有蒼蒼無等色　오로지 창창(蒼蒼)한 무등산 빛만 있고
望中猶記舊螺鬟　바라보면 소라머리 봉우리가 기억나네.

春晴旌節下雲端　맑은 봄 정절(旌節)[89]이 구름 속을 내려오나
走檄風飛墨未乾　긴급문서[90] 빨라서 먹도 마르지 않았더라.
落日羸驂還獨去　지는 해에 피곤한 말 다시 홀로 떠나니
芳尊何處對娥鬟　미주(美酒)[91]는 어디에서 여인을 대하는가?
附次韻

風詠亭 次壁上韻 ○被邀洪樂夫 留醉『玄洲集』趙纘韓 風詠亭 壁上韻을 사용하여. 洪樂夫가 맞았기로 머물러 마시다가 취하였다.

客意非關就此休　나그네 맘 여기서 쉼 상관치 않으나
未成佳句便成愁　가구(佳句)를 못 이루니 문득 근심 되누나.
天浮繡巘圍長野　하늘에 뜬 봉우리는 너른 들에 쌓이고
地走銀江遶遠洲　흘러가는 은강(銀江)은 먼 고을을 둘렀네.
淸致喜隨嵬眼幻　맑은 정취 감동적인[92] 환상을 따랐고
風光肯入小詩留　풍광(風光)은 시상(詩想)이 머뮤 곳에 들어오니
可憐當日晴川詠　오늘은 맑은 시내 읊음이 좋아서
能使人驚問幾秋　놀라움에 어느 가을인가 묻는구나.

白沙宅 同鶴谷 后泉 北渚 別海峯『淸陰集』金尙憲[93] 白沙의 집에서

88) 龍鍾: 용종(龍鐘). 신체가 쇠로(衰老)함. 쇠로(衰老)한 모양. 실의(失意)하여 엎어져 우는 모양. 沾濕貌. 行進艱難貌.
89) 旌節: 사신(使臣)이 들고 다니던 깃발과 부절(符節).
90) 走檄: 긴급(緊急)하게 발송한 문서(文書). 긴급문서(緊急文書).
91) 芳樽: 방준(芳尊). 방준(芳罇). 정치(精致)한 주기(酒器). 미주(美酒)를 가리킴.
92) 嵬眼澒耳: 외목홍이(嵬目鴻耳)로도 쓴다. 사람이 감동할 정도로 보고 들음.
93) 金尙憲(1570-1652)은 조선 중·후기의 문신, 학자이다. 병자, 정묘호란시 척화대신으로 이름이 높았으며 종묘의 인조 배향공신이다. 본관은 (신) 안동, 자는 숙도(叔度), 호는 청음(淸陰)·석실산인(石室山人)·서간노인

鶴谷 后泉 北渚와 함께 海峰을 전별하다. 해봉은 洪命元의 호이다.

朋簪惜別倍多情 친구와 석별(惜別)하니 더더욱 다정하여
酒煖茶香笑語淸 따뜻한 술 향긋한 차 웃음소리 맑더라
殘燭伴人燒未盡 사람들과 짝한 촛불 다 타지 않았는데
夜闌相對鬢添明 잔야(殘夜)에 마주하니 백발 더욱 희구나

백사(白沙) 윤훤(尹暄) 후천(后泉) 소광진(蘇光震)[94] 학곡(鶴谷) 홍서봉(洪瑞鳳) 북저(北渚) 김류(金瑬)

雨雪留咸興 錄奉亞使洪樂夫 名命元『淸陰集』金尙憲 눈이 내려 咸興에 머물러 있으면서 亞使 洪樂夫에게 써서 올리다 이름이 命元이다.

回風急雪歲將闌 바람 불고 눈 내리는 속에 한 해 저무나니
鄕思邊愁損客顔 고향 생각 변방 시름 객의 얼굴 초췌하네.
千載此心同一味 천 년토록 이런 맘 한결같았거니
咸關今日是藍關 함관(咸關)은 금일의 남관(藍關)이라오.

文川客舍 次板上韻 以下至草原別洪樂夫 北路作『淸陰集』金尙憲

文川의 客舍에서 板上의 운을 사용하여. 이하 草原에 이르러 洪樂夫와 작별하고까지는 北路에서 지었다.

丘園小築近芳洲 방주(芳洲)의 가까이에 가원(家園)을 만들었으나
高臥當年不解愁 높이 누운 당년(當年)에도 시름 풀지 못하였지
自笑戀恩同櫪馬 은혜 받음 역마(櫪馬)[95]같아 스스로가 우습고

(西磵老人)이며, 시호는 문정(文正)이다. 윤근수(尹根壽)의 문인. 조선후기 세도가의 직계선조로 그의 후손에서 13명의 재상과 수십 명의 판서, 참판이 배출되었고, 순조비, 헌종비, 철종비 등 왕비 3명과, 숙종의 후궁 영빈 김씨가 모두 그의 후손이었다.

94) 蘇光震(1566-1611) 본관은 진주(晉州). 자는 자실(子實), 호는 후천(后泉).

95) 櫪馬: 외양간에 묶여 있는 말이라는 뜻으로, 무엇에 얽매여 자유롭지 못함을 비유적으로 이르는 말.

久慙歸計負沙鷗　귀전 계획 저버림에 오래도록 부끄럽네.
眼前世路看逾狹　두 눈 앞의 세상길은 갈수록 더 좁아 뵈고
身外功名覺轉浮　몸 밖의 공명이 헛것임을 깨닫는다.
擬待秋風便投劾　가을바람 불어오면 바로 관직 물러나[96]
越溪曾約買漁舟　월계에서 고깃배 사 놓을 것 약속했네.[97]

草原別洪樂夫 到高山驛書懷追寄『淸陰集』金尙憲 草原 洪樂夫와 작별하고 高山驛에 도착하여 회포를 써서 뒤늦게 부치다

郵亭一宿太悤忙　역참에서 하루 묵어 몹시 바쁜데
別後相思益杳茫　이별 뒤의 그리운 맘 더욱 아득하여라.
寒雨夜來連鶴浦　차가운 비 밤이 되자 학포(鶴浦)까지 이어지고
羸驂朝去怯羊腸　여윈 말 아침나절 험한 길에 겁먹었네.
明時再逐功名薄　밝은 때에 쫓겨나니 공명(功名)이 박해졌고
絶塞重臨意氣傷　먼 변방 거듭 오매 의기(意氣)가 상하지만
紺岳白雲無恙在　감악산(紺岳山) 흰 구름 근심 없이 흐르니
好收簪紱早還鄕　비녀 인끈 거둬두고 일찌감치 고향 간다.

挽洪監司樂夫『月沙集』李廷龜 洪監司 樂夫 挽詞

藉甚聲名未弱冠　성명(聲名)이 자심함은 약관(弱冠)도 아니었는데
聳觀仙驥出天閑　멀리[98] 선학(仙鶴)[99]이 천한(天閑)에 나타났네.[100]
文章自是家庭事　문장(文章)은 본래가 집안의 일이었고
交契曾從父子間　교분(交分)은 일찍이 부자간(父子間)을 따랐더라.

---

96) 投劾: 스스로의 잘못을 탄핵하고 벼슬을 물러나다.
97) 월계는 용진(龍津)의 하류에 있다.
98) 聳觀: 발뒤꿈치를 들어 보다.
99) 仙驥: 선학(仙鶴)을 가리킴. 신선이 타고 다닌다고 전해지기 때문에 칭해지는 말이다.
100) 天閑: 황제가 말을 기르는 곳.

官散尙持公輔望　관직은 한산해도 삼공(三公)[101] 명망 지녔고
時亨猶滯亞卿班　시절이 형통(亨通)한데 아경(亞卿)[102]에 머물렀네.
從今不復論人物　이제부터 다시 인물을 논하지 않으리
埋却寧馨何處山　이와 같은 인재를[103] 어느 산에 묻는가?

送謝恩正使洪樂夫時公病困 洪來乞詩 公令侍兒抄韻字 口號押『月沙集』李廷龜 謝恩正使 洪樂夫를 전송할 때 공이 아팠는데 낙부가 와서 시를 청하였다. 공은 侍奉하는 아이를 시켜서 韻字를 베끼게 하고 입으로 읊어서 押韻하였다.

皇帝御萬曆　만력황제 천하를 다스린 지
四十有七歲　사십칠년이 되었는데
小酋抗天紀　작은 오랑캐가 하늘에 대항하여
兇牙肆其猘　흉악한 개처럼 설쳐댔지
潛師襲城堡　군사로 몰래 성곽 보루 습격하고
放兵呑穹毳　병사 풀어 적의 소굴 토벌했지만
重鎭一失守　중요한 진 수비하는 한 번 실수에
遼城忽晝閉　요성이 대낮에도 홀연 닫혔네.
經略楊將軍　공략하여 다스리는 양 장군이
仗鉞辭玉砌　부월(斧鉞) 들고 대궐에서 인사할 때
誓將一擧滅　일거에 섬멸(殲滅)을 맹서했었지.
如風掃蚊蚋　모기떼 쓸어버리는 바람과 같이
我王奮忠烈　우리 임금 충의(忠義)가 끓어올라서
惟思以國斃　오직 나라 위해 죽을 것을 생각하였네.

---

101) 公輔: 고대에 삼공(三公) 사보(四輔)로 보두가 천자(天子)를 보좌한다. 재상(宰相)과 같은 대신(大臣)을 가리킴.
102) 亞卿: 주제(周制)에 경(卿)을 상중하 세단계로 나누었는데 차자(次者)를 중경(中卿)이나 아경(亞卿)으로 일컬었다. 당 이후에는 태상시(太常寺) 등의 관서(官署) 소경(少卿)의 별칭(別稱)이 되었다.
103) 寧馨: 진송(晉宋) 때의 속어(俗語)로 여차(如此) 저양(這様)의 의미이다.

悉索域中賦　강역(疆域)의 군사를 모두 징발하여
西奔受節制　서쪽으로 달려가 절제를 받았지.
牛嶺夜雪度　밤중에 눈 내릴 때 우령(牛嶺)을 넘었고
鴨水春氷濟　압록강 봄 얼음을 건너갔느니
三路十萬兵　세 가지 경로의 십만의 병사가
初持掎角勢　처음에는 협공(挾攻)[104]의 형세를 유지했으나
大軍貴持重　대군(大軍)은 신중하게 움직여야 하고
當思萬全計　만전의 계책을 생각했어야 했는데
如何謾輕進　어찌하여 경솔히 나아가고
不戒趨利蹶　이익 좇다 실패할 것 경계하지 못했다네.
風沙亂擊面　모래 바람이 어지러이 얼굴을 치고
白日變陰曀　밝은 해가 변하여 어두워지니
奸譯陣前呼　간교한 역관이 진 앞에서 소리침에
兩帥頸已繫　두 장수의 목이 이미 묶였더라.
健兒齊解甲　건아들은 모두 무장 해제되어
驅去如鞭彘　돼지들 채찍 맞듯 몰려갔다네.
烈士獨抗鋒　열사는 홀로 항전하다가
捐軀立談際　얘기하는 잠깐사이 목숨을 버렸으니
忠魂哭原野　충혼(忠魂)은 들판에서 슬피 울고
戰骨沙場瘞　전사의 뼈 백사장에 묻혔어라
聖皇軫孤寡　황제가 외로운 이 돌아보았고
一視同遐裔　먼 땅까지 중국과 같이 보시어
內府一萬金　궁중에서 일만 냥을 하사하였고
溫綸十行細　조칙명령[105] 십행으로 자세히 하였네.

---

104) 掎角: 사슴을 붙잡을 때, 앞에서 뿔을 붙잡고 뒤에서 다리를 붙잡다. 양쪽에서 적을 협공하다.
105) 溫綸: 황제의 조령(詔令)에 대한 경칭(敬稱).

上以奬忠貞　위로는 충정(忠情)을 장려하였고
下以慰卒隷　아래로는 군졸들을 위로했으니
不寧宥喪師　군대 잃은 것도 용서하였고
乃復承嘉惠　다시금 좋은 은혜 받게 되었네.
念我二百年　생각건대 우리 조선 이백 년 동안
何曾有此例　일찍이 이런 전례 어디 있었나?
縱云至誠感　지성(至誠)에 감응(感應)한 것일지라도
皇恩實不世　황은(皇恩)은 실로 세상에 드문 것이라.
拱謝禮敢緩　사은(謝恩)의 예절을 감히 늦출까?
銜命催星軺　명을 받들어 행차를 재촉했지
矧今皇赫怒　지금은 황제께서 버럭 성을 내고
盡徵西北銳　서북방 정예병을 다 징발했으니
糧艘蔽登萊　군량을 실은 배 등래(登萊)[106]를 가리고
軍聲隘遼薊　군인의 함성에 요동 계주[107] 좁았다네.
桓桓熊督府　굳세고 용맹한 웅독부(熊督府)는
氣似秋天霽　기운이 맑게 갠 가을하늘 같아서
遼人望雲霓　요동사람 무지개를 바라보듯 했고
遺愛甘棠憩　떠난 뒤에 감당에서 쉬는 것을 좋아했으니
縮朒諸老將　주눅이 든 모든 늙은 장수들
項骨蔓菁脆　목뼈가 부드러운 청라덩쿨 같았지
旌旗倏一新　깃발이 갑자기 새로워지니
士氣百倍勵　사기(士氣)가 백 배로 치솟았더라.
風雲擁儲胥　바람과 구름은 진영(陣營)[108]을 둘러싸고
雪霜明睥睨　눈과 서리는 노려보는 눈길에 밝았다네.

---

106) 登萊: 등래는 등주(登州)와 내주(萊州)의 합칭으로 중국 산동성(山東省) 일대를 말한다.
107) 遼薊: 요동(遼東)과 중국 동북쪽의 계주(薊州)를 합친 것.
108) 儲胥: 군중(軍中)에 설치되어 적(敵)을 막는 데 쓰이는 울타리.

且聞喜鋒狄　게다가 희봉(喜鋒)의 적인(狄人)들이 듣고
嚮風受約誓　귀의(歸依)하여 맹약(盟約)을 받아들였네.
領兵願助順　군사를 거느려 돕기를 원했지만
不待緩頰說　대신 부탁함을[109] 기대하지 않았지
轅門騰騕褭　군영(軍營)[110]에는 준마(駿馬)[111]가 뛰고
甲帳羅椎髻　갑장(甲帳)[112]에는 추계(椎髻)[113]한 이 늘어서니
賈勇爭奮臂　용맹을 뽐내며 다투어 팔을 걷고
蓄怒咸裂眥　노기를 품고서 눈자위를 부릅떴네.
蜂蠆縱云毒　벌과 전갈이 제멋대로 독하고
豺虎自相噬　이리와 범처럼 서로 물어뜯지만
跳梁能幾時　오랑캐들 날뜀이 얼마나 될까?
可見一箭殪　한결같이 화살로 죽일 수 있으리니
豈但沃腥臊　어찌 다만 악랄하기만 할까?
方將絶根柢　장차 그 근저(根柢)를 끊어 버리고
從玆泰階平　이로부터 천하가 태평해지며
傍覺豁氛翳　사방에 어두운 기운 활짝 걷히리.
壯觀不易得　장관(壯觀)을 쉽게 볼 수 없지만
玆行政須逮　이번 길에 틀림없이 이루어지리.
君侯金閨彦　군후(君侯)는 금규(金閨)의 선비이니

109) 緩頰: 비유를 끌어 천천히 말하는 것으로, 좋은 말로 권유하고 이해시키며 사람을 대신해 부탁하다.
110) 轅門: 장수의 영문(營門)이나 관서(官署)의 바깥문을 가리킨다. 고대의 제왕이 순행(巡行)하거나 사냥할 때는 원래 밖에서 노숙을 했다. 이때 수레로 병풍처럼 울타리를 만들고 출입하는 곳에 두 대의 수레를 받친 다음 수레의 끌채를 서로 붙여 반원형 문을 만든 것이 원문(轅門)이다. 후에는 군영의 문이나 관공서의 외문(外門)을 가리키게 되었다.
111) 騕褭: 하루에 만 리 혹은 천 리를 치달린다는 고대 준마(駿馬)의 이름으로 붉은색 털에 황금색 입을 가졌다고 한다.
112) 甲帳: 한무제(漢武帝)가 만든 장막(帳幕). 천하진보(天下珍寶)로 갑장(甲帳)을 만들고 다음으로 을장(乙帳)을 만들었는데 갑장에는 신(神)이 거하고 을장에는 자신(自身)이 거하였다.
113) 椎髻: 몽골 발음으로는 캐쿨(kekul 怯仇兒)이며, 변발(辮髮) 편발(編髮) 승발(繩髮) 삭두(索頭) 피발(被髮) 추계(椎髻)라고도 한다.

妙年富淸製　젊어서 문장이 넉넉했어라
才優看游刃　재주가 뛰어나 능숙하게 처리했고[114]
氣豪無怗滯　기운이 호방하여 막힐 게 없었지
談說旣淸遠　말씀은 이미 맑고도 트였으며
風猷又踔厲　풍채(風采)[115] 또한 빼어났으니
溟海大鵬息　명해(溟海)에 대붕(大鵬)이 쉬고
瑤臺寡鶴唳　요대(瑤臺)에서 외로운 학 우는 격이라
治光竹民慕　광주를 다스리니 죽산 백성 흠모하고
守灣定人祭　용만을 다스려도 정주 사람 받들었지[116]
佇看紫氣過　자기(紫氣)가 지남을 지켜보리라
文星洗妖彗　문성이 요망한 혜성 없애는 것을
玉帛拱皇極　옥백(玉帛)으로 황제께 공수(拱手)하고
披雲拜上帝　구름을 헤쳐 상제(上帝)를 배알하였네.
城池覩壯固　성곽과 연못은 웅장하고 견고하며
宮廟觀宏麗　궁궐 종묘 화려함을 둘러보았지
竹祠慕採薇　죽사에선 채미(採薇) 고사(故事) 흠모했고
金臺想擁篲　금대에선 옹혜(擁篲) 고사[117] 생각했었네.
但學季子遊　다만 소진(蘇秦)[118]의 유세를 배웠고
無使周南滯　주남에 체류하지 않도록 했네.
歸來說老夫　돌아와 노부(老夫)에게 얘기하여

---

114) 遊刃有餘: 솜씨 있게 일을 처리하다. 힘들이지 않고 여유 있게 일을 처리하다.

115) 風猷: 풍교억화(風敎德化). 사람의 풍채품격(風采品格)을 가리킴.

116) 樂夫爲光州竹山龍灣定州倅故云: 낙부(樂夫)가 광주(光州)·죽산(竹山)·용만(龍灣)·정주(定州)의 원님을 지냈으므로 이렇게 말한 것이다.

117) 擁篲: 옹혜(擁彗)라고도 씀. 비를 잡음. 비를 잡고 청소하여 길을 청결하게 함. 고인(古人)이 손님을 맞을 때 항상 비를 들고 경의를 표시했던 일을 가리킴.

118) 季子: 전국시대(戰國時代) 낙양인(洛陽人) 소진(蘇秦)을 가리킨다. 소진은 이른 나이에 밖으로 나가 유세를 하고 다녔으나 황금이 다 떨어지고 나서 빈곤해져서 돌아왔다. 집안사람들은 모두가 비웃으며 부끄러워했다. 후에 육국(六國)의 재상인(宰相印)을 패용하고 돌아오니 형제처수(兄弟妻嫂)들이 감히 쳐다보지도 못했다.

庶以開蒙蔽　몽매(蒙昧)함을 열어주길 바란다오.
老夫無籍在　노부(老夫)는 민적(民籍)조차 없으니
處世同疣贅　처세(處世)는 군더더기와 같으나
志不在溫飽　뜻은 호의호식에 있지 않았고
常羞溷一第　늘 제일에 흐린 것을 부끄러했네.
雖乏醇儒姿　비록 순수한 선비 모습 부족하지만
絶學思遠繼　끊어진 학문을 멀리 잇고자 생각했고
短綆未汲深　짧은 줄로 깊은 우물물 긷지 못하듯
文章局一藝　문장은 한 재주에 국한되었지.
一出爲小草　한 번 나왔으나 작은 풀이 되어
齟齬困方枘　세상과 맞지 않아[119] 곤욕을 치렀네.[120]
隨衆只鶻突　사람들을 따라서 모호했었고[121]
時危蔑獻替　시국이 위태해도 보필하지 못했으니[122]
冥行不知止　캄캄한 길 가며 그칠 줄 몰랐으며
淺深迷厲揭　심천(深淺)에 따라 대처할 줄 몰랐더라.[123]
未蹈魯連海　노중련(魯仲連)[124]의 바다를 밟지도 못하고
空流賈生涕　부질없이 가생(賈生)의 눈물만 흘리다가
寄身白簡中　탄핵하는 주장(奏章)[125]에 몸을 의탁해
居然負大戾　뜻밖에 큰 죄를 지었으니

---

119) 齟齬: 이가 맞지 않는다는 뜻으로, '사물이나 일이 맞지 않고 어긋남'을 이르는 말.
120) 方枘: 네모진 자루. 네모진 자루가 둥근 구멍에 맞지 않음으로 서로 투합(投合)하지 않음을 비유한 말.
121) 鶻突: 골돌(鶻鵵)로도 쓴다. 모호(模糊) 혼돈(混沌) 사리에 분명하지 않음.
122) 獻替: 헌가체부(獻可替否). 국사(國事)와 흥혁(興革)을 의논하기에는 부족함을 이르는 말.
123) 厲揭: 물을 건넘. 옷을 연결하여 물을 건너는 것을 려(厲)라 하고, 옷을 들고 물을 건너는 것을 게(揭)라 한다. 영향을 받은 바가 깊고 얕아 같지 않음을 가리킴.
124) 魯連: 노중련(魯仲連)을 가리킴. 전국시대 제(齊)나라 사람으로 지모(智謀)가 있었으나 벼슬을 하려 하지 않았다. 위(衛)와 조(趙)가 진(秦)을 제(帝)로 추대하려한다는 말을 듣고서 위나라의 사자 신원연(新垣衍)을 찾아보고 "만일 진을 제로 추대한다면 나는 동해에 빠져 죽을지언정 진나라 백성이 되기를 원하지 않는다." 라고 하였다.
125) 白簡: 예전에 관원(官員)을 탄핵(彈劾)하는 주장(奏章).

誅竄實所甘　사형이나 귀양도 달게 받아야 하는데
聖恩尚寬貰　성은(聖恩)으로 관대히 용서하였네.
彷徨南郭外　남쪽 성곽 밖에서 서성이며
旅食愁薪桂　나그네 음식에 비싼 땔감 근심했지.
試看賢聖人　시험 삼아 성현들을 보면
自古多逆曳　예로부터 많은 핍박이 있었으니126)
念彼失業徒　저 생업을 잃은 사람들을 생각하면
吾猶免征稅　나는 오히려 세금을 면제받네.
秋風起江漢　가을바람이 강한(江漢)에 일어나니
淸霜凋碧蕙　맑은 서리에 푸른 혜초(蕙草) 시드누나.
朋遊盡落落　벗들은 모두가 영락(零落)했지만
歲暮托末契　노년(老年)에 하교(下交)를 맺었다네.
早晩獲恩譴　나는 조만간 문책(問責)을 받아서
便鼓湘潭枻　상담(湘潭)에서 배를 저으리.
臨歧悄不樂　이별 앞에 마음은 시무룩해지고
寒日炤別袂　차가운 해 떠나는 옷깃 비추누나.
題詩只述懷　시를 지음에 단지 회포만 서술하니
語似春困囈　시어(詩語)가 춘곤증에 잠꼬대 같네.

和李子敏題海峯處士兄草堂次韻『簡易集』崔岦127)

子敏 李安訥이 海峯處士 형의 草堂에 제한 시에 차운하여 화답하다.

松風不聞使我涼　솔바람 안 들려도 시원케 하고

126) 逆曳: 핍박(逼迫)을 받아 정도(正道)를 행사할 수 없음을 이르는 말.
127) 崔岦(1539-1612) 본관은 통천(通川) 자는 입지(立之) 호는 간이(簡易)·동고(東皐)이며 벼슬은 형조참판에 이르렀다. 역학(易學)에도 심오하여『주역본의구결부설(周易本義口訣附說)』등의 2권의 저서가 있다. 그의 글과 차천로(車天輅)의 시와 한호(韓濩)의 글씨를 송도삼절(松都三絶)이라고 일컬었다. 글씨에도 뛰어나 송설체(宋雪體)에 일가를 이루었다. 최립의 문집으로는『간이집(簡易集)』이 있다. 시학서(詩學書)로는『십가근체시(十家近體詩)』와『한사열전초(漢史列傳抄)』등이 있다.

荷花不見襲我香　연꽃은 안 보여도 향기가 나네
神遊湖光幷山綠　신이 놀던 맑은 호수 푸른 산
在得君詩吟諷熟　그대의 시 하도 읊어 익숙하여라
主人於家杖未杖　주인이 집에서 지팡이 안 짚어도
處士爲名得策上　처사라 부르는 것 상책이라네.
何當一笑相知晚　늦게 알았다고 일소(一笑)에 부치리요
古人命駕不辭遠　멀어도 옛사람은 거마(車馬)메라 명했으리.

與海峯洪樂夫命元時爲光州牧 約相訪 以妻病不得行 却寄二首『玄谷集』鄭百昌[128] 海峯公 樂夫命元이 때마침 光州牧使가 되어 서로 방문하였는데 처의 병으로 가지 못하게 되어 시 두 수를 부치다.

尋君夙計已差池　그대를 찾으려는 오랜 계획 잘못됨은
多戲元因造物兒　너무나 우습게도 조물주 때문이라.
遠客行裝何太促　원객(遠客)의 행장(行裝)을 어찌 그리 재촉하나?
病妻消息忽相隨　병이 든 아내 소식 갑자기 따라갔네.
途窮不淺依劉計　막다른 길 깊지만 유계(劉計)에 의지했고
世故仍乖御李期　세상 일 어긋나 이기(李期)를 맞이했네.
匹馬重來吾肯負　필마(匹馬)가 거듭 와 타고 가면서
趁看明月未全虧　명월(明月)을 바라보니 아주 작진 않더라.

其二

宦遊陳迹已亡羊　벼슬살이[129] 옛 자취에 갈 길을 잃어[130]
流落江南地一方　강남의 모퉁이에 떨어져서 산다네.

---

128) 鄭百昌(1588-1635) 본관은 진주(晉州) 자는 덕여(德餘) 호는 현곡(玄谷)·곡구(谷口)·대탄자(大灘子)·천용(天容). 부제학을 거쳐 도승지 경기도관찰사를 지냈다. 저서로는 『현곡집』이 있다.
129) 宦游: 벼슬을 얻기 위해 돌아다니다.
130) 歧路亡羊: 정세가 복잡하여 갈 바를 모르다.

供世備嘗三折臂　세상을 함께하며 세 번 팔이 부러졌고
傷時只覺九回腸　시절을 아파하며 구곡간장 깨달았지.
心懸魏闕霜添鬢　조정(朝廷)[131]에 마음 두나 머리는 희고
夢罷秋堂月滿梁　가을 집에 꿈 깨니 처마에 달이 밝네.
好事從來魔有戲　좋은 일엔 예로부터 마가 장난 친다는데
又令芳約墮茫茫　아름다운 약속마저 아득하게 하는구나.

義順館酒席 以氷爲籠 燃燭其中 光明洞澈 口號 贈海峯洪公命元 詞伯『晴沙集』高用厚 義順館 酒席에서 오래도록 머물러 불을 밝히고 빛이 밝은 곳에서 입으로 불러 적게 하고 海峯 洪命元 詞伯에게 주었다.

淸氷與明燭　맑은 얼음과 밝은 촛불은
皎潔兩相映　밝고 맑아 둘이서 서로 비춘다.
持以比君心　이를 보니 그대 마음 비슷도 하여
酒闌看耿耿　술자리 파하며 충심으로[132] 바라보네.

鴨江舟中 集唐詩 留別海峯諸友『晴沙集』高用厚

압록강 선상(船上)에서 唐詩를 모아 海峯諸友와 헤어지다.

行人過盡暮煙生　행인들이 지나니 저녁연기 피어오르고
更與殷勤唱渭城　다시 함께 은근하게 위성(渭城)에서 노래하네.
別恨轉深何處瀉　이별의 한(恨) 점차 깊어 어디에 쏟아내나
白雲無路水無情　백운(白雲)은 길이 없고 물은 무정하더라.

---

131) 魏闕: 고대 궁문 밖에 양측으로 높이 세운 누관. 누관 아래 항상 법령을 거는 곳을 마련하였다. 또한 조정을 가리킨다.
132) 耿耿: 근심스럽고 불안하다, 심사가 무겁다. 일편의 충심(忠心)을 가리킨다.

寄題枕流堂 次海峯韻『晴沙集』高用厚 枕流堂에 대해 써서 부치다. 해봉의 운을 사용하여

平章洞裏古溪頭　평장동(平章洞)은 고계(古溪)가 시작하는 곳
攜酒何時作勝遊　술을 들고 언제 멋지게 놀았던가?
黃菊未衰當一訪　황국(黃菊)이 지지 않아 방문을 하고
與君憑檻聽寒流　그대와 난간에 기대 찬 물소리 듣는다.

挽洪海峯命元『白洲集』李明漢[133] 洪海峯 命元 挽詞

士望徒虛語　선비의 희망 모두가 헛된 말
天心亦謾推　천심(天心)은 또 잘못 했구나?
公今二品止　공은 지금 2품에서 그쳤지만
人固百年期　사람은 진실로 백년을 기약했지.
惜矣經綸手　안타깝네 경륜있는 사람인데
森然玉雪姿　우뚝하여 옥설(玉雪)같은 자태였는데
此生惟此老　이 생은 오직 이렇게 늙었으나
餘外幾男兒　이외에 몇 명의 아들이 있었던가?

西平韓公 浚謙 昇平金公 瑬 海峰洪公 命元 之於高王考忠翼公 谿谷張先生 維 晉安尉柳公 頎 之於曾王考文貞公也 無論其有淺深先後 皆爲久要 而厥藏皆在安山 若有不偶然者 感歎成詩『黎湖集』朴弼周[134] 西平公 韓浚謙[135] 昇平 金瑬[136] 海峯 洪命元이 高祖父 忠翼

133) 李明漢(1595-1645) 본관은 연안 자는 천장(天章) 호는 백주(白洲) 시호는 문정이다. 시와 글씨에 뛰어났다. 저서에 <白洲集>이 있다.

134) 朴弼周(1665-1748) 본관은 반남(潘南) 자는 상보(尙甫) 호는 여호(黎湖) 시호는 문경(文敬)이며 벼슬은 우찬성에 올랐다. 저서로는 『여호집(黎湖集)』·『독서수차(讀書隨箚)』·『주자왕복휘편(朱子往復彙編)』·『춘추유례(春秋類例)』 등이 있다.

135) 韓浚謙(1557-1627) 본관은 청주. 자는 익지(益之), 호는 유천(柳川)이다. 저서로 『유천유고』가 있다. 시호는 문익(文翼)이다.

136) 金瑬(1571-1648). 조선 중기의 문신. 본관은 순천(順天). 자는 관옥(冠玉), 호는 북저(北渚). 저서로는 『북

公에게 갔고 谿谷 張維先生137) 晉安尉 柳頎은 曾祖父 文貞公에게 갔다. 물론 그 深淺 先後가 있지만 모두가 오래도록 중요하였고 그 葬地가 安山에 있었는데 우연치 않은 것이 있어 감탄하여 시가 이루어졌다.138)

先祖癸丑年　선조(先祖)는 계유년에

同禍韓西平　서평공과 함께 화를 당했었지.

尙記書中語　상기서(尙記書)139) 중에서 말하기를

觸處一念呈　촉처(觸處)에 일념이 드러났다고.

向左右一念 觸處呈露 爲西平抵先祖書中語 좌우를 향한 일념이 촉처에 드러났으나 서평은 선조의 글 중의 말을 보게 되었다.

生篤金蘭契　금란계(金蘭契)140)에 독실한 마음이었지만

歿隣衣履葬　이웃도 없이 옷과 신을 묻었는데

山前與山後　산전(山前)과 산후(山後)에서

塋域永相望　묘역을 영원히 서로 바라본다네.

韓公墓在吾先山主峰後 한공의 묘는 우리 선산 주봉의 뒤에 있다.

魂固無不之　혼이 가지 않는 곳이 없겠지만

矧此咫尺地　하물며 이곳은 지척간이라

源源盍簪樂　이어지니141) 어찌 즐겁지 아니하며

得如世間未　세간(世間)과 같지 않을까?

盍簪云 云亦西平公書語 右韓西平 합잠은 또한 서평공의 서어를 이르는 것이다. 이는 한

저집』이 전한다. 시호는 문충(文忠)이다.

137) 張維(1587-1638). 본관은 덕수(德水). 자는 지국(持國), 호는 계곡(谿谷)·묵소(默所). 시호는 문충(文忠)이다. 신풍부원군(新豊府院君)에 진봉되고 영의정에 추증되었다. 많은 저서가 있었다고 하나 대부분 없어지고 현재 『계곡만필(谿谷漫筆)』, 『계곡집(谿谷集)』, 『음부경주해(陰符經注解)』가 전한다.

138) 高王考: 황고(皇考)는 선고(先考)로 돌아가신 아버지, 왕고(王考)는 조고(祖考)로 돌아가신 할아버지, 증왕고(曾王考)는 증조고(曾祖考)로 돌아가신 증조할아버지, 고왕고(高王考)는 고조고(高祖考)로 돌아가신 고조할아버지를 말한다.

139) 尙記: 조선시대 내명부 가운데 종6품관.

140) 金蘭之交: 쇠같이 단단하고 난초처럼 향기로운 사귐. 아주 친한 친구 사이를 이르는 말이다.

141) 源源: 연속하여 끊이지 아니한 모양.

서평이다.

昇平於我祖　승평은 우리 선조에게
退然居後進　겸손하게[142] 뒤로 물러나 있었네.
晩來爵位尊　뒤 늦게 지위가 높아졌지만
持是猶不變　몸가짐은 오히려 변하지 않았지.
詩筒問謫居　시통(詩筒)에는 폄적(貶謫)을 묻는데
文字哭靈輴　문자는 상여를 곡하는구나.

夫子尙銜痛　吾儕寧免羞　是昇平寄先祖詩語　與祭文俱見於北渚集中　부자(夫子)는 오히려 마음이 아팠고[143] 우리들은 차라리 부끄러웠다. 김승평(金昇平)은 선조(先祖)의 시어(詩語)를 부쳤는데 제문(祭文)과 함께 북저집(北渚集)에서 보았다.

情重有如是　중한 정이 이와 같으니
懇惻感鬼神　간절함에 귀신이 감동했지.
誰謂公墓遠　누가 공의 묘소가 멀다고 하는가?
廣德勢嶙峋　광덕(廣德)의 기세가 드높았다네.[144]

公墓在廣德下　青山十里間　軆魄永爲隣　右金昇平　공의 묘가 광덕아래 있는데 청산 십리간에 체백이 영원히 이웃이 된다. 이는 김승평이다.

先祖友道盛　선조는 우도(友道)가 성하였으니.
名賢李與申　명현인 월사(月沙)와 상촌(象村)이라
寔是平生交　진실로 평생 교우했으니
非直婚姻親　혼인으로 친한 것만은 아니라네.

先祖與月沙　象村最爲石交而後皆聯姻　선조(先祖)는 월사(月沙) 상촌(象村)과 가장 친하여 이후에 모두 혼인으로 이어졌다.

---

142) 退然: 유화(柔和) 유약(柔弱). 겸손(謙卑)
143) 銜痛: 마음이 비통(悲痛)함.
144) 嶙峋: 산봉우리와 암석을 형용. 기절(氣節)이 고상(高尙)하고 기개(氣槪)가 평범하지 않음.

就中洪海峰　그 중에 홍해봉은
晩計亦孔云　만계(晩計) 또한 공자라 일컬었다.
海峯公胤 僉正處深 爲先祖婿 해봉공의 아들 첨정 처심은 선조(先祖)의 사위가 된다.

雖有淺深異　비록 심천(深淺)의 다름이 있으나
等之無緇磷　이 같으면 치린(緇磷)[145]이 없으리니
異哉此何地　특이해라 여기는 어떤 곳인가?
地下遊可續　지하에서 노닐며 이을 수 있나?
城頭一悵望　성두(城頭)에서 슬프게 바라보는데
海雲自朝夕　바다 구름 조석(朝夕)으로 오가는 도다.
城頭 公墓所在 右洪海峰 성두 공의 묘가 있는 곳에서 이는 홍해봉이다.

四海谿谷老　사해(四海)의 계곡옹(谿谷翁)
名世有間作　세상에 드러난 작품이 있었네.
德行顔閔科　덕행은 안회(顔回)와 민손(閔損)과 비슷했고[146]
文章韓歐域　문장은 한유(韓愈)와 구양수(歐陽脩) 수준이었지.[147]
曾公有五友　일찍이 공에게 다섯 벗이 있어
煥乎人文盛　인문(人文)이 흥성하고 빛이 났었네.
文貞公有五子詩 谿谷居其一 문정공에게는 오자시가 있는데 계곡은 그중에 하나이다.

許公執牛耳　허공이 소의 귀[148]를 잡으니
旗鼓壇坫上　문단[149]에선 기를 들고 북을 치누나.[150]

---

145) 緇磷: 지극히 견고한 것은 갈아도 얇아지지 않고 지극히 흰 것은 진흙에 물들여도 검어지지 않으니 군자가 혼탁한 곳에 있어도 흐리고 어지러운 것이 더럽힐 수 없음을 말한 것이다. 후에 치린(緇磷)은 지조를 지킴이 견실하고 곧지 않음을 비유한 것이다.
146) 顔閔: 공자(孔子) 제자(弟子)인 안회(顔回)와 민손(閔損)의 병칭(幷稱)이다.
147) 韓歐: 당대(唐代)의 한유(韓愈)와 송대(宋代)의 구양수(歐陽修)의 병칭(幷稱)이다.
148) 牛耳: 고대(古代)에 제후(諸侯)들이 회맹(會盟)을 할 때에 소의 귀를 잘라 그릇에 담고 소의 귀를 쟁반에 놓은 다음 주맹자(主盟者)가 쟁반을 잡고 제후들이 나누어 마시면서 맹서를 하는 것으로 그렇게 신수(信守)할 것을 보여주는 것을 가리킨다.

睠言伍聲好　돌아보니[151] 동료의 음성 좋지만
宛如隔晨事　아마도[152] 새벽제사[153] 아닌 듯하다.
堂封卽一絲　분묘(墳墓)[154]는 하나의 실과 같아서
生歿豈二致　삶과 죽음 어찌하여 다르다하랴?[155]
魂氣相往來　혼기(魂氣)는 서로가 왕래를 하니
千秋永不孤　천추(千秋)에 영원히 외롭지 않네.
持以報神明　이를 가지고 신명(神明)에게 알리면
我歌幾嗚呼　나의 노래 얼마나 흐느껴 울까?
右張谿谷 이 시는 장계곡이다.

聞說柳君美　유군의 좋은 애기 들어왔지만
葬在釜谷中　부곡(釜谷) 중에 장사를 지내는구나.
玉除步武聯　섬돌[156]이 있는 데로 걸어가는데
金墉樹立同　금성(金城)[157]이 선 것과 같이 보인다.
晉安公與曾考並樹節於廢母時 진안공(晉安公)과 증고는 폐모할 때 절개를 세웠다.

芳名世所欽　방명(芳名)을 세인(世人)이 흠모했으나
早歿理則那　일찍 죽으니 이치 어찌 그러한가?
先靈可用慰　선령(先靈)을 위로할 수 있으리
此地故人多　이곳에는 친구들이 많이 있으니
右柳晉安 이 글은 유진안(柳晉安)이다.

---

149) 壇坫: 문인(文人)의 모임이나 집회(集會)의 장소. 인신(引申)하여 문단(文壇)을 가리킴.
150) 旗鼓: 깃발과 북. 수령(首領)이나 전형(典型)을 가리킴.
151) 睠言: 권언(睠言)이라고도 하며 돌아보는 모양이다. 언(言)은 사미(詞尾)이다.
152) 宛如: 굽혀 순종하는 모양. 아마[好象]. 마치 …인 것같다.
153) 晨事: 새벽에 지내는 제사를 가리킨다.
154) 堂封: 재상(宰相)의 봉읍(封邑). 분묘(墳墓).
155) 二致: 일치하지 않음. 다름.
156) 玉除: 옥계(玉階). 석계(石階)의 미칭(美稱). 조정(朝廷)을 지칭한다.
157) 金墉: 서방(西方)의 성. 금성(金城). 견고(堅固)한 성곽.

次洪海峰命元 韻『灌圃集』魚得江[158] 홍해봉명원의 운을 사용하여

春光已謝落花風　춘광(春光)은 이미 가고 낙화(落花) 바람 불어오니
京國衣冠此會同　경국(京國)의 의관(衣冠)이 여기에 모였더라.
爲問獨醒憂世客　홀로 깨어 근심하는 세객(世客)에게 묻노라
何如長醉灌園翁　어찌하여 은퇴한 옹(翁)[159] 오래도록 취했나?

將發配潭州 次洪海峯命元 韻『秋山集』朴弘中[160] 潭州를 출발하며 洪海峯命元의 운을 사용하여

唱斷哀歌澈碧霄　높은 하늘 닿도록 애가(哀歌)를 부르니
三更孤月旅魂消　삼경(三更)의 외로운 달 여혼(旅魂)이 사라지네.
誰憐別意偏蕭索　이별의 뜻 쓸쓸하다 누가 애틋해 하나
東出潭州路更遙　동으로 담주(潭州) 나서니 길은 더욱 요원해라.

[附原韻]

憐君高義薄層霄　그대의 고의(高義)가 하늘같아 안타까워
斗下冤氛鬱未消　북두아래 원한 많아 사라지지 않는다네.
一棹春風海雲暮　뱃전으로 춘풍(春風) 부는 구름 낀 저녁
嗚呼孤島望中遙　오호라 고도(孤島)가 멀리서 보이누나.

步韻謝海峯時宰光山『秋山集』朴弘中

步韻으로 海峯과 이별할 때 光山을 맡아 다스렸다.

禁苑沉沉噪暮鴉　금원(禁苑)은 침침한데 까마귀가 울어대고

---

158) 魚得江(1470-1550) 본관은 함종(咸從). 자(字)는 자유(子游), 호는 관포(灌圃)·혼돈산인(渾沌山人). 저서로는『동주집(東洲集)』이 있다. 경상남도 고성의 갈천서원(葛川書院)에 제향되었다.
159) 灌園: 정원에 물을 댐. 전원노동에 종사함. 후에 은퇴하여 집에서 거주함.
160) 朴弘中(1582-1646) 본관은 경주(慶州). 자는 자건(子建), 호는 추산(秋山). 저서로는『추산집(秋山集)』이 있다.

東風開遍滿城花　동풍 부는 성 가득히 꽃이 두루 피었구나.
可憐春色渾無賴　가련한 춘색(春色)은 의지할 곳 전혀 없어
不到秋山寒士家　추산(秋山)이란 선비집에 오지를 않네.

丙子春插籬後 有感 寄呈洪海峰『秋山集』朴弘中 병자년 봄 울타리에 심고서 느낌이 있어 洪海峯에게 부치다.

朝入陰崖夕未還　아침에 온 음애(陰崖)지만 저녁에도 가지 않고
役丁辛苦也歡顔　복역(服役)이 고되나 얼굴은 기쁘더라.
雷驚峻壁千章落　우레 소리 높은 절벽 천장(千章)에서 떨어지고
月暈長圍一壑寬　달무리 길게 둘러 한 골짜기 널찍한데
密葉穩藏新白屋　무성한 숲 가옥이 안온하게 들어섰고
低枝浮出舊靑山　낮은 가지 사이로 옛 청산 떠있더라.
從今犬吠高吾枕　지금부터 개가 짖는 높은 곳에 누웠으니
無復彈弓坐夜闌　다시는 활을 들고 잔야(殘夜)에 앉지 않으리.

贈海峯上人四絶『晚谷集』趙述道[161] 海峯上人에게 줌

笙鶴歸何杳　생학(笙鶴)[162]은 언제나 돌아오려나?
孤雲去難招　외로운 구름 떠나가 부를 수가 없어라
欲言千古意　천고(千古)의 마음을 전하고자 하는데
流水武陵橋　흐르는 물 무릉교(武陵橋)로 흘러가누나.

九曲淸溪上　구곡(九曲)의 맑은 시내 위에는
三千寺宇開　삼천의 사우(寺宇)가 세워졌구나.

---

161) 趙述道(1729-1803). 본관은 한양(漢陽). 자는 성소(聖紹), 호는 만곡(晩谷)이다. 저서로는 『만곡집(晩谷集)』, 불교를 유교적 입장에서 비판한 『유석명분변(儒釋名分辨)』, 서학을 유교적 입장에서 비판한 『운교문답(雲橋問答)』이 있다.
162) 笙鶴: 신선이 타고 다닌다는 선학(仙鶴).

高僧携弟子　고승(高僧)은 제자를 거느리면서
坐占白雲來　백운(白雲)이 오고감을 점치고 있네.

山月下蘭若　산월(山月)은 사원(寺院)으로 내려오고
曇燈照佛花　달빛은 불화(佛花)를 비추는구나.
醍醐心性語　불성(佛性)163)은 심성(心性)을 말하는데
能爾刊浮華　그대는 부화(浮華)함을 새길 수 있을까?

憐君眉雪古　그대 눈썹 희어진 것 안타까웠고
懷君別語深　이별할 때 그대의 말 생각한다네.
應知後夜夢　후야(後夜)의 꿈을 마땅히 알라.
相送落花潭　낙화담(落花潭)에서 서로가 전송하는 것.

次樂夫令公韻164) 監司洪命元『灌圃集』朴弘美 樂夫令公의 운을 사용하여 監司 洪命元

白頭行役縱堪憐　백두(白頭)에 여독(旅毒)이 안타까운데
詩酒相逢亦好緣　시주(詩酒)로 만나니 서로 좋아라.
適適勞勞俱聖渥　힘써 일해 성상은총 갖추었으니
征驂到處卽當筵　도착하면 잔치를 열어 맞이하리라.

送謝恩使洪同樞樂夫『谿谷集』張維165) 謝恩使로 가는 同樞 洪樂夫를 전송하며

163) 醍醐: 불교에서는 이를 불성(佛性)으로 비유한다.

164) 이 시는 1623년에 반정 뒤 흉도들의 반란에 대비하여 경기관찰사로 제수된 홍명원(洪命元)의 노고를 위로한 것이다.

165) 張維(1587-1638) 본관은 덕수이고 자는 지국(持國)이며 호는 계곡(谿谷)·묵소(默所)이다. 『계곡만필(谿谷漫筆)』·『계곡집(谿谷集)』·『음부경주해(陰符經注解)』가 전한다. 신풍부원군(新豊府院君)에 진봉되었으며 영의정에 추증되었다. 시호는 문충이다.

恩勅來頒鰈海邊　조선[166]에 황제 칙서 전달됨에
大夫將命赴幽燕　왕명을 지니고 연경으로 길 떠났지
欲知藩服酬忠地　번방(藩邦)의 충성심을 알리려는 이번 걸음
正屬天王赫怒年　천왕(天王)이 혁노(赫怒)하는 시기(時期)인데
身到玉京瞻日月　옥경(玉京)에 도착해서 일월을 보았지만
路經沙塞怯烽煙　변방 요새 거치는 길 봉화 연기 겁났지.
高才更自逢多難　재질 높아 다시금 어려운 일 맡았나니
莫向嚴程怨獨賢　긴박한 노정(路程)에 혼자 고생 원망 마소.[167]

再和都事洪樂夫命元韻『藥峯遺稿』徐渻 다시 都事 洪樂夫命元의 운에 화답하여

城枕崇岡海又連　높은 산 성이 쌓인 바다와 또 이어진 곳
往來行樂敞華筵　왕래하고 즐기며 화연(華筵)을 열었더라.
醉看絶色誰爭麗　취해보니 절색(絶色)은 뉘와 고움 다투는가?
笑折濃葩欲鬪姸　웃으며 꽃을 꺾어 예쁨을 비교하네.
舊態逢場豪氣發　구태(舊態)가 만나는 곳 호기(豪氣)가 일어나고
新詩滿紙墨花鮮　새로운 시 가득한데 묵화(墨花)마저 곱구나
幕中仙客饒佳句　막중에 선객(仙客)은 가구(佳句)가 풍성하니
愧我蕪詞不直錢　나의 말 무성하나 가치없음 부끄럽네.

畿伯洪樂夫挽『藥峯遺稿』徐渻 京畿 監司 洪樂夫 挽詞

關北曾爲使　관북에서 일찍이 관리가 되어
公除幕佐來　공은 막좌(幕佐)로 제수(除授)되었지.

166) 鰈域: 가자미 모양으로 생긴 지역이라는 뜻으로, 또는 가자미가 많이 난다고 하여 한때 우리나라를 이르던 말.
167) 獨賢: 불공평하게 자기 혼자만 애쓰는 심정을 이른다.

登南門樓

聲名聞已久　성명(聲名)은 들은 지 이미 오래되었으나
懷抱喜初開　회포(懷抱)를 처음으로 기쁘게 통했다네.
風度連城玉　언행(言行)[168]은 연성(連城)[169]의 옥(玉)과도 같고
詞華八斗才　문채[170]에는 팔두(八斗)의 재주를 갖췄네.[171]
忘年深托契　망년(忘年)[172]으로 신뢰(信賴)가[173] 깊었기에
接席共傳杯　친근하게[174] 함께 잔을 주고받았지.
父子交俱密　부자의 사귐은 모두 긴밀했고
歡娛興不裁　즐거운 흥은 끊어지지 않았는데
寶亭荷萬蓋　보정(寶亭)에는 연꽃이 가득 덮였고
端館錦千堆　단관(端館)에 비단은 천 무더기라.
酬唱聯成卷　수창(酬唱)하는 연구(聯句)는 책을 이루고
風吟響作雷　성음(聲音)의 울림은 우레가 되었네.
相離雲雨散　서로 헤어지니 운우(雲雨)처럼 흩어지고
苦憶歲時催　괴로운 기억은 세시(歲時)에 재촉하네.
榮悴投湖海　영고(榮枯)를 호해(湖海)[175]에 맡겼으니
音書幾往回　서신(書信)이 몇 번이나 오갔던가?
修門召謫客　도성(都城)[176]에서 적객(謫客)[177]을 불러
禹甸按分臺　중국[178]서도 누대를 적절히 나누었네.[179]

168) 風度: 사람의 말이나 행동거지와 의태(儀態)를 가리킴. 기개(氣槪) 기량(器量).
169) 連城: 인근의 모든 성곽. 전국(戰國)시대에 조혜문왕(趙惠文王)이 화씨벽(和氏璧)을 얻었는데, 진소왕(秦昭王)이 조왕(趙王)에게 글을 부쳐 열다섯 개의 성과 옥을 바꾸기를 원했다.
170) 詞華: 문채(文采) 사조(辭藻)의 화려(華麗)함.
171) 八斗才: 재주가 높음을 비유.
172) 忘年: 연월(年月)을 잊음. 연령(年齡)과 행배(行輩)에 구속되지 않고 덕재(德才)를 서로 경모(敬慕)함.
173) 托契: 피차(彼此)가 신뢰(信賴)하고 투합(投合)함.
174) 接席: 좌석(坐席)을 서로 붙여 놓음. 많이 친근(親近)함을 형용함.
175) 湖海: 호수와 해양(海洋). 사방각지(四方各地)를 가리킴. 강호(江湖)를 다니며 조정(朝廷)과 함께하지 않음.
176) 修門: 초나라 영도(郢都)의 성문(城門). 후에는 대체로 서울의 성문(城門)을 가리킨다.
177) 謫客: 폄적(貶謫)되어 쫓겨나서 타향에서 살고 있는 사람.
178) 禹甸: 본래는 우가 개간한 땅을 이른다. 후에는 중국 땅을 우전(禹甸)이라고 한다.
179) 按分: 일정한 비율에 따라 고르게 나눔.

難幷燕鴻影　제비와 기러기 그림자 어울리지 않아
要期山水隈　산수의 모퉁이 기약하려 했는데
斯言猶未踐　이 말이 실행되지도 않았지만
樑木遽先摧　대들보 같은 인물 급히 먼저 꺾였구나.
朝野同悲矣　조야(朝野)의 모두가 슬퍼하였고
親朋儘痛哉　친했던 친구들 모두가 통읍(慟泣)한다오.
追思官濟濟　생각해보니 관로(官路)가 좋았으나[180]
到處刃恢恢　도처에 위험이 광활하게 존재했지.[181]
玉署追元白　옥서(玉署)[182]에선 시우(詩友)[183]를 추모했으나
梁園倒鄒枚　양원(梁園)에선 재변(才辯) 선비[184] 쓰러졌구나.
爲親求大府　친해서 공부(公府)[185]를 구하면서
奉壽詠南陵　축수(祝壽)하며 남릉(南陵)[186]을 읊었는데
敷政誰焚火　정사(政事)[187]를 펴서 누가 불을 질렀고
諭刑陋棄灰　형을 밝혀 비루하게 재를 뿌렸더라.[188]
人推兼五福　사람들이 추대하여 오복(五福)을 겸했으니
輿議望三台　여론(輿論)은 삼태성(三台星)을 바라본다네.
已備人間事　이미 인간사(人間事)를 모두 갖췄으니
應將造物猜　마땅히 조물주가 시기를 했으리라
老夫終底託　노부는 마지막으로 부탁을 하나

180) 濟濟: 많은 모양. 가지런하고 보기 좋은 모양.
181) 恢恢: 넓고 큰 모양. 관대한 풍격.
182) 玉署: 관서(官署)의 미칭(美稱). 옥당(玉堂)을 가리킴. 한림원(翰林院)의 별칭(別稱).
183) 元白: 당대(唐代) 시인(詩人) 원진(元稹)과 백거이(白居易)의 병칭(幷稱)이다. 대체로 시우(詩友)를 일컫는다.
184) 鄒枚: 한의 추양(鄒陽)과 매승(枚乘)의 병칭(幷稱)이다. 후에 추매(鄒枚)는 재변(才辯)이 풍부한 선비를 일컫는다.
185) 大府: 주대(周代)에 재폐(財幣)를 관장하는 기구(機構)인 구부(九府)를 가리킴. 공부(公府). 대체로 상급관부(上級官府)를 가리킴.
186) 南陵: 남쪽의 묘지(墓地).
187) 敷政: 정사를 폄, 교화(敎化)를 시행(施行)함.
188) 棄灰: 재를 길에 뿌림. 은대(殷代)에는 길에 재를 뿌린 사람은 그 손은 잘랐는데 상군(商君)은 길에 재를 버린 사람에게 대하여 경형(黥刑)에 처해 위엄을 세워 나라를 다스렸다.

揮淚不堪哀　눈물이 흘러내려 슬픔 감당 못하네.

京畿監司洪樂夫挽『南坡相國集』沈悅[189)] 京畿監司 洪樂夫 挽詞

君方畿輔觀風日　그대가 경기감사로 풍속을 살필 때
我正黃驪作宰辰　나는 바로 황려(黃驪)로 재상이 되었더라.
行部當時春有脚　행부(行部)[190)]의 당시에는 송경과 같았는데[191)]
交龜此夕淚沾巾　인수(引受)[192)]하는 이 저녁 눈물이 흐른다.
澄淸事業慙前跡　청렴하게 일했으니 전적(前跡)이 부끄러웠고
原隰驅馳繼後塵　들판 습지 말달리며 후진을 이었는데
玉節纔還靈駕發　옥절(玉節)에 다시금 영가(靈駕)가 출발함에
吏民攀紼共悲辛　관리 백성 상여줄 잡고 함께 슬퍼하누나.

聞洪畿伯樂夫 兪羅牧而省兩兄訃音 以詩哭之『敬亭』李民宬[193)]

京畿觀察使 洪樂夫 羅牧 兪而省 두 형의 부음을 듣고 시로써 곡을 하다.

餞別京營如昨日　경영을 전별한 것이 어제 일 같은데
燕雲萬里哭君時　연운(燕雲) 만리에 그대를 곡할 때
纔聞眞報還疑夢　진보(眞報)를 들었으나 꿈인가 의심했고
欲寫哀辭更寄誰　애사를 쓰려하니 누구에게 부쳐야할지?
新政保釐分陝重　새 정치는 안민(安民)하는[194)] 분협(分陜)이 중하고
淸朝物望秉銓遲　맑은 조정 명망(名望)에 전형(銓衡)이 느리더라.

---

189) 沈悅(1569-1646) 조선 중기의 문신으로 본관은 청송, 자는 학이, 호는 남파이다. 저서로는 『남파상국집(南坡相國集)』이 있다. 시호는 충정(忠靖)이다.

190) 行部: 순행(巡行)하는 소속 부역(部域)에서 정적(政績)을 연구하고 고증함을 이름.

191) 春有脚: 당(唐)의 송경(宋璟)이 백성들을 사랑함으로 그때 사람들이 모두 송경을 다리가 있는 따스한 봄이라 칭송했다.

192) 交龜: 조선시대 지방의 문무관원이 교대할 때 印信을 인수인계하던 일. 그 인신의 꾸밈새가 거북처럼 생겼기 때문에 이르는 말이다.

193) 李民宬(1570-1629) 조선 중기의 문신. 본관은 영천. 자는 관보, 호는 경정. 저서로 『경정집』(13권)·『조천록 朝天錄』 등이 전한다.

194) 保釐: 백성들을 다스려 보호하고 도와주며 그들을 편안하게 하는 것.

近來同榜凋零甚　근래에 동방(同榜)[195]은 조령(凋零)[196]이 심하여
白首傷懷詎有涯　백수(白首)에 아픈 마음 어찌 끝이 있는가?
丁酉年中釋褐榮　정유년에 포의 벗는 영광이 있었지만
先朝執戟各飄零　선조들 창을 들고 각각 표령(飄零)하였네.
錦城曉日眠衙鼓　나주[197]의 새벽[198]에 관아에서 잠을 잤고
氷岳春風臥竹扃　빙악(氷岳)에 춘풍부니 사립문 기울었지.
君已名高循吏傳　그대 이미 명성 높아 순리(循吏)[199]로 전하나
我今聲劣少微星　나는 지금 명성 없는 미성(微星)과 같아라.
死生萬里從茲訣　생사(生死)세계 만 리에 이로부터 이별하니
江漢何年弔有靈　강한(江漢)의 어느 해에 영이 있어 조상하나
與而省 宣廟朝共爲騎省郎 故及之

送洪樂夫朝天『九畹集』李春元[200] 洪樂夫 朝天[201]을 전송하며

纔替謝恩命　방금 전에 사은사(謝恩使)로 교체됐는데
還催告急行　다시금 고급사(告急使)로 재촉하누나.
獨賢由寵拔　유독 현명하니 총애로 뽑혔고[202]
專對仗忠誠　독대(獨對)는 충성에서 비롯되었지.
國勢眞難料　국세(國勢)를 진정으로 헤아릴 수 없으니
兵機本不輕　병기(兵機)는 본래 가볍지 않은 것
風塵繞朝策　풍진(風塵)에 조책(朝策)이 둘러싸이니

---

195) 同榜: 예전에, 같은 시기에 과거에 급제하여 방목(榜目)에 함께 적히는 일이나 그런 사람을 이르던 말.
196) 凋零: 세력 따위가 차차 쇠하여 보잘것없이 됨. 초목의 잎 따위가 시들어 떨어짐.
197) 錦城: 지금의 전남 나주.
198) 曉日: 아침 해. 인신(引申)하여 새벽이 되었다.
199) 循吏: 규칙을 잘 지키며 열심히 근무하는 관리.
200) 李春元(1571-1634) 본관은 함평(咸平) 초명은 신원(信元) 자는 입지(立之) 원길(元吉) 호는 구원(九畹)이다. 저서로 『구원집(九畹集)』이 있다.
201) 朝天: 천자를 조견(朝見)함. 천제(天帝)를 조견(朝見)함.
202) 寵拔: 총애를 받아 선발됨.

歲暮有深情　세모가 되었어도 깊은 정이 있어라.

送洪樂夫命元 赴京行『茶山集』睦大欽[203] 洪樂夫命元이 상경(上京)함을 전송하며

雲中虜使報東侵　구름속에 오랑캐가 침략한다 말하는데
宵旰憂勤此政深　일야(日夜)[204]에 근심하니 이 정사가 깊구나.
首碎秦庭寧竢駕　진정(秦庭)을 부수고 거마를 기다렸고
名高越槖小埋金　월탁(越槖)[205]의 높은 명성 금을 묻었지.
關河歲暮嚴程促　관하의 세모에는 일정이 엄정했고
烽燧春生古戍陰　봉화(烽火) 이는 봄이요 고수(古戍)의 그늘이나
努力莫忘專對志　노력하여 전대(專對)의 뜻 잊지를 않고
衆傳奴賊執成擒　대중들은 노적(奴賊)을 잡았다고 전하네.

次洪樂夫命元 韻『晴沙集』高用厚 洪樂夫命元의 운을 사용하여

雪擁終南易夕暉　종남에 눈 내리고 저녁 빛은 바뀌는데
參尋聊與故人期　찾아보려 잠깐 친구와 기약을 했네.
可憐多少要津客　가련하다 다소간의 중요한[206] 나그네
何似閑窓一局棋　어찌하여 한창(閑窓)에 한판 바둑 같은가

贈別洪樂夫命元 赴京恩『瓢翁遺稿』宋英耉[207] 洪樂夫命元이 京恩으로 감에 이별하며

---

203) 睦大欽(1575-1638). 본관은 사천(泗川). 자는 탕경(湯卿), 호는 다산(茶山) 또는 죽오(竹塢).
204) 宵旰: 밤에 옷을 입고 해가 진 뒤에 밥을 먹음. 일야(日夜).
205) 越槖: 한 대(漢代) 육가(陸賈) 남월(南越)로 갈 때 남월왕(南越王) 조타(趙佗)가 그에게 자루 하나를 주었다. 안에는 진기한 보물이 들어있었는데 그 가치는 천금이었다.
206) 要津: 중요한 나루. 또는 요해(要害)한 곳을 비유하는 말 중요한 도로. 항상 드러난 지위(地位)나 직위(職位)를 가리킴.
207) 宋英耉(1556-1620) 우계(牛溪) 성혼(成渾)의 문하에서 수업하였다. 본관은 진천(鎭川). 자는 인수(仁叟), 호는 표옹(瓢翁)·모귀(暮歸)·일표(一瓢)·백련거사(白蓮居士). 저서로 3권 2책의 『표옹문집(瓢翁文集)』이 있다.

湖海長年別　호해(湖海)에서 여러 해 이별 했는데
天朝今日行　천조(天朝)로 오늘 떠나간다네.
脩程雲萬里　구름 만 리 긴 노정이요
短髮雪千莖　단발(短髮)에 눈은 천경인데
出塞見烽火　변방을 나서며 봉화를 보았고
臨闕聞柝聲　조정에 임하여 여는 소리 들었노라.
使臣心上事　사신(使臣)은 마음속의 일인데
回鴈月中鳴　돌아오는 기러기 달 속에서 운다.

贈別洪樂夫赴京恩『瓢翁遺稿』 宋英耉 洪樂夫가 京恩으로 감에 전송하며

北風吹月戍樓開　북풍이 달에 부니 수루(戍樓)가 열리고
西路多塵兵火催　서로(西路)에 많은 먼지 병화를 재촉한다.
一戰功無三箭定　일전(一戰)의 공 삼전(三箭)[208]에 정함이 없지만
十行書賜萬金來　십행(十行)의 글에 만금(萬金)을 주었다네.
忠臣義魄地中泣　충신(忠臣)의 의백(義魄)은 땅속에서 우는데
聖主仁心天上哀　성주(聖主)의 어진 마음 천상(天上)에서 슬퍼라.
陳謝少寬芳艸恨　소관(少寬) 방초(芳草)의 한을 진술하고
待迴重把太平杯　돌아와 거듭 태평배(太平杯)를 잡았다네.

直廬 次兩省僚友 次野先賦『可畦集』 趙翊[209] 直廬 兩省僚友 운을 사용하여

倚欄春錯莫　난간에 기대니 봄은 저물고[210]

---

208) 三箭定天山: 대장의 무예가 높고 강하여 명성과 위세가 사람을 복종시킴을 이르는 말.
209) 趙翊(1556-1613). 본관은 풍양(豊壤). 자는 비중(棐仲), 호는 가휴(可畦).
210) 錯莫: 분란(紛亂)하고 어두침침하다.

開鏡鬢滄浪　거울 보니 귀밑머리 검어지누나.[211]
倦覺朝眠穩　느지막이 일어나니 아침잠 편안하나
寒知夜坐妨　추위를 아니 밤 자리가 불편하다.
三年爲客地　삼년동안 객지에서 지내고보니
半世積薪場　반세에 땔나무가 쌓여있는 곳.
已決歸休計　이미 귀휴(歸休)할 계획을 하고
依山構草堂　산기슭에 초당(草堂)을 지어본다네.

輕寒生臥內　약간의 추위가 잠자리에 들어오고
簷濕露淋浪　처마는 이슬에 젖어드누나.
丘壑心猶切　자연으로 향한 생각 오히려 간절한데
簪紳老更妨　비녀와 허리띠 늙음 더욱 방해하네.
西淸欣共話　서청[212]에선 대화를 즐거워하고
南省憶同場　남성(南省)에선 함께한 곳 기억한다오.
萬事徒生梗　만사(萬事)가 한갓 경색돼가니
前期較雪堂　전기(前期)에 설당(雪堂)과 비교해본다.

能詩蘇子美　소순흠(蘇舜欽)[213]은 시에 능숙하여
要我共滄浪　창랑(滄浪)에서 함께하자 요구를 한다.
展讀淸堪玩　글 읽으니[214] 맑음을 감상할 수 있고
賡題拙不妨　표제를 계승하니 고졸하구나.
鄕心頻發夢　고향을 향한 마음 자주 꿈을 꾸는데
穡事已登場　농사일은 이미 마당에 올랐겠지.

---

211) 滄浪: 청창색(靑蒼色).
212) 西淸: 서쪽 행랑 청정한 곳.
213) 蘇舜欽: 송나라 때의 시인(1008~1048)으로 자가 자미(子美)이다. '범중엄'의 천거로 집현교리(集賢校理)가 되었다. 두연(杜衍)과 범중엄에게 자주 모함을 받아 결국 제명되었다. 이후 소주(蘇州)에 은거하면서 시와 술로 세월을 보냈다. '매요신'과 함께 '소매(蘇梅)'라고 불렸다. 저서로 ≪소학사집(蘇學士集)≫이 있다.
214) 展讀: 글을 읽음.

有意君先獲　뜻 있으니 그대가 먼저 행하리.
相期臥草堂　서로 초당(草堂)에 누울 것을 기약했지만.

十年林下計　십년을 전야(田野)에 살고 싶어서
如水赴滄浪　물과 같이 창랑(滄浪)을 달린다네.
舊識惟君在　오래 안 것은 오직 그대뿐이요
相隨不我妨　서로 따르지만 방해를 하지 않더라.
論議空餘子　논의(論議)를 하나 남음이 없고
風流擅一場　풍류(風流)는 멋대로 한바탕이네.
降幡今可竪　기를 내렸으나 지금 세울 수 있어
詩壘政堂堂　시인(詩人) 진영(陣營) 정사가 당당하구나.

附諸韻

雨聲孤枕夢　빗소리 외로운 잠자리에 들리더니
顚倒在滄浪　창랑에서 모든 것이 뒤바뀌더라.
江鳥飛無數　강 위에 새들은 무수히 춤을 추나
春衫濕不妨　봄옷이 젖음을 상관치 않네.
從知釣魚樂　아는 것은 고기 낚는 즐거움이요
絶勝爭名場　경치가 뛰어난 곳 쟁명(爭名)의 장이라.
午鼓忽驚起　오고(午鼓)소리 갑자기 들려오는데
靑雲鎖玉堂　청운(靑雲)이 옥당(玉堂)에 갇혀있구나.
右尹次野 暄 號白沙

花雲垂冪冪　화운(花雲)은 자욱하게 드리워있고
省雨滴滄浪　성우(省雨)는 창랑(滄浪)에 떨어진다네.
撥卷慵思睡　책을 치우니 생각이 게을러지고

持杯病見妨　술잔에 의지하니 병(病)이 방해를 한다.
誰云春色好　누가 춘색(春色)이 좋다고 말하는가?
非復少年場　소년(少年) 시절은 다시 오지 않누나.
自識歸休穩　스스로 귀휴(歸休)의 편안함을 아는데
胡爲著玉堂　어찌하여 옥당(玉堂)을 드러내는가?
右洪輝世 瑞鳳 號鶴谷

君才登坦道　그대는 탄탄대로(坦坦大路)에 올랐지만
我老憶滄浪　나는 늙어 창랑을 생각한다네.
詩律逢春細　시율(詩律)은 봄의 섬세 표현하지만
衰慵處世妨　쇠하고 게을러 처세에 방해된다.
蛾飛憐點火　나방은 날지만 불꽃을 좋아하고
蟻鬪笑專場　개미 싸움 극장을 비웃고 있네.
已識浮生理　이미 부생(浮生)의 이치를 알기에
宜升達者堂　마땅히 달자(達者)의 당(堂)에 올랐구나.
右尹時晦 暘 號陶齋[215)]

濯纓復濯足　갓끈을 씻고 다시 발을 씻으니
淸濁在滄浪　청탁(淸濁)이 창랑(滄浪)에 있구나.
用舍本由己　쓰이고 버림이 본래 자기에게 있으니
毁譽都不妨　비방 칭찬 모두를 방해하지 않네.
顧慚江海跡　강해(江海)의 자취를 돌아보고 참회하나
膠擾利名場　명리(名利)의 장에서는 혼란스러워
已決抽身早　벼슬을 그만 둘[216)] 것 일찍이 결정했지만

215) 尹昕(1564년-1638) 본관은 해평(海平). 초명은 양(暘). 자는 시회(時晦), 호는 도재(陶齋) 또는 청강(晴江). 『계음만필(溪陰漫筆)』『도재수필』『도재집』.
216) 抽身: 관직을 버리고 물러남. 몸을 빼내어 떠남.

何須綠野堂　어찌 녹야당(綠野堂)[217]에 있어야 할까?
右洪樂夫命元 號滄洲

吾年三十二　내 나이 서른 둘
鬢髮始滄浪　귀밑머리 처음으로 희어지더라.[218]
病也衰因早　노쇠함이 빨라져 병이 들었지만
懷之卷未妨　책을 볼 수 있음을 생각한다네.
杜陵江海志　두보(杜甫)[219]같은 삶이 뜻하는 바요
披老藝文場　늙음을 타개하는 예문(藝文)의 장이지만
萬事都無及　만사(萬事)가 모두 미치지 못하니
閒眠四友堂　사우당(四友堂)에서 한가롭게 잠을 잔다.
右金叔度 尙憲 號淸陰

217) 綠野堂: 당(唐) 배도(裴度)의 별장명이다. 고지(故址)는 지금의 하남성(河南省) 낙양(洛陽) 남쪽에 있다. 배도는 당 헌종(憲宗) 때에 재상을 지냈는데, 반란을 평정한 공이 있었으나 만년에 벼슬을 그만누고 물러나 낙양에서 살았다. 오교(午橋)에 별장을 세우고 화목(花木) 만주를 심어놓고 녹야당(綠野堂)이라 불렀다. 배도는 야복을 입고 한가롭게 지내면서 백거이(白居易) 유우석(劉禹錫) 등과 어울려 시주(詩酒)의 모임을 열어 주야로 즐겼으며 인간사에 대해 묻지를 않았다고 한다.
218) 滄浪: 머릿털이 희끗희끗해짐을 형용하는 말.
219) 杜陵: 당의 두보(杜甫)를 가리킴.

X. 墓碣銘과 行狀

京畿監司贈左贊成洪公墓碣銘 幷序

해봉홍공(海峰洪公)의 그 뛰어난 재주와 출중한 도량(度量)은 진실로 하늘이 내었다. 불화로를 출입하면서도 녹지 않고 정련되었으니 흥운(興運)을 만났다면 공(功)이 있었을 텐데 하늘이 또 이를 빼앗아 다 펼 수가 없었다. 그러므로 조정의 관리나 재야에서까지 눈물을 흘리고 서로 조문하며 하늘의 이치가 너무 무너졌다 하였으니 이 어찌 공(公)만의 불행이겠는가?

공은 집에서는 효도하고 형제들과 우애가 있었다. 피난(避亂)하여 다니면서도 맛있는 음식을 반드시 마련했고 병약한 동생의 발이 자주 부르트자[1] 불쌍히 여겨 업고 험한 길을 갔으며, 작은 누이가 사나운 파도에 휩쓸리자 죽음을 두려워 않고 사력을 다해 구했다. 부모의 병시중을 들면서도 관(冠)을 벗지 않았고 손가락을 베어 피를 약에 탔으며, 상제(喪制)는 한 결 같이 문공가례(文公家禮)[2]를 따랐다. 형제 중에 외톨이가 있으면 자기 자식처럼 집에서 가르쳤다. 할아버지를 시중드는 자가 비록 미천하더라도 어머니처럼 받들었으니, 공이 사람에게 행하는 것은 그 근기(根基)가 스스로 심후(深厚)했던 것이다.

나이 25세에 문과(文科)에 급제하여 괴원(槐院)[3]을 거쳐 옥당록(玉堂錄)[4]에 참여했으니 정선(精選)된[5] 것이었다. 한원(翰苑)[6]에 들어갔다가 설서(說書)[7]와 사서(司書)[8]로 옮겨

---

1) 重繭: 발이 자꾸 부르틈

2) 文公家禮: 명나라 때의 구준이 관혼상제 등에 관한 주자의 학설을 모아서 만든 책.

3) 槐院: 승문원(承文院) 조선 시대, 외교 문서를 담당한 관청

4) 玉堂錄: 홍문관의 교리・수찬을 선임하는 기록.

삼자함(三字銜)9)으로 이어졌다. 교리(校理)10)가 되어 상차(上箚)하여 말하기를, "본조(本朝)의 오현(五賢)11)은 성묘(聖廟)12)에 배향(配享)해야 한다."고 하였다. 헌납(獻納)13)이 되어서는 권행(權倖)을 비난하다가 북도(北道)의 도사(都事)와 마관(馬官)14)으로 좌천되어 3년 동안 북로(北路)를 떠나지 못하였다. 들어와서 춘관랑(春官郞)15)이 되어 훈국(訓局)16)을 겸하여 관장하였다. 죽주부사(竹州府事)에 초배(超拜)17)되어 고을 북쪽에 산성(山城)을 쌓아 동남의 요충(要衝)으로 삼았다. 소명(召命)되어 수찬(修撰)18)·필선(弼善)19)·장령(掌令)20)이 되었다. 백사(白沙) 이항복(李恒福)이 체찰사(體察使)21)가 되었을 때 '서로(西路)가 황폐해졌으니 이를 해결할 적임자로 공과 김유(金瑬)를 보낼 것'을 상주(上奏)했다.

공은 통정대부(通政大夫)가 되어 정주목사(定州牧使)가 되었다가 얼마 후 승전(升轉)하여 의주부윤(義州府尹)으로 옮겼다. 예(例)에 따라 공의 선고(先考)에게는 참판(參判)이 추증되었고 모부인(母夫人)은 진고(眞誥)를 받았다. 들어와 동부승지(同副承旨)22)를 제수받고 좌부승지(左副承旨)23)에 이르렀다. 어버이 봉양을 위해 광주목사(光州牧使)가 되었고 예전의 공로(功勞)로 가선대부(嘉善大夫)에 올랐다. 사자(使者)가 공의 치행(治行)을 올리자 표

5) 極選: 정밀하게 잘 가려 뽑음.
6) 翰苑: 한림원(翰林院)으로 왕족을 봉하는 책문과 신하와 백성에게 내리는 교서·장상을 임명하는 제고 및 왕의 회답인 비답 등 왕명과 표·전과 같은 외교문서를 왕을 대신하여 작성하는 직임을 담당했다.
7) 說書: 조선 시대, 세자시강원(世子侍講院)의 정칠품(正七品) 벼슬. 사서(司書)의 아래로, 경사(經史)와 도의(道義)를 가르쳤다.
8) 司書: 조선 시대, 세자시강원(世子侍講院)의 정육품 벼슬.
9) 三字銜: 종이품의 관원이 퇴직한 뒤에 전직 관원을 예우하여 특별히 내린 벼슬.
10) 校理: 조선 시대, 교서관(校書館)과 승문원(承文院)의 종오품 벼슬.
11) 五賢 : 김굉필(金宏弼)·이언적(李彦迪)·정여창(鄭汝昌)·조광조(趙光祖)·이황(李滉)을 이름.
12) 聖廟: 공자(孔子)의 신위(神位)를 모신 사당.
13) 獻納: 예전에, 임금에게 충언(忠言)을 올리던 일.
14) 察訪: 조선 시대, 각 도의 역참(驛站)을 관리하는 일을 맡아보던 종육품의 외직 문관 벼슬. 또는 그 벼슬아치.
15) 春官郞: 춘관(春官)은 주대(周代) 6관(官)의 하나로, 예법(禮法)·제사(祭祀)를 관장했고 후에 예부(禮部)라 일컬어졌으니 춘관랑은 예조의 낭관을 가리킴.
16) 訓局: 조선 시대, 오군영(五軍營)의 하나인 훈련도감(訓鍊都監)이다. 수도의 수비를 담당하였으며, 포수(砲手), 살수(殺手), 사수(射手)의 삼수병(三手兵)을 양성하였다. 1882(고종 19)년까지 존속하였다.
17) 超拜: 정해진 등급을 뛰어넘어서 벼슬을 시킴.
18) 修撰: 조선 시대, 춘추관(春秋館)에서 시정(時政)을 기록하던 정삼품 벼슬.
19) 弼善: 조선 시대, 세자시강원(世子侍講院)의 정사품 벼슬.
20) 掌令: 사헌부(司憲府)에 속한 정사품 벼슬.
21) 體相: 도체찰사(都體察使)로 조선 시대, 왕명으로 할당된 지역에 파견되어 군정(軍政)과 민정(民政)을 총괄하던 전쟁 때의 임시직. 정일품(正一品)으로, 1개 이상의 도를 맡았으며 휘하에 종사관(從事官)을 두었다.
22) 同副承旨: 조선시대 6승지의 하나. 정3품관이다. 고려시대에는 5승지뿐이었는데, 1405년(태종 5) 동부승지를 신설하여 6승지가 되었다. 초기에는 형조의 일을 맡았으나, 1466년(세조 12) 관제개혁 이후 <경국대전>의 6조 분장에 따라 공조를 담당하게 되었다.
23) 左副承旨: 조선시대 중추원·승정원에 두었던 정3품 당상관직으로, 왕의 측근에서 왕명출납을 담당했으며, 6조의 임무를 나누어 맡았다.

리(表裏)[24]의 포상을 하고 1년을 더 유임하게 하여 백성들의 소원을 따랐다. 그때에 이륜(彝倫)이 무너져 모후(母后)[25]를 서궁(西宮)에 유폐(幽閉)시키고 당시의 바른 도리를 지킨 사람들은 모두 분사관(分司官)[26]으로 몰아 숙위(宿衛)하였다. 공은 광주에서 해곡(海谷)으로 돌아가 벼슬에 나아가기를 즐기지 않았으나, 억지로 서궁에 예속시키고 또 중국 사신을 접대하게 하니 물러나 한가할 수가 없었다.

광해군(光海君)[27]은 금(金)과 통한 정적(情迹)[28]이 명(明)에게 발각되어 주책(誅責)이 미칠까 크게 두려워 공을 주청사(奏請使)에 넣었다. 명나라 군사가 의주(義州)[29]에 와 있었으니, 사실은 말하는 바가 하고자 하는 바와 달라서 사람들이 모두 공을 위해 두려워했으나 공은 두려워하지 않았다. 공이 중국 조정에 이르자 황제가 그 주청을 옳게 여겨 요좌(遼左)의 군사를 크게 낸 이래 공은 본국의 정황을 해부(該部)에 공문으로 보내[30] 그 방편(方便)을 다하였으므로 그 일이 마침내 중지되었다. 하지만, 별도로 행인(行人) 유시준(劉時俊)을 보내 내탕금(內帑金)[31]을 내어 우리나라로 달려가 군신(君臣)을 위로했지만 몰래 살펴보려한 것이다. 공이 또 여러 대인(大人)을 만나 접응(接應)하기 어려움을 자세히 말하자 여러 대인들이 그 말이 곧은 것을 가상하게 여겨 즉시 행인을 보내지 말 것을 주청하여 그 내탕금을 공에게 주어 돌아가게 했다. 광해군이 그 말을 듣고 크게 기뻐하였는데, 적신(賊臣) 이이첨(李爾瞻)이 공을 가로막고 헐뜯으며 황은(皇恩)을 가로막으려 재빨리 황중윤[32]을 보내 행인과 반사[33]를 주청했다. 공이 조폐(詔幣)를 가지고 돌아오다 황중윤이 간다는 말을 듣고 중강(中江)에 머물러 감히 돌아오지 못하고 황상(皇上)의 후명을 기다렸는데, 황중윤이 연경(燕京)에 이르러 끝내 청하지 못하니 그제야 공이 돌아왔다. 이때 금(金)에서 자주 협박을 하자 조정에서 그 글을 의논하면서 모두가 의심하고 가로막아 결정을 하지 못했다.[34] 공은 엄준하게 배척해야 한다는 뜻을 지극히 진술하니 말의 기세가 늠름해서 사론

---

24) 表裏: 임금이 신하에게 내리거나 신하가 임금에게 바치는 옷의 겉감과 안찝.
25) 인목 대비(仁穆大妃).
26) 分司: 조선 시대, 임금의 학문 수양을 위해 임금에게 유교의 경서와 역사를 가르치는 일을 담당하던 관청.
27) 廢朝: 광해군(光海君).
28) 情迹: 감정으로 느낄 수 있는 흔적. 또는 사정의 흔적.
29) 灣上: 의주(義州).
30) 呈文: 상급 관아에 보내는 공문.
31) 帑幣: 금고의 금은 재화. 국고금.
32) 黃中允(1577～?) 본관은 평해(平海). 자는 도선(道先). 1620년(광해군 12)에는 사신으로 발탁되어 중국에 다녀왔다. 1623년 인조반정으로 정권이 교체되자 이이첨(李爾瞻)의 복심이 되어 광해군의 뜻에 영합하였고, 중국과의 외교를 단절하고 오랑캐와의 통호를 주장하였다는 죄목으로 양사의 탄핵을 받아 변방에 위리안치되었다. 1633년 유배에서 풀려나 시골로 돌아갔다. 중국에 사신으로 갔을 때의 정황을 기록한『서정일록(西征日錄)』이 남아 있다.
33) 頒賜: 임금이 물건이나 녹봉을 내려서 나눠주는 일을 이르던 말.
34) 首鼠: 구멍에서 머리만 내밀고 엿보는 쥐라는 뜻으로, 어쩔 줄을 모르고 망설이는 모양을 비유적으로 이르

(士論)이 이를 신중하게 여겼다.

인조반정(仁祖反正)에 흉도(兇徒)들이 많이 법망을 빠져나가 혹시라도 근교(近郊)에서 난을 일으킬까 염려하였고 공이 문무를 겸했다고 하여 경기관찰사(京畿觀察使)로 임명하여 진정(鎭靜)하게 하였다. 공은 조정에 선 27년 동안 마음을 다해 봉직(奉職)했는데, 항상 위형(威刑)을 쓰지 않았으니 관민(官民)들이 신명(神明)함을 일컬었다. 공이 임기를 마치고 돌아오면 백성들이 길을 막고 울부짖어 갈 수가 없었다.

공은 몸가짐이 신중(愼重)하고 기개(氣槪)가 깊고 훌륭하였으며, 입으로 비속한 말을 하지 않고 몸에 성색(聲色)을 가까이하지 않았다. 비록 다른 견해[35]를 갖지 않아도 스스로 매우 엄히 다스렸기 때문에 친구들도 가볍게 보지 못했다. 박엽(朴燁)[36]과 정준(鄭遵)[37]이 관서(關西)를 다스릴 때 총애(寵愛)를 믿고 교만방자하여 관서를 지나는 자들은 모두 그들의 능욕을 당했으나 공을 대해서는 감히 정면으로 바라보지 못하고 안심시키면서[38] 조심하였다. 연경(燕京)에 있을 때 명(明)의 여러 학사(學士)들이 모두 장덕 군자(長德君子)라고 일컬으면서 말한 바를 모두 들어주었으며, 주사제독(主司提督)은 관인(館人)을 단속해 경계하기를, "전일(前日)과 같이 보아서는 안 된다."고 하였다.

공은 사람들을 너그럽게 대하고, 뜻에 맞지 않은 것이 있으면 토하는 것과 같았다. 광해군 때 추하게 벼슬한 몇몇 사람이 공과 혼인(婚姻)하려 했으나 공은 한결같이 모두 사절하였으니 비록 여러 사람들이 함께 노하여도 공은 털끝 하나 움직이지 않았다. 화목하게 지냈던[39] 사람은 김류(金瑬)[40]와 조정호(趙廷虎)[41] 등 몇 명뿐이었다. 관(官)에 이르면 초연(超然)하여 금학(琴鶴)[42]의 정취가 있었으며, 집안에 좋은 물건이 없이 오직 책 몇 상자뿐이었으며 전원(田園)과 집을 끝내 장만하지 않았다. 매양 여가에는 고요히 경적(經籍)을 대

는 말.

35) 畦畛: 상대와 다른 견해 선입관.

36) 朴燁(1570-1623). 본관은 반남(潘南). 자는 숙야(叔夜), 호는 약창(葯窓). 형장(刑杖)을 남용해 가는 곳마다 사람을 죽이고 백성들의 고혈을 짜내 작상(爵賞)을 받으려 했다. 또한 음탕하고 포학하며 주야로 오락과 음탕을 일삼았다. 그래서 그가 처형을 당하자 군중이 모여들어 관을 부수고 시체를 끌어내어 마디마디 끊었다고 한다.

37) 鄭遵(1580-1623). 본관은 해주(海州). 자는 행지(行之). 이이첨(李爾瞻)의 심복으로서 계축옥사 및 폐모론 등에 가담하여 반대파를 제거하는 데 주동적 역할을 담당하였다. 1623년 인조반정이 일어나자 광해군의 총신(寵臣)이었던 죄로 의주에서 주살(誅殺)되었다.

38) 供億: 가난한 사람들을 구휼하여 안심시킴. '억(億)'은 안(安)의 뜻.

39) 훈지(壎篪): 훈지상화(壎篪相和)로 형은 질나팔을 불고 아우는 이에 화답하여 저를 불어 형제화목을 말한다.

40) 金瑬(1571-1648) 본관은 순천(順天). 자는 관옥(冠玉), 호는 북저(北渚). 김류의 학문은 이이(李珥)·성혼(成渾)의 계열을 이어받았으며, 특히 송익필(宋翼弼)을 사사했다. 문집으로 『북저집(北渚集)』이 있다. 시호는 문충(文忠)이고, 인조 묘정에 배향되었다.

41) 趙廷虎(1572-1647) 본관은 배천(白川). 자는 인보(仁甫), 호는 남계(南溪).

42) 琴鶴: 청렴하게 벼슬살이를 하였다는 말이다. 송(宋)나라 조변(趙抃)이 촉(蜀) 땅으로 부임할 때, 거문고 한 벌과 학 한 마리만 데리고 갔던 고사에서 유래한다.

했으므로 집안이 조용한 것이 가난한 선비 집 같았다. 공의 문장(文章)은 주로 양한체(兩漢體)를 썼고 시(詩)는 전적으로 성당풍(盛唐風)으로 지었다. 족부(族父) 학곡(鶴谷) 홍서봉(洪瑞鳳)[43]공이 문예 비평에 심히 뛰어났는데 매양 공의 재능이 고인(古人)을 뛰어넘는다고 탄복했으며, 당시 사단(詞壇)을 주도하는 사람들이 모두 그 품격과 힘이 준일(俊逸)함에 탄복하였다.

공의 휘(諱)는 명원(命元)이요, 자(字)는 낙부(樂夫)이며, 남양인(南陽人)이다. 원조(遠祖) 홍열(洪悅)[44]은 고려 태조(太祖)를 도와 태사(大師)가 되었고, 그 후 홍관(洪灌)[45]은 복야(僕射)가 되어 이자겸(李資謙)의 난에 순절했으니 시호(諡號)가 충평(忠平)이다. 홍규(洪奎)[46]는 중승(中丞)으로 역신(逆臣) 임유무(林惟茂)[47]를 죽였는데 시호가 광정(匡定)이다. 본조(本朝)에서는 홍경손(洪敬孫)[48]의 시명이 있었으니 호(號)가 우국재(友菊齋)이며 벼슬이 동지(同知)에 이르렀다. 증조 홍춘경(洪春卿)[49]은 문행(文行)으로 명망(名望)이 뛰어났으며, 할아버지 홍일민(洪逸民)[50]은 현감이다. 아버지 홍영필(洪永弼)[51]은 진사(進士)이며, 어머니 평양 조씨(平壤趙氏)는 경력(經歷) 조수(趙琇)의 딸이다. 공은 만력(萬曆) 계유(癸酉, 1573) 12월 24일에 출생하여, 천계(天啓) 계해(癸亥, 1623) 5월 17일에 졸(卒)했다. 임금은 철조(輟朝)하고 관원을 보내 제사를 지내고 관에서 장사지냈다. 이조 판서(吏曹判書)에 추증되었는데, 후에 중남(仲男)의 공훈(功勳)으로 찬성(贊成)을 더 추증하고 겸직은 예(例)와 같이 했다.

---

43) 洪瑞鳳(1572-1645) 본관은 남양(南陽) 자는 휘세(輝世) 호는 학곡(鶴谷) 시호는 문정(文靖)으로 벼슬이 영의정에 올랐다. 시·서·화에 능했고, <청구영언>에 시조 1수가 전하며 저서로 『학곡집(鶴谷集)』이 있다.

44) 洪殷悅: 1454년 마천(麻川) 홍일동(洪逸童)이 만든 갑술보에는 열(悅)이라는 외자로 앞에 은자(殷字)가 없다. 3세조 복야공 휘의(毅)공께서 쓰셨다는 태사공의 행장(行狀)에는 누골적으로 태사공과 홍유를 동일인(同一人)으로 서술하고 있으나 그글의 출처가 분명치 않다.

45) 洪灌(?-1126) 고려 중기의 문신·서예가. 본관은 남양. 자는 무당. 시호는 충평이다. 1126년 이자겸(李資謙)의 난 때 왕을 호위하다가 척준경의 난군에게 살해되었다. 김생(金生)의 필법을 본받은 명필로서 뒤에 추성보국공신 삼중대광 개부의동삼사 수태위 문하시랑 동중서문하평장사 판예부사 상주국(推誠報國功臣三重大匡開府儀同三司太尉門下侍郎同中書平章事判禮部事上柱國)에 추증되었다.

46) 洪奎(?-1316) 본관은 남양. 초명은 문계(文系). 시호는 광정(匡定)이다. 충렬왕과 제국대장공주가 양가(良家)의 처녀를 선발하여 원나라에 보내려 할 때, 딸이 그 대상이 되자 딸의 머리를 잘라 기피하려다가 재산이 몰수되고 해도로 유배되었다. 김방경(金方慶)과 홍자번의 간청으로 재산은 돌려받았으나, 결국 딸은 몽골의 사신 아고대(阿古大)에게 보내졌다.

47) 林惟茂(?-1270) 권신(權臣) 연(衍)의 아들이다. 1270년 2월 원종이 원나라에 갔을 때 순안후(順安侯) 종(琮)이 국사를 감독하고 있었는데, 연이 죽자 그를 대신해 정권을 잡았다.

48) 洪敬孫(1409-1481) 본관은 남양(南陽). 자는 길보(吉甫), 호는 우국재(友菊齋). 인물이 출중하고 문학이 뛰어나 중용하자는 논의도 있었으나 왕씨의 외손이므로 용납되지 못하고, 한직(閑職)과 무직(武職)으로 일관하였다. 저서로는 『충음시고(蟲吟詩稿)』·『우국재집』이 있고, 『신증동국여지승람』에도 시·문이 실려 있다.

49) 洪春卿(1497-1548) 자는 명중(明仲)이고 호는 석벽(石壁)이다. 황해도관찰사(黃海道觀察使)를 지내고 보조공신(補祚功臣) 영의정(領議政) 남영부원군(南寧府院君)에 추증되었다.

50) 洪逸民(1531-1586) 자는 행가(行可)이며 연기현감(燕岐縣監)을 지냈다.

51) 洪永弼(1554-1601) 자는 여헌(汝憲)이며 이조판서(吏曹判書)에 추증되었다.

전부인(前夫人)은 양주조씨(楊州趙氏)이고, 후취(後娶)는 파평(坡平) 윤민준(尹民俊)의 딸인데, 그 상조(上祖)는 고려 태사 윤관(尹瓘)이다. 부인은 대의(大義)에 통하여 시부모를 정성으로 모시고 제매(弟妹)와 잘 지내 이간하는 말이 없었으므로 공이 경중(敬重)했는데, 74세 되던 병신년(丙申年, 1656) 윤5월 2일에 졸하였다. 아들 다섯을 두었으니, 홍처후(洪處厚)[52]는 지금 경상 감사이고, 홍처심(洪處深)[53]은 현감이며, 홍처윤(洪處尹)[54]과 홍처대(洪處大)[55]는 모두 승지(承旨)이고, 홍처구(洪處久)는 문행(文行)이 있었으나 일찍 죽었다. 참판 윤지(尹墀)와 사인(士人) 이인석(李仁碩)은 사위이다. 홍처후의 네 아들은 홍수하(洪受河) 홍수량(洪受渷) 홍수환(洪受渙)과 진사 홍수헌(洪受瀗)이며, 딸 넷은 임성(任渻) 한성우(韓聖佑) 박두망(朴斗望) 김준상(金儁相)에게 각각 출가하고 막내딸은 어리다. 홍처심의 다섯 아들은 홍수항(洪受恒) 생원 홍수태(洪受泰) 홍수제(洪受濟) 홍수겸(洪受謙)이고 나머지는 어리며, 두 딸은 한림(翰林) 맹주서(孟胄瑞)와 최석령(崔錫齡)에게 각각 출가하였다. 홍처윤의 네 아들은 홍수기(洪受箕) 홍수범(洪受範) 홍수서(洪受敍) 홍수주(洪受疇)이며, 두 딸은 이유로(李有老) 참의(參議) 민정중(閔鼎重)에게 각각 출가하였다. 홍처대의 다섯 아들은 홍수종(洪受宗) 홍수관(洪受寬) 홍수정(洪受定) 홍수완(洪受完)이고 나머지는 어리며, 딸은 진사 이관주(李觀周)에게 출가하였으며 하나는 미혼(未婚)이다. 홍처구에게는 세 아들이 있는데 홍수치(洪受治)와 나머지는 어리며, 두 딸은 김오(金澳)와 조인상(趙麟祥)에게 출가하였다. 공의 묘소는 안산군(安山郡) 성두촌(城頭村) 유향(酉向) 언덕에 있는데, 후부인을 왼쪽에 장사지냈다.

공은 일찍부터 공보(公輔)[56]로 기대되었으나 장년(壯年)에 불우하여 군읍(郡邑)을 돌아다녔으며 성제(聖際)를 만나서 조석으로 등용되었는데, 하늘이 수명에 인색하여 그 만분의 하나도 펼치지 못하였으니, 하늘이 공을 태어나게 한 것이 무슨 뜻이었는가? 비록 그러나 혼학(昏虐)한 조정에서 결백하게 처신하여 그 수립(樹立)한 바가 족히 세도(世道)를 부지(扶持)하였고 지금까지 여러 아들이 번창하여 나라의 빛이 되고 있으니, 하늘이 보답한 바가 후하지 않은 것이 아니다. 그렇다면 천리(天理)가 비록 명명(冥冥)하다고 하지만 참으로 명백하지 않은 것이 존재한다. 명(銘)에 이르기를

52) 洪處厚(1599~1673) 본관은 남양(南陽) 자는 덕재(德載) 호는 성암(醒庵) 시호는 충장(忠莊)이다. 전라도관찰사 함경도관찰사 경기도 관찰사를 지냈으며 선친 홍명원의 가장(家藏) 원고(原稿)를 수집하여 『해봉집』을 편찬했다.

53) 洪處深(1604-1670) 字는 자천(子淺)이고 사재감 僉正을 歷任하였다.

54) 洪處尹(1607-1663) 자는 지임(之任)이고, 호는 안분재(安分齋), 지헌(止軒)이다. 황해도관찰사(黃海道觀察使)를 지냈고, 이조참판(吏曹參判)에 추증되었다.

55) 洪處大(1609-1676) 본관은 남양(南陽) 자는 중일(仲一) 호는 역헌(櫟軒)이다. 『현종실록』 편찬에 참여하였으며 황해도관찰사 도승지를 지냈다.

56) 公輔: 예전에, 삼공(三公)과 사보(四輔)를 아울러 이르던 말.

청렴 정직하며 온화하고 평탄하며 방정(方正)했네. 그 근원이 깊어서 모유(謀猷)가 빛나 집안을 열고 나라를 안정시켰네. 하늘이 나이를 인색하게 하면서 어찌 온전하게 부여했겠으며, 나중을 막히게 하면서 어찌 앞서도 비색하게 했는가? 천제(天帝)는 어질지 않음이 없으나 기(氣)가 혹 변한 것이네. 귀하여 덕이 아닌 것이 없어 오래도록 명성이 전하리. 내가 그 일을 새겨 묘도(墓道)에 세우네.

京畿監司贈左贊成洪公墓碣銘 幷序

海峯洪公其高才偉器天固生之出入篝焰不鑠而煉以際興運則若將有爲而天又奪之未究其施使朝紳野處出涕相弔以謂天理之甚爽者斯豈獨公之不幸耶公在家而孝又善兄弟避亂而行甘旨畢給慼弱弟重繭負而涉險小妹入悍波不慴幷命盡死相救侍親癠不脫冠割指以和藥喪制一遵文公家禮骨肉有孤惸敎養舍業如己子掃灑於王父者雖賤微奉之如母公之於爲人其根基已自深厚矣年二十五闡文科由槐院參玉堂錄蓋極選也入翰苑移說書司書帶三字銜爲校理上箚言本朝五賢可腏食聖廟廡下爲獻納以譏誹權倖北黜爲都事馬官凡三年不離北路入爲春官郎兼管訓局超拜竹州府事築州北山城以當東南之衝召爲修撰弼善掌令白沙李公恒福爲體相以西路殘破當畀其人白遣公及金公瑬公陞通政爲定州已而又陞秩移尹義州仍例贈公先考參判母夫人固在受眞誥入拜同副承旨以至左副爲親丐養光州以前勞加嘉善階使者上其治行有表裏之褎仍加任一年以從民願時彝倫斁塞母后閉錮西宮一時持正之人皆驅以爲分司官以宿衛之公自光歸海谷不樂仕進則勒隷西宮且使儐接王人使不得退閒廢朝與金虜稍有情迹被天朝覺察大懼誅及以公充使奏請天兵臨庇灣上其實所言非所欲人皆爲公代怖公不爲懼旣至帝可其奏將大發遼左兵以來公以本國情形呈文該部盡其方便其事遂已而將别遣行人劉時俊發帑幣東馳以勞君臣蓋欲以微察也公又見諸大人具言接應之艱諸大人嘉其辭直卽奏請勿遣行人其帑幣仍付公以歸廢朝聞之大喜賊臣爾瞻噎媢詆公以阻遏皇恩亟遣黃仲允更請行人頒賜公奉詔幣以歸聞仲允行止中江不敢歸以待皇上後命仲允至燕竟不得請公於是始歸時金虜屢致慢語朝廷議

報其書而皆疑沮首鼠公極陳峻斥之義辭氣凜然士論倚以爲重仁祖反正兇徒多網漏或慮變起郊椒公以文武全才觀察畿輔以鎭靖之公立朝卄七年盡心奉職常不任威刑而吏民稱以神明其解歸闕道號泣至不得行儀表凝遠氣度深偉口不道俚語身不近聲色雖不設畦畛而自治甚嚴故人不敢慢易焉朴燁鄭遵管西任恃寵驕恣過關者無不被其侵凌而對公不敢平面視供億惟謹在燕日皇朝諸學士咸稱以長德君子所言無不印可主司提督必戒飭館人毋視如前日也公接物寬恕而其不可於意者則如將浼焉廢朝時醜而貴者數輩求與公昏公一皆謝之雖衆怒俱賚而公一髮不動所與塤篪者金公瑬趙公廷虎數公而已每到官超然有琴鶴之趣家無長物只書籍數簏而已田園第舍終不以綴意每公餘靜對經籍門巷寂然如寒士家公文主兩漢而詩專盛唐族父鶴谷公瑞鳳評藝甚亢而每歎公才出古人一時主盟詞壇者皆服其格力俊逸公諱命元字樂夫南陽人遠祖悅佐麗祖爲大師其後諱灌爲僕射李資謙亂殉節以死諡忠平諱奎爲中丞誅逆臣林惟茂諡匡定本朝敬孫以詩名號友菊齋官至同知曾祖春卿以文行標望絶人祖逸民縣監考永弼進士妣平壤趙氏經歷琇之女公以萬曆癸酉十二月廿四日生其歿在天啓癸亥五月十七日上爲輟朝遣官臨祭官庀終事贈吏曹判書後以仲男從勳加贈贊成兼職如例前夫人楊州趙氏後娶坡平尹民俊女其上祖瓘高麗大師夫人通大義事舅姑以誠處弟妹無間言公敬重之年七十四以丙申閏五月二日終焉五男處厚今慶尙監司處深縣監處尹處大皆承旨處久有文行早夭參判尹墀士人李仁碩二女壻也處厚四男受河受滉受渙受潓進士四女適任湝韓聖佑朴斗望金儁相其季幼處深五男受恒受泰生員受濟受謙餘幼二女適翰林孟胄瑞崔錫齡處尹四男受箕受範受敍受疇二女適李有老參議閔鼎重處大五男受宗受寬受定受完餘幼女適李觀周進士一在室處久三男受治餘幼二女適金澳趙麟祥墓在安山郡城頭村酉向之原後夫人葬其左公早負公輔之望壯歲不耦低徊郡邑及遭聖際朝夕登庸而天嗇其壽未展其萬一天之所以生公者竟何意歟雖然澡濯昏虐之朝其所樹立足以扶持世道而至今諸子蕃昌藎藎爲王國之光天之所以報施者非不厚也然則天理雖曰冥冥而其眞不爽者存矣銘曰淸直而溫坦夷而方其源旣深厥猷以光克啓于家乃尼于邦將嗇其年胡畀之全將闕于後胡否于前帝罔不仁氣或變嬗莫貴匪德莫久匪名我篆其事用樹其徑『宋子大全』宋時烈

海峯公 行狀

선군(先君)[57]의 휘는 명원(命元)이요 자는 낙부(樂夫)이며 호는 해봉(海峯)이다. 남양홍씨는 세계(世系)가 멀어서, 휘 은열(殷悅)은 고려태조를 도와 태사(太師)가 되었으니 22대조이다. 5세 휘 관(灌)은 예종(睿宗)을 섬겨 복야(僕射)가 되었는데[58] 이자겸(李資謙)이 난을 일으킴에 대궐로 달려가 순절하니 시호(謚號)가 충평(忠平)이다. 또 5대를 지나 휘 규(奎)는 중승(中丞)이 되어 역신(逆臣) 임유무(林惟茂)를 죽이고 승여(乘輿)로 맞이하여 안사공신(安社功臣)에 봉록되었으니 시호가 광정(匡定)이다. 조선조(朝鮮朝)로 들어와 휘 경손(敬孫)은 동지성균관사(同知成均館事)가 되었으며 호가 우국재(友菊齋)로 세상에 시명(詩名)을 남겼다. 휘 윤덕(閏德)을 낳았으니 봉상시부정(奉常寺副正)을 지냈으며 증직이 이조참의(吏曹參議)이다. 휘 계정(係貞)을 낳으니 예문관대교(藝文館待敎)요 증직이 이조판서(吏曹判書)이다. 휘 춘경(春卿)을 낳으니 관찰사(觀察使)요 증직이 영의정(領議政)이다. 덕을 높아 화려하게 빛났으니 문망(文望)이 일시에 있었는데 증조고(曾祖考)이다. 휘 일민(逸民)을 낳으니 현감(縣監)이요 증직이 좌참찬(左參贊)이며 황고(皇考) 휘 영필(永弼)을 낳으니 성균진사(成均進士)이며 증직이 이조참판(吏曹參判)이다. 비는 정부인(貞夫人) 평양조씨(平壤趙氏)이고 영의정(領議政) 조준(趙浚)의 후손이며 의빈부경력(儀賓府經歷) 조수(趙琇)의 따님이다.

만력(萬曆) 계유(癸酉; 1573) 12월 24일에 공이 나셨으니 공은 나면서부터 비범(非凡)했다. 척숙(戚叔) 이판서(李判書) 성중(誠中)[59] 윤판서(尹判書) 국형(國馨)[60]이 함께 일가에 있으면서 배양 보고서 이를 기이하게 여겼으며 국기(國器)라고 칭송했다. 참판공(參判公)은 가르침에 법이 있었으며 무릎위에 안고 문자를 시험하면서 부지런히 가르치지는 않았

57) 先君: 남에게 돌아가신 자기 아버지를 이르는 말.

58) 洪灌(?-1126). 본관은 남양(南陽). 자는 무당(無黨)으로 글씨가 뛰어났다. 1126년 수사공상서좌복야(守司空尙書左僕射)를 지내던 인종 4년에, 이자겸(李資謙)의 난이 일어났다. 그 때 도성(都城)에서 직숙(直宿)하다가 변고를 듣고 들어가 왕을 시위하였다. 왕이 연덕궁(延德宮)으로 옮기게 되자 노병(老病)의 몸으로 뒤따라가다가 서화문(西華門)에서 척준경(拓俊京)의 난군에게 살해당하였다. 이후 그의 순절을 포상해 추성보국공신 삼중대광 개부의동삼사 수태위 문하시랑 동중서문하평장사 판예부사 상주국(推誠報國功臣三重大匡開府儀同三司守太尉門下侍郞同中書門下平章事判禮部事上柱國)에 추증되었다. 시호는 충평(忠平)이다.

59) 李誠中(1539-1593) 본관은 전주(全州). 자는 공저(公著), 호는 파곡(坡谷). 세종의 아들 계양군(桂陽君)이증(李璔)의 현손이며, 강양군(江陽君)이숙(李潚)의 증손으로, 이중호(李仲虎)·이황(李滉)의 문인이다. 뒤에 호성원종공신(扈聖原從功臣)에 녹훈되고 완창부원군(完昌府院君)에 봉해졌다. 시호는 충간(忠簡)이다.

60) 尹國馨(1543-1611) 본관은 파평(坡平). 자는 수부(粹夫), 호는 달촌(達村). 초명(初名)은 윤선각(尹先覺)이나 윤국형(尹國馨)으로 개명하였다. 저서로 일종의 수필집인 『문소만록(聞韶漫錄)』이 있다. 친지(親知), 고구(故舊)에 관한 사적(事蹟)·일화(逸話) 및 저자가 직접 관여한 시정(時政)에 대한 이야기가 대부분이며, 특히 임진왜란에 관한 기술이 많고 고사(故事)도 언급하고 있다. 『대동야승(大東野乘)』 권55에도 수록되어 있다.

지만 나날이 다달이 발전하였다. 20이 되어서는 글을 가지고 크게 놀았으며 뛰어나게 일찍이 이루었다. 상서(庠序)를 나와서는 명성이 자자했으며 붓을 잡아 재능을 겨루면[61] 모두가 공에게 일등을 양보하였다. 정유년(1597, 25歲)에 정시문과(庭試文科)에 급제하였으며 승문원부정자(承文院副正字)에 임명되었으며 경자년(1600, 28歲)에는 옥당(玉堂)에 피록(被錄)되었다. 또한 한림원(翰林院)에 피천되어 들어갔으며 검열(檢閱)이 되었다. 대교(待敎) 봉교(奉教)에 올랐으며 시강원(侍講院)설서(說書)에 옮겨서 제수되었다.

의인왕후(懿仁王后) 상을 당함에 세자를 받들어 빈전산릉지간(殯殿山陵之間)을 두루 돌았으며 움직이는 중에 법도에 맞아 명확하게 증명이 되었다. 갑자기 사서(司書) 겸 지제교(知製敎)에 올랐고 매양 대언(代言)을 함에 그 사리(事理)에 합당하고 법이 갖추어졌으면서도 글이 화려하게 빛남을 모두가 칭송했다. 신축년에 홍문관(弘文館) 교리(校理)로 옮겼으며 동석(同席)하여 오현(五賢)[62]을 제사를 할 것을 청하였는데 그 언사(言辭)가 간절하였다. 그해 겨울에 참판공(參判公)의 상을 당하여 장사를 지내고 제사를 하는데 모두가 주문공(朱文公家禮)의 가례(朱文公家禮)를 따랐다. 묘곁에 여막을 짓고 정(情)과 문(文)을 곡진히 하였으며 상(喪)을 마치고 사간원헌납(司諫院獻納)에 임명되었는데 임명된 다음날 당시의 재상(宰相)과 극론(極論)한 죄로 뜻을 거슬러 서방에 서용되었다. 갑진(1604, 32歲)에 전장(銓長)[63]이 되었으나 시기를 받았고 함경도도사(咸鏡道都事)가 되었으나 관이 낮다고 하여 이를 비천하게 생각하지 않으면서 직무에 힘썼다. 임기가 되어 돌아오니 시기하는 사람이 오히려 전횡을 하며 지속적으로 해(害)하였다.

병오(1606, 34歲)에 고산찰방(高山察訪)이 되었으며 연 이년 폄적(貶謫)되었지만 직무에 소홀하지 않았다. 도탄에 빠진 백성들을 덕으로 다스리고 묵을 폐습에 찌든 행정을 혁신하고 역의 창고를 풍부하게 하여 다시 소생시켰으며 그 후 임기를 마치고 돌아와 예조정랑(禮曹正郎) 겸 훈국랑청(訓局郎廳)으로 병정을 엄숙하게 정리하였으며 호궤를 고르게 하였으니 수천 장졸이 흡족해서 편안하다고 하였다. 이로해서 오래 임무를 맡았으므로 해가 지나서도 교체되지 않았다. 정미(1607, 35歲)에 죽주부사(竹州府使)에 초배(超拜)되었는데 죽주가 호남과 영남의 요충지라 조정에서는 산성(山城)을 쌓는 것을 안성군(安城郡)과 연계하였으니 그 읍을 크게 여겨 현명한 인재를 가려 임명하였던 것이다. 직분을 행함이 공정하고 분명하여 간사한 무리들은 사라지고 백성들은 편안했다. 재상에게 서를 보내 산성의 형세를 의논하여 중군을 주둔시켜 망루[64]를 설치하고 갑병을 둘러 세웠으며[65] 은연중에 동남방을 지키는 중한

61) 角藝: 재능이나 무예를 겨룸.
62) 김굉필(金宏弼), 정여창(鄭汝昌), 조광조(趙光祖), 이언적(李彦迪), 이황(李滉).
63) 관직을 선발하는 직책. 이부(吏府)를 기리킴.
64) 樓櫓: 적의 동정을 살피기 위해 성 위에 설치한 지붕이 없는 전망대.
65) 儲胥: 군중(軍中)에 설치되어 적(敵)을 막는 데 쓰이는 울타리.

곳이 되니, 백성들은 괴로워하기보단 오히려 성지가 완벽하지 않음을 걱정했다.

선조가 승하(昇遐)[66]했을 때 조사(詔使)[67]가 왔으나 산릉(山陵)과 모든 기구를 비롯하여 연접한 물품을 관에서 처리하고 백성들을 괴롭히지 않았다. 백성들은 크게 기뻐하였고 삼년을 다스리니 고을 일대(一帶)가 크게 다스려졌다. 경술(1610, 38歲)에 다시 홍문관(弘文館)에 들어가 수찬(修撰)이 되었다가 오래지 않아 시강원(侍講院) 필선(弼善)이 되었고 사헌부(司憲府) 장령(掌令)이 되었다. 전부터 삼자함(三字銜)[68]에 예속되었으며 헌부(憲府)에서도 고상한 풍모를 지켰으며 바르게 몸을 행하여 공평하게 아랫사람을 거느렸다. 마을에서 부유하고 교만하며 세력을 믿는 자가 죄를 지음에 귀요(貴要)한 사람과 함께 말하니 한결같이 뜻을 잇지 못하였으며 고을이 엄정하여져서 다시 지난날과 같지는 않았다. 체상(體相) 이항복(李恒福)은 관서(關西) 제읍(諸邑)에 자주 악정(惡政)을 겪었고 땅은 오랑캐와 가까워 이를 다스릴만한 사람을 임명하지 않으면 안된다고 하면서 내가 일을 해보니 누구누구의 재목은 그 책임을 감당할만하다고 하여 공을 정주목사(定州牧使)로 추천하였으므로 통정(通政)품계에 올랐다.

이어 김류(金瑬)를 강계부사(江界府使)로 삼았다. 공은 정주에 부임해 청렴하게 하였으며[69] 기강을 바로잡고 황폐함을 제거하였으며 백성들과 아전을 법으로 다스리고 바르게 인도하였다. 한결같이 관대하게 지출하여 행랑은 작았으며 두루 총명하게 운영하니 창고에 재화가 그득해 농민들은 곡식이 남아돌았으므로 아전과 백성들은 교화를 따랐으며 경내는 편안하였다. 학교를 짓고 유림을 모았으며 가르치기를 게을리 하지 않았으며 권하는데도 법도가 있었으니 이웃 읍의 책을 긴 선비들이 계속하여 찾았다. 무용(武勇)이 있는 사람들을 선발하여 관청에서 규장(軍將)에 편입하여 군졸을 거느려 부지런히 진법(陣法)을 가르쳤으며 아진과 날래고 건강한 사람을 크게 선발하여 군대로 편성하고 다시 일을 시키니 뽑히지 않은 사람들은 의연하게[70] 들어가기를 원했다.

또 이르기를 오랑캐의 침입을 막는 데는 전거(戰車)만한 것이 없으므로 옛날의 강한 무기를 모방하여 많이 만들어 배치하니 우뚝 솟은 것이 견고한 성과 같았다. 기타 사나운 기구

---

66) 大行: 조선시대에 왕이 승하한 후 중국으로부터 시호(諡號)를 받기 전까지 부르던 임시 호칭. 이 기간에는 보통 승하한 왕을 대행대왕(大行大王) 또는 대행왕(大行王)이라 불렀다. 조선시대에는 왕이 승하하면 중국에 세 종류의 사신을 보냈다. 왕의 부고를 알리는 고부사(告赴使), 후계왕의 즉위를 요청하는 청승습사(請承襲使), 그리고 왕의 시호를 요청하는 청시사(請諡使)였다. 보통 이 세 종류의 사신을 한 사람이 겸해 고부청시청승습사(告赴請諡請承襲使)라 했다.

67) 詔使: 예전에, 중국 천자의 조서(詔書)를 가지고 온다는 뜻으로, 중국에서 온 사신을 이르던 말.

68) 三字銜: 조선 시대, 종이품의 관원이 퇴직한 뒤에 전직 관원을 예우하여 특별히 내린 벼슬. 종신토록 신분에 맞는 녹봉(祿俸)을 받으나 실무는 보지 않고 의식에만 참여한다.

69) 淸苦: 가난을 지키면서 각고의 노력을 함.

70) 賈勇: 용맹을 잃지 않고 의연하다.

들은 다 갖추지 않은 것이 없었으므로, 글을 가르치고 무를 갖춘 것이 한 도(道)에서 최고였다. 임자년(1612, 40歲) 겨울에 임기가 거의 차서 의주부윤(義州府尹)으로 승진하니 참판공의 증직(贈職)은 공의 품계가 2품인 것으로 말미암았다. 모부인이 집에 계시니 친히 승은(承恩)을 고하고 임지를 떠나는 날 늙고 젊은 백성들이 길을 둘러싸고 울부짖으며 우리 부윤님 차마 우리 적자를 버리고 떠나십니까 라고 하였다.

길을 막아 통제할 수가 없었으며 울부짖는 소리가 수 천리 밖으로 끊이지 않으니 듣는 사람들은 모두가 전에 없었던 일이라 생각하였다. 의주를 다스림도 정주를 다스림과 같았는데 의주가 정주보다 커서 장부가 책상에 쌓였다. 또한 진강의 유격부와 이웃하고 있어 공문이 오고가며 백단으로 요구함에 즉시에 끊으니 조정이 씻은 듯하였다. 수응(酬應)이 절도(節度)에 맞으니 중국인들이 공경하였다. 이로부터 명성이 더욱 진동하였다. 공은 평소 소실을 두지 않았고 아속(衙屬)에는 다만 두 아이[71]와 한명의 하인[72]이 있었다. 공은 물러나 조용히 거문고를 어루만지며 스스로를 달랬다.

계축(1613, 41歲)에 모부인(母夫人)이 계자(季子) 참의공(參議公) 북청(北青) 임소(任所)에 계시다가 그 해 겨울에 병(病)이 있었는데 그 소식을 듣고 즉시에 소를 올려 사임하고 기일을 재촉하여 가려하니 노인과 젊은이들이 길을 메워 슬피 울었던 것은 정주의 백성들과 같았다. 말을 타고 곧바로 달리며 조석으로 쉬지를 않았지만 도착하고 보니 약이 소용이 없자 머물러 있으면서 즐겁게 모셨다. 갑인년(1614, 42歲) 봄에 승정원동부승지(承政院同副承旨)로 제수되었는데 가지는 않았지만

을묘(1615, 43歲)에 다시 들어갔다. 규정에 따라 좌부승지 우부승지에 올랐는데[73] 당시에 간신배들이 몰래 농간을 부려 함정을 파놓고 특이한 것을 찾으니 선량한 사람들은 모두가 근심하며 스스로 조심하였다. 공은 내직을 좋아하지 않았고 또 노모봉양을 이유로 상소를 올려[74] 외직(外職)을 청하면서[75] 광주목사(光州牧使)로 나가셨다. 광해의 음탕과 사치가 날로 심했고 민력은 이미 다했으며 기근이 거듭 이르니 공사가 크게 무너졌으므로 공께서는 부역을 가볍게 하고 백성을 어루만졌으며 부세(賦稅)를 가볍게 하여 일을 처리하니 마른 곳은 윤택해지고 답답한 곳에서는 생기가 돌아 경내(境內)가 소생(蘇生)하였다.

사람들이 백리 태고(太古)의 방백(方伯)이라 일컫고 이공덕형(李公德泂)이 치행(治行) 제일(第一)이라 칭찬하니 광해가 표리(表裏)를 내려 기리며 장려하였다. 병진년(1616, 44歲) 은대(銀臺)[76]의 시사(時事)로써 가선대부에 올랐고 가을에 임기가 만료되어 돌아오게 되자

71) 孺子: 나이가 어린 남자.
72) 蒼頭: 예전에, 사내인 종을 이르던 말.
73) 例陞: 정해진 규정에 따라 벼슬을 올림.
74) 露章: 상소를 올리는 것을 가리킴.
75) 乞外: 경관(京官)이 지방직(地方職)을 청구하는 일.

백성들이 지성(至誠)으로 머물러주기를 애걸하니 관찰사가 장계를 올려 1년을 더 유임하게 되자 백성들이 서로서로 기뻐하며 축하하였다. 죽주 정주 의주 광주 네 고을을 역임하니 네 고을 백성들이 모두 떠난 후에 독실하게 생각하자고 돌에 새겨 덕정을 칭송하였으며 지금까지 잊지 않고 있다.

무오년(1618, 46歲)에는 안산 해곡(海曲)으로 돌아가 겨우 비바람을 피할 정도의 허름한 집을 짓고 노후를 계획을 하였으나 그해 가을에 충무위사직(忠武衛司直)이 되었다. 계축년 이후로는 간신배들이 방자하게 흉악한 기세를 부려 전조의 원로대신들을 모두 제거하였으며 위로는 모후를 핍박(逼迫)하여 서궁(西宮)에 가둬놓으니 처음으로 분조(分曹)를 설치하여 대비하고 숙직을 하며 지키니 진실로 그 외모가 있었다. 일시에 정의를 지켜 스스로 깨끗한 사람들이 그 임무에 충실하였으나 형적(形迹)을 구별하여 모함을 받으니 이를 아는 사람들은 복지부동(伏地不動)하지 않는 사람들이 없었다. 공은 부지런히 힘써 출사(出謝)하고[77] 당장(唐將)을 모시는 역할을 하며 관서(關西)를 왕래하였으나 시기하고 미워하는 사람들은 물러나 쉬지를 않았다. 기미년(1619, 47歲) 겨울에 사은정사(謝恩正使)로 중국의 경사(京師)로 조견(朝見)을 가게 되었는데 일정이 임박해지자 고급사(告急使)로 임명되었다. 그 때에 적신(賊臣)들이 나라를 그르쳐 간사하고 옹졸한 일이 많았다. 중국조정에서는 과연 우리가 두 마음이 있는가를 의심하였으므로 화를 예측할 수 없었다.

광해군은 크게 두려워하였고 간신들은 혼이 나가 서로 비밀리에 도모하면서 스스로를 명백하게 하기 위하여 장황하게 상소를 올렸다. 천병(天兵)을 청하여 국경에 주둔시켜 목전(目前)의 근심을 면하는 것이 광해의 본심이었으나 적신(賊臣)의 흉계(凶計)는 상소(上疏) 속의 일과 어그러져 고급(告急)으로 불렸고 재촉함이 불과 같았다. 사람들은 모두가 공이 위태롭다고 생각했으나 공의 마음은 미동(微動)하지 않았다. 경사(京師)에 당도하여 먼저 각부(閣部) 제신(諸臣)들을 만나 크게 의심하는 마음을 풀도록 한 다음 상소문(上疏文)을 드리니 신종황제(神宗皇帝)는 그 상소가 옳다고 하며 크게 요동좌측 병장을 일으켜 아뢰는 직서의 글을 올리니 신종황제께서 가하다 허락하여 요동(遼東)의 좌군(左軍)을 파견하여 만상(灣上)에 주둔하려 하니 이것이 실로 주청(奏請) 중에 중요한 일이었다.

이미 청한 것에 의거해 보니 관서는 우령(牛嶺)의 난민들이 새롭게 개척한 곳으로 백성들이 농사도 짓지 못하는데 수만 병사들을 접대할 수도 없다고 공은 생각했다. 또한 외국군이 와서 주둔하면 이익은 없고 해만 있을 것을 염려했고 그 요해한 곳에 별도의 제승지책(制勝之策)을 논하면 관전(寬典)과 진강(鎭江)에 각각 중병(重兵)을 두어 오랑캐가 동으로 쳐들

76) 銀臺: 조선 시대, 임금의 명령을 전달하고 여러 가지 사항들을 임금에게 보고하는 일을 맡아보던 관아.
77) 出謝: 조선 시대, 관직에 제수(除授)되었거나 품계(品階)가 오른 사람, 또는 임금의 은혜를 입은 사람이 일정한 기간 안에 궁궐에 들어가서 사례를 드리던 일.

어오면 앉아서 각거로 함락시키는 것이 좋다. 이처럼 한다면 구태여 의주에다가 병사를 주둔시키지 않아도 국경이 저절로 굳어질 것이다. 이런 뜻을 조목조목 열거하여 문장을 만들어 병부상서에 올리니 모두가 보고 고개를 끄덕이며 문자에 점을 찍고 크게 칭찬하며 말하길 말이 실로 이치에 합당하므로 내가 마땅히 상주(上奏)하겠다고 하였다.

또 과신(科臣) 이기진(李奇珍)과 대신(臺臣) 서광계(徐光啓) 등이 상주(上奏)하기를 조선은 소국이니 힘이 약하고 겁이 많으며 또 군사들이 우리 요동으로 건너와 죽은 자가 많다. 사신 유시준(劉時俊)을 보내어 필마(匹馬)로 입성하여 그 군신(君臣)을 위로하여 편안하게 하고 노은(帑銀)을 풀어 전몰한 군사들의 처자를 구휼할 것을 간청했다. 황제는 옳다고 하였다. 대개 유시준은 비록 선위(宣慰)한다는 명분이지만 실은 우리나라를 감호(監護)하려는 것으로 장주(章奏) 속에 미미하게 드러나 있었다.

공은 깊이 근심하면서 서장관(書狀官) 유시위(柳時偉)에게 말하길, 저 사람이 비록 필마로 입성하나 우리나라에는 외국사신을 접대하는 번거로움이 옛 법에 있다. 양서(兩西)와 기전(畿甸)의 매우 가난한 백성들의 가세(家勢)가 자신도 지탱하기 어려운데 저들이 감호를 한다면 피해가 주둔병보다 심할 것이니 저지하지 않을 수가 없다. 서로(西路)가 탕갈(蕩竭)[78]하여 지탱(支撑)하기 어렵다는 글과 은을 주어 편하게 해주라는 뜻을 내각에 진술하니 각부(閣部)에서 회동하여 다시 상소하기를, "우리가 보호(保護)하려하나 저들이 어렵다하고 우리가 위로해주려고 하나 저들이 싫어하니 배신(陪臣) 홍아무개는 그 말이 솔직하고 그 생각이 원대하다. 사신답고 사신답구나. 조선에 인재가 없다고 할 수 없다." 하며 그 간청을 따라 강행하지 않았고 의주의 군사도 주둔할 필요가 없으며 선위할 사신도 보낼 필요가 없다하고 칙서 한통과 은화 이만냥을 홍사신에게 주어서 본국에 돌아가 중국의 위로하는 뜻과 성지(聖旨)를 받드는 옳음을 보였다.

공이 이러한 사정을 알리니 광해가 크게 기뻐하며 먼저 온 역관에게 상을 주었고 경외의 백성들은 모두가 기뻐하면서 축하하기를 비석을 세워 우리공의 덕을 칭송할만하다고 하였다. 역신 이이첨은 반대로 목이 메어 말하기를 "천자의 사신이 옴은 우리나라의 영광인데 그 옴을 막는 것은 무슨 뜻인가 며 대(臺)에 있는 그 당인(黨人)들을 부추기며 참소를 그치지 않았으나 광해가 듣지 않자 적신(賊臣)은 더욱 화를 내면서 스스로 자기의 응견(鷹犬)인 황중윤(黃仲允)을 다시 중국사신으로 요청하였다. 경신(1620, 48歲)오월에 공이 칙서와 은화를 받들고 이미 구연성(九連城)에 도착했으나 일이 돌연 어긋났다. 중강서안(中江西岸)에 오래 머물며 중국사신을 기다려 칙서와 은화를 전달하였다. 황중윤이 이비 경사에 도착하여 주청하니 예부에서 반복해 말하기를 홍배신의 정성스러운 말이 사리에 합당하고 현명하기에

78) 蕩竭: 재물이 남김없이 없어짐.

이미 그대로 처리하여 이미 돌아갔고 사신[79]의 번거로움을 없앴으니 조선에 편리하지 않느냐? 왁자지껄하며 다시 청하는 것은 어찌된 것이냐?

돌연 하자하고 돌연 멈추라 하더니 돌연 다시 하자하니 지조가 없다. 전지(前旨)대로 배신(陪臣)에게 하사품을 보낸다 하니 황제가 옳다고 하였다. 예부(禮部)에서는 번거롭고 심히 그릇된 것이라 하며 황중윤을 내쫓았다. 황중윤이 낭패(狼狽)하고 되돌아오니 의주 백성들이 오래도록 깊이 공의 덕을 흠모하였다. 공이 여러 달 묵고 있으니 생선과 채소를 다투어 가지고 와서는 숙식(宿食)을 도왔으며 강 위에 초정(草亭)을 지어 더위를 피하도록 하였다. 7월에야 비로소 도강이 허락되어 연서(延曙)까지 왔으나 광해가 오래도록 맞지 않았으므로 10월에 비로소 칙서와 은화를 올렸다.

이로부터 산지(散地)를 찾아 유람했다. 이 때에 김추(金酋)가 고집이 세 자주 오만한 말을 하였으므로 국서(國書)로 옳고 그름을 보고하니 모든 조정인사들이 의심하고 저지했다. 모두가 양단을 잡고 있을 때 공이 자세하게 진술하고 엄격하게 내칠 것을 의논하니 말이 꿋꿋하고 의젓하여 사람들이 대부분 바르다고 하였다.

계해년(1623, 51歲) 봄 인조반정하는 날 사자(使者)가 와서 맞이했고 대궐에 이르러 거사한 제공들과 조정의 의범(儀範)을 의논했다. 이 때에 굵직한 간신배들은 모두 이미 죽였으나 오히려 빠져나간 사람들도 많았다. 박자흥(朴自興)은 혼조(昏朝)에 정승을 지낸 박승종(朴承宗)의 아들로서 역신 이이첨(李爾瞻)의 사위요 광해와 혼인을 맺었었다.

반정(反正)하던 날 저녁에 그 애비와 함께 성을 넘어 도주하며 거짓말을 하였다. 박자흥이 기내의 군사를 일으켜 모반을 하니 상하가 두려워하였고 사태가 매우 급박하게 되어가니 모두가 말하길 문무겸진하고 재주가 있으며 평소부터 중망이 있는 인물이 경기도백이 되어야 안정될 수 있다고 하였다. 바로 공을 경기도관찰사 겸 순찰사가 되었으며 즉시에 부절을 받았다. 공은 막 대궐에 있다가 명을 받고 나가 먼저 탐관오리를 축출하고 가혹한 정치를 깔끔하게 없앴으며 마당한 대로 다스리니 간신배들이 저절로 사라졌다.

부지런히 힘쓰던 중에 미약한 환후(患候)에 소갈증이 있었으나 즉시 의원에게 치료하지 않고 모든 능침(陵寢)을 둘러보고 돌아왔으며, 일이 있어 수성(隋城)에 갔다가 병이 있다 말해 가마를 타고 돌아왔으나 약에 효험이 없었으니 망극함을 어찌 차마 말할 수 있으랴? 이날이 계해년(1623) 5월 17일이며 춘추가 51세였다. 부음이 들리자 인조는 철조(輟朝)하시고 예관(禮官)을 파견하여 치제(致祭)하고 국비(國費)로써 장사지냈다. 일찍이 종훈(從勳)에 참여하였으므로 증직(贈職)이 이조판서(吏曹判書)이다. 7월에 안산 향려(鄕廬)로 빈소를 옮겼고 12월 12일 성두리(城頭里) 유향(酉向)에 안장했으니 유언(遺言)[80]을 따랐다.

79) 欽差: 예전에, 황제의 명령으로 보낸 파견인을 이르던 말.

사후(死後) 24년 아들 처윤(處尹)의 종훈(從勳)으로 증직(贈職)이 숭정대부(崇政大夫) 의정부(議政府) 좌찬성(左贊成)이 되었다. 공의 용모는 정결하였으며 기품(氣品)은 너그럽고 단아(端雅)했다. 저속(低俗)한 말을 입에 담지 않았고 성색(聲色)의 즐거움을 가까이 하지 않았으며 교유(交遊)를 즐기지 않았고 화목(和睦)하고 바르며 치우치지 않았다. 하는 일은 숙련되어 결점이 없었고 효성과 우애가 있었으며 뜻이 독실하였다. 임진란을 당하여 부모를 모시고 산속으로 도적을 피하였는데 비록 급박할 때나 위급한 곳에서도 반드시 일을 하여 부모를 봉양하였고 음식을 거르지 않았다.

공의 아우가 12살 때에 자주 병이 들어 잘 걷지도 못하니 공은 항상 등에 업고 다니면서 피곤함을 덜어주었다. 일찍이 큰물을 건널 때 소매(小妹)가 탄 말에서 떨어져 사나운 물결에 떠내려가 깊은 곳으로 휘말려 들어가는데도 공이 손을 놓지 않아 모두가 위태로운 지경에 이르렀지만 주위에 의기(義氣)있는 사람이 이를 구해주었으니 길 가던 모든 이들이 감탄했다.

참판공이 병이 드니 여러 해 의관을 벗지도 않고 곁에서 시탕(侍湯)하였으며 노복에게 맡기지 않고 병을 대신해달라고 하늘에 축원하였으며 손가락에 피를 내어 약에 타는 일도 있었다. 여묘(廬墓)로 가서는 조석(朝夕)으로 산소에 올랐고 비바람에도 그치지 않았으며 삼년을 하루같이 하였다. 대부인(大夫人)이 어미 없이 남매를 기르니 공은 돌봐주고 가르치는 일을 자기 혈육과 같이 하여 서책과 기물은 반드시 둘로 갈라 고루 나눴으니 그 뜻으로 기름이 모두 이러하였다.

조카딸이 시집갈 때 자금과 단장을 해주고 초례(醮禮)와 음식을 준비하였으며 조부(祖父) 참찬공(參贊公)의 첩을 봉양하여 받들어 모친 다음으로 모셨으며 자주 주군에서 벼슬할 때도 어짐이 군족(群族)에게 미쳐 친소(親疎)를 논하지 않았으니 모두가 부모를 봉양하면서 흡족해했다. 관에 있을 때나 집에서 있을 때에도 내외(內外)가 정숙하여 꾸짖지 않았으며 노복들은 감히 떠들지 않았으므로 채찍질을 하지 않았다.

이민(吏民)이 신령과 같이 존경하였으며 사람을 대해도 경계를 두지 않았으며 감히 가볍게 보는 이도 없었다. 혼조(昏朝)에 박엽(朴燁)은 오래전부터 관서(關西)에서 벼슬하며 세를 만들어 방자하게 굴었는데 관서를 지나는 사람은 그의 능욕(凌辱)을 당하지 않은 사람이 없었으나 공을 대하자 머리를 숙여 감히 고개를 들지 못했으며 정준(鄭遵)이 의주에서 벼슬하며 방자하고 흉악해서 파견된 사람들을 노비처럼 보았지만 공이 그곳을 지나자 다소곳하고 엄숙해졌으며 오래도록 강외(江外)에 머무는데도 필요한 것을 공급하면서 정성을 다하였다.

황조(皇朝)의 여러 학사(學士)들이 모두 공을 장덕군자(長德君子)로 칭송하였고 말한 대

80) 治命: 죽을 무렵에 맑은 정신으로 하는 유언.

로 반드시 따랐으며 관사(館舍)에서 접대할 때에도 주사제독(主司提督)이 친히 주관하며 수리하였으니 지금은 전과 다르다고 하였다. 공이 악인을 보면 내가 더럽혀지는 것같이 하였고 권세를 부리는 사람을 보면 원수를 보는 것처럼 하였다. 허성(許筬)이 권세를 잡아 자기 딸을 공의 계실로 줄 생각을 하였으나 끝내 불응했으며 이이첨(李爾瞻)이 그의 손녀와 혼인을 청했으나 공은 거절하였다.

집은 본래 청빈하였으나 산업(産業)을 생각지 않았으며 큰 고을 성주를 지내셨어도 안으로는 빈곤이 더욱 심했고 어린 종 반 고랑의 땅도 더하지 않았다. 한양으로 조회를 하러 갈 때나 임기를 마치고 돌아갈 때에도[81] 다만 하사받은 금포만을 볼 수 있었고 집안에 있는 것은 다만 서적 두어 상자였다. 공은 박학(博學)하여 읽지 않은 것이 없어서 문장은 반고(班固)와 사마천(司馬遷)을 근본으로 했고 이백(李白)과 두보(杜甫)를 위주로 했다. 지은 문장은 뛰어나고 청아해서[82] 사람들이 서로 전하며 외울 정도로 사람들을 놀라게 했으니, 종부 학곡공(鶴谷公)은 문장을 보는 안목이 지극히 높아 인정하는 것이 거의 없었는데도 매양 찬탄하며 말하길 해봉의 재주는 고인(古人)을 뛰어넘는다고 했다.

북저(北渚) 김류(金瑬)와 동악(東岳) 이안눌(李安訥)이 모두 공의 시격이 준일함을 칭송했으며 스스로 미치지 못한다고 하였다. 평생에 저술한 것은 병란(兵亂)에 유락(遺落)되었고 남은 것들을 수집 하여 세 권으로 만들어 집에 보관한 것을 책으로 인쇄했다.[83] 성품은 편안하고 조용한 것을 좋아했으며 경전 탐독을 취미로 삼았다. 공사(公事)가 아니면 관복(官服)을 갖춰 출입하지 않았고 왕래하는 곳은 오직 학곡(鶴谷) 북저(北渚) 대간(大諫) 조정호(趙廷虎) 판서(判書) 이현영(李顯英) 서너 명이나 무인이나 아전들은 일찍이 집에 자취기 없었으니 집안과 골목은 항상 조용하여 한사(寒士)[84]의 집과 같았다.

전부인 양주조씨(楊州趙氏)는 예문관검열(藝文館檢閱) 광(擴)의 딸로 숙행(淑行)이 있었으나 아이를 낳지 못하고 일찍 세상을 떴다. 후부인 파평윤씨(坡平尹氏)는 첨지중추부사(僉知中樞府事) 민준(民俊)의 딸로 증이조판서행호조좌랑(贈吏曹判書行戶曹佐郎) 엄(儼)의 손녀이다. 나면서 순덕(純德)이 있었으며 대의(大義)를 통달하여 효로써 시부모를 섬겼으며 예로써 내치(內治)를 하였으니 규문(閨門)이 화목하였다. 제매지간(弟妹之間)에도 마침내는 간언(間言)이 없었다. 선고께서는 심히 이를 존중하였으며 친척들도 복종하지 않음이 없었다. 공에게는 증직이 가해지면서 정경부인(貞敬夫人)으로 증직이 더해졌다.

을미년(1655) 가을에는 둘째 처심(處深)이 있는 남평현아(南平縣衙)에서 거처했고, 병신

---

81) 歸橐: 예전에, 고을의 수령이 임기를 마치고 돌아갈 때에 가지고 가는 짐을 이르던 말.
82) 俊爽: 용모가 총명하고 이지적이다.
83) 入梓: 서적(書籍)을 각인(刻印)하는 것을 이름. 재(梓)는 각판(刻板)이다.
84) 寒士: 가난하고 벼슬이 없는 선비.

(1656) 봄에는 제3남 처윤(處尹)이 있는 금성임소(錦城任所)로 옮겼다. 윤 5월 2일은 망극지일(罔極之日)이라 향수(享壽)는 74이다. 유월에 빈소(殯所)를 안산(安山)으로 옮겼으며 술사(術士)가 장사지낼 곳을 정했다. 명년(1657) 2월 17일에 안산 선고묘(先考墓) 좌측에 장사지냈으며 조역(兆域)을 함께 하였다. 5남 2녀가 있다.

장자인 처후(處厚)는 관찰사(觀察使)요 처심(處深)은 현감(縣監)이며 처윤(處尹)은 사인(舍人)이요 처대(處大)는 승지(承旨)이고 처구(處久)는 문행(文行)이 있었으나 요절(夭折)했다. 장녀는 참판(參判) 윤지(尹墀)에게 시집가 일녀를 낳았으나 선부인이 돌아가고 차녀가 사인(士人) 이인석(李仁碩)에게 시집갔으나 요절했다. 처후(處厚)는 판서(判書) 정사호(鄭賜湖)의 따님에게 장가들었으며 4남 5녀를 낳았는데 수하(受河) 수량(受滾) 수환(受渙) 수헌(受瀗)이요 장녀는 임성(任渻)에게 시집갔으나 요절했다. 다음은 한성우(韓聖佑) 박두망(朴斗望) 김준상(金儁相)에게 시집갔고 나머지는 어리다. 처심(處深)은 금계군(錦溪君) 박동량(朴東亮)의 따님에게 장가들어 5남2녀를 낳았으니 수항(受恒)과 생원(生員) 수태(受泰)와 수제(受濟) 수겸(受謙)이며 딸은 한림(翰林) 맹주서(孟胄瑞) 최석령(崔錫齡)에게 시집갔으며 나머지는 어리다. 처윤(處尹)은 참의(參議) 조유도(趙有道)의 따님에게 장가들어 4남2녀를 낳았으니 수기(受箕) 수범(受範) 수서(受敍) 수주(受疇)이다. 딸은 이유로(李有老)에게 시집갔고 차녀는 참의(參議) 민정중(閔鼎重)에게 시집갔다. 처대(處大)는 승지(承旨) 조찬한(趙纘韓)의 따님에게 장가들었으며 5남 2녀를 낳았으니 수용(受容) 수관(受寬) 수정(受定) 수완(受完)이다. 딸은 진사(進士) 이관주(李觀周)에게 시집갔으며 나머지는 어리다. .

처구(處久)는 무녕군(務寧君) 박상(朴瑺)의 따님에게 장가들어 3남 2녀를 낳았으니 수례(受澧)요 딸은 김경(金澋) 조인상(趙麟祥)에게 시집갔으며 나머지는 어리다. 내외증손(內外孫曾)이 60여인이다. 선군은 평소에 공보(公輔)[85]의 바램을 중히 여겼는데 혼탁한 세태를 만나 외직에 종사했고 하루도 조정에서 편안하지 못했다. 성명한 때를 만났다면 조석으로 등용하여 천수를 다했을 것인데 마침내 펼쳐보지 못했다. 불초한 모든 자식 미약하게[86] 숨만 쉬고 한갓 사모할 뿐이니 심골(心骨)이 아프고 짧은 말에도 목이 메니 무엇으로써 유적(遺蹟)을 드러낼 수 있으랴. 만 가지를 찾아 겨우 하나를 얻어 눈물로 그 대강을 기록한다.

불초남 통정대부(通政大夫) 수(守) 경상도관찰사(慶尙道觀察使) 겸 병마수군절도사(兵馬水軍節度使) 순찰사(巡察使) 처후(處厚) 삼가 지음.

85) 公輔: 고대(古代)의 삼공(三公) 사보(四輔)를 이른다, 모두가 천자(天子)를 보좌한다.
86) 奄奄: 氣息微弱貌. 衰弱不振.

海峯公行狀

先君諱命元字樂夫號海峯南陽洪氏遠有代序有諱殷悅佐麗太祖爲太師二十二代祖也五世而諱灌事睿(恐仁字)宗爲僕射李資謙亂作赴闕死之謚忠平又五世而諱奎爲中丞誅逆臣林惟茂迎返乘輿錄安社功謚匡定入本朝諱敬孫爲同知成均館事號友菊齋以詩名世生諱閏德奉常寺副正贈吏曹參議生諱係貞藝文館待敎贈吏曹判書生諱春卿觀察使贈領議政揭德振華文望臨一時卽曾祖考也生諱逸民縣監贈左參贊寔生皇考諱永弼成均進士贈吏曹參判妣貞夫人平壤趙氏領議政浚之後儀賓府經歷琇之女以萬曆癸酉十二月二十四日生公公生而不凡戚叔吏判書誠中尹判書國馨同在一家每見而奇之稱以國器參判公敎誨有法抱寘膝上試以文字不勤提諭日開月益旣冠大翫於詞卓然早成出遊庠序聲譽斐蔚操筆而角藝者皆讓公一頭地丁酉中庭試文科補承文院副正字庚子被錄於玉堂又薦入翰苑爲檢閱陞待敎奉敎移除侍講院說書當懿仁王后喪奉世子周旋於殯殿山陵之間動中節文鑿鑿可據俄陞司書兼知製敎每代言咸稱其造理備法文華炳煥辛丑移拜弘文館校理與同席劄請五賢從祀辭意懇切其年冬丁參判公憂襄窆祀典悉遵朱文公家禮廬于墓側曲盡情文服闋拜司諫院獻納拜命翌日極論時宰之罪忤旨西敍甲辰爲銓長所娼嫉出爲咸鏡道都事不以官微而鄙之劬於職事秩滿而歸忌者尙秉銓桅毒丙午仍畀以高山察訪之任連歲再見貶而亦不曠佚於職務創革宿弊以劑之羸驛就蘇未幾遞歸以禮曹正郞兼訓局郞廳兵政整肅饋犒惟均數千將卒洽然稱便以是久是任經年不遞丁未超拜竹州府使州當湖嶺要衝朝廷方營山城併安城郡大其邑而擇賢倅故有是命率職公明奸息民安致書宰相論山城形勢寘中軍設樓櫓儲胥甲兵隱然爲東南保障之重民不爲苦猶恐城池之不完當宣廟大行詔使迫至山陵凡具延接物品官辨之不煩於民民大歡樂爲政三年一境大治庚戌還入弘文館爲修撰無何拜侍講院弼善旋授司憲府掌令仍前帶三字銜在憲府力持風裁正以行身公以御下閭里中富驕恃勢者或有犯禁因緣貴要交言之而一不綴意府中肅肅不復如曩日體相李公恒福以關西諸邑屢經秕政地且近胡不可不畀其人治之而吾從事某也某也才足以當其任薦公爲定州牧使陞通政階繼薦金公瑬爲江界府使公莅定淸苦挈持維綱櫛垢鋤荒軌民使令治法政謨一出於寬大而囊篋瑣微悉周於聰明府庫有羸財農民有餘粟吏民從化境內晏如修葺學宮招集儒士敎誨不倦勸課有式傍邑挾冊之士踵相躡焉諫拔武勇者署爲軍將俾領卒伍勤敎置陣之法大選吏胥驍健編戎復役其未被抽者賈勇而願入又謂防胡墮突

莫如戰車效古武剛制多造布列屹若堅城其他服猛之機無不畢具文敎武備爲一道最壬子冬瓜期幾滿陞授義州府尹參判公之贈由公階二品視其秩母夫人在堂親承恩誥移轅之日民老幼擁路號泣曰我侯忍舍我赤子去乎道爲枳而禁不得制啼哭之聲不絶數十里外聞者皆以爲前所未有治義一如治定而義鉅於定簿書堆案又與鎭江遊擊府爲隣咨牒交錯需索百端而頃刻剸斷階庭如洗酬應中窾華人敬慕自此名聲益振公素不畜媵御倚屬只兩孺子一蒼頭公退蕭然撫琴自遣癸丑母夫人在季子參議公北靑任所其冬有癠聞卽投疏解職促期登路髻白之塞道悲號如定之民也匹馬徑往朝暮馳不息及到已勿藥仍留侍懽甲寅春拜承政院同副承旨未幾遞乙卯再入例陞右副左副時奸臣竊弄權柄設機穽以待異已善類人人惴惴自危公不樂居內且以親老露章乞外出牧光州光海淫侈日甚民力已殫饑饉荐臻公私大屈公輕徭撫民省斂濟事萎枯以膏燠暍以醒闔境蘇完人稱百里太古方伯李公德泂以治行第一啓褒光海賜表裏嘉奬之丙辰以銀臺時事陞資爲嘉善秩滿當歸邑民至誠乞留觀察使以狀聞加任一年民相携扶叫歡爲賀歷莅竹定義光凡四邑四邑之民咸篤去後思勒石頌德政于今不忘戊午歸安山海曲搆數椽屋僅庇風雨以爲終老計是秋除忠武衛司直轉授分兵曹參判自癸丑以來奸黨肆其凶焰劉盡先朝舊臣上侵母后錮鎖西宮初設分曹以備宿衛苟存外貌以一時守正自潔者充其任區別形迹動取傾陷有識者莫不側足公黽勉出謝仍以唐將接伴之役往來關西盖齮齕之使不暇退閑己未冬差謝恩正使將朝京師行期已迫移拜告急使伊時賊臣誤國多有奸細之迹中朝果疑我有貳禍將不測光海大懼群姦奪魄相與秘謀爲自明地文致姦言張皇作奏請天兵屯境上欲逭目前之患而光海本心賊臣凶計與奏中事相悖號以告急促發如火人皆爲公危而公不爲動旣至京師先見閣部諸臣大釋疑阻心仍進奏文神宗皇帝卽可其奏大發遼左兵將註札灣上此實奏請中喫緊事也旣已準請而公以爲關西新衂於牛嶺之衅民未歸農滿萬之兵無以接濟且念客兵來屯無益有害若論其要害之地別制勝之策則莫如寬典鎭江各置重兵侯虜東搶坐落角距如此則不須駐灣兵而邊圉自固乃以此意條列爲文呈于兵部尙書以下展覽首肯手點文字大加賞譽曰言實合理吾當奏稟且有科臣李奇珍臺臣徐光啓等奏曰朝鮮小國力弱恇怮又其士卒多死於渡遼之役請遣行人劉時俊奉尺一之詔匹馬入城宣慰其君臣以安之換發帑銀散給戰沒妻子以恤之皇帝曰是盖劉時俊者雖以宣慰爲名實欲監護我國幾微已露於章奏間公深憂之謂書狀官柳時偉曰彼雖曰匹馬入城而我國延接之煩厥有舊典兩西畿甸赤立之民勢難支吾彼若監護則害甚於屯兵不可不止之卽以西路蕩竭難支之狀銀勑順付便好之意備陳於內閣閣部

會同覆奏曰我欲呵護而彼以爲難我欲勞嘉之而彼以爲嫌陪臣洪某其辭也直其慮也遠使乎使乎朝鮮不可謂無人宜循其懇不須强之義州之兵不必屯也宣慰之使不必遣也勅書一道賜銀二萬順付陪臣賫回本國以示天朝慰奬之意奉聖旨是公卽以事情馳啓光海大喜竝賞裨譯之先來者京外之民擧欣然相賀曰可立碑頌我公之德賊臣爾瞻噎娼曰天使之來我國之榮止其來何意也嗾其黨在臺者譏詆不已光海不從賊臣益怒白遣其鷹犬黃仲允更請天使庚申仲夏公奉勅銀已到九連城而事忽乖謬淹泊中江西岸擬待天使傳授勅銀仲允至京奏請則禮部覆曰洪陪臣諄諄之辭實中事宜赫赫明綸付其行已回無欽差之勞擾於該國不其便利乎而呶呶復請何也倏爾行倏爾止倏爾復行恐其無特操乞申前旨仍畀陪臣賫去皇帝曰可禮部以煩瀆深非之驅仲允出之仲允狼狽而歸灣民慕公德久而彌深當公之累月淹滯爭持魚菜以助行廚又作草亭於江上以爲避暑所七月始許渡江還至延曙光海久不郊迎十月始奉傳勅銀自此以後優遊散地時金酋倔强屢致慢語議報以國書當否擧朝疑沮皆持兩端公極陳峻斥之議辭意凜然人多韙之癸亥春仁祖大王反正之日使者來迎卽詣闕下與擧義諸公議定朝儀時巨奸大慝皆已就戮而尙有網漏者多朴自興者昏朝相承宗之子爲賊瞻女婿光海婚家反正之夕與其父縋城以走都下訛言自興發畿兵謀反上下恂懼勢甚蒼黃皆曰必得文武全才素有重望之人爲畿伯可以戡定立拜公爲京畿觀察使兼巡察使卽授節符公方在闕中拜命以出首黜墨吏蠲除苛政施措得宜奸宄自殄勤勞之中微恙渴候不卽醫治遍審諸陵寢及歸因事往隋城道感疾輿歸藥未克奏効昊天罔極尙忍言哉時癸亥五月十七日也春秋五十一訃聞仁廟爲之輟朝遣官致祭官庀葬事以曾參從勳贈吏曹判書七月移殯于安山鄕廬至十二月十二日葬于新卜城頭里酉向之原從治命也後二十四年因男處尹從勳加贈崇政大夫議政府左贊成兼帶如例公儀表凝粹氣度寬雅粗俗之談不掛於口聲色之娛不近於前不樂交遊和正不偏內行淳備孝友篤志當壬辰之亂奉親避寇山中雖急迫之際阻絶之地必拮据奉養未嘗匱乏公弟年十二善病弱步公常背負俾免困疲嘗涉大水小妹所乘馬顚躓悍波漂蕩入深公手授不釋幾乎俱危傍有義氣者爲之拯救行路諸人莫不歎嗟參判公寢疾經年不解衣扶持轉側不替以婢僕祝天請代血指以和藥逮廬墓朝夕上塚風雨不廢三年如一日大夫人鞠育無母孫甥妹公眷顧敎誨與己出無異書冊器用必兩辦而均分之其志養皆類此女姪當嫁備資裝成醮饋奉王父參贊公妾亞於慈闈屢莅州郡仁及群族不論親疎皆仰哺而歡洽居官居家內外斬斬不可呵責僕御不敢譁呶不施鞭箠吏民敬畏若神明待人不爲畦畛無敢有狎進者昏朝朴燁久專關西作勢橫恣啣命過關者無不被其侵凌

而及對公卽抑首自不能平面視鄭遵尹灣肆兇奴視使价公過其境遵輒遜縮肅敬久滯江外供億必款皇朝諸學士咸稱公以長德君子所言必從至於所接館舍主司提督親董修葺曰今異於前公見惡人若浼已視權貴如仇讎許筬方用事以其女擬公繼室終不應爾瞻爲其女孫請與之結好而公絶之家本清貧不以産業爲念歷典雄州內困益甚尺僮半畝不曾加焉朝京歸橐但見欽賜錦袍宅中所儲只有書籍數簏公縱學無所不覽而文本班馬詩主李杜屬辭俊爽傳誦驚人族父鶴谷公文眼亢峻寡許每稱歎曰海峯之才高出古人金北渚瑬李東岳安訥皆稱公詩格之俊逸自以爲不及平生所著遺落於兵燹餘存者捃摭爲若干卷入梓家藏性好恬靜寄趣經籍非公事未嘗具官服出入所相往來惟鶴谷北渚趙大諫廷虎李判書顯英三四公而武人胥隷曾無迹門者庭巷寂然有同寒士之家前夫人楊州趙氏藝文館檢閱擴之女有淑行不育早世後夫人坡平尹氏僉知中樞府事民俊女贈吏曹判書行戶曹佐郎儼之孫女生有純德通達大義事舅姑以孝相內治以禮閨門之內雍穆如也弟妹之間終無間言先考甚敬重之親戚無不悅服以公加贈進職貞敬夫人乙未秋仲男處深在南平縣衙丙申春移奉于第三男處尹錦城任所閏五月二日是罔極之辰享壽七十有四六月奉櫬還安山用術士言權窆明年二月十七日葬于先考墓左同兆域有五男二女長處厚觀察使次處深縣監次處尹舍人次處大承旨次處久有文行早歿女長適參判尹墀生一女先夫人歿次適士人李仁碩夭處厚娶判書鄭賜湖女生四男五女受河受滉受渙受濍女長適任湝夭次適韓聖佑朴斗望金儁相餘幼處深娶錦溪君朴東亮女生五男二女受恒受泰生員受濟受謙女適翰林孟胄瑞崔錫齡餘幼處尹娶參議趙有道女生四男二女受箕受範受敍受疇女適李有老次適參議閔鼎重處大娶承旨趙纘韓女生五男二女受容受寬受定受完女適進士李觀周餘幼處久娶務寧君朴瑺女生三男二女受灃女適金濈趙麟祥餘幼內外孫曾六十餘人重惟先君夙負公輔之望遭世昏亂屈迹下邑曾不得一日安於朝際會聖明朝夕登庸而天嗇年壽竟未展施不肖諸孤奄奄之息猶存徒自攀慕心骨交痛哽塞語短無以揚扢遺蹟搜萬得一泣書梗槪男通政大夫守慶尙道觀察使兼兵馬水軍節度使巡察使處厚謹狀

〈참고문헌〉

顧炳,『顧氏畵譜』, 圖本叢刊會, 1926.
국립국어연구원,『표준국어대사전』, 두산동아, 1999.
金赫濟 金星元, 明文漢韓大字典, 明文堂, 1991.
南陽洪氏南陽君派譜所,『南陽洪氏世譜』南山印刷所, 1965.
南陽洪氏海峯公宗中會,『海峯할아버지』, 예원문화사, 2012.
民族文化推進會,『韓國文集叢刊』, 景仁文化社.
孫叡澈,『東亞中韓辭典』, 두산동아, 2002.
中國文化大學出版部,『中文大辭典』, 中華學術院, 中華民國74年.
學園出版公社事典編纂局,『學園世界大百科事典』, 學園出版公社, 1993.
한국민족대백과사전편찬부,『한국민족문화대백과사전』, 한국정신문화연구원, 1995.
漢語大詞典編輯委員會,『漢語大詞典』, 漢語大詞典出版社, 1994.
洪性道,『南陽要覽』, 南陽君派癡巖公系宗中, 1992.
洪性道, 南陽洪氏顯祖遺事錄, 南陽洪氏顯祖遺事錄發刊委員會, 2002.
洪淳艮,『南陽文獻錄』, 南陽洪氏中央宗會, 1975.
洪愚基,『杏谷要覽』, 美術文化院, 2000.

〈저자 및 감수자 약력〉

저자 海峯 洪命元

- 戊1573년(宣祖6)-1623년(仁祖1)
- 本貫 南陽, 字 樂夫, 號 海峰
- 庭試文科及第
- 京畿觀察使兼巡察使
- 贈崇政大夫議政府左贊成
- 遺集『海峯集』

편저자 陶谷 洪愚基

블로그: http://blog.daum.net/dogok60

- 『韓國의 挽章』『아름다운 이별 挽章』
- 『書論用語小辭典』「書藝의 力感에 關한 硏究」『法華經漢字』
- 『杏谷要覽』『海峯詩集』『楷書千字文』
- 경기대학교 금화서화학회 회장 역임
- 경기대 · 원광대 · 동방대 서예과 외래교수 역임
- 대한민국서예대전 · 서예전람회 · 서도대전 심사위원 역임
- 전임대통령 및 현대서예가백인 초대전
- 세계서예전북비엔날레, 부산서예비엔날레 출품
- 국제서예가협회 강암연묵회 한국서예가협회 회원

감수자 玄巖 蘇秉敦

- 成均館大, 東方大 出講
- 大韓漢詩學會 會長
- 三淸詩社 諮問委員
- 玄巖書堂 主宰

(우철)

海峯集

海峯隨稿卷之一

五言絶句

題顧氏畫譜。一百七首。

絶岸俯風湍。仙衣飄欲舉。扶筇且逍遥。玄圃知何處。

右詠顧愷之

泰山百代尊。釋老何爲者。三人必有師。聖訓非欺我。

右詠陸探微

手撫耽耽姿。非關符水揮。無心能擾物。海鳥亦知機。

右詠張僧繇

紅日湧雲濤。阿誰合手拜。祝語人不聞。海風吹衣帶。

右詠顧野王

大婦當壚坐。中婦抱嬌兒。少長醉沙渚。江風揚柳吹。

右詠閻立德

脚下芙蓉蘂。瓶中楊柳枝。瑤池路多少。青鳥報佳期。

右詠吳道玄

爽塏仍蘩麗。樓臺松桂寒。憑高晴眺逈。飛瀑落雲端。

右詠李思訓

春波漾綠蒲。小艇初移棹。何處有幽期。高樓見柳杪。

右詠王維

龍駒八尺高。繫在垂楊樹。何日黃金羈。霜蹄騁長路。

右詠韓幹

雄雞將一雛。子母相哺樂。且莫啄庭蟲。恐遺小奴縛。

右詠邊鸞

羸驂怯危橋。亂壑春流吼。松竹翳柴扉。家僮不知候。

右詠關仝

生香一樹花。樂意幽禽語。似惜春意忙。終
朝不飛去。

右詠黃居寶

賈客臨衢路。盃盤頗不同。是知分勝負。立
歙有遺風。

右詠閻立本

水店連山郭。迷津舸艦多。髙江頻惡下。回
岸少風波。

右詠鄭虔

層臺崒嵂爽。秋色滿平林。晩遠忘歸去。髙
松生夕陰。

右詠李昭道

依巖佛龕古。瀉壁天河倒。對坐松下翁。誰
是青蓮老。

右詠荊浩

牽牛柳邊路。盡日東坡雨。蓑笠濕不妨。前
溪郁可渡。

右詠戴嵩

華雉挾其雌。春山饒竹木。終然畏尉羅。不
及技頭雀。

右詠黃筌

踋坐瞻龍象。丹青妙逼真。誰知慶曆帝。赤
脚是前身。

右詠宋仁宗

爛熟薰風節。田中蔓葉深。金盤竟無分。任
使草蟲侵。

右詠宋高宗

剪拂調璽性。西藩替獻琛。長安此萬里。更
洸涇渭深。

右詠李公麟

盤陀石色古。裊娜藤蔓垂。地僻無人到。涼
風生竹枝。

右詠郭忠恕

青山雨初霽。峽水漲春沙。橋上杖藜客。招
尋何處家。

右詠范寬

積雪沒溪橋天寒僕夫凍歸驂正傾催山
郭疎鐘動
右詠郭熈
前船喚不去後船更相催芳草綠揚路携
琴初出来
右詠趙令穰
一斑可知豹萬竿從此推無爾令人俗坡
仙先獲之
右詠蘇軾
依巖畫樓敞讌賓芳酒開山扉候已久来
騎莫遲回
右詠僧巨然
翠竹隱疎籬晴沙凈如雪呼僮理短舠擬
泛前湖月
右詠米友仁
湖波不可越相望若爲親畫閣垂揚裡金
屛㗛坐人
右詠馬和之

鱗鬣亂欝祥雲天淵從此分時来澤萬國魚
鼈昔同羣
右詠陳容
啾啾雀滿枸欝欝緣坡竹山雨夜来過前
溪漲寒渌
右詠李迪
濯足臨鼓岸披襟俯碧池荷花嬌欲語忘
却竹林期
右詠蕭照
髑髏象傀儡白日城邊劇借問此機權何
如南面樂
右詠李嵩
月出千山靜風生萬竹寒壺觴且小待溪
友夜深還
右詠馬遠
獵歸陰磧暮山雪坐来深暫此休鞍馬非
關看戲禽
右陳居中

華樽玉雕鏤。古器金狻猊。主客方肴盡。杯盤且少稽。

右詠顧德謙

飛瀑千巖響。溪亭五月寒。笑他河朔醉。清坐罄交懽。

右詠董源

近郭平湖出。樓臺返照中。江天會有月。歸客莫怱怱。

右詠李成

有鳥不知名。閑眠蘆渚晴。孤雄在何處。繒繳正縱橫。

右詠趙昌

千家夜如海。烟樹正朦朧。無限睡鄉裡。賢愚還復同。

右詠米芾

當窻尖髻人。搖扇叉鬟女。回首但雲山。相思在何處。

右詠趙伯駒

露洗田娘粧。日烘荀令香。靈均獨何事。服此太悲傷。

右詠趙孟堅

玉蘂凌殘雪。寒天蝶不來。孤標擅皎潔。桃李昧相猜。

右詠揚補之

風帆逗秋雨。木落江生波。却踏孤舟立。汀洲蘆葦多。

右詠李唐

接袂盧徐步。高山流水閑。峩洋已會趣。琴調不須彈。

右詠揚士賢

日轉芭蕉影。風飄蘭蕙香。金盆洗兒水。恐濺繡羅裳。

右詠蘇漢臣

松竹交寒翠。晴波淥晚暉。江樓慣登眺。水鳥莫驚飛。

右詠劉松年

裹飯青囊短騎牛黃犢隨山村行已遠溪水晚生漪

右詠夏珪

不憚巖蹊仄扶笻松下立教兒掇靈芝要以鍊精魄

右詠馬麟

寂滅西方教遠來何所求胡僧觧看客童子洗茶甌

右詠趙孟頫

經霜密葉翠大實騈驪珠會薦丹宮裡金盤看却無

右詠曾宗貴

十二翔麟厩龍駒汗血才圉人勤牧養天子詔牽來

右詠趙雍

蒼蒼山木稠矗矗峯巒翠躡磴復渡橋巖亭方可至

右詠黃公望

觧纜蒼山下先行到上顛佳朋猶半道明月已中天

右詠吳鎮

老樹三秋葉明沙兩岸苔輕舟不用棹隨意泛沿洄

右詠王蒙

匀圓訝許同黑實誰曾識莫是侗庭姿丹青誤顏色

右詠吳瓘

落日放舟好江中風浪微撥心忘已久水鳥向人飛

右詠方壺

牧羊羊乳子焆草暮溪潯哺轂非關汝莫傷鵝母心

右詠商喜

最愛庭間碧新梢曉露濃少年衣楚楚山谷善形容

右詠王紱

冥官怒髮竪。從卒抖擻威。世上奸憸輩。容渠東縛歸。

右詠戴文進

並伏草中兎。孤棲山鷓鴣。天寒雪月夜。若樂也應殊。

右詠孫龍

䨥鷺初飛集。枯査翠薜層。雄心思惡難。何處失雛鷹。

右詠林良

吳蚕附桒葉。葉葉成雕刻。有似河山東。秦皇晝夜食。

右詠沈周

漁人備機巧。鴻鴈先去之。雨足秋潭黑。遊魚還不知。

右詠吳偉

柳岸停烏摛。金樽對寂寞。那知深幔裡。不有董嬌嬈。

右詠鍾欽禮

瘦竹抱奇巖。風標他自別。何當移遠梅。配爾添淸絶。

右詠管夫人

在谷無人知。出山便楚爨。不如抱淸香。衆草同蕪沒。

右詠蘇長公

寒梅暎若竹。花葉相高低。疑是羅浮下。枝間靑雀啼。

右詠王淵

遲日晴坡暖。閑花野草香。蜻蜓莫飛下。葉底有螳螂。

右詠錢選

水國初飛雪。乾坤積縞中。千山萬逕句。到此覺尤工。

右詠倪元鎭

虛閣臨江潋。憑欄晉入舟。掉歌何處客。歸趂早潮頭。

右詠高克恭

偶趂盤陁石。陰陰夏木凉。誰知層嶂外。叢
桂隱仙庄。
右詠盛子昭
不監覆車粟。不啄登場禾。刷羽秋叢靜。鷹
鸇奈若何。
右詠邊景昭
峽水容漁艇。巖蹊送馬蹄。幽人坐相待。高
柳竹籬西。
右詠李在
枝高拂雲霄。葉硬排霜雪。何處可方渠。西
山二子節。

右詠夏昶
老樹秋深淺。回溪水古今。相携步歌岸。嵐
翠滿衣襟。
右詠陳喜
旋磨砮春杵。創智奪天工。未免機心在。終
慙抱甕翁。
右詠杜菫

卧壑龍鱗古。跳梁蒼鼠驕。緣枝還喫實。不
羨太倉饒。
右詠陶孟學
何來兩黃雀。啄啄田間粟。飛去莫遲回。兒
童解彈射。
右詠呂紀
推車上峻坂。雪深牛力短。何處長安城。征
途猶未半。
右詠周臣
落鴈漁村夕。微霜老樹秋。携琴山遊玩。長
笛在歸舟。

右詠唐寅
老釋生涯薄。匆摩手自縫。抽絲小弟子。莫
是猻瘖空。
右詠姜隱
弱植草蓋嫩。浮花葉葉肥。春風不世態。徵
物各芳菲。
右詠王穀祥

橋斷夜来雨波生今夕風舟人觧人意撑棹柳陰中。

右詠文伯仁

三人立層頂蘿月光參差夜久淒風露僮来何太遲。

右詠朱貞孚

湖平闊岸紆蘆葦隱檣烏日暮西風起歸帆盡向吳。

右詠朱端

舊葱月桂樹花葉正離披粉蝶休離恨相逢無四時。

右詠陸治

偶集洲邊蓼偃枝栖息難如何鸂鶒鳥名上強偷安。

右詠王一清

戲逐晴沙暖蘆花淺水湄江南足棲息飛去欲何爲。

右詠張珎

一夜江天雪瓊瑶四望同孤舟獨垂釣似是渭川翁。

右詠文嘉

穠華太真睡幽獨蘇仙詩不遣清香透遊蜂那得知。

右詠陳括

把釣隨輕浪舟行不用牽危灘休恁下疊辟正當前。

右詠董玄宰

浪吠荷花晚春風此一時芳香共絶世誰是歳寒姿。

右詠孫克弘

樹古古苔積山深溪水碧中有穎古人頹然坐忘夕。

右詠文徵明

老樹秋無葉西風浪花白鴉栖人亦歸回首江天夕。

右詠謝時臣

嫌他白與黃。換作臙脂色。同是傲霜姿。不妨飡英客。

右詠陳淳

翠壁江心揷。松陰正滿舟。身閑千睡足。浮世更悠悠。

右詠仇英

鴈外遙山碧。蘆花兩岸回。扁舟載酒客。疑自鑑湖來。

右詠蔣嵩

禦雪褐衣寬。排寒酒力在。書囊付僕夫。詩興生驢背。

右詠張路

嬌燕蹴梨花。翩翩詫輕質。不妨美人猜。恐損技頭雪。

右詠魯治

羸騾涉秋水。赤脚負兒隨。回顧丁寧語。驚湍此最危。

右詠錢穀

爲有幽期在。相携渡小橋。千峯送秀色。茅棟柳邊遙。

右詠沈仕

巖縫松色瘦。石齒溪流悪。橋上獨歸人。棲鴉帶暝色。

右詠莫雲卿

秋花霜後麗。好鳥還相宜。但恐同鴟鴞。芳菲從此衰。

右詠周之冕

截作伶倫笛。蒼蒼老節存。無由宿鸞鳳。山鳥謾慇懃。

右詠范叔成

竹裡寒梅發。金壺對客開。呼童要三嗅。攀折一枝來。

右詠王廷策

楚畹餘香在。湘江恨淚乾。清標合相對。荊棘爾何干。

右詠馬秀真

綾城文生宅次玉峯韻二首

虛閣俯林杪。颯然秋氣高。休嫌早歸去。老子怯寒宵。

酒量君偏大。棋才誰較高。歸雲掩明月。怊悵負良宵。

新安

客入掩源日。珠還合浦時。天公強解事。更遣此行遲。

鏡城道中

寒積海門黑。雲橫長白獰。北風吹不盡。西日照郵亭。

淮陽道中

北去淹秋水。南還冒雪過。今逢杏花雨。客意更如何。

夢中作

曉色終南翠。春風綺陌香。白雲簷下宿。共我欲翱翔。

七言絶句

肅川途中

風生輕幰馬如飛。六月長途爽氣隨。處處逢迎煩地主。此身何幸荷 恩私。

次枕流堂韻

小閣踈欞枕水頭。風光何謝習池遊。主人未是真知樂。猶放潺湲出洞流。

無題二首

琴徽偷得卓文君。誰遣梁園醉客聞。夜久月明深院靜。香風時動石榴裙。

掩花深洞使人迷。縹緲天香滿袖攜。惆悵漁舟難再過。回頭何處武陵溪。

奉呈巡相 走筆書于簡尾

聞說長沙五日留。踈慵無分接仙遊。完山北望風烟外。不到臨岐已白頭。

過洪提督 千璟 宅

莫恠臨岐不入門。滿山風雨近黃昏。君家歷歷花千樹。馬上回頭欲斷魂。欲一作祗

潮退後移乘短艇。宿歌謠山寺。
南湖潮淺小舟乘。江月初窺石壁層。花落
洞門春寂寂。夜深空照佛前燈。
錦城
山陰興盡不回舡。悄悄虛堂夜似年。安得
佳人鳳凰指。卧聽三峽韻流泉。
次仞巖韻
阿娘龍夢躡無根。麗濟興亡月一痕。惆悵
英雄不復返。至今唯有浣紗村。

龍湫祈雨後待雨不來二首
朝來峯嶂鬱玄雲。已見龍公用意勤。日烈
風凄禁不得。上清論議恐紛紜。
澄湫靈異古今傳。牲酒年年奉益虔。千里
滂沱容有數。一雷霑濕豈關天。
次山人詩軸二首
觧向吾徒說佛恩。羨渠清寂入空門。何當
乞取摩尼顆。照徹人寰萬丈渾。
欲晴未晴松上雨。一唱三唱卷中詩。千峯

晚色輸難盡。頎倩龍眠老畫師。
次韻送卓爾入南海
憐君高義薄層霄。斗下寃氛鬱未消。一棹
春風海雲暮。嗚呼孤島望中遙。
詠風詠亭盆梅
寒梅不改去年香。恰似佳人淡淡粧。若遣
氷魂能解語。未應遊子夜歸忙。
次秋山詠梅
雨濕梅梢欲放花。寒威何事苦相加。可憐

踈影横斜地。猶似孤山處士家。
次朴秋山 弘中
清詩高出輩流中。可愛吾家坦腹公。閤有
琴棊樽有酒。未須惆悵燭房空。
送舍弟赴鏡城。兼呈北伯戚兄。
北風吹急鴈分飛。邊雪湘雲戀夕暉。大使
手中持造化。會隨秋信許南歸。
次趙玄夫韻 纘韓
春晴旌節下雲端。走擻風飛墨未乾。落日

驫驂還獨去芳樽何處對娥鬟。

鳳翼亭四詠

十里平沙片雨過羣山東望碧嵯峨亭前一棹黃昏月最是清光霽後多。

右東嶺霽月

西嶺初銜半壁紅一村桑柘暮烟中前林知是牧兒返時有笛聲來遠風。

右西岑落照

春波添漲錦鱗飛手把漁竿坐石磯觧事

溪翁能斫膾一壺相對不知歸。

右南溪釣魚

雀呼童僕餉東菑夜雨山中蕨正肥。糝滑一盂從飽喫不妨沾濕採時衣。

右北山採薇

新堤為雨所破

韋丹去後水平堤老幼追歌免作魚堪笑海陽三日築一宵春雨半成渠。

沙堤新築未全牢爭奈連旬雨勢豪遮得狂瀾猶爾力傍人不必笑徒勞。

堤上

南溪綠水漲春沙無數墟邊枳殼花伊軋竹輿芳草路風吹烏帽任欹斜。

親耕日偶題

農郊星駕及春闈積雨何曾后土乾千里亦知殊氣候祗應堯日照青壇。

贈別鄭秀才

江南三月苦多雨花事易闌還易暮惆悵

秦城欲歸人前溪綠漲難飛渡。

贈秋山

官街碧樹已藏鴉三月江南落盡花左輔地高殊節候祗今春色在君家。

早春村舍次提督

昨夜微雲暈月輪曉來山雨洗新春傍人錯道川波漲羅襪何愁步洛神。

提督在順天寄詩次而答之二首

春遊未必為探芳詩酒留連癖海傷自是

人情有新舊。光山風味亦堪嘗。

東園紅白謝妍芳。碧樹交陰小閣傍。盡日獨吟真有味。三千虛譽咲原嘗。

登褒忠祠

庭泥沒脛降登難。誠敬纔伸几案間。莫是忠魂有寃結。散爲風雨暗空山。

答巡使簡邀

元侯一字重瑶鐫。邀我同登赤壁船。堪咲小兒真好美。塵蹤不許近飛仙。

肅川途中

極目寒原但草萊。關城近臘雪頻来。令人忽憶江南路。處處脩篁處處梅。

戱贈南宫從事二首。

帥府參謀相府郎。新安亦自有蓮堂。楚雲妓名處處隨君去。添得長宵燕寢香。

臈月關山雨雪紛。羅帷寂寂舊時薰。釵分壁合渾無賴。收取風流讓與君。

復用前韻二首。

從事忘憂有女郎。繡幃清晝掩華堂。長河正是層氷合。不用凌波錦襪香。

西歸東去太紛紛。碧袖猶聞五載薰。自是花情飄不定。臨卭亦有卓文君。

贈別南宫舍人

關河氷雪接層空。日日刁刁廣漠風。同作新安觀裡客。不堪歧路各西東。

朔州夜吟

峽裡孤城夜正遲。半窓燈火不眠時。五更

無事舊規式。一味關心新別離。

次大朔州板韻二首。

帝眷東師犒宴開。將軍玉帳羽書催。山禽不解忽忽意。啼近前簷慰客来。

四塞金墉一面開。當時萬杵幾回催。即今廢堞臨官道。唯管征人去復来。

昌城道中

山雨濛濛白日昏。峽川氷坼亂流喧。路中多少離鄉卒。南土春農事正繁。

高平

極目黃茅接塞雲。孤城哀柝夜深聞。可憐一片還家夢。不信音容萬里分。

閭陽

雞鳴喔喔復兒啼。闌幔寒燈曉色迷。細聽老翁言語別。此身方覺在遼西。

廣寧 用前韻

城頭日出早鴉啼。西沓黃塵眼易迷。長路連天幾時了。佳期猶在五雲西。

榛子店 又用前韻

銀釭何處照悲啼。嘿數歸程夢亦迷。意謂已超寥廓外。斜曛猶在馬頭西。

見斫柳有感

老幹查牙兩溜皮。年年猶得長新枝。可憐夾路千條柳。不識東風裊裊垂。

揄關二首

揄河西畔是揄關。烔樹微茫返照間。聞道胡兒吹獵火。只今何處有狼山。

溢郭闤闠萬象羅。樓臺相對欝嵯峨。誰知一介東韓客。落日壕邊信馬過。

永平道中

帝里春光早已歸。北平猶見柳花飛。依然逢着來時雪。只是孤裘換裌衣。

山海關

萬里雄關一路通。至今邊塞說秦功。祖龍未免規摸隘。山外何曾地軸窮。

萬柳庄

爲愛濃陰似畫圖。非關江畔木千奴。當時枉費栽培力。萬古清風有五株。

望十三山

山海關東海接山。杳山之後地差寬。行盡少陵河畔路。眼青依舊十三巒。

到十三山

朝看雲表露娥鬟。日夕晴光滿席間。鳳凰鶻峯從此過。趂攜蒲酹醉龍灣。

次韓分司七首

春雨如絲密復疎。省中無事坐看書。滿庭
紅白猶堪賞。傳語園僮莫掃除。

中散猖狂禮法疎。山公已報絕交書。春風
依舊頭邊雪。安得黃精一掃除。

分司端合著慵疎。自笑胸中萬卷書。省取
林花開又落。從來物理有乘除。

終朝不見已爲疎。莫恠頻頻送短書。深院
寂寥人未到。任他飛鳥下階除。

此公身計未全疎。辭富居貧著孟書。分省
午眠還有味。錯教賓友慰新除。

故山歸計轉成疎。床上虛抛種樹書。想得
新松高十尺。蓬蒿蕪沒若爲除。

身猶爭名等自疎。淸談勝讀十年書。白頭
不管春來去。忘却佳辰過後除。

平山道中

蚩尤鬣鬣塞寒空。蹄滑羸驂怯雪峰。何處
羔兒金帳暖。不知人世有窮冬。

道中偶吟

無端醉夢趁行雲。昨夜今朝了不分。怳惚
音容從此隔。床頭只有錦回文。

次枕流亭韻 丙辰年

提携不乏錦纏頭。錯信瑤琴換勝遊。惆悵
前山看已夕。碧雲西去水東流。

後次 戊午年

良苦文君誓白頭。琴臺還負暫時遊。佳期
會在青春暮。只怕桃花逐水流。

次歌謠寺絕句

籃輿讓與老夫乘。石路登登問幾層。山月
欲沉禪榻靜。不妨添酒重回燈。

宿駒城縣示蔚山倅鵯如二首

長天萬里片雲收。月色蒼凉似九秋。乘興
尋君小溪上。何如雪夜剡中舟。

南湖南嶺此相分。湖水連天嶺入雲。處處
梅花應正發。一枝無路可傳君。

淮陽阻雨

峽裡秋霖勢倒河。銀溪咫尺渺難過。亦知

北去猶高客。無限羈愁到此多。

用前韻

峽天猶未見星河。不盡長風拖雨過。坐者壁間詩上語。山城晴日本無多。

鐵嶺道中

長林翳日路高低。無數香梨亂馬蹄。市上小兒爭索價。寧知峽裡賤如泥。

次任君韻

君從楓嶽此來遊。孤館清談細雨秋。歸去秦京一千里。吾家亦在鳳城頭。

會寧

雲頭城上黑雲合。豆滿江邊青草多。怊悵秦京二千里。男兒遊歷亦堪誇。

奉別前使相蘗峯

八月南樓忝勝游。此生何幸識荆州。豪談席上三杯酒。消盡關山萬里愁。

其二

大度恢恢禮數寬。遠遊猶得慰心顏。春風慶溢門闌日。叨奉高堂萬壽歡。

其三

黃堂晝靜簿書稀。時引紋楸較兩奇。圍罷却忘歸去晚。聞韶樓下夕陽遲。

其四

潼關烽火照函關。四月旌旗下白山。誰道書生無膽氣。此行端擬繫樓蘭。

其五

六郡良家摠武鋒。降胡亦慕漢威風。長城門外分雕翼。已遣天驕在目中。

其六

臨行贈策笑無遺。誰使紛紛節度違。畢竟入言渾不別。老臣丹悃 聖明知。

其七

城川江上野莖莖。七寶亭前荷自香。我亦拂衣從此去。夢魂他日儻彷徨。

釋王寺夜吟

穿墻剡木細通泉。夜作鈴聲到枕邊。夢裡

忽驚聞驟雨起看庭月正嬋姸

次叔度韻贈行上人

松籟溪聲萬壑分上房僧語細難聞潜龍舊跡知何處唯見峯頭一穗雲

用前韻

父子君臣了不分世間榮辱亦無聞若充此操歸寥寂何異悠悠出峀雲

登七寶山絶頂

秋淺郊原葉未紅便驚身在彩圖中僧言此去陰山近七月飛霜萬樹空

又

書記重還想有由仙山恨不早来遊請秋萬壑新粧出方信天公餉我優

戲贈尹台外鳴益

高秋風力曉来緊萬壑蕭蕭哀響多虗館夢醒孤枕冷省郎鄉思政如何

前韻

嶺外名都號佳麗嬌花嫩柳向来多卽今春意正蕭索縱有風流知奈何

馬謖 月課

孔明神筭鬼難窺馬謖如何節度違亦知勝敗由天數舍水登山未必非

鼂錯 月課

鼂錯論兵最出羣欲將蕃騎雜邊軍當時國勢元無虜留與千秋作妙言

次金督郵贈西瓜

乍劈青瓷滑玉漿一嘗猶足況盈筐煩君更護留根實要滌離筵煩惱腸

次金城壁上韻

楓岳仙遊計已空行行且指鐵門東知君正在長安寺夢入芙蓉紫翠中

又

行役年年出北荒故園三負菊花香長林喬木秋蕭瑟無數寒鴉集夕陽

咸興途中

依舊咸山入眼青平郊無限夕陽明郵人

且莫催張傘。誰向城頭望此行。

次子敏邀往廣津

東望廣津江路重。臺山却似妙高峯。何由飛落滄洲上。一洗平生芥滯胸。

又

東園六月暑全收。碧樹尤宜卧聽秋。聞說湖亭還勝此。不妨隨處任君留。

遊廣津別墅。復用前韻。

天畔羣山翠幾重。長江來自五臺峯。平吞大野無窮勢。爭似搏前此老胸。

又

入眼風光未易收。名山不必剡中秋。可憐一日閑忙並。爲是羲車挽不留。

東園

東園蜂蝶太紛拏。尋遍枝頭艶艶花。可惜芳華留不得。狂風吹去落誰家。

偶占

臨別題詩未及傳。相逢欲贈却茫然。人間得失元無定。未必辛勤彙作編。

春坊謾題

薔薇纔謝海棠紅。摠是東君雨露功。更有欒欄催放白。春坊無日不春風。

庚子入直春坊。戲贈玉堂諸公。

白玉堂深午刻長。談經學士汗翻漿。何如欹枕吟詩處。鳥語花妍小院凉。

自蓬城入洛。馬上口占。

春雷驚起蟄龍眠。九萬雲途興已翩。行邁正當三月雨。江南處處野花妍。

題高山館 進退格

朝來屋角吼嚴風。起視窓前萬玉峯。還想北來寒食節。雪中開遍暎山紅。

嘉平道中

横行本自重男兒。試拂戎衣出此陲。不夜秋陰添殺氣。散爲寒雨灑旌旗。

次金魚川重九韻

江皐秋葉醉微霜。疊壁高低閙紫黃。步下

高樓乘小艇。未妨隨處作重陽。

又前韻

爲臺白筆起風霜。此日塩車困乘黃。杳杳丹霄雲海外。幾時鳴鳳更朝陽。

又

試拂秋蓬匣裡霜。關山西下陣雲黃。書生未必非男子。欲斬樓蘭奏洛陽。

贈上人

求名求利兩紛紛。僧俗如今未易分。愛汝手中唯一軸。衲衣新濕虎溪雲。

五言律詩

淮陽館阻雨示小童。

小童快搔癢。似讀杜陵詩。試與詢鄕俗。稍能辨土宜。自言楓嶽勝。重瞰鶴巢危。山館淹秋雨。憑渠一觧頤。

題高山館二首

鐵門南北限。梯磴勢勾連。倚瞰千尋坼。斜行一線穿。角聲生馬足。鞭影落人顚。下盡聊回首。雲山正挿天。

旅情元悄悄。況當秋夜遲。人語三更歇。水聲萬壑悲。此身知己遠。長路更難期。抵曉聞吹角。咸山望裏思。

冒雨暝入永興府。宿獨樂堂。次子敏韻。三首。

我來永興府。天黑雨昏時。幾處開高閣。何邊有小池。稍分山隱隱。唯覺草離離。長路衝泥苦。秋宵也未遲。

曉寒生枕簟。山館雨聲秋。菊圃疑陶徑。茅

簷似謝樓人。烟村舍遠。鳥語對林幽。北樓
閑風月。如今屬勝流。
此府聞雄大。今看似野庄。餘風有紅粉。舊
趾記黃堂。瀰地荷萬柄。面路對千章。自歎
忽忽過。佳期負一場。

夢拜先君

罪戾餘生在。難堪風樹悲。無端陪杖屨。有
疾患醫治。謦咳猶平昔。儀形減舊時。覺來
孤館曉。悅惚淚空垂。

深秋既望。重到永興。始賞蓮池。仍次
前韻。三首。

勝地重來日。青天有月時。松梢散清影。荷
葉媚華池。遠客難懷抱。佳人唱別離。良宵
足可惜。步步上階遲。
月出寒塘淨。風烟接素秋。松低疑偃盖。臺
敞當登樓。破鶴香猶在。踈林影更幽。尊前
自有妓。我亦謝公流。
關路行將老。歸心錦里庄。乾坤空納納。日
月去堂堂。招集無新業。文書故舊章。誰言
蓮幕客。棋酒任閑場。

將向高原。因日暮未果。走筆呈朴使
君。

早擬高原去。催行畵角吹。當筵還惜別。促
座更圍棊。已遣身如蛻。寧知日似馳。登樓
怕天黑。自咲我為癡。

鶴城館記夢。三首。

客意元無賴。相思况暮秋。悠悠強咲語。欝

欝獨懷憂。大嶺非難越。嚴程不自由。還家
有孤夢。一夜話綢繆。
握手猶疑夢。相看語似難。依俙我來晚。但
聽此行艱。美酒元無意。清歌且不懽。思君
一心在。耿耿幾時閑。
無端蝴蝶散。身在鶴城東。挽席分千里。雲
山阻幾重。琅琅耳邊語。杳杳眼中容。却羨
當窓月。清輝兩地同。

還到文川。任君鶴齡自楓岳來遊。書

悚以贈二首。

聚散雖無定。萍蓬亦有期。天涯此相遇。夢裏豈曾思。客席論襟抱。清歌送酒卮。平生不喜飮。今日若爲辭。

風流舊騎省。行色自金剛。屐破千峯霧。衣沾萬瀑霜。相逢仙韻在。頓覺俗緣忘。怊悵還南北。臨岐愧我忙。

兵相李公邀余次壁上子敏韵。拙辨塞請。

雄藩國門戶。旌節稱公賢。地迥重溟盡。山回大漢連。金河稍釋警。玉帳更開筵。莫使漢飛將。千秋名獨傳。

居山館次壁上韻。

欲訪忠貞跡。沉吟古驛邊。百年青竹簡。萬事白楊阡。宇宙人無盡。身名問幾全。詩成還自笑。鄰笛數聲傳。

端川客舍次圓隱先生韻。

迢迢此行役。去去幾時休。秋雨鐵關脊。朔風雲嶺頭。山城一盃酒。宇宙百年愁。報主忘夷險。何曾戀古丘。

次和伯子敏唱和韻

鄭侯盛唐體。李子學西京。且以酒爲尚。不徒詩擅名。留連北海飮。然諾太山輕。浪詠停雲罷。參差幽鳥鳴。

踰摩天嶺。宿嶺東驛。次子敏韻二首。

野店炊烟起。山椒已夕陰。北辰天柱遠。東極海門深。亭堠幾迎送。風光無古今。春來看出日。有意儻重臨。

絶域愁誰語。荒凉古驛空。人行夕陽外。鳥度翠屛中。報國心猶壯。歸田計已窮。今宵倘飛雪。簷角吼嚴風。

題吉州郎館二首。

亦難書記任。唐世簡尤精。聖代朝廷重。藩僚位望輕。風烟愁絶塞。鼓角殷孤城。回首青綾直。踈鐘夢裡聲。

北塞雄都會。丹青古館幽。風流幾從事。歌

管此淹留地主来相慰天恩到處優平生
報國志耿耿在心頭

在安邊答巖寬甫

島道千盤險誰傳錦字回故人知不遠離
抱若爲開我已如羈縶君胡莫往来佳期
在仙島聊此更徘徊

元帥臺效牧隱作

昨到鏡城府暫登元帥臺天涵海一色地
匝山千堆征戰尚未已英雄安在哉彈劔
發高嘯長風西北来

次定平客舍韻

十度經過地光陰送客中雪消仍碧草潦
盡又秋風形勝山河在英雄事迹空壁間
多少往詩語更誰工

次二愛堂韻呈柳使君

剖竹分三載風雲阻一堂誰知吏隱樂不
減午橋庄古柳緣歌岸秋荷倒小塘官閣
亦君賜聊此几稱觴

柳使君以嶺南巡察承召南歸書以
爲別

簡拔紆新寵公今式遄歸三年百里屈一
札十行輝斧鉞雲中下旌旗海上飛纖歌
定山樂回首儘依依

次徐使相霆靑韻

聞說霆靑茂溪山最秀淸別區饒勝景前
輩播詩聲戎馬淹行色風塵哭此生從公
和瓊什嚴壑眼中明

聞鐘發省 月課

思慮澹淸晨鐘聲更起人無心催曉色有
意省吾身善養平朝氣休爲物欲塵日新
功課在曾氏我同倫

留別洸通判二首

嶺外朋知少逢君倍覺親情深禮數簡意
合過從頻山寺懸燈夕江橋馱醉春明朝
之州館回首夢中身
聚散無時已勞歌驀易華不堪歸思苦還

覺別懷多几席分雲樹關山正雪花南飛
有征鴈消息報如何

送關東都事

聞說山皆骨而多楓桂叢前年涌水出一
夕衆峯空九龍萬瀑洞千載再鴻濛創闢
仙區路君今此海公

挽江華夫人二首

有德公姑喜無非酒食宜長年損沉痾脩
夜結深悲慶在傳家子粧留學母兒江都

去時路淚灑使君衣
命服夫人貴齊眉婦道存翁和無所憾脩
短詎堪論萬歲龍開穴千年鶴到門哀歌
當執紼壠樹暮雲屯

挽金竹山

少稱白眉秀早有青雲期萬事蹉跎去一
官州縣卑髙才欝泉穸厚德闕天施飛旐
春風外親朋無限悲

次正使盤松

孤直雖真性輪囷亦一奇盤龍排老幹屈
鐵抗橫枝定費洪勻巧非緣矯揉私千秋
會有盡不朽賴清詩

遊漢江

移舟近沙渚山勢抱回灣汀草和烟碧巖
花得雨斑依俙遊洞府咫尺失人間晚景
尤宜賞坐嫌到夜還

日高花影重 月課

初日明花塢春窓起睡慵纔看光灼灼漸

覺影重重蛺蝶迷高下兒童較淡濃郍堪
夕風惡無復此時容

君山聞笛 月課

何人一聲笛吹徹蓼花灣雲絶層空外龍
驚積水間直愁翻大地更恐失君山曲盡
波濤靜斜陽移棹還

草原即景二首

十月寒猶淺秋花尚滿籬可憐全盛日不
及我來時病葉風前亞殘粧雨後宜總溟

還自咲。三遷有佳期。
蕪沒昌期菊。歎傾叔度堦。郵亭本逆旅。行
跡盡吾儕。雲樹秦城杳。風沙海戍迷。有懷
無與討。山鳥向人啼。

呈使相

去歲忝僚佐。觀風實我公。白頭新察訪。靑
眼舊允戎。化俗恩威著。防胡堞櫓雄。河陽
旗彩變。重見李司空。

贈別趙汝偉還京

二十年前舊。一千里外逢。如何猶阻濶。不
得更從容。匹馬秦城客。孤舟楚澤踪。淸宵
蓮閣醉。回首意重重。

巡相所送一妹。却而不留。讀書專意。
頓覺心境靜穩。偶得期字二首。

誰送淸揚子。黃昏似有期。依微楚臺雨。彷
彿洛濱姿。好會知難得。初心誓自持。明燈
孤館靜。床上對嚴師。
金石幾融化。扶持賴此書。惟微終不泯。旣

餘復如初。始悟操存妙。追尤禮法蹤。洽然
淸夜氣。勇到武夷廬。

汝偉和送。復用前韻。

萬事何須說。升騰秪繫逢。可憐新進士。非
復舊丰容。一夜江頭醉。三霜嶺外蹤。離君
增索漠。愁對雪山重。

又

邇來離索久。豈是我愆期。不憚懸雲險。非
無汗血姿。醇醪知易醉。盤水恐難持。野火
春風誡。堪爲百世師。
盡日頻回首。無人只有書。空山下雪後。孤
館掩門初。莫以佳期誤。仍敎道契疎。春風
解相訪。南郭草爲廬。

德山迎巡相行。

關外節常晩。仲冬氣始嚴。弊裘驚歲暮。病
骨怯風銛。却憶高山候。難堪瘴海炎。去來
寒暑裡。贏得鬢霜添。

感懷二首

鄙吏非高選。官銜六品卑。向來尊貴者。猶不鄙夷之。人途隨輕重。金科有變移。明廷乏才雋。誰遣鴈門蹄。

惡濕還居下。思歸未拂衣。滄浪知自取。點汚亦何辭。道屈丹心在。時淸素計違。雲山不吾負。猿鶴好相隨。

送沈德顯赴扶安

作吏古稱屈。於今良獨難。湖南况淸絶。地勝最扶安。更喜庭闈近。何嫌邑里殘。梅花春欲動。留待玉人看。

挽崔忠義

燀奕家聲大。沉冥命道邅。東床桂枝秀。南極壽星懸。厚德寧無報。遺經幸有傳。湖西十年跡。回首一潸然。

挽朴生員

大姓分爭舊。幽居背郭新。公孫卽吾姪。氣槩更交親。喪亂看高義。風塵托此身。存亡頃刻異。萬事一沾巾。

次李萬戶辟上子敏韻二首

邂逅良非易。君家幸路傍。天寒稅車馬。日夕下牛羊。果劈柑橙嫩。醪傾琥珀香。江南節候早。梅信近東皇。

萬戶虛名秩。初非食實封。家居傍水竹。心想在喬松。湖外長年別。歧頭此日逢。休言鬢毛異。豪氣見談鋒。

挽權正字儆二首

一死人難免。於君理太乖。青雲軔初發。黃壤璧還埋。尚爾交親慟。何如父母懷。提攜四黃口。誰似阿兒佳。

令嫂吾曾挽。君言語最悲。那知未閱歲。復作此哀詞。天上樓成日。人間劒化時。南山古宅在。淚洒菊花枝。

挽林咸陽大夫人

燀奕家聲大。幽閑婦道尊。三州五邑養。一子四孫存。南極壽星晦。北風飛旐翻。延津會有數。人世謾銷魂。

挽曹康津
逢君解龜日秋雨鶴橋村誰意赤心疏遽
含黃壤宪香山果遲結蜀郡惠空存飛旒
春原暮哀歌聲更呑

次洪提督
夜夜夢相見爲緣相別初無邊花似海何
處草爲廬鳥語晩晴後人烟寒食餘琴堂
掩寂莫誰問病相如

次李從事而壯 二首
簡接詩書將叅籌屬老儒烟霞夢丘壑雲
鳥壯方隅殺氣連空漠窮陰滿積蘇佳嗟
此行苦亦足展良圖
相分嶠南路誰意此相逢白首義興衛青
油從事公關河膓月凍木石曉霜濃努力
愼行役長途方未窮

次李生石林精舍
味子清新句金莖露一杯孤亭擅奕塏萬
石競崔嵬簷豁星河近窓開島嶼來應知

靜坐處胸海絕浮埃

夜行泰川道中轎夫跌足呼痛有感
而作
山深月未出雪水凍還波赤足偏愁禽蒼
生可想他誰非盡人子恐是感天和馬背
偷身穩長程帶睡過

挽尹監察仁啓
祖子孫人世九年三哭之憐君命最短福
善理難知草草殯中蹟泛泛湖外思傳家
兩兒在奕葉會無隳

崔正郎母氏合窆挽
孝子承親志經營出至誠空山四載恨同
穴百年盟墓表幽閑德家傳燀奕聲泉臺
會相樂存沒謾關情

趙典籍廷甬大人挽
海嶽還眞氣人間大耋嗟魁三象最近齒
一秩還加鳳穴雛皆好蟾宮桂獨華門前
舊騎竹不忍送靈車

玉河館見小桃

鴨綠層氷渡盧龍亂雪來那知孤館閑愁見小桃開鄉國夢中近光陰頭上催歸途稍可喜春雨洗氛埃

天壇

隱隱皇穹宇明明上帝庭高靈配於穆後聖肅惟馨綠綴圜壇碧森深古栢青北瞻宸極近（一作瑤圖會無極）萬歲護基扃

榛子店

赤土濛如霧今晨踏作泥乃知濡雨澤不獨慰田犂更喜車褰幔那愁馬沒蹄前村看漸近閑處柳陰西

東八站道中逢雨

急雨千峯夕奔湍亂石叢去時行雪上來日已天中龍鳳光騰匣金銀氣射空雲陰詎能久長路未應窮

次韓分司三首

清晨坐虛閣悄悄動孤吟滿地草春色隔簷禽好音新篇為遣興高義在知心定有催詩雨陰雲生遠林

舉世箏琶耳誰傳白雪吟三春各愁疾一咲舊容音啼鳥若相命落花無自心頹然坐忘返暝色在西林

無酒不須飮有詩還自吟難將衰俗氣直接盛唐音花艷羞華鬢官閑愜素心虛簷成午睡歸夢遶山林

次義州西炮樓詠二首

大地臨江盡層城置屋牢山青收夕靄沙白落秋濤節制紓籌在經營署眼高會毅千載後長說二三豪

本為防胡壁非關讌客亭人情樂新賞地勝擅雄城大野浮高對澄江倒列星回看水西店愁緒更難平

次蓮亭

蹔入蓮花嶼如臨獻寶宮奕携三伏月香送八窓風絕國經年別淸樽盡日同誰期

啄泥鵠矯翼九霄東。

次金冠玉見贈

使節淹何久羲車走不停蛙鳴江雨黑鰍戲海風腥罷錫仍偏荷艱難實飽經西門正無事歌吹在山亭。

整駕客將發行旅君莫停冰盤薦瓜果珍饌錯魚腥樓觀日相逐江潭時幾經男兒感意氣頭白此離亭。

次羅牧韻贈別

觧却南州綬飄然二品君歸心子方浩別意我偏勤共照中宵月虛抛瑞石雲溪亭海棠蕚空似舞兒裙。

次睦舜卿

江深鐵牛峽野曠令威天豈乏一篇抗奈投千丈淵殊音水鳥恠彩節路人憐想得逢迎地華燈照舞筵。

船遊次君彥韻

清江僅容舫淺處可徒行回望天垂野中流樓出城餘春花意娟返照鳥行明興盡各分散炊煙迷去程。

次君彥

黃州大都會城郭壯周遭仕客非坡老逢君似馬曹飲方吾輩束詩較古人高醉墨過逢地風光恐太勞。恐一作亦

仙源大夫人挽

相國門楣在恩封毋道然家庭一清白孫子半曾玄婺宿淪精夜延津化劍年傷心

此來路無復板輿旋。

露津留別玄皐海嵩尉

驅馬出城郭並登南浦舟潮痕落新漲江色接深秋坐惜羲和疾愁從太白浮沙頭有飛鴈同去更同留。

次玄皐韻

兩岸行人集中流有小舟牽將百丈色占得一江秋日夕寒波急天晴遠樹浮篙工不觧事咲我此遲留。

安山小軒以蒲萄作架。
小屋覩摸室。蒲萄蔓蒼簷。還同有巢室。不要夏侯簾。障暑功全在。甞新味更添。千秋武皇業。餘澤此偏沾。

挽金佐郎
謝傳街南第。王郎坦腹年。光陰十九變。珠璧一雙聯。列宿官初應。嚴霜蕙忽捐。寡妻慈母哭。親戚倍潸然。

訪石陽宅山路經雨極險。
積雨變為霜。深秋風色凉。蒼蒼羣木瘦。寂寂晩花香。橋斷湍聲轉。沙崩石齒長。尋君惜此日。山鳥咲吾忙。

踰摩天嶺次子敏。
下山猶峽裡。行盡暮溪潯。平地試回眄。天梯何處尋。白雲望親淚。滄海戀君心。徙倚郵亭瞑。雞棲百慮侵。

次柳沙湖見寄韻
一夜嚴霜急。驚鴻逗晩洲。風帆近喬口。月色似吳州。片札看情到。新詞兼筆適。三清自此去。有意許同遊。

與肅川永柔兩公約會鐵甕兩公留滞不進途中有作。
不信寒暉短。行過百里途。夜明知積雪。月黑見平湖。世事真翻手。佳期謬守株。挑燈肅寧館。記得此間無。

別人
亦識同行好。那堪獨去時。惟情淹再宿。別意亂千絲。積雪河橋遠。層氷棧道危。臨歧莫腸斷。努力保春姿。

登德山小樓偶題
細雨孤城夕。荷香滿畫樓。山川故國遠。宇宙此生浮。豪氣三杯盡。佳賓一咲留。相逢行樂地。莫說仲宣憂。

戲人無題
不用真珠買。那將位勢求。魂從金谷返。雲向楚臺留。晝燭明通曉。蛾眉咲撥愁。熏熏

隔慢語離合摠悠悠。

五言排律

永興

關山一行役此地已三過兩月猶如許周
星復幾何頻來良不憚別意恐偏多恨入
悲秋賦愁添出塞歌霜濃小院菊風倒半
池荷坐討重還日蒼松雪壓柯

卽席示朴使君

相知莫嗟晩古有白頭新異域同爲客交
情倍覺親清談見滋味密席謝佳人出入
書千卷縱橫酒數巡燈明渾似晝菊豔更
疑春惆悵咸關北回頭夢裡身

春燕巢林木 月課

元嘉風不競虜馬飲江津赤地唯餘燼蒼
天竟不仁歸來舊時燕尚記宋家春何處
尋遺跡無憑喚主人巢林非本性擇木要
全身苦被烏鳶啄難禁豺兔鄰更愁風雨
惡安得棟樑新恩昔唐虞盛覃思鳥獸均
長城誰自壞此禍忍重陳莫歎爲衣卷猶

存晉代民。

清陰養大夫人挽

令子吾心友閨儀夙昔知承帷畫爲婦紹
絕有斯兒甘旨榮仍備蘋蘩老不衰壽星
離次夜神劒會津期誰識泉臺樂空添風
對悲新詞替執紼飛旐渺雲涯。

洵井 月課

挽火經寒食烟花正滿城殊方舊風俗佳
節卽淸明趂曉催洵井渾家競挈甖九衢

停早市四野輟春耕荷鍤成雲陣揚波作
雨聲靑泥纔汩汩玉液轉盈盈井道元須
革泉源本自淸試看石甃淨已聽轆轤鳴
靑草僧詩巧黃鶯客夢驚年年新釁梁持
此課功程。

尹判書姑叔挽

文爾家聲遠坡平積慶縣冲融標世業貞
絕冠時賢學士仍司斗郎官早握銓批龍
言切至憂國計深淵卧閤淮陽重承流錦
水偏風波失利涉金石保彌堅血奏宜君
日仙舟去漢年兩朝紆寵渥八座倏聯翩
地望三台近人間五福全同堂樂琴瑟滿
室擬貂蟬水陸專城奉堦庭馳馬閒陶家
纔吊鶴卜叟繼呼天暴疾良由是遐齡遽
豈然德優施較薄才大道還邅敦睦交親
服多芳太史編凄凉巷南宅寂寞廣西阡
祖帳知多少關河獨涕漣誰期去年別永
隔此生前片札看猶在高穹問更玄緘辭
寄千里泉路儻能傳。

海峯集卷之一

海峯集卷之二

七言四韻

新安道中

小徑斜穿長路傍人言此去上金剛揮鞭即日非難到叱馭嚴程奈未遑細雨渾山迷嶂濕微風拂面遍身凉遥知羽客毗盧頂倚笑吾行何太忙

偶題 德源

書記行裝澹若禪羅幃悄悄夜如年登徒好色誠虛耳宋玉貞心豈自然關塞即今春索莫洞房何處月嬋娟傍人錯道風流少我欲爭驅小杜前

題文川館

雨晴孤館悄初寒客裡偏驚歲已闌謾興不關詩律細羈懷猶仗酒杯寬天山下雪鹰三尺棧路懸雲問幾盤馬首即今方北向文城却望近長安

踰摩天嶺次子敏韻

昔聞有嶺名摩天今日履之方信然禹斧剗山此不到秦鞭走石知何年陽崖畫翼隱犇峭快鶻搏風留上顛倚袂東溟萬里濶咸關鐵峽眼無全

臨瀛館次子敏韻

平明驅馬到臨瀛虛閣遥含海色青山入胡天多雪峀野連漁浦見沙汀安邊自古無長策狡虜如今有反形聞說此間猶窃發請纓誰復動宸聽

次辟上韻示吳通判

塞上窮陰晝不開山獰峽束路縈回平原古木荒村出落日嚴城畫角催異地相逢同作客離懷欲說故傳杯千年元帥高臺在須仗枯藜破錦苔

又

樓觀平臨紫塞開滿天風雪客初回一年敲搒心神損千里驅馳鬢髮催青海怒聲驚旅枕白山寒色蘸深杯長途役役何時

了琴網蛛絲劍澁苔。

觀石陽正作竹

王孫手法迥超倫千載蕭郎此後身老節移來天竺雪新梢添得渭園春流傳墨迹皆堪寶颯爽毫端倍有神惆悵石樓人已遠世間無復識天真

奉贈石陽要畫竹

年位參差又亂離半生京國負追隨關山店舍初相見淇渭風烟畫在玆雪笋豈緣誠孝感露梢端合俗塵醫霜纎八幅煩公付莫作寬程十日期

路逢寬甫 不見已四年自言有別章留在淮陽及至果然敬次以別

此身於國許驅馳萬事蹉跎不足悲杳杳白雲長在望蕭蕭山雨欲何之多情石友經年別有意淮城滿紙詞關塞遠征君莫惜不然焉用丈夫爲

又

快馬揚鞭不起塵前驅吹角辟行人驛書絡繹同傳檄地主逢迎擬奉綸官舍傍山猿可伴峽門經雨燕如賓夜來涼雨添秋思吟得新篇覺有神

又

疊巘層巒面面同行行日日翠屏中山起欲盡看還續路似無憑徑卽通窮鬼喜嘗關雪壯仙游孤負海雲東聞韶小館開如斗此去那堪廣漠風

還咸山次李御史韻

山回峽束路欹斜林外遙分釋子家疊翠悅浮晴蜃氣層巒乱揷玉蓮花辛勤已到真仙界縹緲疑登海客槎笑問鶴巢何處是玄關千載閟烟霞

又

靈竇深深小逕微高臺峭立勢如飛登臨陡覺星河近空翠仍成霧雨霏萬象畢呈同執壤羣峯環擁似摳衣一山形勝斯爲

最。周覽都忘易夕暉。

端州牧丹次徐使相韻。

端州地僻塞垣連。誰植名花近綺筵。歲久蟠叢如許大。春來繁蕚有餘姸。粧新趙后丹脂膩。湯試何郞渥色鮮。要爲金盤移紫蘂。問君輸得幾多錢。

又

關山行役此留連。爲愛繁英襯舞筵。誰踊花王誇富貴。曾從妃子較華姸。多情蹊槃

海峯集卷之二　五

羞顔隱。無力低叢醉臉鮮。惆悵芳華容易歇。忍看紅粉委苔錢。

又

絳英青葉疊相連。對近華堂露滴筵。獨擅繁華超衆卉。寧將桃李鬪春姸。赤城風動霞光爛。金谷屏開錦彩鮮。遙想邠州裴使者。當時費却幾文錢。

又

南來冠蓋日相連。嫣舞纖歌逼玳筵。天遣

奇葩添嫵媚。酒留詞客品嬋姸。當時白草風沙地。盛代名區景色鮮。轉覺君恩隨處乏。對花何必歎無錢。

北靑道中

平郊漠漠草芊緜。快馬翩翩懶著鞭。樹抄烟生青海館。雲端風自白山顚。村鵑頓覺邊封遠。野闊曰知太守賢。還羨牧兒無箇事。夕陽牛背下西阡。

安邊駕鶴樓韻

海峯集卷之二　六

鶴城形勝畫樓中。六月登臨暑氣空。歌挑任他西下日。披襟贏得北來風。沙川截野水聲小。鐵嶺界天山勢雄。回首秦京自此近。莫言疆土接羌戎。

流頭日見月驛山寺。

六月年年見月難。今年六月月團團。初從樹抄驅炎暑。轉入簷端産夜寒。倦客此時歌挑腄。佳人何處捲簾看。明朝赤日東方出。驛路黃塵沒馬鞍。

一九二

白雲山次洗通判韻

天作名區豈等閑吾儕此日試登攀寺臨
絕壑疑無地雲盡長林覺有山已似抽身
歸法界寧知出洞便人間斜陽更向東樓
倚松靄霏霏入醉顔

又

登臨心與白雲閑笙鶴冲霄亦可攀萬里
壯遊窮嶺海二年歸計負鄉山高低松櫟
青嵐外縹緲樓臺彩畫間向夕秋光知更

好曉來寒雨洗孱顔

又

淨地風煙屬久閑天教詞客此躋攀寒泉
洗出琉璃窟秋葉粧成錦繡山下界入煙
青嶂外上房僧語翠微間纖歌長笛掩詩
興吟得新篇一破顔

登絕頂

斜陽飛上翠微中萬壑新晴錦對濃山勢
壯高天柱側海門東豁地形窮女真疆域
分蝸角豐沛城池似蟻封俯視窅然峯下
路秋毫猶辨左魚公

又

陗立危峯勢欲摧登臨陡覺近河魁高松
剪落重溟大巨石堆來萬壑雷錦繡窟深
難蘙越佛圖龕靜更徘徊山靈解惜詩人
去烟雨冥冥故不開

咸山夜吟

默坐中宵萬慮灰二年蹤跡可堪咍當時

結習粗知律晚歲猖狂或類俳禮數任情
忘上下功名闌念負歸來卽今盛代邊陲
重方信偏多佐幄才

又

嶺外早寒風力獰聞韶獨客最先驚孤城
野闊初無礙虛館簾疎更有聲洶湧波濤
生枕簟騈闐甲馬撩簷楹擣衣此夜長安
月猶是關山萬里情

次黃燕岐韻

行役經年苦不休。逢人謾自說奇遊。溪含古雪山猶夏。野漱炎霏麥已秋。詩句有時供逸興。酒杯無力破窮愁。三賢列次知榮耀。還愧汙渠照渭流。

野渡無人舟自橫 月課

潮上春江宿雨收。渡頭何事掛虛舟。只緣境僻無人涉。誰抗津要濟物優。載以萬鍾知有裕。試之三峽亦安流。可憐不遇操篙手。朝暮相親但白鷗。

水中臺

聞說挽源昔避秦。相公今日訪朱陳。錦衣當晝薰風襲。寶節臨門瑞色新。一飯不能忘舊義。千金豈易屈高賓。臺中此會誠難事。勝跡猶堪說後人。

次副使盤松韻

東嶽移根問幾年。虬枝飽帶驛臺煙。瓌奇自有冥靈壽。臃腫寧同樗櫟全。殺日非關排翠幙。鳴風不要奏繁絃。亭亭夾路空無

數佳句千春爾獨傳。

正使百祥樓與李判書論事。

沙岸臨江勢欲欹。危樓突兀揭宏規。靈光疑在知神力。華表人非感昔時。極浦微茫春水滿。平郊明滅夕陽遲。使華席上丁寧語。吾輩終當死以之。

副使

威鳳西飛集畫樓。鄭生何幸忝佳遊。百祥此是無雙瑞。四海公今第一流。山靜鳥行屛裡渡。湖清帆影鏡中浮。坐來忽覺驚人句。黃鶴名詩海外留。

途中感興

翩翩玉節海東陲。拂曉鳴笳已戒途。羣水從西連太岳。關山直北近伊吾。傍江城郭村多少。界野烟花路有無。莫歎嚴程縣萬里。遍游天下是丈夫。

又

千載休嘉帝德敷。恩綸昨日下清都。地分

中外湖山異。斗指東南歲月徂。詩句有時
聊遣興。酒盃隨處却忘吾。儻來圖畫皆虛
耳。何必文章誤壯夫。

平壤道中

城郭周遭並水濆。烟光草色共氤氳。海鄉
東下經千里。華盖西瞻隔五雲。花近樓臺
紅爛熳。風飄旌節翠紛紜。百年形勝名都
會。收拾如今屬我君。

大同江

往事傷心莫重陳。蘭舟聊復漾湖淪。湯池
險固渾如舊。人代興亡幾度新。小雨乍晴
飛燕子。微風不動靜波臣。中流簫鼓鐃清
興。漢使乘槎安足倫。

開城曉發

松都形勝似成都。四面青山擁大途。馳死
石橋徵得失。人歸星洞涉虛無。風光謾自
供揮筆。節序居然近爇爐。鳳節即今淹萬
里。幾時前席賁鴻謨。

謁文廟

素王聖德與天尊。萬國精禋薦藻蘩。金火
幾經遷世代。文明猶自煥乾坤。宗儒俎豆
遺風遠。靈宇丹青舊制存。星使新篇能起
我。海東千載作名言。

遊漢江

蘭舟捩柁擁仙人。江淨天晴不起塵。案面
銀絲堆疊雪。杯心竹葉貯深春。漢陽芳樹
今猶古。崔顥清詩句更新。日暮烟波歸棹
促。明朝回首夢中身。

朱梁天使時次韻。五首。

一點文星降紫霄。仙軿西自五雲遙。出塵
風韻方心服。驚世聲名久耳剽。大字幾供
千兔穎。清篇應滿兩牛腰。忽看新作添佳
絕。疑向虞廷聽九韶。

右迎詔 上使

南宮初罷紫宸朝。晴旭輝輝射綺寮。一札
細書恩已渥。兩仙宏度禮還饒。縱攢劍佩

圜丹地縹緲至簧殷碧霄。勝事乏堪誇海域。巴人羞和郢中調。

右請宴 上使

東魯之東地一隅。衕綸今日屬名儒。心存聖籍扶吾道。座遙清風起懦夫。彩鳳臨堂爭快覩。青衿擁路匝歡呼。當時泮水傳歌頌。更有承明學士無。

右泮宮 副使

十里平波漾日車。蘭槳挨拖下樓初。春浮玉柁開新醁。雪落銀盤斫巨魚。觧帶偏蒙寬禮數。登筵悅到列真居。百年勝地閑風月。輸入歸裝不願餘。

右漢江 副使

下界仙遊說此行。巖花汀樹摠含情。離懷引酒飛觴斝。謾興催詩喚寶泓。風捲海門吹練急。日沉漁店幕烟生。他時歷略長江勝。儻記湖山似石城。

右蠶頭嶺 上使

斗起層巒俯水濆。錦筵高壓白鷗羣。青浮幞外千峯沓。綠繞樽邊萬頃沄。人世百年無此會。公凡同醉惜餘曛。飇輪一去知難挽。回首離懷正糾紛。

右蠶頭嶺 副使

青烟散入五侯家 月課

綺城春色晚妍妍。宮使催呼蠟燭傳。乍看銅盤噓紫焰。忽驚金穴散青煙。人間鄙屋何曾照。天上榮光獨此偏。堪咲五侯堂上樂。漢家炎氣已蕭然。

奉別台徵令公赴京

地中陽復最佳辰。天下珪璋捧紫宸。班先外服唯東國。聲動諸公有此人。鰲頂蓬山雙闕曙。風傳廣樂九霄春。賈杜遺篇應要和。莫將家槁弄詞臣。

又

城南咫尺少經過。此別其如萬里何。始識古人愁偪側。從知世事苦蹉跎。舟移湏岸

潦初落路入燕山雪正多回首龍興江上醉悠悠聚散一長歌

奉别師古令公

霜臺玉署踏青雲頭白官班綴虎賁十一月中當賀正四千里外此送君須江秋葉初辭樹車館寒梅會返䰟回首海濱三載别不堪鴻燕巧相分

又

三韓方丈若𡡉籠此老難平磈磊胸滄野直望千里大錦川元與九河通委輸天下舟車富隱暎雲端殿閣重稽首紫皇呼萬歲歸來猶足詫吾東

送伯儱赴平壤庶尹

春風祖席上東門七月相逢又此分四品功名今白首十年蹤跡舊青雲亦知暫屈名都棣猶勝長飢冷廣文更得主人寬禮數衣裳顛倒肯勞君

送擢雲卿大同

南北歧頭揖馬鞭去年風雪鶴城邊如何征旆還朝日忽漫相逢又别筵箕壤古來稱地勝聖朝今日重郵傳多君踏盡三韓界千載東方後史遷

次叔度侍中臺韻

十七萬兵清北邊侍中勳業照當年歸來笳鼓登山地想像旌旗蔽海天青史雲臺俱已矣白鷗烟水正茫然沉吟欲賦英雄事愧我才非李謫仙

復用前韻戲贈李德耀

破荷衰柳小池邊虛閣寥寥夜似年落葉有聲風卷地踈欞生白月流天東山行樂知虛耳南國歸心更杳然客裡最難拚一咲世間何處有花仙

次咸山戰勝亭使相亞使韻

高臺此日更來登依舊青山不請朋詩到相公回正始筆摧書記邁吳興可憐物色餘無幾自笑陽春和未能關外莫言京國

遠眼中松栢是喬陵。

次叔度萬甲亭韻

萬甲城頭萬甲亭名之以甲不徒兵誰知大集千夫力先自無侯一歲生天觀臺欄飛鳥嶷江涵粉堞夕陽明聞韶七寶今何處興廢悠悠感客情。

次叔度書懷韻

遊子偏驚歲月忙别君心緒倍茫茫從前早托金蘭契到此深知鐵石腸事有短長歸可樂義無夷險屈何傷行藏綽綽唯吾在不待春風入故鄉。

次永興辞上叔度韻

嶺外招尋去國魂每憑南斗望天閽犖山當戶星辰少古渡連村水霧昏何處送書飛一鴈誰家搗練掩重門沉吟倚杖空回首銀漢遥應接故園。

次子敏韻

誰向城南傑句聯退之東野實相先千秋好事空垂後數子高才足繼前辛一二年頭角肖奈三十里智愚懸汗流僅走知難及深意猶存伐木篇。

送洗學而觀察湖西 稅

聚散悠悠費歲華雲泥無奈故人何亦知錯節須良器未許神駒邇路車還擢一階新雨露提封百濟舊山河臨分且慰過逢近爲是徵黄不待瓜。

又

政事文章孰後先古人猶病子能全更逢玉節觀風日正憶金鑾視草年江海至今留美化湖山幾處費新篇簿書游刃知多暇無惜詩筒驛使傳。

次子敏

三月未聞鶯語圓了無消息柳生縣風光豈是殊前日節序差然異去年詩可寫情還取格酒須中聖亦宜賢從他不管花開落春色何煩問杜鵑。

送李評事德餘

李子温如玉。不言於人何。然亦何恩。纔闖風翮搏霄漢。已看霜蹄出塞垣。河上青油驚國士。湖邊緑草慾王孫。親朋惜別知無限。況我新招嶺外魂。

送北評事善餘

君爲北佐德餘西。離別何頻意易悽。早識塞垣須國寶。即看才儁在吾儕。都門緑草今朝恨。海戍黃雲幾處迷。元帥高臺昔登望。野棠花外雪山低。

贈子敏

門巷寥寥可雀羅。了無問訊況經過。年年不去唯窮鬼。日日相侵是睡魔。滿眼林花春漸晩。入簾山翠暮偏多。佳辰冷落方廷尉。榮辱人間已任他。

送金安邊

長孺堂堂社稷臣。居官誰道不適人。淮陽十載曾遺愛。東國千年更後身。此日孤城淹驥足。當時獨坐批龍鱗。聖朝一視無南北。要使三州惠澤均。

又

鐵嶺横天限一隅。麗時爲界即通衢。北連沙塞三千里。南擁函秦百二都。譏察闗防知有在。盤根利器政宜須。看公欝欝回車志。愧殺當時六度逾。

挽李僉知台徵

忠孝家聲國士風。先侯餘慶藪當公。一生下邑才何屈。五日中丞道即窮。蓬島三千人未返。光陰半百夢先空。西州遺恨那堪說。恩典如今亦已融。

姜政丞夫人挽詞

七十猶稀加十五。夫榮已極又榮兒。德齊天上三台峻。身享人間五福綏。蘭玉滿庭誰甚辨。貂金盈室弟兄宜。春風丹旐衿陽路。會是延津劔化時。

挽李秀才人龍

逢君仁壽里中家。八歲能爲五字哦。童稚
交遊曾莫逆。中間會合却無多。年方賈誼
時尤絅。孝比高柴毁太過。天道茫茫非此
日。鄧攸無子欲如何。

頃和君挽詞

富貴奢華摠不關。常情難處獨能安。信陵
醇酒偏成癖。緱嶺笙簫竟未還。紹絕即由
新命出。疏榮仍見舊封完。西州却憶年前
慟。今日增哀想　聖顏。

送聖節使李公弘老赴京

飛況落落阻追隨。一拜銀臺歲八移。不謂
至今蒙記憶。可能臨別久謌詩。家流化洽
三藩奠。專對才優衆望推。想得大庭申華
祝。五雲深處識堯眉。

隣家賞春

紫陌年年春色多。千門紅白鬬妍華。向來
風雨無餘處。今日芳菲獨此家。拖穎柳腰
偏自媚。鶻歌鳥語若相誇。人間專取天應
忌。莫惜王郎滿逕花。

李僉知挽詞

驪歌送去哭迎歸。此日何曾夢裡思。一死
人間誰獨免。半生心事子尤悲。張郎炊臼
重亡婦。卜叟歸天晚有兒。記得咸山醉中
語。行年六十亦難期。

次子敏

不從豪貴醉華軒。迸屧尋君到石門。雨氣
正兼嵐氣濕。溪聲偏雜鳥聲喧。蒲團竹枕

供留宿。綺語瓊篇洗睡昏。夜久月林清影
散。此間真趣却難言。

又

平明急雨洗山容。削立芙蓉箇箇同。正憶
往時身出塞。仰看長白勢撑空。三年嶺海
嘗漂梗。一哭丘園兩禿翁。莫把文章費苦
思。古來才子坐詩窮。

送金叔度之任松都。二首。

分司四品未爲榮。何事今朝賀此行。以我

不還將毋恨知君喜遂奉輿情名都況復
饒清賞右輔由來近上京嶺海去年相送
地夢中回首亦堪驚

其二次子敏韻

名區端合著名流此去何須賦四愁山水
秪今仙釋窟樓臺昔日帝王州銀河倒掛
香爐壯石劍高攢小室幽直待秋風吾欲
往煩君少駐忍畀陳

次子敏見贈韻

忽雨新晴江色鮮斷崖龜伏水西邊況宜
聖代今彭澤清絕名區舊輞川仙果乍嘗
凝玉液蒲團穩坐當華氊興來却笑山陰
老何事虛乘訪戴船

又

座上何妨少八仙相將談笑醉華筵誰知
郭外登臨地便有壺中日月天楮島夕烟
迷白鳥栗亭殘暑怨玄蟬沉吟欲和陽春
曲幽思重重似楚綿

送李士源赴長興

十九登龍世所稀官如大呂太遲遲曾聞
白簡秋霜肅即看黃堂化雨施驃騎舊營
元檀勝臨川老守本能詩西風獨掩揚雄
宅儻寄新篇慰遠思

送張監司好古晩

二十州分南北關綠江列障最凋殘境方
全盛曾非虞事到今年倍有難萬甲可令
元昊懼三軍應樂子儀寬知公展布無餘
策坐轉危機便作安

又

紫綬金章正黑頭聲名籍甚按湖秋關防
要仗無雙士時論同歸第一流內外郎殊
輕重地賓朋莫任去留愁南樓暇日堪乘
興辭上荒詞儻見酬

次杜詩秋興八首

啞啞飢烏叫滿林深秋氣象鬱蕭森瞿塘
峽束濤偏壯夔府城高日易陰王粲他鄉

猶作客潘郎異代共傷心獘裘陡覺風霜緊何處山村響晚砧

其二

烏巾白髮任欹斜客裡蕭然送歲華錦水通波元過楚銀河無路可乘槎消憂且覆杯中酒隨淚非關塞外笳每歲杜陵行樂地秖今誰插滿頭花

其三

揮戈無術駐西暉謾向江天動少微夜夜

心懸星北拱秊秊目送鴈南飛九州兵革身將老三逕田園計已違傳語王郎莫輕戰此時胡馬正驕肥

其四

萬事人間等局棋郤將榮落任歡悲風塵飄泊今三載供奉逍遙亦一時長樂疎鐘朝幾早山樓畫角夜偏遲白頭只有丹心在清蹕爐煙入夢思

其五

身世還如庾子山謬將詞賦動人間百年為客常多病萬里悲秋獨掩關壯氣摧殘韝上翮韶華荏苒鏡中顏相親日日唯鷗鳥誰識鑾坡舊鷺班

其六

誰將一箭落旄頭天下兵戈已十秋消息關心皆可惧風光觸眼摠堪愁羈懷鬱鬱籠中鳥浪跡飄飄海上鷗不可久留寒峽裡扁舟直欲下荊州

其七

聖代宏規軼漢功樓臺隱映五雲中蓬萊仙仗明朝日太液 龍舟漾晚風殺氣如今暗神赤荷花無復較鉛紅可憐盛事成陳迹腸斷秋江老禿翁

其八

終南渭水正逶迤綺里斜連偃月陂幾處壚頭傾竹葉何人陌上贈楊枝秦中舊俗今安在劒外流光已屢移落日江樓更回

首風吹短髮不禁垂。

次子敏贈韻別洪州之行

莫道詩工命卽窮。壯年爲牧亦云通。從知驗是須長路。不許郎星近紫宮。吳嶽雲烟供謝眺。蜀州絃誦化文翁。邑中會見霜眉叟。解說神明有祖風。

元帥臺

元帥高臺瞰海頭。登臨暇日共銷憂。地傾西北羣山走。天浸東南太極浮。寒食淸明當令節。暖風和景愜仙遊。經年簿領勞勞事。一笑尊前萬念休。

侍中臺

侍中車騎此臺邊。陳跡如今問幾年。紅日射來霞散綺。白鷗飛盡海浮天。一官勞拙真聊爾。千古英雄亦窅然。行矣澥冠休萬事。便尋蓬島學神仙。

落帽遊　月課

龍山淸賞庾公遊。爲帽隨風落舞遊。自識元戎寬禮數。從教老子任狂顚。人間九日佳辰在。江左千秋勝事傳。白鬢黃花扶醉地。風光不獨永和年。

秋聲　月課

露下天高寒日晶。蕭蕭淅淅是何聲。初驚木末羣山瘦。乍雜江流萬穴淸。底事偏添騷客恨。無端更動玉關情。人生謾自悲搖落。鳴夏鳴春揔不平。

飯筒投水　月課

水馬龜車謾夕風。三閭遺恨此江中。醒魂澆酒知何益。香粽呈誠冀或通。帝子許分斑竹節。蛟龍觧怕綵絲籠。縣山舊俗空寒食。不及年年有飯筒。

墨梅　月課

堂中不合樹寒梅。恠底繁英辟上開。花信卽由揮栗尾。春光豈待動葭灰。江南烟雨猶渾面。庾嶺風標已換胎。自是無心誇絕艷。滿園桃李莫相猜。

青塚 月課

畫裏姸媸失定形。君王別意謾丁寧。生前不改貞心赤。死後猶令塚草青。亦識精英鍾楚岫。豈徒哀怨感坤靈。千春莫恨胡沙骨。同輦離宮摠杳冥。

浙江潮 月課

鴟夷遺恨托江潮。白馬嶜崟著又朝。大海元通開闢水。怒濤偏入古今謠。三吳舟楫愁難過。萬里魚龍伏不驕。憤氣千年猶可息。稽山霸業已寥寥。

雪水煎茶 月課

掞垣晴雪正凝華。小鼎盛來合煮茶。獸炭乍添均火力。龍團新劈碎金芽。爐頭隱隱聽淸籟。椀面浮浮看白花。勝事堪爲仙省故。宮思玉井且休誇。

又

霽雲蒼壁下金鑾。端爲談天舌本乾。雪水翻甌瓊液滑。松風入鼎露華團。三更恰得添梅雨。一注何勞取竹竿。到此益知眞味在。先春自是飽輕寒。

次嘉山四知堂韻

關西伯起四方知。李子名堂亦自奇。欲識千秋神會處。須看一室燕居時。心淸已遣金如粟。境淨徒教水滿池。留與邑人瞻寶額。追思不獨峴山碑。

送別徑叔洪叅議赴京

龍泉晴雪浿江風。千里同行又此逢。却幸他鄕頻會合。那堪別席未從容。天垂遼野羣山沒。地拆渾河萬水宗。怊悵歸期還歲暮。陽關一曲意重重。

次義州二玩堂韻贈伯術

官居千石貌癯儒。自是高標與俗殊。纔到堂中名已好。誰知靜裡道恒俱。六年離索添華髮。萬里來遊說壯圖。琴鶴亦非時務急。祗今西事屬艱虞。

又

吾儕同是一迂儒。誰料雄關寵擢殊。勝事忽從王事就。好懷還與別懷俱。高秋波浪殺爲舫。落日湖山展彩圖。回首上游連鞅鞨。煩公努力備無虞。

奉送芝峯李令公赴京 晬光

節使新兼奏請行。亞卿爲副事非輕。仍聞便殿承天語。轉覺隆恩持地榮。京洛向來猶阻濶。關山此日幸逢迎。煩公珎重加飧飯。上答君親下友生。

九日 同許評事魚川 嘉山鰲控江亭

龍山佳節此江頭。暫上江樓散客愁。簿領三年添白髮。逢迎千里盡青眸。油幢倚馬新從事。閫閾排雲舊勝流。更得主人拚小酌。未爲虛負菊花秋。

挽張兵使大夫人

關西節度大夫人。八十人間五福純。文駟彫軒南北遍。白魚青笋旨甘均。誰知孝子終天訣。更荷殊恩持地新。劒會延津元有

數悲歡一夢浪沾巾。

奉別千秋使吳令公

驪歌一曲唱西郊。京洛故人魂已銷。關路不緣接燕薊。天涯安得相招邀。寶帶萬釘新異數。春坊十載舊同僚。靈槎八月通河漢。會看星文動紫霄。

登古塔

古塔松臺對寂寥。高齋斜日傷漁樵。金牛忽見湖中影。鐵騎初回海上潮。更倚連城

明月動。並攜雙劒落星搖。若非賦有凌雲氣。筆底天花可自飄。

天仙宮白松

孤根一托蘂珠宮。豈與菖華粉黛同。夜暗龍鱗銜自照。天淸鶴影望來空。條封姑射千秋雪。盖擁蘭臺萬里風。不有子雲能作賦。誰知玉對本青葱。

贈湖南伯 爲其祖父故龍潭倅作碑閣

穎川爲政至於斯。碑閣添成一段奇。南國

郎今棠下伯朗陵伊昔滕前見傷心父老
無多在識面湖山似有期從此龜趺更鞏
固桐鄉留與後人悲

奉別李養久令公赴安邊

大纛高牙此嶺隈十年還佩左魚符治期
卧閤名仍重養許專城　寵亦殊蜀郡晩
迎廉叔度河陽早識李司徒青油舊客今
頭白夢逐春鴻度鶴湖公在乙巳年間爲巡察使余以都事迎候子嶺下

樂民樓郎席奉呈崔巡察

百里長川五里橋橋頭畫閣壓岩嶤天垂
大野襟喉壯地接重溟眼界遙十月無風
羅幙靜三更秉燭翠蛾嬌元侯看客懽如
許尤信州民樂意饒

送李善餘赴肅川二首

銅符未必侈銀臺取舍如君費剪裁日有
短長思盡孝官無中外要輸才桑麻百里
沾膏雨羅綺三行捧壽杯此去更無樞密

興揚州騎鶴不須咍

肅寧華館憶曾過池面花開萬柄荷節候
居然周歲了去留爭奈此時何班生大鍇
登仙語摩詰多情勸酒歌窮巷寂寥揚子
宅夢魂飛渡浿江波

送洪師古令公赴信川

南海詩筒昔未傳至今追想已泫然虛銜
白首龍驤將舊迹青雲鳳掖仙任昇一城
播　寵令祿仁三族且窮年世間別語令

人惱何用辛勤更作編

送別許都事子賀二首

許子清臞似沈侯論詩不數島郊流天衢
插翅輸黃口嶺海沉鱗到白頭鐵峽秋高
山更拔咸州野闊對旹一作如浮南樓醉墨
今應在暇日登臨儻見酬

早識關山行路難聞韶何異草原寒一官
困我況重到四嶺橫天仍萬盤幕府朝霜
侵坐席塞垣秋雪沒征鞍岐頭此日送君

去。回首此風生齒酸。余曾為都事。察訪公亦已經察訪。今為都事。

挽權佐郎 倜 妻李氏

玉郎佳婦兩家宜。天固與之何奪之。百歲四分太倏忽。一男三女尚嬌癡。人間兄弟子相吊。兄㒔亦喪偶鰥居。 泉下依從誰復知。去兵丹旐漢南路。湖雲嶺日有餘悲。李氏母親在湖南。舅吉州公在嶺南。

前知申李令公作羅牧求別語。未幾陞方伯。余曾得一聯。曰以足成

世間多別少過從。離思秋懷重復重。一院六人三剖竹。李善餘柳子由皆自銀臺出守。 五更雙闕再聞鐘。余再入銀臺。 專城方面誰為大。利究盤根政得逢。南國化行饒暇日。詩筒無惜起蹤慵。

大同江次巡察金景進韻。

謝朓澄江如練明。西川名妓體偏輕。湖山此夜呈新態。賓主他鄉見舊情。移席傍簷孫月近。回舟遡岸怒波平。皆實事 男兒幾箇曾遊歷。酒後長歌感慨生。

挽金知事 俊元

公為巡察我為州。聚散悠悠歲五周。無復此生陪笑語。可堪華屋落山丘。金章茅土勳名大。玉對芝蘭報施優。 王事竟孫蒿里餞。龍津松櫃望中愁。余以迎慰使西行

送別高書狀 善行

三韓地盡此江頭。此地行來亦遠遊。作客難堪萬里別。逢君况說六年愁。渭城歌歇

知何日。灣館杯深且少留。歲暮相逢應更早。老夫還弃在遐陬。

挽外從兄李義州 改葬

弱齡文彩暎朝紳。大節方知板蕩辰。簡拔獨當灣上事。丹青永失鏡中真。墳移高燥由終孝。禮備哀榮荷至仁。二十三年如昨日。西風吹淚古臨津。

喜雨次巡相錦城館韻。五月初九日

昨夜陰雲昨夜風。曉來銀竹滿空中。周沾

台上功非細倒瀉天潢勢轉雄喜氣樓臺
淹使節懽聲阡陌走村翁隨車霈澤知誰
賜決獄鞭龍咲斅公

次綾城聯珠亭韻二首

繁絃高管錯杯盤六月江深晝閣寒巫峽
忽如屛裡入（亭有巫山十二峯之景）佳人還似夢中
看淸懽不覺歸程遠客席從敎酒令寬閒
說風光秋更好相邀莫負菊花團
逍遙炎荒百八盤獨憐江檻占淸寒灘聲

正好風前聽山意偏宜雨後看河朔豪狂
今旨謝巫廬擁塞此爲寬人間聚散雲無
跡勝會唯應一夢團

復用前韻

襜拖六幅繡龍盤颯颯松風入指寒座客
直疑湘瑟奏行人幾作洛妃看星期浩蕩
終難定斗酒慇懃且自寬蘆嶺捧天淸漢
濶兩鄕唯見月團圞

奉別月沙李相公以冠服奏請赴京

師

聞說星槎上太微北風吹急雪飛時度支
仍帶 天恩異（公對辭户判優敎不許）專對爭推地
望宜黼座於瞻皇極廡翟褕催出尙方司
江南亦自音書少莫向燕山怨別離

奉別巡察李相公秩滿還 朝二首

此世生同同立朝況今爲屬昔爲僚匡君
志切聽言論化俗才優見敎條東閣開樽
梅欲動南樓揮麈暑初消一天涯去住增離

索夢逐征塵到洛橋
親承符節繫公衣不謂南來更送歸（公辭朝旨）
（吾爲兵房承旨授符）冀部二天誇獨有湖城十月惜
分飛光陰袞袞華顚早離合悠悠素計違
回首秦京何處是香爐畫省轉依依

次風詠亭韻

今日忽忽非日体高亭一上百年愁踈（公
老柳園荒砌浴鷺飛鳧戲晩洲溪壑一不
隨世變軒簷長爲護詩留（亭經兵亂不毁 諸賢懸板）

仙區勝賞無時了。莫較冬々春與夏秋。

挽鄭光城令公

來時祖我漢江濱。此日誰云永訣辰。纔報生孫書在篋。忽聞遺世夢非真。孤兒弱女知何怙。玉券金章摠是塵。遥想西堂倒屣處。滿庭晴雪鎖叢筠。

法聖倉次洪提督韻

地盡山回大海傍。登臨不獨好風光。津藏板屋關防密。漕給京師廟筭長。倉庫氏傳爭什一。往來人閱幾星霜。千家正是花如錦。酒味撩吾興欲狂。

鷹岩泛舟次提督 三月十二日

析木扶桑自此通。鰌潮來處有腥風。三山未遂逢仙侶。九岳因思訪梵宫。背日高巖危欲倒。浮天積水厚還空。畫船簫鼓忘歸去。無數汀花映粉紅。

榮山浦船遊次席上韻

揮毫不欲鬪詞華。爭奈春江滿眼花。李白未工吟綠水。桃源只解比紅霞。回崖曲浦深深見。錦幛紗籠箇箇斜。十里汴渠勞剪綵。當時隋帝謾窮奢。

次洪提督

蕭瑟平生庚子山。暮年丘壑飽清閑。丈夫然諾三杯後。浮世分離十載間。釁舍虎皮猶不暖。天門龍陛更難攀。簿書未赴宵征約。詩到今朝却厚顔。

贈人

籍甚香名十五秋。何相見晚此荒陬。古人解道新知樂。浮世關心近別愁。垂柳幾村蘇小宅。寒梅一對謝公樓。野亭欲赴尋花約。儻許瑤琴盡日留。

次曹提督結棚賞蓮

天涯客宦偶然同。相對蕭條世念空。爲愛荷花偷暇日。仍添水檻納凉風。醪傾碧斗真堪傳。亭繞紅粧未是窮。向夕波搖香露滴。更疑身在蘂珠宫。夕一作晚復波搖香露

光州板韻

窮陰贔屭雪霙霙。臈月江南天少晴。去歲此時叨倚玉。香爐盡省近承明。重逢按節分符地。共切憂民報主誠。東閣一樽仍酩酊。怳然蓮燭照嚴更。

復用榮山韻寄羅牧

無邊生憎篘綠華。春風愁殺錦城花。名亭鶴去空芳草。古穴龍歸有斷霞。（滄浪亭在水邊。主人已亡。龍穴在衙岩下。）刺史杯盤星錯落。佳人琴柱雁橫斜。長程盡日銜泥苦。行樂如今亦已奢。

次洪廣文韻因以爲別

南紀迢迢少相識。知音且喜況斯人。君詩動玉不須巧。吾帶有金誰道貪。細雨清樽十年舊。落花飛絮一番新。芳華易盡又離別。孤負錦城烏角巾。（廣文家在錦城）

與巡相約遊無等山有風雨之候洪廣文先賦祝詩以投因而和之

仙山秋對未全空。青嶂丹霞縹緲中。老子猶堪扶竹杖。騷人何事怨蘭叢。纖雲快放三更月。大塊潛收萬竅風。如得最高峯上宿。便應身在太清同。

起看雲脚捲遥空。星斗闌干夜正中。何處苦思沽酒債。（指廣文）誰家罷夢綺羅叢。（指巡相）瓊壇雨洗宜邀月。錦樹霜濃怕起風。賠謝天公劉辭事。仙山宿約與君同。

入山宿長佛寺因疊前韻呈巡相

石路登登已半空。前瞻幢節在雲中。誰期陪語從容地。又得抽身澒領叢。醉葉覗迷千嶂雨。青山頭白五更風。（上峯夜有雪）明朝更上最高頂。眼底南溟杯水同。

次萬松堂韻（亭主龜城李寅卿）

臨川臺榭慣遨遊。聽說君家擅上流。自有堂前松萬幹。非關江畔橘千頭。四山氷雪春光在。三伏炎蒸爽氣留。幽興此間應不淺。肯將榮落謾惟愁。

次東溪草堂韻

聞君脫出世紛中。愧殺南州就食翁。還似商顏茹芝日。非關弘景聽松風。泉分古澗漫渠白。花發春山繞屋紅。霜後壯園收芋栗。此公生事未全窮。

褒忠祠次板韻。

白首臨危獨奮然。妙齡風彩玉堂仙。飛騰困厄何曾變。節義文章可並傳。廟樹陰陰鸎囀曉。郊烟漠漠雨漫川。千秋香火空山裏。驎閣圖形較孰賢。

遺廟丹靑正儼然。當時此地屬詩仙。山鳴得雨于今驗。氣淑鍾精自古傳。深谷攢楓纔辨野。長渠灌稻細分川。行看竹馬逢迎處。頑我憨非郭伋賢。

披閱石洲詩卷中有寄高山之作。感而追和。

徒步風塵識面初。淸豪自與世相疎。泉臺此日埋麟鳳。關塞當年阻鴈魚。散帙忽驚留寶什。知君苦思晉情書。吞聲惻惻俱無那唯有夢尋江上廬。

仍任後次洪廣文見贈

華堂淸簟午眠初。瑞石濃光畫不如。頑我未堪懷故土。傍人還擬賀新除。從他邑里仍愁痛。愧殺雲煙自卷舒。休把詩篇強張大。頹川才術本空疎。

歸期直指鴈來初。紫綬黃堂坐自如。爲要佳賓虛上席。更憐幽鳥下前除。眈閑不必同何遜。治劇還非慕仲舒。大火鑠金須暫

避。此翁身計未全疎。

蛇洞行次

無等之山無等夷。西南一壑最恢奇。古潭龍在水長碧。靑嶂僧歸雲共遲。前輩錯嬉巖洞淺。仙蹤暗許廣文知。辛勤不用強搜索。蒼翠滿簾供賦詩。供一作宜

又次龍湫

去年蚺洞涌洪流。傳道羣龍此會遊。神物秘蹤歸大壑。巨靈高捧保澄湫。山常有護

雲烟媚逕自無媒草樹幽直待秋風作涼冷窮尋真境到源頭

戲次亞使

佳期浩蕩失春遊一夢瑤臺第幾樓隨處風情非寂寂郁知別意暗悠悠蓬山多路迷青鳥錦水分流鬓白頭十二峯前今夜月不須重說向來愁

復次東溪草堂韻在道中作

昔人愁在青泥中觧道小兒成老翁誰遣

微蹊連古峽更兼驕雪挾長風東溪直望遠峯碧西嶺已含殘照紅行路之難固如此阮生多事哭途窮

次趙持世遊智異山韻

白頭南脉幾名山第一天王湖嶺間高揖漢拏爲二老旁瞻月出是三孱椎花流水通漁艇桂對清風爽醉顔空外笙簫聞彷彿孤雲千載儻來還

次龜城板韻

驅馳不是慕功名老子行藏講得精忽憶梅花開漢渚誰將竹葉泛衆瀛英雄已去風千載勝敗皆空月一城懷古思鄉聊復龠干戈此日愧書生

次尹鳴益留博川韻兼呈主倅

枯棋團罷到黄昏龍嶽晴光翠擁門地部琴樽關北日使君葱竹漢東村行年五十無三歲(三人同庚)客思千重共一軒聚散本來難可定臨分不必更銷魂

聞主人夜宿新人疊前韻戲贈

早臥非關惱賺昏洞房紅燭掩重門三年宋玉寧無意千載昭君此有村(主倅嘗求近三年)好雨濛濛花坼塢清宵細細月斜軒匡床悔從今始五馬當時枉斷魂

即景復疊前韻

鴉噪空林殘日昏雲山萬里隔青門行齋居送此時役婦哭兒啼何處村兵革關心愁絕塞琴鐏無意醉華軒沉吟倚柱久延

訏不必更招東去魂

雨後復疊

一夜春陰山雨昏東樓宿客早開門雪消
松頂翠增巘烟惹柳心青掩村千里倦遊
偏感物百年多病獨凴軒儂家正在漢南
陌窓外小梅應返魂

送別梨川李令公弘胄赴京公以節使兼奏

賦情

年年節使費驅馳今日送君非昔時貔虎
縱横真可畏簡書交錯若爲辭平生只信
孫忠在大義從敎四海知八月靈槎到霄
漢會憑星象候來期

我自西歸君又西暮年離思易悽悽三軍
塗地哭聲沸萬里連營兵氣迷乍近青闈
識龍鳳行看碧海掃鯨鯢白頭獨掩城南
宅惆悵河橋芳草萋

別副使金壽賢令公

西州琴鶴久比鄰乍拂星軺忝上賓聚散

竭來多歲月幽燕此去更風塵孤忠自信
神明質一札應紆寵渥新怊悵別筵違伏
枕迎薰回首夢中身迎薰定州樓名公之牧定也我尹齊耳以迎慰過公故終始諂之

金宣川應河挽二首

深河事去奈天乎隨地綱常手獨扶節義
向來元自許君親此日果誰無忠魂不死
應歸國怒面如生欲搏胡回首磧西千萬
里碧空唯有月輪孤

玉帳春開小朔州三軍屬目是吾侯初看
長大誰陰亞誰信精忠武穆流平地抗鋒
驚漢將僵屍握劒懾胡酋相公奬拔真知
士倉猝捐生果有由

挽朴司紙

喪亂相逢年頗多中間爭奈別離何湖天
久絕北歸鴈人世俄驚東逝波子服有兒
門必大公明無祿數爲魔玉峯依舊滄浪
闊從此西州那忍過

次海嵩尉 尹新之韻

喫盡燕街三斗塵。風波還阻鴨西津。秋顔入鏡朝朝改。世事如雲日日新。浪跡豈堪随俗好。狂圖錯擬濟時屯。出門一笑吾無愧。下有長江上翠旻。

禁臠清羸少俗塵。開緘一讀齒津津。樽前青眼幾時對。世上白頭如許新。遼鶴不歸江月在。胡笳吹斷塞雲屯。傷人錯比湘潭客。猶有龍書氣射旻。

送李立之賀 聖節

河橋相別尚銷魂。此地那堪又送君。槎上客星天北極。眼中山郭國西門。兵屯遼塞愁烽火。路出漁陽近客雲。 王事驅馳頭共白。臨歧脉脉更何言。

留滯鎮江嘆作

遼河五月客初歸。咫尺雲霄萬里違。白日下臨心獨炯。蒼生欲濟計還非。愁聞走檄流星急。厭看驚沙亂雪飛。堪笑滄浪真自取。海禽猶解遠危機。

次風詠亭戲題贈人

句欲驚人死未休。到難言處却生愁。參差嶽勢分蘆嶺。隱見江光似橘洲。細雨何孫孤客興。瑤琴能使使君留。沉吟佳境心先醉。況復樽前有杜秋。

次香帖諸作

邂逅芳盟偶未寒。月斜山館夜初殘。仙遊怳入桃花洞。春意偏濃芍藥欄。弱水可能容過鶴。瑤琴無那怨離鸞。重重翠幔心間事。誰復慇懃爲探看。

奉别洪 仁憲 令公觀察關東

大嶺東西二十州。觀風今日屬吾侯。天低皆骨峰巒壯。地匝重溟島嶼浮。箕國郊原新節鉞。臨瀛父老奮歌謳。傳聞真境多靈草。會見童顔換白頭。

代人挽

東南河嶽氣偏鍾。循吏寸兼孝友風。壽不

百年那稱德官纔二品未爲逢瀛洲學士
詩聲續鄕社先生祭典隆家世交親誰復
在白頭顚挽淚和封

送李伯胤按節嶺北二首

方面一作鎻鑰從前重北門遼陽沒後事難言
亞卿久負訏謨寄公以兵曹參判爲備局有司巡察新
兼節制尊頭白關山三度去眼青亭館幾
人存平生耿耿澄淸志一任驅馳答主恩

平明斧鉞下雲間去去星軺不可攀離別
關心怨長路安危有仗破愁顔淸風剩洒
貪泉恥秋月偏供老子閑從此出門無所
適臥看烽火照南山

送鄭書狀伯樞赴京

行者求詩良亦勤不求而贈爲情親來鴻
去燕若相避吾自燕纔還昇日賓天還此辰泰昌崩天啓立
稽首紅雲閶闔曙傷心碧草寢園春
江南別後過逢少吾爲先牧公倅茂長此後久別一不獨燕
山惱殺人

送銀溪楊察訪道一

交親氣槩又比隣海客風流海客察訪先大人號見
此人楓岳烟霞留宿債蓬丘日月隔微塵
誰知暫屈銀溪役有意重尋玉洞春一萬
二千峰踏盡佇看詩句更淸新

送遠接使赴龍灣

騷壇牛耳主齊盟師律新調部曲精海內
今誰詩刺骨胸中久已有奇兵龍河草木
威名識公曾爲灣尹鶴野風雲指顧生會待歸
時笳鼓競鑾鞭遙候浿江城吾爲平壤迎慰使

送都司延慰使李吏部

文衡爭仰斗山高吏部才華見鳳毛迎慰
非關勤禮數唱酬元自倚詩豪趨庭去國
誰憂樂郤跡催行實寵褒遙想紫泥東下
日鴨江簫鼓駕春濤

送韓昌李相公慶涵以賜銀辨誣謝
恩使赴京

恩隆大賚枉仍伸陳謝天庭屬老臣曆

數已聞傳舜禹年。華忽覺換庚辛。驚心鼓角遼城夜。識面鸎花帝里春。鳳詔十行曾拜受。白頭西望一沾巾。(余受賜銀勅於萬曆皇帝。至是萬曆已崩。泰昌繼陟。)

次一松沈相公生日耆老會韻二首。

洛社遺風杳莫尋。重逢耆碩盛於今。西郊暇日揄行樂。南極明星認照臨。廊廟不慚前輩業。雪霜方見後凋心。百年勝集長如此。東海爲樽北斗斟。

朝家優典荷深仁。曲宴相過興更新。君賓登筵徵古事。(領相年六十參宴) 蓮花生陸值佳辰。非闌漢代三爲號。未必香山九作鄰。酒後傞傞龜鶴表。世間方信有仙眞。

挽李韓如 (倅蔚山一年。卒于官。)

鄭亭詩句騰梅初。(公之南也。相遇龍仁。有梅花折贈之句。) 去去熊轓瘴海隅。書與淸風三伏至。病將匈聞一時俱。公明雅望無華貴。韋氏遺經有嶺孫。五十交遊日零落。呑聲惻惻惣須臾。

到黃州。題贈亞使。

山館寥寥似佛庵。客中贏得午眠酣。杏花時節偏多雨。蓮幙風流正駐驂。西望妖氛漲遼塞。東來紫氣擁秦函。相逢草草仍歧路。恨別傷春兩不堪。

登黃州望遠樓 (巡察·都事柳廷慰·安岳在座。)

城上危甍出紫氛。二西風氣此横分。山河表裏襟喉壯。堞壘高低計策勤。斗酒能留行客駕。巖花欲妬舞兒裙。登臨韋是邊塵靜。努力關防答聖君。

一夜春城雨洗氛。杏花村徑細泉分。層樓跨壁新規敞。寥席娛賓舊意勤。喜把淸談消永日。羞將白髮對紅裙。山河萬里來樽俎。收拾風煙可贈君。

登南門樓次君彥韻。(巡察韓問禮·鄭問安·安岳安西都事·蔡諮在座。)

海西形勝此高樓。樓下淸江曲曲流。風月幾經供墨客。金湯長爲護神州。炊烟冪地

前村共落照街山遠對浮莫恠當筵頻勸
酒去留無是惜春愁

次君彥見監軍入州

君王駕馭必英雄早奉温綸出紫宮玉節
函循天氣駿雲帆直掛海氛空旄頭欲射
弓彎月(監軍喜射)幕府初開劍吐虹一散萬金
收死士千秋不數馬家功

次水原板韻

刺史黃堂驃騎營客来登眺屬新晴一年
明月今宵宴萬壑嚴霜昨日迎浪跡却嫌
帷帳盛踈攜斗覺夢魂清興亾衮衮山河
在長嘯風前散不平

次金溝板韻

坐久雲烟起四邊前山一半看無緣非關
秋氣愁潘岳自是他鄉惱仲宣行邁屢曾
經此地容顏安得似當年鳴簷小雨添蕭
索衰鬢朝来倍颯然

次洪宣諭見贈

平生夙約在滄洲一劍南来已白頭久待
行軒此經過不妨賓館更淹留時清我自
偷身佚歲晏君今慕舌柔忽憶光山舊遊
地敗荷衰柳五回秋

復用前韻咏邊山

蓬島烟霞近十洲何年漂蕩六鰲頭真僧
不住塔空在仙鶴已歸巖獨留瞻谷風泉
隱雷吼石林霜葉勝春柔登臨上頂開雙
眼一碧乾坤萬里秋

戲題

金魚牢鎖桂叢寒繡閣初開歲已殘醉死
夢生渾不了雲情雨意未全闌偏憐翠竹
無佳實一任昏鴉鬧彩鸞風咏亭中舊時
月別来還許幾人看

次清城板韻贈江界倅金(冠玉。余在龍灣時。)

酒作將軍詩作城敗非爲屈勝非羸何關
筆下生珠玉所貴胸中有甲兵山壓戍樓
新月小雨添春水暮江平相逢此地俱戎

弁。誰識鑾坡舊綴名。

萬全亭 癸巳。寓礪良。次鄭郡守韻。

明府深謀慮未危。金墉百雉屹持持。雲根鏟作屯軍壘。泉脉通爲飮馬池。地闢千年埋草對。天開一夕鎭藩維。欲知眼力超人處。須向亭中仔細思。

寄耆老會

優養高年邑俗嘉。社醪初熟趁秋花。二三亦足今何數。八十尤稀况復加。南極壽星應正照。西州勝事此堪誇。山公不是風流少。多病無心醉習家。

次鶴谷三首

較勝非關席上兵。唯將酒興等殤彭。眼花不見丘山大。豪氣偏知爵祿輕。小雨冥冥仍暮色。寒梅脉脉已春情。此時最樂吾先醉。何用虛誇一石名。

孔明誰信昧奇兵。尼父元非下老彭。從古聖賢多自遜。只今文墨喜相輕。詩能遣興何須巧。官到偷閒是稱情。萬事世間吾已了。青蓮第一貴無名。

風雨長驅八峽兵。下江孤壘怯岑彭。搴旗賈勇斯爲貴。見敵知難未可輕。已約師徒仍蓄力。直愁軍候暗輸情。窮龐斫樹羞千古。何似甘心畏虎名。

上元

上元佳節冠王春。正是東韓藥飯辰。彩樹轉燈存舊俗。荒祠擊鼓祭何神。爭誇筒裡飄花朶。誰看山頭湧月輪。今夜九霄騰紫氣。想應鸞動廣陵人。

贈金校理 著國 十一首

五十之年隙過驂。吾今有一子無三。相逢盡省驚衰鬢。却對華燈喜劇談。詩律不論長慶後。功名都付大槐南。駱東春色渾依舊。藜杖追尋老亦堪。

一夢分明御鶴驂。山山歷路海中三。回頭忽共奎公界。銘骨空傳老氏談。學士詩名

懸斗北尚書地望重山南東街十里春泥
滑欲策犂眉參不堪
不用參尋走劉驂禁中相對偶成三方知
閉戶十年讀未抵連床半日談雪色欲殘
鵁鶄北春光先動濯龍南園圓此夕應難
續衰病風塵可久堪
十年塵土兼羸驂羸得霜毛日兩三家落
羈懷無好況團欒良晤雜清談春暉欲動
閑園裡花信先催別院南自是幽居饒物

色老來詩興亦難堪
真仙何處駕鸞驂玉帝高居接日三唐代
瀛洲徵盛事漢臣藜杖作奇談飛昇未必
追河上經籍還須效世南會者九重開講
幄論思密勿果誰堪
鏡裡光陰若走驂蕭蕭白髮丈千三悲懽
各說閑情事得失非關較于談半夜鄉心
懸水北一年花信到枝南啼禽莫向窓前
過羈思多端自不堪

故園何日駕歸驂身似眠蚕已過三鏡裡
忽驚凋壯髮樽前那得騁高談嗟吾事業
中人下羨子聲名壯斗南仔細算來都是
夢小窓直坐意難堪
夙昔看君時倦驂詩名已自邁陳三交遊
伯仲差年位離索中間阻笑談轉盼青雲
魚化北揮毫白戰馬征南江生夢錦才全
退欲和陽春愧不堪
君家深洞可停驂小逕新開蔣詡三華搨

只容佳客坐高懷肯向俗人談殷勤累枉
書多少偏側還愁巷北南閭道寒梅昨夜
發相思一倍更難堪
好賢誰解晏嬰驂晚喜金蘭益友三深谷
豈曾逢客至小窓端合與君談安知此日
無同北不獨當時有阮南梅徑夜來春雪
下暗香寒影問誰堪
駑馬難追汗血驂龍門却望近魁三春來
新作還全廢老去陳編尚可談兵革關心

纓綿壯。名聲何意擅漳南。知君不厭淸狂客。犇走卓塵我未堪。

奉送吉川權令公巡察海防

國事如今尙可爲。亞卿身上佩安危。十年佐幄推人望。三度行邊荷　主知。根本從來重南服。憂虞不獨在西陲。堅城巨艦俱虛耳。努力蒼生願察眉。

六言四韻

用亭上韻。送鄭下叔還京。

水似征人未休。山如蛾黛添愁。前村後村烟火。十里五里汀洲。自識兩家情好。非關一哭淹留。吾將從此逝矣。湖外已過三秋。

海峯集卷之二

倚韻隱卷之三

言古詩

秋氣集南澗 月課

風吹欻翁衡浦飛胡鴈老子起睡慵獘裘纔掩髀出門欲何之幽賞在南澗緩步歸自由徵徑亦已慣飀飀石林響爍爍岩鄉縱愛此復夷猶都忘滯羈宦秦中豈不樂北望山川閭世事夲如夢宿癡今始辨搖落不復悲鬢白非所患醉来一長歌蒼逕歲將晏

杏園 月課

丈人道氣深妙訣侍軒轅不藏汝南壺結廬廬山根試探囊中丸能返已逝魂神方走四海羸瘵日盈門療病不多債符水隨手翻但敎種之杏縱橫期滿園役力當直錢栽培詎憚煩一株復一株居然千對蕃年年妬花風香雪堆墙軒陰陰綠葉重結子黃金繁付與買果兒定價在一言何勞童僕護擾虎當蹊蹲要警俗子心取贏非所論此翁還此事貪廉禎亦敦誰知一片地上近白揄垣至今五老下高風緬猶存吾營紫河車千載渃塵喧仙園不可到欲向杏花村

挽姻叔母宋氏

奕奕冠冕後英英蕙蘭質十七歸夫壻在世纔廿八懿德闕報施天乎竟難測哀哀廣陵道春風吹畫翣小兒尚呼乳大兒猶覔栗鶴髮坐高堂撫此幾欲絕行路亦酸鼻況乃葭莩屬題詩一長慟萬事泉原隔

夜思兩兒偶吟

大兒方六歲小者亦差肩来時觧牽衣問我向何邉戒謂簿出郊明曉當言旋于今涉旬月音信兩杳然童心久則忘戲嬉想如前時時立街頭待我望眼穿入門抱母啼曰索果與鮮見者若爲情思之心若煎雲山隔萬重會合似無緣歸期指仲冬一

夜長似年。蕭蕭峽中秋。風雨正滿天。空齋
悄獨卧。我生亦自憐。兒乎與爾毋爲我但
愼旃。

送金得之賀千秋節

六月鴨江上。乘氷西渡人。如何一衣帶。似
隔銀漢津。君到水東州。十日方水濵。不見
望眼穿。相見別愁新。幽燕此重行。壯麗安
足陳。憶得去歲冬。共充觀國賓。行裝辦奴
僕。杯酒餞明親。變易在須臾。奔走覊帝宸。

獨見無時資。誤事實及身。機關適如許。語
嘿罪惟均。賀節雖無難。此正多事辰。歟心
兒必厭。行志人必嗔。君才無不可。得失任
大句。遼塞溪態脯。且莫愁烟塵。去住各浩
然。江風吹我巾。

望夫石 月課

崔崒一片石。獨立荒山隅。苔蘚以爲粧。辭
蘿以爲襦。借問誰所憑。名之爲望夫。伊昔
鐵山下。有女閑且都。嫁與征戍兒。一別杳

秦吳。洞房晝不暮。褰衣上崎嶇。歷歷短長
亭。邈邈關山途。魂飛腸幾回。淚盡眼已枯。
天地終無情。合沓歲月徂。雨漂繡羅裳。日
炙氷霜膚。居然綽約姿。突兀如浮圖。此心
尚炯炯。但覺容顏殊。流傳作異事。恍惚足
驚吁。恒星殞爲石。魯史言豈誣。又聞圯橋
上。神變若合符。物理或其然。況介誠所孚。
圭璧亦可碎。堅貞共不渝。至今荊楚間。名
與山石俱。山崩石更爛。此恨無時無。

七言古詩

深秋七日余與二三客往遊龜遷回乘舟泝回觀覽際海奇巖又捨舟而陸直到擊毬場復飲奏馬上樂乘夜而還是日也天色清朗海風不興舟行望遠俱無所礙真難得之勝事也聊賦七言長句以爲他日不忘地云

咸山古稱名都會繁華舊俗今猶在我来蓮幙僅數日先問何邊有勝槩皆言此去一舍近地位殊絕關南最似有靈神閟真境晴晝時時烟霧晦使華游賞知多少十無一二展請眺此語聞来氣先驚便戒行裝坐待曉平明催出南郭外細馬馱紅亦一快行行路遠洲渚間白沙奇巖嶄可愛崔嵬一峯名龜遷異狀正如龜曝背海若收波風日靜廚人漁子相驚惟帟幕華筵張上頭繁絃急管淩高秋俯瞰島嶼有無中東望一碧乾坤浮析木扶桑定何許眼力易窮無由覩心神怳惚難久留醉後乘舟悠洄泝回看壁面橫半天却訝来自行雲邊錦石槎牙眩五色長如匹練圓如錢幾經風浪相吐吞千丈尚帶波濤痕土人喧道馬巖奇形勢與之難弟昆下有三竇深幾尺舡上遙見如窪尊一柱當前高欲摧巨鼇首戴蓬壺蹲篙師舊棹疾如羽登仙馭風非虛語歌兒解唱壬戌秋清音嫋嫋潛蛟舞赤壁羈游不足誇我今已荷君恩多翩翩騎從沙頭候画角聲高山日斜道我行循水西滸云是　聖祖擊毬處龍騰虎躩今寂寂緬懷英威毛髮竪復登高頂試游目無限大野皆禾黍楚地雲夢謾空濶到此益知天所府同来亦有二三客歎息奇觀難再得此日此景還此人天遣吾公留勝跡我㗛不答心自閑酒酣樂極還旆促馬前轟轟衆樂作紅裙翠袖肩相拍嫵他新月步光輝火城照耀亘阡陌攔街

觀賞起老稚歸來直到陳鐘鼓腐儒元自任疎散安石風流未曾慣偶然乘興聊戲耳傍人莫作怡遊看

呈素簇二幅于石陽要得梅竹各一而全篇以梅為主以石陽難於作梅故也

蕭郎善畫竹雪村工畫梅二者各殊絶兼之信難哉人言石陽老足繼蕭郎後我昔獲見瀟湘萬竿圖方信筆力無今古但恨雪村難可作千載寂寞西湖春非公莫可傳此迹胡不一掃驚世人有時戲作水墨姿人或少之公自若龍城通判具眼者言公畫梅優於竹邀我西齋指壁上滿室風烟障猶濕不圖關山嚴冱天復對江南氷玉肌老幹側倒勢屈強橫植半亞開垂垂倒梅瓊葩不受積雪欺雪梅暗香疑聞明月時槲最是風枝十分奇鬚鬚蘂蘂皆天機風梅二老手法俱在此雄跨百祀非公誰借問吳侯何處得侯言與公相知久畫竹固未易畫梅良太苦畫成若自然畫時多貴巧以此公不喜衆人誰敢要幸哉相逢塞垣外日日連床無箇事求之既用誠遂會公有意自得四幅後使人忘飢渴我聞此言重歎息回首向公膝更屈我欲有一言未知公聽否良工不深藏交道無新舊羅浮村大庾嶺夢想梅花春正好煩公揮洒配新梢竹也留作人間傳後寶

贈別李重卿寧邊之行

去年之春君北征訪我驛路披榛荊今年我在京洛間嗟君又作西陲行問君何事長征役君笑不荅我心惻愴曾同為靑瑣臣多君貌癯瘠如石中間阻濶閱寒暑始信松篁異凡木嶺海江潭且不辭銅章屈宰良非辱此府從古稱雄大藩繇保障須人英傳書禮數從困君君自洞然氷壺清匹馬今朝促歸鞭離魂不散西郊烟關道

山川舊風景佳人亦解青油仙歎我還同羝觸藩羨君此去如鵬騫得聞太白饒靈草無惜刀圭及此老

龍灣行

角聲咿咿門早開平明軍吏喚相催偏裨次第問安回須臾復道通判來盤中百味懶下筯華堂綺席無纖埃村夫望若天上仙階下跽又誰敢前簿書揮盡頃刻閒人散廣庭清晝閑飛花語燕如矜嬌風吹柳絲輕烟搖滕有鳴琴樽有酒誰爲和之誰爲倘况吟獨坐日已曛春夜漫漫堪白首

遊千佛山

千佛之山雄且秀煥若蓮花揷晴昊北連長白西薛罕初秋七月霜飛早咸州形勝此第一我在洛中聞已褻書記經年困戎行百里渺如三千隔魏侯平生生長斯見我一日言及之便覺清興席上生連鑣不憚山水危此時郊原未赤葉恠底林巒彩圖出黃昏暫投蕭寺宿清曉呼僧理飛錫穿崖越壑行崚嶒回溪曲曲鳴寒玉洞簫吹徹洞天雲清歌振谷山靈泣蒲團小酌隨處陳最愛懸瀑垂天紳雪花瓊屑撒青壁令人對此澄心神白嶽菴高何爽快山開一面東南大俯看滄海小若杯群峯點點如歷塊却恨塵緣未盡除三竿落照催籃輿五步回頭九步立紅對碧松如惜別同來數子長歎久勸我題詩要傳後他時如記此日遊歲在青蛇斗指酉

送李伯脩以御史赴北關

去年三月潼關沒潼關之民無一脫賊壕去我八十里健馬日夕可隳突河邊列障如裂尾東撐西傾勢難遏主將决計期一掃陰風北來隨回鶻自古戎狄有餘狡居然不免遺人獲北師氣勁素輕胡從此望塵股已慄至尊深懷根本憂咨之廟堂無長策飛書七路徵健兒龍武新軍亦爲缺

驛騎輸將武庫兵。雲帆轉盡關東粟。千載少似廉頗將。豈識軍中有苦樂。　上曰嗟乎吾赤子。災潦積雪長荷戟。誰能爲我奉明命。簡閱慰撫如在目。吏部精簡屬吾儕。利兕要當試盤錯。繡斧朝從紫霄下。飛蓋暮拂黃沙磧。河上三軍爭拭目。玉壘旌旗應變色。貪饕解印藩落驚。强寇聞之亦歎服。男兒本自重遠遊。此去添得胸襟豁。大野眞遼羣山獰。邊雲曼曼塞日赤。遙知元帥臺上春。瓊枝玉對眼成碧。自恨孤蹤鴻失侶。有時出門無所適。名都舊遊今寂寞。江柳汀蘭夢中綠。君行儻過萬歲橋。爲報風光渾似昨。

次平壤行　頓天使韻

箕都形勝西關脊。萬室鱗鱗連九陌。宏規大起經千年。增麗崇華非一夕。泰運之極否將來。扶桑一帆奇禽開。浿水城池失金湯。浮碧練光隨灰埃。魯門何人策馬駮。齊壘未見桴鼓援。帝曰朝鮮吾屬國。唯知禮義不習戰。將軍汝往靜妖塵。免使衣裳爲介鱗。大纛高牙提督府。將軍受命思捐身。吳楚健兒蜂蝟集。遼陽突騎風火急。掩耳無及疾雷聲。誰道師行日三十。齊呼肉薄半死生。電掃須刻膚功成。從此東民樂按堵。詞人亦解歌洗兵。宅有新屋倉有積。靡粉酬恩亘不避。使華隻節此經過。曾是王師血戰地。當時風雨射虎場。湖山淨潤嬌春陽。草閒應有未收骨。酹酒招魂增感傷。淸文動玉思更苦。信知詩壇有盟主。吾儕何幸覩光儀。勝事猶堪耀東土。但願　上聖撫萬族。偏邦永徼無疆福。江頭蒲柳今正綠。野老不作吞聲哭。

次崔副使葱秀山記游

仙軺自帝鄉。遵海東陽。海東饒佳麗。隨處足尋芳。寶山之西境。淸絕山高去天無五尺。兩峯却立勢最奇。何年剷出春葱碧。

人世囂塵不曾到定有眞仙鍊金液回溪曲曲繞林麓宛見嵩山三十六穿崖溜壑一聲琅琅驟雨不待雲氣溪緬想名山誰改之董公風彩驚當時玉樓夢罷今百載東人爭傳多婦辭西關多少好亭臺向来兵火皆傾頹始知天公令鬼守龜趺獨免爲秦灰高文峭壁與之共嵬嵬摸索一讀眞奇哉清賞久寂寥我公何暮来山靈解動色水恬潛消灾登覽屬春晴四望豁氛埃

摩尼照濁泥下蔡已風靡白雪敢攀和詩成當一嗤

挽外兄妻金氏

從兄承重吾外宗家聲遠自文忠公少年擇對無可意天與孺人婦道隆孺人許嫁纔納幣吾兄先在哀疚中草土軀命不可期阿翁改圖諸姑疑正色溫言確不移聞者嘖嘖驚且悲三載于歸合兩好人言此事神扶持如何賦命多險艱郎今四十無一官孺人蚕績供祀養身上未免衣裳單生兒輒亾尚餘五大者覓粟少呼乳一朝微痾竟不起天乎漠漠誠難恃世間何限享壽福誰之不如而至此廣津之南山麓佳夫家祖考葬於是吾聞厚德終食報香火春秋定不墜向風長慟寫短幅留作張林碑上記

驪州道中

三月一日天大風黃埃蓬勃迷西東驫騄却立鞭不前有似身在回波中杏花消息

尚寂寥飛廉叫怒太忽忽至今餘寒薄陽和平分四序還非公玄機袞袞誰主張我欲問之無極翁

次梁監軍遊漢江

漢江形勝國都南幾經仙侶駐雲驂乘槎使者香案吏汪洋學海胸中涵組練三千（一作東来組練）募荊楚皇華暇日臨芳渚揚劉去来今閱年誰道丹霄遠下土鳳凰爭覩匝

歡聲猩袍日照波底明湖山增秀景增麗近郭斗覺生（一作移）蓬瀛樂奏妖童蹋筵舞潮落歸帆邐迤浦何須此江變蒲萄四座自是沾鸚鵡瑤池往事渺虛無集賢夜宴空作圖爭使三韓方丈外華風發暢人氣蘇賤子猥陪多儀享不妨逢場鑿心賞方今 聖明新化流肯使鯨鯢漏天網欲補涓埃衰老何平生此意恐蹉跎清詩莊讀膝更屈下俚愧和陽春歌

送李重卿以水路朝京

渤海茫茫天地浮其西禹貢之青州南走金陵北幽燕水道萬里三韓連麗家昔時通使价行者失操多狼狽圃隱先生獨勇往至今大節人皆仰李侯平生有定力體不勝衣膽似石妙齡青雲第一流中間天驥隨氂牛遼陽沒後冠蓋絕執玉禮缺趨聖節二百年來還此路人情怖悸無今古滿庭貂瑱是才豪誰將太山輕鴻毛擇餉三四公始當有如頹波止巨防疾風方識勁草姿升之亞卿彰恩私雲帆指日駕滄溟約束陽侯驅百靈右有尉虎左蛟鼉公能視之猶平陸日月出沒其中央張騫天河何足方高秋東岳想玉堞霽雪西山拜閶闔蹇通 玉几跪陳辭吾 王赤心天子知吳公在前公在後華夏嘖嘖不容口圃隱遺躅追庶幾吾儕得之有光輝我識愷悌神所勞關心離別令人老安得壯士清邊疆三叉古道如康莊公歸更不由海航

龍梭

雷澤之陂深幾許洪漣合沓成盤渦中涵水怪盈萬族鰭鯊鱣鮪蛟黿鼉陶家少年氣頗豪舉網得魚其魚何非介非鱗亦非貝細看恰似機中梭波濤不合著此物靈源無乃通天河織女遺却鮫人藏來掛壁上驚鄰婆須臾棟梁鬐鬣動雷公雨師頃

撝呵雨收雲散不知處。茫茫太空誰綱羅。吾聞龍性神不測。爲人爲馬爲虫蛇。長房之杖呂仙梳。古來譎幻何其多。天生異才必有異。龍公用意良非他。大蟲縣高牙八州督。此兒變化真同科。吾將賓之真贗閒。爲爾把筆聊成歌。

送陳奏使月沙赴京

憶昔　宣祖中興日。萬曆紀年之廿七。讒言同極成貝錦。東土綱常幾泯絕。皇上忠臣氣空奮。西厓老公䰟先奪。我　王赤誠天地知。誰持筆舌如面訴。君侯此時官不大。詞壇早已推盟主。義取春秋文陸贄。抽肝劌目分毫縷。禹鼎新開炤魑魅。靈犀夜燃呈幽恠。緘封付與丞相行。超拜亞卿充副介。漢廷羣疑果氷釋。三韓日月增光彩。從此公名益藉甚。風雲兩朝隆嘉會。適來郤掃南郭外。回首炎涼幾度改。太平無端兵又動。　天子赫怒清遼塞。小邦元自父

子同。憂患共之何敢貳。羣口風生競出奇。飛謀染我非偶耳。忠貞世世虞夏見。鬼神在旁寧有此。　上心茹痛若寧考。直欲走辨丹陛下。惕然思想向時事。顧視滿庭無可者。十行溫綸下雲霄。雷雨忽起蛟龍蟄。明君知臣誠一揆。朝野嘖嘖更歎息。衆爲公賀公不喜。衆爲公憂公不慼。一出都門動征軒。天西驛路何迢迢。幽薊山川舊風光。華人慣識麟鳳標。況公聯翩香案仙。片辞白璧山可移。復令國勢重大呂。男兒事業當如斯。歲暮氷雪塞長途。來時洛陽花正飛。愼旃敎加飡飯。鼎司虛席待公歸。鼎司虛席公早歸。

杏山行

杏山城門朝不開。行子早起徒御催。居人皆言候騎出。候騎歸來客當發。此去西北盡胡山。其南碧海連燕關。至京之路只一條。胡騎出沒如風飇。吾聞武皇耀威靈。大

漢肅清無王庭。又聞開元御寰宇。安遠萬里不閉戶。如何聖朝大包荒。坐令雜種恣跳梁。有似踏過眠虎尾。瞿塘太行不足比。安得猛士鎭北方。遠撫疆域邁漢唐。行旅自在如康莊。

次金得之蟠松篇贈李質夫

吾不愛定惠之花苦幽獨。又不愛湖南之地擅清絶。最愛洄陰鄉裡兩株松。有似張許並生差日月。草堂梅樹不可當。車輦老

骨爭雄強。借問街路貧嗟賞。何如丘壑保靈長。五月中箴閭閻飈。窮冬時吼瞿塘濤。鐵幹寧許螻蟻容。香葉端宜鸞鳳巢。花飄金粉惜不摘。精耀白犬誰敢掘。憶昔西遊駐其下。回枝交錯遮風雪。龜蒙不復倩道人。漆園安得誇大椿。君家先祖廊廟材。直道行世招身灾。故種二松蟠其柯。年深磊砢真奇哉。想當辛勤封植時。誰期作此龍虎姿。看君不失歲寒操。無訓未必銘彝。

至今魂夢空追從。眼青金侯詩卷中。松兮松兮爾之性甚正直。輪囷於外全其躬。使我爲木當爲松。爲松不爲落落長松兮爲蟠松。

金將軍歌

寶盖之山雄且奇。環擁鐵州勢盤礴。淑氣往往鍾人豪。崔萬戶來一寂寂。將軍繼出風骨仍。身長八尺射洞鐵。密昌相公按關東。偶然識拔稠廣中。歷試內外無不辦。利

器盤根會當遇。黃馬之年月建巳。建酋屈強窺中土。我國隔一衣帶水。西門旁近須用武。宣城地大人且繁。故遣將軍兼理劇。是時　天子大徵兵。我軍一萬期協力。問誰爲元帥。晉山姜大夫上台之孫尚書子。黑頭二品榮寵殊。問誰爲其副。關西節度龍岡種。援擢偏紆兩朝恩。官躋輔國威名重。幕下從事盛文武。中軍偏裨多才勇。中營定州牧慣誦黃石方。右營順天倅。妙技

稱穿楊將軍領左營隱然強冦敵外貌談論人所同誰識將軍腸鐵石 天朝名將劉與喬經略命揔東路師二月飛書催渡江要與大軍掎角之牛毛嶺深河寨胡地山川險易誰得知天兵見可不可停疾走正落狡虜計倏忽平原風雨集飛蛾烈焰肉餧虎大都督遊擊府遼陽突騎西蜀步炯消電滅歸何處將軍麾下只三千屹立

不動如山嶽四圍列戰格炮火飛霹靂回頭不見中營兵但見胡馬簇簇如雲屯不見右營來助戰但見土崩波坼頃刻無餘存遙望元帥旗飄搖山上顛將軍大呼何曾聞將軍到此無奈何瞋目膽欲裂平生石八弓利鏃攢霜雪一發再發至十數旬疊四五無虛控矢盡絃斷氣益奮腰間躍出青蛇動隻手橫流詎可障松摧竹折天無語向來頭角競矜誇今日低回作何舉投槍釋甲猶恐後金貂牙纛誰家物世臣不足恃名聲盡虛耳健兒好身手被驅如牛羊群胡血洗箭蹄躍過所望不有將軍死舉國無男子不有將軍死綱常竟墮地不有將軍死虜氣不少挫不有將軍死群疑釋不得吾邦事可白後世辱可雪烈士憤可攄三軍義可鼓將軍一死重泰山上不負所知下不負所賦先軫面如生矮張槊猶握是知欝結氣萬古同一轍胡中亦相謂如此將軍復有幾將軍妻子在宣城

至札丁寧護行李立祠西州臨大道劉使華人聳聽視襃贈大司馬紀實太史氏流芳不待附青雲相公始終良獨勤作傳托李翰求詩遍朝紳非關事張大聊以慰忠塊百歲聞聲尚感歎況我過逢僅閱月爲君慷慨歌一曲悲風北來吹毛髮

書

上宰相論山城事宜書 爲竹山時

伏惟隆冬台候萬福禦府山城事宜前後條陳非止一再伏覩今年三月 啓下事目處邑小力縣不能有所爲有計堞分守之令有除番修繕之役有蠲免 御營軍餉之舉其完護山城之意甚盛甚盛竊念山城之設非欲爲觀美於太平無事之日也欲以抗滔天之敵爲南北之防也若然則 國家自甲辰以後發諸道之丁彈兩邑之入纔完城子便謂了事無復有著功之意守土之臣亦以爲城壕已成寇賊之來不必當吾身淹延時月徒事山城之利者皆爲不思之甚也嗟乎天下事不爲則已有其名而無其實者不如名與實俱亾之有愈也以一身利害言之則臨難倉猝進退失據而朝廷城守之責無所逃矣以一邑言之則境內之人恃爲兵粮器械之

所藏天險之所在提挈老稚以爲入保之計而城池不固之禍有不可勝言矣況國家積年勞費倚以爲畿輔關防之寄一朝不得藩籬之助則其不幸孰甚焉卑職於上年二月日赴任屬有 山陵詔使之役未遑他及而居常隱憂不敢頃刻而弛也今年春閒西邊虛警遠近魚駭幾於荷擔卑職招集父老人民諭以守禦之意人心雖怯畏胡之心不至如畏傒頗有聽從同事之志而退而竊聽其私則皆言山城形勝非不足恃而城西北築卑而窄無干楯無火器其何望萬全惜乎不爲於可爲之辰今雖悔何及云云伊時咄咄食不下咽即爲申報廟堂始寘中軍先諭禦府一哨斫伐材木將聚會所屬軍兵營造城廓積石儲薪以示必守之形而文書往復竟爲虛紙若此不已則雖復十年之後未及之患猶夫前日也城之形勢已經 先朝

審載按臣中使皆已歷審今不必細陳大槩山脉西來蜿蜿不絕屹起爲山城入首兩翼彎而回擁中多井泉雖謂之天作可也昔宋文胄截去其北橫築三分之二而頃者術士以爲譬破明堂退而拓之地家之論茫昧難知而防禦險要頗優於古址也但退築之地內高而外陂受敵家緊之處幾百許步向之邑人之云云者正慮此也然非地形之罪乃人謀之未盡也若能少

却十餘尺而夷其高峻則內可以旋馬外可以得險所患者人力之難給耳且城之正西壁立百丈而近南之隅山脊陂陀賊若登此則南門之內矢石可及而直衝之勢難保其必遏此角當設砲樓而制之自南而東又有山脊如西南而稍長其害爲尤緊故又當設砲樓遮而過東門至正案之巔城外高平可屯數百人比前二處爲最急此又當設砲樓而大其制遮而至西

北退築之隅山脊如東南之長而頗隘此又當設砲樓砲樓之當設者凡四處而量其功役則一樓之具非大石六七十壞材數十條則不能了而工匠之費亦在其中一邑之力何以辦此今者除番之軍既來赴役而闕漏居多日且寒冱當初引番之請朝廷非不俯從而寅緣圖免坐誤機會頑悖之習實爲可惡 朝廷若不豫爲籌畫連續其功則九仞一簣之虧斯非可惜

之甚者乎比如爲屋者必度其方位計其財力不惟營建而已繼之以盖覆不惟樞戶而已重之以墻垣器皿衣食無一不具然後身得以安爲風雨至而不動寒暑逼而不病今有人異於是搆盖纔完望之如耽耽大廈即謂吾屋已成窓櫳房堗蕩然不修至於盜賊之掠其貨雪霜之凍其膚然後號咷涕洟而無所及矣則閤下以爲如何今之山城實類於是綢繆補葺之責

卑職實當之。而財力之出。其誰主之。愚以
爲 國家所重。在於湖嶺兩界。畿服之內。
力有所不贍。但水原禿城。經營已久。今無
復所事。而留屯之軍。尚且千百。若能撤移
其軍。以充宿衛之數。除出鄰邑旁近騎兵。
限年防戍。月不下百名。則城基之當拓者
拓之。砲樓之可設者設之。干楯可備。火器
可措。工匠之費可省。不然而以區區未百
之軍。爲四月之役。欲以了此事難矣哉。閤
下以宏村碩望。爲國柱石。曾在台司。協贊
聖斷。庶使此城爲東南保障之重。而五年
旁觀。想有慨然於懷者矣。今當再登任專
經邦。城池之末。固其餘事。而卑職所受。惟
此而已。故不諒淺陋。敢布腹心。唯閤下察
焉。

代京畿耆老軍民上嚴萬兩差官書。

朝鮮國京圻耆老軍民等謹呈爲懇乞老
爺轉達 天聰。亟降封典事。伏以兩老爺
閤下。奉 聖旨涉鄰境有日矣。小邦公共
之情。想已洞燭而無餘。俺等不敢復有所
瀆擾也。第匹夫衒寃。尚不得黙而不洩。况
君臣大義之所係。一國輿情之所同。有不
能自已者乎。我嗣王於萬曆二十年四月
日。受先國王之毅擇。立爲王世子。布告一
國臣民。一國臣民。戴以爲儲君者。今十有
七年矣。中間跋履險阻。奉廟社主。迎先父
王於關西之境。承 皇上全勅。揔戎機於
全慶之間。勤勞懋著。播人耳目。此不特環
東土數千里之內。咸宅心而無貳。至於前
後七八年間。征東大小將士數十萬軍兵。
其亦孰聞而諳見之矣。朝廷雖姑有所待。
久稽降冊。其名位之已正。人心之已定。不
待辨說而明矣。今所謂舍長而立弟云者。
豈不以臨海君珒乎。夫珒頑悖成性。毅而
不率。自在平日。已以傷人害物。掠財斂怨
爲能事。及夫陷賊之後。變易喪心。不齒於

人類久矣猶且長惡不悛結納羣盜屠害
宰臣拉殺朝官舉國之人爭欲剚刃於其
腹而特莫之敢耳嗣王仁孝聰明友愛天
至雖以琿之凶謀敗露毋大妃拷訊家奴
得其反狀而曲宥全恩安住近地嗚呼弊
邦雖蕞爾小國亦皆有人心其向背取舍
出於秉彝有不可誣也琿之見絕於國人
非國人絕之也琿自絕之也見棄於先父
王琿自棄之也非先父王棄之也古之人

有以簡書得失廢年而以賢者當時以爲
知子後世不以爲非況琿之惡如彼嗣王
之德如此者乎嗚呼小邦承承繼繼十三
代于玆矣先國王亦嘗臨莅四十一年之
久經歷艱難備諳人情其於爲先祖付托
之計豈容有毫髮未盡者哉俺等伏在田
野雖不識朝家事體而已正之位已定之
名參之天地而不悖質之鬼神而無疑一
朝聞有查勘之舉驚惶震惕精爽飛越幸

賴兩大人開懷廣詢辨旨宣暢東國之人
固已望塵而醉德矣玆竭卑悰仰干高明
伏願兩大人備將該國事意歸報鎭撫轉
奏　皇上亟正君臣之大義以快一國之
輿情不勝幸甚

文

呈經略文

謹呈爲乞將 國王咨內事理轉奏 朝廷。仍令沿路護送毋致遲誤事。國王聽據走回人貝供備將逆胡兇悖之計小邦危迫之狀著令職等賫奏前來而職等庭謁之際老爺不賜俯詢前日丁陪臣所呈咨本尚未題奏云得非以走回所供或不眞實而胡騎未曾東向而然耶職等言語不通軒階隔遠不敢畢布所懷而退竊念伊賊兇狡叵測初無歇劬懲創之事而屯聚累月不爲發動此雖緣老爺威風遠懾安知不蓄力養銳以爲豕突之計耶天若助順使走回之供果不眞的則豈非大幸萬一以數枝兵馬乘虛逸出如小邦咨奏內事理則華藩隔斷賊勢自倍雖有十萬東南數嶺之阨未易更窺也小邦兵力寡弱援路阻絶君臣上下惟有一死而已其如遼

左何其如天下何 寡君之必欲乞得重兵以鎭寬奠鎭江者誠以東路有重兵則賊不敢輕動欲東則遼陽掣其背欲西則寬鎭掎其後小邦雖甚無形亦可沿江緊守以助聲勢折賊之謀分賊之力恐舍此而無他計矣如欲必待賊兵之東向始撥遼軍而赴援則遠水近火勢必無及老爺洞貫韜鈐聲震華夷其於料敵制勝之方固無遺策而寬鎭兩處亦已有備似無可憂職等區區之慮猶恐留兵單薄不足爲恃以貽日後無窮之悔煩乞老爺毋忘日昨諄誨之意歷將咨奏內事理題奏 朝廷使寡君專奏得以藉力而見施雖 皇旨未下之前願以東路得失深加留意爲職等今方星夜前行仍查三叉沙嶺杏山等地西虜竊發道路或梗自前亦有沿路護送之規乞老爺發票嚴飭俾告惡陪臣免致遲誤君命之罪不勝幸甚。

呈兵部文

謹呈爲乞將　國王題奏內事理速行議覆以重關防以援小邦仍察陪臣妄禀相時善處以終大惠事　國王閔據走回人所供歷將奴賊兇慘之計小邦危迫之情著令職等賫奏前來先已具咨經略臺下冀憑轉奏施行去後職等馳到義州接得邊臣所報又有走回金去同等三口前後所供亦相符合兇賊之設謀稔毒將犯東路之狀灼然無疑職等深恐朝夕禍至事機無及日暮道遠奔走前行及到關外前屯衛地方逢著賀至陪臣洪霶等之回伏覩大堂老爺于小邦夷情奏本覆題之旨仍詞問京裏所聞則言覆題中所謂經略題稱夾鴨綠以守云者當分鎮江添設之兵半劄義州云職等誠感大堂老爺嘉獎小邦曲賛拯濟之大德經略臺下軫念危亾渡江應援之盛意俱出尋常萬萬雖使小邦自謀何以過此雖然職等親承　寡君之教萬里來號　寡君不盡之懷安得不畢吐於台慈之下乎寡君常痛小邦不幸曾爲秀吉吞噬得賴　聖天子捐百萬之費竭七年之力恢復疆土以至今日　洪恩未報又與此賊俱生強弱之勢萬分難敵師徒覆敗剪焉不振方當主憂之時旣不能奮勵敵愾乃敢以國之存亾又累於朝廷有若慈母之嬰兒以此焦心疚懷若無所容而竊念寬鎮兩處重兵之屯不特爲小邦計也誠以全遼之成敗天下之安危亦係於此何也寬鎮失則小邦之貢路阻塞　天朝之聲聞隔斷即無論遼廣有無而小邦軍民遂以爲中原已絕更無可爲魚駭土崩不可復止君臣唯有一死東土淪爲禽獸小邦之亾於茲決矣小邦勢薄兵單雖不敢以唇齒自居然自義州以上至于咸鏡六鎮千數百里之間憑藉　皇

靈得以支撑兇賊雖强豈能無狼顧之憂
寬鎭失則賊之積威虛聲有如疾風之掃
葉而專力於遼陽之一局豈非成敗之所
關我遼陽之兵自守不暇其視寬鎭一方
有若今日之開鐵則賊騎出沒於靉嶺章
河之間金盖以西不得安枕是 天朝之
憂不但在於失二百年屬國而已也寬奠
之又欲乞得重兵以駐此兩處者以小邦
之命脉懸於鎭江鎭江非寬奠則難保寬

奠與小邦之昌城接界昌乃賊路之最要
者也賊由牛毛東葛等嶺而來則行幾百
許里然後寬昌之路始分而兩鎭相去僅
一日程緩急應援此爲切緊寬奠不守則
昌城無復倚援鎭江何能獨存若于寬奠
屯以重兵隱然如橫川之巨防在山之猛
虎則賊不敢徑由鴉鶻等路以犯鎭江鎭
江寬奠相爲表裡與小邦之昌城義州互
成掎角東西牽掣援外固內之策無踰於

此而第慮狡虜飇忽在於頃刻策應之際
倘或後時古人所謂西江涸轍之喩恐不
幸而近之矣職等雖甚駑劣其於小邦已
是出疆之臣何忍以僭越爲嫌自陷於債
事之誅乎小邦自經倭以後田土不闢一
年之入僅足以供一年之用軍興兩歲資
儲已罄上年喪敗之禍適當農作之月國
都以西民皆潰散五種不入加之千古未
有之凶荒八路同然公私赤立道有餓殍

寡君裁內需之資減百官之祿凡所日用
之物率皆換貿作米而在在零星輸運不
時沿江戍卒方枵腹而待哺矣今若以數
萬之兵屯于義州果如洪霧等之所聞則
資糧或闕患急庚癸直到伊時未知小邦
何以爲計惟此一欵思之氣塞煩乞大堂
老爺合無硏察前情就將 國王陳奏內
事理速行議覆專於寬鎭兩處駐以重兵
如賊先犯小邦赴期馳援使小邦得有所

恃而無潰裂之憂兇賊不敢生心而絶隳突之患不勝幸甚

呈兵部文

謹呈爲乞將 綸音順付陪臣使優恤鼓舞之策一舉兩全事國王備將兇賊之狂逞小邦之危迫先咨經略猶恐事機之差悞專奏 天庭直陳痛迫之危悃玆蒙 憲臺曲察事情義州以上使之自衛寬鎭兩處許留重兵其軫念孤危聯絡氣勢者所以克

貧 皇上字小之仁深得兵家制勝之筭感戴之外更有何說職等身居鎖圍殆甚聾瞽獨自惟念我 寡君自有奴患以來奮勵嘗膽師徒覆敗而不撓賊書恐喝而不動所恃者 天朝所仗者大義今者差委陪臣泣血奏籲呼意謂朝廷報答之舉不無曰便奬勸之方竚乎有竢而不敢發口言矣側聞近日臺省之間或欲遣使宣慰因務節省除奬云云此言果是則 天朝之

優厚小邦又何其過望也從征敗衄既有萬金之錫告急請援卽許重兵之屯小邦君臣殞結思報之不暇何至遠勞行人親頒詔勅然後始可以慰撫而奬勵哉仍念小邦至誠事大凡接待 天使俱有節目載在金石之典章敷諭臣民之耳目雖有一時省約之令未及草莽之前何敢遽爲裁損設欲裁損而有不可得者矣職等所憂者小邦之喪敗飢荒已不足言而關西

一路赤立無形待秋則 天旣久稽機會或違及春則農務復廢關防先潰反覆思量罔知所出區區愚意誠以一紙璽書順付於陪臣之歸則 國王躬迎郊外對越咫尺之天威布告域中宣暢萬里之皇靈有以振作摧殘之士氣鎭定驚惧之人心者無間於詔使之光臨而牽補支撑庶可專力於防備其在 天朝優恤鼓舞之策豈非一舉兩全而職等歸報 國王亦得以

有辭矣。煩乞老爺另察前情。

呈兵部文

謹呈。爲再陳微悃。懇乞老爺曲賜矜察。以終實惠事。遣使藩邦。朝廷之盛典。承 綸出疆。大夫之榮遇。況事關軍機。思加慰撫。堅辭近於頑冥。順賫涉於僭越。苟非切迫之憂。有倍於此者。何敢妄有所陳於台嚴之下哉。日昨過蒙 洪私。非但不以爲罪。及議處爲咨。職等有以見老爺深體 皇上

字小之仁。不拘文儀。務存實惠之盛意。出尋常萬萬也。職等姑置他事。只擧一段難支之狀。以代欲吐未盡之話。上年從征之卒。西民過半。雖非係於額內。從其邑長衛其家主。擔糗持兵。接踵而死於鋒鏑者。殆又數千萬餘人。孤兒寡婦之哭聲。至今不絶。餘丁赴戍。老弱轉餉。顚頓流離。勢所必至。加之虜聲虛喝。耕種全廢。纔經滌塲之節。已多塡壑之殍。此職等沿路目見。食不

下咽者也。猶冀今春得賴 天幸。邊塵不驚。則孑遺之民。農作及時。庶使西塞關防。得以支撑。今若有詔使之先聲。則小邦上下慣於敬奉。州縣悉於免責。照例徵發。小民自知難堪。不恒厥居。雖或拮据營辦。輝煌於目前。其於策勵犄角之實。所得幾何。所失幾何。職等所以不避狂戇。前後縷縷者。誠以 朝廷特優小邦。唯思慰撫之爲。可悉而此等情節。有不暇洞照者。如其念及。

何待職等畢說而惻然而感。惕然而悟乎。仍竊惟念。宣慰之外。或別有便宜之擧。則朝廷旣令設將於鎭江。鎭江義州相距十里。閭耳沿江列屯。固在指顧之中。小邦領兵之將。何難奔走聽命。而國都文書之往復。只得消了十餘箇日子。臨機應變。此似最便。煩乞老爺另察前後事理。停詔使之行。以示存恤之實。發順付之音。以盡鼓舞之實。益嚴寬鎭之備。以終拯救之實。不勝

幸甚

呈兵部文

謹呈爲賊謀叵測譸搆易行懇乞老爺痛加明察事職等蒙 國王差委齎奏籲呼忝蒙大堂老爺曲賜矜恕欽奉 聖笑許添寬鎭之兵以期拯救還停鴨綠之屯以紓凋弊至於宣 勑賜金誕揭鼓舞之典輟使順付克盡優恤之實若是而小邦君臣上下不欲爲 天朝死者不名爲人職

等銜 恩罔極只望歸報無遲以觧 國王西望之懷不意玆者饋盐奴酋之說出於遼鎭之揭云云未知此言奚爲至哉職等聽之而不忍言之於口言之而不忍筆之於書寧欲褰耳齰舌置而無辨雖然市虎成三慈母投杼自古所患況人臣有貳罪通天地敵國交搆事關存亡安得不披瀝肝膽一痛陳於台慈之下乎小邦 寡君自有奴患以來事無大小無一不奏當初

左營死戰之狀兩帥生降之跡賊書之再哄邊臣之抗荅軍兵被殺之由及今告急之疏已至于四度種種情節何嘗有一毫遺隱於萬里之 明見哉天日在上鬼神森列一紙之書尙不敢暗地相投況盈至百萬目難掩至愚之所不爲而肆然無忌寧有此理伏想 朝廷之上撫院之間必已揣知伊賊之設計離間職等無容強聒而第有一事尤足以明其不然者矣往在萬

曆十七年間倭酋秀吉致書假途將犯上國我 昭敬王據義斥絶而秀吉乃揑造小邦遣使貢驢之語傳播於琉球福建等處其意盖欲熒惑遠近使小邦得罪於天朝而求逞其呑噬也此賊久欲直擣遼陽猶憚小邦在背思先搶掠以絶後慮而亦慮 天兵之應援作言行詐如出一轍且其地形之相錯事機之交切非如秀吉隔闊溟洋聲聞難接狡謀百出何所不至

此不但細作之供走回之說有以詿誤瞻聽抑恐邊徼巡哨之報或未免為奸計所中也必須內而朝廷外而部院先定石畫壅其陰謀無使纖芥之疑萌於胸中然後凶賊破膽小邦生氣不然而形之文移轉相傳播有駭中外之耳目只貽狡虜之竊笑小邦寃痛庸有極乎小邦二百年來忠貞世篤壬辰之事天下皆知至於上年覆敗之餘廝役下賤亦且或逃或死無一甘心於附賊者國俗之濡染大義之素明此亦可見況 寡君一誠拱北誓心敵愾師徒雖衂尚無壬辰之播蕩賊勢雖大未至秀吉之隳突寧有怯於恐喝便加饋遺負我父母再生之德自陷罔赦之誅乎職等情隘氣塞語無倫次伏乞大堂老爺另察前情洞釋無蘊仍加明諭遍鎮一體遵行使離間之說無隙可抵小邦之寃不辨自暴克固藩籬以終大惠不勝幸甚

呈閣老文

謹呈為敢陳微悃懇乞老爺曲賜憐察俾完使事事 欽賞雖云有常 皇恩不可強要援例實近於貪冒請速尤涉於僭越然而置之徑還則罪在不敬留而待 命則事誤軍機茲叩台嚴冀蒙矜恕職等初因告急而來繼有承 勅之舉淹泊太久餽廩空費即者二萬之銀已領尺一之札將降唯此 欽賞未有 發落累煩該部之催題徒勞日夕之竚望 冊封隔遠顒呼無增煩乞老爺另察前情特為揭奏使恩勅無稽滯之患陪臣免僨事之誅不勝幸甚

呈閣老文

謹呈為再陳危悃懇乞老爺破格區處速許發還事職等於三月十八日受銀于大僕寺二十三日 勑書已為封奏此兩件大事皆得完了豈料例施之賞迄無發落

使寵綏小邦之盛擧淹屈而莫伸哉竊聞
閤下老爺曲垂矜恕至勤題稟該部催奉
亦旣累上而側聽已久俞音邈邈天上事
闕固非常情之所測萬一一日二日從無
期限則職等之遲悞使事獲罪 寡君有
不暇言而其在 天朝奬慰之方亦豈無
機會之可惜哉職等愚意領賞雖係 皇
恩不過一行負役身上之榮耳事有重輕
時有緩急與其置已完之勅守已受之金

坐覲身上之榮終陷負國之罪無寧奉
勅賫金宣揚 皇命不以小事害大猶不
失爲處變之道也況今塞草漸長胡馬方
驕萬一道路作梗歸報不時則追悔何及
哉伏願老爺另察前情別攄論奏特許徑
還如以久賞爲嫌則或須於後頭陪臣之
行不爲大妨要令 恩勅無稽滯之患陪
臣免誤事之誅不勝幸甚

呈閣老文

謹呈爲乞賜指教以便奉行事坤極告傾
普天均慟況在 輦轂之下宜無中外之分
竊査舊例朝廷有大慶則留館陪臣隨參
於賀班之後今玆 國恤何等大事而成服
之日豈可晏然退在使吉凶異禮哉或云
年前 慈聖太后之喪陪臣之入来者只
以白袍烏帽參見公府云此說一得於傳
聞一出於臆料俱未有可據儀註伏願老
爺商究情文速賜指教且職等淹泊已過

八十餘日曾承老爺朝到夕遣之語正合
陪臣心裡事儻於成服前理難發還則領
賞驗包等事可行於同日晩後翌曉便許
辭 朝庶免遲延之歎並乞老爺留念周
旋以觧渴悶之情不勝幸甚

議

胡書受卻議

臣某議。胡書旣以詔文稱之。是臣妾我也。大義所關。寧有異議。今雖姑以利害言之。此賊特其兇強。猖獗自肆。初頭擧動。悖慢如許。日後難從不忍聞之請。何可盡說。廟堂猶且持難愼重。廣詢輿議者。爲緣國勢積弱。無以抵當。受與不受。置之可否之間也。臣竊痛焉。臣曰此惟念大敵崛起。

形勢日增。深河敗衂已非撫順之比。遼左呑幷。萬倍開鐵之陷。而在我一向玩愒。未嘗有一聳動之令。一刻勵之擧。兵力人心。一無可恃。只欲以差譯口舌。羈縻姑息。有若戊午之初。斯已陳矣。今者賊書稱詔。雖似太早。揆以人事。無足恠者。殖餘侵淫。將無不至。不有隄防。何以自保。臣之愚意。今可詰責差胡。諭以義理。改易詔字。而自上毋以已晩自畫。益勵奮發。下敎自責。大小營繕。一切停罷。急擇守令。務循公議。減省徭賦。慰悅民心。然後悉發軍丁。俾足七八萬之數。緣江嚴守。以示難犯之形。則兇賊有所忌憚。必不敢妄加暴蔑矣。今日之事。雖三尺童子。決知其不可受。不受而能善後者。舍此無策。故臣敢仰陳如右。伏惟

上裁。

記

何暮堂記

堂以何暮名何識實也盖自有州而有衙衙徙而基廢且百年燒于兵燹寓于民廬而後斯堂作非暮也耶歷賢守宰八九輩倉廨門樓鄉射之所靡不具而斯堂獨後焉非暮而何嗟夫荊榛灌莽滿目蕭然而一朝突兀望之翬飛則父老歎其何暮窪庭局隘累肩疊蹠而廊廡縵迴步驟安閑則吏胥歎其何暮濕寢兩立男女勃谿而庖房庫廐各得其所則僕御歎其何暮接席傾床尊卑雜沓而華筵秩秩獻酬有容則賓客歎其何暮至於梅窓曉而朝睡甘夏簟清而晝碁宜衙槐脫葉而遠岫呈狀山雪肆虐而奧室排寒太守歎其何暮此堂之所以得名而名與實稱也堂旣名客有嘲余曰叔度之謠史氏記其異政老郎之詩昌黎美其高唱今子掇此而名堂無乃

近於自譽耶余應之曰否詩取短章不全以辭政事文章則吾豈敢若以堂之興廢歎人之來暮則吾亦無讓焉遂咲而爲之記

祭文

無等山禱雨祭文

伏以五月之旱猶可爲也七月之旱不可爲也斯老農之恒言實痛迫之苦辭也忝惟神明玆土之主巨壑藏雷高峰滃霧有禱斯驗靈應不忒雖以上年之旱全湖地赤惟玆一邑不違耕作得免流轉伊誰之力迄于今歲神施益普來牟大熟跛躄鼓舞播種以時禾穀舊張農功垂畢節近登塲方將牲酒惟馨賽我明靈奈何流火之辰驕陽愆候今日不雨明日不雨十日已久況又倍之芃芃者槁翼翼者萎高者以焦濕者以圻不苗則已苗者可惜旣苗而秀胡不實之比如九仞之山一簣便虧八珍之饌近口還奪斯固吾人之所腐心而神之所矜恤者也卑職受命朝廷爲吏于玆慢神病民罔敢怠爲如或有罪罪實在身降此大灾何辜于民嗚呼隱隱靈壇明神其臨兮芬芬黍稷明神歆之旣靈于古今何獨異玆謁微誠冀蒙神賜宜揮半腹之雲煙亟洒滿空之銀竹一日甘霔蘇我百穀

祭龍湫文

維萬曆丁巳之七月辛巳具官某謹使鄕老某以牲酒及文投之靈湫敬告于龍神粤以六月之日大水崩山川谷漂翻曾有神湫淵澄難近忽然塡塞而東走數百步新潭出焉蒼然可畏有加於前方雨之時湫旁居民縮頸駭瞻不敢正視似有獰風黑霧從西方來隱隱蜿蜿光輝燭天雨收之後湫乃移云嗚呼世之言靈湫者何限而率多名與實乖事涉慌惚豈若今日神通炳赫開發聾蒙回轉窟宅如反覆手者哉湫下之人歡然相慶冀普澤之是賴擬靈應之不忒自神之移今有月矣雲陰潛搆風伯離之虹彩空射日御杲杲妖魃健

步而誰何蒼生病暍而欲死靈威久戢余甚恔焉無乃地主之逢迎不早耶邦人之敬慕未著歟百里之焦未足沃歟四境之呼未足顧歟抑李靖不返天瓢無主歟孤雲寂寥神變有待歟不然城隍姜薄之鬼嶽瀆虛無之神陰翼之秘潛蛟之蟠尚能興洩烔雲澤民利物而況德表天一祥冠四靈窮玄閫而天飛挾雷霆而神化者俛首枯波甘同蝘蜓何哉與世無求雖是古語依人而行亦云至論宜亟不費之惠食無疆之報豈不休哉豈不偉哉茲薦菲薄用紓誠告其辭曰

瑞石之巍惟湫在焉湫移于東厥靈炳然人道舊湫其實難涸新湫之神吾見其跡神來自西左雷右霆大注摧巒平地泓渟環環石盂通彼水府矌俗懽呼冀紓寘佑如何慳澤旱魃爲虐田疇旣坼川脉其涸無黍無禾大命斯近終歲之勤虧于九仞神其念此與天爲謀活我一方揚名千秋

祭瑞石山文

瑞石之山雄于南方兒孫月出高揖天王洩雨藏雲神施斯普豈惟傳聞吾身親睹去歲茲辰驕陽怒候沐浴虔告果紓寘佑三農不失萬寶以成耿耿社哉惟神之靈迄于今年耕種失時如何亢旱又此秋期不苗則已苗而且穗穗枯不實民將何恃一日二日庶蒙神賜暎空浥塵杯水車薪陳誠不早是余之愆茲敢宿齋大呼于神隱隱靈壇浲浲其臨明神不遠監此赤心沛乎其澤蘇我百穀民亦戴神於千萬億

褒忠祠祭文

嗚呼公之去世廿有七年丘木拱矣古里蕭然孰皆公親孰皆公知夫何使人愈久愈思公在壬辰家食於斯勤王非職六十已衰慷慨登壇白首丹衷怯將骨寒義士雲從壺山一擲鬼泣天悲奮弱抗勁全湖

賴之。一死早定。成敗何論。衆欲左次。公若不聞。人獻駿馬。公郤不騎。公坐胡床。左指右揮。鼓絶刃摧。公屍撗陣。一時併命。唯公之㐫。問誰從公。公有佐貳。非公精講。焉得致此。烈焰崑玉。歲寒松栢。讀書平生。無愧所學。　至尊震悼。備盡哀榮。秩登二公。兼之文衡。鷲峰之陽。極樂之旁。祠宇稱名。永樹風聲。嗚呼。士同此心。何間今古。興壞雙廟。蕉萯無路。慕義文山。只憑歌詩。而公大節。炳琅當時。豈惟仰止。言之涙滋。某夙誦文章。阻望龍門。幸得追從。公子若孫。今玆作吏。實惟公鄕。瑞石蒼蒼。龍溪泱泱。公所釣游。精靈彷彿。躬薦雞遷。春秋不忒。靈其不遐。歆此菲薄。

海峯集卷之三終